Schulenburg, Johann-Matthias

Leben und Denkwürdigkeiten

1. Teil

Schulenburg, Johann-Matthias

Leben und Denkwürdigkeiten

1. Teil

Inktank publishing, 2018

www.inktank-publishing.com

ISBN/EAN: 9783747767580

Leben

und

Denkwürdigkeiten

— Johann Mathias

Reichsgrafen von der Schulenburg

Erbherrn auf Emden und Delitz,

Feldmarschalls in Diensten der Republik Venedig.

Aus Original-Quellen bearbeitet.

In zwei Theilen.

Erster Theil.

Leipzig,
Weidmann'sche Buchhandlung.
1834.

Einleitung.

Es ist eine längst anerkannte Wahrheit, daß die deutsche Litteratur ebensowohl Mangel an einem Zweige geschichtlicher Quellen leide, den man überein gekommen ist, nach der französischen Sprache „Mémoires“ zu benennen, und der zuweilen glücklich im Deutschen mit dem Worte „Denkwürdigkeiten“ ausgedrückt worden ist, als Frankreich diese Gattung von Lebensbeschreibungen in größerer Anzahl als andere Staaten besitzt.

Wahrscheinlich ist davon die Ursache die, daß der französischen Nation vorzugsweise die Gabe nicht abzusprechen ist, sich sowohl mündlich als schriftlich mit Leichtigkeit und Wortreichthum zu äußern; und da wenige Beschäftigungen den Menschen mehr anziehen als die, von sich selbst zu sprechen oder zu schreiben, so hat Frankreich eine bedeutende Zahl von Mémoires hervorgebracht, die sich mehr oder weniger mit Vergnügen lesen, wovon aber die wenigsten einen historischen Werth besitzen, welcher eine strenge Kritik ertrüge; Mémoires oder umständliche Lebensbeschreibungen, die öfters in's Kleinliche der Privatverhältnisse verfallen, und zu wichtigen Begebenheiten und Schilderung berühmter Personen der Zeit, in welcher sie geschrieben worden, übergehen, müssen allerdings jenes rege Interesse einflößen, welches Persönlichkeiten, Anekdoten und die Lebendigkeit einer jeden in der ersten Person redenden Erzählung selten zu erwecken verfehlen. Wenn man sich aber fragt, wo die Beweise der angeführten Thatsachen, der erhaltenen Aufträge, der vollbrachten Verrichtungen sind? so fehlen solche meistentheils; und nur in der neuern Zeit, d. h. seit vierzig bis fünfzig Jahren, sind einige dieser Mémoires mit denjenigen Belegen versehen worden, die man französisch, sehr richtig, pièces justificatives nennt. Auch von diesen ist häufig in neuester Zeit Mißbrauch durch Beibringung längst bekannter, oder sogar verfälschter Stücke gemacht worden. Es würde nicht schwer fallen, vielfache Beispiele dieser verschiedenen Gattungen von Mémoires beizubringen; wir erlauben uns jedoch nur aus der Categorie, welche ausnahmweise auch ohne Belege großen historischen Werth haben, die „Mémoires du Cardinal de Retz,“ der „Mademoiselle de Montpensier,“ und vor allem die letzte Ausgabe der „Mémoires du

Duc de St. Simon" anzuführen, so wie als Beispiel von denjenigen Redactionen, die durch Beibringung trügerischer oder längst durch den Druck bekannter Allegate sich auszeichnen, das bereits bis zum 6. Theil gekommene Werk „Mémoires tirés des papiers d'un homme d'état" genannt werden könnte.

Sonach scheinen diejenigen Mémoires, welche nicht mit authentischen Belegen versehen sind, so unterhaltend sie auch übrigens sein können, in die Classe unverbürgter Nachrichten zu gehören, denen der ernste Kritiker nur mit Vorsicht Glauben schenkt, und die daher nur mit dieser als geschichtliche Quellen zu Rathe gezogen werden dürfen.

Von selbst versteht es sich, daß hier, weder in der ersten noch zweiten Gattung, von denjenigen Mémoires die Rede sein kann, die nach dem Sturze Napoleon's in zahlloser Menge herausgekommen sind und welche über die Zeit seiner Größe und seiner Regierung Angaben beibringen, die häufig fabelhaft und unwahr sind. Diese Schriften, fast immer unter dem Namen bekannter, früher einflußreicher Personen erschienen, sind öfters von selbigen abgeläugnet, zu Zeiten aus ihren Porteseuilles entwandt, oder von dem Herausgeber, in der Absicht das Publikum zu täuschen und zu besteuern, verfaßt worden. Eine rühmliche Ausnahme dieser Werke machen die ersten Bände der „Mémoires de Bourienne" und das „Manuscrit de mil huit cent douze, par le Baron de Fain."

Die gelehrte Welt ist längst dahin überein gekommen, daß England der Preis im geschichtlichen Fache zuzuerkennen ist, und daß die englischen Geschichtschreiber gründliche Forschungsgabe, hohe Einsicht und jenen philosophischen Geist in ihren Werken entwickelt haben, der eigentlich die Nutzanwendung dieses Theils des menschlichen Wissens ist.

In der neuern Zeit hat diese Bahn ein Schriftsteller betreten, welcher seine Jugend der Geographie und Statistik und der Herausgabe von Reisebeschreibungen nicht ohne Erfolg gewidmet hatte. Wir meinen hier W. Coxe, welcher schon vor funfzig Jahren die beste Reisebeschreibung und Schilderung der Schweiz lieferte, die es in langer Zeit vor und nach ihm gegeben, und die noch nach Erscheinung der Schriften des berühmten Ebel ihren Werth behauptet. Späterhin ergab sich Coxe dem Studium der Geschichte; und welcher Freund dieser Wissenschaft kennt nicht dessen Geschichte des Hauses Oesterreich, der Regierung der Bourbonen in Spanien und die Denkwürdigkeiten des berühmten englischen Ministers Robert Walpole? Unübertrefflich erscheint aber dieser Schriftsteller in den Denkwürdigkeiten des Herzogs v. Marlborough, welche zuerst zu London 1818 unter dem englischen Titel: **Memoirs of John Duke of Marlborough; with his original correspondence: collected from the family records at Blenheim and other authentic sources; illustrated with portraits, maps and military plans; by William Coxe, M. A. F. R. S. F. S. A. Archdeacon of Wilts.** gedruckt wurden, und welche dem deutschen Publikum durch die vortreffliche Uebersetzung des k. k. Obersten im Generalstabe v. Hauer, die zu Wien 1820 unter dem Titel: Herzogs Johann von Marlborough Leben und Denkwürdigkeiten, aus dem Englischen übersetzt von F. A. v. H., erschienen, bekannt gemacht worden sind.

In diesem Werke, welches der Lebensbeschreibung einer der größten Männer der neuern Zeit gewidmet ist, hat der Verfasser die wichtigen Quellen, welche ihm die englische Regierung und die Nachkommen des Herzogs v. Marlborough auf die vollständigste Weise eröffnet hatten, auf eine ausgezeichnete Art zu benutzen verstanden, und hat sowohl die politische als militärische Laufbahn des Herzogs, welche dieser vereint und gleichzeitig durchschritten hat, mit einer Klarheit auseinander gesetzt, die unserer Meinung nach wenige Schriftsteller vor ihm erreicht haben, und die daher sein Werk zu der vorzüglichsten Lebensbeschreibung macht, die jemals über einen Heerführer und einen Staatsmann erschienen ist.

Die Ordnung der Eintheilung dieses Werks und die geschickte Art, mit welcher der Verfasser die Belege in den Text zu verflechten gewußt hat, ohne daß dadurch der Zusammenhang des letzteren leidet, haben uns vorzüglich neu, bemerkungswerth und nachahmungswürdig geschienen.

Nachdem uns daher die Umstände hinreichende handschriftliche Quellen hatten zukommen lassen, (deren nähere Andeutung der folgende Aufsatz enthält) um den Versuch der Lebensbeschreibung des Feldmarschalls Grafen von der Schulenburg zu unternehmen, welcher zufällig einer der Gehülfen des Herzogs v. Marlborough in dessen Feldzügen war, so haben wir versucht in der Redaction von dessen Denkwürdigkeiten dieselbe Ordnung eintreten zu lassen, welche W. Coxe in seiner Geschichte des Herzogs beobachtet.

Wir verkennen keineswegs, wie sehr dem hohen Interesse seines Helden das des unsrigen nachsteht; noch weit mehr wissen wir uns zu bescheiden, daß unsere Bearbeitung mit der Vortrefflichkeit der seinigen nicht verglichen werden kann; dennoch schmeicheln wir uns, daß das gegenwärtige Werk schon dadurch, daß wir versucht haben in selbigem die nämliche Methode, die W. Coxe in dem seinigen beobachtet hatte, zu befolgen, einigen Werth in den Augen des Publikums erhalten wird, und daß die Reichhaltigkeit und Verschiedenheit der Ereignisse des Lebens des Feldmarschalls Schulenburg und die mannigfaltigen bisher ungedruckten Schreiben merkwürdiger Männer aus seinem Zeitalter, die als Belege beigebracht sind, demselben eine nachsichtsvolle Aufnahme von Seiten des Lesers verschaffen dürften.

Schlüßlich glauben wir dieser Einleitung noch hinzufügen zu müssen, daß wir nur die Sparsamkeit beklagt haben, welche in unserer vaterländischen Litteratur in Hinsicht wirklich pragmatischer Lebensbeschreibungen herrscht, daß wir aber mehr als ein vortreffliches Werk dieser Art in deutscher Sprache kennen. Schon im Jahre 1789 ist in Manheim das Leben Friedrich's v. Schomberg, nachmaligen Duc et Maréchal de Schomberg, von Joh. Friedr. Aug. Katzner erschienen, und wir würden dasselbe zum Muster in Bezug auf Form und Methode genommen haben, wenn uns nicht späterhin die Denkwürdigkeiten des Herzogs v. Marlborough noch vorzüglicher dazu geeignet geschienen hätten.

Uebrigens hatte unser Held manche Aehnlichkeit, in Gesinnungen und Schicksalen, mit dem Herzoge v. Schomberg, für deren weitläufige Erwähnung hier nicht der Ort ist, die wir uns jedoch nicht versagen können mit einigen Worten anzudeuten.

So wie Schomberg war Schulenburg aus einem der edelsten deutschen protestantischen Geschlechter entsprossen; so wie dieser suchte auch er von Jugend auf Kenntnisse und Erfahrungen in der Kriegskunst überall da zu erwerben, wo es Gelegenheit dazu gab; wie Schomberg diente er mit Auszeichnung mehreren Fürsten und Regierungen, kämpfte fast mit allen Völkern Europa's, blieb stets wie dieser, seinem protestantischen Glauben getreu, und erreichte so wie er außerhalb seines Vaterlandes die höchsten militärischen Ehrenstellen; aber minder glücklich als Schomberg, beendigte Schulenburg sein langes Leben durch Alterschwäche gebeugt, in seinem Hause, während jener in seinem 75. Jahre das seinige siegbekrönt auf dem Bette der Ehre vollendete.

Angaben über die handschriftlichen Quellen, welche den gegenwärtigen Denkwürdigkeiten zum Grunde gelegt worden sind.

Es scheint unerläßlich, daß geschichtlichen Denkwürdigkeiten eine Andeutung der ungedruckten Quellen vorausgehe, welche den Verfasser veranlaßt haben, und vielleicht ihn rechtfertigen, sein Werk dem Publikum vorzulegen.

Der Feldmarschall Graf von der Schulenburg hatte im Jahr 1728 das Guth Delitz an der Saale von seinem Bruder, dem Chursächsischen General-Lieutenant Daniel Bodo, erkauft. Dieses Guth überließ er durch sein Testament und Codicille seinem Neffen, dem Grafen Christian Günther von der Schulenburg, Stifter des Hauses Hehlen, und den vier Söhnen dessen jüngern Bruders, Adolph Friedrich, Stifters des Hauses Betzendorf, welcher 1741 in der Schlacht von Mollwitz als Königl. Preußischer General-Lieutenant geblieben war.

Späterhin erkaufte das Haus Betzendorf die Hälfte von Delitz vom Hause Hehlen, und der jüngste Sohn Adolph Friedrich's, der Chursächsische Kammerherr und Geheime-Kammer-Rath Albrecht Ludwig auf Closter-Roda beschäftigte sich mit der Leitung der Angelegenheiten dieses Guths in seinem und seiner drei Brüder Interesse.

Hier stieß er im Jahre 1782 auf mehrere Kisten mit Schriften, in welchen er hinlängliche Materialien fand, um sich zu entschließen die Denkwürdigkeiten seines Groß-Oheims zu entwerfen. Diese Hülfsmittel wurden durch die Correspondenz vermehrt, welche zwischen dem Feldmarschall und seinem Neffen, Adolph Friedrich, in den Jahren 1718 bis 1741 ununterbrochen geführt worden war, mehrere bedeutende Fascikel ausmachte, und die sich im Archive des Grafen von der Schulenburg-Wolfsburg vorfand.

Diese Denkwürdigkeiten wurden in französischer Sprache entworfen, und bis zum Jahre 1708 geführt. Der Tod übereilte den Verfasser 1784 in dieser Beschäftigung, und setzte seinem arbeitsamen Leben ein zu frühes Ziel.

Es vergingen Jahre, bevor der Herausgeber gegenwärtiger Denkwürdigkeiten daran dachte, jenen früheren unvollendeten Aufsatz zu benutzen, und ihn, in deutscher Sprache umgearbeitet, dem Drucke zu übergeben; er wurde hierzu durch Auffindung neuer handschriftlicher Hülfsmittel veranlaßt.

Leben und Denkwürdigkeiten

Johann Mathias Reichsgrafen von der Schulenburg

Erbherrn auf Emden und Delitz,
Feldmarschalls in Diensten der Republik Venedig.

Aus Original-Quellen bearbeitet.

In zwei Theilen.

Erster Theil.

Leipzig,
Weidmann'sche Buchhandlung.
1834.

die Geschichte des früheren Lebens des Feldmarschall's befinden. (Diese gehören ins Familien-Archiv zu Wolfsburg.)

3) In den sechs Heften von Schreiben hoher Fürsten, Staats- und Militär-Personen, welche in der ersten Hälfte des achtzehnten Jahrhunderts an den Feldmarschall gerichtet wurden. Diese Sammlung, welche dem Archive in Emden zuständig ist, faßt die ganze Lebens-Epoche des Feldmarschall's, wo er im öffentlichen Dienste stand, in sich, fängt mit einer Ordre Königs Wilhelm des Dritten von England vom 19. Septbr. 1695 an, und schließt mit Briefen, die der große Friedrich nach seinem Regierungsantritt an ihn richtete.

4) In den sieben und zwanzig Bänden der in dem Mailänder „Archivio diplomatico" niedergelegten Original-Berichte des Feldmarschall's an die Republik Venedig, wovon neun Bände, welche die wichtigsten Dokumente enthalten, vorzüglich vom Verfasser zur Redaktion des zweiten Theils dieser Denkwürdigkeiten benutzt worden sind.

Einleitung.

Es ist eine längst anerkannte Wahrheit, daß die deutsche Litteratur ebensowohl Mangel an einem Zweige geschichtlicher Quellen leide, den man überein gekommen ist, nach der französischen Sprache „Mémoires" zu benennen, und der zuweilen glücklich im Deutschen mit dem Worte „Denkwürdigkeiten" ausgedrückt worden ist, als Frankreich diese Gattung von Lebensbeschreibungen in größerer Anzahl als andere Staaten besitzt.

Wahrscheinlich ist davon die Ursache die, daß der französischen Nation vorzugsweise die Gabe nicht abzusprechen ist, sich sowohl mündlich als schriftlich mit Leichtigkeit und Wortreichthum zu äußern; und da wenige Beschäftigungen den Menschen mehr anziehen als die, von sich selbst zu sprechen oder zu schreiben, so hat Frankreich eine bedeutende Zahl von Mémoires hervorgebracht, die sich mehr oder weniger mit Vergnügen lesen, wovon aber die wenigsten einen historischen Werth besitzen, welcher eine strenge Kritik ertrüge; Mémoires oder umständliche Lebensbeschreibungen, die öfters in's Kleinliche der Privatverhältnisse verfallen, und zu wichtigen Begebenheiten und Schilderung berühmter Personen der Zeit, in welcher sie geschrieben worden, übergehen, müssen allerdings jenes rege Interesse einflößen, welches Persönlichkeiten, Anekdoten und die Lebendigkeit einer jeden in der ersten Person redenden Erzählung selten zu erwecken verfehlen. Wenn man sich aber fragt, wo die Beweise der angeführten Thatsachen, der erhaltenen Aufträge, der vollbrachten Verrichtungen sind? so fehlen solche meistentheils; und nur in der neuern Zeit, d. h. seit vierzig bis fünfzig Jahren, sind einige dieser Mémoires mit denjenigen Belegen versehen worden, die man französisch, sehr richtig, pièces justificatives nennt. Auch von diesen ist häufig in neuester Zeit Mißbrauch durch Beibringung längst bekannter, oder sogar verfälschter Stücke gemacht worden. Es würde nicht schwer fallen, vielfache Beispiele dieser verschiedenen Gattungen von Mémoires beizubringen; wir erlauben uns jedoch nur aus der Categorie, welche ausnahmweise auch ohne Belege großen historischen Werth haben, die „Mémoires du Cardinal de Retz," der „Mademoiselle de Montpensier," und vor allem die letzte Ausgabe der „Mémoires du

Duc de St. Simon" anzuführen, so wie als Beispiel von denjenigen Redactionen, die durch Beibringung trügerischer oder längst durch den Druck bekannter Allegate sich auszeichnen, das bereits bis zum 6. Theil gekommene Werk „Mémoires tirés des papiers d'un homme d'état" genannt werden könnte.

Sonach scheinen diejenigen Mémoires, welche nicht mit authentischen Belegen versehen sind, so unterhaltend sie auch übrigens sein können, in die Classe unverbürgter Nachrichten zu gehören, denen der ernste Kritiker nur mit Vorsicht Glauben schenkt, und die daher nur mit dieser als geschichtliche Quellen zu Rathe gezogen werden dürfen.

Von selbst versteht es sich, daß hier, weder in der ersten noch zweiten Gattung, von denjenigen Mémoires die Rede sein kann, die nach dem Sturze Napoleon's in zahlloser Menge herausgekommen sind und welche über die Zeit seiner Größe und seiner Regierung Angaben beibringen, die häufig fabelhaft und unwahr sind. Diese Schriften, fast immer unter dem Namen bekannter, früher einflußreicher Personen erschienen, sind öfters von selbigen abgeläugnet, zu Zeiten aus ihren Portefeuilles entwandt, oder von dem Herausgeber, in der Absicht das Publikum zu täuschen und zu besteuern, verfaßt worden. Eine rühmliche Ausnahme dieser Werke machen die ersten Bände der „Mémoires de Bourienne" und das „Manuscrit de mil huit cent douze, par le Baron de Fain."

Die gelehrte Welt ist längst dahin überein gekommen, daß England der Preis im geschichtlichen Fache zuzuerkennen ist, und daß die englischen Geschichtschreiber gründliche Forschungsgabe, hohe Einsicht und jenen philosophischen Geist in ihren Werken entwickelt haben, der eigentlich die Nutzanwendung dieses Theils des menschlichen Wissens ist.

In der neuern Zeit hat diese Bahn ein Schriftsteller betreten, welcher seine Jugend der Geographie und Statistik und der Herausgabe von Reisebeschreibungen nicht ohne Erfolg gewidmet hatte. Wir meinen hier W. Coxe, welcher schon vor funfzig Jahren die beste Reisebeschreibung und Schilderung der Schweiz lieferte, die es in langer Zeit vor und nach ihm gegeben, und die noch nach Erscheinung der Schriften des berühmten Ebel ihren Werth behauptet. Späterhin ergab sich Coxe dem Studium der Geschichte; und welcher Freund dieser Wissenschaft kennt nicht dessen Geschichte des Hauses Oesterreich, der Regierung der Bourbonen in Spanien und die Denkwürdigkeiten des berühmten englischen Ministers Robert Walpole? Unübertrefflich erscheint aber dieser Schriftsteller in den Denkwürdigkeiten des Herzogs v. Marlborough, welche zuerst zu London 1818 unter dem englischen Titel: Memoirs of John Duke of Marlborough; with his original correspondence: collected from the family records at Blenheim and other authentic sources; illustrated with portraits, maps and military plans; by William Coxe, M. A. F. R. S. F. S. A. Archdeacon of Wilts. gedruckt wurden, und welche dem deutschen Publikum durch die vortreffliche Uebersetzung des k. k. Obersten im Generalstabe v. Hauer, die zu Wien 1820 unter dem Titel: Herzogs Johann von Marlborough Leben und Denkwürdigkeiten, aus dem Englischen übersetzt von F. A. v. H., erschienen, bekannt gemacht worden sind.

In diesem Werke, welches der Lebensbeschreibung einer der größten Männer der neuern Zeit gewidmet ist, hat der Verfasser die wichtigen Quellen, welche ihm die englische Regierung und die Nachkommen des Herzogs v. Marlborough auf die vollständigste Weise eröffnet hatten, auf eine ausgezeichnete Art zu benutzen verstanden, und hat sowohl die politische als militärische Laufbahn des Herzogs, welche dieser vereint und gleichzeitig durchschritten hat, mit einer Klarheit auseinander gesetzt, die unserer Meinung nach wenige Schriftsteller vor ihm erreicht haben, und die daher sein Werk zu der vorzüglichsten Lebensbeschreibung macht, die jemals über einen Heerführer und einen Staatsmann erschienen ist.

Die Ordnung der Eintheilung dieses Werks und die geschickte Art, mit welcher der Verfasser die Belege in den Text zu verflechten gewußt hat, ohne daß dadurch der Zusammenhang des letzteren leidet, haben uns vorzüglich neu, bemerkungswerth und nachahmungswürdig geschienen.

Nachdem uns daher die Umstände hinreichende handschriftliche Quellen hatten zukommen lassen, (deren nähere Andeutung der folgende Aufsatz enthält) um den Versuch der Lebensbeschreibung des Feldmarschalls Grafen von der Schulenburg zu unternehmen, welcher zufällig einer der Gehülfen des Herzogs v. Marlborough in dessen Feldzügen war, so haben wir versucht in der Redaction von dessen Denkwürdigkeiten dieselbe Ordnung eintreten zu lassen, welche W. Coxe in seiner Geschichte des Herzogs beobachtet.

Wir verkennen keineswegs, wie sehr dem hohen Interesse seines Helden das des unsrigen nachsteht; noch weit mehr wissen wir uns zu bescheiden, daß unsere Bearbeitung mit der Vortrefflichkeit der seinigen nicht verglichen werden kann; dennoch schmeicheln wir uns, daß das gegenwärtige Werk schon dadurch, daß wir versucht haben in selbigem die nämliche Methode, die W. Coxe in dem seinigen beobachtet hatte, zu befolgen, einigen Werth in den Augen des Publikums erhalten wird, und daß die Reichhaltigkeit und Verschiedenheit der Ereignisse des Lebens des Feldmarschalls Schulenburg und die mannigfaltigen bisher ungedruckten Schreiben merkwürdiger Männer aus seinem Zeitalter, die als Belege beigebracht sind, demselben eine nachsichtsvolle Aufnahme von Seiten des Lesers verschaffen dürften.

Schlüßlich glauben wir dieser Einleitung noch hinzufügen zu müssen, daß wir nur die Sparsamkeit beklagt haben, welche in unserer vaterländischen Litteratur in Hinsicht wirklich pragmatischer Lebensbeschreibungen herrscht, daß wir aber mehr als ein vortreffliches Werk dieser Art in deutscher Sprache kennen. Schon im Jahre 1789 ist in Manheim das Leben Friedrich's v. Schomberg, nachmaligen Duc et Maréchal de Schomberg, von Joh. Friedr. Aug. Katzner erschienen, und wir würden dasselbe zum Muster in Bezug auf Form und Methode genommen haben, wenn uns nicht späterhin die Denkwürdigkeiten des Herzogs v. Marlborough noch vorzüglicher dazu geeignet geschienen hätten.

Uebrigens hatte unser Held manche Aehnlichkeit, in Gesinnungen und Schicksalen, mit dem Herzoge v. Schomberg, für deren weitläufige Erwähnung hier nicht der Ort ist, die wir uns jedoch nicht versagen können mit einigen Worten anzudeuten.

So wie Schomberg war Schulenburg aus einem der edelsten deutschen protestantischen Geschlechter entsprossen; so wie dieser suchte auch er von Jugend auf Kenntnisse und Erfahrungen in der Kriegskunst überall da zu erwerben, wo es Gelegenheit dazu gab; wie Schomberg diente er mit Auszeichnung mehreren Fürsten und Regierungen, kämpfte fast mit allen Völkern Europa's, blieb stets wie dieser, seinem protestantischen Glauben getreu, und erreichte so wie er außerhalb seines Vaterlandes die höchsten militärischen Ehrenstellen; aber minder glücklich als Schomberg, beendigte Schulenburg sein langes Leben durch Alterschwäche gebeugt, in seinem Hause, während jener in seinem 75. Jahre das seinige siegbekrönt auf dem Bette der Ehre vollendete.

Angaben über die handschriftlichen Quellen, welche den gegenwärtigen Denkwürdigkeiten zum Grunde gelegt worden sind.

Es scheint unerläßlich, daß geschichtlichen Denkwürdigkeiten eine Andeutung der ungedruckten Quellen vorausgehe, welche den Verfasser veranlaßt haben, und vielleicht ihn rechtfertigen, sein Werk dem Publikum vorzulegen.

Der Feldmarschall Graf von der Schulenburg hatte im Jahr 1728 das Guth Delitz an der Saale von seinem Bruder, dem Chursächsischen General-Lieutenant Daniel Bodo, erkauft. Dieses Guth überließ er durch sein Testament und Codicille seinem Neffen, dem Grafen Christian Günther von der Schulenburg, Stifter des Hauses Hehlen, und den vier Söhnen dessen jüngern Bruders, Adolph Friedrich, Stifters des Hauses Betzendorf, welcher 1741 in der Schlacht von Mollwitz als Königl. Preußischer General-Lieutenant geblieben war.

Späterhin erkaufte das Haus Betzendorf die Hälfte von Delitz vom Hause Hehlen, und der jüngste Sohn Adolph Friedrich's, der Chursächsische Kammerherr und Geheime-Kammer-Rath Albrecht Ludwig auf Closter-Roda beschäftigte sich mit der Leitung der Angelegenheiten dieses Guths in seinem und seiner drei Brüder Interesse.

Hier stieß er im Jahre 1782 auf mehrere Kisten mit Schriften, in welchen er hinlängliche Materialien fand, um sich zu entschließen die Denkwürdigkeiten seines Groß-Oheims zu entwerfen. Diese Hülfsmittel wurden durch die Correspondenz vermehrt, welche zwischen dem Feldmarschall und seinem Neffen, Adolph Friedrich, in den Jahren 1718 bis 1741 ununterbrochen geführt worden war, mehrere bedeutende Fascikel ausmachte, und die sich im Archive des Grafen von der Schulenburg-Wolfsburg vorfand.

Diese Denkwürdigkeiten wurden in französischer Sprache entworfen, und bis zum Jahre 1708 geführt. Der Tod übereilte den Verfasser 1784 in dieser Beschäftigung, und setzte seinem arbeitsamen Leben ein zu frühes Ziel.

Es vergingen Jahre, bevor der Herausgeber gegenwärtiger Denkwürdigkeiten daran dachte, jenen früheren unvollendeten Aufsatz zu benutzen, und ihn, in deutscher Sprache umgearbeitet, dem Drucke zu übergeben; er wurde hierzu durch Auffindung neuer handschriftlicher Hülfsmittel veranlaßt.

Der im Jahr 1820 verstorbene Graf von der Schulenburg auf Emden befand sich in Cassel, als nach dem Friedensschlusse von Wien (1809) die im damaligen Königreiche Westphalen gelegenen Güter des deutschen Ordens eingezogen wurden. Unter diesen befand sich die Commende Luklum, bei Braunschweig gelegen. Auf dieser hatte vom Jahre 1757 bis 1772 Daniel Christoph Georg Graf von der Schulenburg als Land-Commandeur der Balley Sachsen residirt, und hatte im Ordens-Archive Schriften seines Groß-Oheims, des venetianischen Feldmarschall's, niedergelegt *).

Diese Schriften kamen nach Cassel, und ein dortiger westphälischer Staatsbeamter übergab dem Grafen von der Schulenburg auf Emden sechs Hefte Original-Schreiben, welche von den bedeutendsten Fürsten, Feldherren und Staatsmännern aus der ersten Hälfte des achtzehnten Jahrhunderts an den Feldmarschall gerichtet worden waren.

Eine Sammlung anderer Schriften, welche als strategisch bezeichnet wurden, behielt die westphälische Regierung an sich, und bis jetzt ist es nicht gelungen selbige wieder aufzufinden **).

Endlich verschaffte ein glücklicher Zufall dem Verfasser die bedeutendsten und wichtigsten Materialien für die Geschichte des Feldmarschalls, vorzüglich für denjenigen Zeitpunkt von dessen Leben, wo die handschriftlichen Angaben in den früher genannten Sammlungen mangelten, nämlich über dessen der Republik Venedig von 1715 bis 1747 geleistete Dienste.

*) Daniel Christoph Georg war der dritte Sohn des Neffen und Universal-Erben des Feldmarschall's; er hatte sich während der letzten Lebensjahre desselben bei ihm in Verona aufgehalten, und es ist wahrscheinlich daß er diese Papiere ins Ordens-Archiv niedergelegt hatte, um sie zur Verfügung derjenigen zu erhalten, welche früh oder spät die Lebensgeschichte seines Groß-Oheims zu schreiben beabsichtigen würden.

**) Im Spätjahre 1813 hatte sich in Cassel eine Commission vereinigt, welche aus Preußischen, Hannöverschen, Churhessischen und Braunschweigschen Staatsbeamten bestand, um die in Cassel, als ehemaliger Hauptstadt des Königreichs Westphalen, befindlichen Schriften zu theilen, und denjenigen Behörden jener Staaten wieder zuzustellen, deren Angelegenheiten sie betreffen konnten. Diese Sichtung fand in der ersten Hälfte des Jahres 1814 statt, und da diese Papiere blos historischen und militärisch-theoretischen Inhalts sind, und kein besonderes Interesse für irgend einen der vier Staaten haben konnten, so ist es fast wahrscheinlich, daß solche entweder in Cassel verblieben, oder nach Braunschweig abgeliefert worden, und vielleicht noch daselbst zu finden sind.

In der merkwürdigen Sammlung von Handschriften des Mittelalters, welche in Mailand als Privat-Eigenthum des Kaisers unter dem Namen: „Archivio diplomatico" besteht, fanden sich sieben und zwanzig Bände vor*), welche ein Ungefähr aus einem neueren Zeitpunkte der Geschichte in diese Sammlung gebracht haben muß. Sie enthalten größtentheils Original-Berichte des Feldmarschalls Schulenburg an die ersten Behörden der Republik Venedig, reine Abschriften derselben, und endlich ein gründliches und höchst umständliches Tagebuch der Feldzüge gegen die Türken von 1716, 1717 und 1718, in welchen der Feldmarschall die Streitkräfte der Republik sowohl bei der Vertheidigung von Corfu, als im offensiven Versuchen gegen die türkischen Besitzungen auf den Küsten von Albanien und Dalmatien befehligt hatte.

Seine Majestät der Kaiser von Oesterreich hatten im Jahre 1829 die Gnade, dem Herausgeber die Erlaubniß zuzugestehen, diejenigen Bände, welche ihm am zweckmäßigsten schienen, aus dem Archive gegen einen Depositen-Schein an sich zu nehmen.

Die ungedruckten Materialien der vorliegenden Denkwürdigkeiten bestehen daher in folgenden Akten:

1) In zwei und zwanzig Fascikel Schriften, welche sich in Delitz an der Saale befanden, und Nachrichten aus dem Leben des Feldmarschall's, vorzüglich über seine Braunschweigschen und Chursächsischen Dienste, enthalten, und sich mit dem Jahre 1715, wo er in venetianische Dienste getreten ist, schließen, jedoch noch einige Angaben über seine letzten Lebensjahre, Tod und Verlassenschaft darbieten.

2) In mehreren Bänden von Briefen, die der Feldmarschall an seinen Neffen, den Königl. Preußischen General-Lieutenant, Friedrich Adolph, in den Jahren 1718 bis 1741 gerichtet hat, welche zwar vorzüglich die Privat-Angelegenheiten und das Vermögen des Ersteren betreffen, in denen sich jedoch interessante Angaben über die Begebenheiten der damaligen Zeit, und über

---

*) Diese Bände sind im Archive bezeichnet mit Nr. 29. A. und B., überdem mit laufenden arabischen Ziffern; inwendig steht geschrieben: „ex libris Amadei Saujer." Da viele Originalien darunter befindlich sind, so muß man voraussetzen, daß solche bei dem Umsturze der Republik Venedig 1797 in die Hände von Privat-Personen und auf irgend eine Weise in die Sammlung des Archivio diplomatico gekommen sind, welches ebenfalls in der Zeit der italienischen Revolution, von 1796 an, meistentheils aus klösterlichen Archiven, gebildet wurde.

die Geschichte des früheren Lebens des Feldmarschall's befinden. (Diese gehören ins Familien-Archiv zu Wolfsburg.)

3) In den sechs Heften von Schreiben hoher Fürsten, Staats- und Militär-Personen, welche in der ersten Hälfte des achtzehnten Jahrhunderts an den Feldmarschall gerichtet wurden. Diese Sammlung, welche dem Archive in Emden zuständig ist, faßt die ganze Lebens-Epoche des Feldmarschall's, wo er im öffentlichen Dienste stand, in sich, fängt mit einer Ordre Königs Wilhelm des Dritten von England vom 19. Septbr. 1695 an, und schließt mit Briefen, die der große Friedrich nach seinem Regierungsantritt an ihn richtete.

4) In den sieben und zwanzig Bänden der in dem Mailänder „Archivio diplomatico" niedergelegten Original-Berichte des Feldmarschall's an die Republik Venedig, wovon neun Bände, welche die wichtigsten Dokumente enthalten, vorzüglich vom Verfasser zur Redaktion des zweiten Theils dieser Denkwürdigkeiten benutzt worden sind.

Inhalt des ersten Bandes.

Erste Abtheilung.

1661 — 1698.

Braunschweigsche Dienste.

Erster Abschnitt. (1661 — 1788.)

Zweiter Abschnitt. (1688 — 1694.)

Dritter Abschnitt. (1695 — 1698.)

Zweite Abtheilung.

(1698 — 1702.)

Savoysche Dienste.

Dritte Abtheilung.

(1702 — 1706.)

Chursächsische Dienste.

Vierte Abtheilung.

(1707 — 1711.)

Chursächsische Dienste.

Funfzehnter Abschnitt. (1707 — 1708.)

Sechzehnter Abschnitt. (1708.)

Siebenzehnter Abschnitt. (1708.)

**

Druckfehler.

Seite 11 Note 1 Zeile 1 statt 1687 lies 1684.
2 st. Crigai l. Crequi.
" 41 Zeile 29 st. Riemhofen l. Rienhofen.
" 42 " 3 streiche nun.
" 48 " 2 von unten st. aux préjudices l. au préjudice.
" 49 " 2 st. du Munstre l. de Munster.
" 49 " 12 st. Celle l. Elle.
" 50 " 6 st. Torçe l. Terol.
" 60 " 18 st. les l. le.
" 61 " 3 st. aux l. ceux.
" 61 Note Z. 10 v. u. st. Churbraunschweig'sche l. Churbrandenburgische.
" 65 Zeile 15 st. aux l. ceux.
" 75 " 2 v. u. l. des Regiments Infanterie Savoyen.
" 128 " 23 st. S. A. R. l. S. A. S.
" 160 " 7 v. u. l. e la caccia.
" 205 " 19 l. mit inniger Wehmuth.
" 224 " 10 st. les troubles l. les troupes.
" 227 " 5 st. en danger l. danger.
" 227 " 8 st. à Moscovie l. en Moscovie.
" 251 " 24 st. 17 l. 27.
" 280 " 9 st. der Conditiones l. die Conditiones.
" 288 " 5 v. u. st. Besitzer l. Besitz.
" 312 " 3 v. u. st. unerträgliche l. unverträgliche.
" 314 " 8 v. u. hinter Fürstenberg ist einzuschalten gebraucht.
" 325 " 5 st. Rautzau l. Rantzau.
" 351 " 6 v. u. l. Tournay.
" 355 " 17 v. u. st. troups l. troupes.
" 358 " 5 v. u. l. gageurs.
" 367 " 13 st. Mey l. May, und so immer.
" 376 " 6 l. rencontré.
" 376 " 13 l. le passage.
" 377 " 25 st. manoeuvres l. manoeuvrer.
" 465 " 7 v. u. st. cour l. coeur.
" 488 " 7 v. u. st. Marschall l. Monsieur.
" 522 Note Zeile 3 st. entwickelte l. verwickelte.

Erster Abschnitt.

Geburt Schulenburgs. — Notizen über das Schulenburgsche Geschlecht, insbesondere über Gustav Adolph, Vater Johann Matthias. — Erste Erziehung desselben. — Dessen Studien in Saumur. — Tritt in Herzogl. Braunschweig-Wolfenbüttelsche Hofdienste. — Macht als Freiwilliger in Ungarn einen Feldzug gegen die Türken. — Tritt als Hauptmann in Braunschweigsche Kriegsdienste.

1661 — 1688.

Johann Matthias von der Schulenburg wurde am 8. August 1661 zu Emden [1]) einer vier Meilen nordwestlich von Magdeburg gelegenen alt-Schulenburgschen Besitzung geboren. Sein Vater war Gustav Adolph, Churbrandenburgscher Geheimer-Rath, Kammerpräsident zu Magdeburg und Hauptmann zu Giebichenstein und der Moritzburg in Halle. Seine Mutter war Petronella Ottilie von Schwenken, aus einem alten westphälischen, nunmehr erloschenen Geschlechte. 1661

Der Stamm, aus welchem er entsproß, gehört zu den ältesten Geschlechtern in Deutschland, welches seit dem zwölften Jahrhundert in der Altmark sich niedergelassen und darin, sowie auch im Herzogthum Magdeburg, noch ansehnliche Be-

1) In einigen genealogischen Angaben ist der 8. August 1660 als Geburtsjahr von Johann Matthias angenommen; es muß aber 1661 deshalb heißen, weil dessen ältere Schwester Margarethe Gertrude, vermählt mit Friedrich Achaz von der Schulenburg, am 25. Novbr. 1659 geboren ward.

1*

1081 sitzungen hat. Im Jahre 1214 erhielt das Schulenburgsche Geschlecht das Stammgut Betzendorf in der Altmark, welches noch in dessen Händen ist, in Lehn. Wenig Familien werden Güter aufzuweisen haben, die seit sechs Jahrhunderten im ungestörten Besitz derselben sind. 1351 bekam es Apenburg und Rittleben, und zwar als Belohnung für die den Churfürsten von Brandenburg aus dem Hause Baiern gegen den falschen Waldemar bewiesene Treue [1]). Nicht minder erhielt es in demselben Jahre die Würde eines Erbküchenmeisters in der Churmark Brandenburg. Im funfzehnten Jahrhundert dehnten sich die Schulenburgschen Besitzungen im Magdeburgschen aus, indem dies Geschlecht 1448 mit Hohenwarsleben und mit der Herrschaft Angern, wozu Rammstedt gehörte, und 1454 mit der Herrschaft Altenhausen, von welcher das Rittergut Emden damals ein Pertinenz-Stück ausmachte, belehnt wurde. Als Schulenburg, dessen Denkwürdigkeiten wir hier niederzuschreiben gedenken, das Licht der Welt erblickte, hatten zahlreiche Mitglieder seines Geschlechts hohe Ehrenstellen im geistlichen, im Kriegs- und Civilstand erlangt. Es zählte dasselbe mehrere Bischöfe, drei Heermeister des hohen St. Johanniter-Ordens, zwei Feldmarschälle und mehrere Generäle und Kriegsobersten. Die bedeutende Stelle eines Landeshauptmanns der Altmark hatten im Verlauf von fünf Jahrhunderten unter sechs und vierzig Landeshauptleuten, achtzehn Mitglieder aus der Schulenburgschen Familie inne gehabt.

Im geistlichen Stande zeichnete sich vor Allem **Dietrich**, Bischof von Brandenburg, aus, welcher von 1349 bis 1393 die bischöfliche Würde daselbst bekleidete. Er nahm Antheil an allen wichtigen Angelegenheiten der Zeit, in welcher er lebte, und war einer der ersten Staatsdiener des Kaisers **Carl IV.**

---

1) „Und zwar," so äußert sich der Lehnbrief Churfürsts Ludwig I., gegeben zu Ruppin 1351 am Donnerstag der ersten Woche nach Pfingsten, „wegen der Treue, die sie uns in unseren höchsten Nöthen rastlos mit Fleiß bewiesen, in der Zeit als Waldemar durch Betrug und angerichtete unmenschliche Schnödigkeit in unserer Mark zu Brandenburg ist aufgestanden, und uns wider allen unseren Abgünstigen und Feinden treulich beigestanden haben."

und des Churfürsten Sigismund von Brandenburg. Letzterer 1661
vertraute ihm im Jahre 1383 die Interims-Verwaltung seiner Staaten, während seiner Abwesenheit in Ungarn, an.

Küster in seinen „Icones virorum clarissimorum Brandenburgicorum“ giebt seine Lebensbeschreibung, sowie mehrere Brandenburgsche Geschichtsschreiber.

Auch Christoph v. d. Schulenburg, Bischof von Ratzeburg (1554) war ein berühmter Mann seiner Zeit, und war wegen seiner Gelehrsamkeit und durch seine Tugenden bekannt.

Bernhardt († 1397), Heermeister der Balley Brandenburg des St. Johanniter-Ordens, machte sich um das Wohl des Ordens hoch verdient, und schloß im Jahre 1382 den bekannten Heimbachschen Vertrag mit dem Groß-Prior des Johanniter-Ordens in Deutschland, welcher späterhin als Groß-Prior und Reichsfürst zu Heitersheim residirte, ab. Dieser Vertrag hat bis in die neuesten Zeiten zur Grundlage aller Verhältnisse zwischen der Balley Brandenburg, selbst nach der Reformation, und der deutschen Zunge in Maltha, welcher in Deutschland der Groß-Prior und Fürst von Heitersheim vorstand, gedient. Der nämliche Bernhardt war 1364 als Botschafter, nebst mehreren Gesandten des deutschen Ordens, nach Polen geschickt worden, um durch einen mit diesem Reiche zu erneuernden Grenzvertrag allen Irrungen vorzubeugen, die eine nahe bevorstehende Veränderung im Brandenburgschen Regentenstamm veranlassen konnte; die Erbverbrüderung Churfürst Ludwigs des Römers, aus dem Hause Baiern, mit Kaiser Carl IV., aus dem Hause Luxemburg, ließ nämlich erwarten, daß dieser, bei Abgang des ersteren, zur Regierung gelangen würde.

Lewin und Reichardt bekleideten beide die hohe Würde eines Heermeisters. Lewin blieb, nach einem in „Pfeffingers Braunschweigschen Geschichte, Kap. V. §. 8,“ aufgeführten Document, 1327 in einer Schlacht gegen die noch heidnischen Lithauer, und Reichardt († 1491) war einer der letzten Edelleute, welche die Stelle eines Heermeisters besaßen, da solche nach ihm fast ausschließlich Fürsten aus regierenden Häusern zu Theil wurde.

1661 Dietrich († 1341) war einer der ausgezeichnetsten Diener der Churfürsten von Brandenburg aus dem Hause Baiern. Er war Churfürstlicher Ober-Marschall und Kriegs-Oberster, kämpfte ritterlich in den Schlachten von Prenzlow und Crema gegen die Herzöge von Pommern, die nach dem Aussterben der Markgrafen von Brandenburg, aus dem Hause Askanien, auf das Churfürstenthum Anspruch machten, und war 1338 Botschafter auf dem Reichstag in Frankfurt a. M., in welchem diese Händel ausgeglichen wurden.

Heinrich, welcher um das Jahr 1390 lebte, und 1425 starb, war Contutor (Mit-Vormund) Churfürsts Sigismund von Brandenburg, zweiten Sohns Kaisers Carl IV., welchem, als zehnjährigem unmündigen Fürsten, die Churbrandenburg zufiel. Dieser Heinrich war Stammvater der nachmals im Luxemburgschen und in Frankreich angesessenen Linie des Schulenburgschen Geschlechts, aus welcher der berühmte Maréchal Schulenberg de Mont de Jeu, Vertheidiger von Arras, abstammte.

Werner, Churbrandenburgscher Ober-Hofmeister und Herzoglich Pommerscher Stadthalter, war eines der thatenreichsten Mitglieder der Familie; er genoß des seltenen Vorzugs, der Freund und Vertraute zweier nachbarlichen und oft feindseligen Regentenstämme zu seyn, der Churfürsten von Brandenburg und der Herzöge von Pommern. Jene gaben ihm die Burg Löcknitz und diese die Stadt Penkun in Lehn. Herzog Bogislaw von Pommern nannte ihn in der damaligen einfachen Sprache „seinen treuen Diener Werner.“ Seine Zeitgenossen gaben ihm den Beinamen „Cor principis,“ und Peckenstein erwähnt seiner als „Palma summi honoris et gloriae militaris.“ Unter seiner Leitung wurde 1479 zwischen beiden Fürsten der Vertrag zu Prenzlow zu Stande gebracht, durch welchen die Grenzen zwischen beiden Staaten berichtigt und dem Hause Brandenburg die Erbfolge in Pommern, nach Aussterben der dortigen Herzöge, zugesichert wurde.

Matthias, Ur-Aeltervater unseres Schulenburgs, war der vertraute Diener der drei Churfürsten Johann, Georg des I. und des II. Er war Kriegsraths-Präsident des letz-

teren, und verlor sein Leben 1542 in dem Kriegszuge gegen 1661
die Türken, wohin er seinen Herrn begleitet hatte, vor Pesth durch einen Kanonenschuß. Matthias war einer der eifrigsten Beförderer der lutherischen Lehre im Herzogthum Magdeburg, und nahm wesentlichen Antheil an den Unterhandlungen, welche die Reformation im Jahre 1541 auf dem Reichstag in Regensburg betrafen. Er erwarb sich bleibende Verdienste um die Güter und um das Grundvermögen seiner Nachkommen.

Jacob (n. 1515, † 1576), dessen Sohn, des Kaisers und Reichs-Feldmarschall, war abwechselnd in Churbrandenburgschen, Chursächsischen und Herzogl. Braunschweig-Wolfenbüttelschen Diensten. In diesen verschiedenen Dienstverhältnissen erwarb er sich großen Ruhm. Er wurde 1566 vom Kaiser Maximilian II. zum Feldmarschall und Befehlshaber eines Theils desjenigen Heeres ernannt, welches gegen die Ungläubigen focht. Gegen diese hatte er von Jugend auf mehrere Feldzüge gemacht. Er leitete unter dem Churfürsten Moritz von Sachsen 1551 die Belagerung von Magdeburg, folgte ihm in seinem bekannten Zuge nach Tyrol im May 1552, und war sein Begleiter in der Schlacht von Sievershausen, in welcher der Churfürst den Heldentod starb. Unter Churfürst August befehligte er das Heer, welches 1567 das Schloß Grimmstein bei Gotha belagerte, und eroberte, als die Reichs-Execution gegen den Herzog Johann Friedrich verhängt worden war. Die Churfürsten von Brandenburg beehrten ihn mit derselben Gunst und mit demselben Vertrauen, als die Churfürsten von Sachsen. Joachim II. schenkte dem Feldmarschall Jacob für seine treuen Dienste das Dorf Mahlwinkel. Als er dessen Sohn, den Churfürst Joachim Georg, 1575 auf den Reichstag nach Regensburg begleitete, so befiel ihn daselbst eine Krankheit, an welcher er 1576 zu Magdeburg starb.

Jean, unter dem Namen des Maréchal Schulenberg de Mont de Jeu bekannt, diente von Jugend auf in Frankreich, wo seine Voraltern 1488 Naturalisations-Briefe erhalten hatten. Er fing seine Kriegsdienste unter dem Prinzen von Sedan an, welcher in der Französischen Geschichte den Namen M^{al}.

1661 de Bouillon führt, Vater des berühmten M^al. de Turenne. Schulenberg wohnte als Rittmeister im Heere des Churfürsten Friedrich V. von der Pfalz der entscheidenden Schlacht auf dem weißen Berge bei Prag bei. Schon als Oberster vertheidigte er 1636 und 1637 ruhmvoll Coblenz und Ehrenbreitstein gegen die Kaiserlichen und Spanischen Truppen. 1654 leitete er als Gouverneur die berühmte Vertheidigung von Arras gegen den Erzherzog Leopold und den Prinzen von Condé. In Folge dessen ernannte ihn 1661 Ludwig XIV. zum M^al. de France und ertheilte ihm das Gouvernement der Provinz Artois und den Orden des heiligen Geistes.

Der Wunsch, solcher edlen Ahnen werth zu seyn, ergriff schon früh unsers Schulenburgs Gemüth, und waltete als eine mächtige Triebfeder in seinem langen und thatenreichen Leben vor. Nur für eine solche Stimmung ist eine hohe Geburt ein Vorzug, während sie gemeinen Seelen zur Last und zum Nachtheil wird.

Gustav Adolph, der Vater unsers Helden, war einer der tugendhaftesten und würdigsten Männer seiner Zeit. Der berühmte König von Schweden hatte ihn aus der Taufe gehoben und ihm seinen Namen ertheilt. Er vermählte sich in erster Ehe am 25. October 1658 mit Petronella Ottilie von Schwenken, Tochter Johann's von Schwenken, Erbherrn von Frieselburg und Hasellunde, und Gertrude von Alten, aus dem Hause Wildenburg. Er verlor seine erste Gemahlin im Jahre 1674, und vermählte sich zum zweitenmale mit Anna Elisabeth v. Stammer am 8. Novbr. 1676, Tochter Georg Arend's v. Stammer, Erbherrn auf Wörmlitz, Wedlitz und Ballenstedt. Im Jahre 1679 wurde Schulenburg Hauptmann des Amtes Gatersleben und war schon früher Kriegs- und Kreis-Commissär des Holz-Kreises im Herzogthum Magdeburg. Unter dem 15. Juny 1680 ernannte ihn der Churfürst Friedrich Wilhelm von Brandenburg, unter dem Namen des Großen Churfürsten in der Geschichte bekannt, zum Hof- und Regierungs-Rath in Magdeburg, und schon am 12. July desselben Jahres zum Kammer-Präsidenten in Magdeburg und Halle und zum Hauptmann der Aemter Giebichenstein und

Moritzburg. 1683 wurde Gustav Adolph Churbrandenburgscher Geheimer-Rath, welche Stelle damals der Würde eines Staats-Ministers gleich kam [1]); auch erhielt er bei dieser Gelegenheit, als Beweis der Allerhöchsten Zufriedenheit mit seinen Diensten, das Versprechen des ersten aperten Lehns bis auf den Werth von 5000 Thalern. 1681

Als Mißhelligkeiten zwischen dem Churfürsten von Sachsen, Johann Georg III., nach dessen Regierungsantritt 1680, und den Herzögen von Sachsen-Merseburg und Zeitz ausbrachen, welche letztere die Vermittelung des Churfürsten von Brandenburg und der Landgrafen von Hessen in Anspruch genommen hatten, wurde Gustav Adolph mehreremale, namentlich 1685, nach Dresden in dieser Angelegenheit gesandt. Nach dem 1688 erfolgten Tode des Churfürsten Friedrich Wilhelm wurde er von seinem Nachfolger, Churfürst Friedrich III., in allen seinen Aemtern, vermittelst Rescripts vom 17. Juny und 10. Septbr. 1689, bestätigt.

Gustav Adolphs Vermögensumstände waren beschränkt. Sein Vater Matthias (n. 1578, † 1656) war Besitzer von der Herrschaft Altenhausen, zu welcher die Rittergüter, Dörfer und Vorwerke Emden, Bodendorf und Ivenrode gehörten; auch war das ebenfalls im Holz-Kreise des Herzogthums Magdeburg gelegene Gut Hohenwarsleben sein Eigenthum. Matthias starb in zerrütteten Vermögensumständen und die Herrschaft Altenhausen wurde unter seine Söhne getheilt. Der älteste, Alexander, erhielt Altenhausen, Bodendorf und Ivenrode nebst dem Gute Hohenwarsleben, welche Besitzungen noch in den Händen seiner Nachkommen sind; Gustav Adolph das Rittergut Emden, woselbst er das noch bis jetzt bestehende Schloß neu erbaute.

Gustav Adolph hinterließ aus seiner ersten Ehe zwei Söhne und vier Töchter, und aus der zweiten einen Sohn und eine Tochter. Die von ihm noch vorhandenen Correspondenzen und Privat-Rechnungen beweisen die väterliche Sorg-

1) Diese Stelle trug, nach Original-Rechnungen Gustav Adolphs, die noch vorhanden sind, 1800 Thaler Fixum ein.

1682 falt, die er auf die Erziehung seiner Kinder verwandte, und
die besonnene Zärtlichkeit, die er für sie hegte.

Nachdem er seinen beiden Söhnen, Matthias Johann
1676 und Daniel Bodo, die erste Erziehung durch Privat-Lehrer
und in seinem Hause hatte geben lassen, so sandte er sie auf die
1677 hohe Schule nach Magdeburg mit Anfang des Jahres 1676,
wo sie bei einem Rector in Pension gegeben wurden. Im
Juny 1677 kehrten sie ins väterliche Haus zurück. Wir haben
keine Angaben, wo beide Söhne die Zeit von Mitte 1677 bis
zum Frühjahr 1680 zubrachten; indeß ist es sehr wahrscheinlich, daß sie die nahe gelegene Universität Helmstädt besucht haben, da es in jener Zeit durchaus üblich war, jungen Leuten von ihrem Stande und in dem Alter, in welchem sie sich befanden, eine öffentliche Erziehung zu ertheilen.

1680 Im Frühjahr 1680 reisten beide Brüder, von einem Hofmeister begleitet, nach Saumur, an der Loire in der Bretagne gelegen, wo damals eine von Ausländern sehr besuchte berühmte Universität sich befand, und müssen daselbst das gewöhnliche Triennium zugebracht haben [1]). Im Herbst 1683 begaben sich beide Brüder nach Paris, um daselbst den Winter zuzubringen und sich in Bildung und Sitten zu vervollkommnen. Der jüngere, Daniel Bodo, traf schon am
1684 31. May 1684 wieder zu Emden ein, allein der ältere, Matthias Johann, kam erst drei Monate später zurück, weil vor seiner Abreise aus Frankreich die Schulden, die beide Brüder daselbst gemacht hatten, berichtigt werden mußten.

Matthias Johann hatte die Zeit seiner Studien mit größter Sorgfalt zur Erlangung nützlicher Kenntnisse angewendet, und war darin, nach dem eigenen Geständniß seines jüngern Bruders, diesem stets zuvorgekommen. Er hatte die französische und lateinische Sprache, so wie alle mathematischen Wis-

1) In einem Schreiben Gustav Adolphs an seine Söhne d. d. 28. März 1684 wird gefragt: „ob sie ihre Testimonia exacti triennii aus Saumur mitzubringen nicht vergessen hätten?“ Auch ist ein Schreiben Matthias Johann an seinen Vater aus Saumur vom 15. April 1683 vorhanden.

senschaften, gründlich erlernt, und es sind noch lateinische 1684 Briefe an seinen Vater aus jener Zeit vorhanden. Es schien des Vaters und auch seine eigne Absicht zu seyn, daß er sich Civil- und Hofdiensten widme; indeß hat vielleicht ein zufälliger Umstand seinen Beruf zum Militärstand begründet. Als nämlich Matthias Johann allein in Frankreich zurückgeblieben war, so nahm er im Sommer von 1684 seine Rückkehr durch das Luxemburgsche. Es scheint, als wenn der Marschall **Schönborn** ein Observations-Corps in der Nähe von Luxemburg befehligte, welches die Franzosen, als eine damals zu den spanischen Niederlanden gehörige Festung, angriffen und späterhin einnahmen, und daß durch des F. M. Schönborn Fürsprache bei der französischen Generalität Schulenburg die Erlaubniß bekam, diesen Operationen beizuwohnen und die Festung zu besuchen. Schulenburg schrieb lange Jahre nachher an seinen Neffen Folgendes über seine erste Erscheinung auf dem Kriegstheater und zwar unter dem 7. August 1734:

„Ayant été par deux fois à Luxembourg, la 1ère fois en 1684, par la faveur du feu Maréchal Schönborn, qui fit entendre au Marquis de la Trousse qui conduisait un corps de secours pour l'attaque de cette place, qu' il lui ferait un plaisir particulier de me conduire avec lui et d'avoir soin de nous qui étions des innocents alors." [1]).

Schulenburg trat, im Winter von 1684 zu 1685, in Her- 1685 zogl. Braunschweig-Wolfenbüttelsche Dienste und wurde am Hofe zu Wolfenbüttel als Kammerjunker angestellt. Damals regierten das Herzogthum gemeinschaftlich die beiden Brüder **Rudolph August** und **Anton Ulrich** [2]). Letzterer war

---

1) Die Festung Luxemburg wurde Ende April 1687 von den Franzosen unter dem **Maréchal de Crigui** berennt, und kapitulirte nach einer förmlichen Belagerung am 7. Juny; der **Prince de Chimay** war spanischer Gouverneur des Platzes.

2) Die Herzöge Rudolph August und Anton Ulrich von Braunschweig-Wolfenbüttel waren Söhne des Herzogs August auf Hitzacker an der Elbe, woselbst letzterer residirte; Rudolph August trat nach seines Vaters Tode die Regierung im Jahre 1666 an, gab seinem jüngern Bruder Anton Ulrich anfänglich die Aemter Schöningen, Jerxheim,

[illegible] ein unvergleichlicher Fürst, der mit einer hohen geistigen, wissenschaftlichen Bildung ein wohlwollendes, herzliches Gemüth und eine liebenswürdige Heiterkeit verknüpfte. Viele autographische Handschreiben, welche zu den Materialien gehören, die dem Herausgeber gegenwärtiger Denkwürdigkeiten zu Gebot stehen, bewähren diese Charakter-Schilderung, welche die Geschichte des Hauses Braunschweig bestätigt.

Dieser Fürst, in dessen Diensten sich gleichzeitig Friedrich Achatz von der Schulenburg, Schwager des unsrigen, als Geheimer-Rath, Hofrichter und Oberberghauptmann befand, der bis zu seinem Tode an der Spitze der Verwaltung des Herzogthums Braunschweig stand, fand früh Gefallen an Schulenburg, hielt ihn seines hohen Schutzes würdig, und erhielt ihm selbigen bis zu seinem Ableben.

1686 Es scheint, als wenn Schulenburg im Jahre 1686 seine

Voigtsdalen und Calvörde als Apanage. Im Jahre 1685 nahm er aber diesen zum Mitregenten an; er starb am 26. Januar 1704, nachdem er in zweiter Ehe Rosinen Elisabeth Menthen, bekannt unter dem Namen Madame Rudolphine, zur linken Hand sich hatte am 7. July 1687 antrauen lassen. Herzog Anton Ulrich regierte hierauf allein bis zum 27. März 1714. Dieser vorzügliche Fürst von den liebenswürdigsten Sitten war keiner Wissenschaft fremd; er erbaute das Lustschloß Salzdahlen, welches 1694 beendigt wurde, und bereicherte die schönen Kunstsammlungen, die noch in Braunschweig aufbewahrt werden. Man hat von ihm zwei gedruckte Werke; das erste führt den Titel „Aramena,“ welches in der Form einer romantischen Schilderung die Geschichte und die Sitten des alten Testaments und der damaligen heidnischen Völker darstellt; das andere, welches 1685 zuerst erschien, führt den Titel: „Die römische Octavia,“ und wurde zu Braunschweig 1712 in 6 Theilen gedruckt. Unter verdeckten Namen, als Solane und Rhodogune, sind wichtige Begebenheiten als Episoden eingeflochten, die sich zu des Herzogs Anton Ulrich Lebzeiten an deutschen Höfen zugetragen haben. Ein 7. Band der Octavia erschien als Fragment zu Wien 1762; wahrscheinlich sind dies die Blätter, welche, wie man weiter unten sehen wird, der Herzog noch sterbend dictirte. Herzog Anton Ulrich war, wie bekannt, der Großvater der Kaiserin Elisabeth Christinen, Prinzessin von Braunschweig-Blankenburg, Gemahlin Kaisers Carl VI., und ist folglich in der 5. Generation der Ahnherr des gegenwärtigen Kaisers Franz II.

erste politische Sendung noch als Hofmann erhalten habe, und 1688
zwar, um den nachherigen Churfürsten Friedrich III. von Brandenburg als Churprinz von Seiten der Herzöge von Braunschweig zu begrüßen, als dieser den Hof seines Vaters verließ, um sich mit seiner zweiten Gemahlin nach Hannover zu flüchten. Schulenburg sagt in einem seiner Briefe an seinen Neffen, vom 29. Septbr. 1730:

„J' ai eu l' honneur de joindre le feu Roi et la feue Reine (Friedrich I. und seine zweite Gemahlin Sophie Charlotte, Tochter Ernst August's, Churfürsts zu Hannover, † den 1. Febr. 1705) à Halle lorsqu' ils s' y étaient retirés à cause de quelques mécontentemens, et je les y ai servi de même qu' à leur retour pour Berlin."

und wir besitzen ein Schreiben seiner Schwester Margarethe Gertrud, vermählte von der Schulenburg, wahrscheinlich aus dem Jahre 1687, an ihren Vater, davon wir späterhin Einiges anführen werden, worin es heißt: „Daß mein Bruder solchen guten Ruhm hat zu Berlin, ist auch solche Freude, daß mein hochgeehrtester Herr Vater sich darüber noch etwas trösten kann."

Wahrscheinlich gab diese Sendung Schulenburg Gelegenheit, jener Fürstin ausgezeichnete Eigenschaften, welche eine so allgemeine Verehrung ihrer Zeitgenossen besaß, näher kennen zu lernen, wovon wir Spuren in vorhandenen Briefen in dem Zeitpunkt ihres frühzeitigen Todes finden.

In dieser Zeit muß der Eintritt Schulenburgs in Herzog- 1687
lich Braunschweigsche Kriegsdienste stattgefunden haben, und wahrscheinlich seinen Feldzügen, die er nebst seinem Bruder als Freiwilliger in Ungarn machte, vorhergegangen seyn. Der eben erwähnte Brief seiner Schwester, der leider ohne Datum ist, deutet an, daß die Wahl dieses Standes nicht ganz im Einklang mit dem Wunsche seines Vaters gewesen sey. Seine Schwester sagt: „Es ist mir auch herzlich leid, daß mein Bruder die Kriegsdienste ohne Fürerlaubniß meines hochgeehrtesten Herrn Vaters hat angenommen, und habe ich deswegen meinen Mann gefragt, wie es doch käme? so betheuerte er solches hoch, daß mein Bruder keine Schuld hätte, denn der Herzog hat denselben Tag die Resolution von ihm haben wollen, also

1687 bitte für ihn, mein Herr Vater rechne ihm solches nicht zu, denn es ist jetzt für junge Leute nichts übrig als Kriegsdienste, und Durchlaucht, mein Herr (Herzog Anton Ulrich), wird so viel möglich ihn aufhelfen."

Hiernach scheint sich Matthias Johann, nebst seinem Bruder Daniel Bodo, unmittelbar über Dresden und Wien zum christlichen Heere nach Ungarn begeben zu haben.

Die Materialien, welche vor uns liegen, sind in Bezug auf diese ersten Feldzüge Schulenburgs unzureichend. Wir finden in ihnen nur hier und da Andeutungen, daß er als Freiwilliger in Ungarn gedient habe. In einem Schreiben, welches er in einem hohen Alter (1740) an den berühmten Voltaire gerichtet, welcher von ihm nähere Nachrichten über seine Feldzüge gegen den König von Schweden, Carl XII., verlangt hatte, und das sich in den „Denkwürdigkeiten für die Kriegskunst und Kriegsgeschichte, herausgegeben von einigen Officieren des Königl. Preuß. Generalstabes, Berlin 1817," befindet, sagt Schulenburg Seite 49:

„On remarquera encore ici qu' après que Schulenburg avait été en Hongrie sous les ordres du fameux Duc de Lorraine et Electeur de Bavière qui prit Belgrade."

Ferner Seite 235:

„Le Czar avait avec lui un général allemand, le général Allard, mon ancien et bon ami ayant servi ensemble en Hongrie 1687."

In einem deutschen Manuscript, welches sich unter den Schriften befindet, die der Verfasser in dem Mayländischen Archivio diplomatico gefunden hat, mit der Ueberschrift:

Memorie in lingua tedesca della vita di Mattia Giovanne Scolembourg, Conte del S. J.

und welches ein Fragment einer Lebensbeschreibung Schulenburgs enthält, das bis 1706 reicht, wird gesagt, „daß sich Schulenburg nach Ungarn begeben, den Campagnen, unter andern der Passage über die Sau und der Belagerung Belgrads, beigewohnt habe."

Ueberdem findet sich ein Schreiben von Schulenburgs jüngerm Bruder, Daniel Bodo, aus Belgrad vom 20. Octbr.

1688 vor, in welchem dieser den Empfang eines Briefes für 1687 seinen ältern Bruder anzeigt.

Der Antheil, welchen Schulenburg als ein junger Freiwilliger an den Kriegsereignissen in Ungarn nehmen konnte, ist zu unbedeutend, als daß wir uns veranlaßt finden könnten, in eine nähere Darstellung von den Vorfällen, die in den Feldzügen von 1687 und 1688 stattgefunden haben, einzugehen.

Es sey hinreichend, anzudeuten, daß in dem ersten der berühmte Herzog von Lothringen Carl IV. (n. 1643, † 1690) den Oberbefehl führte, und am 12. August die Schlacht bei Mohatz, zwischen diesem Ort und Sicklotz [1]), gewann, in welcher der Churfürst Maximilian Emanuel von Baiern (n. 1662, † 1726) den linken Flügel, und der Prinz Ludwig von Baden den rechten befehligte. Die Folgen dieses Sieges waren die Einnahme von Essegk und Peterwardein, und daß die Deutschen Winterquartiere in Siebenbürgen nehmen konnten.

Im Feldzug von 1688 hatte der junge Churfürst von 1688 Baiern das Ober-Commando; hier fand im August der Uebergang über die Sau im Angesicht des türkischen Heeres, und am 5. Septbr. die Einnahme mit Sturm von Belgrad statt, bei welcher der Churfürst auf der Bresche durch einen Pfeil an dem Gesicht verwundet wurde.

Die Lage der Verhältnisse, in welcher dazumal die Türkei zu der österreichischen Monarchie stand, war sehr verschieden von derjenigen, die unsere Zeitgenossen kennen. Nachdem der letzte große Versuch, den die Ungläubigen gemacht hatten, um ihre Herrschaft bis in das Innere von Deutschland auszudehnen, durch die Schlacht von Wien 1683 vereitelt worden war, so hatten sie sich zwar in das Innere von Ungarn zurückgezogen, allein sie hatten noch festen Fuß auf dem rechten und linken Drau-Ufer, sowie noch zwischen der untern

1) Auf demselben Schlachtfelde, wo 1526 der ungarsche König Ladislaus umgekommen war.

1688 Theis und der Donau. Die Provinzen, welche vom rechten Donau- und dem linken Drau-Ufer eingeschlossen werden, waren noch der Sitz der Niederlassungen der Türken, von welchem aus sie häufige Einfälle in Steiermark machten, und die christlichen Heere hatten bei ihren Feldzügen, sobald als sie versuchten, unterhalb Ofen aufs rechte Donau-Ufer und von da südlich vom Platten-See vorzudringen, eine höchst unsichere Basis, während die Türken, im Besitz des rechten Drau-Ufers, auf dem linken von Canissa längs dem Platten-See bis Stuhlweißenburg eine Operationslinie besaßen, von welcher aus sie stets, sowie von den festen Punkten, die sie auf dem linken Donau-Ufer inne hatten, Steiermark und Ober-Ungarn bedrohen konnten. Zum Beweis hiervon dient, daß erst am Schluß dieses Feldzuges Erlau fiel, das fast in gleicher Entfernung von Wien, als Pesth, nicht weit von der obern Theis liegt, und Munkatsch und Stuhlweißenburg erst im Anfang des Feldzugs von 1688 erobert wurde. Ohnerachtet aller Niederlagen, welche die Türken im ganzen Laufe der Regierung des Kaisers Leopold erlitten, waren die christlichen Heere, so zu sagen, in einer beständigen Defensive, welche nur durch die Tapferkeit der Truppen und das Talent ihrer Heerführer zu Zeiten zur Offensive überging. Hierzu kam, daß das System, nach welchem die Osmanen ihre Armeen erneuerten, in seiner Art so vollkommen war, als sich im Vergleich mit diesem die damalige Weise, die europäischen Heere durch freiwillige Werbung zu bilden, sich als unzureichend bewährte, wodurch die Deutschen immer mit unverhältnißmäßig geringen Kräften gegen ihre Feinde fechten mußten.

Schulenburg muß kurz nach der Eroberung von Belgrad die Armee verlassen haben: denn wir besitzen von ihm ein Schreiben vom 28. Septbr. aus Wolfenbüttel an seinen Vater, wodurch er ihm anzeigt, daß er am 26. desselben Monats zum Herzoglichen Ober-Kammerjunker ernannt worden sey; er fügt hinzu: „seine Compagnie Infanterie sey vollständig und der Marsch werde ehestens vor sich gehen, um fremde Winterquartiere zu beziehen; die Mannschaft sey recht gut, doch habe sie

ihn viel Geld gekostet.“ Wir besitzen im Originál die am 1688
18. Septbr. über jene Compagnie von dem Herzog Anton Ulrich vollzogene Capitulation [1]).

Zweiter Abschnitt.

1688 — 1694.

Französischer Krieg von 1688 — 1697. — Kurze Uebersicht von dessen Veranlassung und der wesentlichsten Kriegsereignisse in Deutschland. — Belagerung von Mainz und von Bonn. — Belagerung von Ebernburg und Antheil Schulenburgs am Rückzug bei Aufhebung dieser Belagerung. — Verwendung desselben bei den Feldzügen in Deutschland. — Kurze Andeutung der wesentlichsten Kriegsereighisse in Flandern, und Schulenburgs Antheil daran. — Wird Major 1690, Oberst-Lieutenant 1692. — Wird Oberster über ein Regiment Dragoner 1693. — Führt die Prinzen von Braunschweig nach Flandern. — Tod von Schulenburgs Vater. — Schulenburgs Verwendung in diplomatischen Sendungen, und Aufträge von Seiten seines Hofs, gegen die Errichtung der hannöverschen Churwürde einzuwirken, nach Baireuth, Cassel, Darmstadt, Stuttgart, Durlach, Gotha und Münster. — Schreiben Herzog Anton Ulrichs von Braunschweig vom 26. Octbr. 1692.

In diesem Jahre fing Ludwig XIV. den Krieg in Deutschland an, der erst neun Jahr später durch den Ryßwicker Frieden beendigt wurde. Bevor wir die Kriegsvorfälle näher bezeichnen, bei denen Schulenburg gegenwärtig war und sich auszeichnete, und welche eigentlich als die Schule anzusehen sind, in der er sich bildete, um dereinst einer der größten Feldherrn seiner Zeit zu werden, wird es vielleicht nicht überflüssig seyn, eine allgemeine Darstellung der Unternehmungen zu entwerfen, durch welche Frankreich in jener Zeit beabsichtigte denjenigen Zweck zu erreichen, welchen es ihm gelang erst ein Jahrhundert später in Erfüllung zu bringen.

Seitdem es Ludwig XIV. durch den Frieden von Nimwegen gelungen war, die Franche-Comté seinem Reiche ein-

---

1) Durch einen Schreibfehler ist dies Dokument, statt vom 18. Septbr. 1688 datirt zu seyn, vom 18. Septbr. 1689.

1688 zuverleiben und seine Grenzen gegen die spanischen Niederlande zu erweitern, ging dessen allmäliges Bestreben dahin, nach und nach alle deutschen Provinzen auf dem linken Rheinufer, sowie die zehn katholischen Provinzen der Niederlande seiner Botmäßigkeit zu unterwerfen.

So wie später ein anderer berühmter und kühner Beherrscher des französischen Volks mitten im Frieden versuchte seine Grenzen auszudehnen, so auch versuchte es Ludwig XIV. unter mannichfaltigen Vorwänden. Das deutsche Reich, Spanien und Holland waren durch frühere Kriege zu geschwächt; ersteres durch seine Fehden mit den Türken zu beschäftigt, um sich mit Kraft diesen willkührlichen Unternehmungen widersetzen zu können, und man begnügte sich, dieselben durch einzelne Abkommen temporär zu beschränken.

In diesen Zeitpunkt fällt die Occupation von Elsaß und die Einnahme von Straßburg, die Besetzung von Casal, sowie später (1684) die Belagerung und Einnahme der zu den spanischen Niederlanden gehörigen Stadt und Festung Luxemburg. Der zu Regensburg am 15. August 1684 geschlossene zwanzigjährige Waffenstillstand verlieh gewissermaßen diesem Versuche das Gepräge der Rechtmäßigkeit; er sicherte Frankreich den Besitz von Straßburg und Luxemburg. So hatte der französische Monarch seine Grenzen von dem Mittelländischen Meere an bis an die Nordsee nicht allein gedeckt, sondern war auch zu allen offensiven Unternehmungen vorbereitet, sobald sich eine Gelegenheit zu solchen dargeboten haben würde.

Der Herzog von Savoyen war durch die Besetzung zweier Festungen im Herzen seiner Staaten, Pignerol und Casal, von Seiten der Franzosen, seiner politischen Unabhängigkeit beraubt; durch den Besitz von Straßburg, Freiburg im Breisgau und Landau war das mittägige Deutschland bedroht; Luxemburg, als großer Waffenplatz in französischen Händen, begünstigte nebst der Festung Montroyal alle Unternehmungen Frankreichs an der Mosel.

So war der Stand der Dinge, als Ludwig XIV. die Umstände geeignet fand, seine weit ausgedehnten Plane in Erfüllung gehen zu lassen. Fast zu demselben Zeitpunkt, als

Wilhelm von Nassau den Versuch wagte, aus Holland nach 1688
England überzuschiffen, um der Revolution Beistand zu leisten, welche seinen Schwiegervater Jacob II. des Throns entsetzte, entschloß sich Ludwig XIV., factisch seine Militärgrenze bis an den Rhein auszudehnen und selbst einige feste Punkte auf dem rechten Ufer einzunehmen. Er ließ Philippsburg belagern, welches sich am 31. Octbr. ergab. Manheim, Frankenthal, Heidelberg und Heilbrunn wurden besetzt, Mainz öffnete seine Thore ohne Widerstand. An dem Nieder=Rhein waren Bonn, Kaiserswerth und Rheinbergen schon im vergangenen Jahre (1687) durch den Einfluß des Coadjutors des vakanten Erzstifts Cölln, Cardinal von Fürstenberg, den Frankreich begünstigte, um ihn zum Churfürsten von Cölln erwählen zu lassen, mit französischen Truppen besetzt worden.

Diese Gewaltthätigkeiten ohne Vorwand und ohne vorhergegangene Kriegserklärungen brachten das große Bündniß zur Vervollständigung, welches schon 1686 zu Augsburg [1]) zu Stande gekommen war, an welches sich nach und nach ganz Europa anschloß [2]), und von welchem der König von England, Wilhelm III., sobald als er der ruhige Beherrscher der drei Königreiche geworden war, als die Seele zu betrachten ist.

Unter diesen Umständen war die Kriegserklärung des Kaisers und deutschen Reichs an Frankreich den 18. Octbr. 1688 erschienen, und die verschiedenen Stände des Reichs bereiteten sich zu dem bevorstehenden Kampfe. Die Herzöge von Braunschweig rüsteten sich ebenfalls, und damals fand die Capitulation jener Compagnie Fußvolk mit Schulenburg statt, von welcher oben Erwähnung geschehen ist.

Wir glauben, daß es bei unsrer geschichtlichen Darstellung zweckmäßig ist, die Kriegsereignisse in den stattgefundenen neun Feldzügen bis zum Ryswicker Frieden, sowohl in Deutschland

---

1) Der große Bund zu Augsburg wurde am 9. July 1686 unterzeichnet, und bestand aus Oesterreich, Spanien wegen des Burgundischen Kreises, Schweden wegen seiner deutschen Lande, dem Baierschen, Fränkischen und Ober=Rheinschen Kreis.

2) Oesterreich und Holland unterzeichneten die große Allianz am 12. May 1689, England trat ihr am 20. Decbr. bei.

2*

1688 als in Flandern, auf welchen beiden Schauplätzen Schulenburg focht, übersichtlich vorzutragen, und sowohl den Geist als die Resultate dieser Feldzüge mit Wenigem zu bezeichnen.

1689 Der Feldzug von 1689 wurde mit der Belagerung von Mainz begonnen, bei welcher die Reichsarmee unter dem Oberbefehl des berühmten Herzogs Carl Leopold von Lothringen, und nach ihm unter den Churfürsten von Baiern und Sachsen stand.

Die Laufgräben wurden Ende July eröffnet, und zwei Attaquen, die erste rechts von Weißenau und der Cartause aus gegen die Bastionen St. Alban und Drusus, welche letztere sich an den Rhein lehnt, gebildet; diese wurde von den Churfürsten von Baiern und Sachsen mit ihren Truppen geleitet, und die sächsische oder baiersche Attaque genannt. Die zweite fand linker Hand gegen die Bastionen St. Bonifaz und St. Alexander und der dazwischen liegenden Courtine statt. Diese wurde auf der Höhe des Hochgerichts angelegt, und von dem Oberfeldherrn Herzog von Lothringen selbst befehligt, und hieß die Kaiserliche oder hannöversche. Am 4. Septbr. war Breche in jener Courtine geschossen und die Approchen von beiden Angriffen bis aufs Glacis vor den bedeckten Weg gelangt. Der am 6. Septbr. mit 1500 Mann auf jeder Attaque, welche durch die ganze Belagerungsarmee unterstützt wurde, unternommene Hauptsturm führte die Belagerer bis zum Fuß des bedeckten Weges. Bei der Attaque rechts gelang es den Belagerern sich in zwei Winkeln des bedeckten Wegs festzusetzen. Bei der Attaque links unter dem Herzog von Lothringen logirten sie sich nur auf dem Glacis und die Belagerten behaupteten den bedeckten Weg. Wir besitzen einige handschriftliche Noten über diese Belagerung, welche wahrscheinlich von Schulenburg herrühren, der bei dieser Gelegenheit die ersten Proben seiner scharfsinnigen Beobachtungsgaben an den Tag legte. Nach diesen Noten war die Festung deshalb im schlechten Stande, weil weder die Außenwerke, noch die Contrescarpe mit Mauerwerk revetirt waren; nur die vorspringenden Winkel des bedeckten Weges waren mit Pallisaden versehen. Obgleich die Belagerung vom Tage des Einschlusses des Platzes an bis zur

Capitulation neun Wochen dauerte, so ist Schulenburg doch 1689
der Meinung, daß sich der Platz hätte länger vertheidigen können, weil weder die Bastionen, noch die Courtinen, mit Ausnahme derjenigen, welche zwischen der Bastion St. Alexander und St. Bonifaz lag, an welcher eine geringe Breche angebracht war, wesentlichen Schaden erlitten hatten. Indessen ließ der Marquis d'Uxelles am 8. Septbr. die Chamade schlagen, und zog mit einer noch acht tausend Mann starken Garnison am 11. aus Mainz. Als Ursache der Uebergabe wurde Pulvermangel vorgeschützt, den jedoch einige andere Angaben leugnen. Diese Betrachtungen dürften den Werth einer Vertheidigung vermindern, den die französischen Schriftsteller der Zeit als eine der ruhmvollsten geltend machen. Wir haben uns mit etwas mehr Umständlichkeit über dies einzelne Ereigniß deshalb ausgedehnt, weil unser Held bei dieser Gelegenheit die ersten praktischen Kenntnisse über den Angriff und die Vertheidigung einer Festung gewann, in welchem Theil der Kriegswissenschaft er sich als kommandirender Feldherr späterhin vorzüglich berühmt machte.

Uebrigens kostete diese Belagerung den Alliirten einen bedeutenden Menschenverlust; Fürsten aus den angesehensten Häusern vergossen bei dieser Gelegenheit ihr edles Blut. Die Prinzen Friedrich Wilhelm (n. 1665) von Pfalz-Neuburg und August Leopold (n. 1663) von Pfalz-Veldenz, sowie der Herzog Christian von Sachsen-Weißenfels (n. 1652) wurden erschossen; der Hoch- und Deutschmeister Ludwig Anton Prinz von Pfalz-Neuburg (n. 1660), der Herzog von Holstein und der Prinz Johann Friedrich von Würtemberg wurden, sowie der Feldmarschall Graf Stahremberg, die Feldzeugmeister de Souches und Vallis, die Generäle Graf Reuß und Arco zum Theil tödtlich verwundet. Zu demselben Zeitpunkte hatte sich der Feldzug auch an dem Nieder-Rhein eröffnet. Der damalige Churfürst von Brandenburg *Friedrich* III., späterhin König von Preußen unter dem Namen Friedrich I., befehligte das Heer, das größtentheils aus seinen eigenen Truppen bestand. Er nahm mit diesem am 28. Juny Kaiserswerth ein, und späterhin belagerte er Bonn. Nach der Einnahme

1689 von Mainz schickte der Herzog von Lothringen einen Theil seines Heeres dahin, durch dessen Zuwachs die Thätigkeit der Belagerer erhöht, am 9. Octbr. ein Generalsturm auf die Contrescarpe und auf das vorliegende Hornwerk unternommen wurde, nach welchem der Platz am 12. Octbr. kapitulirte. Schulenburg war ebenfalls bei dieser Belagerung gegenwärtig, und in dem oft angeführten Bruchstücke seines Lebens in den Denkwürdigkeiten für die Kriegskunst sagt er im 2. Hefte S. 150:

„Il se rendit ensuite servant au siège de Mayence et de Bonn."

1689 bis 1697 Nach diesem ersten Feldzuge von 1689 dauerte der Krieg bis zum Jahre 1697 in Deutschland und an dem Rheine ohne bedeutende Ereignisse und Resultate fort. Der Stützpunkt der französischen Heere waren an dem Ober-Rhein Straßburg, Fortlouis, Landau und Philippsburg. Letztere Festung war die Basis der Offensive, mit welcher sie zu mehrern Malen versuchten in Schwaben einzudringen. Die französischen Heere wurden abwechselnd von den Marschällen Duras, de Lorges, Choiseuil und Joyeuse befehligt. Zweimal, 1690 und 1693, erschien der Dauphin in Deutschland. Der Stützpunkt des Rheinheeres und dessen Hauptwaffenplatz war Heilbrunn. Prinz Ludwig von Baden war der Oberfeldherr.

Die acht Feldzüge glichen sich alle in den Hauptbewegungen. Alle Jahre gingen die Franzosen bei Philippsburg über den Rhein, suchten ihre Heere auf feindlichem Boden im Markgrafthum Baden und der Pfalz zu erhalten, machten Streifzüge ins Würtembergsche [1]), und gingen am Ende des Sommers aufs linke Rheinufer zurück. Gemeiniglich fingen alsdann die Deutschen aus Mainz eine wenig kraftvolle Offensive an, die sich nie weiter als bis an Speierbach und an die Linien des Queich erstreckte, wo sich stets die Franzosen festsetzten,

---

1) Diese Streifzüge fanden insbesondere 1692 und 1693 statt. Im ersteren Jahre nahmen die Franzosen den Herzog Friedrich Carl, damaligen Administrator des Herzogthums Würtemberg für seinen minderjährigen Neffen Eberhardt Ludwig, in einem Gefechte bei Heidesheim am 27. Septbr. 1692 gefangen und erhoben bedeutende Kriegssteuern im Würtembergschen.

und wo die rechte Flanke der Deutschen durch die vogesischen 1689
Gebirge, die Deutschland von Lothringen trennen, beschränkt bis
wurde. 1697

Keine Belagerungen wurden von beiden Heeren unternommen, mit Ausnahme von Ebernburg, eines an der Nahe oberhalb Bingen gelegenen Bergschlosses, welches der regierende Landgraf von Hessen-Cassel und unter ihm der Feldmarschall Thüngen 1692 vergeblich belagerten, und 1697, am Schlusse des Krieges, eroberten. Zu Ende dieses Jahres mißlang den Franzosen unter dem General Tallard der Versuch, die Feste Rheinfels zu erobern.

In Flandern gewährte der Krieg von 1689—1697 eben so wenig bedeutende Resultate. Auch hier scheint man annehmen zu dürfen, daß diese neun Feldzüge in einer gegenseitigen Defensive bestanden, in welcher die zwei größten Feldherrn ihrer Zeit, der Maréchal de Luxembourg und der Prinz Wilhelm von Oranien, späterhin bekannt unter dem Namen des Königs Wilhelm III. von England, einander gegenüber standen.

Der Friede von Nimwegen hatte dem französischen Reiche von der Sambre bis ans Meer eine militärische, durch Festungen gesicherte Grenze gegeben; diese war durch die Gewaltthätigkeiten Ludwig XIV. während des Friedens durch die Einnahme von Luxemburg und Courtray erweitert und verstärkt worden. Auf diese Basis stellten sich die französischen Heere in ihren Feldzügen von 1689 bis 1697 auf; von hier aus versuchten sie einzelne Offensiv-Bewegungen; ihre erfahrnen Feldherrn entwickelten große Eigenschaften bei Eroberung und Vertheidigung von Festungen, aber strategische Plane und deren Ausführung fanden nirgends statt. Die Eroberung einer Festung war der Zweck eines Feldzugs, und in diesen neun Campagnen sehen wir nur die Einnahme von Mons nach einer langwierigen und kunstreichen Belagerung am 8. April 1691, die von Namur am 22. Juny 1692, die Einnahme von Huy an der Maas am 23. July 1693, die Eroberung zweier befestigten Plätze, von Dixmüyde und Deynse 1695, und die von Ath durch den Maréchal de Catinat, letzte Waffenthat im Jahre 1697. Keine dieser Eroberungen hatte die Besetzung

1689 bedeutender Provinzen zur Folge, weder an der Maas und der
bis Sambre, noch an der Lys und der Schelde.
1697 Von Seiten der Alliirten scheinen die Umstände ihre militärischen Maasregeln besser zu entschuldigen. König Wilhelm III. konnte nur die Absicht haben, den offensiven Unternehmungen der Franzosen Schranken zu setzen; dies gelang ihm während des ganzen Krieges, und er nahm, so zu sagen, unter den Augen der französischen Armee sowohl Huy am 28. Septbr. 1694, als Namur am 5. Octbr. 1695 wieder ein. Drei große Feldschlachten und mehrere bedeutende Cavalleriegefechte fanden in diesen Feldzügen statt, fast immer zum Nachtheil der Alliirten; so schlug der **Maréchal de Luxembourg** den Prinzen von Waldeck bei Fleurus am 1. July 1690, und die sehr überlegene alliirte Cavallerie im Gefechte bei Leuse am 19. Septbr. 1691, den König Wilhelm in der Schlacht bei Steinkerke am 3. August 1692, und endlich denselben Heerführer in dem Treffen bei Neerwinden am 29. July 1693, welches die Einnahme von Charlesroi am 11. Octbr. zur Folge hatte. Alle diese blutigen Schlachten, in welchen sich in beiden Heeren große Fähigkeiten und große Tapferkeit bewährten, hatten keine Resultate, wenn man nicht den Erfolg des allgemeinen Widerstandes, welchen König Wilhelm III. zu leisten wußte, für solche nehmen will, indem es ihm während mehrerer Jahre gelang, die Franzosen wenig Stunden von ihren Grenzen zu fesseln, und ihnen die Eroberung der spanischen Niederlande zu verwehren.

An diesen Ereignissen nahm Schulenburg mannigfachen Antheil, obgleich er während dieser Zeit auch abwechselnd in Flandern focht und mit mehreren politischen Sendungen, die wir näher bezeichnen werden, von den Herzögen von Braunschweig-Wolfenbüttel beauftragt wurde. Ueber seine Theilnahme an den Kriegsvorfällen können wir nur einzelne Angaben beibringen, die sich auf die wenigen handschriftlichen Hülfsmittel, die uns über jenen Zeitpunkt seines Lebens zu Gebote stehen, beschränken.

Wir haben früher gesehen, daß Schulenburg den Feldzug von 1689 am Rhein, und namentlich bei den Belagerungen

von Mainz und Bonn, gemacht hatte; er wohnte in Flandern 1690
der Campagne von 1690 bei, scheint am 1. July bei der Schlacht von Fleurus gegenwärtig gewesen zu seyn, und wurde gegen Ende des Feldzugs bei einem Truppen-Corps am Nieder-Rhein und an der Mosel unter dem General Chauvet, welcher späterhin Feldmarschall in Churbraunschweigschen Diensten war, verwandt. In den angeführten militärischen Denkwürdigkeiten sagt Schulenburg:

„Retournant une seconde fois sur le Rhin et à la fin avec un corps de troupes dans le pays de Luxembourg sous les ordres du Maréchal Scauvet, Lorrain de nation, et fils d' un maréchal ferrant [1]), qui devint le premier maître du metier de la guerre de Schulenburg.“

Durch diese Stelle wird derjenige Zug bezeichnet, welchen der Landgraf von Hessen-Cassel und der Lüneburgsche General Chauvet im Spätherbst 1690 in die Eifel und ins Luxemburgsche machten, um die Franzosen in Montroyal zu beobachten.

---

1) Jeremias v. Chauvet war schon 1670 in Herzoglich Celleschen Diensten als Oberster; wahrscheinlich war er aus Frankreich mit der Gemahlin des Herzogs Georg Wilhelm nach Deutschland gekommen; er wurde 1674 General-Major, 1675 General-Lieutenant, 1685 General der Infanterie und späterhin Feldmarschall. Er zeichnete sich in der blutigen Schlacht von Ensißheim gegen den Maréchal de Turenne aus, woselbst er nach dem Herzog von Holstein-Ploen den linken Flügel befehligte und wo der Herzog Georg Wilhelm das Heer kommandirte. 1675 hatte er an dem Siege von Consarbrück über den Maréchal de Crequi wesentlichen Antheil und nahm in Folge dessen Trier ein, wurde gegen die Schweden 1677 dem Churfürsten von Brandenburg zu Hülfe nach Pommern geschickt; im Feldzuge von 1685 diente der General Chauvet mit Auszeichnung gegen die Türken in Ungarn, und befehligte zehn Tausend Mann hannoversche Truppen in der Schlacht bei Gran und bei dem Sturme von Neuheusel; am Ende der Campagne von 1690 machte General Chauvet den erwähnten Zug ins Luxemburgsche und hatte ein bedeutendes Commando bei der Reichsarmee im Sommer 1693, als der Dauphin vor Heilbrunn erschien; den letzten Feldzug machte Chauvet als Feldmarschall in den Niederlanden im Jahre 1702 und wurde daselbst von dem Feldzeugmeister Boisdavit abgelöst (siehe Georg v. Wißel, Geschichte der Churbraunschweig-Lüneburgschen Truppen. Celle 1786, S. 7.).

1691 Im Laufe dieses Feldzuges wurde Schulenburg Major; Ende des Jahres war er im Haag und bei Eröffnung des Feldzugs in Flandern beim Versuch des Entsatzes von Mons gegenwärtig; er ging sodann zur Armee nach Deutschland ab, dann wieder zurück nach Flandern, und wohnte am 18. Septbr. dem Gefechte bei Leuse bei.

1692 Den Winter brachte er am Hofe zu Wolfenbüttel zu, mit den Vorbereitungen zum nächsten Feldzug für die braunschweigschen Truppen beschäftigt. In einem noch vorhandenen Schreiben d. d. Wolfenbüttel den 25. May sagt er: „Weil der Marsch der hiesigen Truppen von Tag zu Tag aufgeschoben und der König von Frankreich in Person Namur mit achtzig Tausend Mann belagert, als habe ich Urlaub von meinem gnädigsten Herrn, dahin zu reisen, und den Succurs nachzuführen, hoffe aber innerhalb 14 Tagen wieder hier seyn zu können."

Schulenburg muß in der That diese kurze Ausflucht nach der Armee gemacht haben, sodann nach Wolfenbüttel zurückgekehrt und mit den braunschweigschen Truppen wieder nach Flandern marschirt seyn; wenigstens sagt der oben angeführte fragmentarische Aufsatz seiner Lebensbeschreibung „Memorie in lingua tedesca etc.", er sey erst nach der Schlacht von Steinkerke (3. August 1692) in Flandern eingetroffen. Späterhin verfügte er sich als Oberst-Lieutenant zur Armee am Rhein unter den Befehlen des Landgrafen von Hessen-Cassel. Der Feldzug war fast ausschließlich am linken Rheinufer, der Maréchal de Lorges wurde bis an den Speierbach zurückgedrängt; ein am 4. Septbr. unternommener Versuch, ihn von dort zu vertreiben, mißlang jedoch; der Landgraf marschirte hierauf mit einem Theil der Armee nach der Nahe ab und unternahm die Belagerung des Schlosses Ebernburg [1]), welche der Hessen-Casselsche General-Major v. Spiegel leitete. Der französische

---

1) Ebernburg lag im Pfälzischen Amt Kreuznach am rechten Ufer der Nahe am Einflusse des Alzen-Baches. Wir geben als Beilage einen Bericht Schulenburgs, welchen er über diese Belagerung an die Herzöge richtete.

Befehlshaber in diesem Platze hieß du Bois; er vertheidigte 1692
sich so hartnäckig, daß der Maréchal de Lorges Zeit gewann, durch den Anmarsch eines Theils seiner Armee den Platz zu befreien. Bei dieser Gelegenheit befehligte Schulenburg die Arrière-Garde des Rückzuges, und erwarb sich als untergeordneter Befehlshaber den ersten kriegerischen Ruhm.

Von diesen Umständen sagt er selbst in einem Privat-Schreiben an seinen Neffen vom 7. August 1734:

„Je fus ensuite avec le Landgrave de Hesse le long du Speierbach, où j' ai essuyé bien du feu, que le Maréchal de Lorges fit faire; les deux Princes (le Landgrave de Hesse[1])

1) Carl, Landgraf von Hessen-Cassel, war am 3. August 1654 geboren und starb am 13. März 1730 nach einer 67jährigen Regierung, von welcher er die ersten Jahre unter seiner Mutter Vormundschaft, einer Schwester des großen Churfürsten von Brandenburg, gestanden hatte. Dieser Herr gehörte unter die Zahl jener deutschen Fürsten, mit großen und edlen Eigenschaften begabt, mit denen die Vorsehung in der letzten Hälfte des 17. und ersten Hälfte des 18. Jahrhunderts Deutschland freigebig bedacht hatte. Die Fürsten dieses Zeitalters hatten fast alle noch jenen heldenmüthigen Sinn, der ihnen aus der Ritterzeit überliefert worden war: Tapferkeit, Großmuth, Neigung zur Pracht und mitunter selbst zur Verschwendung, dabei der Wunsch, durch hinterlassene große Werke ihr Gedächtniß der Nachkommenschaft zu vermachen; überdem zeichneten sie sich entweder durch die schönsten häuslichen Tugenden aus, wie dies namentlich bei dem Landgrafen Carl und bei dem vortrefflichen Herzog Anton Ulrich von Braunschweig-Wolfenbüttel der Fall war, oder wenn sie in menschliche Schwächen verfielen, so erkannte man auch in diesen, wie bei August II., Churfürsten von Sachsen und König von Polen, und dem heldenmüthigen Churfürsten von Baiern, Maximilian Emanuel (n. 1662, † 1726), eine großartige Weise.

Der Landgraf wohnte allen Feldzügen in dem Kriege bei, von dem hier die Rede ist, und hatte das Glück, von 10 Söhnen, die ihm seine Gemahlin schenkte, an sechs dieselben schönen Eigenschaften wahrzunehmen, die ihn selbst auszeichneten; der älteste, Friedrich, focht mit Ruhm im spanischen Erbfolgekriege, war 1676 geboren, vermählte sich mit Ulrica Eleonore, Schwester und Nachfolgerin Königs Karl XII. von Schweden, und bestieg selbst den schwedischen Thron im Jahre 1720.

Dem Landgrafen Carl verdankt Hessen durch den Schutz, den er

1692 et Margrave de Bayreuth [1])) ne pouvant pas s' accommoder touchant le commendement, ils se divisèrent, et j' allais ensuite avec le Landgrave au siège d' Ebernbourg, où je fis l' essai de la première retraite que j' avais à commander à cette occasion, ayant le bonheur de sauver l' artillerie, malgré que l' on ne se souçiât que des troupes et non obstant que je me trouvais bien pressé par l' ennemi, je ne perdis que 300 hommes et me rendis à Bingen."

Während dieses Feldzugs erhielt Schulenburg die ersten politischen Sendungen, deren wir weiter unten umständlicher Erwähnung thun werden; er vollzog während seines Aufenthalts am Ober-Rhein die erhaltenen Aufträge an den Höfen von Bayreuth, Hessen-Darmstadt, Würtemberg, Baden-Durlach und Hessen-Cassel, deren Fürsten größtentheils dem Feldzuge beiwohnten; Ende October kehrte Schulenburg nach einem längeren Aufenthalte in Cassel nach Wolfenbüttel zurück und verrichtete im December einen Auftrag der Herzöge in Hamburg.

1693 Den Feldzug von 1693 machte er, nachdem er zum Obersten eines Dragoner-Regiments befördert worden war, ebenfalls bei der Armee in Deuschland; er befand sich in dem Lager von Heilbrunn, woselbst unter dem Oberbefehl des Prinzen Ludwig von Baden der Churfürst von Sachsen den rechten Flügel und der Landgraf von Hessen den linken Flügel befehligte [2]). Die ganze französische Armee, unter dem Dauphin

französischen Réfugiés ertheilte, die Verschönerung der Hauptstadt und die Begründung des Carlshafen an der Weser; er erbaute den Carlsberg, den seine Nachfolger unter dem Namen des „Winterkastens, Weißensteins und der Wilhelmshöhe" verschönerten; am Schluß seiner langen Regierung wurde ihm von seinen Unterthanen der Beiname „Die Lust des hessischen Volks" zuerkannt. In den Feldzügen, in welchen er zum Theil die deutschen Heere befehligte, lernte er Schulenburg kennen, der gleichzeitig, wie wir sehen werden, an seinen Hof in politischen Sendungen geschickt worden war, und den er selbst späterhin versuchte in seine Dienste zu ziehen.

1) Christian Ernst, geb. 27. July 1647, † 10. May 1712.

2) Der Markgraf von Bayreuth kommandirte die Reserve, und überdem befand sich der lüneburgsche General Chauvet, der brandenburgsche

und den beiden Marschällen de Lorges und de Choiseul, 1693
war auf das rechte Ufer des Neckars gegangen und lagerte bei Ilsfeld; von hier aus unternahm der Dauphin am 2. August eine große Recognoscirung, bei welcher Gelegenheit sich beide Armeen kanonirten; kurz nachher zogen sich die Franzosen über den Neckar und den Rhein zurück. Schulenburg sagt in dem so eben angeführten Briefe:

„J' étais ensuite au camp de Heilbrunn sous le Prince Louis de Bade, où le Maréchal Flemming commandait les Prussiens.“

Gegen Ende des Sommers sahen sich die Herzöge genöthigt, ihre Truppen von der Reichs-Armee abzurufen, und Schulenburg kehrte mit selbigen in die Staaten seiner Herren zurück; die Veranlassung hierzu war ein Angriff, den der König von Dänemark auf die im Herzogthum Lauenburg gelegene Festung Ratzeburg machte. Dies Herzogthum war zwar von den Herzögen von Celle und Hannover besetzt; da diese jedoch das Condominium des Hauses Braunschweig-Wolfenbüttel für ein Drittheil nicht in Zweifel setzten, so konnten die Herzöge, ohnerachtet der zwischen ihnen und dem Hause Hannover bestehenden Zwistigkeiten, sich nicht weigern, gegen den Angriff des Königs von Dänemark Hülfstruppen marschiren zu lassen [1]).

General von Flemming und der chursächsische General von Steinau bei diesem Heere.

1) Wir haben ein Schreiben des Herrn von Wendhusen, Herzoglich braunschweigschen Geheimen-Raths, an den Obersten Schulenburg Ende des Sommers 1693 gerichtet, worin es heißt:

„Da der König von Dänemark mit der Armee bereits etliche Tage im Sachsen-Lauenburgschen gestanden, und das ganze Land consumirt wird, man uns auch von Celle requirirt, zur Beschützung des Elbstromes und des Herzogl. Gesammt-Hauses Lande, die Truppen zusammen zu ziehen und sich zur Assistenz gefaßt zu halten, so können Ihro Durchl. Durchl. sich ihre droben habenden Truppen keinen Tag länger vorenthalten lassen, und ist demnach Dero gnädigster Befehl, daß der Herr Oberst schleunig veranstalte, daß der Aufbruch geschehe und der Marsch auf den nächsten und sichersten Routen fortgesetzt werde.“

1694 Im Jahre 1694 begab sich Schulenburg später zur Armee, wahrscheinlich um die Organisation des vermehrten Truppen-Corps zu betreiben, welches die Herzöge, vermöge eines Subsidien-Tractats, der am 1. Juny unterzeichnet worden war, an England und Holland überließen; durch diesen war ein früherer Allianz-Tractat mit Holland vom 14. May 1691. bestätigt und das Truppen-Corps von 3000 auf 5000 Mann erhöht worden. [1])

Außerdem hatte der Oberst den Auftrag erhalten, die zwei jungen Prinzen von Braunschweig-Bewern [2]), Bruders-Söhne der regierenden Herzöge, in ihren ersten Kriegszug zu begleiten. Er äußert sich über den 41 Jahre nachher erfolgten Tod des Jüngern dieser Prinzen in einem Schreiben an seinen Neffen vom 3. Decbr. 1735. folgendermaaßen:

„Quelle disgrâce que la mort du Duc de Woffenbuttel; j'en suis véritablement affligé l'ayant conduit avec feu Mgr. son frère en 1694 à l'armée en Brabant, il n'avait alors que quinze ans."

Schulenburg traf am 27. Juny in Flandern ein und führte die zwei neuangeworbenen Regimenter Infanterie und sein eigenes Regiment Dragoner dem König Wilhelm III. vor, welcher mit diesen Truppen sich höchst zufrieden bezeigte [3]); letzteres wurde jedoch im Verlauf des Feldzugs, wie er unter

---

1) Für diese 5000 Mann zahlten England und Holland nach dem Artikel 7. des uns vorliegenden Tractats außer dem Sold der Mannschaft jährlich hundert Tausend Thaler Subsidien-Gelder an die Herzöge.

2) August Ferdinand, g. 1677, blieb am 2. Juny 1704 in der Schlacht vom Schellenberg.

Ferdinand Albrecht, g. 1680, wurde regierender Herzog von Braunschweig-Lüneburg am 1. März 1735. † 2. Septbr. dess. J. Er ist der Stammvater der jetzt regierenden Herzöge von Braunschweig-Wolfenbüttel.

3) Schulenburg schreibt aus Lübekke in Flandern unter dem 27. Juny 1694 an seinen Geschäftsmann in Deutschland:

„Ich habe zwei Regimenter zu Fuß und mein Regiment Dragoner anhero geführt, nicht ohne große Mühe und Verdrüßlichkeit; der König ist sehr content absonderlich von meinem Regiment gewesen."

dem 14. Octbr. aus Wilßen schreibt, halb ruinirt, und er selbst 1694
lag während desselben an einer tödtlichen Krankheit zu Löwen darnieder; er war Ende Octbr. wieder hergestellt im Haag, und kam im Lauf des Decbr. nach Wolfenbüttel zurück.

Der Oberst erhielt zu Anfang des Jahres 1695 eine Sen- 1695
dung nach England, von der wir weiter unten bei Gelegenheit der Darstellung der politischen Verwendungen, die Schulenburg im Lauf seiner Braunschweigschen Dienste zu Theil wurden, Erwähnung thun werden; er kam aus England nach Flandern vor Anfang des Feldzugs zurück, und soll vom König die letzten geheimen Dispositionen zu der beabsichtigten Belagerung von Namur zur Armee überbracht haben; diese Belagerung fing in der That am 3. July an, und die Festung capitulirte am 5. Septbr.; bei dieser Gelegenheit zeichnete sich der Oberst abermals aus und vermehrte die Achtung, die der König schon seit längerer Zeit für ihn hegte.

Schulenburg war Anfang des Jahres 1696 noch in den 1696
Niederlanden, als ihn die Herzöge zu dem Churfürsten von Baiern sandten, welcher damals als General-Gouverneur der spanischen Niederlande in Brüssel residirte; auch das Nähere dieser Sendung werden wir weiter unten nachbringen. Den Feldzug, der durch kein bedeutendes Ereigniß bezeichnet wird, machte der Oberst in Flandern.

Dieselbe Verwendung fand für den Obersten in der Cam- 1697
pagne von 1697 statt. Nach dem öfters angeführten Fragment „Memorie in lingua tedesca etc." soll Schulenburg bei dem Gefecht von Enghien gegenwärtig gewesen sein, und sich dabei ausgezeichnet haben. Nach eingetretenem Waffenstillstand begab er sich nach dem Haag, und fand sich als Beobachter bei dem Friedens-Congreß von Ryswick ein.

Im Verlauf dieses Krieges erfolgte das Ableben Gustav Adolphs, Vater unsers Schulenburgs welcher am 27. Octbr. 1691 auf der Moritzburg zu Halle an der Saale starb[1])

1) Sein solennes Leichenbegängniß fand, nach damaliger Sitte, erst am 3. April 1692 zu Emden statt. In einem Schreiben Schulenburgs

1697 und den Ruf einer der biedersten Männer und brauchbarsten Staatsdiener seiner Zeit mit ins Grab nahm.

Die Talente Schulenburgs, welche durch wissenschaftliche Studien bis ins 26. Jahr ausgebildet worden waren, in welchem er erst anfing sich dem Militärstand zu widmen, zogen ohne Zweifel die Aufmerksamkeit seiner Fürsten und vorzüglich des Herzogs Anton Ulrichs auf sich. Wenn Schulenburg sich öfters des Ausdrucks bedient, indem er von manchem seiner Zeitgenossen sagt „er sey ad utrumque paratus gewesen,“ so schildert er sich gewissermaßen selbst mit diesen Worten, denn er wußte eben so gut die Feder als den Degen zu gebrauchen.

---

an seinen Geschäftsmann d. d. Wolfenbüttel, den 27. März 1692 schreibt er:

„Die Leichenpredigt solle nächsten Freitag vor sich gehen, zu welcher er nach Emden kommen wolle; man möge die benachbarten Freunde und Verwandten von Errleben, Altenhausen und Hundisburg einladen, große Anstalten dürften nicht gemacht werden, da wenig Leute kommen würden.“

Ein schöner Kupferstich von J. Sandrart (n. 1655. † 1698.) nach J. G. Mathies radirt, überliefert uns die Züge Gustav Adolphs. Er ist nach damaligem Gebrauch mit glattem herabhängenden Haupthaare, einem kleinen Schnurbart und einem Harnisch vorgestellt; dies Bild, in einem ovalen Medaillon befindlich, ist mit den Wappenschildern seiner acht väterlichen und acht mütterlichen Ahnen umgeben; das Gesicht hat Aehnlichkeit mit dem seines ältesten Sohnes. Das Kupfer führt folgende lateinische Unterschrift und Sinngedicht, welche der berühmte Gelehrte in Helmstädt Heinrich Meibom der Jüngere (n. 1638. † 1700.) verfaßt hat.

Illustris Dominus, Dn. Gustavus Adolphus de Schulenburg, Electoris Brandenburgici Consiliarius Intimus et Praeses in Ducatu Magdeburgico, Aulico quoque et Regiminis Consiliario, Gibichensteinii et Moritzburgi Satrapa, Haereditario in Emden, Betzendorf et Schadeleben.

Ut solis faciem in tabula depingit Apelles,
At lucem et radios non sociare potest:
Sic Schulenburgiadem sculptor pulcro exprimit aere,
Addere, sed quae sunt fortiter acta, nequit.
Non merita et magno vigiles pro principe curas
Sedulitatem operae, consiliique fidem.
Hos titulos patria adde memor: nam tota saluti
Usque tuae et decori vita dicata fuit.

In dem Zeitpunkt des französischen Krieges trat ein politisches 1691
Ereigniß in Deutschland ein, welches in mannichfaltigem Bezug wichtige Folgen hatte, dazumal aber drohte, die so nöthige Einigkeit im deutschen Reich zu stören.

Das Haus Braunschweig-Lüneburg war, wie noch 1692
gegenwärtig, in zwei Hauptlinien getheilt; die ältere besaß das Herzogthum Braunschweig-Wolfenbüttel, welches die zwei Brüder Rudolph August und Anton Ulrich gemeinschaftlich regierten; die jüngere theilte sich abermals in die Linien von Celle und Hannover; Herzog von Celle war der ältere Bruder Georg Wilhelm, welcher bekanntlich ein Fräulein d'Olbreuse, Großmutter des ersten Königs von England aus dem Hause Braunschweig, zur Gemahlin hatte; der jüngere Bruder Ernst August war Herzog von Hannover; dieser fand für zweckmäßig, bei dem Kaiser Leopold I. um Errichtung einer neunten Churwürde für sich und sein Haus nachzusuchen; der Umstand, daß die gesammten Besitzungen der jüngern Linie des Hauses Braunschweig-Lüneburg sich in dem Sohne Ernst Augusts vereinigen mußten, weil Herzog Georg Wilhelm von Celle im vorgerückten Alter nur eine einzige Tochter hatte, erleichterte den Erfolg dieses Gesuchs. Schon auf dem Wahltag des römischen Königs (Joseph I.), welcher zu Augsburg im Januar 1690 statt gefunden hatte, hatte der Herzog Ernst August von Braunschweig-Lüneburg den Antrag gemacht, seiner Linie die Churwürde zu ertheilen. Die Sache fand Bedenken sowohl bei den geistlichen als weltlichen Fürsten, welche behaupteten, dieselbe gehöre zur Erwägung vor das ganze Reich, und könne nicht von dem Kaiser und churfürstlichen Collegio allein entschieden werden; auch die ältere, Herzogl. Braunschweig-Wolfenbüttelsche, Linie protestirte schon damals, besonders gegen diesen Vorzug.

Indeß wurde von Seiten des Herzogs von Hannover die Sache fortwährend betrieben und im Jahre 1692 kam zwischen den Herzögen und dem Kaiser am 22. März ein Receß zu Stande, welcher späterhin in Druck-Schriften bekannt gemacht worden ist. Die wesentlichsten Punkte davon waren:

1692 1) daß der Kaiser den Herzog Ernst August zum Churfürsten ernennen, ihm die Einwilligung aller Churfürsten verschaffen und ihm die Einführung ins Chur-Collegium zusichern werde;

2) die Staaten des neuen Churfürstenthums unter dem Namen Braunschweig-Lüneburg würden aus allen denjenigen Provinzen bestehen, aus welchen dazumal die beiden Herzogthümer Celle und Hannover bestanden;

3) im Fall Chur-Baiern oder Chur-Pfalz in männlichen Erben aussterben sollte, würde Chur-Braunschweig das Erzamt eines Erzschatzmeisters erhalten;

4) Chur-Braunschweig wird ein Hülfs-Corps von 4500 Mann Infanterie und 1500 Mann Cavallerie gegen die Türken stellen;

5) diese werden auf eigne Kosten des Churfürstenthums überall unterhalten;

6) im Fall eines Friedens mit den Türken und der Fortdauer des Krieges gegen Frankreich würde dieses Hülfs-Corps unter denselben Bedingungen gegen die Franzosen gebraucht werden;

7) der Herzog wird dem kaiserlichen Hofe ein für allemal ein Subsidium von 500,000 Thalern geben;

8) außer dem oben bestimmten Hülfs-Corps werden die Herzöge von Celle und Hannover noch ihr gewöhnliches Reichs-Contingent von 2—3000 Mann zur Reichsarmee stellen.

Diesem Vertrag war ein Unions-Paktum zwischen Oesterreich und Braunschweig-Lüneburg beigefügt, worinnen in neun Punkten die engste Alliance zwischen beiden Staaten festgesetzt wurde. Im Fall eines Angriffs versprach man sich gegenseitige Unterstützung und der kaiserliche Hof stellte in jener Voraussetzung 4000 Mann, Hannover 2000; dies versprach übrigens, immer auf Reichs- und Kreistagen „conforme vota et consilia zu führen," an dem Reichstag die Ausübung der Chur-Böhmischen Stimme zu begünstigen und in Zukunft bei der Wahl eines römischen Kaisers oder Königs keinem andern als einem primo genito des Hauses Oesterreich seine Stimme zu ertheilen.

In einem geheimen und separaten Artikel wurde der ka- 1692
tholischen Religion freie Ausübung ihres Cultus in Celle und Hannover zugestanden.

Unter dem 27. May 1692 eröffnete der Kaiser seinen Wunsch, Chur-Braunschweig die Churwürde zu ertheilen, an die übrigen Churfürsten.

Im Chur-Collegium wurde zwar durch die Majorität, nämlich Chur-Mainz, Baiern, Sachsen und Brandenburg, auf dem Reichstage zu Regensburg dieser Antrag zu Gunsten Hannovers entschieden; Chur-Cölln, Chur-Trier und Chur-Pfalz protestirten jedoch dagegen, indem sie behaupteten, die Majora könnten in einer solchen Frage nicht entscheiden, und die zwei geistlichen Churfürsten bemerkten, daß durch die Zulassung einer neunten protestantischen Chur die katholische Religion gefährdet werde. Es war in Wahrheit begründet, daß, da Chur-Böhmen sein Stimmrecht nicht ausübte, von acht Churfürsten alsdann vier katholische und vier protestantische gewesen wären.

Im Fürsten-Collegio war der Widerstand noch viel bestimmter; unter den geistlichen Fürsten erklärten sich Salzburg, Münster, Bamberg, Würzburg, Paderborn und Eichstädt, unter den weltlichen Fürsten Sachsen-Gotha und Altenburg, Wolfenbüttel, Baden-Baden, Baden-Durlach, Meklenburg-Güstrow, Hollstein, Glücksstadt und Hessen-Cassel gegen die Ertheilung der neunten Chur an Braunschweig-Lüneburg. Vorzüglich aber lehnten sich die Herzöge von Braunschweig-Wolfenbüttel gegen diesen Vorzug, der der jüngeren Linie ihres Hauses zu Theil werden sollte, auf. Sie erließen unter dem 22. August an den Reichstag ein besonderes Verwahrungsschreiben, in welchem sie sagten: „sie hätten erwartet, daß man ihr Haus bei dieser Gelegenheit zu Rathe gezogen oder ihm den Mitgenuß vergönnt haben würde; sie protestirten förmlich gegen die Errichtung der neunten Churwürde, und wollten nicht, daß hierdurch irgend eins ihrer Rechte den geringsten Eintrag erleide."

Nichts desto weniger beharrte der kaiserliche Hof in seinem Vorhaben. Die Vortheile, welche Oesterreich durch die mit

3*

1692 Hannover geschlossenen Verträge erlangte und sich auf einen Zeitraum von mehreren Jahren zusicherte, waren zu bedeutend, als daß es nicht alles Mögliche hätte versuchen sollen, um kaiserlicher Seits die eingegangenen Verbindlichkeiten zu erfüllen, und die hannöverschen Abgesandten, Baron Groote und Christoph Limbach, erhielten für den Herzog Ernst August am 16. Decbr. die Churbelehnung.

Unter diesen Umständen wurde Schulenburg von seinem Fürsten erwählt, um noch während des Krieges und inmittelst der Feldzüge an verschiedenen deutschen Höfen zu unterhandeln, und, dem Herzoglichen Interesse gemäß, Verbündete gegen die von Braunschweig-Lüneburg beabsichtigten Zwecke zu vereinigen.

Wir besitzen in Abschrift die Schreiben, durch welche Schulenburg als Ober-Kammerjunker und Oberst-Lieutenant unter dem 15. August 1692 an den Markgrafen von Bayreuth, an die Landgrafen von Hessen-Cassel und Hessen-Darmstadt, an den Herzog von Würtemberg und an den Markgrafen von Baden-Durlach beglaubigt wurde. Desgleichen liegen uns die Instructionen im Original vor, wodurch derselbe unter dem 28. Novbr. 1693 eine Sendung nach Gotha erhielt, sowie die Instruction, die ihm unter dem 12. Febr. 1694 bei einer ähnlichen Gelegenheit an den Fürstbischof von Münster ertheilt wurde.

Ingleichen wurde Schulenburg am 12. Decbr. 1695 nach Brüssel gesandt, um in derselben Angelegenheit mit dem Churfürsten von Baiern, welcher daselbst als Gouverneur der spanischen Niederlande im Namen des Königs von Spanien residirte, zu unterhandeln.

Es befinden sich in unsern Händen sowohl mehrere an ihn von den Herzögen unter diesen Verhältnissen gerichtete Schreiben, als auch ein Theil der Concepte seiner eigenen Berichte von diesen verschiedenen Sendungen. Es scheint keinem Zweifel unterworfen, daß größtentheils den Anstrengungen der Herzöge von Braunschweig die Unions-Recesse, welche am 11. Febr. 1693 und 14. März 1695 mehrere geistliche und weltliche Fürsten unter-

zeichneten, zuzuschreiben sind, und daß die Herzöge in dieser 1692
Angelegenheit mit Erfolg Schulenburg gebrauchten.

Unter diesen Aktenstücken sind einige, die vielleicht noch heute für den Geschichtsforscher nicht ohne Interesse seyn dürften. So lautet es in einem Rescript, welches an Schulenburg unter dem 2. Octbr. 1692 erging:

„Allem Ansehen nach stehen die Sachen jetzo in Crisi, und würde man fürstlichen Theils entweder das Recht eines liberi suffragii bei einem die Reichsform concernirenden negotio müssen mainteniren, oder dasselbe zum ewigen praejudiz der Nachkommen verloren gehen lassen."

Mit eigner Hand fügt der Herzog Anton Ulrich als post criptum noch hinzu:

„Recommandiret mich bestens bei dem Herrn Landgrafen (von Hessen-Cassel) und saget ihm, Er müsse beständig bei uns halten, sonst wäre es umb der Fürstenstandt gethan."

Unter dem 17. Octbr. heißt es in einem fürstlichen Rescript:

„Wenn wir dann Sr. Liebden, den Landgraf zu Hessen-Cassel, für den einzigen wohlgesinnten Nachbarn, auf welchen einige Zuverlässigkeiten zu machen, aestimirten, so wünschten wir, daß Dieselben sich gefallen lassen möchten, sich zu einer persönlichen Entrevue und Besprechung zu resolviren, und sich der Zeit und des Orts halber bei gegenwärtigem Courier zu erklären."

Endlich besitzen wir ein Schreiben von eigner Hand des Herzogs Anton Ulrich, welches er d. d. Wolfenbüttel den 26. Octbr. 1692 nach Cassel an Schulenburg richtete, und das wir zur Characteristik dieses Fürsten hier vollständig beibringen wollen:

„Der Courier hat mir ein Schreiben vom gestrigen Dato wohl geliefert, aus welchem ich freundlich vernommen, daß der Landgraf auf künftige Braunschweigsche Messe zu kommen, Inclination hat lassen spüren, bei welchem Sentiment Ihr Sr. Liebden wolltet erhalten helfen, maßen uns allhier nichts lieber seyn wird, als diese Ehre genießen zu können, der Hoffnung lebendt, daß alsdann die Frau Landgräfinn sich auch mit einfinden werde. Dem Herrn Landgrafen habe ich mit der Post

1692 geantwortet, welche Antwort S. L. verhoffentlich noch in Cassel bekommen werden, und darinnen meine jetzige Ueberkunft excusiret, zumalen diese geheime Entrevue mehr Ombrage bei Hannover, als eine öffentliche Visite verursachen würde, und da es S. L. so gefährlich zu seyn ermessen, wollte ich nicht gern durch meine Ueberkunft Ursach dazu geben, daß sich S. L. einige Ungelegenheiten dadurch zuzögen. Daß sonst S. L. vermeinen, es opponire sich gegen das neunte Electorat Niemand als Cassel und Wolfenbüttel, so muß ich wohl bekennen, daß Sie übel von der Sache informiret, wie ingleichen der Prinz von Curland, der da vermeint, daß zwischen Hannover und Wolfenbüttel es bald zum Vergleich kommen werde. Wir werden allhier sonder Furcht die jura der Fürsten bis aufs äußerste helfen defendiren, und der Nachwelt zeigen, daß es an uns nicht gelegen, und wir nichts dazu contribuiret, daß dieses unschätzbare Kleinod nicht besser mainteniret worden; zweifle auch nicht, es werde der Herr Landgraf seinem hocherleuchteten Verstand nach, sowohl nun als künftig erkennen, was an dieser importanten Sache gelegen."

„Weilen ich aus Eurem Schreiben ersehe, daß Euch der Landgraf zu Pappenburg wieder hinbeschieden, so werdet Ihr S. L. meine Recommandation aufs Beste machen und unsere Fermeté bei diesem Werk S. L. bezeugen und dabei animiren helfen, daß S. L. Ihre gute Intention ja bewerkstelligen helfen mögen, Uns die Ehre Ihrer Gegenwart auf künftige Messe zu gönnen, da wir von allen diesen Dingen, ohne Ombrage Jemandem zu geben, bequemlich uns werden unterreden können. Inzwischen werden wir nicht ermangeln fleißig von Allem Communication zu pflegen, was weiteres hierinnen passiren wird."

Ich verbleibe Monsieur Euer beständig wohl affectionirter
Anthon Ullrich.

1693 Die Instructionen, welche dem Obersten Schulenburg bei seiner Absendung nach Gotha am 28. Novbr. 1693 gegeben wurden, beweisen denselben Eifer der Herzöge von Braunschweig, um das Band, welches die sogenannten korrespondi=

renden Fürsten gegen die Ansprüche des Hauses Hannover auf 1693
die Churwürde vereinigen sollte, enger zu knüpfen. Der Oberst erhielt den Auftrag, dem Herzog von Gotha zu eröffnen, „es sey der Wunsch der Herzöge, daß ihr an dem schwedischen Hofe accreditirter Gesandte von Imhoff ebenfalls an diesem vom Herzog beglaubigt werde, und daß sich dieser Fürst entschließen möge, zu der schon braunschweigscher Seits mit Dänemark und Münster, zur Erhaltung der Fürstenrechte, geschlossenen Allianz, beizutreten."

Diese Allianz war am 24. März 1693 unterzeichnet worden, und besonders, wie es darin wörtlich heißt:

„Auf die Reparation der bei der bekannten neunten Chursache denen Fürsten des Reichs zugefügten Beschwerden gerichtet, und in der Absicht, für die **Maintenue** der Reichsrechte und für die ihrer Posterität Ehre und Wohlfahrt portirten Fürsten eine gemeinsame Defensions-Verfassung zu etabliren."

Im §. 4. wurde bestimmt, daß zu diesem Defensiv-Bündniß königl. Dänischer Seits die deutschen Provinzen, fürstlich Bischöflich-Münsterscher Seits dessen westphälische Lande sammt den Reichsgrafschaften Bentheim, Tecklenburg und Rittberg, fürstlich Braunschweig-Lüneburg-Wolfenbüttelscher Seits das Herzogthum Wolfenbüttel, die Grafschaft Blankenburg und das Stift Walkenrieth begriffen seyen.

Im §. 6. wurde die mutuelle Assistenz und Defensive

für Dänemark	auf 5000	Mann	angesetzt,
„ Münster	„ 4000	„	
„ Braunschweig	„ 3000	„	

sowie im §. 7., daß, im Fall diese Truppenzahl nicht hinreichend seyn sollte, dieselbe zu verstärken wäre.

§. 12. setzte fest, diese Allianz sey auf die Dauer von 5 Jahren abgeschlossen.

In einem separirten Artikel kam man überein, daß, im Fall daß die Herzöge von Celle und Hannover ihre Truppen aus Ungarn und Brabant zurück in ihre eignen Lande zögen, und man hieraus einige **Ombrage** schöpfen könnte, Dänemark sogleich in die Grafschaften Oldenburg und Delmenhorst 2000

1693 Mann, um die Hülfe und Assistenz desto schleuniger erhalten und genießen zu können, rücken lassen wolle.

1694 Unter dem 12. Febr. 1694 wurde der Oberst Schulenburg zu dem Bischof nach Münster geschickt, und die ihm bei dieser Gelegenheit ertheilte Instruction haben wir vorliegen. Sein Auftrag ging hauptsächlich dahin, den Bischof von Münster zu beruhigen, daß der mit den Generalstaaten abzuschließende Subsidien-Tractat [1]) keineswegs dem Interesse der Allianz mit Dänemark und Münster präjudicirlich seyn sollte.

Dritter Abschnitt.

1695 — 1698.

Sendung nach England. — Nach Brüssel an den Churfürsten v. Baiern. — Schulenburg ist beim Ryswicker Friedens-Congreß gegenwärtig. — Wird als Gesandter an den französischen Hof geschickt mit Auftrag, gegen die Errichtung der hannöverschen Churwürde zu unterhandeln. — Original-Schreiben des Herzogs Anton Ulrich von Braunschweig an Schulenburg. — Tritt als General-Major in die Dienste des Herzogs von Savoyen. — Reist von Paris nach Turin.

1695 Im Anfange des Jahres 1695 wurde der Oberst über Flandern nach England geschickt, um dem König Wilhelm III. die Theilnahme der Herzöge an dem am 6. Januar erfolgten Ableben seiner Gemahlin, der Königin Maria, zu bezeugen.

---

1) Dieser Subsidien-Tractat wurde auch zu Breda am 1. Juny 1694 abgeschlossen und dahin gerichtet, daß außer den 3000 Mann, welche die Herzöge schon früher vermöge eines Tractats vom 14. May 1691 gestellt hatten, diesen Truppen noch 2000 Mann hinzugefügt werden sollten. Diesem Tractate trat auch der König Wilhelm III. als König von England bei, und England sowohl als Holland machten sich verbindlich, über die bestehenden Differenzen zwischen den Herzögen von Braunschweig und den von Celle und Hannover ihre Mediation eintreten zu lassen.

Für diese 5000 Mann zahlten England und Holland jährlich Hundert Tausend Thaler an Braunschweig-Wolfenbüttel.

Schulenburg war dem König in den Feldzügen von Flandern 1695
rühmlich bekannt geworden, davon früher schon Erwähnung geschehen ist. In den mehrmals angeführten Fragmenten seiner Lebensbeschreibung heißt es:

„1695 war Schulenburg als **Envoyé extraordinaire** nach England geschickt worden, um dem König wegen des Todes der Königinn zu condoliren, auch andere Sachen mit ihm zu tractiren. Von da schickte ihn der König von England mit der letzten **secreten Ordre** wieder zurück, alles zu veranstalten, um **Namur** den Feinden wieder abzunehmen. Hier echappirte der Oberst auf der See aus Johann Barths und der Caper Hände, maaßen gleich nach seiner Ankunft in Holland unterschiedliche Generals und andere von Barth zu **Dunkerke** aufgebracht wurden."

Wir besitzen noch zwei Originalschreiben Schulenburgs aus Harwich vom 2. und 16. April 1695. In dem ersten sagt er:

„Ich habe meine Commission in England verrichtet. Hier warte auf guten Wind schon drei Tage. Ich hoffe morgen, will's Gott, in Holland, und zwar nicht mit solchen greulichen Stürmen, wie hierher gekommen bin, zu seyn. Der König hat mir gar ein schönes Present, einen Ring mit einem Stein zu 1500 Thalern Werth geschenkt."

Unter dem 16. April sagt er:

„Seitdem der beigehende Brief geschrieben, bin zweimal in die See gegangen; allein sowohl das stürmische Wetter wie auch die Capers haben die Schiffer obligiret, wiederum in diesen Hafen einzulaufen."

Am 13. Juny befand sich Schulenburg wieder in dem Lager bei Niemhofen.

Die Herzöge von Braunschweig fuhren auch in den folgenden Jahren fort, die Erhebung des Hauses Hannover zur Churwürde möglichst zu hintertreiben; sie glaubten, daß die Ansichten des Churfürsten von Baiern im Vergleich mit denen, welche dieser Hof hatte, als jene Angelegenheit zuerst im Chur-Collegio 1692 zur Sprache kam, eine Veränderung erlitten hätten, und sandten daher im Monat December 1695 Schulenburg nach Brüssel, wo der Churfürst als General-

1695 Gouverneur im Namen des Königs von Spanien residirte und zweiter Heerführer der alliirten Armee in den Niederlanden war, um nun dem Churfürsten sowohl zur Eroberung von Namur, an welcher er als kommandirender General mit dem König von England Theil gehabt hatte, und wobei Schulenburg, wie wir oben gesehen haben, auch gegenwärtig war, Glück zu wünschen, als auch gegen die neunte Churwürde bei ihm Vorstellungen zu erneuern.

Es scheint, als wenn der Churfürst kurz vorher Anträge des österreichischen Gesandten Grafen von Kaunitz, welcher ihm vortheilhafte Bedingungen anbot, um die Sache der neunten Churwürde eifriger zu unterstützen, abgelehnt habe; daher die Herzöge den Churfürsten aufforderten, „in diesen vortrefflichen Sentiments beständig zu beharren, den so schäd- und gefährlichen neunten Electorat nimmer zu Stande kommen zu lassen, und dadurch die Posterität, Chur-Baiern ewig dankbar zu seyn, obligiren."

Ueberdies erhielt Schulenburg den Auftrag, den baierschen Hof zu vermögen, sich ebenfalls gegen die Zulassung von Chur-Böhmen, welches bis dahin im Chur-Collegio nicht abstimmte, auszusprechen.

1696 Schulenburg traf Anfangs Januar zu Brüssel ein. Die baierschen Staatsmänner, welche den Churfürsten begleiteten, waren der Graf von Preißingen, Ober-Kammerherr, und die Minister Baron von Meyer und Prielmeyer. Schulenburgs erster Bericht giebt Kunde von der Aufnahme, welche er von Seiten des Churfürsten erhielt. Wir glauben, daß es nicht ohne Interesse seyn wird, von diesem Berichte einen Auszug zu geben.

„Après quoi S. A. me parla de l'admission de Bohême, mais avec beaucoup de modération, disant toujours qu'il était bien dur qu'on lui demandait une chose de cette nature-là, à quoi il aurait de la peine et de la repugnance beaucoup à s'y resoudre."

„Quant au neuvième électorat, il me dit qu'il était bien fâché de toutes ces nouveautés, mais qu'il fallait avouer, qu'il avait donné parole à Hannovre de ne s'y vouloir opposer, et il me pria de vouloir informer Vos Altesses de la manière que cela était arrivé, afin qu' ils connussent l' innocence de son fait, et qu' il n' avait eu aucune intention contraire aux intérêts de Vos Altesses Sereniss. Il me dit donc qu' au siège de Mayence, lequel se tirant fort en long et par l' approche du Maréchal de Duras la prise en devenant d' autant plus douteuse, feu Monsieur le Duc de Lorraine aussi bien que S. A. E. ne sachant pas comment se tirer de cette affaire, feu Monsieur de Grote leur proposa, que, s' ils voulaient donner les mains au neuvième Electorat, les troupes d' Hannovre seraient en peu de jours à portée d' eux, et c' était de là que provenait la parole ci-dessus mentionnée." 1696

Unter dem 26. Januar schrieb Schulenburg, daß er sich ehestens wieder nach Braunschweig zurückbegeben werde, und meldete über die Aeußerungen der baierschen Minister Folgendes:

„J' y adjonterai cependant que les susdits Ministres ont protesté tous les deux, que l' Electeur n' avait donné les mains au neuvième Electorat, que par des nécessités et par des raisons qui l' avaient pour ainsi dire, forcés à cela, et qu' il avait sincèrement crû obliger toute la maison ensemble, d' ailleurs il n' avait aucun plaisir à toutes ces nouveautés et qu' il était persuadé, qu' elles n' étaient ni de l' intérêt des Electeurs en général, ni de celui en son particulier, mais comme cette affaire était si en avant, que Hannovre n' en pourrait pas bonnement démordre, ni l' Empereur aussi bien que l' Electeur de Bavière ne pouvait se passer de satisfaire à leur parole donnée, l' Electeur souhaiterait de trouver moyen ou de racommoder ces deux Maisons ou de faire avoir à la Maison de Wolfenbuttel quelque autre avantage ou satisfaction, qui, si on en pouvait convenir, l' Empereur s' employerait pour le faire réussir."

Der kaiserliche Gesandte Graf von Kaunitz war dem Churfürsten aus Baiern nach Brüssel gefolgt, und Angaben der damaligen Zeit deuten an, daß dessen Gemahlin nicht ohne Einfluß auf den Churfürsten war (vid. Mémoires du Maréchal

1696 de Villars. Tom. I. pag. 29 et 30). Dem sey wie ihm wolle, so beförderte dieser Gesandte die hannöversche Chursache eifrigst, und da die Ausübung der churböhmischen Stimme mit dieser Angelegenheit in Verbindung gesetzt worden war, so waren sowohl das österreichsche, als das hannöversche Staats-Interesse beiderseits an den Erfolg geknüpft.

Wir haben gesehen, daß im Anfang der Unterhandlungen über die neunte hannöversche Churwürde der baiersche Hof sich dem vom Kaiser gemachten Antrage beifällig geäußert hatte. Da aber später in dieser Angelegenheit die Stimmenfähigkeit von Churböhmen beigemischt wurde, und folglich sowohl die Vortheile, die Hannover als auch das Haus Oesterreich bezweckten, an den Tag kamen; so ersehen wir aus den vorliegenden handschriftlichen Materialien, daß das Münchner Cabinet glaubte, aus dieser Sache auch Nutzen für sich ziehen zu müssen, und sich daher weniger willfährig als früher bewieß.

Der baiersche Hof ließ in Folge dessen dem österreichschen eröffnen: „er sei geneigt die Stimmenfähigkeit von Churböhmen mitbewirken helfen zu wollen, wenn auch die hannöversche Chur zu ihrer Wirklichkeit nicht gelangen sollte, wenn man kaiserlicher Seits folgende Bedingungen erfüllen wolle:

1) daß die catholische Religion in den Herzogthümern Hannover und Celle ungehindert zugelassen werde;
2) daß nach Abgang der Wilhelminenschen Linie die Chur nichts desto weniger bei dem Hause Baiern verbleiben und von den Landen von Ober- und Nieder-Baiern abhängig bleiben solle;
3) daß Oesterreich an Baiern die Markgrafschaft Burgau abtrete; desgleichen
4) die Grafschaft Neuburg am Inn;
5) daß Oesterreich ein auf dem Zoll Krems und Stein haftendes Capital, so wie Hundert Tausend Thaler, so es an Baiern schuldig, abtrage."

Es scheint, daß der österreichsche Hof diese Forderungen zu hoch gespannt fand, um solche zu bewilligen, daß jedoch die Sendung Schulenburgs an den Churbaierschen Hof letzteren nicht zu bestimmen vermochte, Farbe für die Herzöge von Braun-

schweig-Wolfenbüttel zu nehmen, ohne jedoch in diesem Zeit- 1696
punkt weder den Anspruch Hannovers auf die neunte Churwürde,
noch die Stimmenfähigkeit Böhmens zu unterstützen.

Schulenburg fand sich im Sommer 1697 als Beobachter 1697
bei dem Friedens-Congreß zu Ryswick ein; er begleitete dahin den herzoglich Braunschweig-Wolfenbüttelschen Gesandten zum Congreß, Geheime-Rath und Ober-Marschall Friedrich v. Steinberg; es entwickelten sich daselbst die Umstände, welche ihn veranlaßten, die herzogl. Braunschweigschen Dienste zu verlassen, und in die des Herzogs von Savoyen zu treten. Bevor er jedoch diese neuen Verhältnisse antrat, erhielt er von seinen Fürsten einen ausgezeichneten Beweis des Vertrauens, indem ihm die Herzöge den Auftrag ertheilten, sich nach Paris zu begeben, um daselbst den König Ludwig XIV. zu dem geschlossenen Frieden und zur Vermählung seines Enkels, des Herzogs von **Bourgogne**, Glück zu wünschen.

Die Instruction, welche Schulenburg erhielt, ist vom 13. Decbr. 1697, und bezog sich im Wesentlichen auf folgende Gegenstände:

> Es wurde ihm aufgetragen, dem König vorzüglich des Hauses Wolfenbüttel Wohlfahrt und Interesse zu empfehlen, und sich genau zu erkundigen, was anderer Staaten Gesandten am Königl. französischen Hofe für Geschäfte betreiben könnten?

Schulenburg traf im Monat Februar in Paris ein. Wir 1698
besitzen noch die Concepte der Berichte, welche er während der Zeit seines Aufenthalts den Herzögen abstattete, und ersehen hieraus, daß, wenn gleich in seinen Instructionen keine ausdrückliche Erwähnung weder der von Hannover angesprochenen Churwürde, noch von den übrigen zwischen den Häusern Hannover und Braunschweig-Wolfenbüttel bestehenden Differenzen geschieht, dennoch diese Gegenstände der besondern Aufmerksamkeit Schulenburgs müssen empfohlen gewesen seyn.

Die Herzöge von Braunschweig hatten dazumal einen Geheimen Cabinets-Rath, Härtel, in ihren Diensten, von welchem sich mehrere Schreiben unter den Manuscripten finden, die uns als Materialien zu gegenwärtigen Denkwürdigkeiten

1698 dienen; Härtel muß das Vertrauen des Herzogs Anton Ulrichs bis zum Ende seines Lebens genossen haben, da auch aus jener späteren Zeit interessante Briefe von ihm an Schulenburg vorhanden sind. Ein Schreiben desselben an letzteren vom 22. März 1698, nebst einer Beilage, enthält eine gedrängte Darstellung der hauptsächlichsten Gegenstände, welche in jener Zeit die zwei Häuser veruneinigte. Dieses Aktenstück findet sich unter den Beilagen am Schluß dieses Abschnitts.

Indeß wollen wir hier summarisch die hauptsächlichsten Punkte der gegenseitigen Motive zur Unzufriedenheit andeuten.

Der Gedanke, daß die jüngere Linie des Hauses Braunschweig die Churwürde erwerben wolle, wird schon dem 1641 verstorbenen Herzog Georg von Hannover, Vater der regierenden Herzöge von Celle und Hannover, beigemessen, und zwar zur Zeit, wo die Herstellung des Churfürsten von der Pfalz vor dem westphälischen Frieden so viel Schwierigkeit erfuhr. Diese Umstände sollen damals den Herzog veranlaßt haben, jene Wünsche aufzugeben.

Der Herzog von Celle, älterer Bruder des Herzogs von Hannover, war früher den Absichten des letzteren entgegen; um so mehr mußten diesen Ansprüchen die Herzöge von Braunschweig-Wolfenbüttel widerstreben. Vorzüglich scheinen diese Herzöge durch die Vereinigung der beiden Herzogthümer Celle und Hannover zu einem Staate, einen Gegenstand zur Eifersucht gegeben zu haben, ob man gleich eingestehen muß, daß die Tendenz, die Primogenitur in den deutschen fürstlichen Häusern einzuführen, damals allgemein zu werden anfing, sich späterhin in dem Hause Braunschweig-Wolfenbüttel selbst bewährte, und daß diesem Grundsatze die deutschen Fürsten ihre Macht und ihre Größe verdanken.

Indeß ist nicht zu leugnen, daß das Haus Hannover alle Mittel anwandte, des Hauses Braunschweig-Wolfenbüttel Vortheile zu schmälern, und daß es dem Herzog Rudolph August den Antrag gemacht hatte, seine Seniorats-Rechte gegen eine Summe Geldes abzutreten.

Die Erbfolge in dem Herzogthum Sachsen-

Lauenburg war ebenfalls ein Gegenstand der Zwistigkeit 1698
zwischen beiden Häusern geworden.

Nachdem das regierende Fürstenhaus von Sachsen-Lauenburg mit dem 1689 verstorbenen Herzog **Julius Franz** erloschen war, so waren über dessen Erbfolge Streitigkeiten zwischen Chur-Sachsen, welches eine kaiserliche Expectanz, um im Herzogthum Lauenburg zu succediren, besaß, und dem Gesammthaus Braunschweig entstanden, welches behauptete des Herzogthums Lauenburg jura dominii erben zu sollen.

Um die Weiterungen, die deshalb zwischen Chursachsen und dem Hause Hannover entstanden, welches unterdeß vom Herzogthum Lauenburg hatte Besitz nehmen lassen, zu beendigen, hatten beide Höfe am 17. Juny 1697 einen Vertrag abgeschlossen, vermöge dessen Sachsen an das Haus Hannover, d. h. an die jüngere Linie des Hauses Braunschweig, seine Rechte an Lauenburg gegen eine Summe von 733,330⅓ Thaler überlies, mit dem Vorbehalt, daß, wenn der Mannsstamm des Hauses Braunschweig aussterben sollte, das Herzogthum Lauenburg an Sachsen zurückfallen solle. Ueberdem kamen beide Höfe überein, daß, wenn irgend ein Dritter Hannover in dem Besitz der Lauenburgschen Lande stören sollte, Chursachsen vier Tausend Mann Hülfstruppen geben wolle.

Der Vertrag, welchen Hannover einseitig und unbewußt der Herzöge von Braunschweig-Wolfenbüttel abgeschlossen hatte, gab einen neuen und gerechten Grund zur Beschwerde, da das Haus Braunschweig den dritten Theil der Lauenburgschen Erbfolge in Anspruch nahm, wogegen das Haus Hannover keine Einwendungen aufzustellen vermochte.

Hannover verweigerte sogar an Braunschweig, Kunde von jenem mit Sachsen abgeschlossenen Vertrage zu geben, oder begehrte, als Reciprocität, von allen von Seiten der Herzöge von Braunschweig-Wolfenbüttel abgeschlossenen Tractaten unterrichtet zu seyn; das Recht zu dieser Forderung schien in den Familien-Pactis zu liegen, vermöge deren beide Linien sich gegenseitig in Kenntniß von allen mit fremden Staaten abgeschlossenen Verträgen setzen sollten, welches Recht Braunschweig-Wolfenbüttel nicht abläugnete.

1698 Ohne Zweifel hatte hier Hannover die von den Herzögen abgeschlossenen Tractate mit Dänemark, Münster und Gotha im Auge, wodurch diese gesucht hatten, sich gegen die Möglichkeit eines Angriffes von Seiten Hannovers zu schützen.

Schlüßlich stellte Braunschweig den gerechten Anspruch auf, daß der Aelteste des Gesammt-Hauses von jeher den Vorrang vor allen übrigen Fürsten des Hauses Braunschweig haben solle, daß dem zufolge der Herzog von Hannover diesen Vorrang seinem Bruder, dem Herzog von Celle, zugestehe, allein seitdem er die Belehnung mit der Chur erhalten habe, denselbem dem Herzog Rudolph August abspreche, und folglich diesen wesentlich beeinträchtige.

Dies war die Lage der zwischen Braunschweig-Wolfenbüttel und dem Hause Hannover bestehenden Zwistigkeiten, als Schulenburg mit dem letzten politischen Auftrage seiner Fürsten am französischen Hof erschien.

Das folgende Schreiben, welches der Herzog Anton Ulrich unter dem 22. März 1698 an seinen Gesandten erließ, verbreitet über alle vorliegenden Gegenstände vollständiges Licht.

à Wolfenbuttel, le 22. Mars 1698.

Monsieur.

Par la lettre que vous m'avez écrite du 20me. et votre relation de la même date, j'ai vu ce qui s'est passé à l'audience du Sgr Bothmar et les conversations que vous avez eu ensuite avec les Ministres. Je vous veux bien dire à ce sujet, que je suis très-satisfait de l'exactitude avec laquelle vous m' informez de toutes les choses nécessaires et des soins que vous employez pour faire mes affaires et pour les recommander par tout où il est besoin. Je ne doute point, que vous ne continuez de même pendant que vous en aurez encore l'occasion. Pour à cette heure il serait nécessaire de représenter aux Ministres du Roi, que je compte toujours beaucoup sur la fermeté et les dispositions qu'ils ont temoigné jusqu' içi, de ne point condescendre à l'établissement du neuvième Electorat et aux autres innovations que la Cour de Hannovre cherche d'introduire aux préjudices des Princes de l'Empire par des manières si manifestement oppo-

sées aux constitutions de l'Empire et principalement contraires 1698
à celles de la paix du Munstre et de Westphalie, dont S. M. a promis la garantie et on sera sans doute informé en Françe d'une des conditions du traité que Hannovre a fait avec l'Empereur, ou plutôt avec la Maison d'Autriche, de lui vouloir prêter toute sorte d'assistance quand la succession d'Espagne viendra d'arriver: on connaîtra donc, combien il sera nécessaire en ce cas-là de leur préparer quelque diversion de ce côté-çi et d'empêcher principalement la combination des Duchés de Celle et de Hannovre, à quoi S. M. est encore engagée par des raisons très-particulières ayant pareillement pris sur Celle la garantie du traité de Hildesheim (conclû en 1665) qui fut négocié alors par le Sgr. de Humbres[1]), Ministre du Roi, où les Ducs de Celle et de Hannovre s'engagèrent par sermant solennel, d'observer le testament de feu duc George leur père et de ne point unir les états des deux Duchés. Il ne faut point douter que le Prince Maximilien ne comprenne aussi ses véritables intérêts à cette heure, que la mort du feu Duc son père, arrivée avant celle du Duc de Celle, l'a mis dans d'autres circonstances et il n'y a pas d'apparence, qu'il viendra assister à la publication du testament, mais qu'il songera plutôt à prendre bien ses mésures pour l'avenir, et à se chercher quelque appui pour soutenir ses droits et prêtentions. Il est vrai que le Ministre de Celle, qui est entièrement dans les intérêts de la Cour de Hannovre, fait tout son possible pour prévenir les desseins que ce Prince pourrait former et pour lui ôter par tout les assistances, qu'il pourrait espérer; il tache donc entre autres aussi, de nous ramener à leur partie par de voyes obliques, mais je trouverai les moyens d'en empêcher le succès et de remettre mon frère dans de bons principes, cependant ils continnent à le solliciter et sur tout de mettre des obstacles au renouvellement des alliances avec le Dannemarc et Munster. Vous ferez donc bien de faire connaître aux Ministres du Roi qu'il serait nécessaire

1) Antoine de l'Humbres, Herr von Herbingen, Loos und Glope.

1698 de faire un peu presser M. l'Evêque de ne plus retarder la renouvellement de nos alliances. J'ai envoyé pour ce même sujet un exprès à Munster pour les informer de tout ce qui se passe là-dessus; au reste vous prendrez bien aussi une occasion exprès de témoigner à M. de Pompone et de Torçe que je me leur sens fort obligé de l'affection qu'ils font connaître pour les intérêts de ma Maison; je les prie de les vouloir toujours appuyer de leur credit auprès du Roi et de me conserver l'amitié de S. M. Quant au voyage de Hollande je ne m'en serais plus souvenu, si vous ne m'en aviez pas parlé; je n'y ai point pensé sérieusement et quand j'en ai fait dire quelque chose à M. de B. R. ç'a été seulement un compliment de bienséançe pour lui faire connaître le désir que j'avais eu de le voir, si cela s'était pu faire en passant, à son voyage de Hollande, car j'avoue que j'ai eu beaucoup de confiance en ce ministre et en la sincérité de sa conduite, j'espère pourtant que M. de Heron sera dans les mêmes dispositions. J'ai déjà toute l'estime que je dois pour ses mérites et dites lui que je me ferais un plaisir de lui en pouvoir donner des marques quand il sera ici, et vous même vous pouvez être persuadé que j'aurai toujours beaucoup de reconnaissançe de vos services et vous trouverez dans les occasions, que je suis avec une passion particulière

Monsieur

votre bien affectionné
Antoine Ulric. } m. pr.

Schulenburg traf im Februar in Paris ein, und da indessen der Herzog von Hannover Ernst August (erster Churfürst) am 28. Januar verstorben war, so begegnete er sich mit dem Abgesandten, welchen sowohl der Nachfolger, Georg Ludwig, als dessen Oheim, der Herzog Georg Wilhelm von Celle, an den französischen Hof abgefertigt hatten; dies war der Baron Bothmar[1]), welcher später einer der ersten Staatsmänner des

1) Hans Caspar von Bothmar war 1656 geboren und stand anfänglich in Diensten des Herzogs von Zelle, 1696 war er churbraunschweig-

Hauses Hannover wurde und der dem Churfürsten Georg Lud- 1698
wig als hannöverscher Minister nach England folgte, als dieser den großbrittanischen Thron unter dem Namen Georg I. bestieg. Schulenburg hatte den 4. März seine Antritts-Audienz in Versailles und wurde von seiner Wohnung in Paris vom Introducteur des Ambassadeurs in zwei sechsspännigen Wagen nach Versailles geführt. Als Beweis des damals noch bestehenden strengen Ceremoniels fügen wir ein P. M. vom Jahre 1698 als Beilage bei, welches dem General bei seiner Ankunft in Paris, um solches zur Regel zu nehmen, mitgetheilt wurde. (Siehe Beilage Nr. 2.) Nach dem dazumal bestehenden Gebrauch sah sich der Abgesandte einer der kleinern deutschen Höfe genöthigt in einem sechsspännigen Wagen mit zwei Cavaliers, zwei Pagen und sechs Laquaien seine ersten Visiten bei den Ministern abzustatten. Ludwig XIV. empfing den Gesandten sitzend, den Hut in der Hand, und erst als der Gesandte seine Rede angefangen, so bedeckte sich der König, bei Nennung des Namens der Herzöge aber nahm er jederzeit den Hut ab. Ludwig XIV. antwortete selbst und ziemlich ausführlich, dankte den Herzögen für deren Glückwünsche sowohl über den abgeschlossenen Frieden als über die Vermählung des Herzogs von Bourgogne, äußerte seine Zufriedenheit für das bewiesene Vertrauen sowohl, als für das bisher von den Herzögen beobachtete Betragen, und versprach ihnen Beweise seines ferneren Wohlwollens zu ertheilen. Das Ceremoniel bei den Audienzen der Personen der königlichen Familie war dasselbe; auch sie empfingen den Abgesandten sitzend und den Hut in der Hand.

---

scher Gesandter am kaiserlichen Hofe, 1697 beim Rüßwicker Friedens-Congreß, und 1698 in Frankreich; er wurde 1705 churbraunschweigscher Geheimer-Rath, war 1709 Gesandter im Haag und wurde 1714 kurz vor dem Tod der Königin Anna in dieser Eigenschaft nach England geschickt. Nach Antritt der Regierung Königs Georg I. wurde er zum dirigirenden Minister der hannöverschen Angelegenheiten in London ernannt, und 1727 zum hannöverschen Premier-Minister. Er starb zu London am 6. Februar 1732, und war 1715 in des heiligen Römischen Reichs Grafenstand erhoben worden.

4*

1698 Bei der nämlichen Gelegenheit erschien Mylord Portland in Frankreich als Bothschafter Wilhelms III., Königs von England. Die Auffahrt eines Bothschafters war in dem Verhältniß prachtvoll, als sein Rang erhabener, wie der eines Gesandten zweiter Ordnung war; sein Gefolge bestand in zwölf Pagen, etlichen funfzig Laquaien, zwölf Handpferden, sechs Kutschen, von denen drei mit acht und drei mit sechs Pferden bespannt waren. Es war dazumal üblich, daß alle gegenwärtigen Bothschafter und Gesandten jeder eine Kutsche mit sechs Pferden und einen Cavalier auf den Platz schickten, wo sich der Zug versammelte, um dadurch den auffahrenden Bothschafter zu complimentiren.

Die französischen Minister äußerten sich günstig für das Interesse der Herzöge von Braunschweig, und keineswegs den Ansichten des Hauses Hannovers, vorzüglich in Bezug der von demselben gewünschten neuen Churwürde, hold.

In einer Conferenz, welche Schulenburg kurz vorher, ehe er den französischen Hof verlies, mit dem Marquis Torçi hatte, trug ihm dieser auf „er möge seinen Durchl. Herrn versichern, daß der König gänzlich bei der einmal gefaßten Resolution verbleiben, alle Neuerungen und Veränderungen suchen zu verhüten, und alles nach dem westphälischen Frieden und den Reichsverträgen beständig zu erhalten, trachten wolle, und daß sich Ihre Durchl. sicherlich darauf verlassen könnten, wie auch daß man dem Hause Wolfenbüttel en particulier in Allem bestens beistehen werde; nur müsse das Haus Wolfenbüttel beständig sein wahres Interesse beobachten und sich keineswegs durch eine oder andere Finesse davon abtreiben lassen.“ Beide Minister, sowohl Mr. de Pompone als Marquis Torçy setzten dies weitläufig auseinander und fügten hinzu, „daß man in Erfahrung gebracht, als wenn durch eine und andere Intrigue die beiden herzoglichen Brüder nicht derselben Intention wären, und dadurch vielleicht einige Sachen von größter Conséquence übereilet werden könnten, welches man aber nicht hoffen wollte, indem nachgehends ihr wahres Interesse niemals wiederum so könnte herbeigebracht werden und solches weder bei der jetzigen Welt noch bei denen Nachkommen zu verantworten sein würde[1]).“ [illegible]

Schulenburg verlies Paris im Monat April und hatte von seinen ehemaligen Herren, den Herzögen die Erlaubniß erhalten, sich direct nach seiner neuen Bestimmung nach Turin zu begeben, indem er in die Dienste des Herzogs von Savoyen als General-Major und Oberst und Inhaber eines deutschen Infanterie-Regiments getreten war. Ludwig XIV. ertheilte ihm seine Abschieds-Audienz in Versailles und äußerte sich eben so freundlich und wohlwollend für die Herzöge von Braunschweig-Wolfenbüttel, als bei der Antritts-Audienz.

In einer Beilage geben wir denjenigen Theil seines letzten Berichts, der sich auf seine letzte Unterredung mit den königlichen Ministern und seine Abfertigung vom französischen Hofe bezieht. (Siehe Beilage Nr. 3.)

Mr. de Heron wurde als französischer Gesandter nach Wolfenbüttel an die Herzöge geschickt.

Schulenburg erhielt bei Gelegenheit dieser Sendung ein Medaillon mit dem in Brillanten gefaßten Portrait des Königs zum Geschenk.

Da nunmehr Schulenburg die herzogl. Braunschweigschen Dienste verlassen hatte, so sind die Geschäfte dieses Hofes, welche ihm bisher anvertraut waren, nicht mehr der Gegenstand unserer Aufmerksamkeit; indeß glauben wir doch zur Vervollständigung der Schilderung, welche wir von den Zwistigkeiten gegeben, die zwischen den Herzögen von Braunschweig-Wolfenbüttel und dem Hause Hannover bestanden, und welche in Betreff der neunten Churwürde die Herzöge

---

1) Die französischen Minister verstanden hierunter die verschiedenen Ansichten, welche zwischen den Herzögen Rudolph August und Anton Ulrich über die Zwistigkeiten mit Hannover bestehen konnten, und von welchen der hannöversche Gesandte von Bothmar versucht hatte, das französische Cabinet in Kenntniß zu setzen. Daß wirklich beide herzoglichen Brüder in diesem Bezug verschiedener Meinung waren, beweißt Herzog Anton Ulrichs französisches Schreiben an Schulenburg, so wie der späterhin am 19. April 1702 vollzogene Tractat zwischen Braunschweig und Hannover in seinem 10. §.

1698 gewissermaaßen zur Sache des größten Theils der deutschen Fürsten zu machen gewußt hatten, das Resultat dieser Angelegenheit in Kurzem hier andeuten zu müssen.

Die früheren Unions-Recesse zwischen den correspondirenden Fürsten vom 11. Febr. 1693 und 14. März 1695, zu deren Zustandebringung Schulenburg wesentlich beigetragen hatte, wurden, nachdem ein Fürsten-Verein am 18. Januar zu Goslar statt gefunden hatte, durch einen neuen Unions-Receß zu Nürnberg am 29. July 1698 bestätigt. Zu den Fürsten, welche die Grundlage dieser Verbindungen gelegt hatten, war das Haus Anhalt, der Hoch- und Deutschmeister, der Abt zu Fulda, so wie später Brandenburg-Culmbach, Anspach und Hessen-Darmstadt beigetreten; durch den 4. Art. dieses Recesses vereinigten sie sich, vier und zwanzig Tausend Mann zur Sicherung ihrer Rechte aufzustellen und eröffneten ihre Beschwerden in sechs Punkten dem kaiserlichen Hof durch eine eigne Sendung.

Der Kaiser machte durch Chur-Maynz der Union der correspondirenden Fürsten Vergleichs-Vorschläge, welche jedoch voraussetzten, daß es bei der Verleihung der neunten Chur an Hannover sein Bewenden haben, und zu dessen Introduction das gesammte Reich zu Rath gezogen werden solle.

Die Fürsten riefen hierauf den König von Frankreich als Garanten des westphälischen Friedens gegen die Neuerung der Begründung einer neunten Churwürde an, und dieser lies sowohl durch seinen Gesandten am Reichstage zu Regensburg als auch in Wien dagegen-Vorstellungen machen; indeß erhielt der Herzog Georg Ludwig von Hannover nichts destoweniger die Investitur zur neunten Churwürde nach Ableben seines Vaters, und der kurz darauf ausgebrochene spanische Successionskrieg, welcher am 6. Octbr. 1702 zum Reichskrieg erklärt wurde, setzte der ganzen Frage vor der Hand ein Ziel. Nachdem in demselben Jahre 1702 die Zwistigkeiten zwischen den Herzögen und Churhannover zu den ernstlichsten Maaßregeln Veranlassung gegeben und erstere der Gewalt hatten weichen müssen, so wurde unter dem 22. April 1703 ein Vertrag zwischen beiden Linien des Hauses Braunschweig abgeschlossen,

von welchem folgende Punkte alle wesentlichen Streitfragen 1698
zwischen beiden Häusern beilegten:

Wolfenbüttel wollte sich der hannöverschen primogenitur nicht ferner opponiren;

Es agnoscire die hannöversche Chur, dagegen wolle man Celle- und Hannöverscher-Seits alles anwenden, um daß die Wolfenbüttelsche Linie nach Abgang der hannöverschen auch mit in die Chur aufgenommen werde;

Die Präcedenz wird Hannover von Seiten Wolfenbüttels als Churfürst zugestanden, hingegen soll den Wolfenbüttelschen Erbprinzen der Rang vor den hannöverschen postgenitis verbleiben.

Wegen dem Herzogthum Lauenburg würde in einem separirten Artikel Folgendes bestimmt:

Wolfenbüttel überläßt an Hannover seinen Antheil vom Lauenburgschen, und verspricht, mit Vorbehalt des gegenseitigen Rückfalls, Beistandt gegen alle diejenigen, welche dessen Besitz anfechten sollten, zu leisten;

Dagegen trägt Hannover diejenigen Summen allein, welche an Chursachsen für die Verzichtleistung an dessen Ansprüche am Lauenburgschen bezahlt worden sind;

Hannover tritt dagegen als eine Entschädigung das Amt Campen an Braunschweig Wolfenbüttel ab, oder eine sonst beliebige Vergrößerung bis zur Concurrenz von zehn Tausend Thalern Einkünften.

Schulenburg genoß, so lange der Herzog Anton Ulrich lebte, die besondere Gewogenheit dieses vortrefflichen Fürsten, von welchem er bis an dessen Tod noch schriftliche Beweise erhielt, die mitunter rührend zu lesen, und welche wir bei Gelegenheit mittheilen werden. Diese Gesinnungen vererbten sich selbst auf die Enkelin Anton Ulrichs, der Kaiserin Elisabeth, Gemahlin Kaisers Carl VI. und Mutter der berühmten Maria Theresia, welche Schulenburg bis an sein Ende die sprechendsten Zeichen ihrer Gnade und ihres Vertrauens gab.

Beilagen zum 3. Abschnitt.

Beilage I.

Brief des Herzogl. Braunschweig-Wolfenbüttelschen Geheimen-Secretärs Hertel an den mit einer Sendung in Paris beauftragten Obersten Mathias Johann v. d. Schulenburg.

à Wolfenbuttel, le 22. Mars 1698.

Monsieur. Les lettres que vous trouverez içi jointes ont été écrites avec tant de précipitation que je n' ai pas seulement eu le tems de les revoir exactement; celle que vous trouvez dans çe paquet-çi est supposée comme écrite à un ami en reponse au sujet des différens qui sont entre les Princes de cette Serme. Maison; il l'aurait fallû bien revoir et même la ranger dans un autre ordre si l'on avait eu le loisir pour cela; on vous en enverra la suite peut-être encore par la poste de Brabant, car vous voyez bien qu'elle n'est pas encore achevée, cependant vous vous en pourrez servir pour éclairer les personnes qui en ont bésoin sur certaines choses qui sont en dispute, mais vous aurez avec tout cela la précaution de ne la point faire sortir de vos mains, pourtant au plus confident que vous avez, si cela vaut la peine, vous en pourriez faire faire quelque extrait ou même prendre copie par votre Secrétaire, car on n'a nullement eu dessein de la rendre publique. Au reste je vous dois encore dire, que si l'on vous parle Mr. au sujet du régiment, que l'on leve pour le Roi de Pologne, vous pourriez à peu près repartir que c'était une affaire, que le Pce. Louis [1]) avait entrepris pour son particulier, pourtant avec agrément de S. A. après qu'Elle avait sûe par moi, que dans le tems, que j'avais été à Coppenhague, S. M. le Roi de France avait fait écrire par Mr. de Meyercron [2]) qu'Elle abandonnait l'affaire de Pologne et qu'Elle n'en faisait plus la sienne. Je pars demain pour Hannovre, pour y voir l'enterrement ou plustôt l'inhumation [3]), car on n'y fera aucune cerémonie. Mr. de Spörken et Mr. le Geheimbte Rath sont de rétour hièr, nous bûmes à votre santé, nos Fräuleins se sou-

---

1) C'était le troisième fils du Duc Antoine Ulric né 1671, mort Duc regnant de Brunsvic et de Blankenburg 1. Mars 1735; il était père de l'Impératriçe Elisabeth, épouse de Charles VI., mère de l'Impératriçe Marie Thérese.

2) Il était Ministre de Dannemarc à Paris.

3) C'était l'enterrement de l'Electeur Erneste Auguste mort 23. Janvier 1698.

viement de vous fort obligeamment et vous envoyent leurs complimens. Je suis etc.

P. S.

La lettre supposée n'a point été vûe de Mrs. du conseil; c'est d'autant plus que vous devez empêcher qu'elle ne devient publique, vous n'en pourrez pourtant écrire vos sentimens et çalles de vos amis.

Fingirtes Schreiben Ebendesselben, die Differenzen der Herzöge von Braunschweig-Wolfenbüttel mit denen von Zelle und Hannover betreff.

Monsieur. On vous est fort obligé à notre Cour du désir que vous venez de me marquer dans votre dernière lettre de voir S. A. S. mes Maitres en bonne intelligençe avec les Cours de Zelle et de Hannovre; vous me faites justiçe Monsieur de croire que j'y contribuerai tout çe qui peut dependre de moi; mais il parait aussi Monsieur dans votre lettre que vous êtes prévenû de cette opinion, qu' à Zelle et à Hannovre on a sujet de se plaindre de nous, comme si de gaieté de coeur et par animosité S. A. S. mes Maitres apportaient toute sorte d'obstacles aux desseins de la Cour de Hannovre.

Je dois donc Mr. premièrement vous remerçier des bonnes intentions, dont vous avez déjà donné tant de preuves à cette Sme. Maison, et après, avec votre permission, vous détromper du sentiment où vous paraissez être, comme si nous avons pû et que nous pouvons encore condescendre sans notre préjudice à l'établissement du 9me. Electorat, à la combinaison des Duchés de Zelle et de Hannovre, et aux autres desseins que ces deux Cours ont projettés.

Je ne vous ferai point içi un grand détail, ni de nos raisons, ni des justes sujets de nos plaintes, çe serait la matière d'un long discours.

Les Maisons de Zelle et de Hannovre ont déjà eu il y a long tems le dessein de s'acquérir quelque nouvelle grandeur et de s'élever au préjudiçe de leurs voisins, principalement de ceux, avec lesquels pourtant elles sont en fort étroite union, et la pensée, d'ériger un electorat dans ces Maisons, était déjà tombée, dit-on, dans l'esprit du feu Duc George, [1] père de S. A. S. de Zelle et de Hannovre, mais, comme avant la paix de Munster le retablissement de l'Electeur Palatin souffrait tant de difficultés, le feu Duc considérant sans doute de pouvoir rencon-

---

1) Herzog Georg n. 1582, † 1641, Vater der Herzöge zu Zelle und zu Hannover, und des Churfürsten Ernst Augusts.

trer les mêmes oppositions, abandonna alors ces pensées lesquelles le feu Duc de Hannovre a reprises il y a quelques années, soit qu'il y fut porté par sa propre ambition, ou par les persuasions de quelques uns de ses Ministres, ou par les suggestions de quelques Princes, qui ont bien voulû jetter la Sme. Maison dans des divisions et dans des embarras.

Vous pouvez façilement juger Monsieur combien le dessein d'établir ūn Electorat dans la Maison qui renversait nos pactes de famille, et qui allait avoir des suites de si grand préjudiçe en toute façon pour S. A. S. mes Maîtres, leur déplût.

Mgr. le Duc de Celle lui-même, frère de feue S. A. S. de Hannovre, interessé autant que son frère dans l'élevation et dans la grandeur de leur propre Maison, s'opposa d'abord à çe dessein du Duc de Hannovre de tout son pouvoir, et fit négoçier par ses Ministres à Vienne, à Dresde et à Augsbourg, pour empêcher que le Duc, son frère, ne devint Electeur.

Tout le monde demeurera donc d'accord, que, si Mgr. le Duc de Zelle n'a point approuvé que le feu Duc de Hannovre ait voulu se faire Electeur, S. A. S. mes Maîtres en ont eu beaucoup plus de sujets que le Duc de Zelle, eux que les conséquençes de cette nouveauté regardent bien plus et leur postérité, que le Duc de Zelle qui n'a point d'enfans mâles, et qui pourtant crût, que cette prétention à l'Electorat formé par le seul Duc de Hannovre, était incompatible avec nos pactes de famille, et serait, par plusieurs considérations, une sourçe éternelle de division et de mésintelligençe dans la Sme. Maison, considération en verité très-puissante, sur quoi S. A. S. mes Maîtres s'arrêtent plus constamment, que le Duc de Zelle n'a fait de qui les vues en cette affaire ont été bornées à sa seule personne.

Mais Mr., non seulement la prétention du Duc de Hannovre à l'Electorat, et la manière dont il s'est pris à poursuivre cette dignité, est contre les pactes de famille (çe que je vous ferai voir quand il vous plaira) non seulement cette prétention détruit l'harmonie et la bonne intelligençe entre les Prinçes de cette Sme. Maison, qui jusqu'içi par leur union ont été si considérables; mais cette prétention a pour principal but une combinaison des états de Zelle et de Hannovre d'élever une puissançe qui excitera la jalousie de nos voisins et qui exposera S. A. S. mes Maîtres plus que tout autre à l'ambition de Hannovre; cette ambition a même parû déjà Mr. il y a plusieurs années, avant que la Cour de Hannovre a fait connaître ses desseins pour le 9me. électorat.

On ne peut pas désavouer à Zelle et à Hannover qu'on a voulu par toute sorte de moyens ôter à la Maison de Wolfenbuttel les droits à quoi en partie sont attaché l'autorité et la dignité, et ils se souviendront bien qu'ils envoyèrent feu le Großvoigt (grand-bailli) Mr. de Hammerstein sonder Son Alt. Mgr. le Duc Rudolphe s'il voulait renonçer au droit du Seniorat pour une somme mediocre? en quoi ils ont assez fait connaître combien ils tachent d'avilir la dignité de mes maîtres et d'abaisser leur autorité.

On n'ignore point aussi qu'à Hannovre on tient une déduction toute prête pour produire quand les conjunctures en seront favorables, je ne sais quelle prétention que la Cour de Hannovre forme encore sur la ville de Bronswig.

S. A. S. mes Maîtres ont cependant d'autres et même de très-justes prétentions sur le Duché de Zelle; ils pourraient aussi et avec plus de fondemens chercher l'occasion de les faire valoir, et en attendant se reserver leur droit et n'en rien céder.

Ils en ont pourtant parlé une fois parmi autres griefs plustôt pour marquer leur modération et combien ils sont éloignés de troubler leur répos que par aucun dessein d'exciter de nouveaux différens.

Et quoique cela ait été reçû alors avec beaucoup de fierté et de mépris ce n'a pourtant pas été toujours de même, Mgr. le Duc de Zelle a crû autrefois ces prétentions très-justes, et çe Prinçe pourrait se souvenir à çe que lui en a dit feu son chançellier Mr. de Schütz, et comme quoi S. A. S. en demeura d'accord.

Après cela Mr. vous voulez bien que je vous dise aussi un mot de l'affaire de Saxe-Lauenburg, pour vous faire connaître à çe sujet que les deux autres Cours prétendent agir par tout avec supériorité à l'exclusion de celle de Wolfenbuttel.

Si la Sme. Maison de Bronswig et de Luneburg a droit à la succession des états du Duché de Lauenburg, et S. A. S. mes Maîtres en doivent avoir la troisième partie, on n'en disconvient point à Zelle, car S. A. S. mes Maîtres sont en possession, ils ont contribué aux frais et ils ont traité avec le feu Electeur de Saxe, père du Roi de Pologne, de concert avec la Cour de Zelle.

Pourriez-vous croire après cela Monsieur que les Cours de Zelle et de Hannovre semblent vouloir mettre tout en usage pour exclure S. A. S. mes Maîtres de cette succession, qu'à Zelle et Hannovre on dispose aussi absolument de çe Duché comme si mes Maîtres n'y avaient aucune part, et que les Cours de Zelle et de Hannovre s'arrógent l'autorité de faire des traités sans la participation de S. A. S.?

Cela n'est pourtant que trop vrai, Zelle et Hannovre acquièrent et achettent le droit de l'Electeur de Saxe à cette succession, et n'en disent rien à S. A. S. mes maîtres, le traité se négoçie, on le signe, on compte l'argent, et tout à l'insçu de S. A. S.; se peut-il imaginer une plus grande injustiçe?

La Cour de Wolfenbuttel se plaint d'un procedé si inoui et soupçonne avec raison que Zelle et Hannovre veulent même deposseder S. A. S.

Enfin la Cour de Zelle avoue le traité avec l'Electeur de Saxe, mais on refuse constamment d'en communiquer les articles, et quand enfin ils le veulent faire, ils prétendent en même tems, qu'on leur donne connaissançe de toutes nos alliançes, qu'on renonçe aux traités qui ne peuvent leur être agréable, et que nous payons les sommes qu'ils nous demandent.

Ce sont il me semble des propositions extraordinaires, et ils auraient aussi bonne graçe de demander à présider et ordonner dans nos conseils et de disposer absolument de notre bien.

Je voudrais bien savoir si les Cours de Zelle et de Hannovre ne feraient point d'alliançes et de traités sans la Cour de Wolfenbuttel, et si à Zelle et à Hannovre on serait d'humeur de renonçer aux traités et aux engagemens qui pourraient déplaire à S. A. S. mes Maîtres? et s'ils voudraient bien laisser à notre disposition leurs finançes, eux qui même ne nous payent point de sommes, qu'ils nous doivent depuis longtems, et qui s'emparent de tout le revenu de Saxe-Lauenburg.

Mais diront-ils peut-être, si nous demandons part des traités que vous avez fait, nous sommes fondé en cela sur des pactes de famille; quand cela serait vrai, qui a violé le premier des pactes de famille? que les Cours de Zelle et de Hannovre redressent çe qu'elles ont faits; au contraire mes Maîtres les feront toujours avec toute sorte d'exactitude et de bonne foi, si en quoique çe soit ils ont agis contre les pactes de famille.

Je ne sais pas si l'on a oublié à Hannovre avec quelle hauteur et avec quelle injustiçe on y a violé les pactes de famille en çe qu'il y a en ces pactes de plus inviolable.

Le plus âgé entre les Ducs regnants dans toute S. A. S. Maison de Brunswig et de Luneburg doit avoir toujours et incontestablement la prérogative du rang; le feu Duc de Hannovre ne fit point de difficulté de reconnaître le droit en la personne du Duc de Zelle son frère, mais il le prétendit non seulement sur S. A. le Duc Rodolphe, il insulta même S. A. par des voyes de fait, et fit abattre les armes de S. A. au Harz dans les lieux qui sont en communion, fit marcher des troupes, et soutint de vive forçe cette entreprise.

Mais pour revenir aux traités dont ils demandent toujours la communication, ils disent encore, que çe sont des alliançes offensives contre eux, qui le leur a dit? il faut qu'ils le prouvent et alors S. A. S. mes Maîtres avoueront d'avoir agi contre l'intérêt de la Sme Maison, et renonçeront à ces alliançes.

Pour çe qui est des alliançes defensives je ne crois pas qu'il y ait quelque exemple dans la Sme. Maison, que chaque Prinçe regnant n'ait pas eu toute liberté d'en faire sans les communiquer auparavant aux autres Prinçes regnants de la Sme. Maison; combien n'en ont-ils fait à Zelle et à Hannovre? et où en seraient peut-être mes Maîtres s'ils n'avaient point des traités pour les defendre?

Voiçi Monsieur une très-forte preuve que S. A. S. dans toutes leurs alliançes ne songent qu'à la conservation de leurs droits et à la sureté de leurs états. Le Roi de Dannemarc attaqua Ratzeborrg [1]), ce qui ne serait point arrivé, si à Zelle on eut suivi de plus sages conseils, et même aux du feu Duc de Hannovre.

S. A. S. avaient alors une très-favorable conjoncture pour mettre à la raison les Cours de Zelle et de Hannovre; il ne fallait pour cela que laisser passer l'Elbe aux troupes du Roi de Dannemarc; mes Maîtres pourtant plus que tous les autres l'empêchèrent, et aimèrent mieux négliger les plus belles occasions de se procurer une juste satisfaction que d'attirer la guerre dans les états de Zelle et de Hannovre.

Considerez à cette heure Monsieur, sous quel prétexte on diffère jusqu'ici la communication du traité fait avec la Cour de Saxe, et que pourtant l'on propose à S. A. S. mes Maîtres qu'ils s'engagent de payer aveuglement pour rembourser la Cour de Zelle de l'argent donné pour nous à l'Electeur de Saxe.

A quoi, disons-nous, a été employé cet argent? combien avez-vous payé? par quel ordre avez-vous payé pour nous? quel avantage nous en reviendra-t-il? de quoi, repondent-ils, vous informez-vous? Faites premièrement ce qu'on vous demande, et puis on vous le dira.

En verité Mr., S. A. S. mes Maîtres doivent-ils se laisser traiter si indignement, et même peut-être au bout du compte doivent-ils payer, pour s'exposer à de grands embarras pour s'attirer peut être une guerre dangereuse, et tout au moins pour acheter un procès?

Ce sont Mr. des affaires de grande conséquence que celle dont je viens de vous parler, l'établissement de l'Electorat dans la Maison de

---

1) Wir haben im Text erwähnt, daß 1689 nach dem Tode des letzten Herzogs von Sachsen-Lauenburg die Herzöge von Zelle und Hannover factisch Besitz von dessen Staaten im Namen sowohl der älteren Linie des Hauses von Braunschweig als der jüngeren nahmen. Kurz darauf hielten die Herzöge für zweckmäßig die Stadt Retzeburg auf dem rechten Ufer der Elbe, 3 Meilen von Lübeck und 7 Meilen von Hamburg gelegen, zu befestigen. Der König von Dänemark glaubte seine Hollsteinschen Staaten hierdurch bedroht, und nach vergeblichen Vorstellungen, die er deshalb in Hannover hatte machen lassen, zog er im Frühjahr 1693 ein Heer zusammen, um Ratzeburg mit Gewalt einzunehmen. Ohneractet der Vorstellungen des Königs von Schweden rückte der König in Person vor Ratzeburg, woselbst 3 bis 4 Tausend Mann hannöversche Garnison lagen, und am 31. August wurde der Platz bombardirt. Indeß verwandte sich der Kaiserliche und der Churbraunschweigsche Hof, sowie England und Holland, um einen Vergleich zwischen dem König von Dänemark und den zwei Häusern, Braunschweig-Wolfenbüttel und Lüneburg, zu Stande zu bringen; dieser wurde am 29. Sept. 1693 in Hamburg abgeschlossen; das Haus Braunschweig versprach alle Festungswerke zu demoliren, und nur 200 Mann Garnison darin zu erhalten; dagegen versprach Dänemark, das Herzogthum Lauenburg zu räumen, und sich in die Sachsen-Lauenburgsche Successionsfrage auf keinerlei Weise gegen das Haus Braunschweig via facti zu mischen.

Hannovre, la combinaison des Duchés, le dessein sur la ville de Bronsvig, et la possession du Duché de Saxe-Lauenburg.

Schreiben des Herzogs Anton Ulrich von Braunschweig-Wolfenbüttel an den Obersten Mathias Johann von der Schulenburg, d. d. Wolfenbüttel, den 22. März 1698.

Monsieur. Par la lettre que vous m'avez écrite du 20me et votre relation du même dâte j'ai vû çe qui s'est passé à l'audiençe du Sr. de Bothmar, et les conversations que vous avez eu ensuite avec les Ministres. Je vous veux bien dire à çe sujet que je suis très-satisfait de l'exactitude avec laquelle vous m'informez de toutes les choses nécessaires, et des soins que vous employez, pour faire mes affaires et pour les recommander par tout où il est besoin; je ne doute point, que vous ne continuez de même pendant que vous en aurez encore l'occasion; pour cette heure il serait nécessaire de représenter au Ministres du Roi, que je compte toujours beaucoup sur la fermeté et les dispositions qu'ils ont témoigné jusqu' içi de ne point consçendre à l'établissement du 9me Electorat et aux autres innovations que la Cour de Hannovre cherche d'introduire au préjudiçe des Prinçes de l'Empire par des manierès si manifestement opposées aux constitutions de l'Empire et principalement contraires à celles de la paix de Munster et de Westphalie, dont Sa Maj. a pris la garantie, et on sera sans doute informé en Françe d'une des conditions du traité, que Hannovre a faite avec l'Empereur ou plustôt avec la Maison d'Autriche, de lui vouloir prêter toute sorte d'assistance, quand la succession d'Espagne viendrait d'arriver; on connaitra donc, combien il sera nécessaire en çe cas-là de leur préparer quelque diversion de çe côté-çi, et d'empêcher principalement la combinaison des Duchés de Zelle et de Hannovre, à quoi Sa Majesté est encore engagée par des raisons très-particulières, ayant pareillement pris sur elle la garantie du traité de Hildesheim [1]) qui fut négoçié alors

---

1) Herzog Georg n. 1582 † zu Hildesheim am 20. März 1641 hinterließ vier Söhne:
 a) Christian Ludwig n. 1622.
 b) Georg Wilhelm n. 1624.
 c) Johann Friedrich n. 1625.
 d) Ernst August n. 1629.
Er bestimmte in seinem Testament, daß nach seinem Tode seine Länder in zwei fürstliche Regierungen getheilt werden sollten; hiernach verständigten sich des Herzogs zwei ältere Söhne, Christian Ludwig und Georg Wilhelm, und theilten die väterlichen Staaten.

par le Sgr. Antoine de l'Humbres, Ministre du Roi, où les Ducs de Zelle et de Hannovre s'engagèrent par serment solemnel d'observer le testament du feu Duc George, leur père, et de ne point unir les états des deux Duchés; il ne faut point douter, que le Prince Maximilien ne comprenne aussi ses véritables intérêts à cette heure, que la mort de feu Duc son père arrivée avant celle du Duc de Zelle l'a mis dans d'autres circonstances, et il n'y a pas d'apparence, qu'il viendra assister à la publication du testament, mais qu'il songera plustôt à prendre bien ses mésures pour l'aveuir, et à se chercher quelque appui pour soutenir ses droits et prétentions. Il est vrai, que le Ministre de Zelle, qui est entièrement dans les intérêts de la cour de Hannovre, fait tout son possible, pour prévenir les desseins que ce Prince pourrait former et pour lui ôter par là toutes les assistances qu'il pourrait espérer; il tache donc entre autres aussi de nous ramener à leur parti par des voyes obliques, mais je trouverai les moyens d'en empêcher le succès, et de remettre mon frère dans de bons principes, cependant ils continuent à le solliciter et surtout de mettre des obstacles au renouvellement des alliances le Dannemarc et Munster; vous ferez donc bien de faire connaître aux Ministres du Roi, qu'il serait nécessaire de faire un peu presser Monsieur l'Evêque de ne plus retarder le renouvellement de nos alliances; j'ai envoyé pour ce même sujet un exprès à Munster pour les informer de tout ce qui se passe là-dessus; au reste vous prendrez bien aussi une occasion expresse de témoigner à Mrs. de Pompone et de Torçi que je me leurs sens fort obligé de l'affection qu'ils font connaître pour les intérêts de ma maison. Je les prie de les vouloir toujours appuyer de leur credit auprès du Roi et de me conserver l'amitié de Sa Majesté. Quant au voyage de Hollande je ne m'en serais plus souvenù si vous ne m'en aviez pas parlé; je n'y point pensé sérieusement, et quand j'en ai fait dire quelque chose à Mr. de P. R., ç'a été seulement un compliment de bienséance pour leur faire connaître le désir que j'avais en de

---

Nach dem am 25. März 1695 erfolgten Ableben Christian Ludwigs machte der 3te Bruder, Johann Friedrich, auf die Regierung Anspruch unter dem Vorwand, es stehe ihm das jus optionis zwischen den beiden Herzogthümern Zelle oder Hannover zu; dagegen behauptete Herzog Georg Wilhelm, als 2ter Sohn seines Vaters, er müsse in allen Landen succediren. Diese Irrungen hatten den Anschein, daß ein Krieg daraus erfolgen könnte, wurden aber durch den Tractat zu Hildesheim am 2. Sept. 1665 verglichen, welcher unter der Vermittelung der Könige von Frankreich und Schweden, der Churfürsten von Zelle und Brandenburg, und des Herzogs August von Wolfenbüttel, abgeschlossen wurde. Hiernach erhielt Herzog Georg Wilhelm das Herzogthum Zelle, die Graffschaften Hoya und Diepholz; der jüngere Bruder, Johann Friedrich, die Fürstenthümer Calmberg oder Hannover, Göttingen und Grubenhagen. Der französische Bevollmächtigte war Antoine de l'Humbres, Herr von Herbingen, Loos u. Cloye.

le voir; si cela s'était pû fair en passant, à son voyage de Hollande, car j'avoue que j'ai beaucoup de confiançe en çe Ministre, et en la sincérité de sa conduite. J'espère pourtant que M. de Heron sera dans les mêmes dispositions, j'ai déjà toute l'estime que je dois pour ses mérites, et dites lui que je me ferai un plaisir de lui en pouvoir donner des marques quand il sera içi, et vous-même pouvez être persuadé que j'aurais toujours beaucoup de reconnaissançe de vos serviçes et vous trouverez dans les occasions que je suis avec une passion fort particulière

Monsieur

Votre bien affectionné
Antoine Ulric.

Beilage II.

Mémoire pour le cérémonial de la Cour de Françe, observé à l'égard des Envoyés extraordinaires tant de l'Empereurs, Rois, Electeurs, que des Prinçes. l'année 1698.

1.

La première chose que l'envoyé a à faire lorsqu'il a fait son train et équipage, qui doit être au moins de six laquais et d'un carrosse à six chevaux, d'aller à Versailles pour y rendre visite au sécrétaire d'Etat, qui a le département des affaires étrangères. Dans la dite visite il lui fait part des ordres qu'il a d'être à cette Cour en qualité d'envoyé, et lui demande que par son moyen il puisse avoir l'audiençe du Roi, ajoûtant quelque honnêteté ou compliment de la part de son maître si cela lui est ordonné, en recommandant intérêts de son maître aux bons soins du dit sécrétaire d'Etat, auquel il remet en même tems la copie de ses lettres de créançe. Le sécrétaire d'Etat donne la main à l'Envoyé chez lui, et en le quittant le conduit jusqu' à la porte qui va vers l'escalier.

2.

Et comme le Ministre d'Etat M. de Pompone fait les affaires étrangères conjointement avec le Marqui de Torcy, à présent sécrétaire d'Etat, on demande à voir M. de Pompone en même tems; le Marqui de Torcy y fait conduire l'Envoyé, et l'Envoyé fait quelque compliment au dit Ministre conformement aux instructions qu'il peut avoir, lequel le reçoit avec les mêmes honneurs et distinctions que le sécrétaire d'Etat, lui disant qu'on l'avertira lorsque le Roi aura nommé le jour de l'audiençe.

3.

En même tems que l'Envoyé fait ceçi à Versailles, il envoye un gentilhomme où son sécrétaire chez les deux introducteurs des ambassadeurs, pour leur donner part de leur arrivée. L'introducteur, qui est de semestre, vient ordinairement lui rendre visite, et l'avertit du jour que le Roi a nommé pour l'audiençe, en lui demandant le nombre des gentilhommes qu'il voudra mêner à l'audiençe; quelquefois aussi l'introducteur avertit l'Envoyé par écrit du jour de l'audiençe, et lui fait question du nombre des gentilhommes qu'il veut mêner avec lui, pour pouvoir ordonner la table qui doit être servie pour lui.

4.

Le jour de l'aüdiençe venû, l'introducteur vient avec deux carroses, l'un du Roi, l'autre de la Reine, (ou s'il n'y a point de Reine, de la Dauphine, ou de la Duchesse de Bourgogne) à l'hôtel de l'Envoyé, le prend dans le carrosse du Roi, et le mêne à Versailles, où on entre dans la cour du Louvre jusqu' à la salle des ambassadeurs, avec les carrosses de l'envoyé aussi bien que aux du Roi; on y met pied à terre, et l'envoyé y demeure jusqu' à çe que le Roi soit habillé et prêt à le reçevoir.

5.

Le Roi étant prêt, l'introducteur vient prendre l'Envoyé dans la salle, fait marcher les laquais de l'envoyé devant, puis ses gentilhommes, et l'introducteur suit avec l'envoyé, passe au travers de la salle des gardes, où les laquais demeurent. Les gentilhommes s'avançent toujours jusqu' à l'appartement du Roi, ou à la vue du Roi, ils se rangent à côté.

6.

Le Roi est assis le chapeau sur la tête. Les Prinçes enfans de Françe à ses côtés, ses officiers derrière la chaise et ses ministres et le sécrétaire d'Etat à côté rangés en haie droite; que l'envoyé voit le Roi, il fait une révérençe; le Roi ôte son chapeau, l'envoyé fait une seconde révérençe à moitié chemin, et s'avançe avec une troisième tout devant le Roi, lequel remet le chapeau lorsque l'envoyé commençe à parler et l'ôte de tems en tems lorsqu'on lui fait quelque compliment, en le remettant, d'abord que l'envoyé a fini son compliment le Roi ôte son chapeau, et après l'avoir remis, répond à l'envoyé, à laquelle reponse l'envoyé peut repondre en des termes de soumissions, et doit remettre en même tems la lettre de créançe de son maître. Si l'envoyé a quelques persônnes de distinction à présenter à Sa Majesté, il le fait dans ce tems et dit au Roi qui ils sont.

7.

L'envoyé se retire de même en faisant trois révérençes; et au sortir de cette audiençe l'introducteur le mène de la même manière chez Mgr. le Dauphin, chez Mgrs. les Ducs de Bourgogne, d'Anjou et de Berry, chez Mr. le Duc d'Orléans, chez Me. la Duchesse de Bourgogne, et chez Me. d'Orléans; toutes ses audiençes susdites se donnent assis et couverts tout comme chez le Roi, avec cette différençe, que l'on traite le Dauphin, et les Ducs de Bourgogne, d'Anjou et de Berry, de Monseigneur et de Vous. Le Duc d'Orléans on le traite de Monsieur et de Vous. La Duchesse de Bourgogne et Madame d'Orléans sont traitées de Madame et de Vous. Quant à ces deux dernières audiençes, dès que l'envoyé parait, les Duchesses et Princesses qui ont droit de Tabouret chez les Duchesses de Bourgogne et d'Orléans, sont obligées de se lever et de se tenir debout.

8.

Après ces audiençes l'introducteur mène l'envoyé chez le Duc de Chartres fils de Monsieur, lequel reçoit l'envoyé debout et découvert, chez Me. de Chartres et chez Mademoiselle, lesquelles reçoivent l'envoyé debout; l'on traite de Duc de Chartres de Monseigneur et de V. A. R. et Me. de Chartres et Mselle., de Madame, de Mademoiselle V. A. R.

9.

Après toutes ces audiençes l'introducteur reconduit l'envoyé dans une grande salle avec toute sa suite, où il est traité et servi par les officiers du Roi.

10.

A la sortie du repas, l'envoyé va voir Mrs. les Ministres, qui sont M. de Pompone et le Marquis de Torcy, et les remerçie de ce qu'ils ont bien voulu lui faire avoir l'audiençe, et de là reconduit par l'introducteur avec les deux carrosses jusqu' à Paris dans son hôtel.

11.

Il est à nôter que, comme il arrive quelque fois, quand Monsieur avec sa Cour ne se trouve point à la Cour du Roi, il faut alors s'adresser en particulier à l'introducteur de Monsieur, nommé M. Aubert, lequel mène l'envoyé chez Monsieur et chez les Prinçes et Princesses de la maison.

12.

Quand le jour de l'audiençe chez le Roi l'envoyé ne peut point voir les autres enfans de Françe ou Princes; il remet les audiences, qui lui restent, à un autre jour, et retourne à Versailles avec son équipage, et se fait introduire aux dites audiençes par l'introducteur à l'ordinaire.

13.

Il y a outre cela encore les Princes du sang, comme le Prince de Condé et de Conty, mais chez ceux-là les envoyés ne vont point en cérémonie, ni s'y font conduire par les introducteurs, mais ceux, qui les vont voir familièrement y sont reçûs debout, et on traite les Princes de Monsieur, Votre Altesse. Les ambassadeurs sont obligés de voir les Princes en cérémonie, et les Princes sont obligés de leur rendre visite dans leur hôtel. Les ambassadeurs sont obligés de voir aussi les Princesses, lesquelles les reçoivent couchées au lit, ils les baisent et on leur donne un fauteuil.

14.

L'envoyé peut faire avertir tous les Ministres étrangers de son arrivée par un gentilhomme, lesquels viennent alors lui rendre visite. Il y en a aussi qui sans en faire avertir, vont d'abord rendre visite à tous les Ministres étrangers.

15.

Les Ambassadeurs ne donnent point la main aux envoyés chez eux; c'est pourquoi (excepté avec lesquels on est en liaison) on n'aime pas à s'exposer à ce traitement, et se dispense à les voir.

16.

Lorsqu' on a des affaires à négocier avec les Ministres, on se rend le mardi de grand matin à Versailles; on va au lever du Roi, et de là chez M. de Pompone, où on vous fait entrer dans un cabinet jusqu' à ce que Votre tour vienne, alors on vous fait entrer chez les Ministres, qui sont Mrs. de Pompone et M. de Torcy; ils vous donnent la main et vous traitez avec eux. Vous avés la commodité de faire la même chose tous les mardits et faites votre cour en même tems. Le Roi faisant servir une table ce jour-là chez M. de Livry pour les Ministres qui y veulent rester.

17.

Toutes les fois que les envoyés viennent à Versailles, ils vont avec leurs carrosses jusque devant la salle des Ambassadeurs où ils descendent; et quoiqu'on dise que ce n'est pas droit, cependant on entre à l'heure qu'il est au Palais Royal avec son carrosse jusqu' à l'escalier.

18.

Il est encore à noter que les Ambassadeurs jusqu' à présent n'ont point vu les enfans légitimés de France comme le Duc du Mayne, Comte de Toulouse etc. Mais le Nonce d'à présent les a été voir le premier et en a reçu la visite. Mylord Portland comme Ambassadeur d'Angleterre n'a pas voulu l'imiter en cela, mais on a ménagé l'entre-

5*

vue, que Mylord Portland a été voir un cabinet rare dans l'arsenal (qui est l'hôtel du Duc du Mayne comme grand Maître de l'artillerie) où il trouva à son arrivée, comme par hazard, le Duc du Mayne.

19.

L'envoyé est obligé de donner à son audiençe du Roi

1) aux deux Suisses de la salle des Ambassadeurs	2	Louisd'or.
2) aux deux gardes qui ouvrent la barrière .	2	—
3) aux cochers	4	—
4) aux laquais de l'introducteur . .	2	—
5) aux Suisses de Mrs. de Pompone, Torcy et Livry	3	—
	13	Louisd'or.

20.

L'on ne fait aucune distinction des envoyés extraordinaires, et ceux de l'Empereur, des Rois, Electeurs et des Princes sont également reçus, même on a reçu le Resident de Suède, nommé Palmquist, de la même manière, lorsqu'il a notifié la mort du Roi (Charles XI.) et les Ministres (quoiqu' autrefois ils n'aient jamais voulù donner la main au Resident de l'Empereur nommé Baron Seylern, qui fut obligé de partir sans avoir eu audiençe) même lui ont donné la main, et lui ont accordé les mêmes honneurs qu'aux envoyés, ce qui fut cause que le dit Resident crût pouvoir prétendre le pas devant les envoyés des Electeurs et Princes de l'Empire, se fondant sur le traitement qu'il reçevait de la Cour et des Ministres; mais on le lui a refusé nettement, et on s'y est maintenu quoiqu'il alleguait que les envoyés des Princes d'Italie le lui avaient cedé, qui disent l'avoir fait parcequ'ils le croyaient envoyé de Suède, le prenant pour envoyé Resident, ou envoyé ordinaire. Mais comme il n'a ni le carractère, ni les appointémens d'envoyé, les envoyés des Electeurs et des Princes lui ont refusé nettement de ceder.

21.

Quant à l'audiençe de congé, elle se fait de la même manière que la première audiençe sans qu'il n'y ait rien de change et on est obligé de donner l'argent ci-dessus spécifié encore une fois. Si l'envoyé demande à voir les eaux de Versailles, on les fait jouer pour lui; quelques jours après on lui donne la réponse du Roi à la lettre de créançe, qu'il a apporté, avec le présent ordinaire, c'est-à-dire le portrait du Roi enrichi de diamans, qui devrait valoir quatre mille franҫs; mais les officiers, qui le font faire, en profitent de la moitié. Dès qu'on a reçù ce présent, qui est de même pour les envoyés des têtes couronnées, on envoit cinquante Louisd'or chez un orfèvre et on en fait informer les introducteurs des ambassadeurs, pour qu'ils disposent de cet argent; mais si on ne reçoit pas le présent, on ne leur donne rien. Voilà le céremonel qui se prattique à l'égard des envoyés.

Beilage III.

Auszug eines Berichts des Obersten v. d. Schulenburg d. d. April 1698.

Die Königl. Ministri empfehlen sich ebenfalls bestens bei Ihro Durchl. Durchl. und versichern daß des Königs Intresse gegen das Haus Wolfenbüttel nicht sincèrer noch besser sein könne, welches ich dann theils aus dem was Ihro Majestäten mir selbsten hierüber zu verstehen gegeben, theils daß der König dasselbe Haus sowie hier wie auch durch Abschickung M. de Heron von denen andern Häusern gar sehr distinguirte, leicht würde abnehmen können, und möchte ich Ihro D. D. von diesem alles beste benachrichtigen, wie auch daß die Minister versprochen Ihro D. D. hohes Intresse allemal bestens allhier zu secondiren in Hoffnung, daß Ihro D. D. hierzu selbsten Gelegenheit geben würden und keineswegs verursachen, daß die affaires im Hause Braunschweig durch ein und andern Schein, so sonder Zweifel dem Hause Wolfenbüttel schädlich sein dürfte, verändert werden. Womit ich diese meine mir gnädigst aufgetragene Commission geendiget und wäre ich glücklich, auch lebenslang vergnügt, wenn ich alles so eingerichtet, daß Ew. Durchl. Durchl. einiges Vergnügen davon hätten. Zum wenigstens habe mir Ew. D. D. hohes Intresse bestens angelegen sein lassen, und ist sowohl der Hof wie auch die Minister und viele vornehme Herren sehr wohl für das Haus Wolfenbüttel anitzo disponirt, worauf Ihro D. D. Sich ganz sicher verlassen können. Vorgestern hat man mir Marli mit allen Wässern gezeiget und weil sehr viel Deutsche mich begleitet und man einige Stunden um alles zu sehen gehen muß, hat mich M. de Bontemp, so premier valet de chambre Gouverneur de Versailles et de Marli, mit einer Collation und Rafraichissement regaliren lassen. Nachgehends bin nach Versailles gangen, wo mich der premier Maître d'Hôtel du Roy tractirt und hat man des Nachmittags alle Wasser zu Versailles für mich auch springen lassen. So oft mich zu Versailles befunden, bin von ein und andern der Vornehmsten zu Gaste gebeten, also daß man mir in Considération Ew. D. D. alle Ehre angethan und werde ich morgen um alle Ministres étrangers bei einander zu sehen, zum letztenmal nach Versailles gehen; Alle Ambassadeurs wie auch den Nonce und die übrigen Abgeschickten habe ich wie gebräuchlich besuchet. M. de Bothmar nimmt morgen seine Abschieds-Audienz und wird nachgehends innerhalb 10—12 Tagen auch von hier reisen. Zu Ende dieser Woche und sobald nur alle Visiten abgethan, gehe von hier wie Ew. D. D. solches gnädigst erlaubet auf Turin, und wenn ich schon gern eher von hier hätte abreisen wollen, hatte sich solches mit guter Manier nicht thun lassen; die Ursach habe ich in meinem Vorigen erwähnt.

P. S.

Es hat der Introducteur des Ambassadeurs M. de Saintot beigehende beide Recredicif-Schreiben nebst dem ordinären Present, nehmlich des Königs Portrait mit Diamanten besetzt, so etwa 1000 thlr. werth ist, mir gleich itzo in mein Haus gebracht. Ew. Hochfürstl. D. D. werden nicht ungnädig nehmen, daß obengemeldetes Present mit denen beyden Schreiben nicht zugleich überschicket, sondern selbiges bis zu Dero gnädigen Befehl bei mir behalten.

Denkwürdigkeiten

des

Feldmarschalls J. M. v. d. Schulenburg.

Ersten Theils erste Abtheilung.

4r. Abschnitt.

1698—1702.

Savoysche Dienste.

Vierter Abschnitt.

1698 — 1702.

Nähere Umstände des Eintritts Schulenburgs in Savoysche Dienste. — Krieg gegen die Waldenser — Gefecht bei Monbovi. — Sendung nach Savoyen. — Desgleichen in die Grafschaft Nizza. — Feldzug gegen die Kaiserlichen, in welchem die savoyschen Truppen mit den Franzosen und Spaniern alliirt sind. — Schlacht bei Chiari. —

Zur Verständigung des Feldzugs gegen die Waldenser siehe: Carte topographique des Alpes p. Raymond, Paris 1820, in 20 Bl. fol. VIII. — Zur bessern Uebersicht der Kriegsoperationen von 1701 ist das Blatt XIII. der Carte générale du théatre de la guerre en Italie par Bacler d'Albe. Milan 1806. zu Rathe zu ziehn. —

Schulenburg hatte sich beim Friedens-Congreß zu Ryswick 1697
eingefunden, ohne jedoch dabei eine öffentliche Anstellung zu haben; hier machte er die Bekanntschaft des Abgesandten des Herzogs von Savoyen, Grafen Tarin-Imperiali; dieser richtete an ihn den Antrag, nach dem Frieden für den Herzog ein Regiment deutscher Infanterie anzuwerben, und als General-Major (Maréchal de Camp) in dessen Dienste zu treten. Er selbst sagt in dem oft angeführten Fragment seines Lebens, welches in „den Denkwürdigkeiten für die Kriegskunst ꝛc." abgedruckt ist:

„Après la paix de Ryswick, le Roi Guillaume de même que l'Electeur de Bavière furent d'avis, qu'il ferait bien d'aller servir S. A. R, à Turin, où Schulenburg se rendit, et fut fait Maréchal de Camp."

In dem deutschen Manuscript, welches früher einigemal erwähnt worden ist, heißt es: „ao. 1697, bei erfolgtem Ryswickschen Frieden, als der Churfürst von Bayern dem Obersten Schulenburg vorschlug, ob er Belieben hätte als General-Major in Savoysche Dienste zu treten? nahm er solches an, um so viel mehr, da J. M. der König Wilhelm von England darinn consentirten und selbiges wegen zukünftigen Be-

1697 gebenheiten, nämlich wegen damals bald vermuthetem Todesfall des Königs Carl II. von Spanien, gern sahen."

Da die Herzöge von Braunschweig Schulenburg den Auftrag gegeben hatten, diejenige Sendung an den französischen Hof anzunehmen, deren wir schon Erwähnung gethan haben, so begehrte er deshalb noch die besondere Erlaubniß des Herzogs von Savoyen und erhielt als Antwort auf seine Anfrage ein verbindliches Schreiben vom Herzog, welches wir hier beibringen[1]).

1698 Der General traf im May in Turin ein und wir sehen aus einigen seiner Privatbriefe, daß er sich sehr zufrieden in seiner Anstellung befand. Der Herzog Victor Amadeus von Savoyen, (n. 1666, † 1732) einer der größten Fürsten seiner Zeit, bewies ihm viel Vertrauen. Sein Gehalt belief sich bis auf Vierzig Tausend Livres mit Einschluß der Bezahlung als Inhaber seines deutschen Regiments.

1699 Den ersten wichtigen Auftrag, den er im Dienst des Herzogs erhielt, war, gegen die Aufrührer in den Waldenser-Thälern zu kämpfen. Der General-Lieutenant des Hayes hatte den Oberbefehl, und das Haupt-Quartier des aufgestellten Corps war zu Mondovi.

Die aufrührerischen Bergbewohner, vorzüglich aus den Gemeinden von Montalto, Vico und Monasté, südlich von Mondovi, auf beiden Ufern eines Bergstromes, Corsaglia

---

à Turin, le 1. Mars. 1698.

1) „Mr. C'est avec bien de la satisfaction que j'ai appris par votre lettre du 12. du mois dernier le choix que Mr. le Duc de Brunsvic-Luneburg a fait de votre personne, pour aller complimenter de sa part le Roi très-chrétien sur la paix et Mr. le Duc et Mme. la Duchesse de Bourgogne sur leur mariage, et l'agrément que vous me demandez pour vous acquitter de cette commission, est un effet de votre honnêteté, à laquelle j'ai été sensible autant que vous pouvez le désirer; vous ne devez pas douter que je n'en aie bien du contentement et que je ne vous voie içi avec plaisir dès que vous pourrez Vous y rendre et en attendant je vous assure que je suis véritablement Mr."

Votre bien bon ami
Victor Amadée.

genannt, welcher sich unterhalb Ceva in den Tanaro ergießt, 1699
bildeten den Hauptbestand der aufrührerischen Gemeinden, welche ihre Beschwerden vorzüglich auf die Salzsteuer gründeten und eine Ausnahme von dieser Steuer begehrten, welche auf den übrigen Provinzen von Piemont lastete. Schon im Frühjahr fingen die Feindseligkeiten an, und wir besitzen ein Schreiben Schulenburgs vom 18. April von seinem Geschäftsmann in Deutschland, worinnen er sagt, „daß er sich seit Ende Februar in Mondovi bei der Expedition gegen die Aufrührer befände, und daß ihm Letztere schon zwölf Officiere und neunzig Gemeine getödtet und verwundet hätten.“ Späterhin wurden unter den Befehlen des General-Lieutenants des Hayes acht Regimenter regelmäßige Infanterie, unter welchen beide Bataillone von dem Schulenburgschen Regiment und ein Regiment Dragoner, ohne die Milizen zu rechnen, bei Mondovi zusammengezogen. Die Hauptbewegung fing am 26. May an und richtete sich von da auf Vico; dort scheint auch das Hauptgefecht vorgefallen zu seyn, nachdem durch eine geschickte Bewegung mit seiner rechten Flanke der commandirende General die Bergbewohner in der Umgegend von Monasté und Montalto verhindert hatte, ihren Streitmassen bei Vico zu Hülfe zu kommen. Der Erfolg dieses Gefechts war vollständig, und ohnerachtet einer hartnäckigen Vertheidigung, bei welcher der Oberst von Schulenburgs Regiment blieb, wurden die Rebellen auf allen Punkten vertrieben und die herzoglichen Truppen faßten Fuß in Montalto. Von dieser Stunde an wurde einerseits durch energische Maasregeln, anderseits durch Milde die Ruhe wieder hergestellt, und die Bewohner dieser Gebirge, von welchen derjenige Theil, der sich am unbiegsamsten bewies, in die Provinz Vercelli als Colonie versetzt wurde, dienten in dem wenig Jahre nachher eingetretenen spanischen Erbfolge-Krieg dem Herzog von Savoyen mit ausgezeichneter Tapferkeit und Treue.

Es scheint, als wenn im Anfang des folgenden Jahres 170
Unzufriedenheit in Savoyen bei Gelegenheit der Werbung Infanterie des Regiments Savoyen statt gefunden habe; Schulenburg wurde deshalb, im Februar nach Chamberi und Anneçi

1700 geschickt. Es liegt uns im Original die Instruction vor, welche ihm unter dem 26. Febr. vom Herzog ertheilt wurde, um diese Unzufriedenheit zu beseitigen.

Damals, wie heut zu Tage, entstanden aufrührerische Bewegungen der Völker aus dem Wunsch, sich den Leistungen möglichst zu entziehen, und aus willkührlichen und harten Maasregeln, welche die Obrigkeiten erwählten, um die Unterthanen zum Gehorsam zu bringen.

Die erwähnte Instruction fängt damit an, daß Schulenburg alle diejenigen Rekruten zu entlassen hätte, welche nach dem Ursprung der Unruhen gewaltsam zum Militärdienst genommen worden wären. Es wurde ihm anbefohlen, die neuen Aushebungen nach milderen Grundsätzen eintreten zu lassen, und die Willkührlichkeiten, welche statt gefunden haben konnten, zu entfernen.

Zugleich erhielt er den Befehl, keine gewaltsame Aushebung noch Unregelmäßigkeiten zu dulden, diejenigen Behörden, welche sich dieselben erlaubten, anzuzeigen, und vorläufig, bis zur weitern Untersuchung, auf die Festung Montmeillant bringen zu lassen. Schulenburg vollzog den Auftrag in Savoyen zur vollständigen Zufriedenheit des Herzogs und der Unterthanen, und die vorliegenden Aktenstücke geben einen Beweis sowohl von der Festigkeit des Regenten, als von der Schonung, mit welcher er zugleich einzuschreiten wußte.

In demselben Jahr erhielt Schulenburg im Monat Octbr. den Auftrag, eine Reise in die Grafschaft Nizza zu machen, um daselbst alle Truppen, welche sich in den Festungen dieser Grafschaft befanden, in Augenschein zu nehmen und hierüber dem Herzog Bericht zu erstatten; das herzogliche Dekret bei dieser Veranlassung besitzen wir im Original; es ist vom 4. Octbr. 1700 datirt.

In diesen Zeitpunkt fällt die Eröffnung der berühmten Streitfrage über die spanische Erbfolge, indem der König Carl II. von Spanien am 1. Novbr. gestorben war. Europa
1701 rüstete sich im Winter von 1700 zu 1701 und der französische Hof versäumte nicht, den Herzog von Savoyen zu einem Bündniß zu vermögen, welches am 6. April zu Turin unter-

zeichnet wurde, von welchem folgende Bedingung die haupt- 1701
sächlichste war:

„Der Herzog verpflichtete sich, zu dem französischen Heere in Italien 2500 Mann Cavallerie und 8000 Mann Infanterie stoßen zu lassen.“ Da aber die Eröffnung des Feldzugs unmittelbar vor sich gehen sollte, so wurden beide Höfe nachträglich darüber einig, „daß im Anfang desselben Savoyen nur 1500 Pferde und 5000 Mann Infanterie marschiren lassen solle.“

Französische Truppen unter den Befehlen des Maréchal de Catinat gingen über die Alpen nach Piemont und besetzten das Mayländische, die modenesischen und parmesanischen Staaten, und mit Einwilligung des Herzogs von Mantua das Herzogthum und die Festung dieses Namens.

Der Herzog von Savoyen scheint absichtlich die Truppen, welche er dem Tractat zu Folge mit den französischen und spanischen Armeen vereinigen sollte, zurückgehalten zu haben, und die Feindseligkeiten hatten zwischen den österreichschen Truppen, welche der Prinz Eugen von Savoyen befehligte, schon längst ihren Anfang genommen, als er endlich im July den Seinigen Befehl ertheilte, sich in Bewegung zu setzen.

Nach den vorhandenen Angaben bestand das Truppen-Corps, welches der Herzog von Savoyen zu dem spanischen und französischen Heere stoßen ließ, nur in eilf Bataillonen und fünf Schwadronen[1]). Der Herzog führte den Oberbefehl

1)

Bataillons.		Schwadronen	
Savoyen	1.	Gardes de S. A. R.	3.
Chablais	1.	Savoye Dragons	6.
Fusiliers	1.		
Schalenburg	1.		
Piemont	1.		
la croix blanche	1.		
Montserrat	1.		
Saluces	1.		
Aost	1.		

1701 über das gesammte Heer und hatte die zwei französischen Marschälle v. Villeroi und Catinat unter sich.

Die Feindseligkeiten zwischen Oesterreich und Frankreich hatten seit dem 5. Juny begonnen; Prinz Eugen war aus den Engpässen des südlichen Tyrols herausgetreten, und im Anfang des Monats über die Etsch gegangen; durch geschickte Bewegungen hatte dieser Feldherr die Alliirten über diesen Strom und über den Mincio gedrängt. Als der Herzog Victor Amadeus von Savoyen bei der Armee erschien, stand dieselbe noch am rechten Ufer des Mincio; dadurch aber, daß Prinz Eugen diesen Fluß am 27. July in der alliirten linken Flanke bei Salionze überschritt, glaubte sich jenes Heer, welches in Goito sein Hauptquartier hatte, genöthigt, auf das rechte Ufer des Oglio überzugehen, und das Land zwischen dem Mincio und dem Oglio zu räumen; es conzentrirte sich auf dem rechten Ufer dieses Flusses, um dem österreichschen Heere den Uebergang streitig zu machen, und stellte sich am 7. August bei Antignato auf. Gegen Ende Augusts unternahmen die feindlichen Generale eine offensive Bewegung gegen die Oesterreichsche Armee und gingen am 29. August auf das linke Ufer des Oglio bei Rudiano über. Unter diesen Umständen fand Prinz Eugen für gut, seine aus 31 Bataillonen, darunter 2 Bataillone Grenadiere, 84 Schwadronen und 70 Geschützen bestehende Armee bei der kleinen venetianischen Stadt Chiari zu conzentriren.

Am 1. Sptbr. entschlossen sich die Alliirten das österreichsche Heer in und bei Chiari anzugreifen, welches Prinz Eugen, ohnerachtet der Protestation der venetianischen Behörden, hatte besetzen lassen. Der linke Flügel stützte sich an Chiari, der rechte Flügel senkrecht an die Bäche Trenzano und Bajona.

Die Stärke der alliirten Armee konnte füglich auf einige 60 Bataillone, die der Oesterreicher auf einige 30 angeschlagen werden; die Cavallerie kann man nicht in Anschlag bringen, da diese nicht ins Gefecht kam.

Nach den handschriftlichen und andern gedruckten Quellen, die uns zu Gebote sind, standen die savoyschen Truppen unter den Befehlen zweier General-Lieutenants, des Marquis de Parella und des Hayes, und zweier General-Majore, des Gra-

sen v. Castella-Monte und Schulenburgs. Im Centrum der
ersten Linie waren die 2 Bataillons Garden und ein Batail- 1701
lon von den Regimentern Montferrat, Saluces und Aost aufgestellt; in der zweiten ebenfalls im Centrum ein Bataillon von Savoyen, Chablais, Fusiliers und Schulenburg. Die Stellungen, welche das österreichsche Heer angenommen hatte, waren durch die Lokalitäten und durch den Angriffsplan der Alliirten bestimmt; dadurch, daß Letztere über Rudiano zum Angriff vorschritten, fand sich der österreichsche Heerführer genöthigt, die Fronte gegen Südosten zu wenden; sein Heer hatte den Oglio im Rücken, der linke Flügel lehnte sich an Chiari und der rechte an die in den Oglio fließenden Bäche Trenzano und Bajona. Chiari war ein mit Mauern eingefaßtes Oval mit einem Wassergraben versehen; diese Stadt, und links vor ihr liegende Mühlen, Cassinen, eine Kirche und einzeln liegende Häuser, wurden stark besetzt; zwei Bataillone besetzten die Stadt, die übrige Infanterie war in zwei Treffen vertheilt; im ersten 15, im zweiten 13 Bataillone; als Reserve war hinter diesen Linien des Fußvolks die Reuterei aufgestellt, so wie von einzelnen Abtheilungen derselben die beiden äußersten Flanken beschirmt wurden. Die Alliirten richteten ihren Hauptangriff auf den kaiserlichen linken Flügel und eroberten die Kirche und einige der in und vor den Cassinen liegenden einzelnen Häuser; allein die vorrückenden in Reserve gestellten Bataillone ließen die Feinde nicht lange in Besitz der errungenen Vortheile, die sie mit großem Verlust wieder aufgeben mußten. Diese Angriffe wurden von 17 Bataillonen unternommen, und von einem großen Theile des Heeres unterstützt. Sieben der österreichischen Bataillone, welche zwar auf dem linken Flügel, jedoch rechts von Chiari standen, wurden mehreremale, aber ohne allen Erfolg, angegriffen, wobei die Feinde einen ungeheuren Verlust erlitten. In dieser Maaßen dauerte das Gefecht, welches erst um ½3 Uhr Nachmittags anfing, vier Stunden. Da die Oesterreicher gedeckt, die Alliirten aber im freien Felde und ohne Schutz aufgestellt waren, so war der Verlust der Ersteren so unbedeutend, daß man das Gefecht kaum eine Schlacht nennen

1701 könnte, wenn nicht dagegen der der Alliirten verhältnißmäßig sehr groß gewesen wäre. Nach den noch vorhandenen Listen verloren die sieben Bataillone und vier Campagnien Oesterreicher, welche ins Gefecht kamen, nur 36 Todte und 81 Verwundete; dagegen hatten ihre Gegner nach der geringsten Annahme 2000 Mann Todte und Verwundete. Ja, nach einigen gedruckten Nachrichten der Zeit betrug diese Zahl sogar über 3000, von denen der größte Theil Todte waren. Die savoyschen Truppen hatten mit besonderer Tapferkeit gefochten. Der Herzog von Savoyen selbst führte seine eignen Leute und die Franzosen mehrmals zum Angriff vor; er erhielt mehrere Schüsse in seine Kleider und auf seinen Harnisch, auch wurde ihm sein Pferd verwundet. Schulenburg erhielt einen Schuß durchs dicke Bein und verlor ein Pferd unter sich. Nach handschriftlichen Nachrichten deckte der Herzog Victor Amadeus den Rückzug mit acht Bataillonen seiner Truppen.

Von Schulenburg selbst besitzen wir keine näheren Angaben über diesen Feldzug. Er sagt nur in dem öfters erwähnten Aufsatz, welcher in den „Denkwürdigkeiten der Kriegskunst" aufgenommen worden ist, S. 150:

„Schulenburg fit en qualité de Maréchal de camp la campagne de 1701 et fut blessé qu'il en pensa mourir à la bataille de Chiari."

In dem ebenfalls schon angeführten Fragment einer Lebensbeschreibung des F. M. heißt es:

„in der Bataille bei Chiari commandirte er eine der Attaquen gegen den Prinz Eugen, allwo er auch eine gefährliche Blessur bekam, und wurde täglich währendt der Krankheit von dem Marschall Villeroi und de Catinat besucht." [1])

---

1) Der Marquis d'Usson, welcher französischer Abgesandter bei den Herzögen von Braunschweig-Wolfenbüttel war, mit welchem Schulenburg in Paris in freundschaftlicher Verbindung gestanden hatte, und den er späterhin in Schwaben nicht ohne Glück bekämpfte, schreibt ihm unter dem 4. Octbr. 1701 aus Wolfenbüttel:

„J'ai été très-fâché Mr. d'apprendre les blessures que vous avez reçû à l'affaire de Chiari, mais j'ai eu un plaisir infini d'entendre dire la manière avec laquelle vous vous y êtes distingué; personne n'est

Der übrige Theil des Feldzugs wurde von Seiten der Alliirten vertheidigungsweise zugebracht. Nachdem sie sich noch mehrere Wochen auf dem linken Oglio-Ufer behauptet hatten, so gingen sie Anfangs Novbr. aufs rechte Ufer in Cantonnirungs-Quartiere. Der Herzog von Savoyen verließ das Heer und führte seine Truppen nach Piemont zurück. Der weitere Erfolg des Feldzugs von 1701 hat für uns deshalb kein Interesse, weil weder die savoyschen Truppen noch Schulenburg, dessen schwere Wunde ihn vor der Hand unfähig zum Dienste machte, daran Theil nahmen. 1701

Zur Vervollständigung der Geschichte jenes Feldzugs ist es hinreichend anzudeuten, daß, nachdem beide Heere ihre Stellung am Oglio verlassen, der Prinz Eugen, beabsichtigend den Winter über in Italien zu verbleiben, da ihm die Venetianer Winterquartiere im Brescianischen nicht zugestehen wollten, solche im Herzogthum Mantua und Mirandola zu nehmen wußte. Es gelang den Kaiserlichen, Cornetto, wo sich die Chiesa in den Oglio ergießt, Mercaria, Guastalla und Mirandola zu besetzen. Der Alliirten Posten im Mantuanischen beschränkten sich hiernach auf Mantua und Goito. Prinz Eugen nahm am Ende des Jahres sein Hauptquartier in St. Benedetto auf dem rechten Ufer des Po's, und sein Heer wurde auf den beiden Ufern desselben in den Herzogthümern Mantua und Mirandola in die Winterquartiere vertheilt.

Es scheint, als wenn Schulenburg während des Winters sich entschloß, die savoyschen Dienste zu verlassen, und wie er uns selbst sagt „zu dem König von England, Wilhelm III., welcher, wie wir oben gesehen haben, ihn in dem durch den Ryswicker Frieden beendigten Kriege schätzen gelernt hatte, sich zu begeben, um bei ihm eine Anstellung zu finden. In den „Denkwürdigkeiten der Kriegskunst" sagt er: „**Il allait se rendre en Hollande auprès du Roi Guillaume, qui était prêt à faire la guerre de nouveau aux Pays-bas,**

plus sensible que moi, Mr., à tout ce qui vous arrive et vous me rendrez justice d'en être fortement persuadé."

1701 contre les Français, lorsqu'il apprit en chemin que ce Monarque était mort." In den Fragmenten der Lebensbeschreibung heißt es: „Obgleich der Herzog von Savoyen versicherte, daß er mit ehestem seine sämmtlichen Truppen commandiren sollte, resolvirte er dennoch, mit den Franzosen nicht ferner gegen seine Nation, die Deutschen, zu dienen, wozu kam, daß ihm J. M. der König von Englandt hatte wissen lassen, wie daß sie ihn gar zu aufrichtig kennten, als daß er länger unter Frankreich und Savoyen dienen würde, er überdies versichert sein könnte, daß er jederzeit bei J. M. willkommen sey, als quittirte er die savoyschen Dienste nicht ohne großen Widerwillen des Herzogs; da aber der General im Begriff war, nach Kaiserswerth zu gehen, um der Belagerung beizuwohnen, folglich sich zu Hochgedachter Majestät zu verfügen, starben selbige."

1702 Wir sehen aus Schulenburgs vorliegendem Briefwechsel, daß er im Winter von 1702 einen Urlaub vom Herzog von Savoyen begehrt haben muß, um nach Deutschland zu reisen, jedoch ohne Erwähnung von seiner Absicht zu thun, von dort aus um seinen Abschied anzuhalten. Indeß bezeugt ein Brief seines Vetters Lewin Friedrich von der Schulenburg[1]) vom 30. März 1702, daß der Herzog höchst empfind-

---

1) Lewin Friedrich von der Schulenburg, wurde 1698 von seinem Vetter als Hauptmann in Savoysche Dienste, und zwar in das von ihm neu angeworbene deutsche Infanterie-Regiment gebracht. Nachdem Schulenburg die savoyschen Dienste verlassen hatte, wurde Lewin Friedrich schon am 24. April 1702 Oberster und Regiments-Inhaber. Er zeichnete sich in dem Spanischen Erbfolgekrieg besonders aus, und starb 1729 als Königl. Sardinischer Feldzeugmeister und Gouverneur der Provinz und Festung Alba.

Die Unzufriedenheit des Herzogs mit Schulenburgs Benehmen dauerte noch lange Jahre; als dieser schon seinen kriegerischen Ruhm durch glorreiche Feldzüge vervollständigt hatte, schrieb ihm derselbe Verwandte unter dem 16. Novbr. 1714:

„J'étais hièr à Montcallier, où le Roi de Sardaigne m'avait demandé; après m'avoir parlé il me demanda en présence de plusieurs personnes de vos nouvelles et parla quelque tems sur votre chapitre fort avantageusement; à la fin il dit, qu'il savait en

sich über die Weise war, wie Schulenburg seine Dienste ver- 1692
lassen hatte. In diesem Schreiben heißt es:

„S. A. R. me fit appeller ce dimanche passé, me disant que vous lui aviez écrit une lettre par laquelle il voyait bien que vous n'aviez plus le dessein de revenir, qu'il était fort surpris de votre procédé, qu'il vous avait fait parler par le Comte de Latour[1]) avant que vous étiez parti, qu'il ne tenait alors qu' à vous de demander votre congé, qu'il vous l'aurait accordé sans difficulté et d'une manière dont vous auriez été fort satisfait, enfin il n'est nullement content de ce que vous avez quitté de cette manière.“

---

quelque manière, même avant que vous éties parti de ce pays, que vous n'avies pas envie d'y revenir, que c'était par une femme à qui vous en aviez fait la confidençe; vous saurez si cela est ou non."

Es scheint, als wenn Schulenburg ein Paar Jahre später bereut habe, die savoyschen Dienste verlassen zu haben; dies könnte einen Beweis abgeben, daß der Grund, nicht mit den Franzosen und Spaniern gegen die Deutschen dienen zu wollen, aufrichtig war, und daß, als der Herzog von Savoyen am 26. Octbr. 1703 ein Bündniß mit Oesterreich schloß und sich mit der sogenannten großen Allianze vereinigte, er ihm durch eine Mittelsperson seine Gesinnungen eröffnet habe; diese war derselbe Graf Tarin-Imperiali, der früher seinen Eintritt in Savoysche Dienste auf dem Friedens-Congreß in Ryswick unterhandelt hatte. Dieser schreibt ihm aus Wien unter dem 17. Novbr. 1703, wie folgt:

„J'ai reçû par la lettre que vous m'avez fait l'honneur de m'écrire le 27. du mois passé le regrêt, que vous avez d'avoir quitté le serviçe de S. A. R. mon maitre, qui m'en fit effectivement de très-grandes plaintes lorsque j'arrivais à Turin de retour d'Allemagne, et j'en fus tout à fait mortifié, parceque c'était par mon moyen que Vous y étiez entré et je savais aussi de quelle manière S. A. R. en avait toujours usé avec vous, vous distinguant selon votre mérite, et si vous étiez resté, c'est dans cette occasion qu'il vous aurait donné des plus grandes marques de son estime, mais il n'est plus question de cela; — mes occupations ne me permettent pas de m'entretenir plus longtems avec Vous, et tout autre que moi après ce qui s'est passé aurait peut-être eu de la répugnançe de vous écrire."

1) Graf de la Tour war Kriegs-Minister des Herzogs, während Schulenburg in savoyschen Diensten stand.

1702 Schulenburg traf Ende Februar 1702 in Dresden ein und trat kurz darauf in Chursächsische und Königl. Polnische Dienste.

Wir werden in der Fortsetzung dieses Werks die weiteren Begebenheiten seines Lebens, und die Angelegenheiten, an welchen er Theil nahm, so lange er in Chursächsischen Diensten stand, entwickeln.

Denkwürdigkeiten

des

Feldmarschalls J. M. v. d. Schulenburg.

Ersten Theils zweite Abtheilung.

5r. — 14r. Abschnitt.

1702 — 1706.

Chursächsische Dienste.

Fünfter Abschnitt.

1702.

Schulenburg tritt in chursächsische und königl. polnische Dienste. — Veranlassungen zum Krieg, in welchen König August von Polen und der Czar Peter der Große mit Schweden verwickelt waren. — Allianz-Tractate von Moskau und Birsen. — Schulenburg reißt nach Braunschweig. — Krisis, in welcher er die Angelegenheiten seines ehemaligen Herrns, des Herzogs Anton Ullrich von Braunschweig, findet. — Schulenburg geht nach Cracau ab. — Schlacht bei Pinschoff oder Clissow.

Zur leichtern Uebersicht des Kriegsschauplatzes im Palatinat Sendomir im J. 1702 ist noch zu vergleichen: Karte von Westgalizien, von Mayer. Wien 1808 in 12 Bl. fol. X. u. XI.

Wir haben am Ende des vorigen Abschnitts gesehen, daß sich 1702
Schulenburg im Winter von 1701 zu 1702 aus Piemont mit Urlaub, unter Vorwand seine Privatangelegenheiten zu ordnen, nach Deutschland begab, und kurz nach seiner Ankunft in Sachsen in chursächsische Dienste trat. Sein Bruder Daniel Bodo, Oberster in denselben Diensten, hatte diesen Eintritt im Auftrag des Feldmarschalls Grafen von Steinau, dazumal obersten Befehlshabers der chursächsischen Truppen, eingeleitet, und wir finden ein Schreiben dieses Feldmarschalls unter unsern handschriftlichen Quellen vor, welches derselbe an den König von Polen, August II., unter dem 27. Februar 1702 gerichtet hatte, worin er dem König folgende Rechenschaft von dieser Angelegenheit giebt:

Sire! Votre Maj. m'avait commandé d'écrire au frère de Schulenburg, pour être Son Lieutenant-Général; il apportera celle-çi à Votre Maj., et je crois qu' Elle ne s'est pas trompée au choix de sa personne, outre qu'il a une très-bonne renommée; il parait être fort sage, et je croirais que V. M. ne s'en trouverait pas mal, si Elle lui donnait l'inspection de son infanterie en même tems, que çelle de la cavalerie a Thiesenhausen. Je suis sûr que dans un an

1702 d'içi V. M. m'en saura bon-gré, et par là Elle aura l'occasion de lui augmenter ses appointemens, sans que les autres en puissent avoir de la jalousie, car il a servi au Duc de Savoye avec des gros appointemens et sert encore actuellement. Je souhaiterai que V. M. lui fit la grâçe de le faire venir dans un endroit, où il ne fut connû de personne, parçeque l'Envoyé de Françe et d'autres qui le connaissent ne manqueront pas de l'écrire en Savoye, et cela lui pourrait nuire auprès du Duc, V. M. saura par lui tout le détail de la campagne passée. J'ai l'honneur d'être etc.

le Comte de Steinau. [1])

Man sieht aus diesem Brief, daß Schulenburg noch unentschlossen war, ob er den Dienst des Herzogs von Savoyen verlassen solle oder nicht? er selbst sagt in den „Nachrichten über seine Feldzüge in Polen," welche in den „Denkwürdigkeiten für die Kriegskunst" sich befinden: „er habe auf seiner Reise die Nachricht des Todes Königs Wilhelm III. erhalten, und dies habe ihn bestimmt in sächsische Dienste zu treten," „lorsqu'il apprit en chemin que çe Monarque était mort, çe qui le determina à entrer au serviçe du Roi de Pologne. Dies ist wahrscheinlich dahin zu verstehen, daß der Tod dieses Monarchen alle bei ihm bestehenden Zweifel über jenen Eintritt hob; denn Schulenburg war schon im Februar in Dresden eingetroffen, und der König starb erst am 19. März. Aus einem Schreiben aber, welches

1) Adam Heinrich v. Steinau, aus einer ansehnlichen Familie aus der Graffschaft Henneberg entsprossen, stand anfänglich in churbraunschweigschen Diensten, und trat 1693 in die der Republik Venedig, in welchen er 1694 die Insel Scio eroberte, 1696 wesentlichen Antheil an den Niederlagen eines türkischen Corps hatte, welches in Morea eingedrungen war, und bei Argos unter dem venetianischen General Alexander Molino geschlagen wurde. Nach dem Frieden von Carlowitz legte er die Verschanzungen am Isthmus von Corinth an. Nach dem Tode des Feldm. Schöning wurde Steinau chursächsischer Feldm., welche Würde er 1706 aufgab, um abermals in venetianische Dienste zu treten, woselbst er den Marquis du Hamel ersetzte; er verließ jedoch Venedig nach einigen Jahren, und zog sich auf seine Güter in Böhmen bei Pilsen zurück, und starb hier 1712.

der General nach der Schlacht bei Klissow, im August 1702, 1702
an einen Freund richtete, geht hervor, daß er in jenem Zeitpunkt darauf rechnete, mit einem sächsischen Subsidien-Corps, welches er befehligen sollte, nach den Niederlanden geschickt zu werden; hierzu war durch den zwischen Sachsen und dem kaiserlichen Hof unter dem 16. Januar 1702 abgeschlossenen Tractat im 4. Artikel der Grund gelegt worden, indem der Kaiser darin „Sachsen seine bona officia bei Englandt und Hollandt zusagte, damit diese Mächte 12000 Mann sächsischer Truppen in Subsidien übernehmen möchten;" auch wurde in demselben Zeitpunkt der bekannte Versuch unternommen, durch die Gräfin v. Königsmark sowohl, als durch die Absendung des Kammerherrn Vitzthum, den König von Schweden, Carl XII., zum Frieden zu vermögen, so daß Schulenburg um desto eher berechtigt war, sich Hoffnung zu gedachter Bestimmung nach Flandern zu machen.

Dem sey indessen, wie ihm wolle, so fand dessen Ernennung dazumal zum General-Lieutenant in chursächsischen Diensten statt.

Der König August II. von Polen und Churfürst von Sachsen befand sich seit dem Jahr 1700 im Krieg mit dem König von Schweden Carl XII. Die Veranlassung zu diesem Krieg ist vielleicht noch nicht hinreichend aufgeklärt; es scheint jedoch nicht unwahrscheinlich, daß der berühmte liefländische Edelmann Patkul dazu einiges beitrug. In den Nachrichten über die Feldzüge Schulenburgs in Polen, welche in den „Denkwürdigkeiten für die Kriegskunst" aufgenommen sind, giebt Schulenburg, S. 137 und 138. 2tes Heft, verschiedene Umstände über Patkul an. Dieser war Hauptmann in schwedischen Diensten und veruneinigte sich mit einem alten schwedischen General Namens Dalberg, Gouverneur von Riga, welchem er Anlaß zur Eifersucht gegeben hatte, und als Patkul als Deputirter des Liefländischen Adels nach Stockholm nebst mehreren Andern gesandt wurde, um dem König Carl XI. Vorstellungen gegen die willkührlichen Maaßregeln zu machen, welche man gegen das Eigenthum des liefländischen Adels

1702 ergriffen hatte, so beschloß man, wegen der Kühnheit seiner Reden, ihn fest zu nehmen.

Patkul entfloh aus der schwedischen Hauptstadt und kam nach Berlin; „er wandte sich daselbst," wie Schulenburg in jenen Denkwürdigkeiten sagt, „an den F. M. Flemming (d. ä.), welcher früher in sächsischen Diensten gestanden hatte, und welcher durch seinen Schwiegersohn Przebendowsky Einfluß in Polen besaß. Der jüngere Flemming war sächsischer Abgesandter in Berlin, und diese drei Staatsmänner hatten viel zur Erhebung Augusts auf den polnischen Thron beigetragen. Alle drei gingen nunmehr in Patkuls Vorschläge, Liefland zu erobern, ein, welches dieser als ein leichtes Unternehmen darstellte, und der jüngere Flemming, welcher des Königs besondere Gunst genoß, war am thätigsten, um August zum Bündniß mit dem Czar und zu der Unternehmung gegen Liefland zu vermögen. Diese Versuche müssen zwischen dem Monat Juny 1698, wo August zum König gewählt wurde, und dem Novbr. 1699, wo der Tractat von Moskau unterzeichnet wurde, statt gefunden haben.

Wir besitzen sowohl eine authentische Abschrift der ersten Allianz, welche am 21. Novbr. 1699 zu Moskau zwischen dem Czar Peter Alexiewitz und dem König August II. von Polen abgeschlossen worden war, sowie des ein und ein halbes Jahr später zu Birsen unterzeichneten Bündnisses, welche ungedruckten Aktenstücke wir als Beilage (s. Beil. 4.) geben werden [1]).

Im ersten Vertrag besagt der 2. Artikel, „daß der König von Pohlen mit aller Macht und Fleiß dahin sehen wolle, daß die Czarsche Majestät einen festen Fuß an der Ostsee mit ruhigem und unstreitigem Besitz und völliger Herrschaft erhalte."

„Deshalb," sagt Artikel 3., „wolle der König von Pohlen eine nachdrückliche Diversion zu Gunsten Sr. Czarschen Majestät machen, damit die schwedische Armee in Lief- und

1) Im Eingang dieser Aktenstücke wird der Czar „Großer Herr und Selbsthalter vom großen und kleinen Rußland" genannt.

Esthland ihn nicht incommodiren möge, und sich der König 1702
mit dem Czar conjungiren könne."

Im 5. Artikel versprach Rußland noch vor Ausgang des Jahres mit der Pforte Frieden zu schließen, und im künftigen mit Schweden zu brechen; auch die Operationen gegen die Provinzen Ingermannland und Karelien zu richten.

Aus dem 6. und 9. Artikel erhellt, daß dazumal Dänemark der Allianz noch nicht beigetreten war, und aus dem 8., daß der König von Polen selbige nur als Churfürst von Sachsen schloß, indem es heißt: „der König wolle die guten Apparences, daß die Republik Pohlen zu diesem Werk mit concurriren wolle, mit höchster Sorgfalt menagiren."

In Folge dieser eingegangenen Verbindungen, welchen der König von Dänemark späterhin beitrat, hatten die Feindseligkeiten mit Anfang des Jahres 1700 angefangen. 7—8000 Mann sächsischer Truppen hatten unter dem General Flemming das Herzogthum Curland besetzt, welches dazumal noch ein polnisches Kronlehn war, und machten einen Versuch, die Stadt und Festung Riga zu überrumpeln. Dieser Versuch mißlang, die Sachsen behaupteten jedoch die Cobern-Schanze und die Feste Dünamünde; der Czar hatte Ingermanland und Karelien besetzt, griff Liefland von der Nordostseite her an und belagerte Narwa.

Indessen hatte der König Carl XII. Dänemark zu dem am 18. August 1700 geschlossenen Frieden von Traventhal genöthigt; nach diesem entscheidenden Erfolg wandte er sich gegen den Czar, schiffte sich mit seiner Armee zu Carlskron ein und landete am 8. Octbr. 1700 bei Pernau; er rückte sogleich gegen die Moskowiter vor und schlug sie aufs Haupt am 1. Novbr. bei Narwa. Hierauf bezog der König seine Winterquartiere in Liefland. Mit Anfang des Frühjahrs 1701, indem er sich in seinem Rücken und seiner linken Flanke durch den über die Russen erfochtenen Sieg hinreichend gedeckt glaubte, versuchte er, die Sachsen aus der Nähe von Riga und von der Düna zu vertreiben, welche der F. M. Steinau befehligte. Der Uebergang über die Düna gelang vollkommen; die Sachsen verließen Curland, und mit einem mosko-

1702 witschen Hülfs-Corps vereinigt, zogen sie sich nach Birsen in Litthauen zurück; hier, in Birsen[1]), trafen beide Monarchen zusammen und schlossen daselbst, mit Bezugnahme auf den Tractat vom 21. Novbr. 1699, am 9. März 1701 eine neue Verbindung, welche beweißt, daß beide Mächte, ohnerachtet der bis jetzt erfahrnen Kriegswiderwärtigkeiten, keineswegs auf die Hoffnung verzichteten, die Schweden aus Liefland, Esthland, Ingermannland und Karelien zu vertreiben. Im 2. §. versprach der Czar 15 bis 20,000 Mann Infanterie als Hülfs-Corps mit den sächsischen Truppen, wo möglich zwischen Dünaburg und Pleßkow, zu vereinigen, und unter die Befehle des Königs von Polen zu stellen.

Im 5. §. 100,000 Pfund Pulver zu liefern und bis nach Witepsk auf der Düna liefern zu lassen.

Im 6. §. auf zwei Jahr, jedes Jahr zu Smolensk 200,000 Thaler oder 100,000 Rubel Subsidien dem König von Polen zahlen zu lassen;

Im 7. §. leistet der Czar auf alle Ansprüche auf Liefland und Esthland Verzicht, im Fall selbige von den vereinigten Truppen erobert werden sollten, und gestattet deren Vereinigung mit Polen; dagegen behielt er sich die Resultate der Versuche der Eroberung von Ingermannland und Karelien vor.

Nach dem 10. §. vereinigten sich beide Monarchen, den König von Dänemark, als ihren Alliirten, von diesem Tractat in Kenntniß zu setzen.

Endlich bestimmte ein geheimer Artikel, daß damit die Republik Polen an dies mit dem König geschlossene Bündniß sich anschließen möchte, der Czar zu Smolensk medio Juny 20,000 Rubel (nach damaligem Werth 40,000 Thaler) dem König August auszahle, „um dadurch ein und die andern Senatoribus, wenn sie Gelegenheit verschaffen würden, dieses intentirte Werk desto leichter zu bewerkstelligen, einige Erkenntlichkeit und Gnade zu erweisen."

---

1) Birsen liegt an der nördlichen Spitze von Litthauen, an der Grenze von Curland, in geringer Entfernung vom linken Ufer der Memel.

Der Allianz-Tractat von Birsen, den, sowie den 1702 von Moskau, wir aus den Königl. Sächsischen Archiven in Abschrift erhalten haben, verbreitet großes Licht über die damaligen politischen Verhältnisse. Diejenigen, welche in den Entschließungen der Cabineter motivirte Veranlassungen zu finden wünschten, hatten bisher vergeblich hinreichende Ursachen gesucht, um die Theilnahme des Königs von Polen zu den Entwürfen des Czars zu erklären; letzterer bezweckte mit einer Consequenz, die er bis ans Ende seiner Tage und seiner Regierung verfolgte, den Produkten seines großen Reichs direkten Absatz durch Schiffarth zu verschaffen. Auf diese Grundlage baute er den zukünftigen Wohlstand und die Macht seines Staats. So war es ihm gelungen, die Stadt und den Hafen Asof am schwarzen Meer durch den Waffenstillstand vom 25. Novbr. 1698 und den nachfolgenden Frieden zu Constantinopel vom 13. Juny 1700 von den Türken zu erlangen. Jetzt kam es darauf an, dieselben Vortheile auf dem baltischen Meere zu erhalten; des Czars Absichten sprachen sich damals nur auf Ingermanland und Carelien, als diejenigen Provinzen aus, durch welche die Newa ihren Ausfluß in den finnischen Meerbusen nimmt. Durch Subsidien und vozüglich durch das Versprechen, die Provinzen Liefland und Esthland dem Reiche Polens einverleiben zu lassen, fand sich August II. bewogen, den Krieg gegen den König von Schweden fortzusetzen, ohne Zweifel in der Voraussetzung, daß die Hoffnung, zwei wichtige Provinzen zu gewinnen und mit der Republik Polens zu vereinigen, die Polen vermögen würde, an diesem Kriege Theil zu nehmen.

Wir sehen ferner, daß, ohnerachtet des zwischen Dänemark und Schweden geschlossenen Friedens zu Traventhal, ersteres noch als ein Alliirter von Rußland und vom König August betrachtet wird. Die Zeit, welche wenig Dinge in der Welt geheim bleiben läßt, hat uns durch das fast ein Jahrhundert später gedruckte Tagebuch Peter des Großen kund gemacht, daß am 23. Januar 1701 ein neuer Allianz-Tractat zwischen Rußland und Dänemark zu Moskau abgeschlossen worden war, wodurch sich die im 10. §. des Traktats von Birsen beobach-

1702 teten Rücksichten hinreichend erklären. Endlich ist der geheime Artikel, durch welchen der Czar dem König 20,000 Rubel bewilligt, nicht wenig merkwürdig, indem er den ersten Versuch der Bestechlichkeit der polnischen Staatsmänner beurkundet, durch welchen es Rußland in der letzten Hälfte des vorigen Jahrhunderts mehr noch als durch Gewalt der Waffen gelang, Polen aus der Reihe der Staaten zu verwischen.

Ohnerachtet dieser neu eingegangenen Verbindlichkeiten veranlaßte die Lage der militärischen Angelegenheiten und die Vorrückung Carl XII. gegen die Baldera, die Trennung der russischen und sächsischen Truppen; erstere zogen sich aus Litthauen zurück, die Sachsen aber über die Memel ins Herzogthum Preußen, wie es scheint, um in diesem neutralen Lande den Erfolg des Versuchs abzuwarten, welchen König August durch seinen Kammerherrn v. Bitzthum hatte unternehmen lassen, um eine Unterhandlung mit Carl XII. einzuleiten [1]) Der König

1) Der Kammerherr Friedrich v. Bitzthum traf am 24. Febr. 1702 in Bielowize ins Hauptquartier Carl XII. ein, eine halbe Stunde von der Stadt Rosienne; hier wurden ihm seine Papiere abgenommen und er selbst verhaftet, jedoch mit aller Rücksicht behandelt; von da wurde er nach Riga geschickt, und erhielt erst im Monat May seine Freiheit wieder.

Er war mit zwei Briefen des Königs an den König von Schweden und an den Grafen Piper versehen; seine Instruktionen, welche lateinisch verfaßt waren, finden sich im „Leben Carls XII. von Nordberg" 1. Theil S. 312 — 317 abgedruckt, und wurden wahrscheinlich aus seinen Briefschaften gezogen, welche ihm bei seiner Verhaftung genommen worden waren; sie sind vom 6. Januar 1702 datirt, und folgendes ihr Hauptinhalt:

Art. 1 und 2. empfiehlt eine eilige Reise und überläßt es Bitzthums Urtheil, ob die Briefe an den König von Schweden zu übergeben seyen oder nicht?

Art. 3. Er sollte sich fürs Erste beim Hofmarschall Düben melden, um von diesem bei dem General Rhenschild eingeführt zu werden, und durch denselben den Zugang bei dem König von Schweden sich zu verschaffen suchen.

Art. 4. Auf dessen Rath soll er nach übergebenen Briefen sich dem König von Schweden vorstellen, um die freundschaftlichsten Versicherungen König Augusts auszudrücken und seinen Wunsch, die friedlichen Verhältnisse wieder herzustellen.

von Schweden, weit entfernt diesem Abgesandten Gehör zu ge- 1702
ben, ließ ihn verhaften, und ohneractet die Russen unter dem F. M. Scheremetof in Liefland eindrangen und den General Schlippenbach zu drei verschiedenenmalen geschlagen hatten, so setzte sich dennoch der König von Schweden im Winter von 1701 zu 1702 in Bewegung, brach in Litthauen ein, und besetzte am 25. März Warschau. Die unglückliche Wendung dieses gegen Schweden durch den König von Polen, in seiner Eigenschaft als Churfürst von Sachsen, unternommenen Krieges, und die feindliche Behandlung, welche in Folge dessen dieses Reich durch die Schweden erfuhr, veranlaßte nunmehr eine mächtige Faction in Polen, eine Regierungsveränderung

---

Art. 5. Bleibt dem Gesandten überlassen, nach den Umständen seinen Aufenthalt zu verlängern oder nicht; im Fall eines längeren Verweilens aber, durch sichere Gelegenheit Relation einzusenden.

Art. 6. Auf alle Fragen soll er dermaßen antworten, daß der König, sein Herr, dadurch nicht gebunden sey; vorzüglich über die spanische Successionsfrage solle er sich dahin äußern, daß, ehe darüber König August einen Entschluß nehmen könne, er seine Händel mit dem König von Schweden beigelegt haben müsse.

Art. 7. habe er den dem König am nächsten stehenden Personen die Gnade und Geschenke König Augusts zu versprechen.

Art. 8. Soll er sich so angenehm wie möglich zu machen suchen und habe sich aller verletzenden Aeußerungen zu enthalten.

Vor Vitzthum's Absendung hatte der König im Januar 1702 durch seine Geliebte, die Gräfin v. Königsmark, den Versuch machen lassen, mit dem König von Schweden und dessen Minister, dem Grafen Piper, zu unterhandeln; sie war jedoch vergeblich im Hauptquartier des Königs zu Würgen und späterhin zu Dilsen, nicht weit von Kosienne, erschienen.

Friedrich Vitzthum von Eckstädt war am 10. Januar 1675 geboren: er wurde schon in seinem 12ten Jahre Page am chursächsischen Hof, und begleitete als Kammerjunker den Prinzen Friedrich August, nachmaligen Churfürsten von Sachsen und König von Pohlen, auf seinen Reisen. Er wurde 1703 Ober-Falkonier, am 2. Juny 1719 Ober-Kammerherr und 1721 Cabinets-Minister. Im Jahre 1710 war er Botschafter am russischen Hofe und 1720 am königl. schwedischen. 1711 wurde er in den Grafenstand erhoben, und blieb am 13. April 1726 bei Warschau im Duell.

1702 zu wünschen. Dies war die Lage der Dinge, als Schulenburg in sächsische Dienste trat.

Bevor Schulenburg sich mit dem Theil der sächsischen Truppen, den er befehligen sollte, nach Polen begab, machte er eine Reise auf seine Güter ins Magdeburgsche und besuchte in Braunschweig seinen Gönner und Wohlthäter, den Herzog Anton Ulrich. Hier traf er zu einem Zeitpunkt ein, der dem Herzog sehr schmerzhaft seyn mußte, indem er in Folge eines mit Frankreich geschlossenen Bündnisses seine Truppen bis auf 12,000 Mann vermehrt hatte. Es muß derselbe Cte. d'Usson seyn, von welchem wir in dem vorigen Abschnitt einen Brief an Schulenburg haben, der diesen Subsidien-Tractat als französischer Gesandter unterhandelt hatte. Man kann diesen Versuch, welcher jedoch vor Beschluß des Reichskrieges gegen Frankreich unternommen wurde, nur durch die Leidenschaftlichkeit erklären, welche vorzüglich Herzog Anton Ulrich gegen das Haus Hannover empfand, und daß dieser Vertrag abgeschlossen wurde, mehr um diesem zu schaden, als um der französischen Sache zu nützen; dem sey wie ihm wolle, so setzte sich Hannover mit dem kaiserlichen Hof in Einverständniß. In der Nacht vom 19ten zum 20sten März 1702 rückten hannöversche und cellesche Truppen ins Herzogthum Wolfenbüttel, und nur durch preußische und hessencasselsche Vermittelung kam es am 19. April 1702 zu einem Vertrag, durch welchen dieselben braunschweigschen Truppen, die Frankreich Dienste leisten sollten, dem kaiserlichen Hofe überlassen werden mußten.

In diesem Aktenstück ist merkwürdig, daß selbiges einseitig vom Herzog Rudolph August unterschrieben wurde, und dieser im 10. Artikel versprach, die Ratification des Herzogs Anton Ulrich in zwei Monaten zu verschaffen; auch ist der Umstand nicht zu übersehen, daß die dem Kaiser überlassenen zwei Regimenter Infanterie und fünf Regimenter Reuter, worunter zwei Regimenter Dragoner, nach dem 4ten Artikel an cellische und hannöversche Commissarien überliefert, den bisherigen wolfenbüttelschen Diensten entlassen und in hannöversche angewiesen

wurden, um diese Truppen dem Kaiser und seinen Alliirten 1702
1702 England und Holland, zu überlassen.

Wir ersehen aus folgendem Schreiben, welches Herzog Anton Ulrich mehrere Jahre nachher unter dem 1. Januar 1705 an Schulenburg richtete, wie empfindlich ihm dazumal diese Behandlung war, und wie viel Wohlwollen der Herzog noch seinem ehemaligen Diener schenkte.

Monsieur.

„Ich habe sein letztes Schreiben nebst der Relation von der vorgegangenen Aktion wohl erhalten, und gleich wie es Mich erfreuet, in seinem guten Andenken noch zu leben, also kann Ich daneben ihm versichern, daß Ich mit großer Vergnügung ersehen, was ungemeine Gloire er sich bei selbiger Action erworben, wozu Ich ihm von Herzen gratulire, und wünsche, daß der Allerhöchste ihn ferner für allen gefährlichen Begebenheiten bewahren, auch dieses angetretene neue Jahr nebst vielen folgenden, in aller Glückseligkeit wolle erleben lassen. Dafern es sein Zustand erleidet, komme er einmal zu Mir und stelle sich an, als wenn er noch hierher mit gehörte, Mir solle solches eine ungemeine Vergnügung bringen, und wollte Ich alsdann meine Zeit besser mit ihm zubringen, als wie das Letztemal, da er mit zugegen war, als Ich das harte Tractament von meinen Vettern sowohl, als noch näheren Freunden mußte hinnehmen und erleben. Bei Ihro Majestät, seinem Könige, lasse Ich Mich aufs Beste befehlen, und verbleibe stets

Monsieur

sein wohl affectionirter
Anthon Ulrich H.

Dieser Brief beantwortete ein Schreiben Schulenburgs, worin er dem Herzog das ehrenvolle Gefecht, welches er am 7. Novbr. 1704 gegen den König von Schweden bestanden hatte, mittheilte, und der Ausdruck, dessen sich der Herzog bedient: „als noch näheren Freunden," bezieht sich offenbar auf seinen Bruder, den Herzog Rudolph August, der, wie wir schon aus früheren Angaben haben schließen kön-

1702 nen, die sich durch den 10ten Art. des Vertrags vom 19. April 1702 bestätigen, die Eifersucht auf Hannover mit Anton Ulrich nicht vollständig getheilt haben muß. [1])

Schulenburg befand sich am 27. April schon wieder in über Dresden, und begab sich Anfang Juny auf den Marsch, um Oberschlesien dem König August das Truppen-Corps zuzuführen, mit welchem sich der König bei Cracau vereinigen wollte. In den „Denkwürdigkeiten der Kriegskunst" sagt er im 2. Hefte S. 150:

„Ayant terminé differentes commissions en diverses Cours par ordre du Roi de Pologne, il retourna en Saxe et fut chargé de mêner au plutôt l'infanterie par la Silésie à Cracovie en Pologne."

Schulenburg traf bei der Armee Anfangs July bei Cracau ein, und kurz nachher setzte sich diese in Bewegung, um dem König von Schweden, welcher von Warschau aufgebrochen war, entgegen zu gehen. Carl XII. marschirte auf der großen Straße, die von Warschau nach Cracau führt, fort; die sächsische Armee, welche in ihrer rechten Flanke durch die polnische Pospolite, d. h. die aus dem polnischen Adel bestehende Reuterei, unter dem Kron-Großfeldherrn Fürsten Hieronymus Augustin Lubomirsky [2]) unterstützt wurde,

---

1) Wenn man mit Aufmerksamkeit das Schreiben des Herzogs Anton Ulrich an Schulenburg, seinen damaligen Gesandten in Paris, d. d. Wolfenbüttel, den 22. März 1698, liest, welches wir als Beilage zum 3ten Abschnitt unter Nr. I. b. beigebracht haben, so findet sich die Veranlassung zu diesen Irrungen klar angedeutet. Der Herzog sagt hierin ausdrücklich „der französische Hof möge sich gegen die Intriguen sicher zu stellen suchen, welche das Haus Hannover mit dem österreichischen Cabinete einleitete, indem es namentlich die Verbindlichkeit eingegangen habe, bei eintretender spanischer Erbfolge sich zu Gunsten Oesterreichs auszusprechen;" auch erwähnt hierin der Herzog „daß man schon damals versuche, seinen ältern Bruder und Mitregenten, den Herzog Rudolph August, gegen das französische Interesse zu stimmen."

2) Er bekleidete die Würde eines Großgenerals der Krone, und war ein Stief-Bruder des Kron-Ober-Kammerherrn Fürsten Georg Dominik Lubomirsky, Starosten von Casimir; beide Brüder waren

ging bei Pintschoff, ungefähr 10 — 12 Meilen nördlich 1702 von Cracau gelegen, über die Nida, einen Fluß, welcher sich in der Richtung von Norden nach Süden oberhalb Nowe Miasto in die Weichsel ergießt, während die polnische Reuterei bei Opatowitz über die Weichsel ging, so daß beide Heere zwischen dem linken Ufer der Nida und dem linken Ufer der Weichsel manövrirten; das schwedische Heer, welches bei Kielze stand, rückte bis gegen Opiza vor, die Sachsen und Polen, welche letztere den rechten Flügel bildeten, bis Clissow, wo es am 19. July zur Schlacht kam.

Beide Könige waren in Person bei ihren Armeen gegenwärtig. Es scheint, daß das Treffen von beiden Theilen deshalb um einige Tage verspätigt wurde, weil die Sachsen die Kron-Armee und die Schweden ein Corps von 5 oder 6000 Mann unter dem General Mörner, welches aus Pommern in Groß-Polen zu der Hauptarmee am 18. July stieß, abwarten wollten. Diese Combination war ganz zum Nachtheil des Königs Augusts, da die polnische Armee, wie sich späterhin bewährte, eher Nachtheil als Vortheil brachte, während die Schweden, mit 6000 Mann guten Truppen weniger, leichter überwunden worden wären.

Die Schlachtordnung der Sachsen und Polen war folgende: Die sächsische Armee bildete den linken Theil des Heeres, der F. M. Steinau führte unter dem König den Oberbefehl desselben; der Graf Schulenburg commandirte die Infanterie und Graf Flemming die Reuterei. Die Polen machten den rechten Flügel aus, und waren durch Sümpfe verhindert, mit den Sachsen vereinigt zu fechten. Die Stellung war durch diese sie umgebenden Sümpfe, durch welche jene auch theilweise durchschnitten wurde, so beengt, daß

---

durch ihre Gemahlinnen verschwägert; die Gemahlin des Ober-Kammerherrn, Ursula v. Bockum, war die Geliebte König Augusts II., wurde von ihrem Gemahl geschieden und zur Reichsfürstin v. Teschen erhoben. Sie vermählte sich in zweiter Ehe 1722 mit Friedrich Ludwig Herzog von Würtemberg, welcher als K. K. Feldzeugmeister am 19. Septbr. 1734 in der Schlacht von Guastalla blieb.

1702 jede Bewegung den größten Schwierigkeiten unterlag; und sie scheint mehr in der Absicht gewählt worden zu seyn, um in derselben den Angriff des Feindes abzuwarten, als gegen diesen die Offensive zu ergreifen. Allein auch diese Absicht hätte vollständiger und consequenter ausgeführt werden sollen. Statt dessen traten folgende Umstände ein, die fast alle als Hauptfehler dem König August sowohl als dem F. M. Steinau zugerechnet werden müssen.

Die Stellung der polnischen Kron-Armee auf dem rechten Flügel veranlaßte die Schweden, ihren linken Flügel zu verstärken. Sobald dieser sich zum Angriff in Bewegung setzte, verschwand die polnische Reuterei vom Kampfplatz, wodurch die sächsische rechte Flanke ganz entblößt wurde. Statt diese zu unterstützen, machte der linke sächsische Flügel einen Angriff, welcher mißlang, während dessen der rechte von den Schweden zurückgedrängt wurde. Es gelang dem General Schulenburg diesen zwischen zwei Sümpfe zu setzen, und den linken Flügel zu dessen Beistand herbeizuführen. Hierdurch, und durch den Umstand, daß die Schweden sich der Plünderung des feindlichen Gepäcks überließen, wurde es möglich, daß die sächsische Infanterie sich ohne bedeutenden Verlust zurückziehen konnte. Indeß verlor sie über 2000 Mann, ihr ganzes Gepäck, und an Artillerie 46 Stück. Die Schweden verloren 1500 Mann.

Bei dieser Gelegenheit büßte Schulenburg sein Gepäck, und was ihm am schmerzhaftesten war, seine ganze Sammlung militärischer Handschriften ein, welche zu vereinigen er vom Anfang seiner militärischen Laufbahn an sich viel Fleiß und Geld hatte kosten lassen. Dieser Verlust verursachte auch für uns eine wesentliche Lücke in den Materialien zu seiner Lebensbeschreibung, die wir bis zu dem gegenwärtigen Zeitpunkt mit Mühe aus anderen Quellen zu vervollständigen gesucht haben. In einem Schreiben, welches er über die Begebenheiten an einen Freund richtete, und welches wir in der Beilage folgen lassen, sagt er an dessen Schluß:

„J'ai perdu tous mes équipages, une perte que je puis estimer à dix mille écus, mais que j'oublierai de bon coeur, si j'avais seulement conservé mes manuscripts et mes papiers

militaires, qui m'ont couté autant de tems que de peines et 1702
d'argent; cependant la situation du Roi, mon maître, me tient tellement à coeur, qu'elle me fait oublier tout ce qui me regarde."

Wir werden unten (s. Beilage V.) einige Aktenstücke mittheilen, welche über die Schlacht bei Pintschoff hinreichendes Licht verbreiten; die beiden Ersten sind zwei Schreiben Schulenburgs aus Sendomir vom 22. August; das Dritte der Bericht eines schwedischen Officiers über dieses Gefecht.

Aus den Berichten Beider geht hervor, daß weder König August, noch der König von Schweden mit irgend einem Plan zu Werke ging, sondern daß sie gegen einander rückten, sich aufaufzuchen, um in einem Gefecht das Glück oder die Tapferkeit entscheiden zu lassen.

König Carl zog in Polen umher als ein Abentheurer, um den Feind zu finden und zu schlagen, da wo er ihm begegnete; König August hingegen und seine Parthei suchten die Punkte auf, wo die Schweden nicht waren, und hofften auf solche Weise im Königreich Polen theilweise festen Fuß zu behalten. Nur auf dem Schlachtfelde entwickelte Carl tactische Talente, wandte jedoch die gewöhnlichsten Vorsichtsmaaßregeln, um den Sieg vorzubereiten, nicht an. Denn wir sehen aus dem Bericht des schwedischen Officiers, daß er drei Stunden vom Feind und am Morgen der Schlacht weder die Stellung des feindlichen Lagers, noch die Eigenthümlichkeiten des Terrains kannte, auf welchem er in Begriff stand eine Schlacht zu liefern: „n'ayant aucune connaissançe ni de la situation de leur camp, ni du terrain."

Auf der Seite seines Gegners scheint Schulenburg der einzige General gewesen zu seyn, welcher verstand, planmäßig zu Werke zu gehen; allein er war nicht der Hauptanführer der Armee, mußte sich darauf beschränken, Rath zu ertheilen, statt Befehle zu geben, und konnte nur durch auf der Stelle genommene zweckmäßige Maaßregeln größeres Unheil verhindern.

Der König August zog sich nach diesem Gefecht nach Cracau, und bei der Annäherung der Schweden nach Sendomir an der Weichsel zurück.

1702 Es ist bekannt, daß der König Carl XII. in der Nähe von Cracau durch einen Sturz mit dem Pferde den Schenkel zerbrach. Dieser Unfall veranlaßte einen Aufschub der Kriegsoperationen; sobald jedoch der König wieder hergestellt war, vertrieb er die Sachsen aus Sendomir und Lublin.

König August verließ hierauf das südliche Polen und begab sich nach Warschau, und von da nach Thorn; hier schließt sich der Feldzug von 1702. Die Schweden nahmen ihre Winterquartiere im südlichen Theil von Polen, und behielten Cracau und Lublin inne; späterhin als der König von Polen nach Marienburg ging, besetzte General Rhenschild von Neuem Warschau.

Um eine vollständige Uebersicht der damaligen Lage der Dinge zu geben, muß man die Fortschritte erwähnen, welche die Russen unterdessen in Liefland machten. Der Czar drang in Ingermanland und Karelien bis an die Newa vor, und eroberte durch Capitulation Noleburg, welches heutiges Tages unter dem Namen Schlüsselburg bekannt ist. In Liefland wurde General Schlippenbach zurückgedrängt, und in diese Zeit fällt die Erstürmung von Marienburg, welche längst in Vergessenheit gerathen seyn würde, wenn nicht bei dieser Gelegenheit jene schöne Soldatenfrau zur Gefangenen gemacht worden wäre, welche wenig Jahre nachher den russischen Kaiserthron bestieg.

Beilagen zum 5. Abschnitt.

Beilage IV.

Allianz
zwischen Königl. Maj. in Pohlen und dem Czaar Majt.
d. d. Moscau, den 21. Novbr. 1699.

Von Gottes Gnaden Wir Durchlauchtigster und Großmächtigster Großherr Zaar und Großfürst Peter Alexiewitz, von ganzen großen und kleinen Rußlandes Selbsthalter, wie auch anderer vielen Oestlichen, Westlichen und Nordischen Herrschaften und Länder Beherrscher, thun hiermit kund und zu wissen: Nachdemmahlen wir bey persönlicher Unterredung mit dem Durchlauchtigsten und Großmächtigsten Großen Herrn Augusto den andern, von Gottes Gnaden König in Pohlen, Großfürsten in Litthauen ꝛc. Herzogen zu Sachsen, Jülich, Cleve und Bergen, des Römischen Reichs Erzmarschallen und Churfürsten ꝛc. beschlossen haben, einen allgemeinen Krieg gegen die Cron Schweden, wegen viele Ungerechtigkeiten, so dieselbe unsern beiden Reichen zugefüget, anzufangen. Als haben wir durch gemeine Uebereinstimmung verabredet und beschlossen, den Krieg Kraft nachfolgender Articuln nächst göttlicher Hülfe zu continuiren, mit beiderseits Einwilligung.

1.

Verbinden Wir Uns mit J. K. M. hiermit in aufrichtiger, brüder- und nachbarlicher Vertraulichkeit, daß, so lange es dem Höchsten gefallen wird, Uns beiderseits in Unserer, Gott gebe glücklichen Regierung zu erhalten, Wir mit einander eine getreue und beständige Freund- und Nachbarschaft halten, Uns daran auf keine Weise und Wege trennen lassen, sondern vielmehr wider Unsere Feinde einander redlich beistehen, auch in übrigen dahin sehen wollen, daß einer des andern Bestes und Aufnehmen, als seine eigene Wohlfahrt befördern und sich so verhalten möge, als getreuen Freunden und Bundesgenossen eignet und gebühret.

2.

Solchemnach versprechen Ihro Königl. Majestät bei wahren Worten und Ihrer hohen Königlichen Parole, vor Ihrer Seite, wie sie bisher gethan, also auch noch hinführo, mit aller Macht und Fleiß dahin zu sehen, daß Wir Großherr Unsere Zarische Majestät zum glücklichen Ausgang unseres desseins wider Schweden gelangen, und einen festen Fuß an der Ostsee, wie unsere Hochlöbl. Vorfahren es zu Anfang dieses Seculi in ruhigen unstreitigen Besitze und völliger Herrschaft gehabt, wieder erhalten mögen, so daß Sie desfals mit Schweden sofort brechen, und den Krieg so lange mit gesamter Hand continuiren wollen, bis Wir Unser beregtes Vergnügen erhalten haben.

3.

Und damit insonderheit Wir Großer Herr Unsere Zarische Majt. von Lief- und Eßlandischen Schwedischen Armee nicht mögen incommodirt werden, so versprechen Ihro Königl. Majt. daselbst eine solche nachdrückliche diversion zu machen, daß Wir von der Seite nicht allein sollen gesichert seyn, sondern auch, daß in Fall der Noth Ihre Königl. Majt. mit Unserer Zaarischen Majestät sich conjugiren können.

4.

Und wann Ihro Königl. Majestät das Gros von Dero Trouppen bey eröffneter Ruptur, nicht sofort aus Sachsen könnten zur Hand haben; So versprechen Wir Großer Herr Unsere Zaarische Majt. auf beschehenes Ersuchen so bald möglich Ihro Königl. Majt. mit so viel Leuten, als Wir es aufs Beste vermögen werden, zu assistiren, jedoch, daß es auf benöthigten Fall mit Secours keinen andern Schein gewinne, als daß die Leute von Ihro Majt. geworben und Unsere Zaarische Majestät zu sothaner Assistence, aus einer vorhin schon geschlossener Alliance gehalten wären.

5.

Immittelst aber versprechen Wir Großer Herr Unsere Zaarische Majt. bey Unserer Hohen parole Unsern nach Constantinopel abgefertigten Gesandten, schleunigste Ordre zuzufertigen, auf was Art und Weise es seyn könne, sollten Wir auch der Orthen es mit Verlust thun, dahin bedacht zu seyn, daß Wir mit der Ottomannischen Pforten, noch vor Ausgang dieses Jahres, oder längstens, vor künftigen April Monat, entweder einen beständigen Frieden, oder einen zulänglichen prolongirten Stillstand erhalten mögen, auf welchen Fall Wir versichern, gegen künftiger Campagne mit Schweden auch zu brechen, und insonderheit unsere operationes in den provincen Ingermanland und Carelen mit aller Macht zu führen, so daß ein jedes Theil an seinen Orte das seinige redlich thun, und will niemand von Uns beiden Allirten eher einige Friedens-propositiones hören oder annehmen, es sey dann, daß das andere Theil darin consentirt.

6.

Und weil beiderseits sowohl Wir als Ihro Königl. Majt. von Pohlen abereits in genauer Alliance und Freundschaft mit Ihro Königl. Majt. von Dännemark stehen und in regard Schwedens gleichsam ein gewisses Interesse mit selbiger Cron haben; So wollen Wir auch dahin bedacht seyn Ihro Churfürstl. Durchl. von Brandenburg, mit in diese Alliance sowohl selbst, als auch per officia confoederatorum zu ziehen, und soll sobald möglich hier zu die proposition an gehörigen Orte geschehen, und mit allen Ernst ferner, wenn gleich die Ruptur von einem oder dem andern Theile etwa indessen erfolgen sollte, fortgesetzt werden.

7.

Auch wollen Ihro Königl. Majt. allen Dero Ministern, welche Sie an Kaiser- König- und Fürstl. Höfen, wie auch bei die Hl. Generalstaaten zu halten pflegen, befehlen, daß sie zugleich auch vor Unserer Zaarischen Majt. Interesse, so gut, als vor Dero eigenen Besten vigiliren, und dahin sehen sollen, daß Unser beiderseits desseins ein favorables Ansehen gewinnen, und aller möglichen Beförderung genießen mögen.

8.

Gleichfalls wollen Ihro Königl. Majestät, die guten apparences, die sie haben, daß die Republic Pohlen zu diesem Werk mit concurriren werde, mit höchster Sorgfalt menagiren, und geloben hiermit bei Dero Königl. parole alles und jedes so einzurichten, daß Wir dabei an Sicherheit Unsers wahren Interesse in keinerley Weiße sollen gefehrdet werden, wie sie denn von allen Uns aufrichtige Nachricht geben wollen.

9.

Wenn der Friede geschlossen worden, so wollen Wir mit Ihro Königl. Majt. von Pohlen zum maintien des Friedens einen neuen Garantie-Tractat aufrichten, und darinn die Condition inseriren, daß solches auch auf die Nachkommen solle continuirt werden. Gestalt denn auch Ihro Königl. Majestät von Dänemark, wenn dieselbe darin mit einzutreten gesonnen, dabei sollen admittiret werden.

10.

Diese Alliance soll in höchsten Geheim gehalten, und sorgfältig dahin gesehen werden, daß es nicht unter mehren Personen, als die darum wissen, kund werde, wie Wir denn von beiden Theilen dieselbe dahin obligiren wollen, daß diese Negociation verschwiegen bleibe.

11.

Versprechen Wir beiderseits Uns in diesem Werke bis zu dessen völliger Ausführung mit einander treu und aufrichtig, ohne einigen Hinterhalt und Gefehrden zu begehen, festiglich bey einander zu halten, und allem dem, weß hier abgeredet, ohne einige arglistige Verdrehung, nachtheiliger explication und extension unfehlbar nachzukommen.

12.

Was auch sonsten zu mehrer Bestätigung dieser Bündniß, als auch künftiger Richtigkeit in ein und andern zu Beibehaltung guter Nachbarschaft abzielenden Stücken gereichen möchte, darüber wollen beide Theile sich vereinigen und dessen Schluß diesem Tractat durch separate articuln beyfügen lassen, jedoch allen deme, so hier abgehandelt worden, so insgemein, als in besonders unschädlich.

13.

Alle obgemelte Articul, sollen Wir Groser Herr Unsere Zarische Majestät verbunden seyn, ohne einige Widerrede zu halten und nachzukommen, nachdem Wir einen Frieden oder einen Stillstand auf genugsame Jahre mit den Türken werden erlangt haben. Welches zu erlangen Wir auch mit einiger Nachgebung auf die Türkische Seite wegen des gemeinen Interesse intentioniret sind. Soferne aber nach göttlichen Willen der Friede oder auch ein armistitium mit dem Türken von Unserer Zarischen Majestät nicht wird zu Wege gebracht und Ihro Königl. Majt. unterdeßen den assignirten Krieg mit der Kron Schweden angefangen und hernach aus einigen Ursachen wieder Friede mit derselben zu haben begehret; So sollen Wir Großer Herr verbunden seyn, durch alle Mittel und Wege Schweden zu einen avantageusen und profitablen Frieden für Ihre Königl. Majt. von Pohlen zu vermögen.

Urkundlich haben Wir beiderseits beliebet das Instrumentum dieser Alliance unter eigenhändiger Unterschrift und Beydrückung Unsers Signets auch unter einem dato ausfertigen zu lassen.

Datum Moscau den $\frac{1}{11}$. Novbr. ao. 1699.

Beilage V.a.

Deux lettres du Gen. Schulenburg relatives à la Bataille de Pintschoff le 19. Jul. 1702.

Je n'aurais pas tardé jusqu'à présent à Vous écrire, mais cela ne se fait pas en ces pays-çi comme on veut. Toutes les lettres courent risque d'être interceptées et de rester ensuite en Pologne. Vous savez déjà la malheureuse action, que nous avons eue avec Mrs. les Suedois, qui nous ont battus ou plutôt chassés d'une manière, que j'en suis surpris aussi souvent que j'y songe. Je ne saurais Vous faire un récit exact de cette malheureuse et indigne action, mais je Vous dirai en peu de mots, que l'on était allé se camper avec la cavallerie dans le camp où nous avons été défait, d'où on ne pourrait sortir à cause des marais qui étaient dévant aussi bien que derrière, de même que sur les ailes. Le jour après je suivis avec l'infanterie et j'ai remarqué d'abord, que le camp ne valait rien du tout, que l'on y était serré, que l'on ne pouvait se servir des troupes et encore moins de la cavallerie, en quoi on prétendait pourtant que consistait notre forçe.

Le Roi resolût aussi d'abord de changer le camp et comme on ne pouvait pas aller en devant, ni à la gauche qu'avec de la peine, on fit marquer un camp à une petite demie lieue de notre droite, par où nous étions obligé de faire un mouvement en arrière, au lieu que notre dessein était d'aller chercher l'ennemi et de le combattre avant que Mörner l'eut joint, ou du moins nous l'aurions fait réculer; mais on s'amusa trois jours en ce camp. Je ne saurais Vous dire pour quelle raison, à moins que ce ne fut pour attendre l'armée polonaise, qui est en toute manière un pauvre secours. J'ai été deux fois reconnoître le terrain pour aller aux ennemis et le jour de notre défaite j'ai vû de grand matin le mouvement de leur armée et je ne l'ai quitté que lorsque j'étais bien sûr qu'il viendrait à nous. J'ai même vû le Roi de Suède et avec lui le feu Duc de Holstein. On ne pouvait s'imaginer que l'ennemi vint à nous, et notre armée ne prit les armes, que lorsqu'on le vit descendre d'une hauteur, qui était à la gauche de notre armée. L'ennemi se rangea d'abord en ordre de bataille devant nous et on aurait attaqué notre aile gauche si on avait pû passer les marais et nous aurions été défait avant d'avoir pû nous mettre en ordre de bataille. Je commençais par faire avancer quelques pas vers les troupes, qui se trouvaient les plus près de nous, après quoi on tacha de gagner les marais et de les passer au plus vite. Les bataillons et les escadrons tachèrent de nous renverser en faisant ce chemin-là et quoiqu'on eut abandonné les chevaux de frise ils ne nous pûrent jamais perçer, et on s'éloigna de tems en tems et assez pour passer ce premier marais; dès qu'on fut de l'autre côté tout fut en confusion. On nous vint charger de nouveau tandis que les autres nous suivirent par le marais. Je conduisis tout d'abord moi-même un bataillon, pour s'opposer à celui qui venait droit à nous et de donner le tems aux autres de se mettre en ordre; mais ce bataillon fut furieusement chargé et enveloppé, de sorte que je me trouvais coupé et comme je tachais de sauver ce qui était entouré dans un bois voisin, tout le monde s'est uni pour les environner, ce qui donna le tems au reste de l'infanterie, qui ne fut plus inquiètée, de se jeter dans le marais et de se sauver par hazard. Le régiment de Steinau seul, je ne sais par quel accident, s'est laissé prendre prisonnier. Mais avec tout cela nous ne perdons pas deux milles hommes dont il n'y a pas quatre cents de morts. Le reste a été fait prisonnier, resté dans les marais, ou déserté. C'est avec la cavallerie de même, dont une bonne partie est allée en Silésie et même en Saxe. Le reste je le diffère jusqu'à que j'ai l'honneur de Vous parler et je Vous dirai alors que plusieurs bataillons et escadrons auraient fort mal passé leur tems, si j'avais eu des troupes plus maniables et en ordre de profiter des plus belles occasions du monde, par où on voit clairement combien les Souverains risquent quand leurs troupes ne sont pas mises sur un pied de perfection. Le moindre accident les renverse, joint que la valeur de tant de gens est fort sujette à caution, au lieu qu'une armée savante dans son métier entre les mains d'un habile homme peut hazarder beaucoup de choses et se retirer bien souvent et heureusement des affaires du monde les plus facheuses.

Avant que de me retirer j'avais prié quelques escadrons de venir me joindre et de m'assister pour renverser les troupes, qui étaient à portée et pour favoriser ma retraite; mais on ne voulut pas se retirer au petit pas avec la pauvre infanterie. Je ne Vous dirai rien de ce que nous allons devenir, quoique je pourrais Vous en donner un détail assez juste. Je donne mes sentiments par écrit et je fais des voeux pour la prospérité de notre cause, que je voudrais soutenir au prix de mon sang. J'ai perdu tout mon équipage et par conséquent plus de dix mille écus que j'oublierais de bon coeur, si j'avais conservé mes manuscrits et mes ouvrages qui m'ont couté beaucoup d'argent et des peines infinies pendant tant d'années. Vous jugerez façilement en quel état que je me trouve dans un pays comme celui-çi, où l'on ne retrouve rien pour faire le moindre équipage. Cependant les affaires du Roi mon maître me tiennent à coeur d'une manière, que j'oublie facilement tout ce qui me regarde. J'avais commençé à faire faire quelques rétranchemens et on les aurait achevé demain, mais on les fit cesser hièr à midi. Je suis sûr que si on les avait achevés comme je les avais projété selon le terrain d'içi, qui est fort difficile, on ne nous en aurait délogé qu'à bonnes enseignes.

Les marches et mouvements des deux armées Vous expliqueront le reste. Il est pourtant constant que nous aurions mieux faits d'être resté à la tête près de notre camp, on aurait eu plus de tems de bien disposer nos affaires, de fortifier l'aile droite et les endroits les plus attaquables des meilleurs trouppes, en y postant de l'infanterie, et les ennemis auraient été obligés de nous attaquer avec beaucoup de désavantage, au lieu de cela nous quittons notre avantage, passons un marais et nous mettons laissant celui-çi derrière nous, contre un autre; ajouté à cela que notre aile droite attaqua d'abord et que l'on exposa l'armée polonaise dès le commencement du combat, au lieu qu'il aurait fallu l'employer dans le moment que l'affaire ne parut plus balançée. L'aile droite fut d'abord renversée et les Polonois s'en allèrent sans qu'on les vit jamais reparaître, ce qui n'épouvanta pas peu l'armée, et sur tout notre aile droite qui était tout contre eux, et qui se crût trahie, après quoi l'aile droite de l'infanterie se trouva tout à fait à découvert çe qui m'obligea de faire faire un mouvement à toute l'infanterie et de la mettre en potençe en l'appuyant aux deux marais entre lesquels elle se trouva. L'aile droite de l'ennemi avait suivi la gauche et s'était posté comme Vous voyez marqué; il se trouva encore en mouvement lorsqu'il fut joint par notre aile gauche qui n'attaqua qu'une heure après que notre aile droite fut chassée, elle ne fut pas plus heureuse, et je puis dire, que, quand je vis tourner nos gens en arrière, je me trouvais plus embarassé que personne au monde. Je n'avais pas encore fait tirer un coup, j'envoyais de tout côté pour voir ce qui se fit de part et d'autre et je n'appris que des tristes nouvelles. Le Roi, mon maître, se trouvant par tout, me fit dire de me retirer avec l'infanterie, ce qui était très-difficile à exécüter à cause que plusieurs bataillons et escadrons des dragons s'etaient rangés devant nous, en attendant què quelqu'autres se postaient de tout côté à notre passage. J'ai oublié de Vous dire que Mrs. les Suedois s'étaient tous mis dans un coin de terre, où on les aurait abimés, si les deux ailes conjoinctement avec l'infanterie les auraient attaqués en même tems, outre que nous avions plus de quarante pièçes.

Du camp de Sendomir, ce 24. Août 1702.

Seconde lettre.

Je me suis donné l'honneur de Vous écrire de Cracovie et de Vous mander en même tems ce qui s'est passé à la bataille de Pintschoff que l'on aurait gagné, si l'on s'était pris comme il fallait, mais Vous savez que dans ces sortes de rencontres, comme dans toutes les affaires de conséquençe, il faut de la supériorité d'esprit et une seule personne, âfin qu'elle voie à un instant, tout ce qu'il y a à faire, ou il faut d'un esprit docile, sans jalousie et sans vanité, pour écouter les avis des autres et en profiter, si l'un et l'autre marque, que l'on traite les affaires avec la dernière négligence, qu'il n'y a point de subordination, et que souvent l'ignorançe s'y joint, on ne saurait jamais réussir et on est bien malheureux de se trouver dans ces occasions de conséquençe avec des gens qui s'acquittent si mal de leur dévoir, et qui sont si peu jaloux de leur réputation. J'ai été surpris par la prétendue alliançe avec les Hollandois et les Anglois étant comme assuré de la paix en Pologne, de sorte que j'aurois commandé l'infanterie, que l'on voulait envoyer d'içi en Hollande; la mort du feu Roi d'Angleterre est cause de tout cela, par où je perds en pauvre particulier autant qu'un autre. Je Vous dirai donc qu'il n'aurait pas fallù démeurer ni prendre le camp de Klischova. J'ai pris la liberté de le dire au Roi en arrivant avec l'infanterie, que notre forçe consistait dans la cavallerie, qu'on était trop serré içi pour s'en servir, outre que l'on ne pouvait pas ni avançer ni se retirer de ce camp, que l'on avait pris le jour auparavant. Avec la cavallerie seule on est resté trois jours dans ce camp, au lieu qu'il fallait attaquer les Suedois, dès que notre infanterie était arrivé, on l'a dit et répété depuis Cracovie jusqu'après la bataille.

J'ai connû le terrein entre les deux armées comme ma main. Il y a toujours eu quatre parties d'Infanterie de cachées entre les deux armées et il ne se sont retirés, que dans le tems que les Suedois se sont avançés. Il aurait fallù des parties de cavallerie et des gardes même, pour observer le mouvement de l'ennemi. On n'a pas sû que le sécours, que le Général Mörner conduisit, était si prés, moins qu'il avait joint; que dans le tems que les ennemis s'avançaient. Si on les avait attaqués avant cette jonction, ils auraient été obligé de combattre avec des forçes fort inférieures et de réculer. On a sû tout cela, cependant on l'a négligé. On ne s'attendait d'être attaqué, même bien loin de là, par où on n'était pas peu surpris et même un peu en confusion. Il fallait donc gagner du tems, se tenir à la tête du camp et profiter des avantages que le terrein nous fournissait. C'était une hauteur au centre, d'où notre artillerie aurait pû faire merveille, au pied de laquelle regnait un marais et un petit bois, que l'on aurait pû défendre avec très peu d'infantèrie, étant très-difficile et presque impossible de passer par là et l'on aurait pû se servir du reste de l'infanterie, pour soutenir notre aile droite, qui pouvait être attaqué uniquement; en restant à la tête du camp l'aile gauche étant couverte d'un marais et le flanc d'un bois, que les ennemis crûrent impraticable, mais au lieu de cela nous abandonnons tous ces avantages, de sorte que l'on mit la plûpart des troupes entre deux marais, les ennemis nous voyant aller à eux en furent embarrassés et même beaucoup. Leur mouvement le fit assez connaître et ils se rangèrent en bataille avec précipitation. C'était le moment dont il fallait profiter et les attaqer en front avec toute la ligne, mais on s'arrêta tout court, je ne sais par quelle fatalité. Les ennemis changèrent d'abord de disposition et allèrent tant qu'ils purent pour attaquer notre aile droite, ce qu'il n'aurait pû effectuer, si notre aile gauche les eut joint et suivi de près; mais notre aile droite a été chassée, il y avait près d'une heure. Quand celle-çi attaqua l'aile droite des ennemis, et pendant tout ce tems-là, l'artillerie et l'infanterie resta dans l'inaction, notre aile droite s'était raillé derrière un bois, si elle était revenûe, elle aurait pû redresser toute l'affaire, car les ennemis s'étaient jétés sur le bagage et c'est ce qui causa, que nos troupes se sont retirés heureusement et avec peu de perte. Bref nous avons fait tout ce que nous avons pû pour nous perdre, Mrs. les Suedois n'en ont profité qu' à moitié, et ils ont courû risque après avoir chassé notre aile droite, de perdre la bataille. Si notre aile droite était retourné à la charge, ou si après la disgraçe de notre aile droite, celle de notre gauche s'était joint avec notre infanterie, on aurait façilement ruiné l'aile droite des ennemis et ensuite la plûpart de leur infanterie. Je me souviens d'avoir lû et vû qu'on a perdû des batailles, à cause que ceux qui commandaient une aile, ou le corps de bataille, voulaient avoir seuls la gloire du gain de l'action. On a fait encore une faute très-grande, d'avoir mis l'armée polonaise à être insultée la première. C'est un metier terrible que celui de la guerre, ce qui fait trembler aussi souvent que l'on y pense. Cependant la plûpart des gens le font en badinant, mais aussi on en voit arriver de bons effets. Les Souverains comment peuvent-ils être en repos, sachant leurs armées entre les mains des gens fort médiocres. Mrs. les Suedois ne sont pas si méchants, comme on s'imagine; peut-être leur infanterie a fait en cette action de fort mauvaises manoeuvres, leurs bataillons faisaient des décharges entières, par où ils ne blessaient que dix à douze hommes. Ils étaient six et quatre de hauteurs, leurs files trop ouverts et pas un officier à cheval, leurs piquets étaient mêlés et ce que j'ai remarqué de mieux chez eux, c'était, qu'ils marchaient avec un très-grand silence. Jamais je n'ai vu une action, où il y aie eut moins de danger que dans celle-çi.

Beilage V.b.

Relation d'un officier Suedois au sujet de la bataille de Pintschoff, donnée le 19. Juillet 1702.

Le 17. nous arrivâmes avec notre armée à Obersch, où nous apprîmes que l'ennemi se tenait à Pintschoff 3. lieues de nous. Le 18. au matin un parti ennemi de 200 chevaux, Saxons et deux cents Polonois, qui fut envoyé pour prendre des prisonniers et pour reconnaitre notre camp, tomba sur un des nôtres de 80 chevaux, qui n'était qu'un quart d'heure *éloigné* de nous, un petit bois entre deux. Le Roi et toute la Cour y accourût au bruit des décharges et vint assez à tems pour être témoin de la bravoure de nos gens et de la fuite de l'ennemi, qui laissa plusieurs morts et prisonniers sans en prendre. Ces derniers nous apprirent, que l'armée ennemie était campée à une lieue de nous,. que celle du Pce. Lubomirsky la devait joindre le même jour, et que si nous ne serions pas attaqué encore cet après-midi, nous le serions du moins le lendemain matin. Le Roi de Pologne l'ayant fermement resolu et prit la résolution d'aller au devant de nous. Cependant nous ne vimes plus rien tout ce jour-là de l'ennemi, mais le Général Mörner nous joignit le même soir avec ses troupes, qu'il avait ménés par la Lithûanie et qui pouvait faire 6000 combattans. Le 19. de grand matin on vint nous dire que les ennemis marchaignt vers nous. Nous fimes aussitôt sortir l'armée du camp et elle fut rangée en bataille, le front contre un petit bois environ de 600 pas de largeur, par où l'ennemi était obligé de venir. Une heure après on vint dire, que l'ennemi était encore assez éloigné pour qu'il nous restat le tems d'occuper la plaine de l'autre côté du bois. Les ordres en furent aussitôt donnés et l'armée passa rangée en bataille et se posta dans la plaine au delà du bois attendant l'ennemi. Pendant ce tems-là l'on envoya des officiers à connaitre la marche de l'ennemi âfin d'en avoir des nouvelles plus authentiques. Ils revinrent disant: que l'armée ennemie était tranquille dans son camp. Aussitôt notre Roi prit la résolution d'aller à lui et de l'attaquer. La difficulté était de savoir par où; n'ayant aucune connaissançe ni de la situation de leur camp, ni du terrain. La plaine dans laquelle nous étions était une plaine élevée, converte à gauche d'un bois épais, comme aûssi devant nous, à la droite elle entrait dans le pays à perte de vue. Le bois, qui était devant nous et qui faisait une espèçe de colline, tirait sur la droite, mais elle se perdait petit à petit et finissait vis-à-vis de notre aile droite. Le Roi et les Généraux coururent au dos de la colline, où ils découvrirent de l'autre côté le camp des ennemis dans un fond, l'aile gauche était couverte de marais plein de broussailles et avait devant elle des prairies, qui nous parûrent marécageuses et de difficile passage; celles qui couvraient le corps d'armée paraissent l'être moins, mais l'étaient davantage, comme nous en fimes une expérience assez facheuse. Le corps d'armée tirait sur un champ labouré et fort élévé, où leur artillerie était planté, de sorte qu'elle commandait les dites prairies et la pente de la colline qui était devant leur camp jusqu'au bois laquelle était impossible de passer. Leur aile droite tirait toujours sur la hauteur et l'occupait jusqu'au bois dont il était couvert lequel bois et laquelle hauteur était enchainé avec celle sur laquelle notre armée était rangée. Après quelques reflexions sur cette situation le Roi fit avançer son aile droite jusqu'au bout de la colline, qui était devant nous et le Duc mon maître la passa un peu plus haut, où le bois finissait avec l'aile gauche qu'il commandait. L'aile droite s'arrêta au premier endroit pendant que l'aile gauche se tirait en deux lignes dévant le camp ennemi et dévant leur artillerie vers son aile droite et vers la hauteur, pour faire autant de front que l'ennemi. Comme nous étions beaucoup inférieurs en troupes à l'ennemi, ainsi il était impossible de faire autant de front que lui, mais le Roi jugeant les prairies entre son aile droite et l'ennemi impraticables, se crût en sûreté de ce côté-là, ce qui fit qu'il pressa la marche de l'aile gauche et qu'il y envoya la plupart de son infanterie. L'ennemi qui en attendant s'était rangé en ordre de bataille, eut la bonté de nous laisser gagner le front et la hauteur qu'il occupoit et ne nous attaqua qu'après que nous nous étions entièrement rangé. Alors toute la cavallerie polonaise tomba sur nous avec beaucoup d'impétuosité, mais le feu de l'infanterie, dont nos escadrons étaient garnis y mit d'abord le désordre dont la nôtre profita si bien qu'elle la mit bientôt en fuite dans une deroute entière. La cavallerie saxonne ne se soutint pas longtems non plus, et toute l'aile droite de l'ennemi fut poussée dans un instant et même tambour battant. Pendant ces entrefaits notre aile droite avait toujours suivi notre aile gauche pour maintenir la continuité avec elle, ce qui fit apparemment prendre la résolution à M. de Steinau, qui commandait l'aile gauche de l'ennemi de passer les prairies marécageuses, avec sa cavallerie par des passages qui nous étaient inconnus, âfin de prendre notre aile droite en flanc et à dos. Il était effectivement impossible de prevenir cet accident, puisque notre aile gauche avança trop dans la poursuite de l'ennemi, les trabants et le régiment du corps de cavallerie, qui était sur la droite se virent tout d'un coup entouré de toute la cavallerie de l'aile droite de l'ennemi. En attendant trois bataillons du régt. des Gardes attaquèrent toute l'infanterie saxonne, qui avait des chevaux de frise dévant elle et faisait le corps de son armée. Le feu fut grand et l'attaque rude, néanmoins les nôtres emportèrent les chevaux de frise, et en même tems les deux ailes de l'ennemi ayant pôussé en avant, les nôtres prirent à dos tous ces régiments d'infantérie, de sorte que la plupart fut taillé en pièçes et tout le régiment de Steinau fut prisonnier de guerre. Par surcroit de malheur pour l'ennemi il y avait un très-grand marais couvert de broussailles derrière son corps d'armée, qui passait le bout de son aile gauche et ses équipages ne prirent pas plutot le parti de s'en aller, que lorsque les deux ailes furent pliés, de sorte ne pouvant tirer de côté, il était obligé de prendre le chemin le plus droit, qui donnait dans les marais impraticables. Voilà ce qui est cause que toute leur artillerie, munition, équipages, vaisselles du Roi, garde-robe, chancellerie est demeurée en arrière.

Mais nous n'avons pû profiter entièrement de tout cela, puisque la peur a fait entrer bien des chariots si avant dans le marais, qu'il n'a pas été possible d'approcher le même soir et pendant la nuit les paysans se sont jétés dessus et ont pillés beaucoup. Cependant le butin que nous avons encore eu, fait une richesse immense et il est si grand, que l'armée n'a d'autre embarras que de savoir comment l'emporter, car tous les chevaux qui étaient aux équipages sont crevés dans les marais, sans avoir pû être sauvés; preuve de cela que le lendemain bien des officiers saxons sont venus à notre camp se rendre prisonniers, puisqu'il n'a pas été possible de passer à pied le dit marais.

Nous avions grand bésoin d'une victoire si complette, puisque nous n'avions point d'artillerie; mais à présent nous en avons aboudamment; ayant pris 46 pièçes de fonte; Elle nous incommoda beaucoup, cependant le Duc mon maitre [1]) après l'avoir passé heureusement, ne put pas échapper à un petit fauconneau, que les Polonais avaient planté derrière la cavallerie. Voilà ce que c'est que la fatalité.

---

1) Dies war Friedrich IV., Herzog v. Hollstein-Gottorp, n. 1671, Gemahl der ältesten Schwester König Carls XII.

Sechster Abschnitt.

1702—1704.

König August giebt ein Truppen-Corps durch den Allianz-Tractat vom 16. Jan. 1702 in Sold des kaiserlichen Hofes. — Schulenburg erhält den Befehl darüber. — Geht im December 1702 nach Böhmen. — Marschirt nach Passau. — Gefecht bei Eisenbirn. — Marschirt durch die Oberpfalz nach Nördlingen zur Reichsarmee, welche der F. M. Graf Styrum befehligt. — Feldzug in Schwaben an der Donau. — Schulenburgs Urtheil über die Gefahr der Trennung der Heere des F. M. Styrum und des Markgrafen Ludwig von Baden. — Briefe Schulenburgs an den Prinz Eugen von Savoyen. — Schlacht bei Höchstedt. — Schulenburg wirft den General-Lieutenant d'Usson zurück, und deckt glorreich den Rückzug. — Bericht an den Prinz Eugen über diese Schlacht. — Schulenburg marschirt nach Ravensburg. — Bezieht Winterquartiere zwischen der Iller und der obern Donau. — Erhält den gemessenen Befehl des Königs, nach Sachsen mit dem Truppen-Corps zurückzukehren. — Führt im April 1704 den Rückmarsch gegen den Willen des Oberfeldherrn, Markgrafen Ludwig von Baden, aus. — Trifft in Dresden ein.

Zur Uebersicht des Feldzugs von 1703 in Schwaben vergl.: Carte topogr. de l'ancienne Suabe commencée par les soins du Général Moreau, Paris 1818. en 20 feuilles, das Blatt, welches Nr. V. 29. Augsburg bezeichnet ist.

1702 König August hatte sich durch einen Offensiv- und Defensiv-Allianztractat, welcher unter dem 16. Januar abgeschlossen worden war, und einen hinzugefügten Neben-Receß vom 23. Januar verbindlich gemacht, dem kaiserlichen Hof ein Hülfs-Corps zu überlassen.

Der Abschluß dieser Verbindungen fiel in denselben Zeitpunkt, wo Polen mit einem Einfall von Carl XII. bedroht ward und in welchem der König versuchte, durch die Sendung der Gräfin Aurora v. Königsmark in das Hauptquartier des Königs von Schweden jenen abzuwenden, und späterhin mit demselben Auftrag den Kammerherrn Friedrich v. Vitzthum dahin absandte.

Erinnert man sich, daß zehn Monate früher der Tractat 1702
von Birsen die politischen Verhältnisse zwischen dem König und dem Czar noch enger geknüpft, und darin die ernstliche Verabredung genommen worden war, gemeinschaftlich Schweden seine nördlich von Litthauen gelegenen Provinzen zu entreißen, so fragt man sich, wie es möglich gewesen, daß das sächsische Cabinet in so kurzer Zeit Verbindungen eingegangen und Versuche gemacht habe, welche mit einander in so starkem Widerspruch zu stehen scheinen?

Man vermag nur Muthmaßungen über die Beweggründe aufzustellen, welche den König August vermocht haben können, durch den Allianz-Tractat mit dem kaiserlichen Hof das Versprechen einzugehen, 8000 Mann Truppen demselben Ende März zu überlassen, zu einer Zeit, wo er selbst bedroht wurde aus der Hauptstadt seines Königreichs Polen vertrieben zu werden.

Wir bringen in einer besondern Beilage (s. Beil. VI.) einen Auszug sowohl des Haupt-Tractats selbst, als des Neben-Recesses bei, welcher, so viel wir glauben, bis jetzt noch ungedruckt ist. Dem aufmerksamen Leser wird nicht entgehen, daß in beiden Aktenstücken die gegenseitigen Vortheile des kaiserlichen und sächsischen Hofs auf folgende Bedingungen gegründet waren:

Der Kaiser gewann Sachsens Beitritt zur sogenannten großen Allianz, zu Gunsten der österreichschen Succession in der spanischen Monarchie errichtet. Es versprach, der Erklärung eines Reichskriegs gegen Frankreich beizustimmen, der Errichtung der neunten Churwürde nicht entgegen zu sein, und Böhmen in das Chur-Collegium wieder aufnehmen zu lassen; überdem 8000 Mann als Subsidien-Corps dem Kaiser zu überlassen.

Diese Allianz wurde auf zehn Jahre abgeschlossen, und Sachsen machte sich verbindlich, im Fall die kaiserlichen Erbstaaten angegriffen würden, mit 4000 Mann außer dem Subsidien-Corps dem Kaiser zu Hülfe zu kommen.

Dagegen bewilligte der Kaiser an Sachsen jährlich 200,000 Thaler Subsidien für das überlassene Hülfs-Corps, versprach seine bona officia bei England und Holland einzulegen, damit diese noch 12,000 Mann sächsischer Truppen in Sub-

8*

1702 ſtdien übernehmen möchten; der Kaiſer machte ſich für ſich und im Namen ſeiner Alliirten zu verwenden verbindlich, damit ein Frieden zwiſchen dem König Auguſt und der Krone Schwedens, mit-Einſchließung des Czars, zu Stande gebracht werden möge; im Fall Sachſen feindlich angegriffen werden ſollte, verſprach der kaiſerliche Hof 8000 Mann Hülfstruppen. In zwei geheimen Artikeln wurde beſtimmt, daß, obgleich das Königreich Polen in dieſer Allianz nicht begriffen ſei, der Kaiſer jedoch der Perſon des Königs wegen, im Fall derſelbe angegriffen oder wider ihn innerliche Unruhen angeſponnen würden, er die tractatenmäßige Hülfe zur Sicherheit des Königs Perſon und Rechte leiſten wolle; dadurch wurde die Allianz auch auf die Rebellen ausgedehnt; Sachſen verſprach diejenigen, die ſich aus Ungarn nach Polen flüchten könnten, möglichſt auszuliefern.

Nordbergs Geſchichte Königs Carls XII. giebt uns im 1ſten Theil S. 312—317. mehrere intereſſante Angaben über die Sendung des Kammerherrn Vitzthum in das Hauptquartier Carls XII. Die Merkwürdigſte iſt deſſen lateiniſche Inſtruction vom 6. Januar 1702, welche wahrſcheinlich ſchwediſcher Seits durch den Druck bekannt gemacht worden iſt, indem man, wie wir oben geſehen haben, den Unterhändler ſelbſt feſtgenommen und ſich ſeiner Papiere bemächtigt hatte. Der Hauptzweck dieſer Inſtruction war nur dahin gerichtet, den König von Schweden zu ergründen, ob er geneigt ſei, einen Frieden abzuſchließen, ohne ſich auf weitere Unterhandlungen vor der Hand einzulaſſen, indem ausdrücklich ausgeſprochen wurde: „Vitzthum ſolle auf alle Fragen dermaßen antworten, daß der König, ſein Herr, dadurch nicht gebunden ſei; über die ſpaniſche Succeſſionsfrage aber ſolle er äußern, daß der König Auguſt keinen Entſchluß hierüber nehmen könne, bis daß die Händel mit dem König von Schweden beigelegt wären.“

Wenn wir nun die Tendenz, welche in jenen Tractaten und in dieſer Inſtruction vorherrſcht, vergleichen, ſo iſt es erlaubt zu muthmaßen, daß, als der König die erſteren abſchloß, er in der Ueberzeugung ſtand, es werde ihm gelingen,

entweder direkt mit dem König von Schweden Frieden zu 1702
machen, oder durch die in dem Art. 6. des Vertrags vom 16. Januar zugesagte Intervention des kaiserlichen Hofes und der Seemächte solchen zu erlangen; jedenfalls glaubte er sich aber bei dem möglichen Einfall in seine Erblande durch die Zusage kaiserlicher Hülfe gesichert, welche durch den ersten geheimen Artikel auch auf das Königreich Polen ausgedehnt worden war. In wieweit diese politische Combination richtig war, lassen wir dahin gestellt sein, der Erfolg hat sie leider nicht gerechtfertigt; jedenfalls scheint es uns aber die einzige mögliche Erklärung, welche man diesen fast gleichzeitigen Verhandlungen unterlegen kann. Als der König von Schweden sich durch die Anträge des Kammerherrn von Vitzthum nicht aufhalten ließ, sondern in einem fort bis Warschau vorrückte, so konnte freilich das zum 31. März zum Abmarsch bestimmte Corps nicht aufbrechen; demohnerachtet hatten die ungünstigen Ereignisse des Feldzugs von 1702 in Polen auf diese Entschließung keinen Einfluß, und kaum war dieser beendigt und hatten die beiderseitigen Heere die Stellungen bezogen, die wir oben angegeben haben, so wurde jenes Truppen-Corps von Sachsen aus in Bewegung gesetzt.

Zum Befehlshaber der in kaiserlichen Dienst überlassenen 8000 Mann war der General der Infanterie von Röbel ernannt worden. Da aber der kaiserliche Hof gegen diese Wahl deshalb Vorstellungen machen lies, weil diese militärische Würde im Wege stände, das sächsische Corps in die kaiserliche Armee einzustellen, und er anstatt dessen einen Generallieutenant wünschte, so wurde Schulenburg zum Befehlshaber dieser Truppen gewählt[1]).

---

1) Schulenburg selbst giebt noch eine Ursache an, weshalb der kaiserliche Hof statt eines Generals der Infanterie, mit welcher Würde Röbel bekleidet war, einen Generallieutenant als Commandant des Corps wünschte.

Graf Schlick nämlich, selbst nur Generallieutenant, sollte das Corps befehligen, und war als Schwager des Grafen v. Wratislaw, eines einflußreichen Staatsministers, dazu vorzugsweise bestimmt; des-

1702 Der Generallieutenant Schulenburg erhielt unter seine Befehle die zwei General-Majore v. Plötz und Westromirsky, sechs Infanterie- und vier Reuter-Regimenter. Die Namen dieser Regimenter haben heutigen Tages kein Interesse mehr; nur für die wenigen sächsischen Zeitgenossen, welche vor der Umschmelzung, welche die sächsische Armee 1810 erfuhr, diese gekannt haben, kann es von einigem Interesse seyn, daß: Königinn — im J. 1810 Low, Churprinz — Niesemeuschell, und Beichlingen (oder Wackerbarth) — Prinz Maximilian hießen, und Churprinz Cuiraßier 1806 den Namen Churfürst führte [1]).

Das sächsische Truppen-Corps war schon unter den Befehlen des Generals v. Röbel in Böhmen eingerückt, als Schulenburg abgeschickt wurde, diesen im Oberbefehl abzulösen.

Unter den Materialien, welche uns zu Gebote stehen, finden wir das Bruchstück eines Journals des Generals Schulenburg, aus welchem wir ersehen, daß er am 3. Decbr. Stiblau verließ, und am 14. in Prag ankam, und von da über Pilsen nach Tabor, um den General Röbel, der sich bei den in dortiger Gegend liegenden sächsischen Truppen befand, aufzusuchen. Indeß hatte dieser, wahrscheinlich aus Verdruß, das Corps verlassen, ohne seinem Nachfolger im Commando weder schriftliche noch mündliche Mittheilungen, noch die ihm aus Thorn ertheilte königliche Instruction zu hinterlassen.

Jenes Fragment berichtet, daß das Truppen-Corps am 1. Novbr. 1702 in kaiserliche Verpflegung übernommen wurde, und ihm die Winterquartiere in österreichschen Staaten angewiesen wurden. Unter dem 28. Novbr. erhielt Schulenburg einen Neben-Instructions-Punkt, in welchem ihm ausdrücklich anbefohlen wurde: „auf die Nothdurft und Angelegenheiten derer sächsischen Landen ein wachsames Auge zu haben,

---

halb konnte der sächsische Befehlshaber kein General der Infanterie, sondern mußte ein jüngerer Generallieutenant als Graf Schlick seyn.

1) Der Stamm des 1810 den Namen des Königs führenden Infanterie-Regiments war das 1706 vier Bataillons starke Garde-Regiment.

und daß er, wenn selbigen eine feindliche Annäherung züste- 1702
hen sollte, dahin bedacht seyn solle, daß das Corps so wenig als möglich von den sächsischen Grenzen entfernt werde, damit es im Nothfall sich füglicher dahin geschwinder zurückziehen könne. Auch solle sich selbiges nur im Reich und an dem Rhein, keineswegs aber in Italien gebrauchen lassen."

Diese Vorschrift war mit großem Bedacht ertheilt worden, und fast wäre das Jahr darauf Schulenburg in große Verantwortung gekommen, weil er Winterquartiere in allzu großer Entfernung von den chursächsischen Staaten annahm.

Die sächsischen Quartiere in Böhmen befanden sich in dem westlichen Theil dieses Königreichs, und Schulenburg nahm sein Hauptquartier am 26. Decbr. in Pisek.

Indeß veranlaßte der Umstand, daß der Sold der sächsi- 1703
schen Truppen Verzögerung erlitt, Schulenburg Anfangs Februar nach Wien zu reisen, um diese Angelegenheit dort zu betreiben; unterwegs jedoch wurde er von der Nachricht erreicht, daß 120,000 fl. in Prag zur Zahlung bereit lägen. Nach deren Vertheilung fand der Aufbruch des Corps am 17. Februar nach Linz und von da an die baiersche Grenze statt; am 1. März wurde die kaiserliche Armee unter den Oberbefehl des Grafen Schlick bei Riethau zusammengezogen, von wo sie über die baiersche Grenze ging und am 9. desselben Monats bei Passau eintraf[1]).

Indessen hatte der Churfürst von Baiern, derselbe kriegerische Fürst, dessen erste Feldzüge in Ungarn gegen die Türken wir erwähnt haben, der späterhin so wesentlichen Antheil an der Eroberung von Mainz nahm und der nachher

1) Leopold Adolph Joseph Graf v. Schlick stammte aus einem alten böhmischen, noch gegenwärtig blühenden, Geschlecht; er diente als Oberst und General-Major gegen die Türken, und war Bevollmächtigter beim Friedens-Congreß zu Carlowitz. 1703 commandirte er ein Corps gegen die Baiern; späterhin war er Vice-Präsident des Hof-Kriegs-Raths. 1712 wurde er Ritter des goldnen Vließes und Feldmarschall. Er starb 1723 als oberster Kanzler von Böhmen; seine zweite Gemahlin war eine Gräfin v. Wratislaw, Schwester des damaligen obersten Kanzlers.

1703 unter dem König von England nicht ohne Ruhm gegen die Franzosen in den Niederlanden gefochten hatte, sich bewogen gefunden, mit Ludwig XIV. sich zu verbinden.

Der Churfürst stand seit Anfang des Jahres bei Ulm in Schwaben. Als aber die Kaiserlichen sich den baierschen Grenzen näherten, begab er sich nach München und entschloß sich, das Armeecorps des Grafen Schlick anzugreifen. Er zog daher zwölf Bataillone und etliche zwanzig Schwadronen zusammen, und ging damit bei Braunau auf das rechte Inn-Ufer; von da marschirte er am 10. März nach Schärding.

Indeß hatte der österreichsche Heerführer eine offensive Bewegung längs dem linken Donauufer beabsichtigt und Neuburg am Inn angreifen wollen. Der Plan war, die General-Majors Solari und Plötz nebst zwei kaiserlichen Cavallerie-Regimentern auf dem rechten Ufer bei Eisenbirn, einem zwischen Passau und Scharding gelegenen Dorfe, als Nachhut zurückzulassen. Im Widerspruch mit dieser Disposition war General Solari mit seiner Brigade abmarschirt und durch Passau aufs linke Inn-Ufer übergegangen. Der General-Major Plötz hatte mit sechs Bataillonen denselben Weg eingeschlagen, und nur Schulenburgs Vorsicht ließ ihm, weil er Nachrichten hatte, daß der Churfürst von Baiern auf dem rechten Inn-Ufer bei Schärding stehe, zur Unterstützung zwei Cavallerie-Regimenter, nämlich die Schlickschen Dragoner und jung-Hannöverschen Cuiraßiere, zurück. Diese wurden auch am 11. März früh um 7 Uhr mit Uebermacht bei Eisenbirn angegriffen und zerstreut. Zu ihrer Hülfe rückte der General-Major Plötz mit 6 Bataillonen vor, und setzte sich auf eine Höhe, den linken Flügel an das Dorf Eisenbirn, den rechten an einen Wald gelehnt.

In dieser Stellung langten der General Graf Schlick und der Generallieutenant Schulenburg bei dieser Abtheilung an; alle Vorstellungen des Letztern konnten jedoch jenen nicht bestimmen, die Infanterie, die in Passau stand, zur Unterstützung vorrücken zu lassen; Graf Schlick zog nur so viel Reuterei als möglich an sich.

Ein Thal trennte die Baiern von den vereinigten Sachsen und Oesterreichern, und der Churfürst hätte sich mit dem ersten Vortheile begnügt, wenn er nicht durch einen Bauer unterrichtet worden wäre, daß etliche Hundert Wagen vom Fuhrwesen mit Brod und der Bagage, die aus Oesterreich kamen, den Rückzug nach Passau versperrten. Hierauf entschloß sich der Churfürst, den F. M. Graf Arco rechts abmarschiren und die ihm gegenüber stehenden Truppen nochmals angreifen zu lassen. Auf die Vorstellung des Grafen Arco rückte der Churfürst ihm zur Unterstützung nach, griff das im Rückzug unter dem General-Major v. Plötz begriffene Corps an, sprengte es zum Theil auseinander, nahm die fünf Stück Geschütz und den General-Major v. Plötz und Obersten Wiedemann gefangen. 1703

Nach diesem Vortheile zog sich der Churfürst am 12. März nach Scharding zurück. Der als Beilage (s. Beil. VII.) nachfolgende Bericht giebt die nähern Umstände dieses Gefechts an.

Dessen nachtheiliger Ausgang verzögerte den Marsch des vereinigten Corps bis zum 25. März; es war zweifelhaft, welche Richtung dasselbe nach dem Uebergang auf das linke Inn-Ufer nehmen sollte. Graf Schlick war der Meinung, diesen Fluß aufwärts zu rücken und auf diese Weise Oesterreich zu decken; General Schulenburg schlug aber vor, die Donau aufwärts und auf Vilshofen zu marschiren, und so dem Churfürst von Baiern, welcher sogleich nach dem bei Eisenbirn erlangten Vortheil in die Oberpfalz abmarschirt war, um den F. M. Grafen v. Styrum in seinen Cantonnirungen anzugreifen, Besorgnisse für Regensburg zu geben. Diese Diversion gelang vollkommen; der Churfürst kehrte aus der Oberpfalz nach Baiern zurück, worauf auch Graf Schlick wieder nach Passau eine rückgängige Bewegung machte. Nachdem aber der Churfürst nach Schwaben aufgebrochen war, um sich mit der französischen Hülfsarmee, welche ihm der Mal. de Villars zuführte, zu vereinigen, so sandte Graf Schlick den General Schulenburg mit dem sächsischen Corps ab, um zu dem F. M. Styrum zu stoßen. Schulenburg marschirte aufs

1703 linke Donau-Ufer und erreichte den F. M. Styrum über Cham, Neukirchen und Fürth in seinem Lager bei Nördlingen.

Bevor wir Schulenburg und dem Heer des F. M. Styrum, dem das sächsische Corps zugetheilt wurde, in seinen Kriegs-Operationen weiter folgen, dürfte es nöthig seyn, eine kurze Darstellung von der Lage der Dinge in jenem Theil von Deutschland zu entwerfen.

Wir haben gesehen, daß ein Theil der österreichschen Armee bei Passau und dem untern Inn stehen geblieben war, um auf dieser Seite unter dem General Grafen Reventklau, der Graf Schlick im Commando gefolgt war, die österreichschen Erblande gegen einen Angriff von Seiten der Baiern zu schützen.

F. M. Graf Styrum befehligte eine aus 24 Bataillonen und 54 Schwadronen bestehende Armee, welche bei Nördlingen aufgestellt war[1]). Der Markgraf Ludwig von Baden, mit dem Titel eines kaiserlichen Generallieutenants, Oberbefehlshaber aller deutschen Streitkräfte, stand bei Stollhofen im Markgrafthum Baden, und glaubte in dieser Stellung der französischen Armee, welche bezweckte dem Churfürsten von Baiern in seinen eignen Staaten zu Hülfe zu kommen, ein weiteres Vorrücken in Schwaben verwehren zu können. Indeß fand der Mal. de Villars Mittel, durch die Thäler des Schwarzwaldes in Schwaben einzudringen, und gelangte mit seinem Heer durch das Thal der Kinzig über Hornberg vor Villingen. Diese Stadt, welche dazumal befestigt und von einer österreichschen Garnison besetzt war, mußte er in seinem Rücken lassen.

Von hier aus marschirte Villars nach Duttlingen, am rechten Ufer der Donau gelegen, und vereinigte sich daselbst am 12. May mit dem Churfürsten von Baiern. Das französische Heer zählte 47 Bataillone und 60 Schwadronen, das Baiersche 34 Bataillone und 45 Schwadronen. Die folgenden Monate vergingen in defensiven Bewegungen, welche der Mal. de Villars auf dem rechten Donau-Ufer zwischen diesem

---

1) In der Beilage VIII. findet sich die Ordre de bataille vom 26. May 1703.

Schlacht-[...]

der Kaiserlichen, wie auch Königl. Pohlnischen, [...]

den 26. Ma[...]

General-Feldmarschall Markgraf v. Bayreuth. General-Feldmarschall Graf v. Styrum.
General der Cavallerie Graf v. Gronsfeld.

Feld-Marschall-Lieutenants.
Herzog v. Würtemberg. Freih. v. d. Schulenburg. Freih. v. Erffa. Graf Palfy.

General-Feld-Wachtmeisters.
Marquis Cousani. v. Westromirsky. Gr. Horn. Prinz v. Bayreuth.

	Schwadr.	Bataillone	Nation[...]
Styrum Dragoner	2	—	
Schat. Dragoner	1	—	
Gronsfeld	2	—	
Zant	2	—	
K. P. Leibregiment	4	—	
Cousani		—	
Jordan	4	—	Sachs[...]
Grenadiere	—	1	
Königin	—	2	
Churprinz	—	2	
Beuchling (später Wackerbarth)	—	2	Sachs[...]
Westromirsky	—	2	
Scheublin	—	2	
Erffa	—	2	
Würtemberg	—	1	
Darmstadt	2	—	
Carabiniers	3	—	
Churprinz	4	—	Sachs[...]
Hannover	2	—	
Würtemberg	1	—	
Castelli	4	—	
	33	14	
	21	10	
Im Ganzen:	54	24	
	Schwadr.	Bataillone	

(Zu Seite 122.)

dnung

nkischen und Schwäbischen Regimenter

93.

		Schwadr.	Bataillone	Nationen.
Reserve. Feldmarschall-Lieutenant Graf v. Auffaß. General-Feld-Wachtmeister Freiherr v. Wald.	Husaren	2	—	
	Bayreuth	1	—	
	Auffaß	2	—	
	Mercy	3	—	
	Würtemberg	2	—	
	Thielau	—	2	Sachsen.
	Sacken	—	2	Sachsen.
	Reischach	—	2	
	Ober-Rheinisch	—	2	
	Wald	—	2	
	Bayreuth	3	—	Sachsen.
	Eichstedt	4	—	Sachsen.
	Auffaß	2	—	
	Husaren.	2	—	
An Geschütz		21	10	
3 kaiserliche / 9 fränkische	Kanonen.			

und dem Lech machte. Der Churfürst hatte indessen einen vergeblichen Versuch zu Eroberung von Tyrol unternommen, von welchem er im Monat August wieder in München eintraf und sich auf die dringendsten Bitten des Mal. de Villars Anfangs Septbr. wieder mit der französischen Armee vereinigte. 1703

Diese hatte sich indessen in einer höchst schwierigen Lage befunden. Der Markgraf von Baden hatte Ende Juny den Ober-Rhein verlassen, und sich am linken Donau-Ufer mit dem F. M. Styrum vereinigt; er erschien bei Langenau, nördlich von Ulm, und rückte bis an die Brenz vor. Es blieb dem französischen Feldherrn nichts übrig, als sich in eine Defensiv-Stellung zurückzuziehen; diese nahm er auf dem linken Donau-Ufer, indem er seinen rechten Flügel an Dillingen und seinen linken an Lauingen lehnte. Da zugleich Ulm und mehrere Uebergänge über die Donau sich in französischen Händen befanden, so war diese Stellung in jedwedem Bezug vortrefflich gewählt und setzte den französischen Feldherrn in Stand, sowohl sich rückwärts mit dem Churfürst von Baiern gegen den Lech zu in Verbindung zu setzen, als auch auf dem linken Donau-Ufer operiren zu können.

Hier erwartete Villars die Bewegungen der Deutschen, und da der Markgraf von Baden am 30. August bei Ehingen die Donau passirte, um gegen die Iller zu eine Bewegung zu machen, während der F. M. Styrum[1]) in dem Lager von Hauensheim, nur eine Stunde von der französischen Fronte, blieb, so beurtheilte schon Schulenburg damals die Trennung beider Heere als gefährlich. Er äußert sich darüber in einem Bericht an den König, wie folgt: „Es ist der Prinz Louis den 30. August bei Ehingen über die Donau ohne einigen Widerstandt paßiret, und weilen der Mal. de

1) Herrmann Otto, Graf von Styrum-Limburg, geboren (nach 1644), war schon 1685 General-Major in kaiserlichen Diensten, zeichnete sich 1684 bei der Belagerung von Ofen, 1685 im Treffen bei Gran, und 1691 bei der Schlacht von Salankemen aus; wurde 1699 Feldmarschall, und starb an seinen in der Schlacht am Schellenberg, den 8. July 1704, erhaltenen Wunden.

1703 Villars aus dem Lager bei Lauingen einige Détachemens zu Pferd und zu Fuß jen Ulm geschickt, auch der Feind längs der Iller bis gegen Memmingen, so acht Stunden von Ulm, ein retranchement soll verfertigt haben, hat sich bemeldeter General-Lieutenant mit seiner Armee gegen Memmingen gewendet, um allda die Iller zu paßiren, sich des Orts, so es nicht zu lange aufhält, zu bemächtigen, wodurch denn die Communication über den Schwarzwald nicht wenig unterbrochen, oder von dort die Operation ferner in Bayern fortzusetzen, etwa Gelegenheit geben wird, wobei aber zu befürchten, daß, weil jene Armee von hiesiger ziemlich entfernt, der Feind auch in wenig Stunden völlig über die Donau gehen, sich zusammen ziehen, und der General-Lieutenant mit einer starken Armee, ohne daß der F. M. Styrum das Geringste daran verhindern möchte, angegriffen werden könnte, weil er vorher die Brücke über die Donau schlagen und selbige paßiren müßte, wozu nicht wenig Zeit erfordert wird."

„Es hat zwar obbemeldeter General-Lieutenant vermeint, daß der Mal. de Villars bei Ulm mit denen sämmtlichen französischen Truppen paßiren, und vielleicht suchen würde, völlig gegen den Rhein sich wiederum zu ziehen, welches aber nicht zu vermuthen, indem der Churfürst von Bayern, von welchem, wie auch von dessen Truppen, wo sie itzo stehen, man itzo nichts vernimmt, abandonniret würde. Höchstnöthig wäre es, absonderlich da der Mal. de Villars von obenbemeldetes etwas vernehmen könnte, auch sein Lager, wie man sagt, auf die Hälfte kleiner zu machen gesinnt ist, daß der F. M. Styrum öfters Miene machte, denselben zu attaquiren, wie auch an zwei, drei bis vier Orten alles zu veranstalten, eine Brücke allda zu schlagen, um die Donau zu paßiren."

Man sieht aus diesem Schreiben, mit welcher Umsicht der General Schulenburg den wahren Stand der Sachen beurtheilte, und daß er das Ereigniß, welches sich kurz nachher zutrug, voraussah.

Indeß setzte der Markgraf Louis von Baden seine Operationen in der linken Flanke und im Rücken der französischen Armee fort; er ging oberhalb Ulm über die Donau, richtete seinen

Marsch auf die Iller und von da nach dem Lech, und nahm 1703 am 5. Septbr. Augsburg unter den Augen des Mál. de Villars und des Churfürsten von Baiern weg.

War die Stellung des Markgrafen deshalb gewagt, weil er ohne direkte Verbindung mit dem Heer des F. M. Styrum sich befand, und es dem Churfürsten und dem M. de Villars frei stand, sich vereinigt auf eins der beiden deutschen Heere zu werfen, welche durch die Donau getrennt waren, so war andrerseits die Lage der Baiern und Franzosen nicht minder mißlich, weil die Verbindung letzterer mit Frankreich gehindert und die Subsistenzmittel beider Armeen täglich schwieriger wurden.

Unter diesen Umständen machte der Maréchal de Villars, wie wir aus dessen Denkwürdigkeiten sehen, allerhand Entwürfe zu einem Angriff auf die kaiserlichen Erblande; sein Lieblingsgedanke war, daß der Churfürst mit der Hälfte der Gesammt-Kräfte über Passau nach Oesterreich marschiren und Wien bedrohen, während die andere Hälfte zur Deckung von Baiern zurückbleiben sollte; der Versuch scheint dermaßen gewagt, daß man ihn fast als abentheuerlich beurtheilen muß, auch konnte sich der Churfürst nie dazu entschließen. Indeß gab der F. M. Styrum von selbst Gelegenheit, daß es dem vereinigten baierschen und französischen Heere gelang, aus ihrer beengten Stellung zwischen dem Lech, der Donau und der Iller sich Luft zu machen.

Es geht aus den verhandenen handschriftlichen Materialien hervor, daß zwischen dem Oberbefehlshaber Markgraf Ludwig von Baden und dem F. M. Styrum wenig Einigkeit bestand. In einem Schreiben Schulenburgs an den Prinz Eugen von Savoyen, welcher sich dazumal als Hof-Kriegsraths-Präsident zu Wien befand, und welcher dem General-Lieutenant Schulenburg aufgetragen hatte, mit ihm einen vertrauten Briefwechsel zu pflegen, heißt es d. d. Hauensheim, den 14. Septbr.: „L'on se plaint içi de ce que l'on (Mal. Styrum) n'a pas sû la moindre chose du dessein que l'on a formé pour aller à Augsbourg et par représailles on ne veut rien faire içi, car on dit, qu'on craint de croiser les projets qu'on pour-

1703 rait avoir, et l'on demande sur la moindre chose un ordre positif; en attendant nous perdons le tems inutilement et les conjonctures pourront devenir plus critiques d'un moment à l'autre, surtout s'il arrive le moindre accident à S. A. R. Magr. le Pce. Louis de Bade. Il serait bien à souhaiter pour le bien du service de l'Empereur que V. A. R. puisse se rendre içi, et ne fut même que pour quinze jours."

In demselben Schreiben hatte Schulenburg früher gesagt: „L'Electeur et le Mal. de Villars ont réunis une partie de leurs troupes, lesquelles pourront être façilement renforcées, surtout si l'on continue à différer de faire des diversions; ce n'est pas à cela seul qu'on aurait dû songer très-sérieusement, mais il y a plus de dix jours qu'on aurait dû penser à faire un pont sur le Danube à quelque prix que cela aurait pû être afin de s'assurer de part et d'autre la communication, il pourra venir un tems où on regretterait de l'avoir négligé; à présent on jette les yeux sur Donawerth, dont on ne connait pas encore ni les environs ni la situation de la plaçe, ni la plaçe même, et l'on aura aussi de la peine à obtenir le moyen de prendre une connaissançe si nécessaire; l'attaque de cette plaçe nous arrêtera encore quelque tems et la prise n'en est pas importante, si elle ne nous assure et du pont et du passage sur le Danube, à quoi il n'y a pas trop d'apparençe de sorte que les ennemis doivent souhaiter qu'on s'attache à l'exécution de ce dessein."

F. M. Styrum hatte sich am 18. Septbr. mit 12,000 Mann in Bewegung gesetzt, sein Lager bei Hauensheim verlassen, um auf Donawerth zu marschiren, unstreitig in der Absicht, um nach Einnahme dieses Platzes daselbst aufs rechte Donau-Ufer zu gehen und sich mit dem Prinzen Ludwig von Baden in Verbindung zu setzen¹). Hierauf marschirte der Maréchal de

1) Angaben, welche aus officiellen Quellen geschöpft sind, (s. Beil. IX.) überliefern uns die Schlachtordnung der Armee des F. M. Styrum in ihrem Lager bei Hauensheim, Ende August 1703.

Hiernach war dies Heer, im Vergleich mit der Schlachtordnung welche wir S. 122. beigebracht haben, seit dem Monat May um 10 Bataillone und eine Schwadron verstärkt worden.

Feldmarschall

Prinz von Anhalt. Erbprinz von Baden.

General=

		Schwadr.	Bataillone	
Gr. Horn.	Bayreuth	5	1	Sachsen.
	Prinz Philipp	3	—	
Bar. Natzmer.	Kanitz	—	2	
	Dessau	—	2	
	Prinz Philipp	—	2	
Fürst v. Hohenzollern.	Wartensleben	3	—	
	Krüssow	2	—	
	Leibregiment	3	—	
	Summa:	34	26	
	=	21	8	
	Im Ganzen:	55	34	

Res

Feldmarschall

Baron v. Stauffenb

General

Sachsen=Weimar	—	1
Schwarzenberg	—	1
Stauffenberg	3	—
Verhelm	2	—
Gotha	2	—
Summa:	21	8

(Zu Seite 126.)

Schlacht-Ordnung

der Armee des General-Feldmarschalls Grafen von Styrum im Lager bei Haunsheim, im August 1703.

...ntenants.
...v. Erffa. Baron v. d. Schulenburg.

...ors.

		Schwadr.	Bataillone	Nationen.
Pr. v. Hannov. Max. Wilh.	Styrum	5	—	
	Hohenzollern	5	—	
Bar. Thierheim.	Königin	—	2	Sachsen.
	Churprinz	—	2	
	Weßtromirsky	—	2	
	Wackerbarth	—	2	
	Thielau	—	2	Sachsen.
	Sacken	—	2	Sachsen.
...omirsky.	Leibregiment	4	—	
	Churprinz	4	—	Sachsen.
	Baden	—	2	
	[illegible]		[illegible]	

...nants.
...af v. Palfy.

	Schwadr.	Bataillone	Nationen.
Dettingen	3	—	
Jordan	4	—	Sachsen.
Fürstenberg	—	2	
Wald	—	2	
Eichstedt	4	—	Sachsen.
Erbprinz von Würtemberg	[illegible]	—	

Villars rechts ab, um sich mit dem Churfürsten von Baiern, 1703
der bisher am Lech stand, zu vereinigen, und ließ den General-Lieutenant Marquis d'Usson in seinem Lager bei Dillingen zurück, mit dem Befehl, nach gehörtem Signal von drei Kanonenschüssen, welche den Angriff von Seiten des Maréchal de Villars und des Churfürsten bezeichnen sollten, den Feind im Rücken anzugreifen. Indeß hatte sich der französische Feldherr mit den Baiern bei Oberdorf vereinigt; beide Heere gingen in der Nacht vom 19. zum 20. Septbr. über die Donau und über die Wernitz bei Donawerth, und rückten auf dem linken Ufer der Donau aufwärts dem F. M. Styrum entgegen, welcher auf diese Weise im Rücken und in der Front bedroht wurde. Das alliirte Heer der Franzosen und Baiern bestand aus 48 Bataillonen und 70 Schwadronen; war also, gering gerechnet, der Reichsarmee um ein Drittheil überlegen.

Der General d'Usson griff am 21. Septbr. früh den F. M. Styrum zuerst an; er beschleunigte diese Bewegung, weil er die drei Kanonenschüsse zu vernehmen glaubte, welche ihm der Maréchal de Villars als das Zeichen zum Angriff angedeutet hatte. Der Zufall hatte aber gewollt, daß die Deutschen ebenfalls drei Kanonenschüsse, um ihre Fourageurs hereinzurufen, abfeuerten; hierdurch erfolgte der Angriff des Generals d'Usson zu früh. Der General Schulenburg wandte sich mit vier sächsischen Bataillonen gegen ihn, und nöthigte den französischen General zum Rückzug nach Dillingen; dies Gefecht fand zwischen dem Bach statt, welcher sich von Ober-Glauheim ab bei Blindheim, und einem andern, der sich bei Höchstedt in die Donau ergießt, während die Franzosen dies höher an der Donau gelegene Städtchen besetzt hatten. Kaum hatte sich der Marquis d'Usson zurückgezogen, als der Maréchal de Villars und der Churfürst von Baiern vereinigt im Rücken der Armee des F. M. Styrum erschienen, oder in deren Front, wenn man selbige auf dem Marsch nach Donawerth begriffen annimmt. Der rechte Flügel wurde von den Franzosen zuerst zum Weichen gebracht; hierdurch wurde der linke dessen Stützpunkt; die Stellung des Reichsheeres war durch das Gefecht mit dem General d'Usson in etwas verändert; der

1703 rechte Flügel lehnte sich an das Dorf Deissenhofen, der linke an den Wald; hierdurch blieb der Armee die Straße nach Nördlingen über Unter- und Ober-Fimmingen offen. Bei diesem zweiten Angriff zeichnete sich der General-Lieutenant Schulenburg abermals aus, indem er mit zwei sächsischen Bataillons vier feindliche, die einen Angriff auf den Wald in der linken Flanke machten, zurückwarf. Die Reichsarmee nahm nach einem hartnäckigen Widerstand ihren Rückzug nach Nördlingen zu; sie verlor aber ihr sämmtliches Geschütz, Brücken-Equipage und Gepäck, und sammelte sich erst wieder bei dieser Stadt.

So ungünstig diese Schlacht auch ausgefallen war, so gelang es doch Schulenburg auch bei dieser Gelegenheit sich Ruhm zu erwerben. Wir besitzen die Originalschreiben, wodurch ihm sowohl der Prinz Ludwig von Baden, so wie auch der General Graf Schlick, welcher Vice-Präsident des Hof-Kriegs-Raths geworden war, die größten Lobeserhebungen ertheilen.

Der Geheime Cabinets-Sekretär des Markgrafen, Herr v. Forstner, schreibt ihm:

„Je ne vous marquerai par celle-çi que la sincère satisfaction que j'ai eu d'apprendre, par les ennemis même, la gloire que vous êtes acquis à cette dernière bataille. S. A. R., mon maître, en est entièrement convaincu et vous rend justiçe entière."

Graf Schlick schreibt unter dem 7. October aus Wien:

„Ayant appris par des rélations particulières qu'il ne vous est arrivé aucun mal dans le dernier combat, et par celle de Mr. le Mal. Cte. de Styrum, que vous vous y êtes si fort distingué, j'ai voulu vous en témoigner ma joie et vous en faire compliment."

Schulenburgs eigne Berichte und Privatschreiben aus dieser Zeit liefern mehrere interessante nähere Angaben über die damaligen Verhältnisse.

In einem Schreiben an den Prinzen Eugen vom 23. Sept. verhehlt er nicht seine Unzufriedenheit, sowohl über die Behandlung, welche die chursächsischen Truppen erfuhren, als über die geringe Aufmerksamkeit, die man seinen Rathschlä- 1704 gen erwies.

„Je dois vous dire Mgr., que jusqu' à ce moment l'on ne m'a écouté en rien, au contraire on m'a fait qu' à chercher d'obliger les Généraux Brandenbourgeois qu'on a élevé jusqu' aux nues, tandis qu'on a taché de me mortifier en toutes les occasions; cependant mon zèle pour le bien général ne m'a pas permis de me laisser refraidir et j'ai pris la liberté de faire connaître qu'il n'était ni de l'intérêt ni du bien des deux armées de s'approcher et d'entreprendre quelque chose sur la ville de Donawerth, qu'on ne devait même pas songer à passer le Danube de ce côté-là, quand même l'énnemi nous abandonnerait le pont et nous permettrait de passer la rivière, parceque nous nous attirerions le Général d'Usson par cette manoeuvre sur les bras, et qu'alors toutes les forçes de l'ennemi se réuniraient en cet endroit, ce qui empêcherait S. A. le Lieutenant-Général (le Pce. Louis de Bade) de faire le moindre mouvement à notre avantage et encore moins de pouvoir nous joindre; d'ailleurs comme il serait nécessaire de conserver la rive gauche du Danube pour avoir les subsistançes pour l'armée, on serait obligé d'y laisser la moitié de l'armée. Si nous avions été maître de Hochstedt, qu'on aurait pû prendre, lorsque les ennemis l'avaient abandonné, nous aurions pû en tirer grand parti; l'on me repondit à la fin sur mes représentations, qu'on avait ordre de S. A. le Pce. Louis, de marcher vers le côté où nous avons été battus; je repliquais qu'en ce cas il faudrait de toute nécessité reconnaître auparavant le terrain, et je m'offris de le faire, pourvû qu'on me donnât une escorte de cinquante chevaux, mais on n'agréa pas ma proposition et l'on envoya le lendemain le nommé Chrétien, qui fait la charge de Mal. Général des logis et qui est un très-galant homme, mais qui n'a pas encore l'expérience et les talens nécessaires pour la besogne dont on le chargea. Le camp qu'on avait à la fin choisi, ne valait absolument rien, parceque nous n'y étions en sûreté, ni contre ce qui pouvait venir de Donawerth, ni contre ce

1703 qui pouvait s'approcher du côté de Höchstedt; je ne manquais d'ailleurs pas de faire encore observer le danger auquel on s'exposait de rester au milieu des plaines occupées par l'ennemi, mais je n'eus aucune voix en chapitre; et pour toute recompense d'avoir dit mes sentimens, tels que mon zèle pour le service me les dictait, l'on me dit, que toutes ces choses étaient très-bonnes sur le papier, mais qu'il fallait autre chose chez les Impériaux, où on ne songeait qu'à disposer et à exécuter en même tems; j'en fus piqué au vif, néanmoins par attachement pour la bonne cause, et pour ne pas aigrir les esprits encore d'avantage, je me tus prévoyant que l'occasion ne se présenterait malheureusement que trop tôt, où l'on se persuaderait de la droiture de mes intentions; et si je n'étais pas si touché du désastre qui nous est arrivé, je jouirais de la satisfaction d'avoir été pleinement justifié et vengé par tous les évènemens arrivés dans cette malheureuse journée, dans laquelle l'on m'écouta avec beaucoup de patience."

In dem deutschen Manuscript, welches sich in dem Mailändschen „Archivio diplomatico" vorgefunden hat, und welches öfters angeführt worden ist, liest man folgende Angaben über die Schlacht bei Höchstedt:

„Markgraf Ludwig von Baden gab die Ordre an den F. M. Graf Styrum, eine nachdrückliche Diversion dem Feinde zu machen; dieser ließ den französischen General d'Usson mit seinem Corps zwischen Lauingen und Dillingen hinter sich stehen und marschirte in die Fläche von Höchstedt. Indessen war der Markgraf Ludwig von Baden von dem Churfürst von Bayern, der aus Tyrol zurückgekommen, und von dem Mal. de Villars bei Augsburg ziemlich nahe eingeschlossen. Um zum selbigem einigermaßen Luft zu machen, gab der F. M. Styrum dem General Schulenburg, welcher die sämmtliche Infanterie commandirte, ordre, eine Brücke des Nachts über die Donau zu schlagen, welche denn schon bis in die darinnen liegende Insel völlig verfertigt, auch darinnen posto gefaßt ward. Der Feind aber passirte zu gleicher Zeit bei Donawerth diesen Fluß, rückte gegen uns an, so daß es den folgenden Tag zu einer 1703 unvermutheten Bataille kam, und zwar so, daß uns der Churfürst und der Villars von vorn, der General d'Usson aber von hinten angriff, worüber man nicht wenig verlegen und unterschiedlicher Meinung war; da man aber sehr übermannt, indem der Feind noch einmal so stark und der F. M. Styrum nicht mehr als 12,000 Mann hatte, erklärte der General Schulenburg, daß, wenn man noch einen Augenblick anstehen wollte, den General d'Usson anzugreifen, würde er, der General Schulenburg, mit seinem Corps solches verrichten und sich so zu postiren wissen, damit nicht Alles niedergehauen würde, welches denn auch beliebet und dergestalt vollzogen wurde, daß unser General den d'Usson, ohngeachtet seines heftigen Kanonierens, sogleich in die Hecken und Moräste bei Höchstedt zurücktrieb, sich nachgehends so setzte, daß, da der Feind die Alliirten ferner zu coupiren suchte, er einige Brigaden schlug, unterschiedene Fahnen eroberte und die Retraite versicherte, solchermaßen, daß man sich ohne Verlust zurückziehen konnte, ausgenommen, daß die Schiffbrücke und einige Bagage im Stich blieb."

„Auch war einige Infanterie durch viele Bewegungen so ermüdet, daß, da dieselbe sich in den Wald zurückgezogen um auszuruhen, vom Feinde übereilt, und verschiedene davon zu Gefangenen gemacht wurden. Der F. M. Styrum zog die Armee bei Nördlingen wieder zusammen."

Wenige Tage nach der Schlacht ertheilte der Markgraf von Baden dem General Schulenburg den Befehl, mit dem sächsischen Corps zu ihm zu stoßen. Wir besitzen unter unsern Materialien den Original-Befehl des Markgrafen an Schulenburg zu diesem Marsch; er ist aus dem Feldlager vor Augsburg vom 29. Septbr. datirt, und wurde ihm durch den Hessel-Casselschen Oberst-Lieutenant v. Boyneburg überbracht, derselbe, welcher das Jahr darauf in der zweiten Schlacht von Höchstedt den Maréchal de Tallard gefangen nahm. Unterwegs erreichte ihn ein zweites Schreiben vom 7. Octbr., unter welches der Markgraf mit eigner Hand geschrieben hatte: „Prenez

9*

1703 bien garde à Vous que ces gens ne vous tombent sur les bras. Gutweg ist nichts umb."

Diese Bewegung hatte nicht geringe Schwierigkeit, indem der Markgraf bei Augsburg stand, und die französische und baiersche Armee zwischen seinem Heere und dem des F. M. Styrum die Donau besetzt hielt. Schulenburg marschirte nach der obern Donau, überschritt sie bei Riedlingen und sendete seine Infanterie nach Ravensburg, am linken Ufer der Iller; er deckte den Marsch des Fußvolks auf dessen linker Flanke mit 13 Schwadronen Reiterei, und gelangte auf diesem großen Umweg gegen den 18. Octbr. bei Kempten zum Heere des Markgrafen, der sich in dieser Gegend an dem obern Lech befand.

Dieser Marsch war um so gefährlicher, als sich in dieser Zeit der Mal. de Villars von Ulm aus in Bewegung gesetzt hatte, um sich über Villingen mit der Armee in Verbindung zu setzen, welche der Mal. de Tallard vom Ober-Rhein her durch den Schwarzwald ihm und dem Churfürsten von Baiern zur Unterstützung zuführen sollte. Indeß war der Sieg bei Höchstedt, wie uns der Mal. de Villars in seinen eignen Denkwürdigkeiten sagt, Schuld, daß der Mal. de Tallard jene Bewegung nicht vollzog, sondern seine Operationen am obern Rhein fortsetzte und späterhin Landau eroberte. Der Markgraf von Baden hatte unterdeß sein Lager in der Nähe von Augsburg verlassen, um über die Iller bis nach Altersrieth, Leutkirch und Kempten zu rücken. Der Mal. de Villars ging hierauf auf das rechte Iller-Ufer bis nach Dittmannsrieth; hierdurch wurde der Markgraf von Augsburg abgeschnitten und die Franzosen konnten mit den Baiern vereinigt Augsburg belagern, indem sie ihre Quartiere durch die Besetzung von Ulm, Biberach, Memmingen und Kempten, welches sie am 13. Novbr. auf Capitulation einnahmen, sicherten. Diese vereinigten Umstände bewirkten bei dem herannahenden Herbst eine der sonderbarsten Winterpostirungen, von denen vielleicht die Kriegsgeschichte ein Beispiel darbietet.

Die französische und baiersche Armee hatte nämlich das Land zwischen der Iller, der Donau und dem Lech inne, und nach der Einnahme von Augsburg, welche am 14. Decbr.

erfolgte, war sie Meister von ganz Baiern bis an den Inn. 1708
Dagegen besetzte das Reichsheer eine Linie von Munderkingen an der obern Donau über Buchau, Saulkau, Aulerdorf, Ravensburg bis Bregenz, wo das Hauptquartier des F. M. Thüngen[1]) sich befand, welcher in Abwesenheit des Markgrafen die Armee befehligte; so schnitt diese Heeresabtheilung die Franzosen vom Rhein ab und machte Front nach Osten. Der Markgraf von Baden hatte sein Hauptquartier nach Aschaffenburg verlegt; von hier aus unterhielt er seine Verbindungen mit dem Theil des Heeres, der zwischen der Donau und dem Bodensee stand, durch Truppen, die längs der Bergstraße, dem Markgrafthum und dem Breisgau cantonnirt waren. Die verschiedenen Thäler, die aus dem Schwarzwald auslaufen, bil-

1) Hans Carl von Thüngen, aus einem alten reichsritterschaftlichen in Franken reich begüterten Geschlecht, geboren 1648, war ursprünglich in herzogl. Lothringschen Diensten. Nach dem Treffen von Senneff verlies er den Militärstand, trat aber nach ein Paar Jahren als Oberstlieutenant bei dem Fränkischen-Kreis-Regiment wieder ein, und zeichnete sich dermaßen in allen Feldzügen, die vor dem Frieden von Niemwegen statt fanden, und in dem darauf folgenden Türkenkrieg in Ungarn aus, daß er schon im Jahre 1688 kaiserlicher Feldmarschall-Lieutenant wurde. 1690 wurde er Chur-Mainzscher Feldzeugmstr., befehligte 1692 die Reichsarmee und wurde 1696 des Kaisers und Reichs Feldmarschall; seitdem machte er unter dem Prinz Louis von Baden, als zweiter Oberfeldherr, alle Feldzüge am Rhein, sowohl des Krieges, der durch den Ryswicker Frieden beendigt wurde, als des spanischen Erbfolgekrieges.

Im Jahre 1696 wurde der Feldmarschall von einem Haufen französischer Soldaten gefangen und kurz nachher gegen Erlegung von 5000 fl. wieder entlassen. 1708 erhielt er die reichsgräfliche Würde und starb den 8. Octbr. 1709 im Lager von Speyer.

Man erzählt von ihm, er habe sich die Betheurung: „so wahr ich Hans Carl heiße" eigen gemacht, und diese habe in seinem Mund die Kraft eines Eides gehabt; er haßte die Franzosen mit ächtem National-Gefühl, und man behauptet, daß er bei der Taufe seiner Kinder den damals noch gewöhnlichen Exorcismus durch die Frage habe vermehren lassen „entsagst du auch dem Teufel und den Franzosen?" Das schöne steinerne Haus, welches das Ende des Badeorts Ems in der Richtung nach Westen bildet, wurde von ihm erbaut, blieb aber innerlich bis zu den neuesten Zeiten unvollendet.

Feldmarschall-

Prinz von Anhalt. Erbprinz von Baden.

General-

		Schwadr.	Bataillone
	Durlach	—	2
Gr. Horn.	Bayreuth	5	—
	Prinz Philipp	3	—
Bar. Natzmer.	Kanitz	—	2
	Dessau	—	2
	Prinz Philipp	—	2
Fürst v. Hohenzollern.	Wartensleben	3	—
	Krüssow	2	—
	Leibregiment	3	—
	Summa:	34	26
	"	21	8
	Im Ganzen:	55	34

Sachsen.

Reser

Feldmarschall-

Baron v. Stauffenb

General-

Sachsen-Weimar	—	1
Schwarzenberg	—	1
Stauffenberg	3	—
Merheim	2	—
Gotha	2	—
Summa:	21	8

(Zu Seite 126.)

Schlacht-Ordnung

der Armee des General-Feldmarschalls Grafen von Styrum im Lager bei Haunsheim, im August 1703.

...utenants.
...v. Erffa. Baron v. d. Schulenburg.
...ors.

		Schwadr.	Bataillone	Nationen.
Pr. v. Hannov. Max. Wilh.	Styrum	5	—	
	Hohenzollern	5	—	
Bar. Thierheim.	Königin	—	2	Sachsen.
	Churprinz	—	2	
	Westromirsky	—	2	
	Wackerbarth	—	2	
	Thielau	—	2	Sachsen.
	Sacken	—	2	Sachsen.
...stromirsky.	Leibregiment	4	—	
	Churprinz	4	—	Sachsen.
	Baden	—	2	
	Erffa	—	2	

...enants.
...raf v. Palffy.
...s.

	Schwadr.	Bataillone	Nationen.
Oettingen	3	—	
Jordan	4	—	Sachsen.
Fürstenberg	—	2	
Wald	—	2	
Eichstedt	4	—	Sachsen.
Erbprinz von Würtemberg	3	—	

1704 worden war, bestimmte nach §. 8.: „daß, im Fall der Churfürst von Sachsen in seinen Erbstaaten angegriffen würde, er befugt sein sollte, seine Truppen zurückzurufen."

Da nun der Verlauf der Ereignisse in dem vorhergegangenen Feldzuge in Polen wenig Hoffnung zu einem glücklichen Ausgang gegeben hatte, so erhielt Schulenburg dringende Befehle, sobald als möglich aus seinen Quartieren aufzubrechen, und nach Sachsen zurück zu kehren.

Um diesen Abmarsch zu erleichtern, war schon, wie wir oben gesehen haben, bei dessen Absendung in seine Instructionen gesetzt worden: „er solle suchen, seine Winterquartiere so nahe als möglich von den sächsischen Grenzen zu erhalten." Statt dessen befand sich dieses Truppen-Corps fast auf dem äußersten linken Flügel der Reichsarmee. Unter dem 20. Oktbr. 1703 setzte der König eigenhändig unter ein Rescript d. d. Odworz:

„Je répète ce que vous aurez reçû tant par écrit que de bouche par le Colonel Seidler; ainsi je souhaite que vous preniez les quartiers au plus vite vers la Saxe, et en cas qu'on vous eût logé ailleurs et comme le bruit court envoyé mes troupes vers le Schwarzwald, vous ferez en sorte de quitter les dits quartiers sans délai et marcherez vers la frontière de Saxe, où il faudrait bien vous donner des quartiers."

Dieser Aufforderung folgten noch dringendere Befehle; am 10. März 1704 erlies der König folgendes Schreiben:

„Demnach es die unumgängliche Nothdurft erfordert, unsere derzeit im Reich gestandenen und Eurem Commando anvertrauten Truppen nunmehr von dannen ab und nach Sachsen marschiren zu lassen, als ist hierdurch an Euch unser gemeßener Befehl, Ihr wollet sogleich Angesichts und nach Empfang dieses die ungesäumte Anstalt zu gemeldetem Truppen-Aufbruch veranlassen, und mit selbigen sodann ohne Zeitverlust aufbrechen, und den Marsch dergestalt beschleunigen, daß Ihr je eher, je lieber in unseren Landen anlangen könntet."

Diesen Befehl erhielt Schulenburg am 2. April. Er versammelte sogleich seine sämmtlichen Staabs-Officiere zu einem

Kriegsrath, in welchem, ohnerachtet der Schwierigkeit der Aus- 1704
führung, beschlossen wurde, ohne Verzug den königlichen Vorschriften Folge zu leisten. Da aber das Geheimniß allein die Ausführung möglich machen und verhindern konnte, daß die sächsischen Truppen nicht mit Gewalt vom Abmarsch abgehalten wurden, so traf der General seine Vorbereitungen dazu auf den 8. April, sandte jedoch am 5. einen Officier an den F. M. Thüngen mit der Meldung, daß er die Armee verlassen werde; einen andern Officier fertigte er an den Markgrafen Ludwig von Baden nach Aschaffenburg mit der Bitte um Erlaubniß zum Abmarsch ab; dieser sollte daselbst, erst nachdem selbiger erfolgt wäre, anlangen, da vorauszusehen war, daß der Oberfeldherr abschläglich antworten würde.

In der That widersprach der Markgraf dem Antrag Schulenburgs auf die bestimmteste Weise, wie wir aus folgender Antwort ersehen:

„Dem Herrn General-Feldmarschall-Lieutenant habe auf dessen an mich durch Mitbringer dieses erlaßene Schreiben in Antwort hiermit erinnern wollen, daß, weilen die unter deßen Commando stehende königl. Pohlnischen troupes von Ihro Königl. Maj. mir allergnädigst angewiesen worden, und wegen Dero Abmarsche bis dato noch keine Ordre vom Hof aus an mich gelanget, ich mich hierzu bis auf hierunter erhaltenen allergnädigsten Befehl auf keine Weise verstehen könne. Der Herr General-Feldmarschall-Lieutenant hat zu viel Expérience in militaribus, daß derselbe ein solches von mir bis dahin geschehen zu können, glauben, sondern sich gefallen laßen wird, so lange zu warten, bis Ihro Kaiserl. Maj. mir diesfalls die Intimation und Befehl ertheilet haben werden. Indeßen verbleibe ꝛc. Aschaffenburg, den 9. April 1704.

Louis M. von Baden."

Schulenburg wartete die Antwort des Markgrafen von Baden nicht ab, und glaubte selbst der Bitte des F. M. Thüngen, einige Tage den Abmarsch zu verzögern, um die Stellung seines Truppen-Corps durch andere Streitkräfte ersetzen zu lassen, kein Gehör geben zu dürfen. Indeß verfehlte er nicht, die Generals, welche die nächsten Postirungen ne-

1704 den ihm befehligten, namentlich den in Dutllingen commandirenden Fürsten v. Hohenzollern, von seinem Abmarsch zu benachrichtigen. Durch eine schnelle Concentrirung gelang es ihm, am 9. April Sigmaringen an der Donau zu erreichen und daselbst aufs linke Ufer überzugehen; er setzte in Eilmärschen seine Bewegung über Gmünden, Schwäbisch-Hall, Nürnberg, durchs Bisthum Würzburg über Schweinfurth ins Coburgsche fort, und das sächsische Corps traf am 20. Mai in der Gegend von Dresden ein.

Man kann die richtigen Combinationen, die Schulenburg bei dieser Gelegenheit machte, nicht genug bewundern; er suchte sowohl seine Verpflichtungen gegen seinen Herrn, als gegen das Heer, in dem er diente, möglichst zu vereinigen, und hatte Festigkeit genug, allen Vorstellungen, die ihm von Seiten der deutschen Generale gemacht wurden, den Abmarsch zu unterlassen oder zu verzögern, zu widerstehen. Wir sehen aus einem Rescript, welches ihm erst am 17. April auf dem Marsch zukam, welche Verantwortung ihn getroffen haben würde, wenn er nicht die größte Entschlossenheit bei dieser Gelegenheit beobachtet hätte. In diesem Rescript d. d. Dresden, den 4. April heißt es:

„Als habt Ihr Euren Marsch sogleich anzutreten und so viel möglich zu beschleunigen, Euch auch daran kein Einwenden, es geschehe solches, von wem es wolle, irren zu lassen, in Maaßen wir Uns bei längerer Verzögerung und wofern Unsere Chur- und Erblanden dadurch einige Ungelegenheit zustoßen sollte, an Eurer Person zu halten wissen, und keine Entschuldigung, sie habe Namen wie sie wolle, annehmen werden."

Beilagen zum 6. Abschnitt.

Beilage VI.

Auszug aus dem offensif- und defensif-Allianz-Traktat zwischen dem Kaiserlichen Hof und dem König von Pohlen als Churfürst von Sachsen, d. d. 16. Januar 1702.

Art. 1.

Die Allianz soll blos defensif sein, nur offensif in der spanischen Succeßionssache.

Art. 2.

Sachsen verspricht den Duc d'Anjou als König von Spanien nicht anzuerkennen, solchen nebst der Krone Frankreich am Reichstag als Reichsfeind declariren zu lassen, und das Reichs-Contingent bei erfolgenden Kriege zu stellen.

Art. 3.

Der Churfürst verspricht Ende März 1702. 8,000. Mann dem kaiserlichen Hofe zu überlassen, ¾ Infanterie und ¼ Cavallerie. Der Kaiser verspricht dies Corps nach verflossener Allianz im completten Stand zurückzuliefern, und dafür jährlich 200,000 Thlr. Subsidien zu zahlen.

Art. 4.

Der Kaiser verspricht bona officia bei England und Holland einzulegen, damit 12,000. Mann sächsischer Truppen in Subsidien der Seemächte übernommen werden mögen.

Art. 5.

Verspricht der Kaiser nicht ohne des Königs Vorwissen und Einschließung einen Separatfrieden mit Frankreich oder mit dem Duc d'Anjou abzuschließen, jedenfalls soll nach abgeschlossenen Frieden ein halbjähriger Subsidien-Termin gezahlt werden.

Art. 6.

Der Kaiser verspricht seine bona officia, sowie seiner Alliirten, um den Frieden zwischen dem König und der Krone Schweden zu Stand zu bringen, mit Einschließung des Czaars von Moscau.

Art. 7.

Die defensife Allianz ist dahin zu verstehen, daß, wenn einer der Paciscenten in seinen Landen feindlich angegriffen werden sollte, selbige sich getreulich gegenseitig die Hand bieten wollen.

Art. 8.

In diesem Fall wird der kaiserl. Hof 8,000. Mann Hülfstruppen an Sachsen, und Sachsen 4,000. Mann dem kaiserlichen Hofe zusenden.

Art. 9.

Vorher will man jedoch bona officia während 3 Monaten bei den Invadenten anwenden.

Art. 10.

Bezieht sich auf nähere Verhältniße des Subsidien-Corps.

Art. 11.

Kein Theil will ohne den andern Frieden abschließen.

Art. 12.

Die Allianz ist auf 10 Jahre abgeschloßen. Im Fall der Czaar von Moscau beitreten wolle, würde man sich hierüber mit einander verstehen.

Art. 13.

Man wolle über Gegenstände, die noch auszumachen seien, einen Neben-Receß errichten. Sachsen wolle der Errichtung der neunten Chur beistimmen, sowie zur Readmission von Chur-Böhmen.

Art. 14.

Die Ratificationen sollten im 4 Wochen ausgewechselt werden.

Geheimer Artikel 1.

Der Kaiser verspricht, daß, obgleich das Königreich Pohlen diese Allianz nicht angeht, selbiger doch der Person des Königs von Pohlen wegen, im Fall derselbe angegriffen oder wider denselben eine innerliche Unruhe angesponnen würde, die im 8. Artikel versprochene Hülfe zur Sicherheit des Königs Person und Rechte leisten wolle.

Art. 2.

Die Allianz und die zu leistende Hülfe wird auch auf die Rebellen ausgedehnt und verspricht daher der König, daß diejenigen, so sich aus Ungarn nach Pohlen zurückziehen könnten, nicht dulden, sondern er Kaiserl. Maj. ausliefern lassen wolle.

Auszug aus dem Neben-Receß d. d. 23. Jan. 1702.

Im 1. Artikel wurde ein dem österreichschen Hofe überlaßenes Truppen-Corps auf 8,000. Mann als ⅔ Infanterie und ⅓ Cavallerie angenommen.

Nach dem 2. Art. sollten diese sämmtlichen Truppen, mit Ausgang Mart. von Seiten des Kaisers, völlig und ohne einiges Zuthun des Königs von Pohlen und Churfürsts von Sachsen verpflegt, versorgt und gleich den alten österreichschen Regimentern bezahlt werden.

Nach dem 4. Art. wurden diese sämmtlichen Truppen in kaiserl. Dienste und Pflichten auf- und angenommen, und sollten dem zu Folge wirklich kaiserliche Truppen werden.

Nach dem 5. Art. sollte die billige Gleichheit gegen die kaiserl. Truppen jederzeit in Obacht genommen werden.

Nach dem 7. Art. sollte nach Verlauf der Allianz die überlaßenen Truppen complet an Sachsen wieder abgeliefert werden, wobei

für einen abgängigen Reuter 80 Thlr. — —
" " " " Musketier 26 " — —
für ein abgängiges Reuterpferd 54 " — —

von Seiten des österreichischen Hofes gezahlt werden sollten.

Endlich sollten nach dem 8. Art. die sächsischen Truppen, im Fall welche gefangen würden, gleich den kaiserlichen rantionirt, die vom Feind eroberte Beute aber denen sächsischen Truppen gelassen werden.

Auch versprach man sächsischer Seits im 9. Artikel die Truppen nicht vor der versprochenen Zeit, nämlich vor dem 10jährigen Ablauf der Allianz zurückzuziehen.

Beilage VII.

Relation der Action bei Eisenbirn bei Passau, d. 10. März 1703.

Nachdem man nun Passau, die Posten und das Closter besetzet, machte man Anstalt, die Feinde in dem Neuburger Wald früh den 11. Mart. zu attaquiren, wie denn einige von der sächsischen Infanterie vorausgeschicket selbigen zu recognosciren, so auch mit dem Feind chargiret und einige Gefangene bekommen. Vorigen Tages war aber verabredet worden, daß die sämmtliche übrige Infanterie und Cavallerie, wie auch 3. 12pfündige Stücke und 2 kleine Mörser, maßen die andere Artillerie mit nach Passau gegangen war, zwischen Eisenbirn und dieser Stadt, so nur eine kleine Post von einander gelegen, postiret bleiben sollte. Hiernach war die ganze Disposition schriftlich veranstaltet und eingerichtet, ingleichen war darin enthalten, daß die Hrn. Gen.-Majors Solari und Plötz bemeldete Leute commandiren würden, im Fall der General Schlick nicht selbst dabei verbleiben würde, maßen ich nur den Gen.-Maj. Westromirsky mit mir genommen hatte. Dem ungeachtet kam der General Solari den 10. Abends ganz spät mit der sämmtlichen Infanterie an, und hatte der General Schlick, ungeachtet dieses alles anders verabredet, hierein gewilliget, wie dieses nun nicht zu verantworten stund, absonderlich da ich von dem Hauptmann N. N......, der übergegangen und zu mir kommen und von Neuburg, wohin er mit Bayerscher Infanterie commandiret war, die da im Schloß befindliche kaiserl. Garnison einzuschließen und genau zu observiren, gewisse Nachricht erhalten, daß der Churfürst von Bayern mit 10 bis 12000. Mann noch selbigen Tages nach Scharding, so nur 2. kleine Meilen von Eisenbirn wie auch Passau entfernt lieget, angekommen wäre, also daß man nicht unbillig fürchtete, was den 11. der Cavallerie bei und zwischen Eisenbirn und Passau begegnet, geschehen dürfte, ungeachtet der General Schlick, auch unterschiedene andere, sich dieses nicht einbilden konnten noch wollten. In dem Augenblick kam Zeitung, daß der Churfürst die Cavallerie angegriffen, weswegen man voriges anstehen lassen und fügten sich der General Schlick und ich nach dem Ort wo die rencontre vorging. Was nun die rencontre betrifft, ist zu wissen nöthig, daß der Churfürst, nachdem er lange Zeit bei Ehingen vergeblich gewartet, und den so höchst verlangten succurs von französischen Truppen, welche ihn der franz. Abgesandte öfters versichert, nicht bekommen hatte, ging er von da, nachdem er Ulm der Nothdurft nach besetzte, und der Orten, um alles bestens eingerichtet, gegen München, und war keineswegs mit dem französischen Abgesandten, vielweniger mit dem Hof zufrieden. Es lag ihn zwar bemeldeter französischer Abgesandter sehr an, er möchte sich im Vorbei-Marschiren der Stadt Neuburg bemächtigen, welches er aber zu der Zeit sich nicht getrauete, indem er befürchtete, es möchten die Kaiserlichen ihm sogleich darauf ins Land gehen, wendete sich derohalben gegen München und da er wahrnahm, daß der General-Lieut. Schlick sich gegen den Inn, der General Styrum aber längs der Donau gegen Regensburg herunter zog, gab er dem französischen Gesandten genug zu verstehen, daß, wenn er sich schon der Stadt Neuburg bemächtigte, wie es auch da geschah, nachdem einige Truppen von den Chur-Pfälz. und Alliirten, die Stadt zu besetzen, allda einmarschiret waren, er doch kein Mittel sähe, sich zu salviren, vielweniger Zeit zu gewinnen, Succurs von Frankreich erwarten zu können. Endlich beredete ihn der französische Gesandte so lange bis er resolvirte gegen den Inn zu marschiren, und mit dem General Schlick eins zu wagen, und wann solches glückte, sein Heil weiter zu versuchen. Da aber dieses nicht glückte, mit dem Kaiser ohne Verzug Friede zu machen, als hatte er die sämmtlichen Truppen bei Braunau und der Gegend zusammengezogen, und kam den 9. bei Scharding an, maßen er sich vorgenommen den General Schlick mit seiner Armee aufzusuchen, um ihn, wo er ihn auch fände, anzugreifen. Den 10. um Mitternacht brach er von Scharding auf mit 12 Bataillons und etlichen 20. escadrons, und wie man ihm hinterbrachte, daß die Armee bei Eisenbirn und der Orten herum stehe, und ihm das Land ganz anders, wie es beschaffen, beschrieben war, marschirte er gegen die Straße, so von obbemeldeten Eisenbirn nach Passau führt, in welchen Dörfern sich die Kaiserl., und Königl. Pohlnische und Chursächsische Cavallerie zu 2, 4. und 6. Campagnien einlogirt gehabt. Gegen den Morgen traf die Churbayersche vorausgeschickte Patrouille ein und brachte einige wenige kaiserl. Reiter, so aufgeritten waren, auch marode, an, und wie man von ihnen wahrnahm, daß 4. Comp. Cuirassiers von dem jung-Hannöverschen Regiment, so auch keine Wacht ausgesetzet, vielweniger patrouilliren ließen, in einem Dorfe standen und ein kleiner Wald bis an selbiges geht, auch ein starker gemauerter Kirchhof sich darin befandt, ließ der Churfürst bemeldetes Dorf mit seine Grénadiers zu Pferde und einige Escadrons attaquiren; Es wurden die sämmtlichen Reiter und Offiziers ganz ausgezogen und ungesattelt angetroffen, es griffen aber diese Leute dessen ungeachtet sogleich zu ihren Gewehren und thaten dem Feinde gar einen großen Widerstand aus den Häusern, Scheunen und Kirchhof, worauf sie sich retirirt, so daß auch der Churfürst weder von dem Dorf noch von diesen überfallenen Leuten keineswegs Meister werden konnte. Indessen kam die benachbarte Reiterei und unter andern einige vom Schlickschen Dragoner-Regiment, Esquadrons zu Pferde, rückten sogleich gegen dieses Dorf an, welches der Churfürst durch unterschiedene Esquadrons schon abschneiden ließ, worauf die Schlickschen Esquadrons dergestalt losgingen, daß sie selbige nicht allein wieder durch das Dorf zurücktrieben, sondern befreiten auch die meisten darinnen befindlichen Leute. Nachgehends rückten die Grénadiers und Infanterie an bemeldete Hecke, und in das Dorf, und obschon die Kaiserl. Cavallerie nicht weichen wollte, wurde dieselbe dennoch sowohl durch ermeldete Cavallerie als Infanterie forciret zu weichen; und da man wegen tiefen Schnees keiner Orten durchkommen konnte, wurden unterschiedliche in dieser Retraite gefangen und niedergemacht, wodurch einigermaßen das Schlicksche Dragoner- und jung-Hannöversche Cuirassier-Regiment ein wenig zerstreuet, nach der Stadt Passau zueilten; weil aber den 10. die sämmtliche Infanterie wie obengemeldet, nach der Abrede, eingerücket war, ich die 6 Königl. Pohlnischen und Chursächsischen Bataillons aber nicht zugeben wollte, daß dieselben den Inn in bemeldeter Stadt passirte, sondern schickte dieselbe die Ordre des Nachts nahe bei den beiden Kaiserl. Regimentern Cavallerie stehen zu verbleiben. Es wurde aber solche noch des Nachts beordert mit dem Tage durch Passau zu maschiren, als fand man selbige im Begriff, maßen der Feind um 7. Uhr früh den Angriff im Dorf that, solches zu vollziehen. Man ließ aber dieselbige sogleich umkehren und gegen den Feind anrücken, wodurch auch die beiden zerstreuten Kaiserlichen Regimenter arrêtirt und ziemlich wieder bei einander gebracht wurden. Der Churfürst hatte sich indessen auf eine Höhe mit seinen sämmtlichen Truppen gesetzt, und fand sich zwischen ihm und den unsrigen Leuten ein sehr tiefer Grund und gar schlimmes défilée, auch etwas Wald, so der tiefe Schnee und das ungestüme Wetter noch mehr impraticable machte. Sobald auch der Churfürst unsere Leute wahrnahm, ließ er gar stark auf dieselben canoniren, worauf der General Schlick befahl, die Leute dem Feinde aus dem Gesichte zu ziehen, und nichts im geringsten zu hazardiren; Und ob man denselben schon ersuchte, mehr Infanterie durch die Stadt und über den Fluß anrücken zu lassen, damit man den Feind, wenn er sich retiriren würde, angreifen könnte, so hat er zwar die sämmtliche Cavallerie zu den 6. Bataillons stoßen lassen, aber nicht einen Mann zu Fuß, sondern nur 2. Stück überdiese dazu mitgesandt und nochmals befehlen lassen, sich keineswegs mit dem Feinde einzulassen. Der Churfürst war nun gar wohl mit seiner Verrichtung und kleinen avantage zufrieden, war auch im Begriff nach Scharding zurückzukehren, wie ungefähr ihm ein Bauersmann hinterbracht, daß die Artillerie, équipage und noch viele Cavallerie bei Eisenbirn, von wannen diese action etwa eine Stunde geschehen, postiret stünden, als wurde der Generalfeldmarschall Arco mit einem Détachement zu Fuß und Pferde, die Leute, wenn sie sich noch da befänden, zu attaquiren, hingeschickt, welcher aber dem Churfürsten wissen lies, daß er sich solches mit so wenig Leuten nicht getrauete; Deswegen der Churfürst in Person mit der sämmtlichen Armee und Artillerie dahin ging, und nachdem der General-Major Plötz, welcher ermeldete Cavallerie commandiret, sich nicht nahe vor das Défilée gesetzet, sondern sich ziemlich weit zwischen einem Wald und dem Dorfe Eisenbirn, woran sein linker Flügel stund, gesetzet, und eine Lichte, so sich nahe vor dem Défilée befand, und der sich der Feind sogleich bemächtigte, versäumet zu occupiren, ließ er zwar stark aus denen 3. 12pfündigen Canonen auf den Feind feuern, welcher ihn aber durch den Wald auf den rechten Flügel mit der Infanterie angriff, auch linkerseits den Weg, wodurch er sich retiriren mußte, Willens hatte zu besetzen, befahl der General-Major Plötz, daß die Regimenter anfangen sollten sich zu retiriren, allein der Schnee war so tief, auch befanden sich so viel Zäune und Hecken, welche alle verwehrten, gleich hinter die trouppes, was solches ohne Confusion nicht mehr geschehen konnte. Ueberdem rückten die Bagage und etliche 100. Wagen mit Brodt aus Oesterreich an, welche dann den Weg völlig eingenommen hatten, als bekam der Churfürst Gelegenheit das letzte Regiment anzugreifen, auch die übrigen verfolgen zu lassen, wovon denn unterschiedene todt, auch gefangen genommen wurden, unter andern der General-Maj. Plotz und Oberst Wiedemann, auch unterschiedene andere Officiere und gingen die 3. Stück, 2. Mörser und ein und andere Bagage verloren. Sonst hatte der Feind gar wenige avantage bei dieser rencontre.

Den 12. Martz zog sich der Feind nach Scharding zurück und nachdem alles bestermaßen in Passau wegen Postirung und Verhauung eingerichtet, ging ich über die Donau auf Hafnerzelle und so weiter nach Peyerbach, allda ich den 14. ankam, und die zerstreuete Cavallerie wieder sammelte, worüber bis zu dem 25. zugebracht wurde, an welchem Tage ich mit der Cavallerie von da wieder weg marschirte und nach Raab ging. Den 26. wurde allda der Proviant von kaiserl. Commissarien ausgetheilt. Den 27. ging ich, nachdem eine Partei, um Eisenbirn und Scharding zu recognosciren, voranscommandiret, nach Tauffkirchen; den 28. nahe bei Passau und den 29. auf Passau, allda von der Generalität Conferenz gehalten wurde; und wurde zwar resolviret, den Verhau im Neuburger Wald anzugreifen, man war aber ganz uneinig, was nach Eroberung dieses anzufangen und wohin man sich zu wenden hätte? und ging die sämmtliche Meinung dahin, man müsse sogleich gegen Scharding rücken, denn allda der General Lüzelburg sich befände, und ob man sich schon des Orts nicht bemeistern würde, dennoch Neuburg wegnehmen, und verhindern, daß der Feind nicht in Oesterreich eindringen möchte. Der General-Lieutenant Schulenburg aber war allein einer ganz andern Meinung, und that dar, daß Ihro Kaiserl. Majestät Dienst allerdings erforderte, daß man den Verhau zwar wegnehmen müßte, nachgehends aber über Ortenburg gegen Vilshoffen sich wenden, den Ort suchen wegzunehmen, wodurch dem Churfürst in der Gegend Regensburg nicht allein eine wichtige Diversion verursachet, sondern man könnte gar Vilshoffen in etwas besetzen lassen, und gegen Landshut und weiter die Cavallerie streifen, ja gar weil man Passau zur Gnüge besetzet, mit diesen auserlesenen Leuten den Inn hinauf marschiren, Contribution bis München ziehen und nachgehends, wie es Zeit und Umstände geben würden, einen und andern Ort oben am Inn sich bemeistern, um den Churfürst bis in die Gegend suchen dahin zu ziehen, oder fortzufahren, bis an München alles zu verheeren, und die Contributiones zu ziehen.

Den 2. April wurde der Verhau im Neuburger Wald auf 2. bis 3. Orten zugleich angegriffen und eingenommen, ohne daß man viele Leute, außer 2. — 3. verloren und einige wenige Bleßirte bekommen. Darauf die Armee nach Ortenburg marschirte und den 3. Abends vor Vilshoffen Posto faßte, und dasselbe beschoß. Dieser Ort ward selbigen Abend an zwei Orten als längs der Donau durch die Kaiserl., und längs der Vils durch die Königl. Pohlnische und Chursächsische Infanterie angegriffen, welches sich auch, indem man [hier fehlt Einiges im Original].

Den 6. April verließ man wieder diese Stadt, und ging nach Passau, allda die Armee stille lag bis den 17. April, da ich mit den sächsischen Truppen aufbrach und nach der Ober-Pfalz ging.

Siebenter Abschnitt.

1704.

Politische und militärische Ereignisse in Polen 1703. — Schulenburg wünscht den sächsischen Dienst zu verlassen. — Erhält Anträge in kaiserliche Dienste zu treten. — Briefwechsel über diese Verhältnisse. — Verbindliches Schreiben des Königs an Schulenburg; dieser entschließt sich im sächsischen Dienst zu bleiben. — Er begiebt sich nach Sendomir. — Führt unter dem F. M. Steinau ein sächsisches Truppen-Corps nach Großpolen. — Vorfälle daselbst. — Schilderung des F. M. Steinau. — Gefecht bei Posen. — Schulenburgs Berichte über den Mangel an Disciplin in der sächsischen Armee. — Marschirt auf Befehl des Königs an die Weichsel.

Hinsichtlich des Feldzugs in Großpolen im J. 1704. s. Special-Karte von Südpreußen, v. Gilly. Berlin, 1803. in 13 Bl. — Die Blätter A. I. u. II., B. I. u. II.

1704 Wir haben früher gesagt, daß die Ereignisse des Feldzugs von 1703 in Polen die Abberufung des Corps veranlaßt hatten, welches sich bei der Reichsarmee befand.

Um vollständig die damalige Lage der Sachen beurtheilen zu können, wird es nöthig sein, sowohl die Kriegsvorfälle in jenem Feldzug in der Kürze zu erwähnen, als auch einige politische Verhältnisse anzudeuten, welche sich im Innern des Königreichs Polen seit dem Anfang des Krieges bis zu dem gegenwärtigen Zeitpunkt zugetragen hatten.

Der König August II. hatte sich im Herbst von 1702 nach Thorn zurückgezogen, und gesucht in jenem Theile von Polen Widerstandsmittel gegen die Schweden zu organisiren.

Unter diesen Versuchen verfloß der Winter, während in Warschau eine Reichsversammlung unter der Leitung des Cardinal-Primas zusammentrat. Der Cardinal Michel Radzieiowsky war Erz-Bischoff von Gnesen, und als solcher erster Fürst und Primas des Königreichs.

Die neuere Geschichte liefert wenig Beispiele von in hohen Würden stehenden Staatsmännern, welche, nachdem sie schon

in Jahren vorgerückt, gewissermaßen ohne Noth größeren Wan- 1704
kelmuth und Unbeständigkeit, mit so viel Talent und so großer Thätigkeit verbunden, entwickelt hätten, als er. Fast möchte man in den persönlichen Eigenschaften dieses geistlichen Fürsten die Vereinigung von den Vorzügen und den Fehlern finden, welche seit Jahrhunderten das Erbtheil seiner Landsleute zu sein scheinen. Seinen Bemühungen war es gelungen, den Prinzen v. Conty zum König von Polen erwählt zu sehen. Kaum hatte aber der Churfürst von Sachsen Friedrich August, welcher von einer andern Parthei auf den Thron erhoben worden war, seinen Nebenbuhler verdrängt, so wandte sich der Cardinal-Primas auf die Seite König Augusts, und erschien im Monat May 1699 an der Spitze eines zahlreichen Adels, um dem neuen Herrscher zu huldigen.

Als der Krieg zwischen den Schweden und König August sich entspann, versuchte er anfänglich alle Maasregeln zu verhindern, die Letzterer vorschlug, um die polnische Nation zur Theilnahme an diesem Kriege zu bewegen; später erschien er indessen wieder bei August in Cracau, kurz vor der Schlacht von Pintschoff, um sich als Vermittler zwischen beiden Monarchen anzutragen. August, der um diese Zeit den Frieden mit Carl XII. wünschte, ertheilte ihm die Befugniß, denselben einzuleiten. Als aber der Cardinal vor Carl XII. in Warschau im Juny 1702 sich zeigte, so erhielt er die erste Eröffnung dieses Königs, daß er eine Regierungs-Veränderung in Polen bezwecke; dies bestimmte von nun an König August II. keine Vergleichs-Vorschläge mehr zu machen, und von diesem Tage an sann er nur auf Mittel, den Krieg mit Glück gegen Carl XII. fortzuführen.

Es ist höchst wahrscheinlich, daß von dieser Zeit an der Cardinal sich heimlich auf die Seite derjenigen Parthei neigte, die eine Thron-Veränderung zu bewirken strebte.

In dieser Absicht scheint er jene Versammlung in Warschau veranlaßt zu haben, die unter dem Vorwand, einen Friedens-Versuch mit Schweden einzuleiten, in dieser Hauptstadt, welche um diese Zeit noch von den Schweden besetzt war, zusammentrat.

10 *

1704 August berief seinerseits einen Reichstag nach Marienburg in Preußisch-Polen, in welchem dem Primas das Recht streitig gemacht wurde, bei Lebzeiten des Königs eine Reichsversammlung zu veranstalten, und wo daher obige Versammlung für null und nichtig erklärt wurde. Auf demselben Reichstag zu Marienburg gelang es dem König, die Bewilligung zur Vereinigung der Pospolite von den Ständen zu erhalten.

Carl XII. hatte seine Winterquartiere von 1702 bis 1703 in den Woiwodschaften von Sendomir und Lublin bezogen; als er sich aber im Monat April nach Norden zu in Bewegung setzte, und auf dem rechten Weichsel-Ufer nach Warschau marschirte, so verlies König August Marienburg und das sogenannte Preußisch-Polen, begab sich in die Gegend des Reichs, welche die Schweden geräumt hatten, und versetzte den Reichstag nach Lublin. Auf diesem Reichstag, wo der Vorschlag von einigen Nuncien gemacht wurde, den Cardinal-Primas als einen Verräther des Vaterlands anzuklagen, und aller Würden des Königreichs für verlustig zu erklären, hatte dieser die Kühnheit, selbst zu erscheinen und am 27. Juny aufs Neue dem König den Eid der Treue zu schwören. Hier kam es am 5. July zum Beschluß, daß die Kron-Armee auf 36,000 und die Lithauische auf 12,000 Mann erhoben, und der König von Schweden im Namen der Republik befragt werden solle, ob er Krieg oder Frieden mit der Republik begehre? Zur Zeit dieses günstigen Erfolgs hatten Verhandlungen über den einzuleitenden Frieden zwischen dem Cardinal-Primas, als Chef der in Warschau vereinigten Parthei, und dem Schwedischen Ministerium statt gefunden, in welchen letzteres zwar indirect, jedoch verständlich den Wunsch der Entthronung König Augusts zu erkennen gegeben hatte.

Während dieser Ereignisse fing der Feldzug mit dem Uebergang der Schweden auf das rechte Ufer des Bugs an; bei dieser Gelegenheit überfiel der König den F. M. Steinau bei Pultusk; dieser zog sich mit den sächsischen Truppen nach Thorn zurück, welches die Schweden einschlossen und endlich mit Capitulation am 13. Octbr. einnahmen.

Der General der Infanterie v. Röbel, derselbe, welcher

Schulenburg den Ober-Befehl über die an Oesterreich über- 1704
lassenen Truppen hatte abgeben müssen, war Gouverneur der Festung, und erfuhr dies Mißgeschick, an welchem jedoch, wie es scheint, die Verminderung der Besatzung durch Krankheiten und vorzüglich durch den Scorbut, Schuld war, zu derselben Zeit, wo Schulenburg in Schwaben seinen militärischen Ruf begründete. Während der Belagerung von Thorn hatten die Schweden, unter dem F. M. Rhenschild, ebenfalls Posen an der Wartha eingenommen, und hierdurch Fuß in Großpolen gefaßt, welche Stellung späterhin die Basis der Operationen wurde, welche die Schweden nach Sachsen führten und für dies Land so unheilbringend wurden. Nach der Einnahme von Thorn und Posen rückte der König von Schweden gegen Elbingen und Danzig, erhob von diesen beiden Handelsstädten bedeutende Kriegs-Contributionen, und nahm seine Winterquartiere von 1703—1704 in diesem nördlichen Theil von Polen. Er selbst erwählte zu seinem Hauptquartiere Heilsberg, und schien eben so wenig Werth auf die mittlerweile erfolgte Rückkehr König Augusts nach Warschau zu legen, als auf die angekündigte Vereinigung des polnischen Heeres.

Die Besetzung von Posen und eines Theils von Großpolen, sowie die Winterquartiere, die König Carl XII. in Polnisch-Preußen genommen hatte, scheinen in dem König August die Besorgniß erregt zu haben, daß die Schweden versuchen möchten in seine Erbstaaten einzudringen; eine Voraussetzung, die, insofern man den König von Schweden nur einigermaaßen für consequent halten wollte, einen hohen Grad von Wahrscheinlichkeit für sich hatte.

Die Befehle zum Abmarsch Schulenburgs sind vom 20. Octbr. 1703, dem 10. März und 4. April 1704. In der Zwischenzeit schrieb der damalige sächsische Kriegs-Minister Bose jun. [1]) den 9. Februar 1704 aus Dresden folgendermaaßen an Schulenburg:

---

1) Christoph v. Bose, auf Frankleben und Seerhausen, war 1664 geboren und Sohn Christoph Dietrichs, welcher in den höchsten Staats-

1704 „J'étais fort en peine de çe que je ne reçevais aucune de vos reponses depuis mon arrivée dans ce pays-çi, jusqu' à çe qu' avant-hièr ils en arrivèrent trois à la fois, pendant quel tems les affaires sont beaucoup changées par le départ du Roi, S. M. prenant la route par la Bohême et par la Moravie. Comme le devoir d'un véritable ami demande d'avertir son ami de çe qui se passe en son égard, je vous dis Mr. que le Roi après avoir eu un réfus de la Cour Imp. de ne pas laisser s'en aller les troupes qui sont sous votre commandement, rédoubla son mécontentement contre vous de çe qu' à la persuasion de Mr. le Pce. Louis vous vous étiez éloigné si avant de ses frontières contre la tenue de votre instruction; il y en avait quelques uns, qui vous accusaient d'être intéressé et que c'était un effet de cette passion, quand vous vous mêliez dans l'oeconomie des régimens, mais Mr. Westromirsky ayant soutenu le contraire, le reste ne fit aucune impression sur l'esprit du maitre, pourvû qu'on puisse redresser le premier obstacle, à quoi

---

ämtern 54 Jahre dem Hause Sachsen gedient hatte, und 1708 im 80. Jahre starb.

Christoph hatte mehrere wichtige Gesandtschaften bekleidet, und war 1697 chursächsischer Bevollmächtigter auf dem Friedens-Congreß von Ryswick, späterhin Gesandter in Schweden, in Dänemark, in Moskau und in England gewesen. Er erhielt 1703 nach dem General v. Benkendorf die Leitung des chursächsischen Kriegs-Departements als Geheimer Kriegsrath und wirklicher Geheime Rath, nahm im Gefolge des Königs an einigen Feldzügen in Polen Theil, und verlor im Jahr 1705 seine Stelle. Hierauf wurde er des Kaisers und Reichs-Hofrath und Reichs-Pfennigmeister im Ober- und Niedersächsischen Kreis, trat abermals in sächsische Dienste, und lebte als Oberaufseher der Grafschaft Mansfeld in Eisleben. Seine Dienstverhältnisse bleiben jedoch stets, ohnerachtet der hohen Achtung, die er genossen haben muß, höchst verwickelt, indem er späterhin als Staatsgefangener auf den Sonnenstein auf etliche Jahre gebracht wurde, darauf wiederum in Freiheit gesetzt wurde und die Erlaubniß erhielt auf seinen Gütern zu leben, und endlich abermals seine Freiheit verlor, und auf der Pleißenburg in Leipzig 1741 starb. Durch seine Gemahlin, eine Fräulein v. Schleinitz, war das Gut Seerhausen sein Eigenthum geworden.

je ne vois pourtant aucun moyen, non obstant les instances 1704
réitérées de S. M. à la Cour de Vienne, car je prévois déjà par bien de raisons, que vous n'obtiendrez jamais la permission de revenir et que vous n'êtes pas en état d'exécuter les ordres de S. M. contre le gré de Mgr. le Prince de Bade."

„J'aurais souhaité votre présençe à Leipzic pendant qu'on était occupé à former une nouvelle armée; l'on comptait beaucoup sur les 6000 hs. que les états du pays devraient fournir, et quoiqu'ils les ayent refusé à présent, j'espère pourtant qu'ils s'accommoderont encore, si non en tout, au moins en partie. Je commençe à payer l'armée depuis le mois de Janvier et je continuerai toujours ou je quitterai la commission; l'argent que nous espérons de Moscovie est sujet à beaucoup d'incommodité pour l'avoir en Allemagne, faute de correspondençe et de commerçe."

Und unter dem 16. April schreibt Ebenderselbe:

„De quelque manière que je regarde cette affaire, il faut une conduite aussi sâge que la votre, pour vous tirer de ce mauvais pas, car si d'un côté les Suédois ou les Polonais rebelles s'avisaient à faire une invasion dans nos provinçes, on ferait tomber la faute sur vous, comme vous étant éloigné de nos frontières contre la tenue de vos instructions, et si d'un autre côté vous allez quitter vos postes et que le secours français forçe les lignes, le public criera de ce chef contre notre roi et attribuera ce malheur au rappel de ses troupes."

König August hatte, wie wir aus einer Stelle des ersten Briefes ersehen, einen Theil des Winters in Dresden zugebracht, und war über Böhmen und Schlesien nach Sendomir in den mittäglichen Theil von Polen abgereißt. Unterdessen hatte die ungesetzmäßige Versammlung zu Warschau, bei welcher der Cardinal-Primas wieder erschienen war, ihren Fortgang; sie erklärte am 14. Febr. den König August der Krone verlustig, machte ein Interregnum unter der Leitung des Cardinal-Primas kund, und setzte einen Tag zur Wahl eines neuen Königs an. König Carl XII. wünschte einen der Söhne

1704 des letzten Königs von Polen, Johann Sobiesky's, auf den Thron zu erheben; dieser hatte deren drei hinterlassen: Jacob, Alexander und Constantin; davon ließ August II. zwei, den ältesten und jüngsten, welche als Privatpersonen in Breslau lebten, aus Besorgniß, es könnte Prinz Jacob einen Gegenkönig für ihn abgeben, auf fremdem Boden ergreifen, und als Staatsgefangene nach Leipzig abführen. Der Prinz Alexander begab sich ins Hauptquartier Carls XII., um seine Hülfe gegen diese Gewaltthat anzurufen, und da dieser König seine bisherige Absicht, Jacob auf den Thron zu erheben, auf Alexander übertrug, so gab dieser das schöne Beispiel der Verweigerung einer Krone, um nicht seinem Bruder in den Weg zu treten.

So war die Lage der Dinge, als Schulenburg in Dresden eintraf.

Der General hatte während der wenigen Jahre, seitdem er sich in sächsischen Diensten befand, mannichfaltige Unannehmlichkeiten in seinem Dienstkreise erfahren müssen. Sein reger Pflichteifer, seine Tapferkeit und seine seltenen militärischen Einsichten, welche ihn weit über alle dazumal im Dienste König Augusts II. befindlichen Generale erhoben, waren zwar stets vom König vollständig anerkannt worden; indeßen hatten Schulenburgs Widersacher keine Gelegenheit versäumt, des Königs Vertrauen zu ihm zu vermindern, und nur durch ihren Einfluß war jeder günstige Erfolg seiner Rathschläge vereitelt worden. Außerdem sehen wir, daß einige sächsische Generale und Obersten, welche unter seinen Befehlen bei der Reichsarmee gestanden, gegen Schulenburg die Klage erhoben hatten, als hätte er in den Winterquartieren und vorzüglich bei der Gegenwart des Hülfs-Corps in der Oberpfalz, sich Vortheile zugeeignet, die den Regimentern hätten zu Theil werden sollen. Schulenburgs edles Gemüth fand sich über diese Zumuthungen empört, und begehrte entweder eine offenkundige Genugthuung oder seinen Abschied. Das als Beilage (s. Beilage X.) anbeifolgende Fragment, welches wir unter Schulenburgs nachgelassenen Schriften gefunden haben, giebt über diese Verhältnisse vollständige Aufklärung.

Wir sehen daraus, daß Schulenburg durch den kaiserlichen Residenten in Dresden der Vorschlag gemacht, die sächsischen Dienste zu verlassen, und die Aussicht eröffnet worden war, in kaiserliche zu treten. Wahrscheinlich wollte aber der General, bevor er den sächsischen Dienst verlies, der Gewißheit jener Hoffnungen versichert seyn, und wendete sich deshalb an den Prinzen Eugen von Savoyen; ein Brief dieses großen Feldherrn, d. d. Groß-Hepach d. 14. Juny 1704, dient zum Beweis für die hohe Achtung, die sich Schulenburg im vergangenen Feldzug erworben hatte, giebt jedoch über die Dienstfrage selbst nichts Entscheidendes. Diese Ungewißheit und die gnädige Behandlung, die er vom König in Sendomir erfuhr, bestimmten ohne Zweifel Schulenburg, in den Diensten dieses Monarchen zu verbleiben. Der erwähnte Brief war folgenden Inhalts: 1704

„Ich habe Meines Hochgeehrtesten Herrn Generals Schreiben den 23. May erhalten. Hochderselbe soll in allweg persuadiret sein, wie daß Ich Denenselben eine absonderlich große Estime zuerkenne, und also Mir eine vollkommene Freude machen würde, wenn allein bei Mir stünde, in dessen Verlangen sogleich von nun an einen verläßlichen Bescheid geben zu können; derweilen Ich aber anitzo vom Hof abwesendt bin, so werde Ich wohl auch nicht so fördersam von Ihro Kaiserl. Maj. pénétriren oder vernehmen können, maaßen Sie hierüber allergnädigst incliniren möchten, als wenn Ich selbsten in Person zugegen wäre; gleichwohlen aber und so viel Ich auch in Meiner Absence dazu Ersprießliches werde beitragen können, das bin Ich erbötig mit aller Beflißenheit zu praestiren ꝛc. ꝛc."

Schulenburg entschloß sich also unter diesen Umständen vom König direct seinen Abschied zu erbitten; der damalige Obermarschall v. Pflugk[1]) schrieb ihm daher auf Befehl

1) August Ferdinand Graf v. Pflugk war 1662 geboren; er war dem Prinzen Friedrich August, nachmaligem Churfürst und König von Polen, auf seinen Reisen gefolgt, hatte mehrere diplomatische Sendungen unter Churfürst Johann Georg IV., und wurde 1694 beim Regierungs-Antritt Friedrich Augusts Ober-Kammerherr, 1703 nach der Entlassung des Grafen Beichling Oberhof-Marschall

1704 Sr. Maj. aus Sendomir unter dem 19. May 1704 folgendermaaßen:

„Quoique vos lettres me sont toujours agréables, je ne sçaurais m'empêcher de vous dire que votre dernière du 11. de çe mois que je reçus avant-hièr à l'arrivée de Mr. de Vitzthum m'a effrayée, y ayant trouvé, que vous avez resolû de demander votre congé. S. M. m'a parlé là-dessus; après qu' Elle avait lûe votre lettre qui était jointe à la mienne et m'a ordonné de vous écrire à tacher de vous détourner de ces sentimens, je peux vous assurer que S. M. a une véritable estime pour vous et vous considère beaucoup; je vous prie Mr., en véritable ami, ne vous précipitez en rien, croyez moi, que l'on pourra remédier toute chose à votre satisfaction, considerez seulement vous-même que, si aussi vous auriez résolû absolument de quitter, si ce serait bien fait après le commandement, que vous avez eu des troupes de S. M., de vous en aller sans avoir vû le Roi? n'est-il pas toujours plus avantageux de faire les relations soi-même, que de les laisser faire par des autres? Reflechissez un peu sur tout cela et vous trouverez sans doute, que çe que je vous dis ne sont pas de simples persuasions, mais j'espère que vous y trouvez beaucoup de raisons; enfin je m'attends à une reponse proportionnée à mes propositions et vous assure que je suis véritablement etc.

J. Pflugk.

In dieser Zeit finden wir die erste Spur von Schulenburgs näheren Verbindungen mit dem General Patkul, von dem die Mittheilung folgenden Briefes nicht ohne Interesse seyn dürfte:

Au camp du Roi près de Sendomir. 23. May 1704.

Je me donne l'honneur de vous avertir par ces lignes que j'ai parlé au Roi sur votre sujet; je puis vous assurer

---

und Premier-Minister; nach dem Frieden von Altranstedt trat er auf Begehren des Königs von Schweden aus dem activen Dienst. Er starb 1712 und hinterließ keine männlichen Nachkommen, so daß der Zweig der Grafen v. Pflugk mit ihm erlosch.

Mr. que les contes de vos ennemis n'ont rien gagné sur 1704
l'esprit du Roi, au contraire il approuve votre conduite en tout et promet de vous soutenir avec vigueur; j'espère que vous en serez content et que vous vous ferez un plaisir de travailler conjointement avec nous pour retablir les affaires délabrées d'un maître, qui a un véritable dessein d'y mettre autre ordre, dont j'ai des preuves convaincantes en main; je vous conjure Mr. de faire en sorte que nous vous puissions voir au plutôt en ce pays-çi à la tête de l'infanterie. Tout va içi à merveille, on soupire dans tout le royaume après l'armée de Saxe. J. R. Patkul.

Patkul stand schon in jener Zeit im Dienst des russischen Czars, als General-Lieutenant, wirklicher Geheimer Rath und Gesandter am Hofe König Augusts II. Wir werden genöthigt seyn, öfters und umständlich auf die Verhältnisse und Schicksale dieses unglücklichen Staatsmannes zurückzukommen, und erwähnen hier nur dieses Briefs, um den Einfluß zu beweisen, den Patkul damals am Hofe des Königs genoß, und die Achtung, welche er Schulenburg zollte.

Mehr als obenerwähntes Schreiben mußte ein eigenhändiger Brief des Königs Augusts selbst, davon das Original sich vor uns befindet, auf den Entschluß Schulenburgs, vorerst noch im Dienste des Königs zu bleiben, wirken.

Dieser Brief, gegeben zu Sendomir am 18. May, lautet also:

„Je ne sais pas la raison que vous pouvez avoir de demander votre congé, votre conduite a été telle, que j'en ai été très-satisfait, ce qui me met d'autant plus en étonnement que dans un tems où j'ai besoin de vous, vous demandez votre retraite; ainsi à l'heure qu'il est je ne puis me passer de Vous la réfuser espérant que comme homme d'honneur vous ne quitterez pas dans les conjonctures présentes; si vous avez quelque chagrin, parlez, on vous fera justice, et je serais toujours votre très-affectionné

Auguste Roi."

Bei Männern von edlem Gefühl verfehlen solche Aeußerungen, in denen Monarchen ihre Achtung und ihre Zufriedenheit aussprechen, selten ihren Zweck, und Schulenburg mag

1704 sich schon nach Empfang dieser Zeilen entschlossen haben, länger im sächsischen Dienst zu verbleiben.

Er begab sich hierauf im Juni nach Sendomir zum König; dort wurden die Ursachen der Unzufriedenheit, welche ihn veranlaßt hatten seinen Abschied zu wünschen, vollständiger auf eine Weise beseitigt, die ihn vermochte das angetragene Commando der sächsischen Truppen in Polen zu übernehmen, und er kehrte nach Sachsen zurück, um die nothwendigen Anordnungen zur Eröffnung des Feldzugs zu treffen.

Die Truppen, die von der Reichsarmee zurückgekehrt waren, befanden sich in dem übelsten Zustande; sie bedurften einer vollständigen Equipirung. Eben so wenig waren Magazine in demjenigen Theil von Sachsen angelegt, von wo aus der Marsch nach Polen unternommen werden sollte. Der König, welcher mit Sachkenntniß und Eifer sich aller militärischen Angelegenheiten annahm, hatte selbst den Plan entworfen, nach welchem die Verstärkungen, welche aus Sachsen anrückten, sich mit den Streitkräften, die er in der Gegend von Sendomir versammelt hatte, vereinigen sollten.

Das sächsische Truppen-Corps sollte bei Beuthen über die Oder gehen, und über Sieradz und Peterkau nach Sendomir auf einer Straße marschiren, welche der König mit eigner Hand auf einer geographischen Karte angezeichnet hatte; um diesen Marsch zu decken, sollte der General-Major Brause mit 1000 Pferden in die Gegend von Posen rücken, um sich daselbst mit einem polnischen Heer, welches der Groß-Kron-General von Groß-Polen Radomirsky befehligte, zu vereinigen. Der König selbst wollte sich von Sendomir nach Belez begeben und dort ein Corps von 12,000 Russen an sich ziehen, die sich über Kiow näherten.

Schulenburg gab diesem Operations-Plane nicht seine Beistimmung. Indem er mit Recht wenig Vertrauen in die polnischen und russischen Streitkräfte setzte, anderseits aber die sächsischen Truppen größtentheils aus neuen ausgehobenen Rekruten bestanden, so schlug er vor, der König möchte seine Streitkräfte in zwei Armee-Corps theilen; das erste unter dem König selbst, zu welchem die erwarteten Russen stoßen sollten,

möchte an der Weichsel operiren, um den König von Schwe- 1704
den in die südliche Gegend von Polen zu locken, woselbst Schulenburg glaubte, daß die Feinde wegen der Schwierigkeit der Verbindung mit ihrem Vaterland und den nördlichen Küsten Polens und Pommerns mit Vortheil durch den kleinen Krieg bekämpft und geschwächt werden könnten; das zweite Corps sollte sich an der Wartha halten, und durch die Einnahme von Posen versuchen sich in Groß-Polen festzusetzen und in dieser Stellung Sachsen für einen Einfall zu decken.

August behielt jedoch den ersten Operationsplan bei, wahrscheinlich durch den Rath der polnischen Magnaten bestimmt, welche vorzogen, ihre Besitzungen durch die polnische Armee gegen die Bedrängnisse zu schützen, die ihnen von Seiten der Schweden droheten, ohne auf irgend eine Weise die Gefahr zu berücksichtigen, welcher die Erbstaaten des Königs ausgesetzt waren, sobald man keine Truppen-Abtheilung in Groß-Polen aufstellte, um von dieser Seite Sachsen zu schützen.

Das sächsische Truppen-Corps, welches sich in Guben in der Niederlausitz versammelt hatte, brach von da am 27. Juny auf; es bestand aus 3500 Pferden und 7800 Mann Infanterie, welche in 6 Cavallerie- und 11 Infanterie-Regimenter vertheilt waren. Der F. M. Steinau commandirte en chef, unter ihm der General-Lieutenant Schulenburg, so wie die General-Majors Plötz, Westromirsky, Brause, Drost und Oertzen[1]).

1) Der Stand dieser Truppen war folgender:

Reiterei.	1810.	Fußvolk.	1810.
Leib-Kürassiere,		Fuß-Garde,	König.
Churprinz,	Churfürst oder	Königinn,	Low.
Eichstedt,	König.	Drost,	
Gersdorf.		Churprinz,	Niesemeuschell.
Bayreuth-Dragoner,		Kanitz,	
Oertzen.		Fürstenberg,	
		Westromirsky,	
		Schulenburg,	
		Thielau,	
		Wackerbarth,	Prinz Maximi-
		Sacken.	lian.

1704 Die Armee ging von Guben aus bei Welmnitz über die Oder, und von da über Beuthnitz, Altenhammer nach Cozmin in Polen, woselbst sie am 1. July eintraf; sie befand sich am 11. bei Coblin, als die Nachricht sie hier erreichte, daß der General Rhenschild, den der König von Schweden mit einem Corps ausgeschickt haben sollte, vorrücke.

Der F. M. Steinau war im Begriff mit der Armee über die Oder nach Sachsen zurückzugehen, und war mit diesem Rückmarsch so beschäftigt, daß er sogar dem Entwurf Aufmerksamkeit schenkte, den östlichen Theil von Sachsen durch Feldbefestigungen, die man dazumal Linien nannte, zu vertheidigen; ein in damaliger Zeit zur Mode gewordenes Vertheidigungs-System. Diese Linien, um welche es sich handelt, sollten von Guben ab mittäglich bis an die böhmische Grenze gezogen werden. Der Ingenieur-Officier, welcher den Auftrag erhielt, über diese Frage ein Gutachten zu stellen, urtheilte: „es sei eine Entfernung von 26 deutschen Meilen, vermöge der unregelmäßig laufenden Grenze, zu befestigen; zu diesem Zwecke müsse man 416 Poligones aufwerfen, und man bedürfe mehr als 100,000 Mann, um solche zu vertheidigen."

Indessen vermochten die Vorstellungen Schulenburgs, daß die rückgängige Bewegung fürs Erste nur bis Cupnitz hinter der Obra ausgeführt wurde. In einem Bericht dieses Generals an den König vom 16. July finden wir folgende Betrachtungen, die wir vorzugsweise beibringen, weil sie nach unserem Erachten das militärische Urtheil Schulenburgs in das vortheilhafteste Licht stellen:

„Nachdem sich die Armee bis in die Gegend von Cupnitz zurückgezogen hatte, so war Schulenburg der Meinung, der Rückzug sollte eingestellt werden, weil selbiger nur dazu dienen könne, die Freunde muthlos zu machen, und das Vertrauen der Feinde zu vermehren; seine Ansicht war, längs der Obra sich der Wartha zu nähern und eine Demonstration auf Posen zu machen; er hielt diese für um so leichter ausführbar, als er die Ueberzeugung hatte, daß die Schweden nicht wagen würden, von Posen aus vorwärts gegen die Sachsen vorzurücken."

Diese Gründe verfehlten ihren Eindruck auf den König nicht, 1704
und der F. M. Steinau erhielt den Befehl, diese Bewegung auszuführen.

Mittlerweile hatte Schulenburg einen neuen Bericht unter dem 17. July an den König gerichtet, welcher mit mehr Ausführlichkeit den so eben angedeuteten Operationsplan entwickelte. Nach selbigem schlug der General vor: „alle Uebergänge der Wartha zwischen Schwerin und Posen unzugänglich machen zu lassen, und alle Fähren und größere Kähne zu versenken; hierdurch solle die linke Flanke der Armee gedeckt werden; die rechte wolle man durch Truppen=Abtheilungen sichern, welche man nach Costen, Kalisch bis Colo und der Stadt Wartha vorbringen müsse; alsdann habe man mit der Armee die Obra zu überschreiten, und sich in die Nähe von Posen zu begeben, welchen Platz Schulenburg einzunehmen hoffte, wenn man ihm vier Stück 12pfündige und sechs Stück 6pfündige Kanonen zu Gebot stellen wolle; diese Bewegung schien dem General um so zweckmäßiger, als hierdurch die Subsistenzmittel hinter der Armee geschont, und diese Gegend hierdurch geeignet werden würde, den Sachsen die Winterquartiere daselbst nehmen zu lassen; zur selbigen Zeit müßte eine Position bei Cupnitz hinter die daselbst längs der Obra gelegenen Sümpfe verschanzt werden, um eine sichere rückwärtige Stellung darzubieten."

Schulenburg fügte hinzu, „daß die vom F. M. Steinau angeordnete rückgängige Bewegung einen solchen nachtheiligen Einfluß auf die Gesinnungen des Adels in Groß=Polen gehabt habe, daß, wie ihm der Kron=General Radomirsky versichere, von 3000 Edelleuten, die sich als confederirt zu Gunsten König Augusts auf dem kleinen Landtag (Dietine) zu Costen vereinigt hätten, nur 250 noch gegenwärtig seien."

Die unglücklichen Feldzüge, welche König August seit 1700 in Polen machte, und welche nun auf Kosten seiner sächsischen Erbstaaten ausgeführt wurden, hatten das Kriegswesen in Sachsen so zerrüttet, daß das Ober=Kriegs=Collegium zu Dresden dem General die zehn Stück Geschütz, welche er begehrte, zu verweigern genöthigt war, unter dem Hinzufügen „daß sich nur sieben brauchbare Stücke auf den Wällen in

1704 Dresden befänden, und weder Munition noch Artillerie-Pferde vorhanden wären, um diejenige Artillerie, welche etwa noch in Leipzig vorhanden sein könnte, nach Polen zu schaffen."

Unter dem 9. August wurde jedoch Schulenburg versprochen, in einem Monat Zeit die erwähnten Kanonen zur Belagerung von Posen an ihre Bestimmung zu bringen.

Schulenburgs Bericht vom 8. July veranlaßte wahrscheinlich den König, den F. M. Steinau von der Armee zu sich nach Jaroslaw zu berufen; indeß wurde dieser durch feindliche Haufen verhindert, den König zu erreichen, und traf unerwartet wieder bei der Truppen-Abtheilung ein, welche Schulenburg nunmehr en chef befehligte. Die Handschriften, nach denen wir zum Theil arbeiten, geben eine traurige Schilderung von diesem Feldherrn, dessen gänzlicher Mangel an Talent ihn zum Oberbefehl unfähig machte, und dessen Fehlern größtentheils der unglückliche Erfolg der Waffen des Königs Augusts in Polen während aller vorhergegangenen Feldzüge zuzuschreiben ist. Es scheint kaum glaublich, daß der F. M. die Jagd so leidenschaftlich liebte, daß er alle Geschäfte diesem Vergnügen unterordnete.

In einer Nachschrift zu einem Schreiben Schulenburgs an den König vom 16. July sagt er:

„der in Costen vereinigte Adel habe dem F. M. eine Deputation geschickt, die ihn nicht habe sprechen können, weil er zwei Tage auf der Jagd zugebracht habe."

und in einem vertrauten Schreiben desselben an den preußischen General v. Tettau bemerkt er:

„die Venetianer hätten schon, als er in ihren Diensten stand, von Steinau gesagt: il suo proposito principale i la caccia, ma il nostro servizio sta in parentesi."

Es wird dem Leser nicht entgangen sein, daß die Umstände die Entwickelung der Operationen in der Maaße herbeigeführt hatten, wie sie Schulenburg früher vorgeschlagen, und daß einerseits der König von Cracau aus im südlichen Polen operirte, während Schulenburg an der Wartha stand und Posen bedrohte (s. Beilage XL.). Der Kriegs-Minister Bose

schrieb ihm unter dem 7. August zwei Meilen von Jaroslaw: 1704
„er solle sich

1) vor Allem in Groß-Pohlen zu behaupten suchen, um diese Provinz im Gehorsam gegen ihren rechtmäßigen König zu erhalten;
2) diese aus neuen Aushebungen bestehende Armee wo möglich nicht einer Haupt-Aktion aussetzen, und ihr stets den freien Rückzug nach Sachsen erhalten, indem die Hauptstütze des Königs in seinen sächsischen Truppen bestünde."

Diesen ausdrücklichen Befehlen des Königs fügte der Minister noch die Vorschrift hinzu: „den pohlnischen Adel in Groß-Pohlen durch Beobachtung der besten Disciplin und durch die Hoffnung, die Schweden aus Posen zu vertreiben, bei guten Gesinnungen zu erhalten."

Diese Befehle bestimmten Schulenburg sich in der Richtung von Posen in Marsch zu setzen; indeß war diese Bewegung und der Angriff auf diesen Platz mit nicht geringen Schwierigkeiten verknüpft. In einem Bericht vom 10. August an den König sagt er;
„daß der F. M. Steinau bei seinem Abgang ihm nur die Kriegs-Casse mit 2000. Thaler Bestand übergeben habe; daß die Lebensmittel in Groß-Pohlen zu mangeln anfingen und daß ihm noch die nothwendige Artillerie zur Belagerung von Posen fehle.

Indeß hatte er am 5. August das Lager von Bentch (Zbaszyn) verlassen, in welchem er den General-Major Drost mit vier Bataillonen zurückließ; dieser hatte den Auftrag, das Lager hinter der Obra zu verschanzen, in welches man beschlossen hatte, sich im Nothfall zurückzuziehen.

Am 7. rückte die Armee bis nach Cziracowa an der Wartha vor. Da Schulenburg indeß von dem General-Major Brause, welchen er mit 1000 Pferden in seiner rechten Flanke gegen Costen abgesandt hatte, und der sich dermalen in Bugk befand, die Meldung erhielt, daß die Schweden aus Posen anrückten, so legte er einem aus den drei Generalen Drost, Plötz und Oertzen und sämmtlichen commandirenden Obersten versammelten

1704 Kriegsrathe die Frage vor: „was unter diesen Umständen am rathsamsten zu thun sei?"

Nach dem noch vorhandenen Protokoll stimmten alle ohne Ausnahme, „daß zur Erhaltung der Armee und zur Deckung von Sachsen nicht allein in das Lager von Cupnitz zurückzumarschiren, sondern man sich bis Meseritz und in die Nähe der Oder zurückzuziehen habe, weil obgedachtes Lager nicht hinlänglich fortificiret und daselbst die Subsistenz-Mittel sparsam wären;" auch war die Ansicht dieses Kriegsraths, „den eingenommenen Posten von Filena an der Netze zu verlassen."

Die Entschlossenheit Schulenburgs wird durch die Entscheidung charakterisirt, welche er ganz im Widerspruch mit jenem Gutachten ausführte, und welche der Erfolg der unternommenen Expedition rechtfertigte.

Schulenburg zog den General Drost an sich und rückte am 13. bis Buchewo vor; von da marschirte er am 16. mit 2000 Mann Infanterie und 2000 Pferden, welche aus 6 Bataillonen und 24 Schwadronen bestanden, zum Ueberfall des schwedischen Corps ab, welches bei Posen unter den Befehlen des Generals Meyerfeldt stand. Die General-Majors Brause und Oertzen befehligten die Reuterei, der General-Major Drost das Fußvolk. Am 18. ging das Corps oberhalb Posen über die Wartha, die Infanterie setzte auf großen Kähnen über den Fluß, die Cavallerie durchschritt ihn an seichten Stellen; nach dem Uebergange verbarg sich Schulenburg während des übrigen Theils der Nacht in einem dicken Wald und ließ 500 Mann mit 4 Kanonen bei diesem Punkt zu dessen Sicherung zurück; mit Anbruch des Tages, den 19. August, rückte das Corps, die Infanterie im Centrum und die Cavallerie auf beiden Flügeln, vor. Schulenburg befand sich selbst an der Spitze der Reuterei auf dem linken Flügel, und warf damit die Schweden, welche durch zwei sächsische desertirte Dragoner aus ihrer Sicherheit geweckt worden waren, über den Haufen. Zu derselben Zeit aber wurde die sächsische Reuterei, die sich auf dem rechten Flügel befand, von der schwedischen geschlagen, und flüchtete sich bis an den erwähnten Wald. Die Feigheit dieser Reiterei, denn nur ein einziger wackerer Officier, der Rittmeister

Graf Prommnitz, blieb auf dem Platz, versetzte das sächsische 1704
Corps in die größte Gefahr; der vortreffliche Geist des Fußvolks aber erhielt nicht allein das Gefecht, sondern es gelang ihm nach einem Kampf von anderthalb Stunden, die Schweden in die Stadt Posen zurückzutreiben. Der Feind verlor sein Lager, 7 bis 800 Mann, 5 Standarten, 2 Paar Pauken und 2 Kanonen; Schulenburg zog sich nach dem Gefecht auf das linke Ufer der Wartha zurück, woselbst er sich am 21. bei Tomnitz mit dem übrigen Theil der Armee vereinigte.

Diese Unternehmung wäre wahrscheinlich ohne die Desertion der zwei Dragoner besser gelungen, indem dann der Ueberfall der Schweden vollständig gewesen wäre. Der Mangel an Geschütz, die Indisciplin und Feigheit eines Theils der sächsischen Cavallerie waren die wesentliche Ursache, warum dieser Versuch sich darauf beschränkte, die Schweden mit Verlust aus dem Felde geschlagen zu haben. Wir haben einen ausführlichen Bericht Schulenburgs aus Tomnitz vom 22. August vor Augen, worin er dem König die gegenwärtigen Ereignisse umständlich meldet. Er rühmt die vortreffliche Haltung der Infanterie, so wie das Benehmen der General-Majors Brause und Drost, tadelt aber ohne Schonung die Aufführung der Cavallerie, die den rechten Flügel bildete; er schlägt darin dem König vor, zur Strafe 500 Mann dieser Reuterei den Dienst zu Fuß machen zu lassen und den Schuldigsten ernstliche Strafen aufzuerlegen. Dieser glückliche Erfolg der sächsischen Waffen hatte, nach jenem Bericht, den günstigsten Einfluß auf die Gesinnungen des Adels in Groß-Polen ausgeübt, und Schulenburg verdankt einen Theil des Gelingens dieser Unternehmung den Bemühungen des Kron-Generals und seines Bruders, welche ihm die Mittel verschafften, über die Wartha gehen zu können. Aus Tomnitz rückte die Armee bis Lübow vor, nur eine Stunde von Posen entfernt gelegen.

F. M. Steinau war in Tomnitz am 23. wieder bei der Armee eingetroffen, übernahm jedoch den Oberbefehl über dieselbe nicht wieder, sondern begnügte sich mit der Ehre, die Parole auszugeben. Hier in Lübow erhielt Schulenburg den bestimmten Befehl, zu der Armee des Königs bei Warschau

11 *

1704 zu stoßen. Nachdem er also seinen Rücken durch die bei Gupnitz verschanzte Stellung gedeckt, den Posten von Filene an der Netze zurückgezogen und Magazine in Meseritz angelegt hatte, setzte er sich Anfangs September über Gnesen nach Szacrozin an der Weichsel in Bewegung.

Uebrigens verbarg Schulenburg weder dem König, noch dem Kriegsminister den schlechten Zustand der Disciplin des Heeres. In dem erwähnten Berichte vom 22. August äußert er sich hierüber ohne Rückhalt; es heißt darinnen:

„Je souhaiterais que V. M. puisse amuser les ennemis et éviter un coup de désespoir, que le Roi de Suède fera sûrement dès qu'il se verra pressé; la bravoure est autant à craindre avec ces ennemis, que leur valeur et leur fermeté, qui sont une suite de la rigueur des châtimens et de leur grand attachement au serviçe, au lieu qu' içi à l'armée on est sans discipline et sans aucune subordination, et si on ne laisse faire un chacun ce qu'il trouve à propos, on est exposé à des procès et à des quérelles. V. M. aura la bonté de se souvenir de tout ce que j'ai eu l'honneur de lui dire dans mes précédentes; il n'y a qu' Elle qui en court le plus grand risque, de même que les gens d'honneur; j'avoue que je suis hors de moi-même, quand je songe à tout ce que j'ai vû arriver depuis deux ans parmi Ses troupes et l'on ne viendra à bout de redresser les affaires, à moins de sacrifier vingt ou trente personnes, sans aucun égard personnel et sans la moindre miséricorde, mais alors je promettrais qu'en quinze jours de tems on irait bien loin en cette affaire et qu'on pourrait bientôt compter sur les troupes; tout depend de V. M. et tout ce que je demande en grâçe c'est qu' Elle veuille laisser le Mal. à la tête de ce corps de troupes, et me permettre que je puisse aller soigner ma santé qui est entièrement en désordre."

Unter dem 30. August schrieb Schulenburg an den Kriegs-Minister Bose:

„Il n'y a plus ni discipline ni subordination, ni justiçe dans l'armée; un homme d'honneur doit craindre de commander une cavalerie pareille et de vouloir retablir l'ordre;

le Roi le sait très-bien, car non seulement que j'en ai 1704
parlé dans toutes mes lettres, mais j'ai même cité des faits particuliers et j'ai prédis les suites qui arrivèrent de ce qu'on ne punit pas assez rigoureusement, qu'on considère tout ce qui s'est passé depuis deux ans parmi les officiers, tout ce qu'ils ont entrepris contre les Généraux commandans, et que par tout ailleurs on aurait regardé comme des horreurs, mais que chez nous on laisse impuni; les choses sont même venues au point, que les officiers qui vont à la Cour pour y pallier leurs fautes, bien loin qu'on les y reçoive mal, on s'étudie de les tranquilliser et de les contenter, sans se soucier de ce qu'il en arrive ensuite pour les Généraux; le Roi y perdra le plus, car pour mon particulier, je tirerai mon épingle du jeu, préférant de manger du pain sec, à mêner une vie où l'on n'a ni plaisir, ni satisfaction et où l'on est exposé de vivre avec des gens qui sont presque toujours ivres et où l'on risque de perdre sa réputation et son honneur pour la vie."

Bevor wir den weiteren Fortgang des Feldzugs in diesem Theil von Polen vortragen, müßen wir in der Kürze der Ereignisse Erwähnung thun, welche vom Frühjahr an im mittäglichen Theile des Reichs, woselbst sich der König August befand, statt gefunden hatten.

Beilagen zum 7. Abschnitt.

Beilage X.

P. M. des campagnes 1703. et 1704.

Le Général Schulenburg se trouvant comme Feldmaréchal-Lieutenant au service de l'Empereur Léopold avec 10. m. hs. de troupes de Saxe, avait reçû des ordres réitérés du Roi de quitter la Suabe sans le moindre retard et avec le corps de troupes sous ses ordres. Cependant le Pce. Louis de Bade, le Pce. Eugène et quelques Ministres de l'Empereur firent savoir au Général Schulenburg par leurs differentes lettres qu'il eut à s'arréter, que l'Empereur desirait beaucoup que le Général ne partit point et qu'il se chargait de faire consentir le Roi de Pologne à ce que ce corps de troupes restât à son service pendant le reste de la campagne.

Mais Schulenburg avait pris son parti, et ayant conduit ses troupes à Schweinfurt, 5. m., il les quitta et se rendit à Dresde, le Roi étant en ce tems-là à Sendomir en Pologne.

Schulenburg était très-sensible à tout ce qui venait de lui arriver et outré que le Sr. Plötz, les colonels Jordan et Eickstedt avaient animé quelques uns des autres Colonels et débitaient, quoique sans aucun fondement, que Schulenburg avait profité dans les quartiers aux depens des régimens.

Il en fut piqué au vif, et disait, que c'était des malheureux et des canailles, qui pouvaient seulement penser à le juger capable de semblables proçedés, d'autant plus, qu'on avait décompté avec le commissariat de l'Empereur et avec les états des quartiers: que les colonels et les régimens n'avaient pas seulement ce qui leur avait été assigné, mais même au de là, ainsi qu'il avait resolu de quitter le service du Roi.

Pendant ces entrefaites le Resident de l'Empereur à Dresde vint le trouver et lui demanda sous serment de garder le secrét sur ce qu'il avait à lui proposer.

Il lui dit ensuite qu'il avait l'ordre de lui marquer de la part de son très-puissant monarque, qu'il n'avait qu'à quitter de bonne grâçe le service du Roi et qu'on aurait dans la suite soin de lui, d'une manière qu'il aurait lieu d'en être content, à quoi il ajoutait qu'il jugerait facilement combien il lui serait difficile de réussir en Saxe par tant de circonstances qu'il croyait inutile d'alleguer.

Schulenburg lui repondit, qu'il en garderait le secret et qu'il avait déjà resolu ci-devant de quitter le service, en sorte qu'il avait déjà écrit pour cet effet à S. M. et au Grand-Maréchal Comte de Pflug.

Le Roi repondit au Général Schulenburg (d. d. Sendomir am 18. Mai 1704. s. oben S. 155.) en des termes très-gracieux, le félicitant de ce qu'il avait fait à la tête de ses troupes dans l'Empire et le conjurant s'en aller le joindre à Sendomir, quand même ce ne serait que pour bien faire rapport du commandement et des commissions qu'il avait eues de sa part.

Le Gr.-Maréchal s'étendit d'avantage dans sa reponse, (d. d. Sendomir am 19. May 1704. s. oben S. 153. u. 154.) marquant qu'il aurait tort de quitter le Roi dans les conjonctures présentes, qu'il en serait mal-jugé de bien des gens, que S. M. avait toutes les bonnes intentions pour lui, et qu'il en verrait les effets, à quoi venait que la plûpart des colonels, de même que le Gal. Plötz et Vestromirsky venaient de se plaindre, de les avoir traités au retour de l'Empire trop cavalièrement et qu'il ne pourrait pas se dispenser de venir rendre compte au Roi à Sendomir du commandement qu'il avait eu, et de tout ce qui s'était passé pendant qu'il avait été au service de l'Empereur, qu'il le conjurait et qu'il lui conseillait en bon ami de ne pas manquer à cette dernière demarche.

Ayant fait lire ces lettres au Résident de l'Empereur; Schulenburg ajouta qu'il ne pourrait jamais se passer d'aller trouver le Roi à Sendomir. Le Résident repliqua: „C'en est donc fait, je connais du reste le Roi, il saura Vous empaumer et Vous donner de si belles paroles, que Vous resterez certainement à son service. Si Vous voulez suivre mon avis, feignez plutôt une maladie, allez prendre les eaux à Carlsbad ou à Töplitz, tachez de gagner du tems: les troupes de Saxe en attendant entreront en Pologne, Vous. Vous debarrasserez parfaitement bien du service: que pourriez Vous faire de mieux étant sûr, qu'on aura soin de Vous de notre côté, et que Vous feriez sûrement Votre fortune?“ Le raisonnement du Résident était juste, mais d'un autre côté le Gal. avait aussi des mésures à garder par bien des circonstances. Il resolût donc s'en aller trouver le Roi à Sendomir avec ferme propos de se debarrasser du service, mais le Roi le sût prendre de si bonnes manières et le pris, pour ainsi dire, de considérer la situation où il se trouvait, il lui promit de faire pour lui tout ce qu'il pourrait désirer raisonnablement, et le pressa de lui promettre de le servir du moins encore cette campagne, que Schulenburg consentit à la fin, quitta le Roi et retourna en Saxe.

Schulenburg étant près du Roi, se plaignit du procedé de Plötz et des colonels Jordan et Eickstedt, aussi de la plûpart des commandans des régimens, qui avaient osé l'accuser d'avoir profité aux depens des troupes, qu'il ferait connaître, que ce qu'ils avançaient, était faux, et qu'il avait agi même avec plus de générosité à leur égard qu'il n'aurait dû faire.

Qu'il en demandait justice à S. M. d'autant plus, qu'il n'y avait guères de discipline dans ses troupes, et que bien des gens se reposaient sur des appuis de leurs amis à la Cour. Le Roi, pour le contenter, cassa le régiment de Jordan; en échange pour consoler celui-ci, il lui dit en particulier, qu'il lui donnerait de l'argent pour lever un autre régiment, ce qui fut fait aussi, il eut l'argent nécessaire et il leva un régiment de dragons.

Le Roi ordonna aussi au Feldmaréchal Steinau de prendre connaissance des différents entre le Gal. Schulenburg et les colonels, et cette affaire fut à la fin ajusté à l'aimable et à la satisfaction du Général.

Schulenburg étant de retour à Dresde, où il avait fait venir commissaires de l'Empereur, pour faire ajuster de nouveau les décomptes avec les troupes; on ne vit que trop, que personne n'avait raison de se plaindre: bien au contraire on avait été payé de reste, sans compter que le Gal. Schulenburg avait donné aux Généraux et aux autres officiers de l'argent qu'il avait tiré du haut Palatinat, ce qu'il n'était nullement obligé de faire.

Beilage XI.

Lettre de Monsieur de Bose au Général de Schulenburg.

deux lieues de Jaroslav, ce 7. Août 1704.

Monsieur.

Le Roi m'a ordonné de vous écrire, qu'il souhaite fort, que vous finissiez l'affaire facheuse avec les colonels par une déclaration honnête, ainsi que S. M. a trouvé à propos de l'ordonner au Feldmaréchal par le dernier courier. Je vous en prie aussi par bien des raisons et vous assure que cela fera un grand plaisir à notre Auguste maître; faites-le par générosité plutôt que par mandement. L'incluse vous apprendra, Monsieur, les intentions de S. M. à l'égard de ce que vous avez à faire avec le corps de troupes, qui est sous vos ordres. Le tout roule sur ces deux points:

1) de se maintenir dans la Grand-Pologne autant qu'on peut, même contre une force majeure; car c'est par là qu'on tient cette province très-considérable en devoir envers leur légitime souverain.
2) de ne pas exposer cette armée nouvellement levée à un péril évident et de se conserver toujours la retraite libre vers la Saxe. Tout le soutien de S. M. étant uniquement fondé sur la conservation de ces troupes et de ses pays héréditaires. J'y pourrais ajouter
3) qu'il fallait flatter la noblesse de la Grand-Pologne de toute manière par l'observation d'une exacte discipline militaire, par l'espérance qu'on leur donne de déloger les Suedois de Posen et par des civilités dont on doit combler chacun sans que cela coute plus que de bonnes paroles.

Je compte sur votre bonne conduite, Monsieur, et le Roi est déjà persuadé, que vous redresserez le passé et mettrez bon ordre pour l'avenir. Car pour le present je vous assure que le Général Radomirsky et toute la Noblesse ont fait des plaintes horribles, qui ont extremement déplû à S. M. comme étant visiblement contre ses interêts; ainsi Monsieur, en faisant observer une rigoureuse discipline militaire vous vous fortifierez dans les bonnes grâçes du maître et vous augmenterez la bonne réputation, que vous avez déjà acquis par tout, où vous avez été à la tête de quelques corps de trouppes.

Je vous dois aussi parler de l'opération de notre côté. Le Lieutenant-Général Brand après avoir joint 4. m. Cosaques, est allé sur la Vistule pour empêcher l'ennemi à passer cette rivière, comme il fait la mine à le vouloir faire à Sendomir et à Sarigost, pendant que nous marchons vers Lublin, pour nous tourner de là du côté de la Vistule, ou du Boug sélon les mouvements de notre adversaire, car il faut savoir que la véritable intention de S. M. est de gagner du tems par des marches et contremarches, de faire de la diversion d'un ou d'autre côté, pour empêcher que l'ennemi ne vous tombe sur les bras avec toutes ses forçes, et d'éviter de toute manière de venir aux mains, jusqu' à ce que nous soyons renforçés par l'armée de Moscovie et par celle des Cosaques. L'infanterie moscovite nous joignit hièr; elle consiste en 11. régiments, qui font encore 9080. hs., jeunes gens, assez bien armés et exerçés, les officiers ne valent rien du tout. En un mot, c'est un corps dont on peut se servir derrière les retranchements, mais point en bataille rangée.

L'on nous assure de tous côtés, que le Roi de Suède est avec le gros de son armée sur la Vistule pour passer cette rivière; cependant comme il tarde de jour à autre à mettre ce dessein en exécution, il m'est venû en tête, si peut-être ce passage n'est qu'une feinte pour nous amuser içi, pendant qu'il marche sécrètement contre vous, ainsi vous avez lieu d'être bien sur vos gardes. etc.

Bose.

Achter Abschnitt.

1704.

Vorfälle in Polen im Anfang des Jahres. — Schilderung des Stanislaus Lescinsky. — Weitere Ereignisse des Feldzugs des Königs von Schweden und des Königs August. — Eigenhändiges Schreiben des Letzteren an Schulenburg. — Schulenburg vereinigt sich mit dem König bei Wisogrod an der Weichsel. — Rückzug von Warschau durch Großpolen nach Sachsen. — Gefecht bei Punitz. — Der General geht aufs linke Oderufer über, und bezieht die Winterquartiere in Sachsen. — Nähere Umstände dieses Rückzugs. — Schulenburg wird zum General der Infanterie ernannt. — Er lehnt aus Bescheidenheit diesen Beweis der königl. Zufriedenheit ab.

1704 König August war im Februar in Cracau eingetroffen; nachdem diese Stadt aber durch den General Rhenschild bedroht war, zog er sich nach Sendomir zurück. Er versammelte daselbst eine General-Confederation, welche, mit Bezugnahme auf den im Jahre 1702 und 1703 in Lublin und Marienburg gehaltenen Reichstag, allen Vorschlägen und Absichten, welche die Versammlung von Warschau ausgesprochen, insbesondere aber der Absetzung Königs Augusts, förmlich widersprach. Diese Versammlung schritt indeß unter dem Vorsitz des Cardinal-Primas vorwärts; um ihre Entschlüsse zu beschleunigen, setzte sich der König von Schweden aus seinen Quartieren, welche er in Polnisch-Preußen genommen hatte, Ende Juny in Bewegung, und befand sich am 30. mit seinem Heer bei Blonie. Seine Erscheinung brachte die Unterhandlungen zur Entscheidung; der Friede zwischen Polen und Schweden wurde eingeleitet, und am 19. July wurde der Palatin von Posen, Stanislaus Lescinsky, zum König erwählt.[1])

---

1) In einer Handschrift, welche sich unter unsern Materialien befindet, und welche den Titel führt: „Etat de la Pologne de 1703." äußert sich der Verfasser über Stanislaus Lescinsky folgendermaaßen:

Sobald Carl XII. diesen seinen Zweck erreicht hatte, suchte 1704
er seinen Gegner, den König August in Sendomir auf. Letzterer verlies diese Gegend und marschirte nach Jaroslaw, um sich daselbst mit 12 Bataillonen Russen zu vereinigen; von hier aus machte König August den in der Kriegsgeschichte berühmten Flankenmarsch bis nach Sockal, am rechten Ufer des Bugs 12 bis 14 Meilen nördlich unterhalb Lemberg gelegen; von Sockal aus sendete er gleichzeitig den General Benediger mit dem russischen Fußvolk und aller Bagage auf dem rechten Ufer des Bugs über Brzesc-Litofsky ab, um mit ihm zu Sakrozin, wo sich dieser Fluß in die Weichsel ergießt, zusammenzutreffen [1]).

Der König trennte sodann abermals das ihm übrig gebliebene Reuter-Corps in 2 Abtheilungen; die eine, welche aus 4000 Cosaken bestand, unter dem General-Lieutenant Brand, bekam den Befehl über Latowize vor Praga zu rücken; er selbst ging am 19. August über Krielow, Dubienka und Chelm nach der Weichsel ab, welche er bei Macejowice, sowie die Pillizca bei Warka überschritt. Beide Heereshaufen erschienen am 31. August auf beiden Ufern der Weichsel zugleich unerwartet vor Warschau. Der König Stanislaus Lescinsky bequemte sich eiligst zur Flucht nach Thorn, die daselbst ver-

---

„Lescinsky est fils de feu Mr. le Grand-Trésorier du Royaume et Général de la Grande-Pologne, et d'Anne Jablonowská, fille aînée du Grand-Général des armées et soeur du Palatin de Russie et du Grand-Enseigne de la couronne; son père vient de causer par sa mort des larmes à la république dont il était un appui considérable dans le penchant vers sa ruine où elle se voit; son ambassade à Constantinople pour ratifier la dernière paix a fait assez de bruit dans l'Europe pour lui faire honneur; le fils suit ses traces pour le bien de la patrie, il se voit à l'âge de 26. ans ou environ, il a épousé la fille du castellan de Posnanie Opalinski et il promet beaucoup.“

1) Wir finden in den handschriftlichen Materialien Schulenburgs die Anecdote, daß der General Benediger einen dieser Russen, welcher Excesse begangen hatte, zur Strafe wollte hängen lassen, und daß dieser, da es an einem Scharfrichter mangelte, anbot, sich selbst aufzuknüpfen.

1704 sammelte Conföderation wurde gesprengt und der schwedische General von Horn ergab sich am 3. Septbr. auf Capitulation.

Der König August gab über diesen Marsch in einem eigenhändigen Schreiben an Schulenburg folgendermaaßen Kunde:

à deux lieues de Varsas, le 28. Août 1704.

Par celle-çi vous apprendrez que j'ai passé heureusement la Vistule et espère d'être le 30. à Varsovie, où se trouve encore le Général Horn et la pluspart des confédérés; j'espère les y attraper et me saisir de leur pont, pour ensuite marcher du côté de Praga; je ne crois pas qu'ils me manqueront, personne n'ayant avis de ma marche selon mes nouvelles, mais on me croyait en Volhynie, vers où le Roi de Suède doit être marché; il conduit de la grosse artillerie avec soi, laquelle l'embarassera beaucoup s'il veut rebrousser chemin pour me suivre ayant 20. m. Cosaques à ses trousses, et l'arrière-saison qui approche, rendrait ce pays impraticable et j'espère par-là de lui avoir fait échouer la campagne; j'attends avec impatience de vos nouvelles et des mouvemens que vous êtes intentionné de faire sur l'approche du Palatin de Posnanie (Stanislaus) pour que je me puisse régler; vous pouvez être persuadé qu'il n'a que 3000 hs. d'infanterie et 2. m. de cavalerie Suèdoise, et 3. m. Polonais de Lubomirsky, dont la pluspart ne sont que des paysans; le nombre et la qualité étant la pluspart de nouvelles levées, vous ne devez pas balançer à aller les rencontre pendant que je les suivrais de près et ce que nous devons faire sitôt que cela se fasse vite pour qu'ils ne puissent reçevoir des renforts du Roi; mais aussi comme il se pourrait que quand ils apprendront que je suis derrière eux, ils ne vous quittent et ils ne viennent vers moi, il faut que vous tachiez de les serrer de près pour les prendre entre deux; je ferai descendre le pont de Varsovie à Sakrozin, pour avoir le passage en Prusse et nous joindre à l'infanterie moscovite que descend le Bug; j'espère que vous aurez reçû mes deux précédentes et attends avec impatience de vos nouvelles de ce que vous êtes intentionné de faire pour m'y régler."

„A Varsovie je ne séjournerai que 4. ou 5. jours pour 1704
laisser reposer ma cavalerie, qui a marché 52. lieues en 12. jours et passé quatre rivières, qui est le Boug, Viperz, Vistule et Pillizca, et nous n'avons tout au plus que 100 marodes, lesquels peuvent même encore servir en cas de bésoin; ne me laissez pas dans l'incertitude de çe que vous faites, tout consiste dans la vitesse [1]."

AR.

Dies war der Zeitpunkt, in welchem Schulenburg von den Unternehmungen, die er in Groß-Polen begonnen hatte, und von der Berennung von Posen abberufen wurde und den Befehl erhielt, sich dem König zu nähern [2]).

Die Vereinigung erfolgte am 18. Septbr. bei Wisogrot,

---

1) Ueber diese Bewegung äußert sich Schulenburg in dem Fragmente seines Lebens, welches „in den Denkwürdigkeiten' der Kriegskunst" befindlich ist, 1stes Heft S. 170. folgendermaaßen:

„Le Roi de Pologne s'était dérobé de devant le Roi de Suède, par où il vint surprendre Varsovie; le Roi venait d'opérer en grand capitaine, il pensa à avoir entre ses mains plusieurs senateurs et Stanislaus même, qui se sauvèrent avec peine."

Die Schreiben eines französischen Officiers in der Armee des Königs August, die wir als Beilage beibringen, (s. Beilage XII.) enthalten über diesen merkwürdigen Kriegsvorfall interessante Angaben.

2) Dieser Befehl erging aus Sockal am 18. August durch den Kriegs-Minister Bose:

„Comme l'ennemi n'a laissé que 4. m. hs. dans la Grande-Pologne sous le commandement du Général Mayerfeldt, suivant nos avis et dont vous devez être mieux informé sur les lieux, le Roi ordonne que vous vous avanciez le droit chemin vers Varsovie, afin que S. M. se puisse joindre avec votre corps au dessus de Sakrozin, pendant que le Général Brand passera la Vistule du côté de Casimir pour le même bût."

Hierzu fügte der König noch eigenhändig:

„Ceçi est suivant mes volontés et j'ajoute seulement que vous vous hâtiez en toute diligençe; si les affaires sont telles comme nos avis portent et si le corps qui est en voyage pour vous observer ou combattre, ne se trouve pas si nombreux pour s'opposer à vous, il faut tâcher de le renverser ou du moins de le faire rebrousser chemin dans la Prusse, où nous la pourrons avoir à bon marché."

1704 woselbst König August, die Russen mitgerechnet, ein Heer von 25000 Mann unter seinen Befehlen hatte.

Der König entschloß sich hierauf ein Corps nach der Wartha auszusenden, um Posen zu belagern; dieses bestand aus 2500 Pferden, 9 Bataillonen Russen und einigen Truppen, die nebst dem zu dieser Unternehmung nöthigen Geschütz aus Sachsen gekommen waren, und wurde unter die Befehle des russischen General-Lieutenants Patkul und des sächsischen General-Lieutenants Brand gestellt. Das übrige Heer wurde in Cantonnirung verlegt, die Infanterie längs der Narew von Tikozin bis Tirosch; 10 Regimenter Cavallerie, unter den Befehlen des General-Majors Daniel Bodo v. d. Schulenburg, (Bruder des unsrigen) nahmen ihre Quartiere zwischen der Weichsel und dem Bug bis an die Wippers, um von dort aus die Bewegungen der Schweden zu beobachten, welche sich noch im mittäglichen Polen befanden.

Der König von Schweden war nämlich von Jaroslaw nach Lemberg marschirt, welche Stadt er am 27. August einnahm. Auf die Nachricht von der Besetzung von Warschau verließ er Lemberg am 24. Septbr. und richtete seinen Marsch nach der Weichsel; bei dieser Gelegenheit besetzten die Schweden am Ende Septbr. die Festung Zamosk, und der König traf in der Mitte Octobers auf dem rechten Weichsel-Ufer, Warschau gegenüber, ein.

Auf das erste Gerücht dieser Bewegung verließen die Sachsen die Ufer der Wippers sowohl, als die der Narew, und die ganze Armee ging am 9. Octbr. bei Sakrozin aufs linke Ufer der Weichsel über.

Die Infanterie wurde längs dieses Stromes vertheilt, um den Uebergang darüber den Schweden zu verwehren; die Reiterei besetzte dieselbe Linie, jedoch höher am Strom, um den Rückzug über Sendomir nach Cracau offen zu behalten. In dieser Stellung blieben beide Heere einige Tage lang einander gegenüber, bis die Schweden am 28. Octbr. früh, ohne bedeutenden Widerstand zu erfahren, aufs linke Ufer über-

gingen [1]). Dies vermochte den König August zum Rückzug; 1704
die Armee marschirte bis nach Unienow an die Wartha, von wo der König mit der gesammten Reiterei unter den Befehlen des F. M. Steinau nach Cracau abging, und Schulenburg den Auftrag bekam, mit 24 Bataillonen und 500 Pferden sich über Kalisch auf den nächsten Weg nach Sachsen zurückzuziehen.

Seine Heeres-Abtheilung bestand aus 12 Bataillonen Sachsen, 4 Bataillonen Polen, 8 Bataillonen Russen und 500 Pferden, welche der General-Major Oertzen befehligte.

Schulenburg verließ Unienow am 3. Nov., nachdem er schon bei Lowitz aus Mangel an Subsistenz-Mitteln 8 Bataillone Russen hatte über Kolo absenden müssen, um sich mit ihnen hinter der Wartha in Kozmin wieder zu vereinigen. Den Befehl über diese Truppe erhielt ein gewisser Oberst Görtz oder Goritz, dessen Namens noch öfter in der Geschichte der nächsten Feldzüge unrühmlich gedacht werden wird.

Von Unienow marschirte Schulenburg auf Kalisch, indem er den General Oertzen mit seinen 500 Reitern zurück ließ, um Nachrichten vom Anmarsch der Schweden zu erhalten. Durch ihn erfuhr er, der König von Schweden folge ihm in Person auf dem Fuß mit 9 Regimentern Cavallerie nach. Diese Botschaft bestimmte Schulenburg seinen Marsch zu beschleunigen und seine Vorsichtsmaaßregeln zu vervielfältigen; in dieser Absicht ließ der General den Obersten Riepen nebst 4 Officieren und 100 Mann in Kalisch mit dem Befehl, womöglich einige Stunden sich zu vertheidigen, zurück, welchen Auftrag dieser mit Bedacht ausführte und dadurch die Nachrückung des Königs von Schweden verzögerte.

Auf dem Marsch zwischen Kalisch und Lublin trafen in einer kleinen Stadt, Krotoszin genannt, Schulenburg mit der

---

1) Dieser Uebergang erfolgte bei Karziof nach einer leichten Kanonade. Schulenburg erzählt in dem Fragment der Feldzüge von 1704 und 1706: „daß bei dieser Gelegenheit 12 Bataillone Russen, welche auf dem linken Weichselufer standen, bei jedem Kanonenschuß sich auf die Erde warfen".

1704 Reiterei zusammen, welche unter Anführung des General-Majors von Plötz von der Belagerung von Posen zurückkehrte; diese hatte nämlich auf Befehl des Königs aufgehoben werden müssen. Patkul, oberster Befehlshaber dieser Expedition, führte seine Truppe über Guben nach Sachsen zurück, hatte aber diese Reiterei abgesendet, um sich mit der Heeres-Abtheilung, die Schulenburg befehligte, zu vereinigen. Dieser hielt dafür, daß jene Cavallerie dem König August in Polen nützlicher als in Sachsen sein könnte, woselbst die Verpflegung leichter und weniger kostspielig war; er gab daher dem General Plötz den Befehl, über Petricau nach Cracau zu marschiren, und leistete großmüthig auf die Unterstützung Verzicht, welche ihm jene Reiterei hätte gewähren können.

Die Sachsen trafen nach einem beschwerlichen Marsche am 7. Novbr. in Punitz ein, in der Hoffnung, daselbst die 8 Bataillone Moscowiter zu finden. Statt dessen aber fand sich ein Schreiben des Obersten Görtz vor, in welchem er meldete, die Truppen seien zu ermüdet, um weiter zu marschiren; die Russen blieben daher eine Stunde von Punitz mit ihrem Geschütz zurück, an welchem es den Sachsen mangelte, da sie nur 6 kleine Stücke mit sich führten. Kaum waren sie daselbst angekommen, so wurden sie durch die Erscheinung der Schweden aufgeschreckt, und der Oberbefehlshaber fand sich genöthigt, die Truppen unvorzüglich aus Punitz heraus und auf eine dahinter liegende Höhe aufmarschiren zu lassen. Diese Bewegung wurde nur mit 12 sächsischen Bataillonen ausgeführt, indem Schulenburg den 4 Bataillonen Polen den Befehl ertheilte, auf die Schweden womöglich, während sie die Sachsen angriffen, von einer andern Seite einen Angriff zu machen, jedenfalls aber sich über die Oder und von da nach Sachsen zurückzuziehen[1]).

Der General bildete aus 8 Bataillonen die erste Linie, aus vier die zweite, zwischen beide stellte er die 6 Stücke und

1) Diese 4 Bataillone führten diese Bewegung auch glücklich aus, und trafen nebst der Bagage jenseits der Oder bei Lübben wieder mit dem Haupt-Corps zusammen.

den größten Theil der 500 Pferde auf, welche er bei sich 1704 hatte; hinter der zweiten Linie ließ er zwei kleine Abtheilungen Reiterei ihren Platz nehmen.

Schulenburg gebot den Truppen ausdrücklich, nicht zu früh zu schießen, sondern nur dann Feuer zu geben, wenn der Pulverdampf den Pferden, um eigenthümlich zu sprechen, die Nasenlöcher versengen könnte, und versprach ihnen auf sein Ehrenwort, er werde sie aus dieser Verlegenheit ziehen, wenn sie nur Fassung behielten und Vertrauen auf sich selbst setzen wollten.

Der König von Schweden griff 2 Stunden vor Sonnen-Untergang mit seiner Reiterei an; er war von dem zum König von Polen erwählten Stanislaus Lescinsky, dem Prinzen Johann Wilhelm [1]) von Sachsen-Gotha und dem Prinzen Maximilian Emanuel [2]) von Würtemberg begleitet. Der erste Angriff erfolgte in der Fronte und in den Flanken; die sächsische Cavallerie wurde geworfen, 2 Bataillone in Unordnung gebracht, die übrige Infanterie aber unterhielt ein so wohlgeordnetes Feuer, daß die Schweden mit Verlust zurückwichen. Schulenburg benutzte einen Augenblick der Ruhe, um sich einige Hundert Schritt auf ein Terrain zurückzuziehen, welches er früher, als zur Vertheidigung geeignet, recognoscirет hatte, welches man aber deshalb nicht hatte erreichen können, weil die Schweden zu schnell vor Punitz erschienen waren. Hier griffen die Schweden zum zweitenmale an und wurden mit demselben Erfolg zurückgewiesen. Hierauf bildete Schulenburg ein Viereck mit 4 Bataillonen in der Front, 4 Bataillonen im Rücken, und 2 Bataillonen auf jeder

1) Der Prinz von Gotha trat späterhin in kaiserliche Dienste und blieb 1707 vor Toulon, zur Zeit der mißlungenen Expedition nach der Provence.

2) Maximilian Emanuel Prinz v. Würtemberg folgte Carl XII. in seinen übrigen Feldzügen, wurde bei Pultawa gefangen und starb an einer Krankheit zu Dubno im Septbr. 1709, nachdem ihm der Czar Peter die Erlaubniß gegeben hatte, nach Deutschland zurückzureisen.

1704 Flanke. In der Eil blieb auf dem rechten Flügel eine Lücke; in diese warfen sich mehrere hundert schwedische Reiter bei dem dritten Angriff; es kamen jedoch nur wenige mit dem Leben davon, indem die Sachsen die Reihen schlossen und jene mit den Bajonetten von den Pferden hoben. Nach diesem dritten Versuch wichen die Schweden zurück, schossen nur noch von fern auf das sächsische Fußvolk und verschwanden beim Einbruch der Nacht vom Schlachtfeld.

Dies Gefecht, in welchem, wie Voltaire in seiner Geschichte Carls XII. berichtet, dieser Monarch selbst bekannt haben soll „Schulenburg habe ihn besiegt," war das erste in diesem ganzen Krieg, in welchem der König einen planmäßig geordneten Widerstand von einer muthvollen Truppe erfuhr. Vergleicht man alle frühere Gefechte, welche die Sachsen mit den Schweden bestanden hatten, mit diesem, so kann man nicht verkennen, welche Einwirkung ein muth- und talentvoller General auf seine Untergebenen ausübt; nur Schulenburgs Haltung und wohlüberdachten Manövers verdankten die Sachsen ihr Heil und den an diesem Tage eingeärndteten Ruhm.

Die sächsische Reiterei war während dieses Gefechts verschwunden, und der General Oertzen, der sie befehligte, traf schnell genug in Sachsen ein, um die Nachricht zu verbreiten, daß die sächsische Infanterie von Carl XII. vollständig geschlagen worden sei. Man hatte daher keine Mittel zu Gebote, des Feindes unordentlichen Rückzug zu benutzen; indeß wurden auf dem Schlachtfelde 5 Standarten und 2 Paar Pauken gefunden und als Trophäen mitgenommen.

Da man jedoch in Erfahrung brachte, daß der General Welling mit einer Reserve von 4000 Pferden dem König von Schweden nachrücke, so marschirte Schulenburg in der Nacht vom 7. zum 8. Novbr. vom Schlachtfeld ab, und indem er sich links zog, und Lissa, Reussen (Rydzyna, eine Herrschaft, welche Stanislaus Lescinsky gehörte) recht ließ, erreichte man am andern Mittag Guhrau in Schlesien. Der Oberfeldherr, welcher keine zweckmäßigen Maaßregeln versäumte, sandte den Befehl an den Obersten Görtz, mit den Russen bei Guben über die Oder zu gehen.

Indeß gewährte der neutrale Boden von Schlesien den 1704 sächsischen Truppen noch keine Sicherheit. In der möglichen Voraussetzung, daß die Schweden ihnen dahin folgen würden, ersuchte Schulenburg bei dem gänzlichen Mangel an Cavallerie die noch berittenen Stabs-Officiere, von Guhrau aus rückwärts zu reiten, um den Marsch der Schweden zu beobachten. Diese kehrten zurück und hinterbrachten, daß letztere nur eine Stunde von Guhrau entfernt wären. Hierauf wurde unverzüglich wieder aufgebrochen, und da das Corps absichtlich die große Straße verließ, um sich rechts zu ziehen und durch eine Waldung sich zu decken, so traf es fast mit den Schweden zugleich bei einem kleinen Fluß, Bartsch genannt, ein. Es gelang der Infanterie über die schmale Brücke bei dem Dorfe Rützen zu kommen, indem die schwedischen Reiter durch das Feuer der aufgestellten Grenadier-Posten von 50 Mann zurückgehalten wurden. Von da ging der Marsch weiter an die Oder, an deren Ufer Schulenburg im voraus einen Oberstlieutenant mit einigen Officieren gesandt hatte, um einen Uebergang über diesen Strom zu bereiten. Dieser fand bei dem Dorfe Krankelwitz statt, woselbst eine Mühle und der niedrige Stand des Wassers das Schlagen einer Brücke erleichterte; die jedoch so schmal war, daß zwei Mann neben einander deren Breite einnahmen; der Uebergang fing mit dem Abend an, und war erst am 9. früh zwischen 4 und 5 Uhr vollendet. Schulenburg blieb am rechten Ufer, bis der letzte Mann hinüber war, ließ dann die Brücke vor seinen Augen abbrechen und setzte in einem Nachen über den Strom. Fast wäre er bei diesem letzten Versuch verunglückt, indem der Kahn auf eine Sandbank gerieth und nur mit Anstrengung wieder flott gemacht werden konnte.

Der Uebergang über die Oder wurde durch den Umstand erleichtert, daß das Dorf, bei welchem er geschah, hinter einem Damm lag und durch Hecken und Bäume versteckt war, so daß die getroffenen Anstalten dem Feind verborgen blieben. So erreichte das sächsische Corps mit dem verhältnißmäßig geringen Verlust von 500 Mann glücklich am 9. Novbr. früh das linke Oder-Ufer; hier war das Ende dieses eilftägigen mühevollen Rückzugs, der ohne Rasttag und mittelst fünf Nacht-

12*

1704 märschen die Sachsen von Warschau aus bis aufs linke Oder-Ufer geführt hatte [1]). Die vorhandenen handschriftlichen Nachrichten überliefern uns noch einige nähere Umstände, welche Erwähnung verdienen.

1) Der König von Schweden schien die Absicht zu haben, den Sachsen zu folgen. Die Schwierigkeiten mannichfaltiger Art, welche in dem Uebergang der Reiterei über die Oder und der fernern Verfolgung des Feindes in einer neutralen, dem Kaiser gehörigen Provinz bestanden, wurden ihm von seinen Generalen vorgestellt, und er entschloß sich hierauf seine Truppen ausruhen zu lassen, und späterhin in die Winterquartiere nach Großpolen zu verlegen. Es gelang jedoch dem schwedischen General Welling, welcher mit einer Reserve von 4000 Pferden dem König nachrückte, die 12 Stück Geschütz, welche dem Obersten Görtz zugegeben waren und zu den 12 Bataillonen Russen gehörten, nebst der dabei befindlichen Bedeckung bei dem Dorfe Tillroth, nahe bei Fraustadt, aufzuheben, sowie 2000 Mann Cosaken-Fußvolk, eine Abtheilung des Corps, mit welchem der General Patkul Posen belagert hatte, ebenfalls an der Oder bei dem Dorfe Oberbelz niederzumachen. Ein merkwürdiger Umstand verdient jedoch, bevor wir die Schilderung dieser letzten Ereignisse schließen, erwähnt zu werden.

In der Nacht, welche dem Uebergang der Sachsen über die Oder folgte, wurde Schulenburg durch 2 Bauern hinterbracht, daß Carl XII. in einem Bauernhaus nur mit einer Bedeckung von 6 Mann ruhig schlafe. Der General faßte den Entschluß, in eigner Person den Versuch zu wagen, sich des Königs zu bemächtigen, und begehrte hierzu dreißig Freiwillige. Die Ermüdung der Truppen war jedoch so groß, daß sich Niemand bereit fand, diese Unternehmung mit auszuführen, zu welcher es überdem schwer gewesen wäre die nöthigen Kähne zusammenzubringen.

Schulenburg erwähnt in seinen vielfältigen über diesen Rückzug überlieferten Nachrichten eine Anecdote, welche, da sie den kriegerischen Sinn Carls XII. noch näher bezeichnet, hier aufgenommen zu werden verdient.

Als der Uebergang über die Oder vollbracht war, schickten die Sachsen einen Tambour zu den Schweden herüber, durch welchen sie um die Auslieferung des Leichnams eines Obersten und einiger Officiere ansuchen ließen, damit solche in Sachsen bei ihren Verwandten zur Erde bestattet werden könnten; der König schlug das Gesuch ab, und fügte hinzu, „er habe angeordnet, daß, wenn er selbst vor dem Feind bleiben sollte, er an der Stätte beerdigt werde, wo er gefallen wäre.“

Die verschiedenen Angriffe der Schweden waren äusserst 1704 herzhaft und entschlossen, allein als es Abend zu werden anfing, vermochten die Reiter nicht mehr ihre Pferde zu bezwingen, und Schulenburg sagt in jenem Fragment, welches wir öfters angeführt haben, S. 189:

„Notre bonheur était que le soleil était couché et qu'il commença à faire brune, par où le feu d'infantérie fit tant de peur aux chevaux qu'ils s'enfuirent comme des bêtes farouches, de sorte que la confusion et la consternation fut grande parmi les ennemis."

Die Ermüdung der Truppen hatte einen so hohen Grad erreicht, daß während der letzten Nachtmärsche man zu Zeiten halbe Stunden lang anhalten mußte, um der Mannschaft einige Ruhe zu vergönnen, und sodann wieder weiter marschirte. Der General ritt während der Zeit vorwärts, stieg vom Pferde und legte sich auf die Erde nieder, um durch etwas Schlaf wieder einige Kräfte zu gewinnen.

Als man das Schlachtfeld bei Punitz verließ, wurden die vorhandenen fünf kleinen Geschütze, deren Gespanne erschossen waren, in verschiedene Brunnen versenkt, jedoch nachher von den Schweden aufgefunden. Die Indisciplin der sächsischen Reiterei und die Furcht, in welche sie durch die Schweden versetzt worden war, ging so weit, daß, als Schulenburg bei seinem nächtlichen Rückzug von Punitz nach Guhrau in einem kleinen Ort Halt machte, um seine Wunden verbinden zu lassen, 30 Reiter und 1 Officier, die er daselbst antraf und denen er befahl als Bedeckung bei ihm zu bleiben, in der Nacht verschwanden, ohne daß man sie wieder zu Gesicht bekam.

In diesem Gefecht wurde Schulenburg selbst durch zwei Streifschüsse an der Brust getroffen; sein Pferd war durch und durch geschossen, was man erst beim Anbruch des Tages bemerkte; überdem war er schwer an der rechten Hand verwundet, und hatte sechs Schüsse in seinen Kleidern und in seinem Huth; alle seine Ordonnanz-Officiere waren entweder verwundet oder getödtet.

Ein Bericht Schulenburgs vom 9. Novbr. aus Lüben, drei Meilen von der Oder, den wir als Beilage nebst dem

1704 Verzeichniß der Märsche von Warschau, am 28. Octbr., bis zum Uebergang über die Oder, am 8. Novbr., beibringen, giebt das Nähere über diese merkwürdigen Begebenheiten (s. Beilage XIII.).

Hatte sich das Talent Schulenburgs schon von der Zeit an bewährt, in welcher er sowohl in Savoyschen als in Sächsischen Diensten als General zur Leitung mehrerer Feldzüge zugezogen worden war, und hatten die größten Männer der damaligen Zeit ihn ihrer Achtung und ihres Vertrauens gewürdigt, so vollendete, so zu sagen, dieser Rückzug seinen kriegerischen Ruf.

Nach dem Verlauf von mehr als einem Jahrhundert wird er noch als Muster von denjenigen angeführt, die sich sowohl mit der Theorie der Kriegswissenschaft, als mit deren Anwendung beschäftigen. König August erkannte sein Verdienst, und unter dessen eigenhändigen Schreiben, die wir noch besitzen, findet sich folgender Brief, welchen er von Cracau am 12 Novbr. 1704 an Schulenburg erlies:

„Par un officier qui vient de Glogau j'apprends mais confusément une rencontre que vous avez eue avec la cavalerie de l'ennemi et avantageusement de votre côté; je vous en félicite, vous plaignant des blessures que vous avez reçûes; tirez-moi de l'impatience que j'ai de savoir le détail de ce que j'ai perdû, et où les troupes se trouvent et en quel état sont les affaires? et comme je n'ai autre chose à Vous marquer la reconnaissançe du serviçe que vous m'avez rendû, je vous déclare Général d'infantérie, vous priant de l'accepter et de croire qu'en toute occasion je marquerai l'estime que j'ai de votre personne et que je serai votre très-affectionné

Auguste Roi.

Marquez à tous les officiers qui ont fait leur devoir ma reconnaissance."

Schulenburg empfing diesen Beweis der Königlichen Zufriedenheit nicht ohne schuldige Dankbarkeit. In seiner Antwort auf jenes huldvolle Schreiben, aus Dresden vom 17. Novbr., ersucht er den König, ihn noch für diesen Winter in der bisherigen Anstellung eines General-Lieutenants zu belassen, weil

er glaubte, in dieser Eigenschaft dem König nützlichere Dienste, 1704
als in der eines Generals der Infanterie, leisten zu können. In diesem Schreiben, welches wir als Beilage folgen lassen, (s. Beilage XIV.) äußert sich Schulenburg freimüthig über die Vorfälle des letzten Feldzugs und über die Mängel, die sich in der Organisation und der Disciplin der sächsischen Truppen fanden. Er stellt als nothwendig eine gänzliche Reform des bestehenden Heeres dar, und spricht sich vorzüglich gegen die Bildung neuer Regimenter aus, durch welche die Vervollständigung und Vervollkommnung der älteren vernachlässigt würde. Dieses Aktenstück gereicht sowohl der Einsicht und der Vaterlandsliebe des Verfassers selbst zur größten Ehre, als es anderseits denjenigen Monarchen als der höchsten Achtung werth erscheinen läßt, welcher eine so aufrichtige Sprache zu schätzen verstand.

Kaum war Schulenburg in Sachsen wieder eingetroffen, so beschäftigte er sich mit dem Plan einer Vertheidigung des Churfürstenthums, in welchem man schon damals einen Einfall der Schweden erwartete. In einem Gutachten, welches er unter dem 13. Novbr. entwarf, bewieß er, daß auf dem rechten Elbufer kein Widerstand ausführbar sey, sondern daß solcher nur auf dem linken Ufer mit Hülfe der an der Elbe gelegenen drei Festungen Dresden, Torgau und Wittenberg, deren Werke zum Theil wiederherzustellen, zum Theil zu erweitern seyen, geleistet werden könne.

Beilagen zum 8. Abschnitt.

Beilage XII.

Relation de ce qu'il s'est passé à l'armée du Roi depuis le 28. d'Août jusqu' au 1. Septbr. 1704.

à Machiowice, ce 28. d'Août 1704.

Il faut donc savoir Mr., que l'ennemi ayant passé la Vistule à Sendomir avec la plus grande partie de ses forçes ainsi que je viens de dire et n'ayant laissé que 5. régimens dans la Cujavie, le Roi, mon maître, dont l'armée ne consistait que dans 6. m. hs de troupes allemandes, autant d'infanterie Moscovite, 4. m. Cosaques et six vingt étendards de la couronne et de Lithuanie assez faibles, fut obligé de se retirer vers Sockal sur le Boug, pour y attendre un renfort de 20. m. Cosaques, au moins c'était le bruit que Sa Maj. fit courir tout exprès. Le pont sur cette rivière achevé, le Roi avec ses Cours Polonaises et Allemandes suivi de ses gardes y passèrent, mais le reste de l'armée fut arrêté de l'autre côté, sans qu'on en pût encore deviner la raison. L'ennemi, au lieu de passer la Sana, qui était guéable quasi par tout et cotoyée de 4. m. Cosaques seulement sous le commandement du Gal. Brand, pour aller tout droit à nous, s'avisa de marcher à Jaroslaw, où il assembla toutes ses forçes, jusque là même qu'il fut rompre son pont à Sendomir le 20me. et se fortifia encore par les trois régimens, qu'il avait laissé à la garde de ce passage. Ce retardement donna le tems au Roi pour mettre d'autant plus aisement en exécution un dessein, qu'il avait formé lui-même, sans en avoir fait l'ouverture à qui que ce soit au monde. Ainsi Sa Maj. fit marcher l'armée à Brzesc en Lithuanie, si bien que le 18me. les bagages de l'armée suivis de toute l'infanterie défilèrent le pont pour se mettre en marche du côté de Sockal, pendant que S. M. avec la cavalerie feignait d'y aller de l'autre côté de la rivière. Ce fut donc le 19me. qu'on arrivât à Krilow, le 20me. à Dubienka (lieu que vous trouverez marqué Dubno dans les cartes) mais de là, au lieu de poursuivre le chemin de Wlodawa, l'armée se tourna vers Chelm, qui est la route de Varsovie et de la Vistule. Bref Mr., le dessein du Roi éclata, tout le monde en fut surpris, et l'ennemi le sera encore plus que nous autres, quand il verra nos troupes devant les portes de la capitale, pendant qu'il fait compte de leur donner la chasse jusque dans les desserts de Kiovie. Car il faut savoir que nou avons continué cette marche avec tant de diligençe, que nous passons actuellement la rivière en bateaux içi à Machiowice, et qu' avant-hièr ils ne savaient rien encore de notre approche à Varsovie, dont ils seront pourtant informés à l'heure qu'il est. C'est un coup de maître digne d'un Gal. consommé dans l'art militaire et qui a beaucoup de ressemblançe à celui de Montecuculi, quand il laissa Turenne à Wertheimb, pendant que par une marche inopiaée il mit le siège devant Bonn et se rendit maître de la plaçe. —

Je ne saurais vous rien mander des desseins du Roi à l'avenir, S. M. en gardant un extrême secret, mais il est bien croyable, que nous tacherons de nous joindre avec le corps d'armée sous le commandement du Gal. Schulenburg pour donner la chasse au Palatin de Posen, lequel, selon le reçit de nos espions, fortifié de cinq regimens Suedois, est allé du côté de la Grande Pologne, et pour nous poster dans quelque endroit avantageux, pour pouvoir faire tête à toute l'armée Suèdoise, en cas qu'elle s'avise à revenir sur ses pas, ce qu'elle pourtant ne pourra faire sans grande perte et sans risquer son infanterie et ses bageges.

à Varsovie, ce 1. de 7bre. 1704.

Je crois vous obliger en quelque manière Mr. que de continuer la relation de la réussite des entreprises du Roi. S. M. ayant donc passé la Vistule avec son armée allemande et celle de la couronne le 28. et le 29. ainsi que je me donnai l'honneur de vous marquer dans ma précédente, arriva hièr le 31me. içi à Varsovie. Les partisans du parti contraire s'étaient sauvés la veille avant du côté de Lowicz, qui est le chemin de la Prusse avec tant de hâte, qu'ils furent obligés d'abandonner la plus grande partie de leurs meubles dont on fera une recherche très-exacte. Le Gal. Major Horn s'est enfermé dans la ville et dans le château avec une garnison de 400. fantassins et 50. cavaliers Suèdois, outre quelques centaines d'hommes nouvellement lévés pour la garde de ce Roi des jours caniculaires, sans canons ou autres provisions nécessaires, ainsi Mr., y joint le méchant état de la plaçe, vous pouvez croire, qu'il n'est pas en état de resister longtems contre l'attaque qu'on lui donnera çe soir, en cas qu'il ne se rende pas prisonnier de guerre avec toute sa garnison, ce qui se pourra faire d'autant plus aisement, que nous avons 8. pièçes de canons avec nous, et que le Gal. Brand avec son corps de Cosaques arriva hièr sur la rivière, après avoir enlevé 606. Suèdois, qui s'étaient avantageusement postés à Latowicz, dont il y en avait la moitié de tués et le reste fait prisonniers, suivant la relation de Brand ci-jointe.

———

Beilage XIII.

Relation an den König August über die Action bei Punitz, den 7. Nov. 1704.

d. d. Lüben, 3. Meilen von der Oder, d. 9. Nov. 1704.

Ew. Königl. Maj. ist allergnädigst bekannt wie der Marsch bis Uniesow fortgesetzet worden und berichte an Höchstdenselben allerunterthänigst wie ich mit der Infanterie den 2. Uniesow paßiret und gegen den Mittag, fast alle Marode, über solchen Ort hinaus und auf den Marsch über Dobra gefolget. Der General-Major Oertz habe mit der Mannschaft von dem Beustschen, Baireuth- und Oertzschen Regiment zu Uniesow zu Bedeckung des Marsches stehen lassen; gegen Abend ohngefähr um 4. Uhr aber, haben sich vom Feinde einige Escadrons dieser Stadt Uniesow genähert, und einige Cosaken, so sich darinn befanden, überfallen, welche sich aber sehr wohl gewehret, daß von beiden Theilen unterschiedliche todt geblieben und bleßiret wurden. Ew. Maj. Cavallerie hat auch mit denen feindlichen Truppen chargiret und sich darauf über das Wasser gezogen und den Feind, so sie nachgesetzet, über das Wasser wieder zurückgetrieben, und sind von beiden Seiten einige Mann und Pferde geblieben und erschoßen worden. In der Nacht darauf ward von der Cavallerie berichtet, wie der Feind sehr stark im Anmarsch wäre, und sie sich genöthiget sähe, noch über Dobra, ohnweit wo ich mit der Infanterie stand, sich zu retiriren. Ich setzte indeßen noch in der Nacht, nachdem die kleine Bagage und Artillerie vorausgeschicket, den Marsch bis Kalisch, so gute 4. Meilen ist, fort, und blieb Ew. Maj. Cavallerie von den 3. Regimenter zu Pferd in der Arrière-Garde, den Feind zu observiren, 1½. Meile zurück. Zu Kalisch brachten die Patrouillen abermals ein, wie der Feind sich nur 1½. Meile von dieser Stadt befände, und stark gegen derselben anmarschirte, worauf die Truppen wiederum genöthigt waren in der Nacht aufzubrechen, und setzten ihren Marsch gegen Raschkowa fort, welches denn, weil diese Leute stets allarmiret wurden und Tag und Nacht marschiren mußten und keine Ruhe hatten, die Mannschaft sehr fatiguirte und sehr viel Marode verursachte, so denn auch den ganzen Marsch nicht wenig embarrassirte. Inmittelst ward die Cavallerie, bis an die Infanterie auf eine Meile sich zurückzuziehen genöthigt, und hatte sich in und bei Kalisch gesetzet. Der Feind, welcher die Truppen stets gefolgt, hatte mit etlichen Escadrons diesen Ort sich genähert, und hat der Oberst Kiebe das Unglück gehabt, daß, als er, wie man mir hinterbracht, die in der Stadt vorhandene Mannschaft zu ihren Truppen nachjagen wollen, mit 2. Capitäns, 2. Lieutenants und etlichen 20. Gemeinen, durch welche man die Thore, unwissend aus was Ursache, besetzen laßen, gefangen worden, und berichtete mir zugleich der General-Major Oertz und die andern Officiere, daß der Feind sich 18. Escadrons stark dort sehen lassen. Diese alle nun erachten, daß die Infanterie von Raschkowa, so 3. Meilen von Kalisch ist, wird in der Nacht aufbrechen müßen und setzen ihren Marsch bis Lublin fort. Die Cavallerie blieb bei ihre Quartiere zu Raschkowa noch stehen, den Feind zu observiren, folgete aber bald darauf mit Nachricht, daß der Feind gegen sie stark anrücke; den General-Major Plötz, so mit der detachirten Cavallerie bei Posen gestanden, fand in den Marsch zu Grotoschin, und weil ich bis dato keine andere Nachricht hatte, als daß der Feind aufs Höchste 2000. Pferde stark wäre, und ich auch den Obersten Görtz beordert mit den Moscowitern den 6. zu mir wieder zu Grotoschin zu stoßen, und wo dieses nicht sein könnte, dennoch den 7. zu Grobia solches zu thun, so fandt damals nicht vor nöthig, absonderlich da man der Subsistenz und des Brodtes halber wegen des zu beschleunigenden Marsches kein Rath war mehr Leute zu finden, denselben bei mir zu behalten, sondern glaubte, daß es beßer wäre nach Ew. Maj. Ordre gegen Petrikow denselben marschiren zu lassen, und blieb der General-Major Oertz zu Grotoschin mit der Mannschaft von denen 3. Regimentern, wie auch der General-Major Plötz mit der sämmtlichen Cavallerie des Abends alldort stehen; Ich setzte aber meinen Marsch noch bis gegen Loblin, so 2. Meilen von dort weiter, mit der Infanterie fort. Gleich darauf bekam man einige Gefangene und erfuhr man, sowohl von diesen als andern, daß der General Steinbock zu dem General Rhenschild mit einigen Tausend Pferden gestoßen wäre, wobei der König selbst sich befände, und hätte der Feind 9. Regimenter, sowohl Dragoner als Cavallerie, bei einander; Dieser nun rückte sich dann auch bald, indem der Feind noch bis gegen Abend bis Grotoschin angerückt, worauf der General-Major Plötz mit der Cavallerie, so bei Posen gestanden, sich schleunig auf den Marsch gegen Petrikow gewendet, der Feind aber in sein Lager bei Grotoschin gerückt. Der General-Major Oertz zog sich nach Loblin zu der Infanterie, welche, nachdem man die ganze Nacht, indem in diesem Ort eine Feuersbrunst entstanden, dadurch wieder sehr allarmiret und nicht wenig fatiguiret wurde und noch in der Nacht noch wieder aufbrechen mußte, in der Meinung, daß man sich mit den Moskowitern zu Grobia, so nur 2. Meilen davon und auf den Marsch nach Punitz lieget, conjugiren wollte, das bestellte Brod und Bier zu Lissa en passant zu empfangen und zu sehen wie man sich ohnweit von da an den Wald ziehen könnte, um dadurch alles in Sicherheit zu setzen. Es begab sich aber, ob man schon den Sommer zu Loblin gewesen und den Weg hin und her marschiret, ich auch ordre gegeben, den geraden Weg, den Marsch gegen Grobia zu nehmen, maßen ich in Loblin den General-Major Oertz erwarten und wegen der Spions mich noch aufhalten mußte, daß man anstatt den geraden und großen Weg, durch einen Bothen, einen Fußsteig mit der Infanterie führen ließ, welches denn mehr als 3. Stunden den Marsch aufgehalten. Zu Grobia fand ich wieder Vermuthen auch nicht die Moscowiter, sondern es meldete der Oberst Görtz, daß er ohnweit davon stünde. Inmittelst marschirte die Infanterie gegen Punitz, so 2. Meilen von Grobia lieget, fort, und ward mir angemeldet, daß der Feind stark nachsetze. Ich gab auch sogleich dem Obersten Görtz ordre sofort, um wenigstens in der Nacht noch zu mir zu stoßen, maßen er nur von Punitz 2. kleine Meilen stand und ohngefähr rechter Hand von diesem Marsch zu mir kommen konnte. Bald darauf nahm man wahr, daß die Aussage der Spions in allen übertraf, indem man den Feind über die Fläche bei Grobia anmarschiren sah und zur Gnüge wahrnehmen konnte, daß er über 7000. Pferde bei sich hatte. Da es nun schon gegen den Abend ging, glaubte ich nicht, daß der Feind mich noch diesen Tag angreifen würde, setzte indessen die Infanterie in die Gärten und Hecken, allwo dieselbe ganz sicher stand und befahl, daß das Lazareth und Artillerie, so schon eine Stunde voraus, unverzüglich den Marsch weiter fortsetzen sollte, ingleichen daß die Bagage von dem Bironschen Corps und was sich sonst noch dazu gestoßen und bei Punitz in Confußion auf einander gedrungen war, sich eiligst fort zu machen hätte, und begab mich sogleich um das Erdreich längst den Morast und Holz, wovon ich schon einige Kenntniß hatte, im Augenschein zu nehmen, um gegen den Morgen, sowohl der Conjunction der Moskowiter als anderen Ursachen halber, die benöthigten Mesures einzurichten. Es fing aber der Feind sogleich darauf mit der Arrière-Garde an zu chargiren und rückte im vollen Trabe mit seiner ganzen Macht gegen diese Truppen an. Ob ich nun zwar in den Gärten und in einem langen breiten Wege, worinn mir die Cavallerie, wie stark sie auch gewesen, nichts thun konnte, befand, so war doch nicht zu erachten, darinn sicher zu bleiben, maßen bemeldeter Weg gegen die Höhe, allwo ein Dorf mit starken Hecken umgeben, lag, und zu befürchten; daß der Feind sich deßen bemächtigen und mich dadurch sowohl von Schlesien als gegen der Odera zu marschiren, abgeschnitten haben würde, absonderlich da hinter Punitz und längst des dicken auf der Höhe gelegenen Waldes ein schlimmer Morast, welcher schwer zu paßiren, herunter gehet, so ließ ich die Infanterie gegen dieses Dorf anrücken. Wie ich aber wahr nahm, daß der Feind mir linker Hand und auf der Höhe gegen mich anzog, und zwar im vollen Gallop, formirte ich sogleich 2. Linien von der Infanterie, nemlich die erste von 8. Bataillons und die andere von 4., massen ich die wenige Cavallerie in die andere Linie und hinter die beiden Flügel in die Flanken setzen wollte; Es rückte abet diese Cavallerie in Colonnen längst der ersten Linie; und wie ich sah, daß der Feind anfing sich zu formiren, auch einige Escadrons detachirte, um Ihro Maj. Truppen in Front und zugleich in den Flanken anzugreifen, setzte ich die Cavallerie aufs schleunigste von Distanz zu Distanz in die erste Linie, so daß sie mit der Infanterie meliret war, und etwas weniges hinter die beiden Linien an die Flanken zu stehen kam. Kaum war man fertig und in Ordnung, so fing der

Feind im vollen Trab gegen uns an zu marschiren und griff in größter Furie die Linie rechts und links und in der Fronte an, poussirte zugleich die in der Infanterie stehende Cavallerie, und brach viel Cavallerie vom Feinde durch die beiden Linien durch und wurden 2. Bataillons durch diesen Angriff nicht wenig in Confusion gesetzt. Gott, der Allerhöchste aber, gab durch seine wunderbare Schickung, daß die übrige Infanterie, sowohl in der Front als in den Flanken, den Feind dergestalt empfing, daß er in größter Confusion und ziemlichen Verlust völlig und ziemlich weit zurück gewiesen wurde, worauf ich Zeit gewann die beiden Bataillons, [wobei mich 6. bis 8. feindliche Reuter den Degen in der Faust mehr als 200 Schritt verfolgten und mich ohne Zweifel attrapiret hätten, wenn nicht die Officiere mir zugerufen;] wieder herzustellen und die Lücken, so die Cavallerie gemacht, zu schließen, und die Infanterie eiligst in ein Gräbchen, so mir bekannt, und von dem Dorfe rechter Hand bis in ein klein Gebüsch und fast an den Morast ging, marschiren ließ; und weil nun die Infanterie sehr beherzt und sich einander zu animiren anfing, fürchtete ich nichts mehr, sondern suchte nur ein langes Quarré eiligst zu formiren. Indeßen kam der Feind in voller Ordnung von allen Seiten wieder an, die Infanterie bediente sich aber des bemeldeten Grabens sehr wohl und setzte sich in so guter Positur, daß man vorher mit Freuden sehen konnte, wie der Feind zum andernmal empfangen werden würde; wie denn auch solches durch göttlichen Beistand geschah, indem er nicht das geringste allhier gewann, sondern er wurde mit großem Verlust und großer Confusion von allen Orten zurückgewiesen. Diese beiden Angriffe that der Feind mit dem Degen in der Faust. Nachgehends machten die feindlichen Truppen sehr große Bewegungen und umringten die Infanterie von allen Orten und Enden, und da sie wahrnahmen, daß an einem Orte bemeldetes Quarré nicht geschlossen, setzten sich unterschiedliche Escadrons, um durch diese Oeffnung mitten in das Quarré zu bringen; weil mir aber unmöglich fiel aller Orten zugleich allein zu helfen, so nahm dennoch sogleich einige Pelotons von denen in der Nähe stehenden Grenadiers und setzte dieselben an bemeldete Oeffnung, um den anrückenden Feind in Confusion zu setzen, welchen ich auch, wie er anmarschirte, durch Pelotons, so etwas gegen ihn avanciret, chargiren ließ. Es fing aber der Feind im vollen Carrière durch diese Oeffnung mitten in das Quarré zu jagen und griffen zu gleicher Zeit von allen Orten und Enden die Infanterie zum drittenmahl mit Schießen an. Es wurde aber derselbe, wie vorhin, glücklich repoussiret und abgewiesen und war ein Spektakel anzusehen wie die, so in das Quarré gedrungen, erbärmlich massacriret und niedergemacht worden, so daß ich nicht gesehen daß 4. oder 5. Mann davon gekommen. Die Artillerie, so in acht kleinen Stücken bestand, so ich zu mir genommen, feuerte continuirlich, außer ein Stück, so der Feind bei den ersten Angriff, als die Infanterie sich in den Graben zog, sich bemächtiget, wiewohl ich unterschiedliche Pelotons dahin schickte, um solches zu befreien und nachzuschleppen. Der Feind kam nachgehends noch zu zweimalen, wiewohl er nur an einigen Orten wieder anrückte und seine Attaque nicht mehr zu achten war, so auch anitzo, wie die vorigen, gar leicht repoussiret worden. Es war nunmehr völlig Abend und zog der Feind von allen Orten seine Truppen wiederum zurück, ging aber auch gleich darauf völlig aus dem Gesicht und zog sich gegen das Städtchen Punitz, allwo man in die Gärten ohne mein Wissen und Befehl das Bironsche Corps postiret, und nachdem vergessen hatte solches den übrigen Truppen folgen zu laßen; wie ich zwar dieses nach denselben wahr genommen, schickte der General-Major Drost den Major Theler, um solchem Corps zu sagen, mir rechter Hand nachzugehen; Bemeldeter Major ritt aber dem Feind, und zwar ziemlich unschuldiger Weise, gerade in die Hände; ich habe aber dennoch nach diesen durch einen Officier, so einen blauen Mantel umgeschlagen und durch die Schweden durchgeritten, dieses Corps beordert wohin es sich zu ziehen, und ist es diesseits der Oder wieder glücklich zu mir gestoßen. Da ich nun von den gefangen bekommenen Officieren erfuhr, daß der König von Schweden und den neuen Elect (König Stanislaus) in Person zugegen und den General Rhenschild, Steinbock und Lagerkrohn, der General Welling aber mit 4.[illegible] Mann in der Nacht noch zu ihm stoßen würde, und der General Mar[illegible]feld von Posen mit so viel Mannschaft als möglich gegen Kosten anrücken sollte, allwo er auch mit 6. bis 700. Pferden angekommen, war ich nicht wenig in Sorgen, indem nicht eigentlich wißen konnte, wo und wann das Moskowitsche Corps zu mir stoßen würde, und was ferner um Ew. Maj. Infanterie zu salviren, vorzunehmen wäre? Das Brodt fehlte auch schon einen Tag, der Stückpferde waren auch viel erschoßen, und waren theils die Knechte mit davon geritten; Von den Generals, als Patkul und [illegible]stromirsky, an welche ich geschrieben gegen mich, und zwar bis Brau[illegible] anzurücken, hatte ich nicht die geringste Nachricht, wußte auch nicht, ob dieselben mit ihren bei sich habenden Truppen noch an der Oder stünden; so war zwar Anfangs der Meinung mich gegen Lissa zu wenden, um allda das Moskowitsche Corps zu erwarten, das Brodt zu empfangen und d[illegible] ferner auf des Feindes Vornehmen ankommen zu lassen; allein ich war der Conjunction der Moskowiter nicht versichert, und erfuhr zugleich, daß die feindlichen Partheien schon ohnweit Lissa von Kosten herstreiften, ich auch nicht einen Mann von der Cavallerie bei mir behalten, und gar die Officiere, außer der Oberst le Jeune, ein jeder seinen Weg nach eignem Gefallen genommen; überdem alle Officiere dahin riethen, man möchte sich unverzüglich nach Schlesien werfen, in der Meinung, der Feind würde denen Truppen in kaiserlichen Landen nicht ferner nachsetzen; und ob ich zwar das Gegentheil allerdings versicherte, habe ich ihnen doch dieses sowohl hier, als einige Tage vorher nicht aus dem Sinn reden können, worauf ich denn endlich die Resolution genommen, nachdem ich bei 4. Stunden auf der Wahlstadt gestanden, mich nach Schlesien gegen das Städchen Guhra zu ziehen, allwo ich auch vera[illegible] schickt, um die Leute zu erfrischen, etwas Bier und Brodt bei einander bringen zu lassen. Den Oberst-Lieut. Gaudelitz nebst dem Hauptmann Laide von der Garde habe gleich beordert, sich nach Radschütz und Kabe zu begeben, und ins geheim bemühet zu sein, ob durch Hülfe der Mühlen und Wehre eine Laufbrücke in der Eil zu verfertigen? welches auch durch dieser braven Officiere Fleiß und Mühe in wenig Stunden zu Weg gebracht worden, da dieses Mittel, um sich zu salviren, noch einzig übrig war, durch eine desperate Action dem Feind in der Nacht an unterschiedene Orte anzugreifen und nachgehends, wenn es nicht geglückt, ein jeder so gut möglich sich durchzubringen zu suchen hätte wagen müßen, maßen, ohnerachtet daß man viele Fähren bei einander bringen lies, um den Feind glaubend zu machen, daß man sich deren zum Ueberfahren gebrauchen wolle, eine Unmöglichkeit gewesen, solches im Gesichte des Feindes vorzunehmen. Zu gleicher Zeit gab ich zu dreimalen den Obersten Görzen von allem was paßirt, wie auch was ich vorzunehmen Willens, die Nachricht, und daß er sich nicht beßer als Lissa und Schwetzke linker Hand laßen, und gegen Brunno nach denen Wäldern zurückzuziehen haben würde, indem, weil der Feind mir nachginge, er dort gut durchkommen könnte und sich nur vor dem General Meyerfeldt der Gegend Kosten in Acht zu nehmen hätte. Auf der Wahlstadt habe ich viele bleßirte Officiere vom Feinde, ingleichen auch einige von Ew. Maj. Truppen müßen liegen laßen, welche zwar alle in einem Hause bei einander gebracht wurden. Vom Feinde hat Ew. Maj. Infanterie 3. Standarten und 2. Paar Pauken bekommen und sollen bei der Cavallerie auch noch einige Standarten sich befinden.

Von der Wahlstadt an hat man die Infanterie in ein längliches Quarré und in ordre de bataille marschiren lassen, es ist aber nichts vom Feinde nachgekommen noch sich sehen lassen, als ist man bei guter Zeit bei dem Städtchen Guhra, so in Schlesien liegt, angekommen, und weil ich gar keine Cavallerie bei mir gehabt, auch die meisten Officiere von der Infanterie ihre Pferde verloren und zu Fuß, so bin ich nicht wenig in Sorgen gewesen, maßen nicht die geringste Kundschaft vom Feinde in Zeiten erhalten konnte. Der Oberst Braun mit 3. bis 4. Officieren aber, dessen mich zu unterschiedenen mahlen gar nützlich zum recognosciren gebrauchte, hat mir gar gute Kundschaft von allem eingebracht, wie nehmlich der Feind im vollen Marsch und zwar in aller Eil auf den Fuß nachging; ingleichen die matten und theils kranken Leute, so an den Wegen gelegen, erbärmlich niedermachen ließen, welches vor der Aktion nicht geschehen, sondern man nur dieselben nur aufgehoben; als brach die Infanterie wieder von Guhra auf, ging über ein Flüßchen, die Barths genannt, warf die Brücken hinter mir ab, und ließ etwa 50. Grenadier an diesem Paß, um den Feind etwas weniges aufzuhalten, und blieb ich selbst allhier bis der Feind völlig anrückte, um die Brücke zu attaquiren, und wieder zu verfertigen den Anfang machten, halten, worauf diese 50. Mann wieder zu die übrigen Regimenter stießen, und zog sich alles und jedes gegen die Oder und in einem

sehr vortheilhaften Ort, welchen man, um von da sich über die Oder z
retiriren, ausgesucht hatte. Hier postirte ich die Bataillons dergestal
daß man unmöglich forciret werden konnte; auch wurden unterschiede
Posten aller Orten dergestalt avanciret und gesetzet, damit der Feind kei
neswegs wahrnehmen konnte, was man gewollet, noch die Oder zuglei
zu passiren. Es war ungefähr 4. Uhr Nachmittags, da diese Bataillo
anfingen über die Laufbrücke zu gehen; die Vorposten blieben indessen stehen
auch wurden nur einige wenige Feuer gemacht, und zogen sich die sämmt
lichen Bataillons nach und nach enger und näher zurück, wozu denn das
Erdreich und der zur rechten befindliche Morast, ingleichen ein großer
dicker mit starken Hecken besetzter Damm, auch ziemliche Defilés, wodurch
der Feind auf Ew. Maj. Truppen kommen mußte, alle Gelegenheit an
die Hand gegeben; Ob nun wohl der Feind ganz nahe und völlig denselben
im Gesicht stand, hat man sich doch ohne einigen Hindernissen und Allarm
glücklich eine Stunde in der Nacht über die Oder gezogen, alle Passagen
und Durchritte, so sich in der Nähe alldort befunden, besetzet und bis um
1. Uhr nach Mitternacht im Walde an dem Strand geruhet. Diese ganze
Nacht bis um 3. Uhr ist der Feind in Bereitschaft gestanden und der Kö
nig selbst stets zu Pferde gewesen; um 3. Uhr aber, wie die Spions aus
gesagt, habe der König in einem kleinen Bauernhaus sich zur Ruhe bege
ben und sagen die Spions, daß auch wäre befohlen worden ihre Pferde
zu füttern. Die Truppen sind um 1. Uhr aufgebrochen und gegen hier
marschirt und ist ihnen der Feind über die Oder nicht weiter nachgegangen,
wovon man denn auch von Stunde zu Stunde durch sichere Spions die
Nachricht stets erhalten, indem man auch über dieses Officiere bei
Pfaffen und andern guten Leuten zurückgelassen. Die schlesischen Cavaliers,
so den Sonntag früh in das schwedische Lager und in der Predigt gewesen,
können nicht genug sagen, wie der König von Schweden gar unvergnügt
und chagrin geschienen, und vermeinen einige, daß er einen Mißfallen
gegen den General Steinbock geschöpfet haben solle, und können sich sonsten
die Generäle und Officiere über diese Retraite nicht genug verwundern,
geben aber sonst wenigen Verlust in der Action vor. Unterschiedene Offi
ciers auch Generäle hoffen, daß dieser Streich dem König, künftighin die
Sachen mit mehr Vorsichtigkeit vorzunehmen, lehren wird, massen die Dis
position in dieser Attaque und Angriff keineswegs zu loben ist. Ihro Maj.
Infanterie und deren Officiere und Gemeine sowohl, haben auch in dieser
Action einen großen und unsterblichen Ruhm sich erworben, und wird der
Feind, wenn er sonst unpartheiisch seyn will, selber solches gestehen müssen,
auch finden, daß er sich in seiner Meinung, indem er gehofft diese wenig
Leute über den Haufen zu reiten, ziemlich betrogen gefunden. Die Caval
lerie, ob sie schon poussiret, sind doch unterschiedene Escadrons wieder zu
rück und zu der Infanterie gekommen; weil man aber dieselbe, indem sie
in Quarré gestanden, nicht gebrauchen konnte, haben dieselbe sowohl [illegible]
Freund als Feind das Feuer ausstehen müssen, und also genöthiget [illegible]

sich zu retiriren; nur hätten müssen nachgehends die Officiere solche ohnweit davon wieder bei einander bringen, und mir bei der Retraite, wie es nöthig und billig, an die Hand gehen müssen. Der General-Major Drost ist gleich Anfangs von einem unsern Dragoner mit Pulver ins Gesicht geschoßen, und hat sich auch des Nachts, nachdem man sich ein paar Meilen retiriret, nach Glochau begeben. Der Oberst Zeidler und Oberst Sacken haben sich sehr in dieser Action distinguiret, und kann ich dieselben nicht genug Ew. Maj. recommandiren; der letzte ist ziemlich schlimm unter das linke Auge geschoßen, man hofft aber, daß er davon kommen werde, der andere hat sich aber des Nachts, da man über die Oder gegangen, ein Holz ins Auge gestoßen, welches er wohl darüber verlieren dürfte, so daß ich endlich fast ganz allein bei den Truppen übrig geblieben. Der Oberst-Lieutenant Preuß, wie auch unterschiedene andere Oberst-Lieutenants und Majors haben sich sehr distinguiret und hat das Regiment von der Garde, wie auch Ihro Maj. der Königinn, überaus wohl in dieser Aktion sich verhalten. Der Oberst-Lieutenant Zlau, so sicherlich zu bedauern, ist todt, wie auch unterschiedene andere Officiers, und einige bleßirt, wovon ich die Liste mit nächstem allerunterthänigst überschicken werde. Die Ordonnanz-Officiere, so ich in dieser Aktion bei mir gehabt, wie auch mein Adjudant, so ich sehr bedaure, sind alle geblieben; und ob nun zwar der Feind vorgiebt, er habe wenig in dieser Aktion erlitten, so ist doch solches nicht zu glauben, weil er ein sehr groẞes Feuer ausgestanden, auch die Wahlstadt von Todten überall bedecket und gewiß ist, daß er einen ziemlichen Abgang erlitten. Man hat unterschiedene Officiere und Gemeine vom Feinde bekommen, so aber bei der Nacht wieder entlaufen. Bei der Action haben sonst Ihro Maj. Truppen wenig erlitten, und hoffe ich nicht, daß alles, was man bei dieser Retraite verloren, der Feind aufgefangen, und nicht hat fortkommen können, über 4. bis 500. Mann sich belaufen werde. Ich laße nun die Infanterie in der Nähe bei Görlitz einquartieren und ein paar Tage ruhen, und weil vom Feinde nichts ferner zu vernehmen, mir auch gemeldet wurde, daß er von der Oder sich wieder zurückgezogen habe, so werde mich sofort nach Dresden begeben und alles nöthige helfen zu veranstalten, und absonderlich bemühet sein, daß sowohl von der Cavallerie als Infanterie ein jeder wieder zu seinem Regiment und Compagnie, so sich davon, absonderlich von der Cavallerie, abgeschlichen, gebracht werde. Zu dem Ende sind auch einige Officiere an die Oder und nach Schlesien abgeschickt, ihnen Geld gegeben und anbefohlen alle Leute aufzusuchen, und solche nach Görlitz und Guben zu bringen. Von dem Obersten Görtz habe noch keine eigentliche Nachricht, außer daß man vorgeben will, indem man am verwichenen Sonntag viel mit Stücken und kleinen Gewehr schießen gehört, er habe eine Rencontre mit dem Feinde gehabt. Indeßen habe ich nicht ermangelt sowohl nach Glochau und Breslau an dem Deutschmeister und Oberamt geschrieben und den Eintritt in das Kayserl. Territorium, unterm Vorwand aus Noth des

Brodtmangels dazu getrieben, entschuldiget, worüber der Feind mit der überlegenen Macht gefolget und man also auf die Retraite linker Hand continuiren mußte. Ich meine auch, daß man am Kayserl. Hof nicht wenig exageriren könnte, daß der Feind auf selben, nicht allein die aus Mattigkeit zurückgebliebenen Leute, die doch ohne alle Defension gewesen, auf das Kayserl. Territorium niedergemacht, sondern auch gar, wie man sagen will, einige Kayserliche Bauern durch seine Wallachen todt schiessen lassen. Ich habe nichts mehr als Brod und Bier genommen und solches, ja das Holz, nach marktüblichen Preiß bezahlet, auch die Fuhren, so zur Fortschaffung der Maroden gebräuchet, mit baarem Gelde gelohnet.

Marsch-Route des Corps von Warschau bis an die Oder. 28. Octbr. bis 8. Novbr. 1704.

28. Octbr. von Warschau bis Blonie . . . 4. Meilen.
29. ej. von Blonie bis Bolimora . . . . 5. —
(der König hatte sein Quartier in Lowitz.)
30. ej. von Bolimora bis Lowitz. . . . . 3½. —
(der König hatte sein Quartier in Piontek.)
31. ej. von Lowitz bis Bielawie. . . . . . 5. —
(der König hatte sein Quartier in Lenniern.)
1. Nov. von Bielawie bis Miertzin. . . . 3. —
(der König in Unienow.)
2. ej. von Miertzin bis Brunow. . . . . 3½. —
3. ej. das ganze Heer geht bei Unienow über die Wartha und marschirt bis Dobra. . . . . 3. —
(der König marschirt mit der Reuterei links ab über Wartha nach Cracau.)
vom 3. zum 4. ej. Nachts, durch den Wald von Benſekof bis Kalisch. . . . . 4. —
— 4. — 5. ej. Nachts, von Kalisch nach Reschkowa. 3. —
— 5. — 6. ej. Nachts, von Kalisch nach Loblin. 2. —
— 6. — 7. ej. von Loblin nach Grobia. . . 2. —
7. ej. von Grobia nach Punitz. . 2. —
vom 7. zum 8. ej. von Punitz nach Guhra. . 2. —
8. ej. das Corps geht über die Oder.

Summa 42. Meilen.

Beilage XIV.

Schreiben des Generals Schulenburg an Se. Majestät den König.

Dresde, ce 17me. de Nov. 1704.

Sire.

J'ai reçû avec un très-profond respect et avec une reconnaissance éternelle la lettre, que V. M. m'a fait la grâce de m'écrire, et par laquelle V. M. a la bonté de me déclarer son Général d'Infanterie. C'est une grâce et honneur, que je n'ai nullement mérité, outre que ce titre me causera plus d'un embarras, et empêchera, par bien des raisons, que je ne pourrais pas rendre d'aussi bons services, ayant le titre du Gen. d'infanterie, que je pourrais faire avec le titre et avec la charge que j'ai présentement, joint que le peu de bien que j'ai, ne suffit pas de soutenir le caractère d'une charge comme celle-là, d'autant qu'il est inconnû de quelle manière les affaires peuvent tourner, surtout quand elles se trouvent dans une situation comme celle d'aujourd'hui; toutes ces considérations jointes ensemble me font prendre la liberté de supplier V. M. très-humblement de vouloir permettre que je reste encore cet hyver dans la même charge, que j'ai eu jusqu'à cette heure, et comme je tacherai de me rendre toujours plus digne pour le service de V. M.; elle voudra bien ensuite disposer de ma personne et de ma fortune, selon que son service et les intérêts le demanderont, persuadé que je suis que V. M. a mille moyens en main, de me faire du bien sans qu'il lui en coute un sol; mais bien loin d'avoir jamais eu cette vue, ou de songer d'amasser du bien, je voudrais volontiers servir une couple d'années pour rien, si par-là les affaires de V. M. iraient mieux. Je puis dire, en conscience, que je les ai pris tellement à coeur depuis le tems que j'ai l'honneur d'être à son service, que j'en ai eu des chagrins mortels, et qui m'ont affaibli l'esprit et le corps; car le point d'honneur n'est nullement parmi les troupes, on sert sans attachement, sans zèle et sans aucune exactitude, sans discipline, sans savoir, et sans aucune subordination; on ne connait que la chicane, et les mauvais procès sont en usage, point de punition, car la justice est très-mal administrée et entre les mains des gens faibles et imbéciles. Les recompenses et les avancemens se font souvent sans nécessité et sans aucun mérite de la personne que l'on élève, outre que le reste des opérations de la guerre se font assez confusement, sans liaison et sans un ordre extrême, de même que sans les précautions, prévoyances et considérations nécessaires, de sorte comme V. M. n'a été ni est encore secondée à tems; l'armée ne s'en pas seulement entièrement gâtée, mais elle est dans une situation à faire trembler tous ceux, qui doivent faire agir les troupes de V. M. La rencontre de Posen est le dernier qui vient d'arriver, il aurait été avantageux si on avait laissé l'infanterie dans la grande Pologne, au lieu de la faire marcher vers Wisogrod, Posen aurait été pris par la manière, que j'avais envie de m'y prendre; le commandant de la dite place ayant avoué, qu'il n'avait pû resister longtems, par où les affaires seraient dans une autre situation, sur tout si on avait enlévé le Gen. Meyerfeld, comme il eut été facile, avec son corps de troupes. V. M. sait mieux, que personne ce qui en est la vraie cause. Pour ce qui est des affaires d'ici V. M. en sera sans doute informée à fond, les troupes ne sont nullement en état; les deux prétendus bataillons du régiment de Fürstenberg sont, comme on vient de dire, 450. hs., le reste va à proportion; tout le monde avoue qu'on aura de la peine de récruter et de remettre l'infanterie, outre que l'argent nécessaire pour récruter la dite infanterie, et remonter les vieux régimens de cavallerie, ne doit pas être prêt non plus que ce qui sera nécessaire pour la subsistance des troupes, qui se trouvent ici dans les états de V. M., de sorte qu'il n'y a pas seulement à craindre, que les troupes ne soient remises, mais qu'elles se disperseront, faute de soins et de subsistances; car la plûpart des officiers sont prêts à quitter, s'ils ne voyent qu'on va les payer régulièrement; il y en a déjà une partie qui est allé chez eux, faute de pouvoir se remettre en ligne et en équipage, plûsieurs les ayant perdûs. Je supplie V. M. de considérer, qu'il n'y a pas un moment à perdre, à disposer les affaires d'une manière afin que tout ne se perde à la fois. Pour cet effet il faudrait songer à mettre huit mille hommes d'infanterie de V. M., y compris tous les bataillons, tels qu'ils puissent être sur pied, casser les autres pour prendre les primes plans et s'en servir très-utilement auprès des autres bataillons. Des troupes Moscovites il en faudrait faire dix ou douze bataillons, afin d' avoir en tout 26. ou 28. bataillons, et les faire sans perdre du tems complets, et les mettre sur un bon pied; avec la cavallerie il ne faudrait que remettre les vieux corps sur pied complet, de sorte que l'on aurait toujours 14. ou 15. m. d'infanterie et 10. m. chevaux, avec cela une artillerie de campagne, pas trop grande et sur tout quelque argent de reste, pour remuer ce corps d'armée. A mon avis si on se prend autrement aux affaires de guerre, on ne réussira nullement, et V. M. verra que l'on embrouillera tout, que l'on fera des projets et beaucoup de nouveautés, qui n'aboutiront qu'à amuser les innocents et à faire perdre le tems, chose inestimable en ces conjonctures-ci, par où V. M. se pourrait trouver vers Pâques sans que les coffres soient remplis des deniers nécessaires, sans des troupes réglées et en ordre; car j'entends par ici bien de beaux discours et de vastes desseins, mais que V. M. me croye être très-fidèle et très-zélé serviteur, que les affaires n'iront jamais de cette manière-ci, comme il faut, on s'en appercevra, mais trop tard, vers Pentecôte; tout cela est sans effet et pas un homme de guerre, qui aime son maitre et qui a soin de sa réputation, ne pourrait plus s'en mêler avec aucune espérance de réussir; tout le monde croit que la lévée de quatre regimens nouveaux va achever de ruiner les affaires de guerre, de finances et le pays. Il serait encore tems de redresser les affaires et de recruter par là le corps. J'ai représenté au Conseil privé ce que j'ai crû être du service et des intérêts de V. M., que j'ai seuls en vue. Aujourd'hui on va travailler à faire la repartition des quartiers ad interim, jusqu' à ce que l'on verra ce que les ennemis vont faire pendant cet hyver. Je ne crois pas qu'il y ait quelque chose à craindre du côté des ennemis en Saxe. Heureux si pendant ce tems-là on pourrait se mettre en un tel ordre, que l'on puisse ensuite agir avec succès. Je serai très-agréablement surpris si on réussit en bien des choses, que l'on s'est proposées, mais comme V. M. connait à fond tous ceux qui sont employés pour son service, Elle jugera façilement l'effet qu' Elle a à attendre, du travail et des propos d'un chacun. V. M. me pardonnera la liberté que je prends de lui parler des affaires qui ne me regardent pas. Il m'est impossible de les voir tranquillement aller de travers, et je voudrais, au prix de mon sang, pouvoir inspirer à un chacun un soin extrême pour le service et pour les intérêts de V. M., étant avec un attachement inviolable etc. etc.

Neunter Abschnitt.

1704 — 1705.

Schulenburgs Bemühungen die Mängel der sächsischen Armee zu verbessern. — Glückwünschungsschreiben des Prinzen Eugen von Savoyen über den Rückzug aus Polen und das Gefecht bei Punitz. — Betrachtungen über den vergangenen Feldzug. — Der König trifft aus Polen in Sachsen ein. — Zweikampf zwischen Schulenburg und dem General Grafen Flemming. — Sch. reist nach Braunschweig und Hannover. — Seine freundschaftlichen Verhältnisse mit dem berühmten Leibnitz. — Französisches, bisher ungedrucktes Schreiben desselben. — Folgt dem König nach Carlsbad. — Anträge an Schulenburg in Hessen-Casselsche Dienste zu treten, desgleichen in die der Republik Venedig. — Begehrt abermals seine Entlassung aus sächsischen Diensten. — Erhält den Oberbefehl über das sämmtliche Fußvolk, sowie General Flemming über die Reiterei.

1704 Wir besitzen aus derselben Zeit einen Bericht Schulenburgs an den König vom 24. Novbr., welcher von der Armee sowohl, als von den übrigen Verhältnissen der in Abwesenheit des Königs bestehenden obersten Behörde eine treue Schilderung gibt, und von welchem wir als ein interessantes Gemälde der damaligen sächsischen Regierung einen Auszug unten (s. Beilage XV.) beifügen.

Es war Schulenburg nicht jener edle Ehrgeiz fremd, der nach dem Pflichtgefühl die Triebfeder großer menschlicher Handlungen ist; er wünschte den Beifall der Männer von Verdienst zu erhalten und ermangelte nicht die zahlreichen Gönner und Freunde, die er sich sowohl in Deutschland als in andern Ländern von Europa erworben hatte, in gründlichere Kenntniß von den näheren Umständen des glorreichen Rückzugs zu setzen, der ihm gelungen war gegen den König von Schweden auszuführen, welchem zu widerstehen bis jetzt vergeblich versucht worden war. Er sandte deshalb unterm 9. Nov. einen ausführlichen Bericht des Gefechts von Punitz an den Prinzen Eugen von Savoyen, welcher hierauf unterm 5. Decb. 1704 aus Vohburg in Baiern ihm folgende Antwort ertheilte:

„Ich habe zwar hieraußen von der in Pohlen zwischen 1706 den König von Schweden und meinen hochgeehrten Herrn General vorbeigegangenen Action unterschiedliche Nachrichten und Berichte gehört, bis dato aber die rechten Particularitäten nicht gewußt, und dannenhero bedanke mich desto verbündlicher für Dero unterm 9ten pass. mir darüber zuertheilte Relation, erfreue mich auch mit derselben, daß meines hochgeehrten Generalen bei dieser Occasion bezeigte valor, experienz und dexterité also ruhmwürdig seie vermehrt worden; wie dann mit wenigen die Standhaftigkeit der Königl. Pohlnischen und Chursächs. Löbl. Truppen zwar ganz billig und hoch zu loben: in alle Wege aber Dero tapfern Anführung zuzuschreiben ist. Was sonst mein hochgeehrter Hr. General wegen dem gemeldet hat, daß zu Versicherung seiner Retraite das schlesische Territorium hätte berühren und durchziehen müßen, darüber habe ich zwar bis dato vom Hof noch nichts vernommen, gleichwie ich aber verhoffe, längstens innerhalb drei Wochen wiederum mich alldorten einzufinden, also wenn nachgehends in den Sachen etwas moviret werden würde, will ich schon sehen, wie alsdann von meiner Freundschaft demselben einiges Kennzeichen werde geben können; im übrigen bin ich nun alhier in Bayern und ist es an dem, daß die Evacuation der Festungen, sonderlich von Ingolstadt, dieser Tagen beschehen, man auch die übrigen Punkte, besage des getroffenen Tractats, nach einander vor die Hand nehmen werde, womit in fortwährender Dienstbeflissenheit allstets verbleibe x."

Bevor wir zu den Ereignissen des künftigen Jahres übergehen, glauben wir, zur leichtern und übersichtlichern Auffassung der Begebenheiten des vorigen Feldzugs, eine kurze Darstellung derselben beibringen zu dürfen.

Wir erinnern uns, daß der Feldzug spät und zwar erst Anfangs Juny von allen Seiten eröffnet ward.

König Carl hatte seine Winterquartiere in Polnisch-Preußen längs der Netze und auf dem rechten Ufer der Wartha genommen und seine Verbindungen mit Warschau unterhalten, woselbst unter Leitung des Primas die Reichsversammlung ver-

1709 einigt war, welche die Absetzung König Augusts II. beabsichtigte und später ins Werk setzte.

König August behauptete seinerseits den mittäglichen Theil von Pohlen, hatte sein Hauptquartier zu Sendomir und hatte die Palatinate von Cracau, Chelm, Lublin und Lemberg inne. Die Ursachen, die den König von Schweden bewogen haben mögen, mehrere Monate der guten Jahreszeit vorüber gehen zu lassen, bevor er den Feldzug eröffnete, sind uns unbekannt; schwerlich können ihn bei dem guten Zustande seiner Armee dazu militärische Gründe bestimmt haben; es ist vielmehr wahrscheinlich, daß ihn die politische Lage von Polen veranlaßt hatte, die Wahl Königs Stanislaus, die bekanntlich am 19. July erfolgte, abzuwarten, und bis dahin den Anfang seiner Bewegungen zu verzögern.

König August beabsichtigte seinem Gegner zuvorzukommen, und wollte, wie wir gesehen haben, sich bei Sendomir mit den Truppen vereinigen, die der F. M. Steinau und Schulenburg aus Sachsen zuführten; und nachdem er die Russen, die über Kiow vorrückten, an sich gezogen haben würde, war es sein Plan, dem König von Schweden sich zu nähern, jede offne Feldschlacht zu vermeiden und durch zahlreiche Parthei-gänger ihm die Subsistenzen zu erschweren und ihn aus Polen zu verdrängen.

Im Zeitpunkt, wo dieser Plan ausgeführt werden sollte und das sächsische Corps die Obra überschritten hatte, und beabsichtigte auf Petrikau zu marschiren, erschienen die Schweden zwischen der Wartha und der Weichsel; dies veranlaßte die rückgängige Bewegung Steinau's. Hierauf ließ Carl XII. ein kleines Observations-Corps unter dem General Meyerfeldt bei Posen zurück und marschirte auf den König August bei Sendomir zu. Dieser zog sich auf Jaroslaw zurück; als ihm aber die Schweden auch dahin folgten, so machte er den obenerwähnten Flankenmarsch an den obern Bug, vereinigte sich mit den Russen und führte jene glänzende Unternehmung auf Warschau aus. Er vereinigte sich mit Schulenburgs Heeres-Abtheilung bei Wisogrot, unterhalb des Punktes, wo der Bug in die Weichsel fällt, und behauptete eine Zeit lang

beide Ufer der Weichsel, des Bugs und der Narew, in der 1704
Fronte durch die Wippers gedeckt.

Carl XII. hatte sich unterdessen, vermuthlich durch die Hoffnung reicher Beute, nach Lemberg locken lassen, welches fast in denselben Tagen seine Thore öffnete, in welchen August Warschau einnahm; er säumte jedoch, sobald als letztere Nachricht zu ihm gelangt war, wenig, um aufzubrechen, und sich der Weichsel und der Wartha zu nähern.

Der Schweden Erscheinung bestimmte die vereinigten Sachsen und Russen, den Bug und die Narew zu verlassen und sich auf das linke Weichselufer zurückzuziehen. Als der Uebergang der Schweden auf dasselbe erfolgt war, marschirte August bis nach Unienow an der Wartha, dort theilte er seine Armee, begab sich selbst mit der ganzen Reiterei über Petrikau nach Cracau, und sandte das Fußvolk, in 24 Bataillonen Sachsen und Russen bestehend, unter Schulenburg nach Sachsen zurück. Bei dieser Gelegenheit bewerkstelligten die sächsischen Truppen den oben beschriebenen glorreichen Rückzug. Nach diesen Vorfällen nahmen die Sachsen und Moscowiter ihre Winterquartiere in Sachsen, der König von Schweden in Groß-Polen, indem er Meister der Wartha und beider Ufer der Weichsel blieb; König August behielt die obere Weichsel und die Woywodschaften von Cracau und Sendomir mit den ihm treu gebliebenen Polen nnd mit russischer und sächsischer Reiterei besetzt. Zu Ende des Jahres traf der König aus Polen wieder in Sachsen ein.

Wir werden im nächsten Abschnitt die Ereignisse des Jahres 1705, insofern sie Schulenburg und den Theil, welchen er an denselben nahm, betreffen, zum Gegenstand unserer Forschungen machen.

Der König August von Polen brachte den größten Theil 1705
dieses Jahres in seinen Erblanden zu, und wandte diese Zeit zur Widerherstellung seines Heeres an. Es wurden neue Regimenter gebildet, mehrere ältere aufgelößt; zu dieser Zahl gehörte dasjenige, welches Schulenburg als Inhaber befehligte. Zur Entschädigung dafür würde er zweiter Inhaber des Regiments Garde zu Fuße, welches aus 4 Bataillonen bestand.

1706 Bei allen diesen Verfügungen bewies der König dem General Schulenburg vorzügliches Vertrauen.

Der Winter scheint in den gewöhnlichen Belustigungen eines an Vergnügungen reichen Hofes verflossen zu sein. In diesen Zeitpunkt fällt eine persönliche Zwistigkeit zwischen dem General Schulenburg und dem General Flemming[1]), deren Mißverständnisse einen Zweikampf veranlaßten. Die nähern Umstände desselben sind uns nicht bekannt; es scheint jedoch, daß beide Generale sich mit dem Degen schlugen, daß Flemming mit dem Fuß ausglitschte und niederfiel; Schulenburg benutzte diesen Umstand, um ihn zu nöthigen, sich die Erhaltung des Lebens zu erbitten, welches sein Gegner stolz verneinte. Es gelang hierauf dem Sekundanten des Generals Flemming die beiden Kämpfer zu trennen, und zur Versöhnung zu vermögen. Dieser Ausbruch scheint die Folge von Aeußerungen gewesen zu sein, die sich der General Flemming, der älter in sächsischen Diensten als Schulenburg war, in Gegenwart mehrerer anderer Personen über ihre gegenseitigen Dienst-Verhältnisse erlaubt hatte. In einem Schreiben welches Schulenburg an den Geheimen-Rath v. Hoymb unter dem 1. Juny richtete, und welches gewissermaaßen die Darstellung der mannig-

---

1) Jacob Heinrich v. Flemming, geb. d. 3. März 1667, stand anfänglich in churbrandenburgschen Diensten, woselbst sein Oheim, Heino Heinrich, als Feldmarschall angestellt war. Er trat als Oberst unter Churfürst Johann Georg IV. in chursächsische Militär-Dienste. Nach dem Regierungs-Antritt Churfürsts Friedrich Augusts erlangte er dessen Gunst und stieg schnell in militärischen Würden; er hatte wesentlichen Antheil an des Churfürsten Erhebung auf den Polnischen Königsthron. 1705 wurde er General der Cavallerie und 1712 Feldmarschall; er starb zu Wien, woselbst er sich in einer außerordentlichen Sendung befand, am 30. April 1728. „Faßmann" in seinem „Leben Königs August II." sagt „sein Körper sei heimlich nach Sachsen gebracht worden, und, um ihn bequemer in einem Koffer fortbringen zu können, habe man ihm die Flechsen an den Knieen abgeschnitten."

Das Flemmingsche Geschlecht wurde in der Person des preuß. Feldmarschalls, Heino Heinrich, und dessen Bruder Georg Caspar, Vater Jakob Heinrichs, 1700 in den Reichsgrafenstand erhoben.

faltigen Unannehmlichkeiten enthält, die er im sächsischen Dienste 1705 erfahren hatte, ersucht er selbigen, dem König zu eröffnen, es sey ihm unmöglich länger weder unter dem F. M. Steinau, noch unter dem General Flemming zu dienen, die er Beide als seine geschwornen Feinde betrachten müsse; und zwar habe Letzterer im Königl. Vorzimmer geäußert: „er werde denjenigen General, welcher im Dienst ein Subordinations-Vergehen sich zu Schulden kommen ließe, in Eisen schließen, unter ein Kriegsgericht stellen, und den Kopf vor die Füße legen lassen." Dies mag die unmittelbare Veranlassung zu jener Zwistigkeit gewesen sein, deren Beilegung der König selbst bewirkte.

Es muß hierzu ein Cabinets-Rescript den Weg haben bahnen sollen; allein auch dieses, dessen vollständigen Inhalt wir jedoch nicht kennen, erreichte nur nach mehreren Erörterungen den gewünschten Zweck. Denn, wie aus einem vertrauten Schreiben vom 16. März an den Ober-Marschall des Landgrafen von Hessen-Cassel, Baron v. Kettler, hervorgeht, welcher dem General den Eintritt in des Landgrafen Dienste angetragen hatte, hatte dieses Rescript Schulenburg abermals verletzt. In demselben heißt es nämlich „Schulenburg möge sich wegen gegebener Ursache und Désobéissançe zum Ziel legen." Gegen diesen Vorwurf verwahrte er sich förmlich in einem Schreiben vom 4. März an den König, welcher ihn sodann mündlich beruhigt zu haben scheint. Wenigstens war die Versöhnung zwischen beiden Generälen schon am 16. März, nach Inhalt jenes Schreibens an den Baron Kettler, vollständig erfolgt; und obgleich, wie wir späterhin sehen werden, der König vermeiden mußte, die beiden Nebenbuhler in Dienstberührung zu bringen und wiewohl die zwischen beiden bestehende Unverträglichkeit endlich den General Schulenburg bestimmte, die sächsischen Dienste zu verlassen, so kam doch seitdem nie irgend eine offene Mißhelligkeit zwischen Schulenburg und Flemming zur Sprache, und beide scheinen sich zwar nicht geliebt, aber doch gegenseitig geachtet zu haben[1]).

1) Schulenburg äußert sich in dem in den „Denkwürdigkeiten für die Kriegskunst" aufgenommenen Fragment seiner Feldzüge von 1704 und 1706. S. 200 folgendermaßen über diesen Zweikampf:

1706 Schulenburg machte in den Monaten April und May eine Reise auf Urlaub in seine Heimath und begab sich auf seine im Magdeburgschen gelegenen Güter und an die Höfe von Braunschweig-Wolfenbüttel und Hannover. Unter die Gönner, die er in dieser Gegend Deutschlands hatte und bei dieser Gelegenheit besuchte, gehörte der Herzog **Anton Ulrich** von Braunschweig, dessen oftmals gedacht worden ist, und der Churfürst **Georg Ludwig** von Hannover, über dessen Vertrauen zu Schulenburg, sowie über des Letzteren Anhänglichkeit gegen jenen sich uns späterhin Veranlassung darbieten wird einige interessante Angaben beizubringen. In der Zahl damals lebender ausgezeichneter Personen aus fürstlichen Häusern gehörte bekanntlich die Königin **Sophie Charlotte** von Preußen, jüngere Schwester des Churfürsten Georg Ludwig. Ihr Name steht in der Geschichte neben dem des berühmten Leibnitz, dessen Schülerin sie war. Ihr Ableben fällt in jenen Zeitpunkt, bis zu welchem wir eben vorgeschritten sind, indem sie den 1. Februar 1705 starb.* Schulenburg war, wie wir früher gesehen haben, einige Zeit an ihrem und ihres Gemahls Hof gewesen, und hatte bei dieser Gelegenheit ihre seltenen Eigenschaften kennen gelernt.

Der große **Leibnitz** stand mit Schulenburg in freundschaftlichen Verhältnissen. Es sei uns erlaubt, hier den Auszug eines ungedruckten Schreibens vorzulegen, welches er in jener Zeit und bei dieser Gelegenheit an Schulenburg unter dem 4. März 1705 richtete:

„J'espérais aussi avoir l'honneur de vous voir à Hannovre, pour où je pars maintenant et trouverai sans doute ma douleur renouvellée par des appareils de tristesse encore plus concentrés pour ainsi dire, qu' à Berlin."

„Le Gal. Flemming étant Ministre du Roi à la Cour de Berlin vint alors à Dresde où le Gal. Schulenburg continuait toujours à commander (im Sommer 1706 vor dem Einbruch der Schweden in Sachsen) ce qu'il ne lui donna pas peu de mortification ne se souvenant que trop du duel qu'il avait eu avec Schulenburg et comme il s'en était tiré uniquement par le moyen du Colonel Tiesenhausen tandis que son adversaire se battit avec aucun assistant."

„Quoique ma raison me dise que les regrêts sont super- 1705
flûs et qu'il faut honorer la mémoire de la Reine de Prusse, au lieu de la plaindre, mon imagination me présente toujours cette Princesse avec ses incomparables perfections et me dit qu'elles nous sont ravies et que j'ai perdu une des plus grandes satisfactions du monde que je me pouvais promettre raisonnablement pour toute ma vie."

Ein anderer würdiger Zeitgenoß und Freund unsers Schulenburgs war Johann Friedrich v. Alvensleben [1]), Besitzer von Hundisburg und Gatersleben, zu jener Zeit in königl. preußischen Staatsdiensten. Auch er äußert seine Gefühle in einem Schreiben vom 17. July 1705 über den Tod der Königin.

Wenn uns die Ansicht nicht täuscht, daß durch den Ausdruck tiefen Schmerzes, den edle Zeitgenossen über den Verlust eines in hoher Achtung stehenden Menschen empfanden, noch nach einer langen Reihe von Jahren und ohne diejenigen, um welche es sich handelt, anders als dem Rufe nach zu kennen, das Gemüth inniger mit Wehmuth ergriffen wird, so wird der Auszug des vorhergegangenen Schreibens Leibnitzens sowohl, als der folgende des Herrn von Alvensleben, der denselben Gegenstand betrifft, nicht unwillkommen sein.

---

1) Johann Friedrich v. Alvensleben, Besitzer der Güter von Neu-Gatersleben und Hundisburg, geb. d. 9. Januar 1657, war einer der ältesten Freunde und naher Verwandter Schulenburgs. Er trat 1682 in Herzogl. Braunschweig-Wolfenbüttelsche Dienste, und wurde 1691 wirklicher Geheimer-Rath. Im Jahre 1697 trat er in derselben Eigenschaft in churbrandenburgsche Dienste, zog sich aber 1713, nach dem Tode Königs Friedrich Wilhelms I., ins Privatleben zurück. Seine Anhänglichkeit an seinen ersten Herrn, den Herzog Anton Ulrich von Braunschweig, blieb stets dieselbe, und er war bei dessen Ende 1714 in Salzdahlum gegenwärtig. Der König Georg I. von England berief ihn 1719 als Staats-Minister nach Hannover, woselbst er am 21. Septbr. 1728 starb. Er hat in Hundisburg von 1694 bis 1702 das prächtige noch daselbst befindliche Schloß erbaut. Aus noch vorhandenen Correspondenzen zwischen ihm und Schulenburg läßt sich beurtheilen, was Alvensleben für ein gebildeter und vorzüglicher Mann war.

1705 „Nous avons eu, Mr., comme je remarque, en nous écrivant les mêmes pensées très-lugubres sur la mort de notre Reine auguste, mais je crois que nous aurions bien de la peine l'un et l'autre à nous expliquer suffisamment sur un chapitre dont on ne peut dire assez, vû les perfections non pareilles qu'on a à regretter; je ne puis en effet ni parler ni entendre parler de cette perte sans être extrêmement attendri, et je pèse chaque mot que j'ai entendu de la bouche de la bien heureuse Princesse, comme chacun valant plus que son prix d'or; l'affection du Roi a été quasi funeste à sa personne, et il a fallu lui tirer du sang pour le faire revenir de ses premiers transports de douleur. Mgr. l'Electeur frère de la défunte est toujours plongé dans la même affliction."

Schulenburg kehrte schon im May nach Sachsen zurück und folgte dem König August in die böhmischen Bäder nach Carlsbad und Töplitz.

Wir müssen hier die Anträge erwähnen, die der General in dieser Zeit von mehreren Seiten erhielt, um in die Dienste fremder Staaten zu treten. Wir haben schon kurz vorher den Vorschlag angedeutet, den der Landgraf von Hessen-Cassel durch seinen Ober-Marschall v. Kettler an ihn richten ließ: wir kennen denselben nur aus 2 Briefen vom 13. Februar und 16. März, womit Schulenburg ihn beantwortete. Zu jener Zeit regierte der Landgraf Carl in Hessen-Cassel (n. 1654 † 1730.). Schulenburg hatte unter seiner Oberleitung seine ersten Feldzüge am Rhein und namentlich den Rückzug von Ebernburg gemacht, und war, wie wir gesehen haben, mit politischen Sendungen von dem Herzoge von Braunschweig-Wolfenbüttel an dessen Hof beauftragt worden.

Aus Schulenburgs Brief vom 16. März erfahren wir, daß die Absicht des Landgrafens war, ihn als commandirenden General an die Spitze seiner Truppen zu stellen und ihm den Erbprinzen Friedrich beizugeben, welcher selbst schon nicht geringen Kriegsruhm eingeerndet hatte, und der späterhin unter dem Namen Friedrich I. den schwedischen Thron bestieg.

Zu derselben Zeit gelangten Anträge von Seiten der Re- 1708
publik Venedig durch Mittelspersonen an Schulenburg. Der venetianische Bothschafter Delfino in Wien hatte den Auftrag hierüber zu unterhandeln, und gebrauchte einen Abbé Eccaro zu Wien, und dieser wieder einen andern in Hannover befindlichen Abbé Namens Hortense in dieser Angelegenheit, die insgeheim betrieben wurde.

Aus den vor uns liegenden Correspondenzen und vorzüglich aus einem Schreiben an den Abbé Eccaro ersehen wir, daß Schulenburg vor-allem sich weigerte, dem F. M. Steinau, mit dem die Republik Venedig in demselben Zeitpunkt Unterhandlungen angeknüpft zu haben schien, in den Weg zu treten, und daß der venetianische Bothschafter den Wunsch gegen ihn aussprach „er möge vor allem den sächsischen Dienst verlassen, sich in Wien einfinden, um alsdann mit ihm über die Bedingungen des Eintritts in venetianische Dienste übereinzukommen.“

Dieser Vorschlag war zu unpassend, als daß Schulenburg noch ferner auf diese Angelegenheit hätte sein Augenmerk richten können, und wir müssen aus dem Mangel an weiteren Nachrichten in unsern Sammlungen schließen, daß sowohl die Anträge von Hessen-Cassel als die der Republik Venedig auf sich beruhen blieben.

Diese Versuche beweisen jedoch nur zu gut, daß Schulenburg im sächsischen Dienst sich unbehaglich fühlte, und zwar, wie aus vielen seiner schriftlichen Aeußerungen hervorgeht, nur deshalb, weil er an der Hoffnung verzweifelte, daß sein Eifer, seine Einsicht und seine Anstrengungen einen günstigen Erfolg für den königl. Dienst haben könnten. Schulenburg wiederholte im Lauf dieses Jahres noch mehreremale mündlich und schriftlich seine Bitten bei dem König um seine Entlassung. Wir besitzen noch das Concept eines Schreibens an den König aus Guben vom 12. Octbr., in welchem er bestimmt darum ansucht. Der Kammerherr Vitzthum v. Eckstädt, derselbe, welcher im Jahr 1702 an den König von Schweden gesandt worden war, erhielt den Auftrag vom König, Schulenburg die Versicherungen der königlichen Gnade und Zufriedenheit, jedoch die Verweigerung des gesuchten Abschiedes,

1705 zu eröffnen, mit Hinzufügung „der König werde Mittel finden ihn zufrieden zu stellen."

Nichts desto weniger bestand der General auf seinem Austritt aus dem Dienst, wie wir aus der Antwort auf jenes Schreiben Vitzthums ersehen, die Schulenburg aus Dresden unter dem 15. Decbr. erlies.

Wie wenig der Eigennutz auf Schulenburgs Entschlüsse Einfluß hatte, beweisen uns andere handschriftliche Angaben, indem er in Briefen an einige seiner vertrauten Freunde bekennt, sein Gehalt als General der Infanterie betrage 1000 fl. des Monats und als Oberster des Garde=Regiments, welches aus 4 Bataillonen und 32 Compagnien bestand, ziehe er monatlich abermals 750 fl., so daß sein Einkommen im königl. Dienst jährlich über 20,000 Gulden betrage.

Die Versprechungen, welche der König durch Vitzthum hatte geben lassen, wurden kurz darauf erfüllt, und der Monarch ertheilte am 2. Januar 1706 (s. Beilage XVI.) Schulenburg den Oberbefehl über die Infanterie, so daß er nun unter Höchstdessen unmittelbaren Befehl stehen, und nur in dessen Abwesenheit von dem Statthalter und dem Geheimen Consilio abzuhängen habe. Zu gleicher Zeit bekam der General Flemming den Oberbefehl über die Reiterei; und da, wie wir später sehen werden, F. M. Steinau zu jener Zeit die sächsischen Dienste verließ, um zum zweitenmal in die der Republik Venedig zu treten, so wurden hierdurch die Reibungen gehoben, welche seit dem Eintritt Schulenburgs in des Königs Dienste statt gefunden und ihn so öfters veranlaßt hatten, um seine Entlassung anzusuchen; es verschwinden von nun an die meisten Ursachen zum Mißvergnügen, und Schulenburg diente noch mehrere Jahre mit aller Zufriedenheit dem König.

Wir haben uns durch die Nothwendigkeit, die persönlichen Verhältnisse Schulenburgs näher zu bezeichnen, zu dieser Abschweifung von dem Laufe der Erzählung genöthigt gesehen, und holen nun in Kürze die öffentlichen Ereignisse, die in Sachsen während der letzten Hälfte dieses Jahres statt fanden, und an welchen Schulenburg Theil nahm, nach.

Beilagen zum 9. Abschnitt.

Beilage XV.

Auszug eines Schreibens des Generals Schulenburg an den König August, d. d. Dresden, den 24. Novbr. 1704.

Ew. Königl. Maj. übersende allerunterthänigst einen kleinen Abriß von dem Erdreich, woselbst die Aktion mit des Feindes Cavallerie vorgegangen, woraus auch einigermaaßen die darauf geschehene fernere Retraite über der Oder zu ersehen ist.

Der Oberst Görtz ist mit denen Moskowitschen Truppen angekommen, hat aber 10. Stücke und dabei 120. Mann, außer den zurückgebliebenen Kranken und Maroden, auf seinen Marsch verloren, so daß auch der General-Lieutenant Patkul mit ihm nicht zufrieden ist und hat die Artillerie einen besondern Weg mit einigen Commandirten und Kranken nehmen lassen, so sich denn weit linker Hand von seinem Marsch geschlagen und vom Feinde attaquiret worden; die Leute haben sich überaus wohl gewehret, so daß auch vom Feinde, der mir davon zugekommenen Nachricht nach, 400. Mann, worunter 2. Obersten, geblieben sein sollen. Des Feindes Truppen cantonniren noch der Gegend Lissa und Fraustadt und sollen jederzeit marschfertig stehen. Es wollen aber einige und andere Nachrichten eben nicht Glauben geben, daß er etwas gegen Ew. Maj. Churlande vorzunehmen Willens sei. Inzwischen, so habe allhier noch nicht so viel abnehmen können wie man zu Completirung der Bataillons nach Ew. Königl. Maj. allergnädigsten Verlangen einen sicheren Weg und Mittel ergreiffen werde. Ja, es giebt auch in vielen andern Sachen so öfters, zumalen bei jetzigen Zeiten, die hurtige Expedition gebrauchen, sehr großen Aufenthalt und Hinderniß, indem alle Kriegssachen, so dem Lande mit angehen, von der Kriegs-Canzlei dependirten und diese hingegen wieder nichts für sich, sondern auf des Geheimen-Raths Collegii expresse Ordre thuen muß, so man auch zwar, wie billig, keinen Eingriff thun kann, allein überall sehr langsam und oftmals nicht nach der Sache Nothdurft, sondern wie ein solch Collegium davon informiret ist. Und wäre meines unterthänigst unmasgeblichen Erachtens dermalen bei jetzigen Conjuncturen wohl nicht unrecht gethan, daß die Generalität zu denen Sachen und Berathschlagungen, die die Miliz und die Defension des Landes, auch die Delogirung, Rekrutirung der Truppen, Verpflegung und andere Militär-Veranstaltungen betreffen, mit zugezogen würde, wie es denn bis jetzo zwar geschehen und die Kriegs-Canzlei noch ein anderes Collegium, absonderlich die Commißarien nicht allein für sich die Sachen traktirten, denn sonst Ew. Maj. Dienst bei so gebundenen Händen in vielen Dingen, die man blos mit dem Titul des Eingriffs und unnöthiger Ceremonien aufhält, sehr gehindert und nicht befördert werden muß; was Ew. Königl. Maj. der Cavallerie Untersuchung wegen aller gnädigst zu befehlen geruhen, solchem werde im allerunterthänigsten Gehorsam nachleben und davon nach geschehener Sachen Ew. Königl. Maj. die Akten allerunterthänigst überschicken.

Mir sollte sonst nichts lieberes sein, als daß Ew. Maj. eine gute und weit stärkere Infanterie bei einander bringen könnte; weil es aber darauf ankömmt, daß die Leute stets im dienstbaren Stande beibehalten werden, so glaube schwerlich, daß es weit höher als etwa 16.—18. Bataillons bei Ew. Maj. eigne Truppen werde zu bringen sein. Sobald die Musterung vorbei, werde Ew. Maj. die eigentliche Beschaffenheit und Stärke der Infanterie eiligst zuschicken. Und wie ich inzwischen rechne, so finde, daß ohne die Moscowiter Ew. Maj. Infanterie in die 8000. etliche Hundert Mann vorjetzo ausmache. Hierzu kämen 6000. Moscowiter; wenn man nun diesen Winter 2. bis 3000. Mann aufbringen könnte, so daß man 17. bis 18000. Mann zu Fuß zusammen und im dienstbaren Stande brächte und nachgehends die Anstalt gemacht würde, solche bestens zu conserviren, sollte ich glauben, daß sowohl die Alliirten, Benachbarten und der Feind nicht wenig Reflexion darauf machen würden.

Kann nun Ew. Königl. Maj. hierzu 8. bis 9000. Pferde aufs höchste halten, ohne die Pohlnisch Cosakenschen Truppen und man zu dem Ende auf 1. oder 2. Jahr überflüßige Depensen einstellte, daß nicht allein die Armee auf einem guten Fuß gesetzt, sondern auch conserviret würde, so könnte die Sache in Pohlen und anderer Orten gar wohl noch ausgemacht werden. Es wäre aber nicht ein Augenblick Zeit zu verlieren, die Oekonomie dazu zu ergreifen, um alles aufs förderlichste zu veranstalten, damit die Truppen sofort gerichtet, alles mit Oekonomie geführt und die Disciplin und Subordination eingerichtet würde, damit man nicht mehr einen Einfall in Sachsen zu befürchten haben dürfte; wiewohl, wenn solcher anitzo geschehen sollte, so Gott in Gnaden verhüte, Ew. Maj. leicht erwägen wie es abgehen dürfte. Und weil ich weder Freund noch Feind habe, denen zu Liebe oder zu Leid Ew. Maj. etwas vorzustellen Ursache habe, sondern kein anderes Absehen bei mir sehe, denn daß Ew. Maj. wie es zu Dero Gloire und Aufnehmen für zuträglich halten, gedienet werden, als hoffe Ew. Königl. Maj. werden dasjenige, so ich dieselben vorzutragen die Freiheit nehme, zu Gnaden aufnehmen.

Beilage XVI.

Extract-Rescript an den Geheimen-Kriegsrath, d. d. Dresden, am 2. Januar 1706.

Nachdem die zwischen Unsern Generalen bishero geschwebten Mißhelligkeiten Unserm Intereße nicht wenig geschadet, so haben Wir, absonderlich bei jetziger Unserer Abwesenheit, zum Besten Unserer Armee, dergestalt die Verfügung zu machen nöthig befunden, daß der General von Unserer Cavallerie, Graf von Flemming, die Cavallerie, der Freiherr von der Schulenburg aber als General der von Uns ihm anvertrauten Infanterie, dergestalt vorstehen, daß sie von Unserm Commando immediate, in Unserer Abwesenheit aber, von Unsers Stadthalters Ld. und Euch, ihre Ordres zu empfangen haben sollen. Zu dem Ende Unser gdster Wille ist, daß ihr Unsern General-F. M., Gr. von Steinau, als welchen Wir schon ehemals zu Unserm Geh. Kriegsrath-Präsidenten verordnet, nebst Euch andern, Unsern zum Geh. Kriegs-Raths Collegio bestallten Gliedern, als Unsern General-Ltnt. Freih. v. Langen, Oberst-Kriegs-Commissario den von Kiesewetter, den Geh. Kriegsrath von Schindler, wie auch Unsern Obersten und General-Adjutanten Bretschneider (als welchen Wir hiermit gleichfalls zu Unserm Geh. Kriegsrath ernennen, und in solcher Funktion behörigermaaßen vorgestellt wissen wollen) alle und jede von Uns an Unsers Stadthalters Ld. und Euch einlaufende Ordres, an beide vorbenannte Generalen und zwar einem jeden insbesondere stellet, und in denen bei Unserer Armee vorfallenden Nothwendigkeiten, im Fall von Uns, wegen Kürze der Zeit, kein Befehl darüber eingeholt werden könnte, mit ihnen zu Unserm Besten, die Sachen de concert beschließet. Anbeneben aber wollen Wir auch, daß, wenn einer von obgedachten beiden Generalen, bei seinem Corps nicht zugegen, der nächst ihm folgende General solches Corps, in eben derselbigen Maaße, commandiren solle, so daß der von der Cavallerie mit der Infanterie, und der von der Infanterie mit der Cavallerie, nichts zu thun, sondern ein jeder die seinem Corps nöthige Ordres von Unsers Stadthalters Ld. und dem Geh. Kriegs-Collegio und Euch deßen bestallten Kriegsraths-Präsidenten, dem Grafen v. Steinau, zu empfangen habe. Wir überlaßen auch mehrgedachten Unseren Generalen die Oekonomie und Wirthschaft bei ihren Corps solchergestalt einzurichten, daß sie mit Unsers Stadthalters Ld. und Euch geziemende Communication pflegen. Was aber ein und andere bei der Armee vorfallende Aenderungen, und was denselben anhängig ist, es sei avanciren, Umsetzung und Bestrafung derer

14 *

Officiere, absonderlich wenn es Ehre und Leben angehet, belanget, so soll jeder Unserer Generale solches unmittelbar an Uns gelangen laßen, und Unsern gdsten Entschluß darüber erwarten; ingleichen diejenigen Urtheile, so des Gemeinen Ehre und Leben angehen, an Euch, Unseren General-Feldmarschalle, als Geh. Kriegsraths-Präsidenten, zur Ratification eingeben, von welchem sie solche zur Execution zu befördern, wieder zu erwarten haben rc. rc.

Zehnter Abschnitt.

1705.

König August begiebt sich nach Guben und von da über Danzig nach Litthauen. — Festnehmung des russischen Gesandten und General-Lieutenants v. Patkul. — Schulenburgs Theilnahme an diesem Ereigniß, auch dessen eigne Berichte. — Schilderung Patkuls. — Untersuchungen, welche über seine Schriften statt finden. — Aktenmäßige Auszüge aus denselben. — König Augusts Schreiben an Schulenburg über diesen Vorfall. — Ansichten des Moskowitschen Hofes. — Desgleichen des Römisch-Kaiserlichen. — Fernere wörtliche Auszüge aus Patkuls Briefwechsel. — Man beabsichtigt sächsischer Seits Patkuls Flucht zu erleichtern. — Dies Vorhaben wird durch eine positive Maasregel, welche ohne Folgen blieb, eingeleitet.

Es ist schon früher erwähnt worden, daß König August 1705 den Sommer anwandte, um sein Heer in Sachsen zu vervollständigen; es wurde in Guben in der Niederlausitz zusammengezogen. Der König begab sich selbst in diese Stadt und nahm Schulenburg und die bedeutendsten Personen seiner Generalität mit sich. Es scheint, daß diese Reise eben so wohl einen politischen als einen militärischen Zweck hatte, indem der König sich von Guben aus incognito auf die Reise nach Litthauen begab und über Danzig und Königsberg in Tykozin am 19. Octbr. eintraf, in der Absicht, sich, wie es ihm späterhin gelang, mit den Russen zu vereinigen und in Grodno mit dem Czar Peter zusammenzutreffen.

Schulenburg, welcher den ganzen Sommer über unwohl gewesen zu sein scheint, bestand in Guben eine ernsthafte Krankheit, ward jedoch, wie wir aus einem Schreiben jener Zeit ersehen, am Ende Novbr. wieder hergestellt. Das Ende dieses Jahres führte ihn nach Dresden zurück, woselbst er Zeuge und Theilnehmer einer der merkwürdigsten und sonderbarsten Begebenheiten jener Zeit wurde.

1705 Der General Patkul, dessen wir schon früher öfters Erwähnung gethan haben, war Gesandter des Czars Peter I. an dem Königl. Polnischen und Chursächsischen Hof, und befehligte das Truppen-Corps der Moscowiter, welche sich in Sachsen befanden.

Das sächsische Ministerium entschloß sich, ohne hierzu vom König August, der sich dazumal in Polen befand, ermächtigt worden zu sein, nach einer stattgefundenen Berathung, zu welcher der F. M. Steinau, der General der Infanterie und Gouverneur von Dresden, Graf v. Zinzendorf und der General der Infanterie, Schulenburg zugezogen wurden, den General Patkul am 19. Decbr. Abends um 10 Uhr in seinem Hause festnehmen und auf die Festung Sonnenstein bringen zu lassen.

Bis jetzt ist über diese Handlung und deren Veranlassung, welche vollkommen das Völkerrecht verletzte, wenig Licht verbreitet worden; und obgleich einige nicht unwichtige Bruchstücke über diese Begebenheit hier und da durch den Druck bekannt gemacht worden sind, so ist bis jetzt doch noch nichts Vollständiges darüber erschienen, und mancher bestehende Zweifel ist bis zum heutigen Tag noch nicht gelößt.

Der Verfasser gegenwärtiger Denkwürdigkeiten hat Einsicht in einige Bände Akten erhalten; welche über Patkuls Arretirung im Geheimen-Cabinets-Archiv in Dresden verwahrt werden, und die hier folgenden Angaben sind größtentheils daraus gezogen. Eben sowohl sind einige Aktenstücke, welche sich unter den handschriftlichen Sammlungen befinden, die dem Herausgeber zu Gebote standen, benutzt worden. Endlich giebt das öfters erwähnte Fragment von Schulenburgs Feldzügen von 1704 bis 1706, welches in den Denkwürdigkeiten für die Kriegskunst, Berlin 1817. aufgenommen worden ist, im 2ten Heft S. 141. ff. Schulenburgs eigne Ansicht und folgende interessante Angaben über dieses Ereigniß:

„Patkul ayant ses troupes en Saxe peu content d'ailleurs du Roi de Pologne avec lequel il était brouillé de plus d'une manière, avait songé de s'intriguer avec la Cour de

Berlin, où il avait fait différens voyages et en dernier lieu 1706
il avait tâché de s'accrocher au Cte. de Strattmann, Ambassadeur de l'Empereur auprès du Roi de Pologne; ce ministre resta à Dresde et ne suivit pas le Roi, qui s'était rendû alors jusqu'à Grodno où il joignit le Czar."

„Le Ministère de Dresde, qui ne laissait pas de pénétrer la conduite de Patkul tantôt à Berlin et tantôt avec l'Ambassadeur de l'Empereur, appréhendait avec raison que le corps moscovite ci-dessus nommé sous Patkul fut jetté parmi les Impériaux, vû qu'il se trouvait alors en quartier d'hiver en Lusace, parcequ' intriguant comme Patkul était, il pouvait tramer quelque dessein dangereux avec d'autres Souverains."

„On n'était pas peu embarrassé des résolutions à prendre au sujet de Patkul; le Roi était éloigné, et cet homme, Ambassadeur du Czar, confident de celui de l'Empereur, était fort en grâce auprès de Mme. Royale mère du Roi de Pologne et du grand maître intime de cette Princesse, jusqu'à donner en mariage au dit Patkul la fille unique[1]) de ce grand maître, veuve d'un autre seigneur de Saxe, laquelle avait jusqu'à 400,000. écus de dot."

„Cette prétendue alliance était déjà si avancée que Patkul l'eut épousée le jour après son arrêtation à Dresde; le Ministère de Saxe peu content de ce mariage de même que de l'esprit turbulent et dangereux de Patkul, ne savait pas quel parti prendre pour se mettre à couvert, et pouvoir repondre de ses procédés devant le Roi leur maître, lorsqu'il retournerait en Saxe, pour en éviter les justes reproches, si on avait osé regarder avec indifférence la conduite préjudiciable de Patkul.

---

1) Dies war Anna Sophia v. Ruhmor, vermählt am 17. Febr. 1689 mit Hans Hauboldt v. Einsiedel auf Seidenberg, Königl. Polnischem und Chursächsischem Geheimen-Rath und Oberſthofmeiſter der Fr. Mutter des Königs, Wittwe Johann Georgs III. Als Wittwe v. Einsiedel war sie mit Patkul verlobt, als dieser gefangen genommen wurde.

1705 On resolût donc d'appeller les Généraux du premier ordre; j'étais de la partie, commandant alors les troupes en Saxe; je voyais les uns et les autres interdits et irrésolûs; c'est pourquoi je ne tardais pas de leur faire entendre qu'en pareille circonstance, où il s'agissait du tout et de l'intérêt particulier du Roi et du Czar même, il fallait bien prendre quelque chose sur soi et songer de prévenir tout ce qui paraissait dangéreux aux véritables intérêts du maître; mon sentiment fut donc de faire arrêter Patkul sans façon, de se saisir de tous ses papiers, et même des personnes de sa confiançe en les mettant sous de bonnes gardes, qu'il fallait représenter au vif les raisons, qui portaient le Ministère d'en venir à ce pas; là-dessus j'eus ordre de le faire arrêter et de le mettre en lieu sûr. On trouva dans ses papiers tout ce qui pouvait légitimer ce procédé envers lui et on ne se trompa point sur son sujet; on le trouva dormant tranquillement et il fut conduit sans bruit au Sonnenstein."

„Cet évènement causa beaucoup de raisonnemens et de murmures tant en Saxe, qu'à Vienne et à Berlin de même qu' auprès du Czar."

„Je dirai encore ici que Patkul était un homme d'une stature au-delà de la médiocre, gros de corps; sa physiognomie indiquait quelque chose de funeste par ses yeux et par ses regards farouches dans lesquels était peint aussi son humeur importune et insolente, hardie, entreprenante et dangéreuse; ses amis même avaient des mésures à prendre avec lui, et il était vindicatif et ingrat; après l'avoir bien connû il fallait à la fin le haïr; il avait eu deux affaires fâcheuses sur les bras, mais en certaines occasions malgré toute son habilité et son savoir, il n'a pu s'en tirer ni avec avantage, ni avec trop d'honneur, tant il était incorrigible dans son naturel."

Diese Schilderung Patkuls deutet genugsam dessen unruhigen und ränkevollen Character an; in diesem Sinn bewährte sich seine Handlungsweise in derjenigen Zeit, in welcher er als Gesandter und Befehlshaber des Moscowitschen Hülfs-

Corps am Königl. Polnischen Hofe angestellt war; weit ent- 1705
fernt das beste Vernehmen zwischen seinem Herrn und dem König, so viel es von ihm abhing, zu unterhalten, richtete er einerseits sein ganzes Streben dahin, des Ersteren Vertrauen zu seinem Bundesgenossen nur zu schwächen, anderseits suchte er sich dem König so unentbehrlich als möglich zu machen, insoweit sein rauhes und ungestümes Gemüth dies gestattete. Man findet hinreichende Beweise von diesem Betragen in einem Werk, welches über die Geschichte Patkuls die meiste Aufklärung ertheilt hat und unter folgendem Titel erschienen ist:

„Patkuls Berichte an das Czarsche Cabinet. Berlin 1792."

Diese Berichte reichen indeß nur bis zum März 1705; und mit so vielem Fleiß der Verfasser auch gesucht hat, sich aus allen ihm bekannten Quellen genaue Kunde über Patkuls frühere Schicksale und über die Katastrophe, die ihn in Sachsen traf, zu verschaffen, so stand ihm doch die Einsicht in die oben erwähnten im Geheimen-Cabinets-Archiv in Dresden befindlichen Akten nicht zu Gebot, so daß der Herausgeber der Erste zu sein glaubt, welcher durch dies Hülfsmittel in Stand gesetzt ist, über diesen wichtigen Zeitpunkt von Patkuls Schicksalen ein helleres Licht zu verbreiten.

Der Haß Patkuls gegen den König und gegen die meisten seiner Staatsbeamten ging so weit, daß er vor Allem glaubte, ihm die Hülfe entziehen zu müssen, welche ihm der Czar tractatenmäßig leistete.

Da bei Patkuls Festnehmung auf Befehl des Sächsischen Ministeriums zugleich seine Schriften in Verwahrung genommen wurden, so setzte deren Untersuchung selbiges von seinen Absichten in die vollständigste Kenntniß. Vor Allem fand sich ein Rescript des russischen Groß-Kanzlers Golovin d. d. Zikozin $\frac{3}{14}$. Octbr. 1705 vor, in welchem der Staats-Kanzler ihm gestattet „im Fall die russischen Auxiliar-Truppen aus Sachsen nach Pohlen nicht durchzubringen wären, so möchte er in solcher äußersten Noth die vorgeschlagenen Mittel ergreifen, und die Truppen auf die favorabelsten Conditionen auf eine Campagne an den Kaiser überlassen.

Es erhellet aus dem Ausdruck des Schreibens des Groß-

1706 Kanzlers „die vorgeschlagenen Mittel," daß schon früher Anträge, die russischen Truppen in fremden Sold zu überlassen, statt gefunden haben müssen. Diese waren von dem Grafen v. Strattmann, römisch kaiserlichem Bothschafter am königl. polnischen und chursächsischen Hofe ergangen. In Folge derselben hatte der General Patkul und Graf Strattmann am 15. Decbr. einen Tractat abgeschlossen, dessen wesentliche Bestimmungen folgende waren:

Es wurden, wie es scheint, 13,000 Mann Moscowiter auf ein Probejahr dem Kaiser in Sold überlassen. (Die Zahl der Mannschaft ergiebt sich aus der Angabe der Zahl von 13,000 Mund- und 2000 Pferde-Portionen.) Diese Truppen sollten am Rhein oder in den Niederlanden, und nur in der höchsten Noth in Italien gebraucht werden. Obgleich der 15. Decbr. als der Tag bezeichnet war, an welchem dies Corps zur tractatmäßigen Verfügung darüber an den Kaiser übergeben werden sollte, so war doch durch einen Neben-Receß ins geheim bestimmt, daß die kaiserliche Ratification spätestens in 16 Tagen aus Wien erwartet werden müßte; und in einem zweiten ebenfalls geheimen Neben-Receß machte sich der Bothschafter im Namen des Kaisers verbindlich, dem Czar 200000 fl. für Ueberlassung der Truppen auszuzahlen.

Diesem Tractat waren geheime Artikel hinzugefügt, von denen folgende die wichtigsten sind:

der Kaiser versprach das Interesse des Czars und des Königs von Polen anfänglich unter der Hand, bei günstigeren Zeiten aber mit mehrerem Nachdruck bestens zu befördern;

Desgl. den König von Preußen zum Krieg gegen Schweden zu vermögen oder wenigstens neutral zu erhalten.

Ferner übernahm der Kaiser die Garantie von Chursachsen und der demselben einverleibten Lande, und versprach, Stanislaus als König von Polen nicht anzuerkennen, so lange König August am Leben seyn, oder nicht gutwillig Verzicht auf die Krone geleistet haben würde.

Endlich versprach der Kaiser, bei eintretender Mediation die Erhaltung aller Eroberungen des Czars, insonderheit eines Hafens an der Ostsee sich angelegen sein 1706 zu lassen.

Diese geheimen Artikel scheinen allen Verdacht einer gehässigen Gesinnung Patkuls gegen den König von Polen zu entfernen, eben so wohl als sie keine Andeutung über den geheimen Wunsch Patkuls geben, mittelst des Preußischen Hofes mit Schweden sich zu versöhnen und zu versuchen, letzterem Hofe thätige Beweise seiner Ergebenheit an den Tag zu legen. Gleichwohl werden wir aus den Auszügen von Patkuls Privat-Briefwechsel sehen, daß diese Absichten bei ihm vorherrschend waren, gleich als wenn sein Geist ahnete, welch' grausames und schmachvolles Ende ihm die Rache Carls XII. zudachte, und als wollte er ihr hierdurch zu entgehen suchen.

Die Existenz eines Tractats, vermöge welches die russischen Truppen Sachsen verlassen sollten, war kund geworden, und das sächsische Ministerium schickte am 17. Decbr. den Geheimen-Kriegs-Rath v. Schindler an Patkul ab mit dem Ersuchen, die Truppen nicht eher abmarschiren zu lassen, als bis Instructionen von beiden Majestäten eingegangen wären, welche sich vereinigt in Grodno befanden. Patkul antwortete „die Sache wäre abgeschlossen, er könne für sich nichts ändern, wolle aber sehen, ob bei dem kaiserlichen Gesandten etwas zu thun wäre?"

Auf diese ausweichende Antwort wurde der Entschluß seiner Festsetzung gefaßt und ausgeführt.

Diese gewaltsame Maasregel machte auf die in Dresden anwesenden fremden Gesandten den stärksten Eindruck. Graf Strattmann reiste nach Breslau ab, auch verließ der dänische Gesandte die sächsische Hauptstadt.

Die sächsischen Behörden suchten die Verletzung des Völkerrechts damit zu entschuldigen: Patkul habe seinen diplomatischen Charakter schriftlich niedergelegt, stehe als General der Auxiliar-Truppen, den bestehenden Tractaten nach, unter den Befehlen des F. M. Steinau. Diese Angaben finden sich wenigstens in einem von dem wirklichen Geheimen-Rath und Kammerpräsidenten v. Hoymb unter dem 3. Januar verfaßten P. M., in welchem jedoch nicht speciell angeführt wird, wann,

1705 und auf welche Veranlassung Patkul seine Eigenschaft als Gesandter niedergelegt habe?

Die Nachricht von dieser Gefangennehmung gelangte schnell nach Polen und Rußland. Schon unter dem 7. Januar billigte ein Königl. Rescript aus Grodno die Handlungsweise des Geheimen-Raths, und besagt: „daß der König durchgehends das Verfahren in Gnaden approbire, und daß man Patkuln das Schreiben nicht gestatten und niemanden zu ihm zu gehen noch zu sprechen erlauben solle."

Ein Schreiben des Grafen Gollovin an Graf Strattmann, d. d. Moskau den 13. Januar, erklärte: „Patkul habe den Tractat gänzlich wider Sr. Czarschen Majestät Willen geschlossen."

König August richtete in Bezug auf diese Angelegenheit folgendes eigenhändiges Schreiben an den General Schulenburg, dessen Original der Herausgeber unter seinen Materialien besitzt: „Le procédé de Patkul étonnera tout autre que moi, connaissant de longue main ses emportemens et manières violentes; on n'a pas sû mieux faire que de s'assurer de sa personne étant le seul moyen à prévenir les pernicieux desseins qu'il aurait mis indubitablement en exécution; il n'aurait pû rendre un service plus essentiel à la Suède et il paraît comme une chose concertée ou du moins communiquée de la Cour de Prusse aux Suèdois, lesquels se préparaient à venir nous trouver ici en Lithuanie dans le même tems que les troupes moscovites devaient quitter la Saxe, et peut-être l'on voulait se renforçer d'un gros détachement de Rheenschild ce qui peut-être ne se fera plus apprenant le contre-coup qui est arrivé en Saxe. J'envoie des ordres au conseil-d'état ce qu'il y a à faire tant à l'égard de Patkul comme aussi en cas que les ennemis avancent en Lithuanie; c'est pour cela que j'aimerais que les Moscovites qu'on a dispersés par précaution se rejoignissent."

Der Czar äußerte anfänglich kein Mißfallen über die Festsetzung seines Gesandten. Der Herausgeber hat zwei eigenhändig vollzogene russische Schreiben des Czars nebst einer authentischen deutschen Uebersetzung vor Augen gehabt, und besitzt solche in Abschrift, das eine aus Moskau vom 13. Januar, 1705 das andere aus Orscha vom 21. Febr. 1706 datirt, in welchen erklärt wird „Patkul habe den Tractat mit dem österreichschen Hofe gänzlich wider des Czars Befehl und dem gemeinschaftlichen Interesse abgeschlossen; der König von Pohlen möge ihn nebst denen bei ihm gefundenen Schriften nach Rußlandt senden, damit Gerechtigkeit und Gericht über ihm ergehe."

Diese milden Ansichten müssen durch die Sendung des königl. Kammerherrn Szembeck sowohl, als die des Generals v. Arnstedt nach Moskau, bei dem Czar hervorgebracht worden sein.

Indeß findet sich ein Schreiben des Groß-Kanzlers Gollovin an Patkul unter dem 17. Febr. vor, welches ganz verschieden lautet, und worin Ersterer sagt: „der Czar habe Satisfaction über Patkuls Arretirung verlangt, werde ihn kräftig mainteniren und wäre noch mehr geschehen, wenn die troubles wegen des schwedischen Marsches (nach Lithauen) es nicht verhindert hätten."

Es scheint, Patkul habe an dem Groß-Kanzler einen einflußreichen Gönner gehabt, denn wir finden in einem Werk, welches unter dem Titel „historische Miscellaneen" 1783 zu Halle erschienen ist, und in welchem mehrere Aktenstücke über Patkul gesammelt sind, ein Cabinets-Schreiben des Czars an den Kaiser Joseph I. vom 27. April 1707 wörtlich angeführt, in welchem beim Kaiser Genugthuung gegen den König August, als Churfürst von Sachsen, begehrt wird. Dieses Schreiben enthält die allerhärtesten Ausdrücke gegen den König; vorzüglich wegen des zu Altranstädt mit Schweden abgeschlossenen Friedens und der im Art. 11. versprochenen Auslieferung Patkuls. Dieser Brief scheint jedoch mehr von dem Unwillen über diesen Abfall des Königs von seiner Verbindung mit dem Czar, als durch die das Völkerrecht verletzende Festnehmung seines Gesandten veranlaßt worden zu sein; denn die folgenden Ereignisse haben bewiesen, daß der Unmuth des russischen Herrschers von kurzer Dauer war, und daß die Einigkeit zwischen beiden Monarchen nach dem Sturz Carls XII. vollständig wieder hergestellt wurde.

1706 Eben so bezeigte der Wiener Hof wenig Empfindlichkeit über dies Ereigniß und über die Erfolglosigkeit des zwischen dem Grafen v. Strattmann und Patkul abgeschlossenen Tractats. Wir finden in einem Bericht des Grafen von Wackerbarth, Chursächsischen Gesandten in Wien, daß der Kaiser in einer Audienz, welche er dem Gesandten ertheilt hatte, geantwortet habe: „das was das Negotium der Moskowitschen Truppen anbelangte, so gestünde Er (der Kaiser) daß ihm die Arretirung des v. Patkul surpreniret hätte; Er habe jedoch nie von den Umständen und Bewandtniß dieser Truppen eine solche Information gehabt als der Gesandte gäbe, sonsten würde Er derentwegen nicht haben negotiiren lassen, vorzüglich wenn Er sich nur hätte einbilden können, daß hierunter dem König einiges Mißvergnügen beschehen möge."

Es scheint, daß man erwartet habe, auch andere Staaten, und namentlich Holland und England würden über die Festsetzung Patkuls, vorzüglich aber über die Annullirung des zwischen ihm und dem österreichschen Bothschafter, Grafen von Strattmann, abgeschlossenen Subsidien-Tractats Unzufriedenheit empfinden; wenigstens befindet sich in den angeführten Cabinets-Akten ein vom König eigenhändig an seinen Gesandten im Haag, v. Gersdorf[1]), aus Grodno unter dem 8. Januar 1706 erlassenes Schreiben, worin sich eine solche Besorgniß zu erkennen giebt, von welchem Schreiben wir, indem wir es hier mittheilen, als einen Beweis der sonderbaren Orthographie des Königs, eine doppelte Abschrift geben, die erste nach dem Original, die zweite in gebräuchlicher Form.

La nouvelles de larres de Monsieur Batcoul meatras sen doustes boucous de mondes en esttonnemen suer tout çeus qui ont eus par des trestes quil as conclus avec Mr. Strattman	**La nouvelle de l'arrêt de Monsieur Patkul mettra sans doute beaucoup de monde en étonnement, sur-tout ceux qui ont eu part des traités qu'il a conclûs avec Mr. Strattmann**

1) Wolf Abraham v. Gersdorf war schon 1698 Chursächsischer Gesandter in London, nachher im Haag, woselbst er 1719 starb.

a lejar des 6m. moscowietes qui sont en Saxe et commes le Siur Patcoul en a donnes a ce qui se dies la notification a lengleterres et os estas dohlentes par au ses croisdetres pre je creus necesseres de vous informer dun fest pour que vous le presenties os dies estat et que vous en donniez la communication a mon résiden en Angleterres qu'ul en fasse de mesmes en cas quon en viens a parler.

En premier lieus jesfor .... quon saches que ces dietes trouppes me sont stipulés par une allianse par laquelles *il les* diet qui me resteron si longtems que la guerres durerас contres la Suedes et que jen dispose quommes des mienns prosprеs; en secon sa Majeste Zarienne ayen seut sur mes pleintes que patcoulle formes des dessein de donner ces trouppes a des otres puissance il ma declare de bouges et par ecries que cestes nullemen ces volontes et ces envoyer des ordres que Patcoul mes deus point entersprendres des parelges trestes et qui ce doit demestres de son commendement et le remettre entres les meins de mes jeneros, troisiesme et con a

à l'égard des 6m. Moscovites qui sont en Saxe et comme le Sieur Patkul en a donné à ce qui se dit la notification à l'Angleterre et aux états d'Hollande par où je crois d'être prévenû, j'ai crû nécessaire de vous informer d'un fait pour que vous le présentiez aux dits états et que vous en donniez la communication à mon résident en Angleterre qu'il en fasse de même en cas qu'on en vient à parler. 1706

En premier lieu j'espère qu'on sache que ces dites troupes me sont stipulées par une alliance par laquelle il est dit qu'elles me resteront si longtems que la guerre durera contre la Suède et que j'en dispose comme des miennes propres; en second Sa Maj. Zarienne ayant sû sur mes plaintes que Patkul formait des desseins de donner ces troupes à d' autres puissances, il m'a déclaré de bouche et par écrit que ce n'était nullement ses volontés et a envoyé des ordres que Patkul ne dût point entreprendre de pareils traités et qu'il se doit demettre de son commandement et le remettre entre les mains de mes généraux; troisièmement est-ce qu'on a

1705 jasmes veus qun otres Prinse a mon inscut veus ferres marcher des troupes que sont dans ses payes herrediteres qui sont sous mes ordres sen men parler en que ju's consedasse ce sont des prossedes bien extraordineres ne se contentent pas seullement de me lesser sen les trouples mes de voulloir me dessarmer sen songer a massister [1]) vous navez qua leur [2]) representer tout ceai en cas que vous viestes quon temoigas du chagrins que leur mesures ont ete rompues mes ces messieuus en sont cosse silon crues ferres ces trestes cela derobes et a mon inscut ces trestes le monde bien cavalgerremen os lieuus que sil eusse agies dostres manieres ils morres trouves dispes a les secondes moigennn des chosse ressennables voisi ce que vous leur pourres remontrer et donner para au Ressiden denglesterre de ce quil orras a dierres.

Auguste Roy.

jamais vû qu'un autre Prince à mon insçu veut faire marcher des troupes qui sont dans ses pays héréditaires, qui sont sous mes ordres sans m'en parler ou que je le concédasse? ce sont des procédés bien extraordinaires ne se contentant pas seulement de me laisser sans les troubles, mais de vouloir me désarmer sans songer à m'assister [1]). Vous n'avez qu'à leur [2]) représenter tout ceci en cas que vous voyez qu'on temoignât du chagrin que leurs mésures ont été rompues; mais ces Messieurs en sont cause s'ils ont cru faire ces traités à la dérobée, et à mon insçu; c'est traiter le monde bien cavalièrement au lieu que s'ils eussent agi d'autre manière, ils m'auraient trouvé disposé à les seconder moyennant des choses raisonnables. Voici ce que vous leur pourrez remontrer et donner part au Résident d'Angleterre de ce qu'il aura à dire.

Auguste Roi.

Patkuls Privat-Correspondenzen mögen wohl den Czar und den König von Polen mehr als seine politischen Verhand-

1) Diese ganze Stelle bezieht sich offenbar auf den Wiener Hof.

2) Unter „leur" sind die General-Staaten verstanden, in der Voraussetzung, daß die Alliirten von diesem Tractat gewußt, weil die Moscowitschen Truppen gegen die Franzosen gebraucht werden sollten.

lungen von seiner Schuld und seinen sträflichen Absichten über- 1705
zeugt haben. Die Auszüge, welche von Ersteren in den im königl. Sächsischen Cabinets-Archiv befindlichen Akten enthalten sind, deuten klar an, daß er durch Vermittelung preußischer Staatsbeamten unternommen hatte, sich mit der Krone Schwedens zu versöhnen und durch zu leistende Dienste den Groll Carls XII. zu vermindern zu suchen.

Der preußische Hof sah sich durch den nordischen Krieg in eine schwierige Lage versetzt. Der nördliche Theil seiner deutschen Staaten war durch Schweden begrenzt, dem seit dem westphälischen Frieden Vor- und Hinter-Pommern gehörte. Das Königreich Preußen trennte von den brandenburgschen Provinzen der Kriegsschauplatz in Polen, und an dessen östlichen Grenzen in Litthauen und Curland dauerte seit Jahren der Kampf zwischen den Russen und Schweden. Die Siege Carls XII. verfehlten ihren Eindruck auf die neutralen Nachbarstaaten nicht, und die Höfe von Wien und Berlin ließen kein Mittel unversucht, um diesen Eroberer zum Freund zu behalten. Beide Staaten waren in Krieg mit Frankreich begriffen, und der preußische benutzte das Bedürfniß, welches der Kaiser nicht minder als die Seemächte an guten Truppen hatten, um die seinigen gegen bedeutende Subsidien sowohl in Deutschland als in den Niederlanden und Italien verwenden zu lassen.

Unter diesen Umständen richtete das preußische Ministerium alle seine Anstrengungen auf Erhaltung der Neutralität in dem nordischen Kriege. Der Czar gleich wie der König von Polen hätten den preußischen Hof am liebsten zum Bundesgenossen gehabt; da dies aber vor der Hand unmöglich war, so scheint es nach den Patkulschen Schriften, daß man russischer Seits gewünscht habe, die preußische Vermittelung zu einem Frieden mit Schweden zu benutzen.

Der Minister Ilgen stand damals an der Spitze des preußischen Ministeriums; er, und sein Schwiegersohn, von Marschall, übten öffentlich und insgeheim bedeutenden Einfluß aus; beide haben in der Geschichte einen zweideutigen Ruf hinterlassen. Aus Patkuls, vorzüglich an Ersteren gerichteten Briefen ersieht man, daß er den Auftrag hatte, die

1706 preußische Vermittelung einzuleiten, und eben so klar tritt hervor sowohl dessen Gehässigkeit gegen den König von Polen, als sein Wunsch, sich um jeden Preis mit Schweden zu versöhnen. Wir führen von den unter seinen Papieren gefundenen Concepten folgende bedeutende Stellen an:

„Patkul a eu ordre de disposer les choses à ce que Kaiserling (preußischer Gesandter an dem Hofe des Czars) ait des ordres pour negocier sous la médiation du Roi de Prusse la paix avec la Suède; mais il dit en grande confidence qu'il faut prendre de grandes précautions à la Cour du Czar au commencement ne parler de la paix que pour le Czar et le Roi de Pologne ensemble et que pour faire les choses en règle, il faudrait premièrement traiter la paix entre le Czar et la Suède, le reste ne devant ensuite avoir aucune difficulté. Patkul est d'avis d'aller bride en main; quand on a réglé ce qui est à faire entre le Czar et la Suède, après on prendra la mésure qu'on trouvera à propos."

In einem eigenhändigen Memorial sagt Patkul:

„Le Czar retirera les subsides tant en troupes qu'en argent au Roi de Pologne par de justes raisons qu'il a de ne le plus assister."

In einem anderen Schreiben findet sich folgende Stelle:

„Patkul m'a chargé de proposer à la Cour de Prusse si elle avait bien envie de recevoir les troupes du Czar qui sont en Saxe à son service sous la paye du Roi de Prusse tant que dure la guerre avec la France et peut-être plus longtems encore si on voudra."

Und weiter heißt es:

„Tout roule sur le thème à décider ce qui convient le plus à nos maîtres ou de maintenir le Roi d'aujourd'hui? ou de le quitter par des raisons qu'on a dans les mains."

Bis dahin könnte man annehmen, Patkul habe sich also im Auftrag seines Beherrschers geäußert. Allein folgende Stellen, welche sich ebenfalls im Brief an den Minister Ilgen vorfinden, sind schwer mit seinen Pflichten zu vereinigen und mußten billig den Czar gegen ihn aufbringen. Er sagt darin:

„Qu'il était las des affaires du Roi de Pologne, daß er 1705
1 haben wünschte sa paix avec le Roi de Suède pour travailler à l'affaire en question avec sûreté; s'il a de l'apparence il s'y appliquera avec vigueur. — qu'il avait en danger pour lui en Moscovie et que tout dependait de la vie du Czar; qu'il avait mauvaise espérance de on fils qui n'était pas bien élevé dès sa jeunesse, qu'on vait à Moscovie de la haine contre les étrangers et qu'il e voyait dans les mains des Moscovites."

An den Kammerherrn v. Marschall schrieb er:

„gratias maximas pour toute la peine que vous ous donnez à mon égard, surtout à l'égard de l'amnistie."

Endlich schreibt er an den Herrn von Kaiserling, reußischen Gesandten in Moskau:

„Patkul hält noch immer gute Freundschaft mit dem schwedischen Hof, und versichert, daß er sie ferner unterhalten wolle."

Es scheint wohl nicht zu bezweifeln, daß Patkul unter l'affaire en question" ein Bündniß zwischen Preußen und Schweden verstand, und daß er für diesen Dienst sich schmeichelte, Amnestie von Schweden zu erhalten, an welcher von reußischen Staatsdienern unter der Hand gearbeitet wurde. In dies Geschäft scheint der Minister Ilgen, sein Schwiegersohn, der Kammerherr v. Marschall, und der preußische Gesandte am russischen Hofe, v. Kaiserling, eingeweiht ewesen zu sein, und nach der angeführten deutschen Stelle us Patkuls Briefen an den Zuletztgenannten kann man sich ur über die Kühnheit beider Staatsdiener verwundern.

Die Vermuthung, daß Patkul ein Bündniß zwischen Schweden und Preußen habe zu Stande bringen wollen, wird m so wahrscheinlicher, als wirklich ein paar Jahre später (im pril 1707) ein Allianz-Tractat zwischen beiden Höfen abgeschlossen wurde; obschon dieser durch die schwedischen Siege nd vorzüglich durch den von Schweden an Sachsen vorgeschriebenen Frieden befördert worden sein mochte.

Uebrigens geht noch aus einer der angeführten Stellen on Patkuls Correspondenz als offenbar hervor, daß er den eheimen Wunsch hegte, die russischen Dienste zu verlassen,

15*

1705 weil er sich für die Zukunft darin nicht für sicher hielt. Wa nun auch durch alles Obige außer Zweifel gesetzt ist, daß Pa kul auf alle Weise unverantwortlich gegen seinen Herrn, de Czar, gehandelt hatte, und daß seine Absichten gegen de König von Polen so gehäßig als möglich waren, so läßt si weder hinreichend rechtfertigen noch erklären, daß von dem sä sischen Ministerium die gewaltsame Maaßregel seiner Festsetzung genommen wurde, und eben so wenig, warum man nicht u mittelbar hernach versuchte, ihn in die Hände des Czars au zuliefern? Was die erste Frage anlangt, so scheint es, da man auch andere Mittel hätte anwenden können, um die Mo kowitschen Truppen zu hindern, in die österreichschen Staate sich zu begeben; sie wurden, wie man aus dem Schr des Königs gesehen hat, später in weitläufigere Standquartier in Sachsen zerstreut. Diese Maaßregel hätte eben so gu getroffen werden können, wenn man Patkuln auch nicht ... Freiheit genommen hätte, um so mehr, da er als Befehlsha ber des Moscowitschen Auxiliar-Corps unter dem Comma des sächsischen Feldmarschall stand. Bei der Frage aber, ... Abführung nach Rußland betreffend, muß in Betracht gez werden, daß die Schweden ganz Polen inne hatten und ... einzelne Woywodschaften und Punkte des Landes von den ... sischen und sächsischen Truppen und den für den König ... sinnten Polen besetzt waren; eben so wenig rathsam wäre ... zumal eine Einschiffung auf der Ostsee gewesen: beide Ver suche waren mit der Gefahr verbunden, daß Patkul in die Hände der Schweden fallen konnte. Nicht aber vermochte ma damals den so bald darauf erfolgten Einmarsch Carls XII. ... den dadurch herbeigeführten Frieden, in welchem die Auslieferung Patkuls erzwungen wurde, vorauszusehen.

Um diesen Gegenstand zu erschöpfen, und nicht wieder auf denselben zurückkommen zu dürfen, sei es uns gestattet de Begebenheiten vorauszueilen und einige Umstände, die bis je noch unbekannt sind, beizubringen.

Der sächsische Gesandte in Rußland, General-Major ... Arnstedt, erhielt unter dem 19. July 1706 den Auftrag „zu versichern, man werde Patkul Seiner Czarschen Majestä

šobald der Weg etwas sicherer und Patkuls Unpäßlichkeit nach- 1706
gelassen haben werde, überlassen, und Höchstdessen Judicio
sistiren."

Unmittelbar nachher brachen die Schweden in Sachsen ein,
und schon am 16. Septbr. theilte man diesem Gesandten mit:
„daß, wenn die Schweden die Auslieferung des Gefangenen
begehren sollten, und man, weil der Feind im Lande sei, ihn
herabfolgen lassen müsse, er am Moskowitschen Hofe, damit
dem Königl. Pohlnischen nichts Ungleiches beigemessen würde,
alle nöthige Vorstellung und Remonstration zu thun habe."

Selbst nach Abschließung des Friedens beschäftigten sich die Königl. Staatsbeamten ernstlich mit Ermittelung der Möglichkeit, Patkuln dem ihn bedrohenden Unglück zu entziehen. Schulenburg sagt hierüber in den öfters angeführten Fragmenten, welche in „den Denkwürdigkeiten für die Kriegskunst Berlin 1827" aufgenommen sind, im 2ten Hefte S. 231:
„Jl avait été stipulé dans la paix entre les deux Rois que Patkul serait remis entre les mains des Suédois. Le Roi de Pologne connût bien que le Roi de Suède ferait souffrir à Patkul la mort la plus cruelle, il en fut d'autant plus touché que le Roi de Suède venait de faire couper la tête à Stockholm au Lieutenant-Général Peikul, qui avait été pris après avoir été battu près de Varsovie; le Roi de Pologne songea donc à trouver un autre expédient à se défaire de Patkul, afin de n'être pas obligé de le rendre aux Suédois, où qu'il en serait blamé par bien des gens. On considera bien que celui-ci s'était rendû criminel du reste par ses procédés et par la mauvaise intention de son dernier dessein; cependant on aurait bien voulû le faire échapper de la Saxe."

„Un jour le Roi de Pologne fit venir dans son cabinet le général Schulenburg, le Conseiller privé Hoymb et le Référendaire Pfingsten; l'affaire de Patkul fut mise sur le tapis, on ne savait pas comment s'y prendre pour se débarasser de ce prisonnier, et encore moins quel tour on donnerait à cette affaire, ni de quel prétexte on se servirait pour ne pas irriter le Roi de Suède; on proposa différens

1705 expédients, mais le Roi ne pût pas se résoudre à pren une résolution décisive et c'est ainsi qu'on se vit à la obligé de livrer Patkul à la vengeance de Charles XII."

In den im Königl. Sächsischen Cabinets-Archiv auf wahrten Akten befindet sich eine Registratur, nach welcher a 4. März 1707 der General-Major v. Ziegler und h Major Crux von dem Ober-Marschall v. Pflugk, dem Ge heimen-Rath v. Hoymb und dem General von der Sch lenburg aufgefordert wurden einen Eid abzulegen: „Al dasjenige, was ihnen von diesen königl. Commissarien wegen des Herrn v. Patkuls Person angeordnet werden würde, aus zuführen und verschwiegen zu halten, außer gegen diejenigen, die man zur Exekution gebrauchen würde."

Aus der oben angeführten Stelle ersieht man, daß die für Patkul wohlwollende Absicht dahin ging, ihm Mittel an die Hand zu geben, um zu entfliehen, daß man jedoch nicht wagte, aus Besorgniß den Zorn des Königs von Schweden noch mehr aufzureizen, dies geschehen zu lassen.

Auch der General Flemming, welcher zu jener Zeit sächsischer Gesandter in Berlin war, wurde auf Befehl des Königs durch den Geheimen-Rath v. Hoymb um seine Meinung befragt, was mit Patkul gemacht werden könnte, um ihn der Rache Carls XII. zu entziehen? und in dessen Antwortschreiben vom 16. März 1707, welches ebenfalls jenen Cabinets-Akten beigelegt ist, äußerte er sich in verdeckten Ausdrücken, daß man ihn entweichen lassen möge.

Indeß drang der König von Schweden immer mehr auf dessen Auslieferung und sandte eigends im März 1707 den Herrn v. Zederfeldt nach Dresden, um selbige zu betreiben. Man wich sächsischerseits der gebieterischen Nothwendigkeit, und der unglückliche Patkul wurde im April den Schweden übergeben.

Seine grausame Hinrichtung, welche am 20. Octbr. 17 bei Casimir an der Weichsel statt fand, ist bekannt; Voltaire in seiner Geschichte Carls XII. überliefert S. 1 Edition de Basle, die Anekdote, „daß König August II. 17 seine Gebeine habe sammeln und in einer Kiste zu sich bring

und diese selbst dem französischen Gesandten Bezenval ge- 1706
zeigt habe." Diese Anekdote ist, wie viele ähnliche, die in jenem Werke von Voltaire angegeben sind, vollkommen unrichtig. Wir finden in denselben Akten des Königl. Sächsischen Archivs ein französisches Schreiben eines Officiers, Namens Janus v. Eberstedt, vom 9. Septbr. 1710, worin er berichtet, „er habe Befehl gehabt, den Körper des Generals Patkul aufzusuchen, und ihm ein ehrenvolles Begräbniß ertheilen zu lassen; allein der Lieutenant Rauer, welcher deshalb nach Casimir geschickt worden sei, hätte keine Spur seines Leichnams mehr auffinden können.

Eilfter Abschnitt.

1705 — 1706.

Kurze Darstellung der Ereignisse des Feldzugs in Polen von 1705. — Katastrophe des Generals Paikul. — Eigenhändige Relation des Königs August über die Kriegsereignisse bei Grodno. — Dringende Befehle des Königs an Schulenburg, in Großpolen einzurücken. — Schwierigkeiten, welche in Sachsen die Vorbereitungen zu diesem Feldzuge fanden. — F. M. Steinau verläßt die sächsischen Dienste. — Sächsische Armee versammelt sich bei Sorau. — Rückt in Polen ein. — Schilderung des Schlachtfelds von Fraustadt. — Beschreibung der Schlachtordnung und der Schlacht selbst. — General Schulenburg wird verwundet und verläßt mit zwei Begleitern das Schlachtfeld. — Verlust des sächsischen Heeres.

Zur Uebersicht des Feldzugs in Großpolen vom J. 1706. vergl. Special-Karte von Südpreußen von Gilly. Berlin 1803. in 13 Bl.

1705 Bevor wir zu der Darstellung der Begebenheiten des künftigen Jahres übergehen, welches sowohl für Schulenburg wie für den König August so verhängnißvoll war, müssen wir in der Kürze der Ereignisse des diesjährigen Feldzugs in Polen Erwähnung thun und solche in Zusammenhang mit denen des Jahres 1706 bringen.

Wir haben den König Carl, nachdem er die sächsische Infanterie bis an die Oder verfolgt hatte, im Nov. 1704 auf seinem Rückzug nach Großpolen gelassen; in dieser Provinz bezog er die Winterquartiere und nahm sein Hauptquartier in Rawitz. Von hier aus leitete er die Angelegenheiten in Polen, davon die wesentlichste von allen die Krönung des Stanislaus Lescinsky war. Diese fand unter dem Schutze der schwedischen Waffen am 24. Septbr. 1705 in Warschau statt; wenige Zeit nachher kam der Frieden zwischen Schweden und Polen am 18. Novbr. zum Abschluß. Dieser Vertrag mit einem König abgeschlossen, der nur durch die Macht Carls XII. erwählt worden war, und dessen Wahl den Rechten Augusts II. keinen Eintrag thun konnte, trug den gewaltsamen Charakter der Begebenheiten, die ihn herbeigeführt hatten, und sicherte

den Schweden die besetzten Provinzen in Polen nur so lange, 1706
als der Krieg und der Lauf ihrer Siege dauern würde.

Kurz vorher hatte der Cardinal-Primas Radzieiowsky, am 3. Octbr., sein unruhiges Leben zu Danzig beschlossen.

Der König von Schweden verließ Groß-Polen erst am Ende July und marschirte nach Warschau. Die Veranlassung zu dieser Bewegung scheinen die Unternehmungen gewesen zu seyn, zu welchen die polnische und sächsische Cavallerie unter den Befehlen des General-Lieutenants Peikul, welchen die General-Majore Daniel Bodo von der Schulenburg und St. Paul untergeordnet waren, gegen Warschau aufgebrochen war.

Diese 4000 Mann starke Reiterei hatte sich von Cracau aus auf dem rechten Weichselufer bis Praga, Warschau gegenüber, herabgezogen; Peikul beabsichtigte die Reichs-Versammlung in Warschau so zu zerstreuen, wie solches König August im vorigen Jahre ausgeführt hatte, erfocht einen Vortheil über die Schweden und ging auf das linke Weichselufer über. Hier fiel aber am 31. July zwischen Wohla und Warschau ein bedeutendes Gefecht vor, in welchem die vereinigten Sachsen und Polen von dem schwedischen General Nieroth geschlagen und Peikul gefangen wurde.

Dieser Peikul, dessen Name, so wie er selbst in der Geschichte Carls XII. von Voltaire immer mit Patkul verwechselt wird, war, so gut als jener, ein liefländischer Edelmann; er beschäftigte sich ebenfalls mit wissenschaftlichen Untersuchungen und glaubte unter andern ein unfehlbares Mittel erfunden zu haben, um mittelst stählerner Klingen, mit welchen spanische Reiter versehen wurden, Feldverschanzungen unangreifbar zu machen. Er theilte diese Erfindung als ein Geheimniß sowohl dem Czar Peter als dem König August mit, und wurde dafür reichlich belohnt. Wir finden sowohl in unsern handschriftlichen Materialien, als in den gedruckten Berichten Patkuls, daß mehrere hundert Tausende solcher Klingen sowohl in Sachsen als in Rußland verfertigt wurden; der practische Sinn Schulenburgs jedoch legte wenig Werth

1706 auf diese Erfindung. In einem Bericht desselben an den König vom 9. Januar 1706 äußert er sich hierüber folgendermaaßen:

„Quant à la machine, si je dois commander l'armée, alors je prie V. M. de permettre de la laisser en arrière, ou d'en prendre seulement ce que j'en jugerai à propos, assurant que je n'en aurai pas bésoin et que les ennemis ne laisseront pas de trouver par tout la même resistance sans cette machine. J'ai eu l'honneur de dire à V. M. que le Gen. Cochorn m'avait montré plusieurs autres machines à peu prés pareilles, à se couvrir et à s'en servir soit dans les contre-scarpes, soit dans les brèches; je lui enverrai dès au premier jour de quelle manière les anciens se sont servi de ces sortes de machines, d'où le Sieur Peikul l'a copiée pour ainsi dire mot pour mot."

Ohnerachtet Peikul nie in schwedischen Kriegsdiensten gestanden hatte, so verurtheilte ihn Carls XII. unversöhnliches Gemüth doch zum Tode, und er wurde am 14. Februar 1707 zu Stockholm enthauptet.

Unterdeß hatten der Czar Peter und der König August den Entwurf gemacht, ihre Streitkräfte im nordöstlichen Theile von Polen zu vereinigen. Wir erinnern uns, daß Letzterer am 19. Octbr. in Tikozin eingetroffen war; von da begab er sich mit den Polen, die seiner Parthei treu geblieben waren und den sächsischen Regimentern nach Grodno und besetzte von da aus das rechte Ufer des Bugs.

Diese Bewegungen bestimmten den König von Schweden, welcher bisher in Blonie cantonnirt gewesen war, nachdem er den F. M. Rhenschild an der Wartha zurückgelassen hatte, Ende des Jahres nach Warschau vorzurücken.

1706 Im Anfang des Jahres ging der König über den Bug und marschirte bei Tikozin vorbei auf Grodno. Diese von dem König August und dem russischen F. M. Ogilvy besetzte Stadt, welche in ein verschanztes Lager verwandelt worden war und welche der Czar kurz vorher verlassen hatte um nach Astracan zu eilen und einen dort ausgebrochenen Aufstand zu dämpfen, bedrohte der König von Schweden einige Tage, und machte Versuche durch Manövers seine Feinde zu vermögen

dieselbe zu räumen. Als dies jedoch nicht gelang, zog er sich 1706
nördlicher den Niemen herab nach Merez. Dies bestimmte den König August in der Mitte Januar Grodno zu verlassen und sich mit der sächsischen und einem Theil der russischen Reiterei nach Warschau zu begeben. Wir besitzen unter unsern handschriftlichen Hülfsquellen eine eigenhändige Relation König Augusts II. über die Ereignisse bei Grodno, welche er für gut befunden hatte an seinen General Schulenburg zu senden. Wir glauben, indem wir solche in den Beilagen (s. Beilage XVII.) aufnehmen, unsern Lesern kein unwillkommnes Geschenk zu machen.

Der Operationsplan, welchen der König August mit dem Czar entworfen hatte, sich in Litthauen zu vereinigen und festzusetzen und von dort aus den König von Schweden in Polen zu bedrohen, hatte die von beiden Monarchen vorausgesehene Folge gehabt, daß Carl XII. mit seiner Hauptarmee sich nach Litthauen gezogen hatte. Da ihm nun nicht gelungen war, seine Feinde aus Grodno zu vertreiben, so war er, wahrscheinlich um selbigen die Zufuhr abzuschneiden, noch nördlicher nach Wilna marschirt. Diesen Zeitpunkt seiner Entfernung von den westlichen Gegenden Polens glaubte der König August benutzen zu müssen, um mit der in Sachsen im vergangenen Jahre gebildeten Armee und dem Moskowitschen Auxiliar-Corps einen Einfall in Polen zu wagen, den F. M. Rhenschild aufzusuchen, der, wie oben erwähnt worden, mit einem Observations-Corps an der Wartha stehen geblieben war, und ihn aus dem Felde zu schlagen.

Der General Schulenburg erhielt den Befehl, diesen Entwurf auszuführen. Die Vorschriften hierzu waren schon gegen Ende des Jahres eingegangen; indessen stellte Schulenburg die Schwierigkeiten vor, welche durch den großen Geldmangel für die Mobilisation der Armee bestanden, und machte auf die Jahreszeit, welche zu Unternehmung weit ausgedehnter Operationen wenig geeignet war, aufmerksam.

Die Befehle des Königs wurden jedoch immer dringender; in einem eigenhändigen Schreiben vom 20. Januar sagt er ausdrücklich: „il faut marcher avec mon armée de Saxe

1706 droit vers Thorn; si vous ne trouvez nulle resistance, vous poursuivrez votre chemin entre la Prusse et la Narew, et en cas que vous en trouviez, vous vous ouvrirez le chemin à quelque prix que ce soit. Le corps de Rhenschild n'est point assez fort pour s'opposer à votre marche, Brause se trouvant à Cracovie auquel vous enverrez les ordres nécessaires pour vous joindre ou agir par diversion; nous ne savons pas si Schulenburg (der General=Major Daniel Bodo) l'aura pû joindre avec le reste de ma cavalerie étant fort pressé par le Palatin de Kiovie; je m'attends qu'après la reception de celle-ci vous vous mettiez en marche sans attendre un moment."

Als August das Lager von Grodno, wie wir oben gemeldet, verlassen hatte, beharrte er in derselben Absicht. Der wirkliche Geheime=Rath und General=Accis=Inspector Freiherr v. Hoymb, welcher dazumal die Finanz=Angelegenheiten in Sachsen leitete, erhielt ein Schreiben vom König aus Tikozin vom 30. Januar, welches er unter dem 16. Febr. Schulenburg, der unterdessen in Polen eingerückt war, nachsandte. Der König äußerte sich hierinnen wie folgt:

„Par la relation que j'envoie au Gen. Schulenburg vous verrez ce qui s'est passé içi, c'est le coup de parti qu'on peut jouer à cette heure; le Roi de Suède étant éloigné quatre vingt lieues de Rhenschild, faites donc que mes troupes marchent sans perdre un moment de tems; à l'égard de l'argent qu'on se serve de celui des Moscovites lequel a cours en Pologne, sans qu'on ait bésoin de le refondre, je répète que tout depend de la promptitude. Je marche vers Varsovie et me ferai joindre de ma cavalerie de Cracovie pour couper le chemin à Rhenschild qui n'a que 8 m. hs. Au nom de Dieu ne perdez pas le tems à l'ordinaire, et à moi cette occasion qui ne se trouvera pas sitôt; les récrues et l'habillement se peuvent faire toujours sans arrêter la marche."

Hoymb fügt hinzu:

„C'est à cette heure le tems à jouer le coup de maitre comme le Roi écrit, mais avant toute chose il se faut bien garder de ne point permettre à Rhenschild de se sauver en Pomeranie ce qui est ici la crainte universelle." 1706

Schulenburgs Anstrengungen, den Vorschriften seines Herrn Folge zu leisten, standen im Verhältniß zu der Wichtigkeit der Umstände und dem Werthe, welchen der König auf den Einmarsch in Polen legte. Wir haben Berichte des Generals vom 6., 9. und 17. Januar aus Leipzig vor uns, wohin er sich begeben hatte, um während der dortigen Neujahrsmesse die nothwendigen Geldmittel aufzufinden. Diese schildern den damaligen Mangel der königl. Cassen mit den grellsten Farben. Schulenburg schreibt unter dem 17. Januar: „es sei ihm endlich gelungen durch seinen eignen und durch seiner Freunde Credit 50,000 thlr. anzuschaffen." Indeß war er überzeugt und stellte dem Geheimen-Rath vor, die Armee könne nicht mobil gemacht werden, wenn er nicht 150,000 thlr. in Händen habe, um den Sold der Truppen für den Januar und Februar zu decken, und um in Schlesien und in Polen die nöthigen Vorräthe zur Verpflegung der Armee mit baarem Gelde zu erkaufen. In dem nämlichen Vortrag gab Schulenburg die ungünstige Stimmung der Russen zu bedenken, welche beabsichtigten, Patkuln mit Gewalt zu befreien, und sobald sie in Schlesien eingerückt wären, die Armee zu verlassen und in den österreichschen Staaten zu verbleiben.

Ueberdem entging dem General nicht, daß in der gegenwärtigen Jahreszeit, wenn der Frost fortdauerte, alle Defensiv-Stellungen, die beim Eintritt in Groß-Polen an den Ufern der Obra nöthigenfalls hätten gewählt werden können, unhaltbar würden, und andrerseits, daß, wenn Thauwetter einträte, der Uebergang über die Oder nicht nur, sondern auch alle ferneren Bewegungen, die er zu machen hätte, es sei um den Schweden zu folgen, oder um dem König August, der sich am 6. Februar in Warschau befand, die Hand zu bieten, mit vielen Schwierigkeiten verbunden sein würden.

Bevor wir die Unternehmungen umständlich schildern, welche die sächsische Armee in Polen versuchte, müssen wir noch mit wenig Worten der Verhältnisse gedenken, welche den

1706 F. M. Steinau betreffen, und die sich auf seinen definitiven Austritt aus den Sächsischen Diensten beziehen.

Wir haben hinlänglich im Verlauf der letzten Feldzüge angedeutet, wie schwer, ja wie unmöglich es dem General Schulenburg im Interesse des königl. Dienstes wurde, unter den unmittelbaren Befehlen des F. M. Steinau zu stehen. Der König hatte sich deshalb entschlossen, Letzterem seinen Wirkungskreis in Dresden anzuweisen, woselbst er das Ober-Commando über die ganze Armee führte; der Special-Ober-Befehl über die Infanterie wurde Schulenburg, der über de Reiterei dem General Flemming anvertraut, beide aber sollten unmittelbar vom Könige ihre Befehle zu empfangen haben.

Im Anfang des Jahres 1706 muß der Monarch wiederum seine Meinung in Bezug auf diese Angelegenheit geändert haben, denn wir erfahren aus einem Schreiben Schulenburgs vom 30. Januar, unmittelbar vor seinem Abmarsch nach Polen geschrieben, daß ihm der König den Wunsch ausgedrückt hatte, er möchte abermals unter dem F. M. Steinau dienen. Schulenburg erklärt hierin, daß er sich hierzu nicht entschließen könne, und daher um seine Entlassung anhalte. Indessen hatte sich der Erlaß des Königs, welcher jenen Wunsch enthalten, mit einem Bericht des Generals vom 9. Januar gekreuzt, worin er meldete, der F. M. sei aus Sachsen nach Böhmen und von da nach Venedig abgereißt, indem die Republik ihm 24,000 venetianische Ducati jährlichen Gehalt und 6000 für Reisekosten bewilligt habe.

Später fügte er hinzu, der F. M. habe Dresden verlassen, ohne irgend eine Auskunft über die officiellen Correspondenzen und Agenten zurückzulassen, die aus Polen Nachrichten über die Lage der Dinge geben sollten, woraus für den öffentlichen Dienst eine nicht geringe Verlegenheit erwachse. Durch den Austritt Steinaus und den Entschluß des Königs, die durch Eifersucht erzeugten Reibungen zwischen Schulenburg und Flemming, wie wir oben gesehen haben, zu beseitigen, erreichten vor der Hand alle Verwickelungen dieser Art ein Ende. Die Armee, welche Schulenburg befehligte

vereinigte sich in der Gegend von Sorau; sie bestand aus 1706
19 Sächsischen Bataillons [1]), 11 Moskowitschen Bataillons
und 42 Schwadronen Sächsischer Reiterei.

---

1) Die Bataillone und Schwadronen waren folgende:

Sächsische Infanterie.

19 Bataillone ausrückender Stand. 9711 Mann.

1tes Bataillon deutsche Garde
2. — — —
3. — — — (Bose)
4. — — — (Remitz)
1. — französische Grenadiere (Joyeuse)
1. — Schweizer (Malaraque)
2. — — (Coinsin)
1. — Königinn.
2. — —
1. — Churprinz
2. — —
1. — Fürstenberg
2. — —
1. — Venediger
2. — —
1. — Westromirsky
2. — — (Reuß)
1. — Drost
2. — — (Reibnitz)
Das 1. Bataillon Weißenfels und das 3. Bat. Fürstenberg ist nicht mit ins Treffen gekommen.

Russische Infanterie.

11 Bataillone ausrückender Stand. 6362 Mann.

1tes Bataillon Grenadiere
1. — Patkul
2. — —
1. — Hollstein
1. — Arnstädt
1. — Gulitz
1. — Pielitz
1. — Belling
1. — Schöpping
1. — Strelitzen
Hierzu kam an 300 Mann Artillerie-Fuhrwesen mit 771 Stück Pferden.

1706 Sie setzte sich am 7. in Bewegung, um in Schlesien ein zurücken; das Hauptquartier wurde nach Zabor verlegt und der Uebergang über den zugefrornen Oderstrom fand am 8. bei Militz statt, am 9. wurde das Hauptquartier in Beadel genommen; hier erhielt der General zuverlässige Nachrichten über die Stärke und die Stellung des schwedischen Heeres. Dasselbe hatte zum Anführer den General Rhenschild, bestand aus 8 bis 9000 Mann, halb Reiterei und halb Fußvolk, und war hinter Lissa aufgestellt, mit der linken Flanke an Puniz, mit der rechten an Schmiegel angelehnt.

Schulenburg fand für zweckmäßig einen Kriegsrath zu vereinigen, um die Frage zu entscheiden, ob man links ab auf Posen abmarschiren, oder den Feind aufsuchen solle, um ihm eine Schlacht anzubieten? Die Befehle des Königs waren zu bestimmt, als daß die Generalität einer andern Meinung als der letztern sein konnte, und wir müssen voraussetzen, daß der General diesen Kriegsrath nur veranstaltete, um sich im voraus gegen etwanige Vorwürfe sicher zu stellen, welche ihm hätten gemacht werden können, als wäre er zu eigenmächtig und ohne den Rath kriegserfahrner Officiere zu vernehmen, zu Werke gegangen.

Schulenburg war der Meinung, über Kontopp nach Brenno zu marschiren; als er aber unterrichtet wurde, d[illegible]

Sächsische Reiterei.

Bayreuth	4	Schwadronen.
Chev. Garde	1	—
Garde du Corps	1	—
Eichstädt	2	—
Wrangel	4	—
Fürstenberg	4	—
Beust	4	—
Dünewald	4	—
Oppel	2	—
Flemming	4	—
Jordan	4	—
Winkel	2	—
	36	Schwadronen.

Schweden beabsichtigten von Lissa (Liszno) nach Fraustadt 1706
(Wschowai) vorzurücken, so entschloß er sich rechts auf Schlawa zu ziehen, um nicht seine Communication in seiner rechten Flanke über Kontopp mit Schlesien und Sachsen zu verlieren.

Von da rückte er bis Hammer vor; als er aber erfuhr, die Schweden wären bei Weichsdorf erschienen, so ging er am 12. Februar mit der Armee bis Ilgen. Hierauf zog sich der schwedische Vortrab auf Schwetzke zurück, und die sächsische Armee besetzte in der Nacht vom 12. bis zum 13. die drei Dörfer Illgen, Kaltenvorwerk und Neuguth; am 13. früh ließ der General mit dem Vortrab von 200 Pferden Fraustadt besetzen.

Wenn die von Seiten des Königs zu widerholten Malen ergangenen Befehle, den Feind aufzusuchen und zum Gefechte zu bringen, auch nicht so bestimmt gewesen waren, so hätte sich der General durch die Nachrichten, welche ihm in Zabor zugekommen waren, dazu veranlaßt gefunden. Der König war nämlich am 5. Februar in Warschau eingetroffen und hatte das Corps Reiterei unter dem General Brause und Danie Bodo v. d. Schulenburg, welches früher, wie wir aus dem königl. Handschreiben vom 20. Januar gesehen haben, dem General untergeordnet gewesen und mittelst einer Diversion im Rücken Rhenschilds operiren sollte, an sich gezogen; Schulenburg setzte daher voraus, der König werde nach dieser Vereinigung nach der Wartha zu einen Zug unternehmen. Da Rhenschild anfänglich zurückwich, so schien die Vermuthung nicht ungegründet, daß diese rückgängige Bewegung in der Absicht geschehe, dem König entgegenzugehen; um so mehr glaubte sich der General daher verpflichtet, den Schweden auf dem Fuß zu folgen. Unter diesen Umständen rückte er bis Fraustadt vor; seine Absicht war bis Bargen zu gehen und die Stellung von Petersdorf, Schulmnitz und Schwetzke zu wählen, von wo aus er sich den Weg nach Kalisch und Petrikau öffnen wollte.

Im Augenblick, wo die Cavallerie bei der Fortsetzung des Marsches nach Bargen bis Röhrsdorf vorgeschritten war, erfuhr der General, daß die Schweden sich in die Nähe von

1706 Schwetzke gesetzt hätten und daß sie auf ihn anrückten. Hierauf faßte er den Entschluß, zur Schlacht sich vorzubereiten.

Bevor wir zur Beschreibung der Schlacht von Fraustadt übergehen, ist es nothwendig, eine Schilderung des Terrains, auf welchem sie vorging, und der Schlachtordnung, in welcher der General Schulenburg die Armee bildete, vorauszuschicken.

Der General stellte das sächsische Heer zwischen die zwei Dörfer Geyersdorf und Röhrsdorf östlich von Fraustadt auf. Die Entfernung von einem Ort zum andern betrug ungefähr 2000 Schritt. Der rechte Flügel lehnte sich an Geyersdorf, der linke an Röhrsdorf; zwischen beiden Oertern lag eine Ebene, beide Dörfer aber waren mit Hecken umgeben und durchschnitten; rückwärts erhob sich das Erdreich gegen Fraustadt in einer sanften Böschung, auf welcher sich einige Teiche befanden. Die Infanterie wurde in zwei Treffen getheilt; im ersten befanden sich 20 Bataillone, im zweiten 9 als Reserve; über diese Aufstellung giebt die Tabelle, welche als Beilage dem Originalbericht über die Schlacht beigefügt ist, das Nähere.

Die Moskowitsche Infanterie kam auf den linken Flügel sechs Bataillone stark zu stehen; diese stützten sich an Röhrsdorf, und hatten drei andere Moskowitsche Bataillone im zweiten Treffen als Reserve hinter sich; in ihrer äußersten linken Flanke bildeten zwei Bataillone einen Haken, um von dieser Stellung aus die Besetzung des Dorfes durch den Feind zu verhindern. In der rechten Flanke des Moskowitischen Corps waren ebenfalls zwei sächsische Bataillone in einem ausspringenden Winkel aufgestellt, um die Fronte der Moskowiter zu beschützen und mit ihrem Feuer zu bestreichen.

Zu jener Zeit hatte die Moskowitsche Infanterie noch nicht den Ruhm durch ihre Tapferkeit erlangt, welcher funfzig Jahre später Friedrich II. ausrufen ließ: „dies sind Feinde, die man tödten, aber nicht besiegen kann." Die Moskowiter hatten weiße Uniform mit rothem Futter, und da die Sachsen roth gekleidet waren, so ließ Schulenburg die Russen ihre Röcke umwenden, damit in der Ferne die Schweden sie nicht von den Sachsen unterscheiden und, in der Hoffnung sie leichter

als jene zu schlagen, diese nicht vorzugsweise angreifen sollten. 1706
Welche Verwandlung vermag ein großer Mann nicht in den Eigenschaften seiner Völker hervorzubringen! Peter der Große schuf aus feigen Barbaren Helden; er rief die Elemente, die in so manchem Bezug in den Russen verborgen schlummerten, ins Leben; heut', wo wir dies schreiben, gründen sich die Hoffnungen der Freunde des Rechts und der Ordnung in Europa auf sie.

Rechter Hand an diese im Haken aufgestellten zwei sächsischen Bataillonen stieß das ganze aus zwölf Bataillonen bestehende erste Treffen der sächsischen Infanterie. Hiervon besetzte eins Geyersdorf und zwei standen in einer ausspringenden Flanke zunächst links an diesem Orte, um dessen Vertheidigung zu unterstützen und nöthigenfalls zu übernehmen; fünf sächsische Bataillone blieben als Reserve im zweiten Treffen.

Die Fronte der Infanterie wurde durch spanische Reiter, die mit eisernen Spitzen versehen waren, gesichert. Vor ihr waren 32 Stück Geschütz aufgeführt und vertheilt. Diese bestanden in 24 3pfündigen Regimentsstücken, welche man dazumal Geschwindschüsse nannte, und 6 6pfündigen nebst zwei Haubitzen; letztere befanden sich vor dem ausspringenden Haken der zwei Bataillone, welche die moskowitsche Fronte bestreichen und decken sollten; die übrigen waren nach Verhältniß vor der ganzen ersten Linie vertheilt.

Der rechte Flügel der Reiterei unter dem General-Major Lützelburg wurde rechts von Geyersdorf aufgestellt; der linke unter dem General-Major Dünewald blieb auf der Höhe hinter den Teichen vor Röhrsdorf stehen; der General-Lieutenant Plötz befehligte die ganze Reiterei, und stand mit 6 Schwadronen in Reserve mit dem Befehl, sein Augenmerk vorzüglich auf den rechten Flügel zu richten, weil der linke durch Röhrsdorf und den daran stoßenden Wald vollkommen gesichert schien. Er sowohl, als der General Lützelburg hatten Vorschrift, mit dem größten Theil der Reiterei um Geyersdorf herumzuschwenken und die feindliche Reiterei in den Flanken und im Rücken zu nehmen, sobald die Schweden in dem Angriffe jenes Dorfes und der Fronte begriffen sein würden.

16 *

1706 Jenseits Geyersdorf war ein Hügel mit einer Windmühle, von welcher aus man die feindliche anrückende Armee beobachten konnte. Auf diesen Punkt sandte Schulenburg den General-Quartier-Meister Gravert, während er selbst die Armee ordnete und anbefahl, der Infanterie Waffenübungen machen zu lassen, theils um die Truppen zu beschäftigen, theils um sie bei der strengen Kälte durch diese Bewegung zu erwärmen. Ueberdem hatte er befohlen, sobald die Schweden sich über 300 Schritt genähert hätten, das Gewehr in Arm zu nehmen, und nur auf 80 Schritt zu schießen.

Hierauf begab sich der General selbst nach jener Windmühle, und bemerkte von hier aus des Feindes Annäherung. Die schwedische Armee bestand aus 5 Regimentern zu Fuß, welche 12 Bataillone ausmachten, und 8 Regimentern Reiterei, die in 37 Schwadronen getheilt waren.

General Rhenschild hatte sein Heer in einer einzigen Linie aufgestellt, welche gewissermaßen das Segment eines Zirkels beschrieb, indem der mittlere Theil zurückwich. Diese war aus 12 Bataillonen Infanterie mit Untermischung einiger Schwadronen zusammengesetzt; die beiden Flügel hatte die Reiterei inne und der General war an der Spitze der acht Schwadronen seines rechten Flügels (s. schwedische Schlachtordnung).

Als Schulenburg diese Aufstellung sah und sie mit seinen eigenen, zugleich so einfachen und doch so wohl berechneten Dispositionen verglich, glaubte er sich des Sieges gewiß, und ließ allen Generalen und den Obersten aller Regimenter sagen „es komme darauf an, ½ Stunde dem feindlichen Angriff zu widerstehen, in dieser Voraussetzung halte er nicht allein den Feind für geschlagen, sondern er müsse auch auf dem Rückzug zerstreut werden.“

Unter diesen Umständen rückte General Rhenschild mit 8 Schwadronen des rechten Flügels vor und bedrohte Röhrsdorf. An ein Eindringen an diesem Ort war aber wegen der zwei Bataillone Infanterie so wie der zwei Schwadronen Dragoner, welche abgesessen waren, um den Uebergang einer abgebrochenen Brücke zu vertheidigen, mit Reiterei nicht

denken. Kaum jedoch hatte der unter dem General-Major 1706
Dünewald stehende linke Flügel der Reiterei, welcher in 6 Schwadronen bestand, den Feind herannahen sehen, als er sich auf die Flucht begab, ohne daß die Anstrengungen dieses Generals es hätten hindern können, und ohne daß diese Truppe nur einen Pistolenschuß abgefeuert hätte. In dieser Zeit rückte der schwedische linke Flügel gegen den sächsischen rechten vor; die Schweden umgingen Geyersdorf, ließen es rechts liegen, und waren genöthigt, da ein Bach, der von diesem Orte nach Ulbersdorf fließt, ausgetreten und zugefroren war, abzusitzen und ihre Pferde am Zaum über das Eis zu führen.

Die sächsische Reiterei des rechten Flügels, welche der General-Major Lützelburg befehligte, und die aus 22 Schwadronen bestand, weit entfernt, diesen Augenblick der Verlegenheit der schwedischen zu benutzen, ließ diese ruhig aufsitzen, ehe sie sie angriff, und auch alsdann erfolgte der Angriff nur durch das sächsische erste Treffen, welches aus den 2 Schwadronen der Chevalier-garde und der Garde du Corps bestand. Diese zwei Schwadronen sammelten sich hinter der Infanterie, alle übrige Reiterei von beiden Flügeln entfloh eiligst, und die schwedische verfolgte sie zwei Stunden weit.

Hiermit war die sächsische Cavallerie vom Schlachtfelde gewichen, bevor die Position an und für sich angegriffen gewesen wäre. Bei der großen Ueberlegenheit der sächsischen Armee und ihrer vortrefflich gewählten Stellung war noch nichts verloren und die Schlacht konnte noch gewonnen werden. Die schwedische Reiterei hatte sich in die Verfolgung zu weit eingelassen, und der Angriff des schwedischen Fußvolks vom Centrum aus war auf wenige Schwadronen, welche mit 12 Bataillonen vermischt waren, beschränkt. Dieses Centrum griff nunmehr Geyersdorf und den sächsischen rechten Flügel an, wurde aber durch diesen und durch das in Geyersdorf stehende Bataillon Wèstromirsky mit Verlust zurückgewiesen, und es ist glaublich, daß, wenn der General-Major Drost, welcher die hier aufgestellte Brigade befehligte, dem

1706 französischen Grenadier-Bataillon Joyeuse, welches die äußerste Rechte inne hatte, gestattet hätte vorzurücken, so wie der Oberst Joyeuse es wünschte, und den sich in Unordnung zurückziehenden Schweden in die Flanke zu fallen. die ganze schwedische Linie zurückgewichen seyn würde. Die Feinde wendeten sich hierauf nach ihrem eignen rechten Flügel; dieser nahm sie auf und griff die bei Röhrsdorf stehenden Moskowiter an. Schon bei dieser Gelegenheit zeigte sich die Muthlosigkeit mehrerer sächsischer Bataillone; das Bataillon Fürstenberg, welches im Centrum stand, wich bei Annäherung der Schweden, ohne angegriffen zu seyn, zurück; die zwei Bataillone Königin und Biron, welche in der rechten Flanke der Moskowiter im Haken aufgestellt waren, unterstützten diese nicht mit ihrem Feuer, und letztere, welche 6 Bataillone stark den linken Flügel der ersten Linie bildeten, feuerten nur einmal und verließen das Schlachtfeld in wilder Flucht.

Die spanischen Reiter verhinderten die Schweden im Anfang ihnen zu folgen; kurz nachher aber wurden sowohl sie als die 3 Bataillone, die in zweiter Linie als Reserve standen, und die in der Flucht mit fortgerissen waren, erreicht und diese Russischen Bataillone bis auf 2000 Mann, die sich in die Wälder flüchteten und die späterhin Sachsen wieder erreichten, schonungslos von den Schweden niedergehauen.

Hiermit war der linke Flügel gänzlich aus dem Felde geschlagen, nur die erwähnten 2 sächsischen Bataillone, die einen Haken bildeten, gewährten dem Centrum einigen Schutz. Indessen wichen auch diese zurück und rissen einige der in zweiter Linie als Reserve aufgestellten Bataillone mit sich fort.

Der General befand sich in diesem Augenblick auf jenem bedrohten Punkt; er begab sich indeß auf den rechten Flügel, nahm 4 Bataillone zur Hand, unter welchen die französischen Grenadiere, 2 Schweizer-Bataillone und 1 sächsisches waren, und rückte mit ihnen gegen 2 schwedische Bataillone und eben so viel Schwadronen vor, welche vom Wahlplatz des geschlagenen sächsischen linken Flügels das Centrum aufzurollen drohten. Allein es schien, als wenn an diesem verhängnißvollen Tage der Schrecken, den der Anblick

der feindlichen Truppen hervorbrachte, zwar verschiedene, aber 1706
nicht weniger nachtheilige Wirkungen auf die Truppen, die Schulenburg befehligte, hervorbringen sollte. Diese Brigade blieb wie versteinert beim Anblick der Schweden stehen, konnte durch kein Zureden zum Angriff bewogen werden, warf schmachvoll die Waffen weg und ließ sich wehrlos von den schwedischen Reitern umbringen. Es sey genug, ein Beispiel der Muthlosigkeit dieser Truppen anzuführen: Der Oberst-Lieutenant Ponikau befehligte eins dieser Bataillone und fiel verwundet vom Pferde; vier schwedische Reiter drangen in dasselbe ein und brachten um wer ihnen unter die Hand kam, und ohnerachtet, daß der verwundete Ponikau seinen Leuten ihr schimpfliches Betragen vorwarf, liefen diese doch, von panischer Furcht ergriffen, aus einander.

In diesem Augenblick wurde der General von einer Kugel auf der rechten Hüfte getroffen. Die Kugel drang durch zwei mit Pelz gefütterte Kleider und drückte sich auf dem Hüftknochen platt. Die Contusion war so heftig, daß Schulenburg vom Pferd zu sinken glaubte. Allein es gelang ihm, sich aufrecht zu erhalten; er sammelte die noch in Ordnung befindlichen 11 Bataillone, welche das erste und zweite Treffen des rechten Flügels gebildet hatten, nebst 3 Schwadronen, die der General-Lieutenant v. Plötz anführte, und richtete den Marsch dieser Truppe auf das östlich vor Fraustadt gelegene Dorf Unter-Prietzschen. Kaum war er aber dahin gelangt, so zeigten sich 5 Schwadronen Schweden; derselbe oft erfahrne Schrecken ergriff abermals die Ueberbleibsel des sächsischen Heeres; die drei Schwadronen Sachsen ritten davon, und obgleich Schulenburg den übrigen Truppen den glorreich vor 1½ Jahren bei Punitz vollbrachten Rückzug in Erinnerung brachte, mit der Bemerkung, „diese wenigen Schwadronen könnten ihnen nichts anhaben, weil der meiste Theil der schwedischen Reiterei in Verfolgung der sächsischen begriffen sey, und es nur darauf ankomme, den etwa eine halbe Stunde westlich von Fraustadt gelegenen Wald zu erreichen," so warfen doch sämmtliche Bataillone bei dem nähern Anrücken der zwei schwedischen Schwadronen, welche ihnen „gut Quartier" zuriefen, die Waffen

1706 weg, sammelten sich in einen Haufen, wie eine Heerde Schaafe, und wurden sämmtlich gefangen.

Es verdient bemerkt zu werden, daß der Oberst Joyeuse, Befehlshaber der französischen Grenadiere, sich aus Verzweiflung über die Feigheit seiner Untergebenen mitten in die zwei schwedischen Schwadronen warf und daselbst einen ehrenvollen Tod fand.

Schulenburgen hatte sich ein schwedischer Reiter genähert, um ihn von hinten zu durchstechen, als er ihn erblickte und ihn durch einen Pistolenschuß zu Boden streckte. Es blieb ihm hierauf nichts übrig, als das Schlachtfeld zu verlassen; er begab sich, von einem einzigen Ordonnanz-Officier und einem Reitknecht begleitet, nach dem nahe gelegenen Wald, wo ihn einige schwedische Reiter vergeblich zu erreichen suchten. Vielleicht ist es das einzige Beispiel in der Kriegsgeschichte, daß ein commandirender General den Wahlplatz nur mit zwei Begleitern verläßt.

Die vom linken Flügel entflohene Cavallerie hatte unterdeß zwei Stunden vom Schlachtfeld die bei dem Dorfe Tzirna zurückgelassene sächsische Bagage geplündert und gelangte in wenig Tagen in aufgelößtem Zustand nach Sachsen zurück.

Der Verlust, den das sächsische Heer erlitt, war so vollständig als die vorher beschriebenen Umstände es vermuthen lassen. Nach den noch vor uns liegenden Diensttabellen sollte der vollzählige Bestand der 21 sächsischen Bataillone 12,359 Mann ausmachen; hiervon waren am 10. März nur 3,904 Mann vorhanden, folglich war der Abgang 8,455 Mann. Es kann jedoch davon nicht die ganze Zahl als vor dem Feinde geblieben und als gefangen betrachtet werden, da 2802 Mann zum Theil in Sachsen zurückgeblieben, zum Theil schon vor der Schlacht aus Polen zurückgekommen waren, und endlich, da von gedachten 21 Bataillonen zwei nicht zu dem Gefecht gekommen und vollständig zurückgekehrt waren. Der Verlust an Todten, Blessirten und Gefangenen des Fußvolks bei der Schlacht von Fraustadt betrug daher 5807 Mann.

Der General=Lieutenant **Westromirsky** und der Ge= 1706
neral=Major **Lützelburg** wurden gefangen; desgleichen der Oberst **Malaraque**, die Oberstlieutenants **Benkendorf**, **Bassewitz**, **Schönberg** und Majors v. **Rauschendorf**, **Bornemann** und v. **Friesen**. Man zählte nach einer vor uns liegenden Tabelle 157 todte, blessirte und gefangene Officiers.

Die ganze Artillerie, mit Ausnahme eines einzigen Stücks, also 29 Stück Kanonen und 2 Haubitzen fielen in die Hände des Feindes.

Wir haben Schulenburgs vorläufigen Bericht über dies unglückliches Kriegs=Ereigniß, d. d. Sorau am 15. Februar, sowohl wie die vollständige Berichtserstattung, welche er später folgen lies, vor uns, und geben beide nach seinem eignen Original=Concept in den Beilagen (s. Beilage XVIII.).

Beilagen zum 11. Abschnitt.

Beilage XVII.

Eigenhändige Relation über die im Januar 1706 bei Grodno zwischen dem schwedischen Heer und den moskowitschen, königl. polnischen und sächsischen Truppen statt gefundenen militärischen Ereignißen.

Gerichtet von dem König August II. an seinen General der Infanterie v. d. Schulenburg.

Relation de ce qui s'est passé.

L'ennemi ayant marché le 8. de Janvier de Varsovie, il passa les rivières du Bug à Nur, et la Narew à Narewka, lesquelles furent gelées. Le Lieutenant Général Renn se mit avec 10. régimens de dragons derrière les bois qui étaient coupés, pour disputer les bois qui sont derrière Tikozin jusqu'à Bialowitz. Le 22. on détacha le Lieutenant-Colonel Fillein avec 200. gardes vers Volcowitz qui est à notre gauche par précaution que si l'ennemi passait à la gauche de nos dragons, si les bois ne sont pas encore coupés, que nous eussions langue des ennemis; le 23. Fillein fit savoir qu'il avait été attaqué par des Valaques qui étaient soutenus de 1000. Suédois et qu'il s'était retiré à 2 lieues vers Grodno; les prisonniers qu'il avait faits, disaient: que toute l'armée marchait droit vers Grodno; on fut en peine que nos 10. régimens de dragons ne fussent coupés, l'ennemi les ayant déjà pris à dos; on leur envoya dire de prendre à notre droite pour s'éloigner de la marche des ennemis.

Le 24. Fillein revint, lequel était suivi pas-à-pas des avant-gardes de l'ennemi la nuit du 24. Renn arriva avec 6. régimens de dragons vis-à-vis de Grodno, de l'autre côté du Niemen; le tems qu'il fit la cause que beaucoup de chariots et soldats des ennemis arrivèrent dans son camp croyant y trouver les leurs et ils confessèrent que les ennemis prétendaient de passer le 25. le Niemen et nous attaquer; nous ne fûmes pas peu embarrassé vû qu'il nous manquait 10. bataillons qui étaient en marche pour Grodno. Le 25. on vit marcher l'ennemi en colonne vers le Niemen en tirant à gauche, on le fit cotoyer par les dragons que nous avions fait passer à une lieue; l'ennemi passa la rivière sur la glace et nos dragons arrivèrent trop tard, où plutôt ne firent point leur devoir et se retirèrent n'ayant vû que 3. bataillons des ennemis passer, les ravins de deux parts étaient si escarpés qu'on ne savait passer la rivière quoique gelée, qu'on defilait un à un. Sur ces entrefaites il nous arriva 6. bataillons avec le général Verden, mais le 7me. qui le suivait ne put nous joindre et selon les apparences se sera retiré par les bois vers Vilna; l'après-dînée les derniers 4. régimens de dragons arrivèrent aussi, on les remit tous pour la nuit dans les retranchemens ne laissant que des gardes-avançées.

Le 26. vers les dix heures l'ennemi se présenta devant notre retranchement, la cavalerie portant des fascines de paille et se postant comme s'il voulait nous attaquer; on fit passer 4. rgms. le Niemen pour donner dans l'arrière-garde et bagage des ennemis, lesquels n'avaient pas encore passé pour joindre l'armée de l'ennemi; on prit des chariots et des prisonniers. Dans ces entrefaites il nous arriva le régiment de Boustres qui venait d'Augusthof et l'ennemi qui s'était tiré de notre droite à notre gauche sur les hauteurs, croyant trouver le point le plus faible à nous attaquer salua ce dit régiment par quelques volées de canon ne lui pouvant nuire autrement par l'avantage que la rivière était dégelée plus loin, par où ce regimt. marchait, ainsi qu'il arriva heureusement; l'ennemi cependant demeura dans de continuels mouvemens tantôt à droite tantôt à gauche jusqu'à ce qu'il commença à faire la brune; Alors on vit qu'ils se retirèrent et qu'ils jetèrent leurs fascines et par les feux on put juger qu'il se posta à une demi-lieue de nous.

Le 17. il ne parût plus rien que des Valaques avec lesquels on eut des escarmouches, on prit des prisonniers et des bagages des deux côtés de la rivière; les prisonniers faits disent qu'il y a une infinité de malades et de marodes et que depuis 4. jours ils n'ont pas eu du pain; que leur dessein avait été de nous attaquer et renverser mais que voyant nos retranchemens trop forts et trop vastes, ils n'avaient pas crû pouvoir nous attaquer ni nous enfermer en nous bloquant.

Le 28. l'ennemi marcha à minuit vers Merets et Vilna apparemment pour se déloger; le même jour vers les 6. heures 4m. dragons furent détachés on ne sait pas pour où; je finis jusqu'ici mon journal, et le continuerai par le premier ordinaire.

Beilage XVIII. a.

Relation der Schlacht bei Fraustadt d. d. Sorau, den 15. Febr. 1706.

Nachdem die Königl. Pohlnische und Churfürstl. Sächsische Armee in Sachsen sich beweget, hat selbige den Marsch über den Bober und ferner durch Schlesien der Gegend Grünberg fortgesetzt, daß sie den 9n., ohngeachtet des sehr schlimmen eingefallenen grossen Thauwetters, die Un... bei Miltitz über das Eis paßiret, allwo dieselbe, wegen Empfang de... Proviants und Fourage, insonderheit aber weil sie wegen des continuirli... chen Marsches sehr ermüdet gewesen, den 10n. rasten mußte. Selbige... Tages erhielt man sichere Nachricht, daß der Feind spät Abends bei Fra... stadt mit der sämmtlichen Armee angekommen, und daß er Tags dara... sich eine Meile weit gegen uns sehr vortheilhaftig hinter den ungeheu... Morast bei Weichsdorf setze und vielleicht näher rücken wolle, worauf d... vorgehabte Marsch gegen Grätz und Stenzewa, um des Feindes Ar... abzuschneiden und desto sicherer mit dem von Cracau herunter marschiren... Corps sich zu conjungiren, geändert ward, und ging die Armee den 11... gegen Schlava. Der Feind hatte selbigen Tages, und während der Ze... daß unsere Armee angerückt, eine Parthei von 5. bis 600. Pferden na... Schlesien geschickt, welche sich auch vor Abends in der Nähe sehen li... Der Oberst Eichstädt ward indeßen mit 500. Pferden gegen des Fe... rechten Flügel, um demselben eine diversion zu machen, nach der Ge... des Dorfes Illgen commandiret, allwo er auch die Wallachen, so de... Vortrupp überfallen wollten, zerstreuet, und unterschiedene davon ... und getödtet. Den 12n. ging die ganze Armee auf Illgen, um den Fe... in der Flanque desto beßer beizukommen; man vernahm aber, daß d... selbe gleich früh zwischen 9. und 10. Uhr, nachdem er in der Nacht ... Fraustadt zurückgegangen, von da aufgebrochen, und 1½ Meile von d... Stadt, in der Gegend von Schwetzke sich gesetzet. Wiewohl man ... durch die Spions, Gefangene und Deserteurs so viel Nachricht hatte, ... er nicht über 9. bis 10,000. Mann stark wäre, da er doch sicher ... 12,000. Mann bei einander hat, und man wohl abnehmen konnte, d... sein Absehen nicht wäre, völlig sich zurückzuziehen, sondern die Armee ... ein oder andern Ort mit desto grösserer Vigueur anzugreifen; so sah ma... sich doch gezwungen von denen schlesischen Grenzen zu rücken, und d... Armee subsistirend zu machen, wenigstens Fraustadt im Rücken zu hab... um allda das nöthige Proviant-Wesen zu veranstalten, den Marsch, ... malen man Ordre hatte, den Feind, wann er nicht verstärket, aufzu... chen und zu attaquiren wo man ihn fände, weiter fortzusetzen. Den 13... mit dem Tage, nachdem in der Nacht vorher zwei Partheien von etlich... 100. Pferden, den Feind zu observiren, ausgeschicket, brach die Armee auch wieder auf, und wollte man den Marsch über Barge auf Schmiegel fortsetzen, des Vorhabens, den Feind, wenn er sich weiter retiriren sollt... stets linker Hand und in der Nähe bleiben zu können. Die vorausgeschick... ten Partheien griffen indeß mit gutem Success des Feindes Arrière-Garde an, repoussirten seine Leute und eroberten 20. — 30. Wagen, woraus denn ein grosser Success erfolgen konnte, wenn die commandirenden Leute nicht sofort des Plünderns sich gelüsten ließen. Man erfuhr hier kurz darauf, daß, ohngeachtet die völlige feindliche Armee im Marsch gewesen sich weiter zu retiriren, dennoch bei derselben resolviret worden wieder zurückzukehren, indem sie nicht sähe wo sich hinzuwenden oder sicher zu postiren hätte, die königl. Pohlnische und chursächsische Armee anzugreifen, und eher eine desperate Action zu wagen, als außer derselben verloren zu gehen; Diesem nach, als der Feind noch entfernt war, die königl. Pohlnische und chursächsische Armee sogleich in ordre de bataille gestellet, und so besetzet daß sie bei des Feindes Anmarsch ihm entgegen rücke, und zwischen zwei Dörfern (wovon das, so rechter Hand liegt, Gieicksdorf, das andere aber, so linker Hand liegt, Röhrsdorf, genannt wird) ihm entgegen zu stehen käme, wodurch denn das Terrain zwischen bemeldete Dörfer allein durch die Infanterie völlig eingenommen, und die ganze Fronte mit spanischen Reutern und expresse dazu verfertigten scharfen Meßern, so in Balken eingeschraubt waren, besetzet, und sowohl diese Fronte, als das Uebrige der Armee sicher und wohl postiret war. Die Linie zwischen beiden Dörfern bestand in 16. Bataillone nebst der Artillerie, welche bei den 3. Corps von der Infanterie vertheilt wurden, 6. 6pfündige Stücke aber verblieben in der Mitte. Die beiden Dörfer waren jedes mit 2. Bataillone besetzet; die übrigen 9. Bataillone formirten die andere Linie und zwar in 3. Theile, wovon ein jeder Theil um die ersteren zu souteniren, angewiesen war; Jedweder Flügel von der Cavallerie bestand in 20. Escadrons und war ein jeder getheilt in 2. Corps; welches vier Linien ausmachet, um sich desto beßer souteniren zu können, auch im Fall der Noth durch die 2. letzten Linien, als welches das Corps de reserve auf jedweden Flügel ausmachte, den Feind desto beßer begegnen, die vorfallenden Desordres redressiren, ja gar den Feind auf der Flanke angreiffen zu können; Der rechte Flügel der Cavallerie ward an das Dorf Röhrsdorf hinter der Infanterie gesetzt, weil, dem Vermuthen nach, der Feind suchen würde um das Dorf zu marschiren und die Cavallerie anzugreifen. Und da nun auch 10. feindliche Escadrons der Orten angerückt, ist ihnen von diesem Flügel begegnet worden, und hat sich vor allen andern die Garde-Chevaliers und Garde du Corps unter Anführung des Obersten Kospoths ziemlich distinguiret, und wurde dieser Flügel durch den General-Lieutenant Plötz, General-Major Lützelburg, Obersten Kospoth und Ilow angeführt; der linke Flügel der Cavallerie war postiret mit denen beiden ersten Linien hinter der Infanterie, um dieselbe, im Fall der Noth, souteniren zu können; und weil das lange Dorf mit Hecken und Zäunen von dem linken Flügel der Armee sich bis in den Grund gegen einen Wald zu zog, hatte man allda 2. Escadrons Dragoner absitzen lassen, um allda die Passage zu verwehren und die übrigen Escadrons vom Corps de Reserve des linken Flügels die Retraite zu versichern, maßen einige Escadrons davon Ordre hatten, sobald das Treffen angehen würde, den Feind auf die Flanque zu gehen und selbigen anzugreifen. Der Feind hatte seine Infanterie in eine Linie rangiret und hatte allezeit zwischen 2. und 3. Bataillone 3. Escadrons gesetzt, womit er in bester Ordnung auf die zwischen denen Dörfern gestellte Infanterie mit größter Resolution losging. Der Angriff geschah erstlich auf die Mitte der Infanterie, und ward zwar der rechte Flügel von der Infanterie fast zu gleicher Zeit angegriffen, bald darauf zog sich aber der Feind mehrentheils gegen das Moskowitsche Corps, so man wohl vermuthete, auch zu dem Ende ihre weißen roth doublirte Röcke umkehren lassen; diesen Flügel auch desto beßer zu versichern, hatte man eine Flanque von 2. Bataillone, solche zu bestreichen, in die Linie formiret, und zu dem Ende auch 6. große Stück der Orten postiret. Fast zu gleicher Zeit wurden die in das Dorf [illegible]dorf postirten Dragoner zu Fuß angegriffen, wie auch kurz darauf der rechte Flügel von der Cavallerie. Und ob zwar das Corps de Reserve von der Cavallerie des linken Flügels Ordre hatte sich längst des Defile, wenn es dem Feind nicht in die Flanque kommen könnte, hinauf zu ziehen, und demselben aller Orten die Passage zu verwehren, retirirten sich doch sofort die Dragoner so abgesessen, wie auch der völ'ige linke Flügel, ob sowohl von dem General-Major Dünewald als auch des Obersten Eichstädts und Obersten Winkels, welche den linken Flügel commandirten, sammt ihrer nachgesetzten Offiziers angewandten Fleißes und Zuredens sie wieder herzustellen, ungeachtet. Kurz vorher aber, ehe dieser Flügel durchging, hatte 1. Bataillon von dem Moskowitschen Corps, ohne großer Noth, zu weichen den Anfang gemacht, dem 1. Bataillon von der deutschen Infanterie gefolgt, wodurch denn eine große Oeffnung gemacht wurde, und der Feind bald darauf zu Fuß und zu Pferd eingedrungen. Und wiewohl man dies durch die andere Linie bald zu redressiren suchte, so war doch solches zu bewerkstelligen nicht möglich, indem die durchgehende Mannschaft die übrigen Leute nicht wenig confus gemacht, absonderlich aber, da auch die andere Linie von des Moskowitschen Corps gleich Anfangs ohne Noth zu weichen, sich nicht gar zu standhaft erwiesen, das ganze Moskowitsche Corps, ohngeachtet der General-Lieutenant Westromirsky, wie auch der Obrist Golz und einige andere bei sich gehabte Officiere, alles ersinnliche angewandt, diese Leute in Ordnung zu behalten, dennoch, nachdem die Leute einmal nur gefeuert, alsofort gewichen und in größter Unordnung zusammengelaufen und ihr Gewehr weggeworfen. Der General-Lieutenant Westromirsky ist zu der Zeit leider vom Pferde gefallen und gefangen worden. Der Oberst Golz und Oberst-Lieutenant Renn hat zwar einigermaßen die Leute wiederum stehend gemacht, allein da der Feind auf sie ferner gedrungen, auch durch die vorgedachte Oeffnung in der Linie sich verstärket, ist das Moskowitische Corps sogleich wiederum in die Flucht gerathen, von denen feindlichen Escadrons umringet und wohl mehrentheils niedergemacht worden. Zu gleicher Zeit wurde der rechte Flügel der Cavallerie ebenfalls genöthiget zu weichen, nachdem einige Escadrons das ihrige sehr wohl gethan und mit dem Theile der Infanterie der anderen Linie fortzugehen; desgleichen auch ein Theil des Corps de Bataille, welches der General-Major Zeidler, Oberst Sacken und Braun commandiret, so durch die Oeffnung der Flanquen angegriffen wurden, um die andere Linie in Confusion zu bringen, nicht wenig geholfen, gethan hat. Der Rest des Corps de Bataille, so der General-Major Zeidler, Oberst Sacken und Braun, nebst denen übrigen Officieren, in Ordnung behalten, wovon der Oberst Sacken geblieben und der Oberst Braun bleßiret worden und die andern zu ralliiren bestmöglichst sich bemühet, sind bei dem rechten Flügel der Infanterie verblieben, welcher in guter Ordnung bis fast zuletzt verharret und den Feind repoussiret, auch hat man durch einige Bataillons und Escadrons den Feind, der sich fast schon im Rücken gesetzet, zu zweimalen repoussiret, und mehr als 1. Stunde lang gesucht die Sache zu redressiren, oder wenigstens eine gute Retraite mit der übrig gebliebenen Infanterie zu machen, wozu auch der Oberst Reibnitz und Kayser mit ihren bei sich habenden Officiere alles zu contribuiren gesucht, maßen auch 3. bis 4. Escadrons Cavallerie von dem General-Lieutenant Plötz bei dieser Infanterie bis in der Gegend Fraustadt beibehalten worden; allein es gerieth der Rest von der Infanterie zwar mehrentheils vom rechten Flügel, so der General-Major Drost und Oberst Bose commandiret und bis zuletzt in guter Ordnung erhalten, auch nebst ihren Subalternen den Feind verwehrt albort einzubringen, endlich auch in völlige Desordre, und war keine Möglichkeit mehr auch mit dem rechten Flügel das Geringste mehr auszurichten, maßen sobald nur der Feind sich genähert, alles so confus wiederum geworden, daß keine Hoffnung mehr übrig war, dem Feind auch einzigen Widerstand zu thun, worauf man dieselbe bis Fraustadt geführet; und wie die Leute, sobald sie nur in Unordnung gerathen, alles Bitten, Vorstellen und Zureden der sämmtlichen Officiere ungeachtet, die auch viele auf der Stelle niedergeschoßen, das Gewehr guten Theils niedergeworfen, und als unempfindliche Leute ihren Weg fortgesetzet, haben endlich 5. feindliche Escadrons diese in Unordnung gehende Leute umringet und ihnen zugerufen, ob sie Quartier haben wollen? welches dieselben auch sogleich angenommen; und sind viele, absonderlich von denen Franzosen, welche, ob sie schon über 5. bis 600. Schritt auf die Seite und voraus gewesen, dennoch zurückgekommen, und haben sich gefangen nehmen lassen, welches ich alles mit meinen Augen leider ansehen müßen. Die Artillerie hat nicht an allen Orten ihren Effekt gethan, gestalt denn von denen 6. 6pfündigen Stücken, wobei die Munition im Brand gerathen und alle umstehenden Officiers und Constablers verbrandt, nur 3. losgeschoßen werden konnten und ist mehrentheils verloren gegangen. Man muß sich verwundern, daß, da die sämmtliche Armee mit so großer Freude gegen den Feind anmarschirt und nichts mehr gewünschet, als mit demselben in Action zu kommen, woher es geschehen, daß man auf einmal wahrnehmen mußte wie die Leute so gar consterniret und confus wurden, das Gewehr weggeworfen und auf keinerlei Art und Weise wieder zu recht zu bringen gewesen. Gewiß ist, daß nach aller gemachten Disposition und der Officiere ernstlichen Bemühungen, da man überdem wahrnehmen konnte wie bei männiglichen ein guter Muth und großes Verlangen gewesen den Feind zu sehen, man einen glücklichen Ausschlag der Sache hoffen mußte, auch die Gelegenheit des Erdreichs nach aller Ueberlegung des daraus zu erwartenden Vortheils so eingenommen gewesen, bei dem entzogenen göttlichen Beistandes die Sache gar glücklich und nach dem Wunsch und Verlangen ausschlagen sollte; wie sich aber sämmtliche Commandanten und Officiere deßen äußerst angelegen sein ließen und in den Kräften und Vermögen nicht gestanden die Leute in Contenance zu setzen noch zu ihrer Defension zu bringen, ohngeachtet sie sich so als unvernünftige Menschen todt stechen, schießen und gefangen nehmen ließen, so ist wohl unmöglich eine Action mit gutem Succes zu endigen, wo der meiste Theil der Cavallerie und Infanterie weder Herz noch Hand zu brauchen will.

Sorau, den 15. Februar 1706.

Beilage XVIII. b.

Anderweitiger Bericht von der am 13. Februar 1706. bei Fraustadt statt gefundenen Schlacht.

Da die Kundschafter einbrachten, daß der Feind den 13. Febr. gegen Kosten sich zurückziehen wollte, ward die Armee beordert, sich den 13. aufzubrechen, mit dem Vorgeben, sie auf Schmiegel marschiren zu laßen; es war aber das Absehen eigentlich, den Marsch auf Bargen zu, zu nehmen, um sich alldort, und zu Petersdorf, Gultitz und ... zu postiren, wodurch man denn außer vielen anderen Vortheilen auch diesen erhalten könne, daß man sich die Paßage gegen Petrikow und Lissa ganz frei gemachet, welches denn auch alles mit dem Geheimen Rath von Kiesewetter also verabredet, und durch diejenige Mannschaft, so nicht wohl fortkommen konnte, Fraustadt besetzet, und 50. Pferde zum Magazinwesen abgeschickt wurden; da nun die Armee den 13. früh aufbrach, ließ der General-Lieutenant Westromirsky, als einige von unseren Partheien sich längs dem Holze gegen Bargen sehen laßen, und gemeldet worden, es wäre der Feind bei dem Dorfe Neuguth, alsofort das Moskowitsche Corps und der linke Flügel von der Cavallerie stehen, und drei Lärmschüße thun, worauf sich dann, der gegebenen Ordre nach, die sämmtliche Armee auf dem Neuguther Felde in Ordre de bataille stellte, und allda bis man das Erdreich vorwärts recognosciren konnte, verblieb; weilen nun in mittelst von des Feindes Truppen durch die voraus geschickten Partheien keine fernere Nachricht einlief, ward der linke Flügel der Cavallerie beordert, sich gegen Bargen zu postiren, um die ausgeschickten Partheien desto beßer zu souteniren, und ihnen Gelegenheit zu geben, sich dem Feinde zu nähern, um desto sicherere Nachricht zu haben, auch selben im Fall der Noth die Retraite zu versichern; diesem sollte der rechte Flügel von der Cavallerie, und hierauf die sämmtliche Infanterie folgen.

Als sich aber die Cavallerie Röhrsdorf näherte, erhielt man die Nachricht, daß eine von denen Partheien in des Feindes Bagage eingefallen, und sich etliche Escadrons von demselben wiederstehen ließen.

Ueberdem erfuhr man von einigen Gefangenen, daß des Feindes Truppen Ordre empfangen, sich zwei Stunden vor Tage in der Gegend Schwetzke zusammenzuziehen, weswegen man unversäumlich das Erdreich allenthalben in Augenschein genommen, und da nun weiter gemeldet wurde, daß des Feindes Cavallerie sich verstärke und dessen Armee wieder zurückkomme, das Erdreich aber so zwischen beiden Dörfern, Röhrsdorf und Geyersdorf, für das vortheilhafteste und zuträglichste gefunden ward, so war solches einzunehmen und die Armee darauf zu postiren, um so viel desto weniger bedenklich, und wurde solche Gegend, wie auch, wie die Armee darauf sollte postirt werden, dem General-Lieutenant Plötz und dem General-Lieutenant Westromirsky gezeiget, und dem General-Lieut. Plötz angewiesen, wo er sich anfänglich mit dem Flügel zu setzen, und sich in ein und anderes zu verhalten, mit dem General-Lieut. Westromirsky ausführlich überlegt, wie und auf was Ort die Dörfer zu besetzen, und welche Bataillons eigentlich aus der Linie zu nehmen, und darinnen zu postiren wären?

Es befandt sich zwar bei Fraustadt ein wenig abschießende Höhe, auf welcher es einigen nunmehro nach geschehener Sache sonderlich gut gewesen zu sein scheint, wenn man auf derselben unter denen Windmühlen Posto gefaßt, allein es war schlechterdings keine Möglichkeit die Cavallerie in dieser Gegend vortheilhaftig zu setzen, vielweniger die Infanterie im geringsten auf die Flügel zu bedecken, zumalen man höchst Bedenken trug die Cavallerie gegen des Feindes seine zu sehr zu exponiren. Zudem konnte sich der Feind bei solcher Bewandniß zwischen Röhrsdorf und Neustadt setzen, und dadurch die Bagage und das der Armee folgende Proviant und Munition verloren gehen, zugeschweigen, daß das Feuer derjenigen, so oben stehen, weilen ohnedem mehr oberwärts als zu tief der gemeine Mann zu schießen pfleget, nicht allzu gut angebracht werden kann, da hingegen die etwas niedriger stehen, solches zu ihrem Vortheil haben.

Es schien auch, als hätte man die Armee so setzen können, daß der rechte Flügel an das Dorf Röhrsdorf zu stehen gekommen, und der linke Flügel sich gegen den Wald gezogen; doch auch dieses war nicht zu bewerkstelligen, angesehen das Erdreich der Orten durch den abhängigen Grund gegen das Dorf gar nicht bequem, und daher der rechte Flügel nicht vortheilhaftig gesetzet werden, auch der Feind der Cavallerie auf den Flügeln beikommen können, indem solche demselben nicht recht in Fronte hätte entgegen gesetzet werden, ja die sämmtliche Armee die Communicationen mit Schlesien benehmen, und von ihrer Bagage abschneiden können.

So befandt sich auch zwischen Röhrsdorf und Fraustadt hinter den Ort der Bataille ein solches Feld, welches gegen Weiersdorf und die bei den kleinen Teiche ein wenig abhängig fiel; dahero man sich einiger Meinung nach, dieses Erdreichs bedienen, und die Armee auf selbes [illegible] sollte, damit die Teiche vor der Fronte geblieben wären. Zu [illegible] hatte man auch vor, die Armee allhier zu postiren, den Feind mit den Stücken in der Ferne desto besser incommodiren zu können; weil aber die Erfahrung giebt, daß die Stückkugeln einer anmarschirenden Armee, [illegible] sonderlich derjenigen so in einer Linie bestehet und geschwind anrückt, wenig Schaden thun, hingegen aber der Feind, wenn er sich mit einigen Bataillons hinter denen daselbst befindlichen Dämmen und Gräben [illegible] ganz verdeckt gestanden, und von denen Kanonen und Kartetschen [illegible] gefaßt werden können, anbei die Infanterie meistentheils zu hoch [illegible] welches allhier von der Höhe noch mehr zu befürchten gewesen, da [illegible] theils der Feind die Avantage gehabt, sein Feuer gegen die Höhe an[illegible] anzubringen, über dieses alles aber der rechte Flügel der Infanterie [illegible] versichert gestanden, daß wenn die Cavallerie poußiret, sie sogleich [illegible] Flanke und den Rücken angegriffen werden können, hiernächst auch [illegible] zu erwägen standt, daß der Feind, der allem menschlichen Ansehen nach hätte müssen repoußiret werden, nicht sogleich über die Teiche, [illegible] und Gräben zu verfolgen gewesen, noch daß man von seiner [illegible] profitiren, und dessen Infanterie völlig in Confusion bringen [illegible] so konnte auch dieses aus so tristiger Ursache nicht erwählet werden.

Viertens aber konnte man auch dieses vornehmen, daß man [illegible] die Armee in völlige Bataille gesetzet, die Infanterie mit der Cavallerie [illegible] der Nothdurft nach meliret, und dem Feinde also in Ordre de [illegible] entgegen gerückt, weil aber der Feind die Cavallerie durch seine [illegible] überlegene Cavallerie leichter poußiren, und dadurch die Infanterie [illegible] können, so hatte man billig Bedenken, solches zu unternehmen, [illegible] derlich aber hatte man die Stücke wegen der holprichen und [illegible] nen Acker, Felder, im Avanciren mit keinem Effect gebrauchen [illegible] zumal denn auch der Feind, der ohnedem an Cavallerie uns weit [illegible] legen war, seinen Anmarsch schnell vollbringen, und weil er keine [illegible] hatte, mit Geschwindigkeit sein Mouvement vornehmen konnte.

Außer diesem aber war keine fernere Disposition zur Bataille [illegible] übrig, als sich gegen Ilgen zurückzuziehen. Ob nun zwar das [illegible] als eine sonst mehr geübte löbliche Vorsicht, gar für billig und nothwendig allhier von einigen ausgegeben wird, so schien es wohl hier bei einer Armee so dem Feind superieur, mit Stücken wohl versehen, und in Ansehen der Feind viel Cavallerie, diese aber mehr Infanterie hatte, und also [illegible] ihm desto immobiler war, keineswegs rathsam zu sein, da die [illegible] nevitable war, noch vor derselben darauf zu gedenken und solche gar zu ewerkstelligen, da sich doch von männiglich ein ganz anderer, als sich rwiesener Effect hoffen lies, zumalen denn auch als sich beim Hammer n das vorige Lager der rechte Flügel Cavallerie und Infanterie zu denen nderen Truppen zurückziehen müßen, solches vielen nicht genug hardi a sein schien, daß sie auch ihr Raisonnement als wäre es dem Deßein, nen Feind zu poußiren, zu nahe gethan, nicht bergen konnten, welches uch bei denen Gemeinen einiges Raisonnement verursachte; ja, es hätte iese Retirade, weilen doch außer allen Zweifel der Feind auf dem Fuß ürde gefolgt sein, denen Leuten nicht wenig zur Entschuldigung dienen nnen, wenn er sie nicht in voller Bereitschaft gefunden haben würde, auch itten die Begierden, so sie zeigten, mit dem Feind eins zu wagen, ziemch fallen, dem Feind aber gegentheils zur erwünschten Gelegenheit dienen nnen, seine Leute dadurch noch mehr zu animiren.

Ueber dieses alles aber, so ist auch mithin das Erdreich der Gegend lgen für sich selbst also beschaffen, daß die Armee des ungleichen, und cht an einander hangenden Landes, und der sich findenden Hügel und erge halber, nicht vortheilhaftig postiret werden können.

Zudem auch, wenn man sich über den Paß hätte festsetzen wollen, r Feind sonder Zweifel sich zur Seiten postiren, und die Lebensmittel llig der Armee hätte abschneiden können; dannenhero denn auch da die egend bei Röhrsdorf und das allda befindliche Erdreich so beschaffen war, ß die Lage vortheilhaftig, und gleich deren Oeffnung sich fast bei 2000. chritt betrug, und zulänglich genug war, — 14. Bataillone in Fronte raum darauf zu setzen, das Terrain hinter sich dergestallt erweiterte, ß, wenn ja eine Desordre hätte vorgehen sollen, man place genug habt, sich zu widersetzen, und eine Linie die andern ohne einige Schwiegkeit secondiren können, auch die Infanterie in der Flanke durch gechte zwei Dörfer bedeckt, und die Cavallerie dergestalt postiret stehen nnte, daß auf dem linken Flügel derselben nicht beizukommen war, ne durch das Dorf zu defiliren, Zäune und Hecken niederzureißen und rch vieles unbrauchbares Erdreich gegen die in Fronte stehenden Linien h in kleine Truppen zu zeigen, die andere aber auf dem rechten Flügel, mit ihrem linken Flügel an das Dorf sties, konnte von weitem wahrhmen, was auf sie zu wollte; und indem der Feind auch allda Eis d Gräben zu paßiren hatte, konnte man bei Zeiten seine Mesures gar rtheilhaftig nehmen, auch im Fall da etwas von derselben zu weichen obligiret sähe, hinter der Infanterie sich wieder herstellen, und von selben, wie auch von der im Dorf stehenden souteniret werden, auch sie sollte poußiret werden, bei der Infanterie keinen Nachtheil verurhen, und wie man auch bei Zeiten wahrnahm, daß der Feind mit ner Infanterie nebst einiger Cavallerie zwischen denen beiden Dörfern rücken, und sich, als sein linker Flügel durch das Dorf Geiersdorf zglich von dem Corps abschneiden, auch der rechte Flügel, so nach

17 *

nicationen mit Schlesien benehmen, und von ihrer Bagage abschneiden können.

So befandt sich auch zwischen Röhrsdorf und Fraustadt hinter dem Ort der Bataille ein solches Feld, welches gegen Geiersdorf und die beiden kleinen Teiche ein wenig abhängig fiel; dahero man sich einiger Meinung nach, dieses Erdreichs bedienen, und die Armee auf selben setzen sollte, damit die Teiche vor der Fronte geblieben wären. Zu Anfang hatte man auch vor, die Armee allhier zu postiren, den Feind mit den Stücken in der Ferne desto besser incommodiren zu können; weil aber die Erfahrung giebt, daß die Stückkugeln einer anmarschirenden Armee, absonderlich derjenigen so in einer Linie bestehet und geschwind anrückt, wenig Schaden thun, hingegen aber der Feind, wenn er sich mit einigen Bataillons hinter denen daselbst befindlichen Dämmen und Gräben gesetzet, ganz verdeckt gestanden, und von denen Kanonen und Kartetschen nicht gefaßt werden können, anbei die Infanterie meistentheils zu hoch schießet, welches allhier von der Höhe noch mehr zu befürchten gewesen, da anderntheils der Feind die Avantage gehabt, sein Feuer gegen die Höhe am Besten anzubringen, über dieses alles aber der rechte Flügel der Infanterie wenig versichert gestanden, daß wenn die Cavallerie poußiret, sie sogleich in der Flanke und den Rücken angegriffen werden können, hiernächst auch noch zu erwägen standt, daß der Feind, der allem menschlichen Ansehen nach hätte müssen repoußiret werden, nicht sogleich über die Teiche, Dämme und Gräben zu verfolgen gewesen, noch daß man von seiner Desordre profitiren, und dessen Infanterie völlig in Confusion bringen können, so konnte auch dieses aus so triftiger Ursache nicht erwählet werden.

Viertens aber konnte man auch dieses vornehmen, daß man nämlich die Armee in völlige Bataille gesetzet, die Infanterie mit der Cavallerie der Nothdurft nach meliret, und dem Feinde also in Ordre de bataille entgegen gerückt, weil aber der Feind die Cavallerie durch seine gute und überlegene Cavallerie leichter poußiren, und dadurch die Infanterie separiren können, so hatte man billig Bedenken, solches zu unternehmen, absonderlich aber hatte man die Stücke wegen der holprichen und stark gefrornen Acker, Felder, im Avanciren mit keinem Effect gebrauchen können, zumal denn auch der Feind, der ohnedem an Cavallerie uns weit überlegen war, seinen Anmarsch schnell vollbringen, und weil er keine Stücke hatte, mit Geschwindigkeit sein Mouvement vornehmen konnte.

Außer diesem aber war keine fernere Disposition zur Bataille [illegible] übrig, als sich gegen [illegible] zurückzuziehen. Ob nun zwar das [illegible] als eine sonst mehr geübte [illegible] Vorsicht, gar für billig und [illegible] allhier von einigen ausgegeben wird, so schien es wohl hier bei einer [illegible] so dem Feind superieur, mit Stücken wohl [illegible] Feind viel Cavallerie, diese aber [illegible] ihm desto immobiler war, [illegible] m zu verhindern, daß der Feind nicht daselbst der Infanterie beikommen löchte, auch war ein Bataillon Garde und ein Bataillon Malarque auf er Flanke postirt, und war überdem das Dorf selbst mit 1. Bataillon Westromirsky und 4. Escadrons besetzt, welche von den beiden Bataillons Malarque und Garde soutenirt werden sollten; die andere Linie von der eutschen Infanterie bestandt in fünf Bataillons, als 1. Schweizer, 1. Drost, . Churprinz, 1. Westromirsky und 1. Fürstenberg, welche nach Nothurft die erste Linie und die Flanke soutenirn sollten.

Die Artillerie war bei der Infanterie zwischen den beiden Dörfern in r ersten Linie eingetheilt, davon sich sechs Geschwind-Schüße auf dem chten Flügel, sechs dergleichen in der Mitten vor dem Corps de bataille, nd sechs bei den Moskowitern befanden; sechs 6pfündige aber und zwei aubitzen nebst sechs Geschwindschüßen stanhten in dem Winkel der Flanke wischen den Moskowitern und Bironschen Bataillons; die Cavallerie hatte rdre sich hinter die Flügel der Infanterie zu postiren, und zwar sollte r rechte Flügel die Fronte hinter das Dorf hinauswärts kehren, der linke lügel aber sollte sich so setzen, daß er die Infanterie soutenirn, und das orf Röhrsdorf durch absitzende Dragoner, und nach Befinden mit den rigen Escadrons so verwahren möchte, daß der Feind allda nicht durchmmen könnte, hingegen aber sollte er trachten mit einigen Escadrons m Feind in die Flanke zu gehen.

Nachdem sich nun die Armee und insonderheit die erste Linie über eine lbe Stunde auf dem Platz der Bataille befandt, geschah des Feindes ngriff in einer Linie mit großer Resolution; diese feindliche Armee aber standt in fünf Regimentern zu Fuß, so in 12. Bataillons getheilt waren, d 8. Regimentern zu Pferd, so 37. Escadrons ausmachten.

Der Feind marschirte gegen die Armee so an, daß seine Infanterie d ein Theil der Cavallerie zwischen die beiden Dörfer, um das Dorf eyersdorf aber sechs Escadrons, und um Röhrsdorf auch einige Escaons Cavallerie anrückten; der rechte Flügel Cavallerie, so hinter das orf Geyersdorf postirt war, mit der Ordre, daß der da befindliche Geral das Erdreich vorwärts genau recognosciren, und des Feindes Moements bestens observiren sollte, folglich aber weil er dem Feind an Esbrons weit überlegen war, denselben in Fronte und Flanke mit aller thigen Eilfertigkeit, wenn er die Defiles und Eis paßirte, angreifen, d die Poußirten mit wenigen Escadrons verfolgen, die übrigen aber rch das Dorf ziehen, und der feindlichen Infanterie im Rücken gehen lte, marschirte bei des Feindes Annäherung demselben um das Dorf tgegen; so bald man nun auch den Feind zwischen den beiden Dörfern gehöriger Distanz befandt, ward er zwischen denselben mit denen Canen empfangen, womit man auch einiger Orten, absonderlich auf dem chten Flügel sehr guten Effect that. Des Feindes Angriff geschah auf m rechten Flügel, hierauf bei der Infanterie, allwo das andere Bataillon

Garde den Anfang zum Chargiren machte, ihn auch unter Favour der daselbst befindlichen Stücke poussirte; bald darauf zog er sich meistens gegen das Corps de bataille und den linken Flügel, und drang mit seinen Truppen allhier insonderheit stark an; zu eben der Zeit wurden die in Altdorf zu Fuß postirten Dragoner, wie auch der rechte Flügel [illegible] angegriffen. Ob nun zwar das Corps de Reserve von der [illegible] des linken Flügels, wie oben gedacht, Ordre hatte, unten in dem [illegible] durchzugehen, und zu suchen, dem Feind in der Flanke beizukommen, auch auf der Infanterie linken Flügel Acht zu geben, und die [illegible] Bataillone im Fall der Noth zu souteniren, so thaten zwar die im Dorfe abgesessenen Dragoner ziemlichen Widerstandt, es wurden [illegible] dieselbigen nicht allein nicht soutenirt, sondern es retirirte sich auch der völlige linke Flügel mit recht unanständiger Präcipitanz, da [illegible] der Feind durch das Dorf durchgekommen, so daß dieselben sich [illegible] nicht wiedersetzet.

Als nun auch bei der Infanterie der linke Flügel und die in der [illegible] gemachte Flanke nebst einen Theil des Corps de bataille bei Annäherung der feindlichen Truppen gar bald in Unordnung geriethen, der [illegible] Flügel aber, da ihn der Feind mehrentheils verlaßen, ohne [illegible] geblieben, und demselben, ob es wohl expresse in der Disposition [illegible] anbefohlen, nicht gefolget, auch die andere Linie von dem [illegible] Corps sich ohne einige Noth nicht gar zu standhaftig erwieß, und [illegible] Riß bei dem linken Flügel und dem Corps de bataille durch die andere Linie nicht sogleich zu redressiren standt, auch einige von denen Bataillons, [illegible] solches von der anderen Linie thun sollten, ohne ihr Gewehr zu [illegible] sogleich mit gewichen, und die übrigen nicht wenig confus und mit zum Weichen gebracht, sich auch der Feind nachdem in der Linie [illegible] und solchem nicht alsbald vom rechten Flügel einige Bataillons in [illegible] entgegen gestellt worden, gerieth derselbe ebenfalls mit in große Unordnung.

Es wurden zwar einige Bataillons, um den Feind, so [illegible] den beiden Linien des rechten Flügels anrückte, wieder zu entfernen, [illegible] die Retraite zu machen, entgegen gesetzet, sie richteten aber wenig aus, indem sie, nachdem der Feind auf sie gefeuert, sogleich wieder [illegible] wichen, worauf denn folglich die übrigen Bataillons von diesem Flügel in einander drangen, und ebenwohl in volle Confusion geriethen; bei dem rechten Flügel von der Cavallerie that die erste Linie den Angriff mit gutem Succeß, mußte aber ebenwohl nach gethanen möglichen Widerstand dem Feind weichen, indem dieselbe von der andern Linie und Corps de reserve nicht secondiret, noch der Feind befohlnermaßen in Flanke angegriffen wurde, sondern die andere Linie, und das Corps de Reserve [illegible] rückstehen blieb, wodurch denn also geschah, daß der ganze rechte [illegible] Escadrons bestehende Flügel, vor 6. feindlichen, so unweit von [illegible] defiliren und sich in Fronte stellen mußten, das Feld räumte. Solchem nach erhielt der Feind endlich an allen Orten mehr durch ein besonderes und uns widriges Verhängniß, als durch seine Tapferkeit, oder recht besondere Mühe und Arbeit, und wohl wider sein und aller Welt Vermuthen, die völlige Oberhand. Wiewohl man nun auch bei solchen Umständen bedacht war, eine versicherte Retraite vorzunehmen, wozu denn der linker Hand befindliche Wald ausersehen war, zu dem Ende auch die 2. obbemeldeten Bataillons entgegen gesetzt wurden, allein der Feind so mit seiner Cavallerie die in Unordnung gerathene Infanterie hitzig verfolgte, und diese hingegen nicht wieder in Ordnung zu bringen, auch fast die völlige Cavallerie, ohne sich wieder zu setzen, davon gegangen, wodurch man den immer mehr und mehr eindringenden Feind aufhalten können, so war solche zu bewerkstelligen vergebens. Indeß brachte man doch einige Bataillons vom rechten Flügel wieder im Stand, und zog sich damit in ziemlicher Ordnung bis gegen Fraustadt, allein bei weiterer Annäherung der feindlichen Truppen ward die Furcht dieser Leute endlich so groß, daß sie, anstatt auf ihre Defension auch hierbei zu gedenken, alles Zuredens, Bestrafens, Hauen und Stechens ungeachtet, gutentheils das Gewehr, ehe es einmal abgeschoßen gewesen, von sich geworfen, und als unempfindliche Leute ihren Weg fortgesetzet.

Als nun auch die bis dahin bei der Infanterie verbliebene wenige Cavallerie davon geritten, ward endlich diese Infanterie von 5. feindlichen Escadrons umringet, welche, nachdem sie denselben zugerufen, ob sie Quartier haben wollten, das noch übrige Gewehr von sich geworfen, und sich gefangen nehmen ließen; viele auch, absonderlich von denen Franzosen, welche, ob sie wohl 5. bis 600. Schritt schon auf die Seite und voraus waren, dennoch zurückkamen, und sich dem Feinde ergaben.

Nun ist wohl zu glauben, daß man bei der Retraite beßer reussiren können, wenn sich die Cavallerie widersetzet und der Infanterie so viel Zeit geschafft, daß sie sich auch wieder versammeln, und in Ordnung setzen können, aber wie diese meistentheils, ohne daß sie den Feind in der Ruhe erwartet, durchging, auch die Infanterie zum Theil, wider alles Vermuthen, wiewohl sie anderer Orten unterschiedenenmalen sich sehr distinguiret, die schlechteste Resistance von der Welt that, konnte so wenig eine versicherte Retraite, als ein glücklicher Ausgang der Sache bewerkstelliget werden, zumalen alles in einer Viertel-Stunde in solche Confusion und Schrecken, von welchen man unter disciplinirten Armeen nicht viel weiß, gerieth, daß überall zu redressiren, es schlechterdings unmöglich war, zumalen die zu rechter Zeit nöthigen mouvemens und gehörige resolutions nicht ergriffen, theils auch die gegebenen Ordres nicht exsequiret worden; solchergestalt ging auch die Artillerie bis auf einige Wagen und ein schweres Stück völlig verloren, und der Feind bekam den größten Theil der deutschen Infanterie gefangen, die Moskowiter aber, wurden sonder Quartier zu bekommen, meistentheils niedergemacht. Von Officieren sind viel ge fangen worden, die übrigen haben sich, da sie gesehen, daß die Leute zu keiner Defension wieder zu bringen gewesen, salviret.

Der General-Lieutenant Westromirsky wurde bleßirt und gefangen, desgleichen auch der General-Major Lützelburg, der Oberst Mallerque, der Oberst-Lieutenant Beckendorf, Paczowitz und Schönberg und die Majors der von Rauschendorf, Bornemann und Friesen wurden ebenfalls gefangen; und ob man zwar auch den Obersten Bose anfänglich vermißte, so erfuhr man doch einige Tage darnach, daß er eiligst per posta auf Dresden gegangen, um von diesem Unglück schleunigen Bericht zu thun.

An Officieren von Distinction sind geblieben bei der Infanterie, der Oberst Sacken, Oberst-Lieut. Gandelitz und Oberst-Lieut. Pistorius, nebst unterschiedenen Capitäns und Subalternen, ohne die Officiere von dem Moskowitischen Corps, wovon viele Stabs- und andere Officiere geblieben; von der Cavallerie aber hat man von Stabs-Officieren keine verloren, von Capitains und Lieutenants aber sind einige geblieben und blessirt worden.

Beilage XVIII. c.

Auszug eines Schreibens einer Privat-Person aus Liegnitz, einige nähere Umstände, die Schlacht von Fraustadt und deren Folgen betreffend.

Liegnitz, den 26. Febr. 1706.

Die Begierde, eine unglückliche Aktion selbst mit Augen anzusehen, hat mich bewogen, keine Zeit zu verabsäumen; ich versichere, daß ich mit meinen Augen niemals etwas Elenderes habe angesehen; die Gebliebenen lagen sowohl in denen Gärten als freien Felde, wie sie Gott geschaffen, welche Entblößung durch die pohlnischen Bauern verübt worden; etliche Körper waren schon von denen Hunden angefreßen, etlichen die Finger abgeschnitten; die sächsischen Gefangenen haben selber sowohl die todten Schweden als auch die gebliebenen Sachsen müßen begraben; die Franzosen und Moscowiter lagen noch am Donnerstag unbegraben, bis endlich etliche Dorfschaften aufgeboten, die sie zu 2. bis 300. in ein Loch geworfen. In der Stadt siehet man 31. Stücke nebst unzählich viel Wagen mit Pulver und Kugeln; die Schule ist für die Bleßirten eingeräumt, derer ich 130. gezählet, unter einem erbärmlichen Winseln und Lamentiren; in einem anderen Hause sind 142. gefangene Officiere; auf dem

Rathhause zählte ich 74. Fahnen und Standarten; alle Tage wurde zu zweimalen ausgerufen, von den Erbeuteten frei zu kaufen, was beliebendte, doch keine Gewehre, weder Degen noch Flinten; erschrecklich sind die Proceduren derer Schweden an denen Moscowitern, daß diese, so sich unter die Sachsen verborgen, alle sind hervorgesuchet und nachdem erschoßen worden; weder Franzose noch Moscowiter hat einig Quartier bekommen. Die Aktion hat sich den 13n. hujus um halb 11. Uhr angefangen, in der andern Stunde darauf ist alles vorbei gewesen; die Schweden haben zuvor ihre Betstunde gehalten und insgesammt gesungen: „Eine feste Burg ist unser Gott;" der General so die Schweden commandiret, soll seine Leute zuvor zum Gebet ermahnet haben, sagend: „Ihr Kinder! vor menschliche Augen sind wir verloren, und ist fast unmöglich, daß einer von uns wird davon kommen, doch vertrauet Gott, und wann ich werde rufen, fallet, so fallet von euren Pferden, und eilet, daß ihr hinter ihre Stücke kommen möget," maßen sie so nahe an einander avançiret, daß es etwa 50. Schritt gewesen. Indem der schwedische General siehet, daß sie die Lunte abblasen und anfangen zu feuern; schreiet der General, fallet! so fallen die Schweden; vor den vielen Dampf haben die Sachsen nichts recht erkennen können, sie haben vermeinet, daß die, so fallen, todt geschoßen; ehe sie nun wieder zur Ladung kommen, sind die Schweden schon unter ihren Stücken, die Constabler haben sie todt gestochen, und nachdem die sächsischen Stücke auf sie selbst gerichtet; auf solche Art sind die Sachsen in die höchste Confusion gerathen, und haben denen Schweden das Feld gelaßen. Den 19n. hujus hat General Rehnschild vier Meilen hinter der Lissa gestanden; man redete damalen, als wenn der König August entgegen ginge. Am 20n. hujus hielten die Schweden Rasttag. Zu Lissa steht ein Regiment Infanterie, welche, wie die Rede gehet, dem sächsischen Chur-Prinzen sollen zukommen; diese will der König von Schweden zuvor montiren; die besten Kerlen von denen Gefangenen stecken sie unter ihre Regimenter. Die Sachsen haben zu ihrem Feldzeichen eine Rose von weißen Papier gehabt; die Schweden hatten Stroh auf dem Huth; der Sachsen ihr Wort war: „Greif an und schone nicht!" der Schweden Wort aber war „Mit Gottes Hülfe."

Specification.

Von Sachsen.

Todt gebliebene . . .	6740.	Mann.
Gefangene	7820.	"
Ober-Officiere (gefangen) .	142.	"
Generale	2.	"
Metallne Stücke . . .	31.	Stück.
Böller	42.	"
Flinten	12000.	"

Von Schweden.

Todte	354.	Mann.
Bleßirte	972.	„
Gefangene (Oberst Lilienhöck) .	1.	„
Oberst-Lieutenant . . .	1.	„
Major (Ehrenstädt) . .	1.	„

P. S.

So viel von denen Sachsen, so nicht todt oder gefangen, haben Dienste unter dem Kaiser, und König in Preußen genommen, wie [illegible] heute auf einmal 12. Reuter sich zu den Kaiserlichen begeben.

Zwölfter Abschnitt.

1706.

Männlicher Geist Schulenburgs nach diesem Unfall. — Commission, welche zur Untersuchung der Ursachen desselben niedergesetzt wird. — Kriegsvorfälle in Polen während dieses Zeitpunktes. — Man versucht in Sachsen ein neues Heer zu bilden, um dem schwedischen Einfall zu widerstehen. — Carl XII. dringt in Sachsen ein. — Schulenburg ist zu schwach, um es mit den Schweden aufzunehmen, und zieht sich nach dem Thüringer-Wald zurück. — Schwierigkeiten dieses Rückzuges. — Löst das Corps in einzelne Compagnien im Fuldaischen auf und sendet es als Reichs-Contingent an den Neckar. — Der Oberfeldherr Prinz Ludwig von Baden weigert sich die drei Bataillone Sachsen aufzunehmen. — Nach geschlossenem Frieden zu Altranstädt marschirt das sächsische Fußvolk und die Reiterei nach Thüringen in Cantonnirungs-Quartiere, und Schulenburg begiebt sich zum König nach Warschau.

Ein kräftiger und männlicher Geist bewährt sich durch die 1706
Weise, wie er ein Mißgeschick aufnimmt. Wir sehen in dem ersten Brief, den Schulenburg drei Tage nach einem der unglücklichsten Ereignisse, welches einen Mann, dem sein Ruf theuer ist, treffen kann, daß er weder in Klagen gegen das Schicksal, noch in Beschuldigungen über seine Untergebenen sich ausläßt. Schulenburg sagt mit wenig Worten: „die Armee habe nicht ihre Schuldigkeit gethan.“ Allein das Hauptaugenmerk des Generals ist in diesem Bericht auf die Mittel gerichtet, wie das Mißgeschick, das die Waffen des Königs erfahren hatten, wieder gut gemacht und der König von Schweden durch eine neue Diversion in Polen bedroht werden könne.

Schulenburg traf unmittelbar nachher in Dresden ein und bat den König um die Niedersetzung einer Commission zur Untersuchung der Ursachen des erlittenen Unfalls. Der König gewährte seine Bitte und ernannte dieselbe; sie bestand aus den Geheimen-Räthen v. Hoymb und v. Imhoff, dem Gene-

1706 ral der Artillerie Grafen v. Zinzendorf, und den Kriegsräthen v. Langen und v. Schmidt. Diese Commission stellte 4 Fragen an die Generäle und Regiments-Commandanten auf:

1) welches die wahre Ursache des Verlusts der Schlacht gewesen sei?
2) welche Officiere und Soldaten nicht allein nicht ihre Schuldigkeit gethan, sondern auch andere zur Feigheit verführt hätten?
3) wer die Equipagen der Armee geplündert, die Uniformen und Waffen verkauft habe?
4) was man sonst noch für Angaben in Bezug auf die näheren Umstände des Verlusts dieses Gefechts beibringen könne?

Dem General selbst wurde Schuld gegeben:

1) er habe seinen Marsch zu sehr übereilt;
2) die Schwadronen seien wegen zurückgebliebener Mannschaft nicht zahlreich genug gewesen;
3) man habe keinen Kriegsrath vor der Schlacht gehalten;
4) man hätte die Truppen an den Grenzen von Polen ausruhen lassen sollen;
5) man habe nicht die Höhen von Fraustadt besetzt, wo das Geschütz besser angewandt gewesen sei, sondern sich tiefer zwischen den 2 Dörfern aufgestellt;
6) man habe nicht seinen Rückzug nach dem Dorfe Ober-Prietzschen genommen.

Auf alle diese Bemerkungen antwortete der General schlagend; er erwiederte, daß von Sorau und Christianstadt die Entfernung nach Fraustadt nur 14 Meilen betrage und man auf diese 7 Tage marschirt habe; daß der General-Lieutenant Plötz in Sorau die Schwadronen für zu zahlreich gehalten und daher aus 36, 42 gebildet habe; daß übrigens die Reiterei des rechten Flügels, welche in 1760 Pferden bestanden, durch 600 schwedische Reiter gesprengt worden sei. In Hinsicht darauf, daß er den Truppen an der polnischen Grenze hätte Ruhe gestatten sollen, bemerkte Schulenburg: dies würde, da selbige nicht ermüdet gewesen wären, ein unnützer Zeitverlust gewesen sein, und endlich, daß, wenn er die Truppen auf

die Höhen bei Fraustadt gestellt, man ihm vorwerfen würde, 1706
warum er nicht die vor der Fronte liegenden zwei Dörfer zur Vertheidigung benutzt habe? Die wahre Ursache des Verlusts der Schlacht sei die Feigheit der Truppen, die größtentheils vom Schlachtfeld geflohen seien, bevor man sie angegriffen habe; den stärksten Beweis gäbe der Umstand, daß 11 Bataillone, welche mehr als 5000 Mann ausgemacht, sich zwei schwedischen Schwadronen ergeben und die Waffen von sich geworfen hätten.

Ein über die Feigheit und Indisciplin der Truppen niedergesetztes Kriegsgericht fällte vorzüglich über mehrere Reiter ein strenges Urtheil. Von denjenigen Dragonern, welche die Equipage geplündert hatten, wurden am 27. April 14 und am 30. August noch mehrere als Feldflüchtige hingerichtet; auch Ober-Officiere von den drei Reiter-Regimentern Flemming, Dünewald und Jordan wurden zum Theil am Leben, zum Theil mit Cassation und Arrest bestraft. Der König war so gerecht an dem unglücklichen Ausgang dieser Schlacht Schulenburg keine Schuld beizumessen; er berief ihn nach Polen zu sich, um sich mit ihm über die ferneren Maasregeln zu berathen. Er fand den Monarchen bei Pilicka, doch war er schon am 16. März in Sorau zurück, um von da die weiteren Bewegungen des Generals Rhenschild zu beobachten, welcher sich nach der Wartha zu gewendet hatte.

Hierauf erachtete der König für zweckmäßig, die in Sachsen befindliche Reiterei zu sich ins südliche Polen zu berufen und sie bei Cracau an sich zu ziehen. Die Aufmerksamkeit des Königs war auf zwei Punkte gerichtet; der eine, eine neue Armee in Sachsen zu bilden, welche zur Vertheidigung dieses Landes im Fall einer feindlichen Invasion dienen sollte; der andere, mit Hülfe der Russen die Schweden in Polen zu beschäftigen, Hauptschlachten zu vermeiden, und nur durch den kleinen Krieg zu ermüden.

Während der Zeit, daß die so eben erzählten Vorgänge in Groß-Polen statt fanden, hatte König Carl XII. Cantonnirungs-Quartiere in Litthauen bezogen gehabt. Eine Stellung, welche er bei Holowatz genommen hatte, erschwerte der-

1706 maßen die Subsistenz der in Grodno unter dem F. M. Ogilvy vereinigten Russen, daß sie sich genöthigt sahen, dies verschanzte Lager zu verlassen, und über Tikozin und Brezsck nach dem Dnieper zu marschiren. Der König von Schweden, der durch seine Bewegungen in Litthauen seinen Zweck erreicht hatte, verfolgte sie bis nach Sluckz, verwendete das Frühjahr, die Woywodschaften von Novogrodeck, Minsk und Brezsk dem Scepter des Königs Stanislaus zu unterwerfen und von den Anhängern Augusts zu säubern. Von hier wandte er sich wieder rückwärts nach Pinsk, woselbst er auf einige Zeit abermals Cantonnirungs-Quartiere nahm.

Der König August ertheilte Schulenburg unter dem 1. July den Befehl, aus den Ueberbleibseln der Truppen, welche bei Fraustadt gefochten hatten und aus Rekruten 6 Infanterie-Regimenter zu bilden, jedes zu 2 Bataillonen. Dies würde einen Körper von 6900 Mann mit Inbegriff der 1400 Mann gebildet haben, welche sich am Rhein bei der Reichsarmee als chursächsisches Contingent befanden; hierzu kamen vier Regimenter Dragoner, jedes von 600 Pferden. Allein zum completen Stande der Infanterie fehlten 700 Mann und bei der Cavallerie 540 Pferde, so daß, nachdem diese Kräfte zusammengezogen worden, zur Vertheidigung des Churfürstenthums Sachsen nur 9300 Mann vorhanden gewesen wären, eine unzureichende Zahl im Fall sich der König von Schweden entschloß, den König in seinen Erbstaaten anzugreifen.

Carl XII. schien bis im July ungewiß, ob er sich gegen den Zar Peter nach Moskau, oder gegen Sachsen wenden sollte; er war Ende May von Pinsk nach Volhynien marschirt. Der König August, welcher in der Woywodschaft Cracau mit seiner zahlreichen Cavallerie stand, glaubte sich hierdurch in seiner rechten Flanke bedroht, während Rhenschild sich ihm auf dem linken Weichselufer zu nähern schien. Er setzte sich daher nach Litthauen in Bewegung und kam mit seiner Reiterei ohne Hinderniß nach Tikozin und Nowogrodeck.

Dies war der Zeitpunkt, wo der König von Schweden von Jareslavitze aufbrach, um nach der Weichsel zu marschiren. Er ging über Chelm bei Lublin vorbei und schritt am 22. und

23. July bei Pulawis und Casimir über diesen Strom; von 1706
da marschirte er nach Radom und vereinigte sich jenseits der Pilicka zwischen dieser und der Wartha bei Stricowa mit dem General Rhenschild; von hier aus gingen sie vereinigt bis Rawitz dicht an der schlesischen Grenze, woselbst der König sein Hauptquartier im Winter von 1704 zu 1705 gehabt hatte, und traf daselbst am 21. August ein. Von nun an konnte kein Zweifel mehr über die Absicht vorherrschen, einen Einfall in Sachsen vorzunehmen.

Nachdem der König den General Mardefeld mit einem Truppen-Corps in Groß-Polen gelassen hatte, marschirte er von Rawitz über Herrenstedt an die Oder, über welche er bei Steinau setzte; er durchschnitt Schlesien in Eilmärschen, und indem er bei Greiffenberg über die Queis ging, welcher Fluß damals die Grenze zwischen Schlesien und Sachsen machte, so betrat er am 27. August das Churfürstenthum Sachsen.

Bevor der König von Polen bestimmte Kunde von jenen Bewegungen erhielt, täuschte er sich immer noch mit der Hoffnung, daß der König von Schweden entweder aus Leidenschaftlichkeit den Krieg in die mittäglichen Provinzen Rußlands versetzen würde, oder daß er aus politischen Rücksichten vermeiden werde, Sachsen zu besetzen. Der König schmeichelte sich, daß Carl XII. nicht wagen würde, den deutschen Kaiser, England und Holland, welche drei Staaten die Seele der sogenannten großen Allianz gegen Frankreich ausmachten, dadurch zu reizen, daß er einen der bedeutendsten Reichsstände mit seiner Kriegsmacht überzog. König August übersah, daß jene Mächte, so ungern sie auch die Besetzung Sachsens sehen konnten, dieses Land lieber seinem unglücklichen Schicksale überlassen, als wagen wollten, den König von Schweden hieraus mit Gewalt zu vertreiben, dem acht siegreiche Feldzüge den Ruf der Unüberwindlichkeit verschafft hatten. Zum Beweis dieser Täuschung dient ein Befehl des Königs vom 22. August aus Nowogrodeck, (s. Beilage XIX.) worin er dem General Schulenburg den Auftrag giebt, im Fall seine Gegenwart in Sachsen nicht unerläßlich sei, sich nach dem Haag zu begeben, um daselbst einen Subsidien-Tractat mit den General-Staaten

1709 zu unterhandeln. Ein eigenhändiges P. M. des Königs vom 1. Septbr., welches sich ebenfalls in unsern Händen befindet, deutet an, daß er beabsichtigte, im April des künftigen Jahres 12,500 Mann Infanterie und 2800 Dragoner in den Sold der Seemächte zu geben, vorausgesetzt, daß ihm die Alliirten gegen den König von Schweden für die Integrität seiner Erbstaaten Gewähr leisten würden. Der König war hiervon so überzeugt, daß er unter jenes P. M. mit eigner Hand setzte „si l'invasion se fait je serais hors d'état de leur donner les troupes par où ils manqueront de grand secours.

Sobald indeß die Frage entschieden war, daß in Kurzem der Einfall der Schweden in Sachsen erfolgen sollte, nahm der König alle diejenigen Maasregeln, welche ihm in dieser unglücklichen Lage zu Gebote standen. Wir haben oben erinnert, daß er die Vereinigung von etwas über 9000 Mann angeordnet hatte. Da diese Heereszahl ganz unzureichend schien, um das Churfürstenthum gegen die schwedische Uebermacht zu vertheidigen, so wurde anbefohlen, Provincial-Regimenter zu bilden, welche nur an Sonn- und Festtagen in den Waffen geübt werden sollten; der König gab die Waffen, die Gemeinden hatten aber die Aufgabe, die Uniformirung und den Unterhalt zu bestreiten. Da diese Befehle erst im August ertheilt wurden, die Finanzen aber ganz außer Stand sich befanden, die zu diesem Zwecke nöthigen Geldsummen herbeizuschaffen, so ist leicht begreiflich, daß die Maasregel ohne Wirkung blieb. Die wenige Mannschaft, die man auf diese Weise zusammenbrachte, wurde zum Festungsdienst in Dresden, Sonnenstein, Königstein, Torgau, Wittenberg und Leipzig bestimmt und verwandt. Außerdem wurde den churfürstlichen Unterthanen, vorzüglich in den beiden Lausitzen, anbefohlen, ihre Wohnungen beim Erscheinen der Schweden mit ihrem Vieh zu verlassen und entweder nach Böhmen und Schlesien auszuwandern, oder sich in den Spree-Wald zu flüchten.

Diese Vorschriften wurden nicht befolgt, theils weil sich die Menschen überhaupt ungern entschließen, solche äußerste Mittel zu ergreifen, theils weil Carl XII. bei seinem Eintritt in Sachsen aus Krummen-Oelse eine Verordnung erließ, worin er den

sächsischen Unterthanen und ihrem Eigenthum alle Sicherheit 1706
versprach und seinen eignen Truppen die strengste Disciplin vorschrieb.

Schulenburg, welcher den Oberbefehl aller vorhandenen Truppen in Sachsen unter der Leitung des Geheimen-Consiliums führte, hielt die Vertheidigung des rechten Elbufers für unmöglich; er ließ daher nur zur Beobachtung des Feindes 3 Regimenter Dragoner in der Oberlausitz und 3 Regimenter in der Niederlausitz zurück; diese waren:

Fürstenberg, Flemming, Jordan,	in ersterer,	Bayreuth Dünewald Wrangel	in letzterer

Provinz; er besetzte die oben angedeuteten festen Plätze mit Garnisonen und verlegte 2600 Mann nach Dresden und 1500 Mann nach Leipzig. Keine Vorsichtsmaasregel, welche sowohl der Unterhalt der Truppen durch Anlegung von Magazinen, als die Versorgung der Garnisonen mit hinreichenden Vorräthen und Geldmitteln erheischte, blieb seinerseits unanempfohlen; er rieth die Aushebung von so viel Pferden als möglich, um die Reiterei zu verstärken, an, und vergaß nicht die in den Hospitälern befindlichen Moscowiter ins Innere des gebirgischen Kreises bringen zu lassen, um solche gegen die grausame Behandlung, welcher sie von Seiten der Schweden ausgesetzt waren, sicher zu stellen.

Die meisten dieser Vorschläge wurden zwar vom Geheimen-Consilium beachtet, allein die Zeit zu deren Ausführung war zu kurz, indem Carl XII. schon im Anfang Septbr. mit 24000 Mann in Sachsen einrückte. Der General-Major Jordan befehligte die auf der Straße von Bautzen nach Görlitz aufgestellte Reiterei; hier wurde er bei Rothen-Kretzschem von den Schweden am 6. Septbr. überfallen und verlor, wie es scheint, durch die eigne Hand des Obersten Görtz, der früher in sächsischen Diensten gestanden und zu den Schweden übergegangen war, das Leben. Hierauf befahl Schulenburg, welcher zur Beobachtung des Feindes mit dem Dragoner-Regiment Flemming nach Bischofswerda

1706 gerückt war, die Räumung des rechten Elbufers von Seiten der 6 in der Ober- und Niederlausitz zurückgelassenen Dragoner-Regimenter, davon 3 bei Meißen und die 3 andern bei Dresden und Pirna über die Elbe gingen.

Der Truppenstand, mit welchem der General die schwere Aufgabe hatte Sachsen gegen den König von Schweden zu vertheidigen, bestand gegen den 10. Septbr., nachdem die in den festen Plätzen liegenden Besatzungen in Abzug gebracht waren, aus 2800 Mann Infanterie, nämlich 4 Bataillons sächsischer Truppen, Weißenfels, Drost, Reibnitz und Goinse Schweitzer, 1200 Moskowiter und 1800 Mann Reiterei. Die Mannschaft war in traurigem Zustand; die höchste Indisciplin herrschte unter ihr, sie war schlecht bekleidet und unvollständig bewaffnet, und bestand größtentheils aus Rekruten und Ueberläufern. Wenn man einerseits die Unordnungen, die diese Truppen sich erlaubten, und anderseits die strenge Disciplin in Erwägung bringt, welche der König von Schweden beobachten ließ; so ist es leicht erklärlich, daß die Bürger der meisten kleinern Städte und die untern Behörden fast dem Feinde günstiger als den eignen Truppen wurden, und daß sie die Hülfsmittel, die man von ihnen begehrte, lieber für den nachrückenden Feind aufbewahrten, als den sie verlassenden eignen Landsleuten reichten.

Außer den Befehlen, welche der König aus Litthauen nach Sachsen wegen der zu treffenden Vertheidigungs-Anstalten ertheilt hatte, nahm er auch Maasregeln zur unmittelbaren Einleitung des Friedens, und hatte hierzu den Herrn Anton Albrecht v. Imhoff [1]), chursächsischen Kammer-

---

1) Anton Albrecht v. Imhoff stammt aus einer geehrten Patricier-Familie in Nürnberg und Augsburg ab; er und sein Bruder Rudolph Caspar, standen in Diensten der Herzöge von Braunschweig Wolfenbüttel. Anton Albrecht war herzogl. Geheimer-Rath, ein Liebling Herzog Anton Ulrichs, und scheint wesentlichen Antheil an den Unterhandlungen gehabt zu haben, welche dieser Fürst mit Frankreich angeknüpft hatte, und welche 1702 die Krisis herbeiführten, deren wir oben Erwähnung gethan haben. Hierdurch scheint Imhoff veranlaßt worden zu sein, die braunschweigschen Dienste zu verlassen

präsidenten und den Geheimen-Referendarius, Georg Ernst Pfingsten mit Instructionen und Vollmachten nach Sachsen abgesendet. Es scheint, daß in ihren Verhaltungsbefehlen ausdrücklich bestimmt war, nur dann Friedensanträge zu machen, wenn sie den König von Schweden in Begriff fänden in Sachsen einzumarschiren. Beide Unterhändler wurden vom Geheimen-Consilium nach Bautzen gesendet, um daselbst Pässe vom König nach dessen Hauptquartier zu begehren. Diese wurden ihnen schwedischerseits zwar nicht versagt, allein der Antrag, daß der König mit seiner Armee nicht weiter in die sächsischen Staaten einrücken möchte, wurde abgelehnt. Imhoff und Pfingsten kehrten nach Dresden zurück, und obschon unmittelbar nachher die ersten Unterhandlungen zwischen ihnen und dem schwedischen Premier-Minister Graf Piper in Bischofswerda begannen, so ließ sich doch der König in seinem Marsche nicht aufhalten und ging am 16. Septbr. bei Meißen aufs linke Elbufer. 1706

---

und als Kammerpräsident in Chursächsische zu treten. Wir werden weiter unten die Widerwärtigkeiten kennen lernen, welche er auch hier in Folge der Unterzeichnung des Friedens von Altranstädt erfuhr. Er blieb 7 Jahre als Staats-Gefangener auf der Festung Königstein, und starb kurz nach seiner Freilassung in Dresden am 10. Decbr. 1716. Herzog Anton Ulrich muß ihm fortwährend seine Gnade geschenkt haben, denn in einem Brief des Herzogs an Schulenburg d. d. Bronsvic, ce 2. Juin 1708 heißt es:

„Je vous suis fort obligé des nouvelles que vous me donnez touchant le malheureux prisonnier; je vous prie non seulement de m'informer à l'avenir du progrès de cette affaire, mais aussi de continuer votre amitié et compassion à un ami affligé."

Rudolph Caspar war kaiserlicher Kammerherr, Reichshofrath und Braunschweig-Wolfenbüttelscher Geheimer-Rath. Er wurde von den Herzögen von Braunschweig vorzüglich in diplomatischen Sendungen gebraucht. Aus noch vorhandenen Correspondenzen mit Schulenburg sehen wir, daß er 1702 Gesandter in Frankreich war; 1708 begleitete er als Principal-Commissar die Gemahlin König Carls von Blankenburg nach Wien, und blieb als Braunschweigscher Gesandter bei diesem Monarchen die Zeit über, die er in Spanien zubrachte.

1706 Bevor wir den Unterhandlungen folgen, welche den Abschluß des Friedens von Altranstädt zum Resultate hatten, müssen wir der weiteren Umstände gedenken, welche die gänzliche Räumung Sachsens von den wenigen Truppen, die unter dem Befehl des General Schulenburg zur Vertheidigung des Landes bestimmt gewesen waren, herbeiführten.

Der General hatte sich von Dresden, nachdem er die oben beschriebenen Vorkehrungen getroffen hatte, nach Leipzig begeben. Es war ihm nicht gelungen sich in Dresden die nöthigen Gelder zu verschaffen, um den Truppen den Sold zu bezahlen. Nachdem er die Festungswerke von Leipzig besichtiget und der damalige Gouverneur dieser Stadt, General-Lieutenant v. Reitschütz, erklärt hatte, er könne sich nicht der Verantwortung unterziehen, einen Platz, der sich in so schlechtem Zustande befände, zu vertheidigen, wurde beschlossen die Stadt zu räumen, und dem Magistrat zu überlassen sich mit dem Feinde zu setzen. Schulenburg hatte es indessen nicht auf sich nehmen können, diese Bestimmung zu verfügen, sondern hatte Instruction über diesen Punkt vom Geheimen-Consilium begehrt. Dieses überließ ihm die Entscheidung dieser Frage; es würde jedoch der General dadurch gegen die Verantwortlichkeit nicht gedeckt gewesen sein, wenn ihm nicht die sächsischen Bevollmächtigten, die sich im königlichen schwedischen Hauptquartier befanden, unter dem 16. Septbr. aus Zehren bei Meißen gemeldet hätten, der König von Schweden folge ihm mit seiner ganzen Armee auf dem Fuß, und mit Kräften, die den seinigen überlegen wären, welche seinerseits einen schleunigen Rückzug unerläßlich machten.

Schulenburg hatte die sämmtliche Reiterei bereits am 10. Septbr. auf das linke Ufer der Mulde übergehen lassen; er sammelte seine Truppen bei Leipzig und trat den Marsch nach der Saale schon am 16. Septbr. an.

Da wir oben erinnert haben, daß er Dresden ohne alle Geldmittel verlassen hatte, so befand er sich in diesem Bezug in der äußersten Verlegenheit. Es gelang ihm jedoch durch seine dringenden Vorstellungen den Leipziger Stadt-Magistrat zu vermögen, ihm einen Vorschuß von 10,000 Thaler

gegen seinen persönlichen Wechselbrief zu machen; überdem 1706
kaufte sich Leipzig, mit andern Städten, von allen Naturallieferungen, welche sie den sächsischen Truppen zu leisten genöthigt gewesen wären, mit 15000 Thalern los. Der General Schulenburg befand sich fast ohne alle Verhaltungsbefehle von Seiten seines Herrn, und der Behörde, von welcher er befugt gewesen wäre solche zu erwarten. Das Geheime Consilium überließ alles seinem eignen Ermessen und eigner Verantwortlichkeit. So hatte man den Fall, daß er Sachsen mit den wenigen unter ihm stehenden Truppen würde verlassen müssen, nicht vorausgesehen. Zu welcher Entscheidung man sich auch entschließen wollte, so war jede mit den größten Schwierigkeiten und mannichfaltigen Nachtheilen verknüpft. Schulenburg hatte die Wahl, entweder durch Böhmen und Schlesien nach Polen zu marschiren, oder die Straße ins Reich einzuschlagen, um die sächsischen Truppen als Contingent bei der Reichsarmee anzubringen, welche dazumal unter dem Oberbefehl des Prinzen Ludwig von Baden und des F. M. von Thüngen in einem Lager bei Philippsburg stand.

Schulenburg war geneigt den Entschluß eines Marsches über Chemnitz nach Böhmen auszuführen. Die Officiere, welche er jedoch in dieser Richtung aussandte, um den Truppen Unterhaltsmittel zu verschaffen, benachrichtigten ihn in Naumburg an der Saale, es sei unmöglich, solche in der Kürze der Zeit und ohne baare Zahlung zusammenzubringen. Der General entschloß sich also, sich von Naumburg über Weimar und von da über den Thüringer Wald in die Grafschaft Henneberg zu ziehen. Er wurde auf diesem Marsch von dem Obersten Görtz, der die schwedische leichte Reiterei und vorzüglich ein im schwedischen Dienst befindliches Corps Wallachen befehligte, demselben, dessen wir schon bei dem Ueberfall des General-Majors Jordan gedacht haben, mit Unermüdlichkeit verfolgt. In dem Verhältniß, in welchem der Feind seine Thätigkeit verdoppelte, verminderte sich der Eifer und die Wachsamkeit der sächsischen Generale und Ober-Officiere. Schulenburg sagt uns in den oft erwähnten Fragmenten seiner Feldzüge von 1704 und 1706: „der General-Major Dünewald habe

1706 ihn fast im Angesicht des Feindes um die Erlaubniß ersuchte das Corps verlassen zu dürfen, weil er sich unpaß befinde;" er scheint nur durch die bittere Antwort Schulenburgs, der ihm freistellte sich zu entfernen, indem er jedoch bemerkte, er würde sich hierdurch nur noch mehr in der öffentlichen Achtung herabsetzen, bewogen worden zu sein, bei den Truppen zu bleiben.

Die Noth und der Mangel an den ersten Bedürfnissen und der böse Wille der Einwohner, welche den Sachsen ihre Hülfe versagten, um sich nicht den Mißhandlungen der auf dem Fuß folgenden Schweden auszusetzen, brachten die Truppen aufs Aeußerste und vermehrten den Ungehorsam und die Zuchtlosigkeit. Unter diesen Verhältnissen begab sich Schulenburg nach Erfurt, um sich mit dem Geheimen-Rath von Hoymb [1]) zu besprechen, welcher im ausdrücklichen Auftrag

---

1) Die Herren v. Hoymb stammten ursprünglich aus dem Herzogthum Braunschweig-Wolfenbüttel. Ludwig Gebhardt, geb. im J. 1631 war zuerst in chursächsische Dienste getreten, und starb im Ruhestand als chursächsischer wirklicher Geheimer-Rath und Oberhauptmann von Thüringen, nachdem er früher chursächsischer Kammerpräsident gewesen war. Er hinterließ vier Söhne

Adolph Magnus, geb. 1670.
Carl Siegfried, geb. 1675.
Ludwig Gebhardt, geb. 1678.
Carl Heinrich.

Der Aelteste vermählte sich mit Constantia v. Brockdorf, einem Fräulein aus einem Hollsteinschen Geschlecht; sie gewann die Zuneigung Königs August II., wurde von ihrem Gemahl geschieden und zur Reichsgräfin v. Cosel erhoben; sie wurde am 25. Decbr. 1716 in ein Staatsgefängniß auf das Schloß von Stolpen gebracht und starb daselbst im hohen Alter am 31. März 1765. Ihr Gemahl war General-Accis-Inspector, Obersteuer-Director und später Cabinets-Minister; er wurde 1711 in den Grafenstand erhoben und starb 1723 zu Ratibor in Schlesien; er ist derjenige, von welchem in gegenwärtigen Denkwürdigkeiten die Rede ist.

Die zwei andern Gebrüder v. Hoymb bekleideten ebenfalls hohe Aemter im chursächsischen Staatsdienste; der jüngste, Carl Heinrich, war chursächsischer Cabinets-Minister und Gesandter in Frankreich; er kam 1735 auf die Festung Königstein, und starb daselbst am 22. April 1736 auf eine unglückliche Weise.

Die zwei mittelsten Brüder hinterließen männliche Nachkommen

des Königs nach Holland reißte, um einen Subsidien-Tractat 1708
mit den Generalstaaten einzuleiten.

Wir besitzen noch das Schreiben, welches der Baron Hoymb an den General aus Erfurt erließ, und in Folge dessen Letzterer sich dahin begab. Es trägt das Gepräge der lebhaftesten Unruhe sowohl über die allgemeine Lage der Angelegenheiten des Königs, als über die der sächsischen auf dem Marsch befindlichen Truppen. Wir geben dasselbe als ein Dokument, welches den Beweis der Bedrängniß der damaligen Zeit führt.

„Heute ist der Oberst-Lieutenant Veit mit einem Theil der Cavallerie, wie auch einem großen Theil Bagage anhero vor die Stadt kommen, welche aber nicht eingelassen worden. Ich habe ihm gerathen, sofort, ehe ihm der Feind auf den Hals kömmt, nach Gotha und Eisenach an den Thüringschen Wald (welcher nicht weit von Eisenach ist) zu gehen, welches sie auch gethan. Ich bitte Ew. Excellenz um Gottes Willen

---

schaft, welche noch in Schlesien blüht. Dies Geschlecht hatte großes Besitzthum an Rittergütern in Sachsen, als: Droyßig, Gleina, Nebra, Bockicht, Guteborn ꝛc., welche durch eine Tochter an die Fürsten von Reuß übergegangen sind.

Bei Gelegenheit einer ersten Ungnade, welche dem Cabinets-Minister Carl Heinrich traf, äußerte sich der Feldmarschall Schulenburg in einem Schreiben d. d. 14. April 1731 folgendermaaßen:

„Que dites-vous de la disgrâce de Cte. Hoymb? [Carl Heinrich] on ne'n sera fâché ni à Vienne ni à Berlin. Le père a été au Königstein 6. 7. à 8. ans, il n'en est sorti qu' à bon prix, outre que ce vieux homme que j'ai très-bien connû, a perdû par pure avidité ayant été dupé des uns et des autres plus de 5 à 600m. écus. Le frère du Cte. de Hoymb [Adolph Magnus] a été aussi conseiller du cabinet très-avant dans les bonnes grâces du Roi, c'est celui-ci qui a sû pousser les revenus du Roi au point où on les voit aujourd'hui; étant mari de la Cosel, le Roi lui payait alors 50m. écus pour le faire consentir à toute chose; ce Hoymb était un de mes meilleurs amis, il avait si grand peur de Königstein, que, quand je m'avisais de le nommer, il quitta le service par pure crainte, troquant ensuite avec Flemming des biens pour aller s'établir en Silésie; ce disgrâcié a encore un autre frère marié et en charge à Dresde, sortant cependant très-rarement de chez lui, gardant soigneusement sa femme, tant il a peur d'être cocû, il a de l'ésprit, mais avec cela extravagant et fanatique.“

1706 Sie thun dergleichen, noch wird es Zeit seyn, außerdem werden Sie coupiret, es ist außer diesem nicht möglich sich zu salviren. Bei dem Thüringschen Walde können Sie hernach thun, was sie wollen, und kann man Ihnen da nicht ankommen; Sie finden auch Dörfer genug zum Unterhalt; wenn ich doch nur eine Viertel Stunde mit Ihnen reden sollte, damit man ein recht Concert nehmen könnte, wo hernach die Truppen hinzuthun? allenfalls will ich gleich selber zum Duc de Marlborough gehen und auf eine Campagne der Conditiones machen so gut ich kann; aber ich muß gewiß von Ew. Excellenz Intention sein, denn sonsten engagire ich mich in Nichts in Holland, denn ich mag nichts versprechen was nicht gehalten werden soll; Geld zum Marsch sollte sich wohl auch finden; daß die Infanterie auf Ilmenau gegangen, ist recht, denn es sind allda Gebirge. Sie haben im übrigen klug gethan, daß Sie die Garnison aus Leipzig gezogen. Gestern habe ich Ihnen durch einen Laquai nach Eckartsberge geschrieben und einen Brief von dem König mitgeschickt. Wenn doch nur die Moskowiter salviret wären! Mein Brief vom König ist vom 26. August, da er an den Einfall noch nicht glaubet. Mon Dieu, warum haben Sie denn die Pferde wieder von den Regimentern an die Bauern zurückgeben lassen? es ist alles marode bei der Cavallerie; Sie müssen ihr etwas von dem Gelde, so bei * * *. (Im Original-Schreiben war der Name, wahrscheinlich mit Absicht, gelöscht) ist, geben lassen, damit sie an den Thüringschen Wald in den Dörfern nicht plündern dürfen. P. S. Sie machen nur, daß ich Sie bald spreche, Sie können kühnlich anhero kommen, oder doch auf eine Ecke nahe bei der Stadt. Ich bin im Posthause zu erfragen. Sie zerreißen sofort diesen Brief."

In Folge dieser Einladung begab sich Schulenburg nach Erfurt, und wie wir aus folgendem Auszug eines Schreibens des wirklichen Geheimen-Raths[4] von Hoymb d. d. Zelle, den 17. Octbr. 1707 sehen können, nahmen beide sächsische Staatsdiener die Abrede, zu versuchen, die sächsischen Truppen entweder bei der Reichsarmee, oder in Holland anzubringen.

„Je vous plains et je suis fâché de tous les accidents malheureux qui vous sont arrivés en chemin; il faut espérer

un meilleur sort à l'avenir. Mr. le Président m'écrit qu'il 1706
avait mandé à V. E. de revenir en Saxe, en cas qu' Elle ne pût donner les troupes à Mr. de Thüngen à condition de les rendre quand on les voudra, de quoi je doute fort que Mr. de Thüngen le fera; je crains seulement que l'armistice ne finisse avant que les troupes reviennent en Saxe, mais si l'on ne peut pas autrement, il faut le faire. Mr. Bothmar m'écrit qu'il avait d'abord envoyé à Mr. le Duc de Marlborough l'offerte que nous avions concerté à Erfurt et qu'il attendait la reponse, laquelle il m'envoyerait incontinent, et je l'attends avec impatience dont je vous ferai part; il m'avertît en même tems qu'il craignait que la résolution ne viendrait pas sitôt à cause des quantités de têtes qui y devaient consentir. Le Roi veut que V. E. aille en Hollande pour faire l'accord de quoi je le félicite. Ces quatre lettres ont été dans mon enclose, dont j'ai reçû les deux dernières il y a deux jours et une des lettres à moi était du 22. d'Août; je ne sais où elles ont été si longtems.— Si la paix ne se fait pas, je viens aussi en Hollande."

Der General befand sich am 21. Septbr. in Erfurt und traf von da zu seinem Corps wieder bei Ilmenau ein.

Am 23. Septbr. früh erschienen die Schweden vor dieser Stadt, während die Sachsen im Begriff waren, ihren Rückzug in den Wald in der Richtung von Schleusingen und Eisfeld zu nehmen. Die Moskowiter leisteten guten Widerstand und wiesen die Feinde zurück; allein das von französischen Deserteurs zusammengestellte Bataillon Coinsin im sächsischen Dienst, that nicht seine Schuldigkeit, daher es dem Feind gelang, dem Corps einigen Verlust beizubringen. Dies war der letzte Versuch, den die Schweden im Verfolgen machten; sie zogen sich später von Ilmenau nach ihrer Hauptarmee zurück.

Wenn nun auch hierdurch die unmittelbare Gefahr, durch die Hand des Feindes zerstreut zu werden, verschwunden war, so machten andere Umstände nothwendig, das Corps Compagnien- und Bataillonenweise aufzulösen und als eine zur Reichshülfe bestimmte Truppe über Hildburghausen nach Fulda abmarschiren zu lassen.

1708 Die Rücksichten, welche solches geboten, waren vor allem der gänzliche Mangel an baarem Gelde, die Unmöglichkeit ohne solches die Unterhaltsmittel zu verschaffen, und der üble Wille, welcher sich überall äußerte, ein auf dem Rückzug begriffenes und mit Mißgeschick kämpfendes Corps zu unterstützen.

Wir haben oben gesagt, daß Schulenburg Leipzig mit einer Summe Geldes verlassen hatte; hiervon vertraute er 8000 Thaler dem Hauptmann v. Benkendorf an. Da dieser in Erfurt nicht eingelassen wurde, so begab er sich nach Schmalkalden und von da nach Cassel. Hier überredete ihn der Prinz Ferdinand von Curland,[1]) welcher Ansprüche an den König von Polen zu haben glaubte, ihm 5000 Thaler von diesem Gelde anzuvertrauen, mit dem Versprechen, die Summe auf Begehren dem General wieder zurückerstatten zu wollen. Allein ohnerachtet aller an den Prinz erlassenen Aufforderungen weigerte sich dieser unter allerlei nichtigen Vorwänden, die Summe herauszugeben. Der Hauptmann v. Benkendorf begab sich indessen mit einem Theil der Gelder nach Berlin, von da er am 11. Octbr. dem General Schulenburg eine Meldung deshalb zukommen ließ.

Nachdem Schulenburg die sächsischen Truppen in der Richtung von Fulda nach der Wetterau und Frankfurt einquartirt hatte, begab er sich für seine Person nach Bamberg, um durch die Vermittelung des damaligen Churfürsten von Mainz, welcher zugleich Bischoff von Bamberg war, den Prinzen Ludwig von Baden zu vermögen, das sächsische Corps als Reichs-Contingent bei seiner Armee aufzunehmen. Als er jedoch in die Gegend von Frankfurt eintraf, so hatte sich die sächsische Reiterei zum Theil nach ihrem Vaterland zurückgewandt; sie traf kurz nachher 1500 Mann stark in Sachsen ein, indem der König von Schweden in einem vor dem Frieden abgeschlossenen

1) Dieser Prinz Ferdinand von Curland war General der Infanterie in chursächsischen Diensten, und hatte in dieser Eigenschaft den Feldzug von 1701 in Liefland gemacht. Seine Schwester war an den Landgrafen von Hessen-Cassel vermählt. Er war der letzte Herzog von Curland aus dem Hause Kettler.

Waffenstillstande gestattet hatte, daß die sächsischen Truppen 1706
einstweilen Cantonnirungs-Quartiere in dem Thüringschen Kreis beziehen könnten. Drei sächsische Bataillone nebst den Moskowitern wurden in den Odenwald verlegt, und nachdem sie mit Mühe die Versicherung von dem commandirenden General der Reichsarmee erhalten hatten, daß sie die gehörigen Portionen und Rationen bekommen sollten, wurden sie endlich in der Nähe von Philippsburg bei derselben aufgenommen. Die unter den Beilagen (s. Beilage XX.) folgenden Abschriften zweier Briefe, welche zwischen dem General Schulenburg und dem chursächsischen Gesandten in Regensburg, v. Werthern[1]), gewechselt wurden, stellen die damalige schwierige Lage des Erstern in das hellste Licht.

Schulenburg kehrte darauf, als der Ueberrest seiner Truppen auf solche Weise untergebracht war, nach Leipzig zurück, nachdem kurz vorher der Friede zu Altranstädt, am 24. Septbr., zwischen Schweden und Sachsen unterzeichnet worden war, und begab sich von da mit dem Geheimen-Rath v. Hoymb zum König August nach Warschau.

---

1) Friedemann von Werthern, chursächsischer Geheimer-Rath, war 1696 chursächsischer Gesandter am Reichstag zu Regensburg. 1702 wurde er in den Reichsgrafenstand erhoben und starb 1721 als chursächsischer Cabinets-Minister, Kanzler und Geheime-Raths-Director.

Beilagen zum 12. Abschnitt.

Beilage XIX.

H. Befehl d. d. Novogrodek, den 22. August 1706.

rc. Wir haben Unsern wirklichen Geheimen-Rath und General-Accis-Inspector, dem Freiherrn v. Heymb, Unsere in gewißen Stücken führende Intention in einem abgelaßenen eigenhändigen Schreiben bekannt gemacht, und ihm zugleich befohlen, euch von einem und andern Eröffnung zu thun, welches ihr denn gehorsamst zu exequiren wißen werdet. Beneben mögen Wir euch hierdurch nicht verhalten, wie daß, nachdem die mit Ihro Maj. dem Kaiser vorgewesene Traktaten wegen Ueberlaßung eines Corps von 10. m. Mann zurückgegangen, Uns aber von Unserm im Haag befindlichen Envoyé extraordinaire, dem v. Gersdorf, unterthänigst berichtet worden, welchergestalt man ihm unter der Hand zu verstehen gegeben, wie die Herrn Staaten nicht ungeneigt wären von Uns einige Truppen zu übernehmen, Wir an gedachten v. Gersdorf nunmehro rescribiret, diese Materie mit guter Art und dergestalt, damit es nicht das Ansehen habe, als wenn Wir Unsere Truppen selbsten offeriren und anbieten ließen, wiederum auf das Tapet zu bringen, sich auch, im Fall man von Seiten derer Herrn Staaten noch dieses Sinnes sein sollte, in wirkliche Präliminar-Traktaten einzulaßen, und wie weit er es hierinnen gebracht, zu Gewinnung der Zeit, Unserm Geheimen-Consilio in Dresden, Nachricht zu geben. Wofern ihr nun diese, und daß die Herrn Staaten Unsere Truppen zu übernehmen, sich erkläret, von erwähnten Consilio erhalten werdet, die höchste Nothdurft auch nicht erfordern sollte wegen anderer Conjuncturen unumgänglich in Sachsen gegenwärtig zu verbleiben; So ist hiermit Unser gnädigstes Begehren, ihr wollet euch sodann, jedoch unter einem andern Vorwand und nicht als ob es gedachter Affaire wegen geschähe, schleunigst nach dem Haag begeben, von dem v. Gersdorf genugsame Information einziehen, und euch zugleich bestens angelegen sein lassen, diese Traktaten, und vornehmlich die Haupt-Punkte, ingleichen was wegen derer Truppen Verpfleg- und Rekrutirung, auch derer diesfalls zu praetendirenden Subsidien halber (welcher letzteren wegen jedoch, wenn diesfalls große Schwierigkeiten gemacht werden sollten, gleichwohl die Traktaten nicht zu accrochiren, sondern vornehmlich auf die Haupt-Punkte das Absehen zu richten) dabei abzuhandeln ist, und weswegen euch Unsere Intention bereits bekannt, auch durch Unsern Geheimen-Rath v. Heymb wie oberwähnt, noch weiter bekannt gemacht werden wird, zu und das ganze Werk, nach Erforderung Unseres Interesse, zur völligen Endschaft bringen zu helfen. Daran geschiehet Unser Wille und Meinung, und Wir sein euch mit Gnaden gewogen.

Gegeben zu Novogrodek, den 22. August 1706.

Augustus Rex.

A. Frh. v. Pflugk.

Beilage XX. a.

Copie eines an den Herrn Geheimen-Rath, Grafen v. Werthern nach Regensburg abgelaßenen Schreibens.

Ich will hoffen es werden meine letzten von Frankfurt abgelaßenen Schreiben bei Deroselben nunmehr eingelaufen sein und mein hochzuehrender Herr Geheime-Rath daraus ersehen haben was mit denjenigen Regimentern so nicht in Garnison verleget und darinn conserviret werden können, bis dahin vorgegangen. Und kann ich Ew. Excell. fernerhin nicht verhalten, wie mit denen Truppen nach diesem meine mesures habe nehmen müßen. Es war, nachdem der Feind im Thüringer Wald Gelegenheit gefunden durchzukommen, denen Truppen die Ordre gegeben, sich nach das Fuldaische zurückzuziehen. Der Abt von Fulda aber wollte denen in diesem Stift anmarschirenden Truppen auch für baares Geld ihr Unterkommen und Subsistenz durchaus nicht verstatten, sondern hat allen seinen Unterthanen untersagt Jemanden das Geringste zu geben, denen Truppen aber unter Bedrohung sie mit Gewalt delogiren und die Land-Miliz und Ausschuß dazu aufbieten und anrücken zu laßen, überall sich aus seinem Lande zu machen, nachdrücklich zu erkennen gegeben. Und will man, daß zu solchen Mesures der Eisenachsche Hof habe Anlaß gegeben, welcher den Abt zu Fulda, als mit welchem er in gutem Vernehmen stehet, erinnert haben soll die Truppen suchen los zu werden, widrigenfalls die feindlichen durch Sachsen nachmarschirenden Truppen ihm weiter folgen und seinem Lande gar beschwerlich fallen würden. Wannenhero denn auch, um alle ferneren Weitläufigkeiten zu vermeiden und bei denen übrigen Reichsständen sich nicht unangenehm zu machen, die Truppen weiter marschiren zu laßen, gemäßiget worden. Und schien bei so gestellten Sachen, da wir aus Sachsen, was mit denen Truppen zu thun wäre, keine Nachricht zugekommen und zukommen können, kein anderes Mittel übrig um denen Truppen (wie wir denn auch Ihro Churfürstlichen Gnaden von Mainz, als welche zu sondiren ich mich expresse nach Bamberg begeben, zu verstehen geben laßen;) ihre Subsistenz und Sicherheit zu schaffen und die daher bei ihnen entstandene revolte und Desertion zu stillen, als die Stände dahin zu vermögen, daß sie solche als ein Reichs-Contingent deren Marsch zu dem General Thüngen gerichtet wäre, aufnehmen und considériren möchten, und sollte man glauben, daß, da sie das Unglück treffe, daß, indem sie im Begriff gewesen sich zu dem allgemeinen Dienst in gutem Stand zu setzen, von dem Feinde wären aufgesucht und einen weiten Weg verfolget worden, dabei aber solche Conduite geführt, daß der Feind sie nicht in des Reichs Lande nachzugehen Ursach nehmen können, auch nicht gethan, man ihnen ihre zum guten abzielende Intention nicht übel aufnehmen noch ihre Condition mit verschlimmern helfen würde. Ich habe auch alsbald an den General Thüngen einen Obrist-Lieutenant abgeschickt um selben mündlich als nach diesem wie auch zugleich an des Prinz Louis Durchl. schriftlich vorstellen laßen, welchergestalt da an dem gewesen, daß die Truppen zu dem allgemeinen Dienst sich im Stand setzen sollen, dieselben aber noch vor der Zeit von dem Feinde aufgesucht und bis über den Thüringer Wald verfolget worden, so daß sie des Reichs Boden betreten müßen und nachdem Meines Allergnädigsten Herrn Absicht jederzeit gewesen, daß diese Truppen zum allgemeinen Dienst mit Hand anlegen sollten, so stünden dieselben dazu bereit und sollte mir lieb seyn, wenn Ihro Durchl. der Prinz Louis oder der Hr. General-Feldmarschall Thüngen ihnen die Ordre dazu ertheilen wollten. Worauf denn zwar der Hr. General Thüngen zu vernehmen gegeben, wie er gar gern sehe, daß diese Truppen zu ihm stoßen möchten, zumal er eine Hülfe sehr von Nöthen hätte. Nachdem er aber des Prinzen Louis Durchl. darüber angefraget, hat er mir Dero Antwort in Abschrift nebst seinem Schreiben zugeschickt und wollen Ew. Excell. aus beigehenden deßen Inhalt mit mehreren ersehen. Zu geschweigen, daß der Rath Borck durch welchen der Prinz Louis den abgeschickten Obrist-Lieutenant abfertigen laßen, demselben unter andern zu erkennen gegeben, daß die Truppen sich nicht unterstehen möchten der Armee sich weiter zu nähern und hat auch weder der Prinz Louis noch der General Thüngen oder Ordre geben wollen ob sie an einem Ort die Resolution vom abwarten sollen und daß die Stände sie so lange an einem oder andern Ort die Quartiere verschaffen möchten, ohngeachtet ich mich erboten vor baares Geld zu leben. Weilen aber zu vermuthen, daß, wenn auch die Resolution von Wien einlauffe, solche nicht anders ausfallen würde als daß man solche Truppen als Reichs-Contingent annehmen sollte, welche denn folglich für ihr baares Geld, womit doch itzo die Caße nicht versehen sein kann, zu leben haben würden und die Postirung halten müßten; so habe ich für das rathsamste erachtet, dieselben, nachdem sie bis an den Neckar avancirt und entschuldiget sind, daß man sie nicht annehmen noch mit einiger Resolution würdigen wolle, den Rückweg nach Sachsen nehmen zu laßen. Und werde ich auch wirklich meinen Marsch Morgen geliebt es Gott wieder antreten und etwa bey Orten Wertheim, Lohr und Gemünd den Main innerhalb 5. bis 6. Tagen repassirtn.

Ich habe Ew. Excell. solches nicht verhalten sollen, als der ich nicht zweifle Dieselben werden die diesfalls nöthigen Vorstellungen, wenn diese Sache vorkommen möchte, zum Dienst Ihro Maj. Unsers Allergnädigsten Königs und Herrn darnach zu machen belieben, diese der Truppen Conduite aber, welche sie der unumgänglichen Nothdurft nach erwählen müßen, bestermaaßen vertreten. Ich bin ꝛc. ꝛc.

Neckargöring, d. 11. Octbr. 1706.

M. J. Frh. v. d. Schulenburg.

Beilage XX. b.

Ratisbonne, ce 16. d'Octbr. 1706.

Je rends mille grâces à V. E. de la peine, qu' Elle s'est donnée, de me donner par ses deux lettres du 4me. et du 11me. du courant de Francfort et de Neckergering une ample information de ce qui s'est passé dans la pénible retraite du reste de nos troupes et depuis qu'elles sont sorties de chez nous. J'ai une compassion très-sensible avec V. E. de la voir embarquée dans une si facheuse rencontre; c'est pitoyable que l'apprehension pour les Suedois a pû aller jusqu'à là, que tous les états de l'Empire, dont V. E. a atteint les pays, n'ont pas balancé de refuser le tout à ce petit corps et de le laisser ainsi dans la dernière necessité, à laquelle il a par malheur été reduit. Mais il est encore beaucoup plus sensible et surpasse toute imagination, que la plûpart de ces troupes et même plusieurs officiers ont eu la lacheté de faire si mal leur devoir et de deserter même et de faire revolter les troupes, ce qui est l'effet quand on ramasse toute sorte de gens sans les connaître et sans savoir de quelle trempe ils sont. Je ne me suis jamais flatté d'une resolution favorable dans cette conjoncture de la part de S. A. le Markgrave de Bade, vû que ce Prince n'a jamais eu bonne intention pour le Roi notre maître, et qu'il n'a pas tenu à lui de faire de mauvais offices à nos troupes en toute rencontre. Je sais même de bonne main qu'il n'aime pas V. E. parcequ' Elle n'a pas adoré toujours les sentimens, et donné aveuglement dans ses caprices, ce qu'il pretend de tous les Généraux qui veulent être bien dans sa bonne grâce et outre cela il est connû par tout l'Empire, qu'il se laisse absolument gouverner par ce Bourchhard. Pour venir au fait, il est bien vrai, qu'il a été accordé dans le traité de la suspension des armes, que nos troupes auront la liberté de rentrer en Saxe, et ainsi V. E. pourra bien rebrousser chemin, mais que faire, si la treve vient à être finie? on se trouvera alors dans le même embarras, où on a été auparavant.

Le Comte de Werthern.

Dreizehnter Abschnitt.

1706.

Die Bevollmächtigten, welche den Frieden unterzeichnet hatten, werden festgesetzt, und empfangen erst drei Jahre nachher ihr rechtliches Urtheil. — Auszüge aus den deshalb im königl. sächsischen Archiv aufbewahrten Cabinets-Akten. — Betrachtungen über die Schuld der Bevollmächtigten.

1706 Die Bedingungen, unter welchen der Friede von Altranstädt von Carl XII. dem König August vorgeschrieben wurde, sind zu bekannt, um sie hier zu wiederholen. Auch sind wohl Wenige mit der neuern Geschichte nicht so weit vertraut, um nicht zu wissen, daß die beiden sächsischen Bevollmächtigten, Baron Imhoff und Pfingsten, vier Monate nach Bestätigung des Friedens festgenommen und der gegen sie eingeleitete Prozeß erst, nachdem sie mehrere Jahre im Gefängnisse zugebracht, beendigt und sie als Staatsverbrecher verurtheilt wurden. Der Herausgeber hat die Original-Akten vor Augen gehabt, welche über diese Angelegenheit im Königl. Sächsischen Geheimen-Cabinets-Archiv zu Dresden im Locat Nr. 285. Vol. I. und II. in Verwahrung sich befinden, und ist daher im Stande, über diesen merkwürdigen staatsrechtlichen Fall authentische Auskunft zu ertheilen.

Die beiden Bevollmächtigten erhielten ihr Urtheil von der Juristen-Fakultät zu Leipzig und zu Wittenberg und von dem chursächsischen Schöppenstuhl zu Leipzig.

Beide waren im Monat May 1707 fest gesetzt worden und das Urtheil wurde erst am 20. Decbr. 1710 gefällt; es fiel gegen den Geheimen-Rath Anton Albrecht Freiherr v. Imhoff, chursächsischen Kammerpräsidenten und Vasallen durch den Besitzer des Gutes Hohenprießnitz und Dorfes Ober-Glaucha, und den Geheimen-Referendar, Georg Ernst Pfingsten, dahin aus:

„daß Ersterer wegen seines begangenen und gestandenen Verbrechens, mit Strafe ewigen Gefängnisses und Ein-

ziehung seiner Lehngüter zu belegen sein, auch seien Ihro 1706
Königl. Majestät wohl befugt, desselben übriges Vermögen zu confisciren, daß Pfingsten hingegen mit dem Schwerdt vom Leben zum Tode gebracht werden solle."

In einem zweiten Urtheil vom 11. July 1713 wurde der Freiherr v. Imhoff zu Zehnjährigem, statt ewigem Gefängniß, und Confiscation seiner Güter und Einziehung seiner Lehne verurtheilt. Durch ein Decret desselben Jahres wurde dies Urtheil jedoch dahin gemildert, daß er für die zu erstattenden Unkosten 40,000 Thaler Conv. M. zu zahlen habe. Davon wurden 15,000 Thaler zur Zeit der Befreiung, 15,000 zu Ostern 1714 bezahlt, und 10,000 wurden erlassen und nur als in Darlehn dem Fiscus gereicht.

Hieraus scheint zu ergehen, daß Imhoff kurz nach diesem Decret und vor Ostern 1714 seine Freiheit erhalten haben muß.

Uebrigens wurde in demselben Decrete anerkannt, daß er ır aus Irrthum und Versehen gefehlt habe, und seine Ehre m weder genommen, noch gekränkt sey.

Das zweite Urtheil über Pfingsten ging dahin, daß er ht mit der Todes-, sondern mit einer andern nachdrücklichen trafe zu belegen sei; auch scheint er lange Jahre nachher als fangener auf der Festung Königstein gestorben zu sein.[1])

Die Haupt-Beschuldigungen beider Bevollmächtigten waren n Theil gemeinschaftlich, zum Theil wurden sie jedem ein- ı zur Last gelegt.

Die gemeinschaftlichen Anklagepunkte waren folgende: Sie ren an das Geheime-Consilium gewiesen gewesen, hätten r die königlichen Instructionen, welche sie an dasselbe ʒ, supprimiret, gedachtem Geheimen-Consilio nicht vorge- en, — an selbiges nicht berichtet, — weder Diarium noch tokoll gehalten, — keinen chursächsischen Protokollanten, ern nur den schwedischen Sekretär Cederhielm, mit Aus-

---

[1]) Pfingsten starb auf dem Königstein am 21. Novbr. 1736; also nach 28 jähriger Haft. s. Ranffts genealogisches Archiv 21r Theil S. 558.

19

1706 schluß des chursächsischen Commissions = Raths Zech zugelassen. — Beide hätten durch Uebereilung des Abschlusses die Mediation anderer Mächte, und namentlich des Hannöverschen Hofes unmöglich gemacht, während Beide gewußt, daß, um selbige zu erhalten, der Graf Flemming nach Hannover geschickt sei, daß der Hannöversche Hof solche zugesagt und seinen Gesandten v. Oberg deshalb nach Leipzig geschickt habe. — Die Vollmachten seien nur, um mit dem König von Schweden zu tractiren, abgefaßt gewesen, keineswegs aber um den Stanislaus Lescinsky als Compaciscenten im Tractat aufführen zu lassen. — In der Instruction habe der König nur eingewilligt auf die Krone Pohlens in dem Fall zu verzichten, daß die Schweden nicht in Sachsen einrücken; folglich sei, da sie eingerückt waren, bevor die Unterhandlung anging, die praemisse jener Verzichtung weggefallen, und selbige nicht pure zu ertheilen nöthig gewesen; daher sei die Agnition des Lescinsky als König im 3. Artikel des Friedens ganz pflichtwidrig. — Deßgleichen hätten sie das Bündniß des Königs mit dem Czar ohne Special = Vollmacht aufgegeben und hätten die Ausantwortung Patkuls zu leicht zugestanden und für eine geringe Sache angesehen. — Beide Bevollmächtigten hätten gewußt, daß ein königl. Courier mit Depeschen in Halle eingetroffen, und doch hätten selbige in den Unterhandlungen fortgefahren und sie zum Abschluß gebracht.

Imhoff wurde allein beschuldigt, daß er auf die Frage Schwedischer Seits, ob das Geschäft mit oder ohne Mediation unternommen werden sollte? solches in der Schweden Belieben gestellt; — daß er das schwedische Friedensprojekt dem Hannöverschen Gesandten v. Oberg nicht gezeigt, noch mit andern fremden Gesandten darüber conferirt; — daß, da er selbst kein Protokoll gehalten, sich aber auf selbiges in seinen Berichten an den König berufen, er folglich Sr. Majestät mit Unwahrheit berichtet habe; — daß er den Punkt der Abdication ohne neuere Special = Instruction noch Communication mit dem Geheimen = Consilio abgethan, während dasselbe der Meinung gewesen sei, die Kron = Entsagung müsse die Räumung Sachsens zur Folge haben; — Er habe im 13ten Artikel [illegible]

daß alle den Schweden abgenommenen Trophäen restituiret 1706
würden, ohne die Reciprocität zu beobachten, noch aufzustellen; — Er habe dadurch, daß er im 21. Art. unam alteramque die drei Garantien des Tractats von dem Kaiser, Englandt und Hollandt aufgenommen, verschuldet, daß der Feind deshalb einige Wochen länger im Lande geblieben, unter dem Vorwandt, weil die dritte Garantie verzögert werde; — Er habe die Instruction des Königs dem Geheimen-Consilio verborgen gehalten; — Keine ausführliche schriftliche Relation durch Pfingsten dem König zugeschickt, und des wirklich geschlossenen Friedens darin keine Meldung gethan, sondern nur zweimal eines Armisticii erwähnt; — Er habe ohne die Deputirten der Landstände mit dem König von Schweden selbst in dessen Retirade im Decbr. 1706 (also nach geschlossenem und ratificirten Frieden) über die praetendirte Landes-Contribution allein tractirt; — Endlich habe er das Königl. Rentkammer-Reglement und Etat de finances (worauf jedoch die Schweden ernstlich drangen) selbigen mitgetheilt.

Als Lehns-Vasall wurde Imhoff noch angeklagt, daß er seinen Unterthanen in Hohenprießnitz und Ober-Glaucha durch ein königliches Decret, das er sub- et obreptitiae dem König extrahirt, statt 10 Tage Baudienste, 104 Tage aufgebürdet hat.

Die Beschuldigungen, die allein gegen den Geheimen-Referendar Pfingsten ausgesprochen wurden, waren ferner: Er habe nicht zur gehörigen Zeit das Schreiben des Königs August an den König von Schweden überreicht; — er habe unterlassen Berichte an den König von Pohlen zu senden; er habe dermaßen den Abschluß des Geschäfts übereilt, daß er, weil er unpaß gewesen, am 24. Septbr. 1706 den Freiherrn von Imhoff allein von Leipzig nach Altranstädt habe reisen lassen und selbst erst den Tag darauf das Friedens-Instrument unterschrieben; er habe ohne Wissen des Königs das Diploma abdicationis auf ein königliches Blanquet extendirt, und mit dem Kammersiegel, welches Freiherr v. Imhoff bei sich geführt, besiegelt; — er habe im 14. Art. des Obersten Görtz Prozeß annuliren und ihn zur Beschimpfung des Königs restituiren

19 *

1706 lassen; er sei zu spät in Petrikau bei dem König angelangt, er habe eine Ordre an den General Mardefeldt, die er vom König von Schweden zur Bestellung erhalten hatte, zu spät über schickt, wodurch das Gefecht bei Kalisch herbeigeführt worden wäre; — endlich habe er in Petrikau dem König nicht eröffnet, daß der Friede abgeschlossen sei, ihm nicht das signirte Friedens-Instrument eingehändigt, den Imhoffschen Bericht unter drückt, und im seinigen dargestellt, als wenn noch über den Frieden zu deliberiren stehe.

Wenn es erlaubt ist, eine Meinung über diese Anklagen und das erfolgte Urtheil auszusprechen, so scheint es, daß die Ansichten hierüber auf zwei Haupt-Punkte zurück zuführen sind.

Der erste wäre die Frage, ob, insofern die Bevollmächtigten der Beschuldigungen geständig waren, (und dies muß man voraussetzen,) die Unterlassungsfehler, deren man sie anklagte, sowohl als die positiven Vergehen von der Art waren, daß sie zur Auflegung solcher harten Strafen berechtigten?

Man kann nicht läugnen, daß mehrere der Anklagen sich keineswegs entschuldigen lassen. Bestimmte Vorschriften, welche vorzüglich die Form betrafen, wurden nicht erfüllt, die Würde des Hofs außer Augen gesetzt, und vorzüglich dem Monarchen wichtige Dinge verschwiegen, welche ihm pflichtmäßig hätten eröffnet werden sollen; dies ist besonders der Fall mit der unvollständigen Relation Imhoffs und mit dem Umstand, daß Pfingsten den Abschluß des Friedens dem König August in Petrikau nicht berichtete. Da der Tractat einmal vollzogen war, so läßt sich nicht rechtfertigen, daß man dessen Unterzeichnung dem König verhehlt habe; da wir jedoch die Vertheidigungsschriften der Angeklagten nicht vor Augen gehabt haben, so kann man nicht wissen, was sie zu ihrer Entschuldigung haben anführen können; daß aber Beide mit großer Uebereilung gehandelt und nicht berücksichtigt haben, daß in einer Unterhandlung, bei welcher große Opfer unvermeidlich schienen, es weise und nothwendig gewesen wäre, den Buchstaben der Instruction zu befolgen, und das Geheime-Consilium, als

oberste in Sachsen bestehende Behörde mit in die Verantwort- 1706
lichkeit zu ziehen, kann nicht geläugnet werden.

Die zweite Frage aber ist, ob, wenn die Bevollmächtigten genau alle Vorschriften erfüllt und sich keinen der erwähnten Vorwürfe zu Schulden hätten kommen lassen, der Frieden anders ausgefallen, und ob der König von Schweden Sachsen früher verlassen und weniger hart mitgenommen haben würde. Hierauf kann man wohl unbedingt verneinend antworten.

Dem König August fehlten eigne Mittel, um solche in die Wagschaale zu legen. Das deutsche Reich und alle europäische Mächte beugten sich vor dem kriegerischen und siegreichen König von Schweden, jede fürchtete ihn zu reizen. Hier traf wohl die Vorschrift Machiavels ein, daß, wenn es anders möglich ist, einen unversöhnlichen und übermächtigen Feind zu mildern, dies nur durch vollständige Hingebung zu erreichen ist. Diese Regel befolgten die Bevollmächtigten des Königs und der Monarch selbst, indem er den Frieden genehmigte, und die Genehmigung ist wohl die sprechendste Entschuldigung seiner Abgesandten.[1])

1) Das Manifest, welches der König August, nachdem Carl XII. die Schlacht bei Pultawa verloren hatte, am 8. August 1709 erließ, vervollständigt die Angaben welche wir über die Schuld der sächsischen Bevollmächtigten Imhoff und Pfingsten beigebracht haben.

Die Vollmacht zur Unterhandlung d. d. Nowogrodeck den 16. August 1706 lautete: „daß sie den Vergleich auf billige und christliche Bedingungen abschließen sollten," und in jenem Manifest wird gesagt, daß die unterzeichneten Friedensbedingungen weder billig noch christlich gewesen wären; ferner wird angeführt: „Pfingsten habe den König August in Petrikau versichert, der Vergleich sei noch nicht abgeschlossen, und habe die Ratification auf ein schon längst in Händen habendes Blanquet des Königs ausgeführt, das Datum aber vom 20. Octbr. ausgefüllt, als am Tage, wo er den König verlassen hatte, um dadurch wahrscheinlich zu machen, daß Letzterer die Ratification des Tractats in Petrikau vollzogen habe." Endlich wird in diesem Manifest gesagt: unter den gegebenen Umständen und nach erfolgter Ratification sei dem König nichts anders übrig geblieben, als auch noch diejenige Declaration auszustellen, die

1706 Die Ratification erfolgte am 20. Octbr. und am 5. Decbr. traf der König August wieder in Dresden ein, von wo er nach Leipzig reißte, um daselbst persönlich mit dem König Carl XII. zusammenzukommen.

---

der König von Schweden von ihm verlangt habe, und worin am 19. Januar 1707 der König August alle diejenigen Briefe, Befehle und Verordnungen, welche nach geschlossenem Frieden in Polen erschienen waren und wodurch selbiger in Zweifel gezogen werden konnte, zurücknahm und für null und nichtig erklärte.

Vierzehnter Abschnitt.

1706 — 1707.

Schulenburg begiebt sich von Warschau über Cracau nach Sachsen. — Feldmarschall Ogilvy erhält im Novbr. 1706 den Oberbefehl über die sächsischen Truppen. — Begebenheiten in Polen während des Einmarsches Carls XII. in Sachsen und der Friedens-Unterhandlungen zu Altranstädt. — Gefecht bei Kalisch. — Entwurf, den König Carl XII. in seinem Haupt-Quartiere aufzuheben. — Notizen über die Eigenthümlichkeiten des Königs von Schweden und Schulenburgs Audienz bei diesem Monarchen. — Erscheinung des Königs von Schweden in Dresden. — Dieser verläßt Sachsen nach jährigem Aufenthalt und nach Abschluß eines Vertrags mit dem kaiserlichen Hof. — Unermeßliche Nachtheile der Anwesenheit des schwedischen Heeres, und späte Rückwirkung auf die verminderte Bevölkerung Sachsens.

Schulenburg sagt uns in dem oft erwähnten Bericht der 1706
Feldzüge von 1704 und 1706 „er sei vom König in Warschau ziemlich kalt aufgenommen worden, er habe daselbst den F. M. Ogilvy [1]) gefunden, der vor kurzem aus russischen in chur-

---

1) Der russische Feldmarschall Ogilvy (Georg Benedict) wurde am 26. Novbr. 1706 zum churfürstlich sächsischen General-Feldmarschall, auch Geheimen-Kriegs-Raths-Präsidenten ernannt. Wir theilen in der Beilage (s. Beilage XXI.) das königl. Rescript mit, durch welches dem General Schulenburg diese Verfügung bekannt gemacht wurde.

Georg Benedict Ogilvy stammte aus einem schottischen Geschlecht und war in Böhmen, wo sich sein Vater, Georg Jacob, niedergelassen hatte, 1651 geboren. Er trat früh in kaiserliche Kriegsdienste und stieg in selbigen bis zur Würde eines kaiserlichen Feldmarschall-Lieutenants. Kaiser Peter der Große hatte ihn 1698 in Wien kennen gelernt und berief ihn nach dem Ableben des berühmten Generals le Fort 1703 als Feldmarschall in seine Dienste; sein damaliger Gesandter in Warschau und Dresden, General Patkul, erhielt den Auftrag, den Eintritt Ogilvys in russische Dienste zu unterhandeln. Diese vertauschte er 1706 gegen eine gleiche Anstellung in königl. polnischen und chursächsischen Diensten, und starb zu Danzig am 10. Octbr. 1710.

1706 sächsische Dienste als Feldmarschall und Oberbefehlshaber des Heeres getreten war."

Bei dieser Gelegenheit äußert sich gedachter Bericht wie folgt:

„Le Roi pendant qu'il se trouvait auprès du Czar à Grodno, avait promis au Général Ogilvy qui commanda l'armée des Moscovites de le faire Feldmaréchal à la place de Steinau, qui venait de quitter le service de S. M., non obstant que le Roi avait assuré de bouche et par écrit à Schulenburg que personne ne lui serait préferé à l'égard du commandement pour le porter à continuer de le servir dans le tems qu'il avait demandé plus d'une fois sa démission; il fallût bien que Schulenburg prit patience par rapport aux conjonctures présentes."

Von Warschau ging Schulenburg mit dem Feldmarschall Ogilvy nach Cracau, mit welchem er sich bestrebte, im besten Einverständniß zu leben; von da begaben sich beide zum König August nach Leipzig.

Bevor wir weiter in der Schilderung der Begebenheiten gehen, an welchen Schulenburg während des Aufenthalts des Königs von Schweden in Sachsen Theil nahm, müssen wir zur Uebersicht der allgemeinen Lage der Dinge diejenigen Ereignisse in Kürze darstellen, welche sich von dem Zeitpunkt an, wo sich König August in Nowogrodeck befand, bis zum Altranstädter Frieden und der Rückkehr des Königs nach Sachsen zugetragen hatten.

Der König hatte bis Anfangs Octbr. in Litthauen verweilt; von da war er aber nach Lublin marschirt, woselbst er sich mit einem russischen Heer, welches der General, nachherige Fürst, Menzikow anführte, vereinigte. Von da ging das alliirte Heer über die Weichsel nach Groß-Polen; hier hatte, wie wir uns erinnern, der König von Schweden den General Mardefeld mit einem Corps zurückgelassen. Der König August und die Russen waren schon bis Petrikau gerückt, als der Geheime-Referendar Pfingsten mit der Nachricht des abgeschlossenen Friedens eintraf. Schulenburg sagt uns in dem oft angeführten Bericht: „daß der König dem General Mardefeld

ins Geheim habe von dem abgeschlossenen Frieden unterrichten 1706
lassen," und es scheint, daß es dem Obermarschall Graf von Pflugk gelang durch einen Trompeter, unter dem Vorwand einen Kammerdiener des Königs, der vor kurzem von den Schweden gefangen worden war, wieder frei zu machen, dem schwedischen General den Wunsch auszudrücken, er möge sich in Folge des abgeschlossenen Friedens zurückziehen, um nicht von ihm und den Russen angegriffen zu werden, welche letztere der König nicht würde verhindern können diese Bewegung auszuführen; es wurde ihm der Rückzug auf Posen angedeutet, auf welchem er nicht beunruhigt werden sollte. Allein Mardefeld glaubte, daß diese Mittheilung eine Falle sey, welche ihm die Feinde stellten, und nahm das Gefecht am 29. Octbr. bei Kalisch an. In diesem wurden die Schweden, welche 6 Bataillone und 22 Schwadronen stark waren und außerdem von einem polnischen Hülfs-Corps unter dem General Potocki unterstützt wurden, nachdem die Polen gleich Anfangs das Schlachtfeld flüchtig verlassen hatten, vollständig geschlagen und der General Mardefeld gefangen. Schulenburg sagt uns „der König habe bei dieser Gelegenheit eine tactische Bewegung ausgeführt, welche der General ihm öfters theoretisch entwickelt hätte, nämlich dem Feind die Flanke abzugewinnen, und habe dadurch den Sieg erhalten."

Schulenburg wurde vom König in Leipzig gnädig empfangen, und genoß hier und in Dresden dessen vollständiges Vertrauen. Wir haben schon bei Gelegenheit des Entwurfs zu Patkuls Flucht gesehen, daß der General zu den geheimsten Berathungen zugezogen wurde.

In den Berichten der Feldzüge von 1704 und 1706 macht er das Geständniß: „er habe den Entwurf gemacht, nach Abschluß des Friedens den König von Schweden aus seinem Hauptquartier in Altranstädt bei Nacht aufzuheben; er habe im Dunkeln mit vier Officieren die Wohnung des Königs recognosciret, und habe es für etwas Leichtes gehalten, mit einer Abtheilung der in Thüringen cantonnirenden sächsischen Reiterei des Königs sich zu bemächtigen, da er nur eine Wache

1706 von 24 Trabanten bei sich hatte, und öfters nur von ein Paar Pagen begleitet ausritt."

Schulenburg legte dem König August den Antrag zu dieser Unternehmung vor, und machte sich anheischig, den König Carl XII. unversehrt nach Dresden oder Königstein zu bringen; alsdann könne man drohen, ihn dem Czar auszuliefern, wenn er nicht mit seinem Heer Sachsen räumen und es nach Schweden zurücksenden wolle. Indeß habe der König aus Besorgniß wegen der Folgen, die ein solches Unternehmen haben könne, nie dazu seine Einwilligung ertheilen wollen.

Schulenburg überliefert uns in denselben Berichten viel interessante Angaben über den Aufenthalt des Königs von Schweden in Sachsen, über dessen Person, Sitten und Gewohnheiten. Diese Angaben haben um so mehr Werth, als der General, wie er selbst erzählt, dem König mehreremale aufwartete und an seiner Tafel speißte. Er äußert sich über die näheren Umstände seiner ersten Audienz folgendermaaßen:

Der König ließ ihn in sein innerstes Gemach eintreten, und da der General nach der ersten Verbeugung nichts sagte und erwartete, daß der König ihn anreden würde, so ging Letzterer ebenfalls stillschweigend immer näher auf ihn zu und drängte ihn auf diese Weise bis in einen Winkel, wo er ihn endlich ansprach, über allerhand Kriegsvorfälle sich mit ihm unterredete und zuletzt sehr munter und, gegen seine Gewohnheit, scherzhaft wurde. Bei Tafel saß Schulenburg neben dem König. Diese dauerte nur eine halbe Stunde; alle Speisen wurden auf einmal aufgetragen; der König aß wenig und hastig, und trank nur Halb-Bier; während der ganzen Mahlzeit sprach der Monarch kein Wort und sah fast Niemandem ins Gesicht; nach der Tafel begab man sich in ein anderes Zimmer, woselbst der König sich mit den Fremden und seinen Generälen noch über eine Stunde über mannichfaltige Gegenstände unterhielt.

Schulenburg schildert Carl XII. groß, wohl gewachsen, von schönen Gesichtszügen und schönen Augen. Er war höchst einfach angezogen und hatte die Gewohnheit seine Haare mit den Fingern zu kämmen; seine Einfachheit artete in Unrein-

lichkeit aus; seine Kleidung war die eines einfachen Dragoners, 1706
zwei Rüstwagen trugen sein sämmtliches Gepäcke. Die liebenswürdigen Sitten König Augusts contrastirten nicht wenig mit den rohen Manieren seines königlichen Gegners und nahen Verwandten, denn, wie bekannt, waren die Mütter beider Könige, Schwestern und Töchter des Königs Friedrich III. von Dänemark. Carl XII. nahm nie eine Einladung zur Tafel beim König August an, welcher voller Rücksichten und Artigkeiten für ihn war. Der unerwartete Besuch, den ersterer bei diesem in Dresden machte, als er am 6. Septbr. 1707 bei dieser Residenz vorbei marschirte, ist in der Geschichte bekannt.[1]) Schulenburg war dazumal abwesend, und auf einer Reise nach Hannover begriffen. Er theilt hierüber Folgendes mit, wodurch die Angaben, die sich in Voltaire's Geschichte Carls XII. über dieses Begebniß finden, durch einen Zeitgenossen einigermaaßen berichtiget werden:

„Un bon matin le Roi de Suède accompagné de peu de personnes se rendit aux portes de Dresde, où il entra et alla droit au château demandant à parler au Roi de Pologne lequel se trouvait en robe de chambre, il entra chez lui pour prendre congé à ce qu'il disait; le Roi de Pologne de même que les Ministres fort surpris de cette visite étaient plus qu' interdits."

„Le Roi de Pologne s'étant retiré pour un moment s'habilla au plus vite; les deux Rois montèrent ensuite à cheval, firent quelques tours sur le rempart, et le Roi de Suède sans s'amuser et s'arrêter d'avantage prit congé et ressortit brusquement de Dresde."

„Dès que le Roi de Suède fut hors de Dresde, on avait assemblé le conseil privé, ou l'on avait reflêchi sur la visite précipitée du Roi de Suède et sur ce qu'on aurait dû faire en cette rencontre."

---

1) Carl XII. hatte sein Hauptquartier in Oberau bei Meißen gehabt, und traf Nachmittags um ½3 Uhr in Dresden ein, wo ihn der General Flemming vorbeireiten sah und erkannte; von da begab er sich ins Schloß und verließ Dresden vor Abends.

1708 schluß des chursächsischen Commissions-Raths Zechs zugelassen. — Beide hätten durch Uebereilung des Abschlusses die Mediation anderer Mächte, und namentlich des Hannöverschen Hofes unmöglich gemacht, während Beide gewußt, daß, um selbige zu erhalten, der Graf Flemming nach Hannover geschickt sei, daß der Hannöversche Hof solche zugesagt und seinen Gesandten v. Oberg deshalb nach Leipzig geschickt habe. — Die Vollmachten seien nur, um mit dem König von Schweden zu tractiren, abgefaßt gewesen, keineswegs aber um den Stanislaus Lescinsky als Compaciscenten im Tractat aufführen zu lassen. — In der Instruction habe der König nur eingewilligt auf die Krone Pohlens in dem Fall zu verzichten, daß die Schweden nicht in Sachsen einrückten, folglich sei, da sie eingerückt waren, bevor die Unterhandlung anging, die praemisse jener Verzichtung weggefallen, und selbige nicht pure zu ertheilen nöthig gewesen; daher sei die Agnition des Lescinsky als König im 3. Artikel des Friedens ganz pflichtwidrig. — Desgleichen hätten sie das Bündniß des Königs mit dem Czar ohne Special-Vollmacht aufgegeben, und hätten die Ausantwortung Patkuls zu leicht zugestanden, und für eine geringe Sache angesehen. — Beide Bevollmächtigten hätten gewußt, daß ein königl. Courier mit Depeschen in Halle eingetroffen, und doch hätten selbige in den Unterhandlungen fortgefahren und sie zum Abschluß gebracht.

Imhoff wurde allein beschuldigt, daß er auf die Frage Schwedischer Seits, ob das Geschäft mit oder ohne Mediatoren unternommen werden sollte? solches in der Schweden Belieben gestellt; — daß er das schwedische Friedensprojekt dem Hannöverschen Gesandten v. Oberg nicht gezeigt, noch mit andern fremden Gesandten darüber conferirt; — daß, da er selbst kein Protokoll gehalten, sich aber auf selbiges in seinen Berichten an den König berufen, er folglich Sr. Majestät mit Unwahrheit berichtet habe; — daß er den Punkt der Abdication ohne neuere Special-Instruction noch Communication mit dem Geheimen-Consilio abgethan, während dasselbe der Meinung gewesen sei, die Kron-Entsagung müsse die Räumung Sachsens zur Folge haben; — Er habe im 13ten Artikel zugestanden,

daß alle den Schweden abgenommenen Trophäen restituiret 1706
würden, ohne die Reciprocität zu beobachten, noch aufzustellen; — Er habe dadurch, daß er im 21. Art. unam alteramque die drei Garantien des Tractats von dem Kaiser, Englandt und Hollandt aufgenommen, verschuldet, daß der Feind deshalb einige Wochen länger im Lande geblieben, unter dem Vorwandt, weil die dritte Garantie verzögert werde; — Er habe die Instruction des Königs dem Geheimen-Consilio verborgen gehalten; — Keine ausführliche schriftliche Relation durch Pfingsten dem König zugeschickt, und des wirklich geschlossenen Friedens darin keine Meldung gethan, sondern nur zweimal eines Armisticii erwähnt; — Er habe ohne die Deputirten der Landstände mit dem König von Schweden selbst in dessen Retirade im Decbr. 1706 (also nach geschlossenem und ratificirten Frieden) über die praetendirte Landes-Contribution allein tractirt; — Endlich habe er das Königl. Rentkammer-Reglement und Etat de finances (worauf jedoch die Schweden ernstlich drangen) selbigen mitgetheilt.

Als Lehns-Vasall wurde Imhoff noch angeklagt, daß er seinen Unterthanen in Hohenprießnitz und Ober-Glaucha durch ein königliches Decret, das er sub- et obreptitiae dem König extrahirt, statt 10 Tage Baudienste, 104 Tage aufgebürdet hat.

Die Beschuldigungen, die allein gegen den Geheimen-Referendar Pfingsten ausgesprochen wurden, waren ferner: er habe nicht zur gehörigen Zeit das Schreiben des Königs August an den König von Schweden überreicht; — er habe unterlassen Berichte an den König von Pohlen zu senden; er habe dermaßen den Abschluß des Geschäfts übereilt, daß er, weil er unpaß gewesen, am 24. Septbr. 1706 den Freiherrn von Imhoff allein von Leipzig nach Altranstädt habe reisen lassen und selbst erst den Tag darauf das Friedens-Instrument unterzeichnet; er habe ohne Wissen des Königs das Diploma abdicationis auf ein königliches Blanquet extendirt, und mit dem Kammersiegel, welches Freiherr v. Imhoff bei sich geführt, besiegelt; — er habe im 14. Art. des Obersten Görtz Prozeß annuliren und ihn zur Beschimpfung des Königs restituiren

19*

1706 lassen; er sei zu spät in Petrikau bei dem König angelangt und habe eine Ordre an den General Mardefeldt, die er vom König von Schweden zur Bestellung erhalten hatte, zu spät überschickt, wodurch das Gefecht bei Kalisch herbeigeführt worden wäre; — endlich habe er in Petrikau dem König nicht eröffnet, daß der Friede abgeschlossen sei, ihm nicht das signirte Friedens-Instrument eingehändigt, den Imhoffschen Bericht unterdrückt, und im seinigen dargestellt, als wenn noch über den Frieden zu deliberiren stehe.

Wenn es erlaubt ist, eine Meinung über diese Anklagen und das erfolgte Urtheil auszusprechen, so scheint es, daß die Ansichten hierüber auf zwei Haupt-Punkte zurückzuführen sind.

Der erste wäre die Frage, ob, insofern die Bevollmächtigten der Beschuldigungen geständig waren, (und dies muß man voraussetzen,) die Unterlassungsfehler, deren man sie anklagte, sowohl als die positiven Vergehen von der Art waren, daß sie zur Auflegung solcher harten Strafen berechtigten?

Man kann nicht läugnen, daß mehrere der Anklagen sich keineswegs entschuldigen lassen. Bestimmte Vorschriften, welche vorzüglich die Form betrafen, wurden nicht erfüllt, die Würde des Hofs außer Augen gesetzt, und vorzüglich dem Monarchen wichtige Dinge verschwiegen, welche ihm pflichtmäßig hätten eröffnet werden sollen; dies ist besonders der Fall mit der unvollständigen Relation Imhoffs und mit dem Umstand, daß Pfingsten den Abschluß des Friedens dem König August in Petrikau nicht berichtete. Da der Tractat einmal vollzogen war, so läßt sich nicht rechtfertigen, daß man dessen Unterzeichnung dem König verhehlt habe; da wir jedoch die Vertheidigungsschriften der Angeklagten nicht vor Augen gehabt haben, so kann man nicht wissen, was sie zu ihrer Entschuldigung haben anführen können; daß aber Beide mit großer Uebereilung gehandelt und nicht berücksichtigt haben, daß in einer Unterhandlung, bei welcher große Opfer unvermeidlich schienen, es weise und nothwendig gewesen wäre, den Buchstaben ihrer Instruction zu befolgen, und das Geheime-Consilium, als die

oberste in Sachsen bestehende Behörde mit in die Verantwort- 1706
lichkeit zu ziehen, kann nicht geläugnet werden.

Die zweite Frage aber ist, ob, wenn die Bevollmächtigten genau alle Vorschriften erfüllt und sich keinen der erwähnten Vorwürfe zu Schulden hätten kommen lassen, der Frieden anders ausgefallen, und ob der König von Schweden Sachsen früher verlassen und weniger hart mitgenommen haben würde. Hierauf kann man wohl unbedingt verneinend antworten.

Dem König August fehlten eigne Mittel, um solche in die Wagschaale zu legen. Das deutsche Reich und alle europäische Mächte beugten sich vor dem kriegerischen und siegreichen König von Schweden, jede fürchtete ihn zu reizen. Hier traf wohl die Vorschrift Machiavels ein, daß, wenn es anders möglich ist, einen unversöhnlichen und übermächtigen Feind zu mildern, dies nur durch vollständige Hingebung zu erreichen ist. Diese Regel befolgten die Bevollmächtigten des Königs und der Monarch selbst, indem er den Frieden genehmigte, und die Genehmigung ist wohl die sprechendste Entschuldigung seiner Abgesandten. [1])

---

1) Das Manifest, welches der König August, nachdem Carl XII. die Schlacht bei Pultawa verloren hatte, am 8. August 1709 erließ, vervollständigt die Angaben welche wir über die Schuld der sächsischen Bevollmächtigten Imhoff und Pfingsten beigebracht haben.

Die Vollmacht zur Unterhandlung d. d. Nowogrodeck den 16. August 1706 lautete: „daß sie den Vergleich auf billige und christliche Bedingungen abschließen sollten," und in jenem Manifest wird gesagt, daß die unterzeichneten Friedensbedingungen weder billig noch christlich gewesen wären; ferner wird angeführt: „Pfingsten habe den König August in Petrikau versichert, der Vergleich sei noch nicht abgeschlossen, und habe die Ratification auf ein schon längst in Händen habendes Blanquet des Königs ausgeführt, das Datum aber vom 20. Octbr. ausgefüllt, als am Tage, wo er den König verlassen hatte, um dadurch wahrscheinlich zu machen, daß Letzterer die Ratification des Tractats in Petrikau vollzogen habe." Endlich wird in diesem Manifest gesagt: unter den gegebenen Umständen und nach erfolgter Ratification sei dem König nichts anders übrig geblieben, als auch noch diejenige Declaration auszustellen, die

1706 Die Ratification erfolgte am 20. Octbr. und am 5. Decbr. traf der König August wieder in Dresden ein, von wo er nach Leipzig reißte, um daselbst persönlich mit dem König Carl XII. zusammenzukommen.

---

der König von Schweden von ihm verlangt habe, und worin am 19. Januar 1707 der König August alle diejenigen Briefe, Befehle und Verordnungen, welche nach geschlossenem Frieden in Polen erschienen waren und wodurch selbiger in Zweifel gezogen werden konnte, zurücknahm und für null und nichtig erklärte.

Vierzehnter Abschnitt.

1706 — 1707.

Schulenburg begiebt sich von Warschau über Cracau nach Sachsen. — Feldmarschall Ogilvy erhält im Novbr. 1706 den Oberbefehl über die sächsischen Truppen. — Begebenheiten in Polen während des Einmarsches Carls XII. in Sachsen und der Friedens-Unterhandlungen zu Altranstädt. — Gefecht bei Kalisch. — Entwurf, den König Carl XII. in seinem Haupt-Quartiere aufzuheben. — Notizen über die Eigenthümlichkeiten des Königs von Schweden und Schulenburgs Audienz bei diesem Monarchen. — Erscheinung des Königs von Schweden in Dresden. — Dieser verläßt Sachsen nach jährigem Aufenthalt und nach Abschluß eines Vertrags mit dem kaiserlichen Hof. — Unermeßliche Nachtheile der Anwesenheit des schwedischen Heeres, und späte Rückwirkung auf die verminderte Bevölkerung Sachsens.

Schulenburg sagt uns in dem oft erwähnten Bericht der 1706
Feldzüge von 1704 und 1706 „er sei vom König in Warschau ziemlich kalt aufgenommen worden, er habe daselbst den F. M. Ogilvy [1]) gefunden, der vor kurzem aus russischen in chur-

1) Der russische Feldmarschall Ogilvy (Georg Benedict) wurde am 26. Novbr. 1706 zum churfürstlich sächsischen General-Feldmarschall, auch Geheimen-Kriegs-Raths-Präsidenten ernannt. Wir theilen in der Beilage (s. Beilage XXI.) das königl. Rescript mit, durch welches dem General Schulenburg diese Verfügung bekannt gemacht wurde.

Georg Benedict Ogilvy stammte aus einem schottischen Geschlecht und war in Böhmen, wo sich sein Vater, Georg Jacob, niedergelassen hatte, 1651 geboren. Er trat früh in kaiserliche Kriegsdienste und stieg in selbigen bis zur Würde eines kaiserlichen Feldmarschall-Lieutenants. Kaiser Peter der Große hatte ihn 1698 in Wien kennen gelernt und berief ihn nach dem Ableben des berühmten Generals le Fort 1703 als Feldmarschall in seine Dienste; sein damaliger Gesandter in Warschau und Dresden, General Patkul, erhielt den Auftrag, den Eintritt Ogilvys in russische Dienste zu unterhandeln. Diese vertauschte er 1706 gegen eine gleiche Anstellung in königl. polnischen und chursächsischen Diensten, und starb zu Danzig am 10. Octbr. 1710.

valliers et dragons. Le Roi de Suède ne voulait pas que la cavallerie fût chargée de rien, afin qu'elle fût plus en état de faire bien du chemin et des manoeuvres sans embarras, faisant des marches extraordinaires.

Il ne se trouvait dans l'armée de Suède, entrant en Saxe, que très peu d'équipages. Les Généraux n'avaient pas permission d'avoir chez eux des gardes, pas même des sentinelles.

Le Roi ordonna lui-même tout ce qui concernait les marches et les mouvemens de l'armée; il ne se servait que de son Adjutant-général. Il fit marcher quelquefois l'armée sans que le Feldmaréchal ni les premiers généraux en savaient la moindre chose.

Le Roi de Suède ne manquait jamais la prédication, ni les prières et lorsqu'il y assistait, il se mettait à génoux et faisait connaitre la plus grande dévotion du monde.

La fornication était châtiée chez eux très-rigoureusement; pour le moindre excès il en fallait faire la pénitence publiquement dans l'église devant l'autel; ni Généraux, ni autres officiers en étaient dispensés.

Il montait régulièrement une jusqu'à deux fois par jour à cheval, n'allant jamais au pas, mais toujours au grand galop; il traversa même ainsi les plus grandes villes, non obstant le grand nombre de gens qu'il rencontrait dans les rues. Il faisait de cette manière quelquefois 6. à 7. jusqu'à 10. lieues par jour.

Il allait rendre quelquefois visite à la Reine de même qu'à Madame royale mère du Roi de Pologne.

Le Roi Stanislas était souvent à Leipsic, où on le voyait toujours fumer du tabac. Il était d'ailleurs fort honnête et fort poli, ayant voyagé plusieurs années et fait ses exercices dans l'academie à Turin, où il était devenu amoureux d'une dame de qualité. On disait même qu'il l'avait recherché en mariage, mais qu'il y avait rencontré de la difficulté.

Denkwürdigkeiten

des

Feldmarschalls J. M. v. d. Schulenburg.

Ersten Theils dritte Abtheilung.

15r. bis 23r. Abschnitt.

1707—1711.

Chursächsische Dienste.

Funfzehnter Abschnitt.

1707 — 1708.

Schulenburg reist nach Hannover, um dem Churfürsten für Beweise einer gnädigen Theilnahme zu danken. — König August schließt einen Subsidien-Tractat mit den Seemächten ab, und das sächsische Corps marschirt an den Rhein. — Verbindung Schulenburgs mit Lord Peterborough, und Originalschreiben desselben. — Begiebt sich als Volontär mit königl. Aufträgen über Hannover zur Armee in die Niederlande. — Trifft in Brüssel Anfangs July 1708 ein. — Kurze Uebersicht der Feldzüge in den Niederlanden von 1702 bis 1707. — Kriegs-Ereignisse vor der Schlacht von Oudenaerde. — Beschreibung der Schlacht selbst nach Schulenburgs Originalbericht. — Hat Ursache mit dem sächsischen Dienst unzufrieden zu sein. — Schreiben desselben an den Baron v. Löwendal.

Zur Verständigung der Beschreibung der Schlacht von Oudenaerde und des Marsches von Affche dahin s.: Carte chorographique des Pays-bas p. Ferraris fol. 7 u. 8.

Der General Schulenburg fuhr fort des Königs, seines 1707
Herrn, Vertrauen und Gunst zu geniesen. Als die beiden Bevollmächtigten zum Altranstädter Frieden, Imhoff und Pfingsten, festgenommen worden waren, und man verbreitete, daß dem General ein gleiches Schicksal wiederfahren solle, so erschien derselbe vor dem König, um ihn davon in Kenntniß zu setzen und von ihm die Erlaubniß zu begehren, sich an einige deutsche Höfe begeben zu dürfen, um durch seine Gegenwart das Gerücht niederzuschlagen. Diese Erlaubniß wurde ihm unbedingt zugestanden, und Schulenburg reiste nach Braunschweig und Hannover, um vorzüglich am letztern Hof dem Churfürsten für einen ausgezeichneten Beweis von dessen Gnade persönlich seinen Dank auszudrücken. Der Churfürst hatte nämlich, von jener fälschlich verbreiteten Absicht, Schulenburg festzusetzen, unterrichtet, des Generals jüngern

1707 Bruder[1]) der in seinen Hofdiensten stand, nach Dresden geschickt, um ihn hiervon in Kenntniß zu setzen und ihm eine Zuflucht an seinem Hofe anzutragen. Der Churfürst war im Begriff, als Schulenburg in Hannover ankam, sich zu der Armee am Rhein zu begeben und deren Befehl zu übernehmen.

In dieser Zeit war dem König August gelungen, den längst gewünschten Subsidien-Tractat mit den Seemächten abzuschließen und 4 Regimenter Infanterie nebst 3 Dragoner-Regimentern selbigen in Sold zu überlassen[2]).

1) Dies war Friedrich Wilhelm, Stiefbruder des Generals, welcher den 21. Januar 1680 geboren war, und zu London als Königl. Groß-Brittanischer und Churhannöverscher Kammerherr den 13. Januar 1720 starb.

2) Der am 20. April 1707 zwischen dem König von Polen, als Churfürsten von Sachsen, vollzogene Subsidien-Tractat bestimmte die Stellung von vier Regimentern Infanterie, jedes aus 12 Compagnien bestehend, von einem Regiment schwerer Reiter und zwei Regimenter Dragoner. Jede Compagnie war ohngefähr 66 Mann stark, wornach ein Regiment, einschließlich des Stabs und der Officiere, zu 825 Mann, und das sämmtliche Fußvolk also zu 3300 Mann berechnet wurde. Jedes Regiment Reiterei bestand ebenfalls aus 6 Compagnien, und machte 443 Mann aus.

Zufolge des 2. Artikels des Tractats wurden 75,000 Thaler holländisch Geld, als zur Ausrüstung bestimmte Summe, im Voraus ausgezahlt. Die jährlichen Subsidien selbst wurden vermöge des 6. Artikels in acht Raten, jede zu 42 Tagen, eingetheilt.

Hiernach betrug jeder Termin

56,496	holl. Gulden	für die Infanterie
17,447	" "	für die schwere Reiterei
28,438	" "	für die zwei Regimenter Dragoner
1,725	" "	für den General-Stab des ganzen Corps
104,106	holländische Gulden,	

und folglich jährlich für das ganze Corps 832,848 holl. Gulden.

Es ist hierbei zu bemerken, daß die Verminderung dieses Soldes durch mannichfaltige Abzüge bedeutend war, sie betrug bei den Officiers 11 pro Cent. Der Gemeine erlitt noch größere Abzüge, welche ihm für Kleidung, Beimontirungsstücken, Brod, und bei der Reiterei für Fütterung zugerechnet wurden, so daß dem gemeinen Reiter, der 28 fl. in 42 Tagen erhalten sollte, nur 14 fl., und dem Infanteristen, der 12 fl. erhalten sollte, nur $4\frac{1}{2}$ fl. verblieb.

Der Churfürst wünschte, daß Schulenburg diese Truppen be- 1707
fehligen möchte; allein der Generallieutenant Graf Wackerbarth [1]) erhielt deren Commando, und zwar, wie uns der

Es scheint, daß im Feldzug von 1708 die vier aus zwölf Compagnien bestehenden Regimenter nur als vier Bataillone betrachtet wurden, und auf 660 Mann herabgekommen waren; wenigstens finden wir diese Angaben in einer Denkschrift, die vom König eigenhändig am 2. Octbr. 1708 in der Abtei Loos vollzogen worden ist, und die zur Grundlage des am 22. Febr. 1709 erneuerten Subsidientractats dienen sollte.

Die Ueberlassung von Truppen von Seiten eines Staats, der selbst im Frieden steht, oder der im Kriege begriffen eine größere Anzahl Soldaten zu einem bestimmten Zweck einer Macht überläßt, welche ihm dafür Subsidien anbietet, die den in jenem Staate eingeführten Sold übersteigen, ist in neuern Zeiten mannigfaltig und scharf getadelt worden. Man hat diese Verträge mit dem unwürdigen Namen eines „Menschen-Handels" bezeichnet, und gegen sie auf alle Weise die öffentliche Meinung aufgeregt. Practische Menschen betrachten die Frage anders; und wir finden in einer kürzlich erschienenen Schrift, die ohne Zweifel mit Scharfsinn und Unpartheilichkeit verfaßt ist, und die folgenden Titel führt: Erinnerung eines alten preußischen Officiers aus den Feldzügen von 1792, 93 und 94 in Frankreich und am Rhein, eine Stelle S. 80, welche wir, ohnerachtet sie manchem Ideologen anstößig erscheinen dürfte, hier wörtlich anführen wollen; sie bezieht sich auf den im Jahr 1794 zwischen Preußen und England unterzeichneten Subsidien-Tractat.

„Nur in dem Munde eines unwissenden und verdorbenen Philosophen mag die Klügelei zu dulden sein, daß ein Subsidien-Tractat den Pflichten eines Regenten nicht angemessen sey; der Soldat aber soll jeden Krieg mindestens als eine willkommne Uebung seiner Kräfte ansehen, während der Patriot die Geldhülfe, von der reichen Macht seinem Staate geworben, als wohlthätig betrachten sollte."

1) August Christoph v. Wackerbarth war geboren 1662 und aus einem alten Geschlecht im Mecklenburgischen. Er war anfänglich Page am churpfälzischen Hofe in Heidelberg, und trat sodann unter Churfürst Johann Georg III. in chursächsische Dienste, in welchen er schnelle Fortschritte machte. Im Jahre 1697 war er schon chursächsischer Gesandter in Wien, und behielt diese Gesandtschaft lange Jahre abwechselnd mit Verwendungen im militärischen Dienste bei. 1705 wurde er in den Reichsgrafenstand erhoben; 1711 wurde er Cabinets-Minister; er commandirte 1713 als General unter dem

1707 General sagt: „durch Vorschub des Wiener Hofes, woselbst er als sächsischer Gesandter stand.“

Dies Hülfs-Corps sollte, wie aus der Instruction an den commandirenden General Grafen von Wackerbarth d. d. Leipzig, den 10. Juny 1707 ersichtlich ist, in Flandern gebraucht werden; allein es wurde 1707 am Rhein, 1708 an der Mosel, und erst nach der Schlacht von Oudenaerde nach Flandern gezogen.

Wir besitzen wenig Nachrichten über die Angelegenheiten, an welchen Schulenburg in diesem Jahre Theil nahm. Es scheint, er habe es größtentheils in angenehmen geselligen Verhältnissen am chursächsischen Hofe zugebracht. Aus den Privat-Correspondenzen, die er sorgfältig aufbewahrte, sehen wir ihn in Verbindung mit den ausgezeichnetsten Personen jener Zeit. Lord Peterborough[1]), jener muthige Abentheurer, be-

---

Grafen Flemming das sächsische Truppen-Corps in Pommern und hatte wesentlichen Antheil an der Einnahme von Stralsund; 1718 wurde er Gouverneur von Dresden, 1730 Feldmarschall; er starb am 14. August 1734, und war Besitzer des Schlosses Zedlitz bei Pillnitz, und Zabeltitz, welches ihm der König 1728 geschenkt hatte. Er hatte 1707 zu Wien die Gräfin Balbian v. Salmour, Wittwe des Markgrafen Carl Wilhelm v. Brandenburg geheirathet; Graf Wackerbarth adoptirte dessen Sohn erster Ehe, Joseph Anton Gabaleon Grafen v. Wackerbarth-Salmour, und hinterließ ihm sein großes Vermögen. Letzterer war ebenfalls chursächsischer Cabinets-Minister und Oberhofmeister des Churprinzen, nachmaligen Churfürsten Friedrich Christian.

1) Carl Mordaunt Graf v. Peterborough, war im Jahr 1662 geboren, und trat früh in die Dienste der englischen Marine. Er widmete sich der Parthei Königs Wilhelm III. und nahm unter seiner Regierung nach dem Tode seines Oheims den Titel eines Grafen v. Peterborough an. 1705 wurde er im spanischen Successionskrieg als oberster Befehlshaber des in jenem Reiche zu Gunsten Königs Carl III. verwandten englischen Heeres nach Spanien geschickt, und zeichnete sich durch die Einnahme von Barcellona 1705 sowohl, als durch dessen Vertheidigung im folgenden Jahre aus. Lord Peteroboroughs unerträgliche Eigenschaften veranlaßten ihn, aus eignem Antrieb Spanien und sein Commando zu verlassen und nach Deutschland zu reisen, bei welcher Gelegenheit er in Dresden beim sächsischen Hof

rühmt durch die kühne Einnahme des Fort Mont-Joui, welche 1707
den Fall von Barcellona (d. 9. October 1705) zur Folge hatte, und der mit seinen Eigenschaften und seinen Fehlern in den Denkwürdigkeiten des Herzogs von Marlborough mittelst beweisführender Aktenstücke nach dem Leben geschildert ist, war im Lauf des Sommers in Sachsen erschienen, angezogen, wie es scheint, durch den Wunsch den nordischen Helden und die reizende Ueppigkeit des Hofes Augusts II. kennen zu lernen.

Unter unsern Materialien finden sich mehrere Originalschreiben von ihm an Schulenburg, welcher der Vertraute einer romantischen Leidenschaft für die damalige Geliebte des Königs, der Gräfin v. Cosel, gewesen zu sein scheint. Als Beweis des scherzhaften Geistes dieses berühmten Kriegers und zur Unterhaltung der Leser theilen wir hier einen von dessen Briefen mit:

Leipsic, ce 20. Juillet 1707.

„Je suis devenû bien dévot pensant toujours à la Sainte-Ecriture et quelquefois aux maris qui méritent d'être cocus."

„Je vous envoye la lettre que je vous avais promise et quand je recevrai la vôtre j'en ferai l'usage que vous souhaitez."

---

und im Hauptquartier Königs Carl XII. erschien. Er kam deshalb in Untersuchung, wurde aber von beiden Häusern des englischen Parlaments von aller Schuld frei gesprochen. Seitdem gebrauchte ihn die Regierung zu politischen Sendungen in Italien; und zur Zeit des Todes der Königin Anna war er deren Bothschafter bei dem König von Sicilien. Nach dem Regierungsantritt des Hauses Hannover wurde er nicht mehr im activen Dienst verwendet; da ihn indeß der päpstliche Legat zu Bologna 1717, unter Vorwand, dem englischen Prätendenten, der zu Urbino lebte, nachgestellt zu haben, verhaften ließ, so begehrte die englische Regierung wegen dieser willkührlichen Behandlung eines Großbrittanischen Pairs eine Genugthuung von Seiten des römischen Hofes, welche auch erfolgte.

Er vermählte sich in zweiter Ehe mit einer berühmten Sängerin Anastasia Robinson; diese Ehe wurde erst späterhin öffentlich bekannt. Er selbst begab sich im hohen Alter zur Wiederherstellung seiner Gesundheit nach Lissabon, und starb daselbst am 5. Novbr. 1735.

Der berühmte Dichter Swift hat in einem seiner Gedichte eine höchst originelle Schilderung von ihm aufgenommen.

1707 „D'Hannovre je vous enverrai une lettre pour la Dame qui m'a donné la pantoufle, ménagez mes intérêts avec la belle Amazone, vous m'assurez si obligeamment de votre amitié que vous pourrez vous assurer que je tacherai de la mériter en vous servant le plus utilement qu'il me sera possible.“

Lord Peterborough war, wie uns die Denkwürdigkeiten des Herzogs v. Marlborough berichten, von diesem großen Staatsmann und Feldherrn besonders begünstigt worden, und stand mit ihm sowohl, als mit seiner Gemahlin in den freundschaftlichsten Verhältnissen. Schulenburg benutzte seine Vermittelung, um sich dem Herzog von Marlborough zu nähern und das Commando des Hülfs-Corps zu erlangen, welches vor der Hand dem Grafen v. Wackerbarth anvertraut war. Allein der Lord war dazumal schon durch seine unruhige Gemüthsart und durch seine fast an Thorheit gränzende Wankelmüthigkeit in der Achtung der Männer, welche am englischen Staatsruder saßen, gesunken, so daß es nur dem persönlichen Verdienste Schulenburgs zugeschrieben werden kann, welches der Herzog v. Marlborough im folgenden Feldzuge kennen und schätzen lernte, daß er späterhin jenes Commando auf Verlangen des Herzogs erhielt, welches er mit so vielem Ruhme führte.

Die vor uns liegenden Correspondenzen Schulenburgs beurkunden, daß ihm in dieser Zeit kein Geschäft fremd blieb, welches das sächsische Staats-Interesse betraf. Er wurde namentlich vom König sowohl über die Unterhandlungen im Haag wegen des Subsidien-Tractats mit den Seemächten, als bei Gelegenheit der Dienstverhältnisse des Fürsten Antonius Egon von Fürstenberg, welcher die Stadthalter-Stelle in Sachsen während der öfteren Abwesenheit des Königs in Polen bekleidete und an die Spitze des Ministeriums gestellt worden war, damals aber sich mit königlichen Aufträgen in Wien befand.

1708 Im Frühjahr 1708 erhielt Schulenburg den Befehl, in einer außerordentlichen Sendung über Braunschweig und Hannover sich in die Niederlande zu begeben. Wir erkennen aus einem Bericht, welchen er unter dem 23. Juny aus Hannover

an einen höhern sächsischen Staatsdiener abgehen ließ, daß er 1708
sein Augenmerk auf alle politische Verhältnisse der Zeit richtete. Dieses Schreiben ist in mannichfaltigem Bezuge nicht ohne Interesse; merkwürdig sind die darinnen enthaltenen Notizen über die Eigenschaften des damaligen Kronprinzen von Preußen, nachherigen Königs Friedrich Wilhelm I., dessen Fehler, und vorzüglich dessen jähzornige und eifersüchtige Behandlung seiner Gemahlin, die ungünstigste Schilderung erfahren.

Wir werden späterhin sehen, daß Schulenburg mit demselben Fürsten in die genaueste Verbindung kam und bis an dessen Tod seine Achtung, sein Vertrauen, ja, man kann sogar sagen, seine Freundschaft genoß.

Aus der oben angeführten Instruction des Generallieutenants Grafen von Wackerbarth wissen wir, daß ihm im vergangenen Feldzug der Oberbefehl über das sächsische Subsidien-Corps ertheilt worden war; im gegenwärtigen Feldzug blieb das Commando in dessen Händen. Aus der officiellen Correspondenz Schulenburgs mit dem Konig scheint es, daß er als Beobachter im Auftrag des Letzteren die Reise ins Hauptquartier des Prinzen Eugen und des Herzogs v. Marlborough unternommen hatte, und zwar im Einverständniß und mit vollkommener Genehmigung dieser beiden Feldherrn. Der General traf Anfangs July in Brüssel ein, und sein erster Bericht ist aus dem Lager bei Asch vom 8. July, wenig Tage vor der Schlacht von Oudenaerde, datirt.

Bevor wir Schulenburg während der drei Feldzüge folgen, in welchen er mit Ruhm an der Seite des Prinzen Eugen und des Herzogs v. Marlborough in Flandern focht, glauben wir unsern Lesern in wenig Worten die politischen Verhältnisse der Niederlande, und der Kriegsereignisse in Erinnerung bringen zu müssen, welche seit Anfang des spanischen Erbfolgekriegs eingetreten waren.

Die Annahme des Testaments Königs Carl II. von Spanien von Seiten Ludwigs XIV. hatte ohne Schwertstreich die sämmtlichen spanischen Niederlande mit allen ihren festen Plätzen in französische Hände gebracht. Außer letzteren

1708 waren noch mehrere Festungen am Rhein in ihrem Besitz, indem der Churfürst von Cölln, als französischer Bundesgenosse, Truppen dieser Nation in Lüttich, Bonn, Kaiserswerth und Rheinbergen eingelassen hatte. Unter diesen Umständen war nach dem Tode Königs Wilhelm III. von England (8. März 1702) die Allianz zwischen Oesterreich, England und Holland ins Leben getreten, und der Herzog v. Marlborough hatte den Oberbefehl über eine Armee erhalten, die zwischen dem Rhein und der Maas zusammengezogen worden war, und die aus englischen, holländischen und den Truppen mehrerer deutscher Reichsfürsten bestand.

In dem Lauf von 6 Feldzügen, von 1702 bis 1707, hatte der Herzog von Marlborough die alliirte Armee allein in Flandern befehligt, und nur an der Donau gemeinschaftlich mit dem Prinzen Eugen von Savoyen den Ruhm des Sieges bei Höchstedt getheilt. In den ersten Jahren waren die Franzosen mehr durch geschickte strategische Bewegungen, als durch offene Feldschlachten, aus einem Theil der spanischen Niederlande verdrängt worden. Bei Eröffnung des Feldzugs von 1706 stand die französische Armee auf dem linken Ufer der Maas, und deckte durch eine Stellung, welche sie zwischen Namur und Löwen auf dem höchsten Punkt der Brabanter Flächen am Ursprung der beiden Gheten und der Mehaigne eingenommen hatten, Brabant und Flandern. Hier, unfern von Neerwinden, wo nach Verlauf von fast einem Jahrhundert durch eine gewonnene Schlacht den Franzosen ebenfalls die Niederlande entrissen wurden, erfocht am 23. May 1706 der Herzog v. Marlborough den berühmten Sieg von Ramillies. Die Folgen dieser Schlacht waren die Einnahme von Löwen, Mecheln, Brüssel und Gent. Von dieser Zeit an waren die Franzosen auf die Vertheidigung ihrer eignen Granze beschränkt, in welcher sie der Besitz der eignen und der niederländischen Grenzfestungen mächtig unterstützte. So war die Lage im Allgemeinen gestellt, als Schulenburg bei der alliirten Armee eintraf.

Bevor wir jedoch die näheren Verhältnisse, unter welchen der Feldzug von 1708 begann, darstellen, wird es zweckmäßig

sein, übersichtlich die Ereignisse der vergangenen Feldzüge in 1708
den Niederlanden von 1701 — 1707 zum bessern Verständnisse nachzutragen.

Der Krieg wurde im Frühjahr 1702 mit der Belagerung von Kaiserswerth eröffnet, welches den 15. Juny eingenommen wurde. Venlo fiel den 23. Septbr., so auch Stevenswerth und Rüremonde. Die Carthause und Citadelle von Lüttich capitulirte den 29. Octbr.

Am 15. May 1703 wurde Bonn erobert. In der Gegend von Lillo, nördlich von Antwerpen, fand am 30. Juny das Gefecht bei Eckern statt; hierauf wurde Limburg, Huy und Geldern eingenommen.

Im Jahre 1704 wurde Namur vergeblich bombardirt, und die Armee der Alliirten blieb in ihren Linien zwischen der Mehaigne und der Ghette bei Ligge stehen.

1705 nahmen die Franzosen Huy wieder ein; die französische Armee hielt die Linien von der Maas bis zur Schelde 20 Stunden Wegs lang besetzt; sie erstreckten sich über die Mehaigne, die Ghette, die Dyle und die Ruppel; sie wurde am 18. July angegriffen und aus jenen Stellungen vertrieben.

Am 23. May 1706 fand die Schlacht von Rammillies statt. Dieser Sieg zog die Einnahme von Brüssel, Gent und Brügge nach sich; Antwerpen capitulirte am 9. Juny; Ostende wurde am 3. July erobert; Menin, Dendermonde und Ath fielen im Verlauf desselben Monats.

Der Feldzug von 1707 verging unter gegenseitigen Bewegungen der beiden Armeen; es kam weder zu einem Hauptgefecht, noch zur Belagerung einer Festung. Im Anfang des Feldzugs deckte Marlborough Brüssel und Löwen durch ein Lager zwischen der Dyle und der Ghette, weil die Franzosen sich der Sambre genähert hatten. Späterhin marschirte der Marschall von Vendome links ab und stellte sich zwischen Tournay und Mons auf; in Folge dessen schützten die Alliirten Flandern durch Stellungen, die sie zwischen der Dender und Schelde, und dann an letzterer bei Helchin nahmen.

Im Frühjahr 1708 drohte Frankreich die Offensive gegen Flandern zu ergreifen; der Herzog von Burgund, Enkel

1708 Ludwigs XIV., war Oberfeldherr der Armee, und unter ihm commandirte der Marschall von Vendome. Ende May hatte sich das französische Heer bei Soignies vereinigt. Der Herzog v. Marlborough, welcher den Oberbefehl der alliirten Armee führte, während Prinz Eugen von Savoyen in diesem Feldzug ein Heer an der Mosel befehligen sollte, hatte sich an der Senne auf der Straße nach Brüssel aufgestellt und hatte Hall im Rücken. Seine Absicht war, letzteren Feldherrn an sich zu ziehen, um gemeinschaftlich einen großen Schlag gegen den Feind in Flandern auszuführen. Prinz Eugen bot dazu willig die Hand; bevor aber die dazu führenden Maaßregeln verabredet werden konnten, kam der Feind den Alliirten zuvor, und nachdem er Anfangs July durch einen Flanken-Marsch nach Braine la Leud den Herzog für Löwen besorgt gemacht hatte, zog er sich gegen Hall und Tubise an der Senne, ging von da über die Dender, und überrumpelte am 5. July Brügge, Gent und die Schanze von Plaßenthal.

Der Herzog von Marlborough war offenbar durch die früheren Bewegungen des Feindes in eine Falle gelockt worden; er marschirte eiligst aus dem Lager von Terbank bei Löwen nach der Schelde, und wollte versuchen, über Dendermonde früher das bedrohte Schelde-Ufer zu erreichen; allein Gent war bereits eingenommen, die Citadelle eingeschlossen und die französische Armee bei Alost und Oordeghem zwischen der Dender und der Schelde aufgestellt, um jene Unternehmung zu decken.

Unter diesen Umständen traf Prinz Eugen für seine Person in Brüssel ein, und Schulenburg ebenfalls. Seine Berichte werden uns in Zukunft als Leitfaden der Erzählung jener Begebenheiten dienen, deren Darstellung an und für sich der Geschichte nicht neu ist, welche aber aus dem eigenthümlichen Gesichtspunkt, von welchem sie der General Schulenburg betrachtete, und nach der unpartheiischen Beurtheilung eines Kriegers, welcher pflichtmäßig seine offnen Ansichten seinem Beherrscher berichtete, hier vorgetragen werden sollen.

Nach Schulenburgs Bericht aus dem Lager bei Asch war Prinz Eugen am 7. July Mittags mit 150 österreichschen

Husaren in Brüssel eingetroffen, und nachdem er von der Lage 1708
der beiderseitigen Heere Kenntniß genommen, unverzüglich zur Armee geeilt. Die Lage der Dinge war in diesem Augenblick äußerst mißlich; Antwerpen war bedroht, man erwartete den Verlust von Oudenaerde, Cortryck und Menin.

Schulenburg mißt die Ursache dieses Unfalls, von welchem man damals besorgte, daß er dem Feldzug die nachtheiligste Wendung geben möchte, dem Umstand zu, daß der Herzog v. Marlborough unnöthigerweise die Besatzungen aus den festen Plätzen von Flandern und vom linken Ufer der Schelde weggezogen und mit der Hauptarmee vereinigt hatte.

Die Unentschlossenheit der französischen Feldherrn und das Talent Eugens und Marlboroughs verhinderten die großen Resultate des wohl angelegten französischen Operations-Plans und stellten die Verhältnisse wieder günstig für die große Allianz.

Es kam darauf an, vor Allem die Schelde zu erreichen, um die Stadt Oudenaerde, als den Schlüssel der obern Schelde, vor einem Ueberfall der Franzosen zu sichern. Die Armee marschirte den 9. July nach Harslingen, nahe bei Enghien; von da durch einen nächtlichen Marsch über Gilangen nach Lessines [1]), welches man am 10. früh erreichte, und wo man die Dender überschritt; aus Lessines wurde den 11. früh aufgebrochen, und Ld. Cadogan, General-Quartiermeister der Armee, traf mit dem Vortrab gegen Mittag an der Schelde ein.

Das französische Heer hatte seinerseits sein Lager bei Alost und Nienoven geräumt, und war rechts abmarschirt, um ebenfalls an die Schelde zu rücken; und während die Alliirten unterhalb Oudenaerde und unter dem Schutz dieses Platzes über die Schelde schritten, so thaten dies die Franzosen abwärts bei Gavern. Die Vortruppen beider Heere bekamen sich auf dem linken Schelde-Ufer Nachmittags zu Gesicht.

1) Auf diesem nächtlichen Marsch stürzte der Herzog von Marlborough mit dem Pferde in einen tiefen Wassergraben, und wurde mit Mühe herausgebracht.

1708 Die Absicht der französischen Heerführer war gewesen, den Alliirten den Uebergang über die Dender streitig zu machen, und sie hatten deshalb Partheien zur Kundschaft ausgeschickt. Als diese am 10. früh um 5 Uhr bei Gilangen eintrafen, hielten sie einige Zelte, welche die alliirten Reiter, um sie zu trocknen, auf die Gebüsche gebreitet hatten, für das feindliche Lager. Der Marschall von Vendome glaubte hiernach, die ganze feindliche Armee sei noch am rechten Ufer der Dender aufgestellt, und entschloß sich hierauf über die Schelde zu gehen, in der Ueberzeugung, es werde ihm leicht sein, den Alliirten den Uebergang auf das linke Ufer streitig zu machen. Wir haben oben gesehen, daß der eilige Marsch der Alliirten dieses Vorhaben vereitelte, und daß sie zur rechten Zeit bei Oudenaerde eingetroffen waren, um diesen Platz vor einer vollständigen Berennung zu bewahren.

Unter diesen Verhältnissen rückten beide Armeen mit den Spitzen ihrer Colonnen einander entgegen; die Alliirten anfänglich nur in der Absicht, sich auf dem linken Scheldeufer festzusetzen, Oudenaerde zu decken, und hierdurch den Besitz der Landesstrecke zwischen der Lys und der Schelde, welche ein schmales Dreieck bildet, das die Basis auf Courtray und Tournay stützt und in seiner Spitze bei Gent ausläuft, zu behaupten; die Franzosen hingegen hofften früh genug vor Oudenaerde zu erscheinen, um ihren Feinden den Uebergang auf diesem Punkt zu verwehren. Später besetzten sie einige Dörfer, um Zeit zur Vollendung ihrer Aufstellung zu gewinnen, überließen sich einiger Unschlüssigkeit, und wurden nach und nach, nachdem der Tag schon weit vorgerückt war, in einzelne Postengefechte verwickelt, welche eine allgemeine Schlacht auf der ganzen Linie herbeiführten. Seit länger als einem Jahrhundert, als diese Waffenthat vorfiel, sind mannichfaltige Berichte über dieselbe erschienen, sowohl von Zeitgenossen, als von spätern Schriftstellern. Vorzüglich klar und umständlich ist die Beschreibung der Schlacht von Oudenarde, welche Core in den Denkwürdigkeiten des Herzogs von Marlborough in der deutschen Uebersetzung im 4. Theil S. 153—172 gegeben hat.

Hiernach scheint es überflüssig in eine umständlichere Er- 1708
zählung dieses Ereignisses hier im Texte unseres Werkes einzugehen. Wir erachten für hinlänglich zwei Schreiben, welche von Schulenburgs Feder rühren, das eine der Bericht, welchen er an seinen Herrn unmittelbar nach der Schlacht richtete, das andere ein Schreiben an einen Freund, in welchem er seine kritische Ansicht über selbige aufstellt, in den Beilagen (s. Beilage XXIII.) den Lesern zur Kenntniß zu bringen. Uebrigens wollen wir noch einige besondere Umstände angeben, die theils den Kampf selbst im Allgemeinen, theils Schulenburgs persönlichen Antheil daran betreffen.

Nach unsern handschriftlichen Angaben bestand das Heer der Alliirten aus 116 Bataillonen und 205 Schwadronen; die Nationen, aus denen es zusammengesetzt war, waren folgende:

Engländer,
Preußen,
Hannoveraner,
Holländer,
Dänen.

Das Gefecht selbst fiel zwischen 2 Bächen, dem Eine-Bach und dem Flüßchen Norken, vor, welche sich beide in die Schelde ergießen und sich in ihrem Ursprung nähern, so daß das Schlachtfeld sich auf dem alliirten linken Flügel und auf dem französischen rechten erhob und verengerte, und nach der Schelde zu erweiterte. Der Zweck der Manövers der beiden großen Feldherrn war, mit ihrem linken Flügel gestützt auf den rechten so schnell als thunlich vorzurücken, und so auf den Höhen von Dyke den rechten französischen Flügel zu umfassen. Die Bewegung gelang wegen der Zögerungen, die der Marsch der französischen Colonnen erfuhr und welche man der Verschiedenheit der Ansichten des Herzogs von Burgund und des Marschall von Vendome beimißt, vollkommen; sie kostete jedoch nicht geringen Kampf und Anstrengung. Durch den Umstand, daß der französische linke Flügel mit seiner Hauptmacht fast unbeweglich auf dem linken Ufer des Flüßchen Norken stehen blieb, während das Centrum und der rechte Flügel angriffsweise auf das rechte Ufer und auf den Höhen-Zug zwischen

1708 diesem und dem Eine=Bach vorgerückt waren und dort mit Tapferkeit und abwechselndem Glücke kämpften, jedoch nach und nach an Terrain verloren, geschah es, daß die concentrisch vordringenden Spitzen des alliirten linken und rechten Flügels einander immer näher kamen und endlich der linke Flügel der Alliirten im Rücken des französischen rechten erschien. Dies fand gegen Ende des Tags statt. Hierdurch wurde die Verwirrung im französischen Heere allgemein. Ein Theil warf sich auf die Centralstellung der Alliirten beim Schloß Bewern, schlug sich durch und flüchtete sich bis Courtray; die Hauptarmee jedoch zog sich auf der Straße, welche von Oudenaerde nach Gent führt, auf letztere Stadt zurück.

Schulenburg, der in dieser Schlacht kein Commando führte, und sich als Freiwilliger bei den commandirenden Generalen aufhielt, war bei dem Angriff, den der Churprinz von Hannover (nachmaliger König Georg II.) an der Spitze des Dragoner=Regiments Bülow auf den Feind machte, und wobei der Oberst Lusky an der Seite des Churprinzen fiel, gegenwärtig. Coxe in seiner Beschreibung dieser Schlacht erwähnt der Anwesenheit Schulenburgs; sein Vetter Alexander v. d. Schulenburg commandirte als General=Major im churbraunschweigschen Dienst eine Reiterei=Brigade.

Der Verlust, den die französische Armee erlitt, war bedeutend; nach den vor uns liegenden handschriftlichen Quellen betrug er an Gefangenen allein 875 Officiers und 9076 gemeine Soldaten.

Der Verlust der Alliirten an Todten und Verwundeten war nach den nämlichen Angaben folgender:

	Todte,	Verwundete.
Engländer = =	49	151
Preußen = =	50	119
Hannoveraner = =	106	320
Holländer = =	350	1006
Dänen = =	201	344
	756.	1940.
Außerdem an Officiers und Unter=Officiers	69	268
Gesammt=Verlust	825.	2208.

Nach einer andern handschriftlichen Angabe betrug der Ver- 1708 lust der Alliirten an Todten, an Verwundeten.

	Todten	Verwundeten
	1101 Mann,	1707 Mann.
Officiers	17 „	67. „

Der Verlust der Franzosen bestand in

Todten . . .	3020 Mann.
Verwundeten . .	4000 „
Gefangenen . .	9076 „
Deserteurs nach der Schlacht	3027 „
Generale und Brigadiers	11 „
Andern Officieren .	960 „

Trophäen:

52 Standarten.
56 Fahnen.
9 Paar Pauken.
5 Kanonen.

Schulenburg thut in seinem Bericht seiner selbst gar keine Erwähnung, und spricht bloß als beobachtender Zeuge des großen Ereignisses. Indeß haben wir ein Schreiben, welches der wirkliche Geheime-Rath v. Hoymb unter dem 4. August aus Dresden an den General richtete, vor uns, worin sich Ersterer folgendermaaßen äußert:

„Personne n'a été plus réjoui que moi d'entendre de plusieurs endroits les preuves d'une valeur particulière que V. E. a montrée à cette occasion à toute l'armée; toutes les lettres et même les gazettes en sont pleines, entre autre V. E. a beaucoup d'obligation à Mr. de Rantzau qui a fait de grandes éloges de votre bravoure; cette lettre a été montrée à Sa Majesté."

Demohnerachtet ergriffen die Neider und Nebenbuhler des Generals diese Gelegenheit, um ihn der Ruhmredigkeit zu beschuldigen und wahrscheinlich einen Bericht der Schlacht, der nicht von ihm herrührte, für den Seinigen auszugeben.

Wir finden Spuren davon in Schulenburgs Briefwechsel, wie sehr dieser unverdiente Vorwurf ihn gekränkt habe. Es scheint, als wenn der ehemalige Kriegs-Minister v. Bose ihm hiervon Kunde gegeben; in einer an diesen gerichteten

21 *

1708 Antwort vom 6. Septbr. weist er auf eine schneidende Art diese Beschuldigungen von sich ab, und es scheint fast als wenn Schulenburg vermuthet habe, daß der General Flemming Theil an diesen absichtlich in Umlauf gesetzten Gerüchten genommen hatte. Es finden sich wenigstens zwei Briefe vor, der eine von Schulenburg an den General Flemming, der andere als Antwort hierauf vom General Flemming; beide Schreiben sind unter freundschaftlichen Formen ziemlich bitter, und Anführungen aus Salomons Buch der Sprüchwörter in demselben Ton beweisen, daß die Versöhnung dieser beiden Nebenbuhler nicht vollkommen aufrichtig gewesen war. Schulenburg glaubte um diese Zeit noch immer Ursache zu haben, mit dem sächsischen Dienst unzufrieden sein zu müssen; wir finden unter seinem handschriftlichen Nachlaß das Concept eines Briefes vor, welchen er aus dem Lager von Lille an den damaligen Kammer-Präsidenten Baron v. Löwendal [1]) schrieb, davon der nachfolgende Auszug beweist wie unangenehm ihm seine damaligen Verhältnisse schienen.

„J'ai le malheur de n'avoir eu jusqu' ici aucun ami en Saxe et qui pis est, je n'ai pas l'espérance d'en faire jamais de véritable en ce pays-là; on m'y a mis à toute sorte de sauce, et je ne crois pas que du tems de Tibère on se soit servi de plus grandes finesses et malices que j'ai vû pratiquer à mon égard, et c'est ce qui m'a surpris aussi

1) Woldemar Freiherr v. Löwendal war der Enkel Friedrichs III., Königs von Dänemark; sein Vater natürlicher Sohn des Königs hieß Graf v. Güldenlöw, und verwandelte den Namen seines unehelichen Sohnes. Dieser war 1660 geboren und anfänglich in holländischen, dann in kaiserlichen und dänischen Kriegsdiensten, und trat 1707 in chursächsische an die Stelle des Baron Imhoff als Kammerpräsident und wirklicher Geheimer-Rath ein. Im Lauf seiner sächsischen Dienste überließ ihn König August II. dem König von Dänemark, um ein Truppen-Corps in Norwegen gegen die Schweden anzuführen. Er besaß in Sachsen die Güter Elsterwerda und Mückenberg und starb 1739 als Chursächsischer Oberhofmarschall und Cabinets-Minister; er war Vater des berühmten französischen Feldmarschalls Grafen v. Löwendal, Eroberers von Bergen op Zoom.

d'avantage que non obstant tout cela V. E. a pris la liberté 1708 de lire tout haut une lettre où on parlait avantageusement de moi; cela aura causé, j'en suis sûr, bien du raisonnement et pas moins de la reflexion dans l'esprit de bien des gens. Mrs. de Rautzau sont des très-bonnes gens et qui ne manquent pas de merite; ils sont fort de vos amis et je leur ai de l'obligation beaucoup de ce qu'ils ont voulû se souvenir de moi dans leur lettre; ils avoueront aussi que j'aime à faire du bien en toute manière. Quant au voyage du Roi, notre auguste maître, en ce pays-ci, on a la bonté de me dire que j'en ai sû quelque chose de plus qu'un autre et que j'y aurais peut-être contribué; si on ne m'avait pas déjà accoutumé depuis longtems en Saxe à m'imputer des choses auxquelles je n'ai pas songé quelquefois, j'enragerais tous les jours de toutes ces inventions malicieuses avec lesquelles on a la bonté de continuer à mon égard, mais vous avouerez Mr. qu'il est peu agréable de servir de cette manière-là, et pour dire la chose comme elle est, voilà ce que j'ai gagné par sept ans de service après avoir quitté celui d'un maître, (pour l'amour de celui du Roi qui est en vérité le plus digne et le meilleur maître qui fut jamais, si tous ceux qui ont le bonheur de le servir étaient uniquement animés de l'esprit de la sincérité, de la justice et du désintéressement) un maître, dis-je, qui m'estimait et me faisait beaucoup de bien; ensuite j'ai refusé toute sorte de services dès que j'ai remarqué que le Roi souhaitait que je restasse auprès de lui; un coup de malheur et le peu de fermeté de certaines gens a renversé le peu de merite que je crois avoir gagné par là et a fait oublier tout ce que j'avais fait par le passé.“

Beilagen zum 15. Abschnitt.

Beilage XXIII. a.

Relation du Général d'Infanterie Baron de Schulenburg de la bataille d'Oudenarde donnée le 11. Juillet 1708.

Après que les Français avaient pénétré les mésures qui avaient été prises à la Haye entre le Pce. Eugène et le Duc de Marlborough, toute leur application est allé à les traverser, pour cet effet ils ont assemblé aux Pais-bas une armée formidable composée des meilleurs troupes de France et afin d'ôter toute jalousie, on avait confié le commandement seul au Duc de Vendôme qui après avoir mis toutes les troupes en corps d'armée, la fit marcher dès le commencement de la campagne vers Soignies et de là vers Genap. Par cette manoeuvre il fit retourner l'armée des Alliés en toute diligence vers Louvain et comme il subsistait certains mécontentemens que les principales villes des Pais-bas croyaient avoir, il en profita pour menager des intelligences dans Anvers, mais on s'en apperçût encore à tems. A l'égard de Gand, on ne fut pas aussi heureux; les principaux de la ville firent un accommodement avec la France, par lequel ils promirent de remettre la ville entre les mains des Français, et dès que le Duc de Vendôme crût être sûr de son fait de ce côté-là, et qu'il vit l'armée des alliés vers Louvain, il decampa de Genap et passa la Senne à Halle, Lembast et Toubise, et marcha droit vers Alost, ayant envoyé devant-lui sous un gros détachement les équipages de l'armée, et ce fut ce même détachement qui se rendit maître de la ville de Gand. Le Général-Major Murey avait campé près de cette ville avec deux bataillons et quelques escadrons, et comme il s'était douté de l'intelligance que les Français pouvaient menager avec les principeaux de la ville, on pretend qu'il en avait écrit aux Généraux des alliés, mais on ne pouvait s'imaginer que les projets des Français allaient de ce côté-là; Dans la suite il a tenté d'entrer dans la ville, dès qu'il fut instruit que les Français s'en approchaient, mais les bourgeois n'ont plus voulû ouvrir les portes, et il fut obligé de se retirer avec ses troupes vers le Saas de Gand et les Français se rendaient maîtres de la ville sans aucune difficulté. La citadelle s'est defendue, le commandant a même fait tirer sur la populace, qui était venue l'insulter sur l'esplanade.

Brugge avait d'abord refusé d'ouvrir les portes aux Français, mais à la fin ils y sont entrés aussi bien qu'à Gand, et pour avoir la communication vers Niesport et Furnes et la commodité du canal, ils ont fait emporter le fort de Plassendahl, l'épée à la main. Si les Français avaient alors taché d'emporter Oudenarde, ce qui se pouvait faire sans gros canons, mais seulement avec l'épée à la main en sacrifiant huit ou neuf cent hommes, il est décidé qu' alors les alliés seraient restés en Braband avec toutes leurs forces les bras croisés, ce qui fit dire à bien des personnes que la France n'aurait pas manqué d'obtenir après une telle campagne une paix avantageuse.

Dans le tems que les Francais decampèrent de Genap, l'armée des alliés marcha le 4. de Louvan à Anderleex, s'étendant avec sa droite vers St. Quintin Lunink pendant que l'armée de France passait par là, et en vue du détachement qui couvrait les maréchaux de logis, qui étaient allés au devant pour marquer le camp. Les postes les plus avancés furent poussés, et il est sûr que les ennemis auraient pû enlever ou défaire tout ce que s'y trouvait alors; mais ils se contentèrent de faire avancer leur armée et de laisser un corps de troupes vis-à-vis de notre droite pour couvrir leur marche.

Le 6. au matin avant le jour on commenca à mettre l'armée en bataille et on supposait d'en venir aux mains avec les ennemis, que l'on croyait rangés en bataille derrière une petite hauteur, mais à mesure que le jour parût, on vit disparaître les troupes francaises, que le Général Major Schulenburg*) eut ordre de suivre avec cinq bataillons et dix escadrons, et il donna dans leur arrière-garde à une grande lieue de Ninnove, où il fit quelques centaines de prisonniers et prit quelques équipages.

Le même jour l'armée allât camper à Asch d'où on envoya les gros équipages le 8. vers Bruxelles et le 9. on marcha à la pointe du jour vers Harflingen près d'Enghien, où on fit camper l'armée en quatre colonnes depuis deux heures l'après-diné jusqu' à 7. heures du soir; après le coup de la retraite on se remit immédiatement en marche, sur les 9. heures du soir Milord Duc en passant près d'un fossé très large y tomba avec son cheval, d'où l'on eut beaucoup de peine à le tirer.

Le 10. sur les cinq heures du matin, on vint vers Gilangen où l'on fit faire une petite halte, pendant laquelle quelques cavaliers ayant mis leurs tentes sur des buissons pour les sécher, firent croire à ceux qui avaient été détachés par les ennemis pour prendre langue, que l'armée des alliés s'y était campée et comme le Duc de Vendôme jugea par là que les alliés ne passeraient la Dendre et ne seraient à Lessine que vers le 11., il dit à ses officiers qu'ils pourraient dormir tranquillement et qu'il ferait ensuite passer à son armée l'Escaut, mais il se mécompta beaucoup, car l'armée des alliés arriva le 10. d'assez bonne

*) Dies war Alexander von der Schulenburg General-Major im Dienste von Hannover, Cousin unsers Generals.

heure auprès de Lessine et elle y campa de même comme à Harlinges en quatre colonnes, y restant jusqu'à huit heures du matin.

Le 11. l'armée se remit à huit heures en marche pour aller à Oudenarde: On avait détaché avec les Maréchaux de logis et ceux qui marquaient le camp à Ath huit bataillons et dix escadrons qui s'étaient rendus d'assez bonne heure avec Mr. de Cadogan sur l'Escaut, conduisant avec eux les pontons et comme on avait appris en arrivant à Lessine que les ennemis avaient decampé d'Alost et de Nissove, pour marcher du côté de Gavere, on ne doutait presque pas de les trouver postés de l'autre côté de l'Escaut près d'Oudenarde aussi Mr. de Cadogan en arrivant sur la rivière vit un corps de troupes de France, qui était détaché pour marquer le camp de leur armée. Cependant il fit toujours continuer à faire achever au plustôt le pont de Bateaux et il est surprenant que deux armées jettent les ponts sur une même rivière à deux heures l'une de l'autre dans un même tems, sans en savoir si peu de particularités que ces deux armées-ci en ont sû. Dès que notre premier pont fut achevé, notre détachement se rendit de l'autre côté de l'Escaut, et quoique l'on aurait dû occuper sans perdre un moment le village Einem de même que le terrain avantageux qui se trouvait là, on en fut empêché par les peines que l'on se donna pour avoir des avis des projets et des mouvemens des ennemis, par là on leur donna le tems de jeter dans ce village quatre bataillons et de placer trois autres très-avantageusement plus à la droite du village. Si les Français avaient envoyés plus de troupes dans ces postes soutenues par de la cavalerie et qu'ils y eussent appuyés la gauche de leur armée en tirant avec leur droite vers le village de Petegem, jamais notre armée aurait osé passer cette rivière, on aurait encore moins songé de les attaquer dans cette situation, on aurai aussi dû attaquer et renverser notre détachement qui passa l'Escaut entre la ville d'Oudenarde et le village Einem qui était occupé par les ennemis, vû que notre armée ne paraissait pas encore pour le soutenir, mais on nous laissa faire et ils ne songèrent pas à disposer les affaires, de manière pour soutenir leurs troupes placées en ce village, ni à les en retirer à tems. C'était le Lieutenant-Général Biron, qui était marché avec les campemens pour choisir le terrain pour l'armée de France. Il fut fort surpris de voir notre détachement, il en fit avertir le Duc de Vendôme, qui recût cet avis à huit heures du matin dans le camp de Gavere, il se rendit incessamment à la tête des troupes, et voyant arriver la tête de notre armée. Il doit avoir dit au Duc de Bourgogne qu'il fallait donner bataille ce jour-là; le Prince ne doit lui avoir répondu autre chose, si non, que c'était à lui d'en faire la disposition. En attendant notre armée arriva au pont de Bateaux où le Duc de Marlborough et le Pce. Eugène étaient aussi. On y fit passer les troupes à mésure qu'elles arrivaient et on ordonna à l'armée et surtout à l'infanterie de presser sa marche et de se rendre le plustôt qu'il serait possible à portée du pont; du côté des ennemis on avait de même pressé la marche de leurs troupes pour nous prévenir à occuper les postes avantageux; leur aile droite passa l'Escaut à Sommersecx, et leur aile gauche à Gavern. Pendant que leur armée continua d'avancer: le Duc de Vendôme resta quelque tems dans l'irresolution à l'égard du parti qu'il avait à prendre bien, qu'il ne lui en restait point d'autre pour se mettre hors d'insulte et pour éluder tous les desseins des alliés que de mettre sa droite vers Wannegem et la gauche vis-à-vis de Mühlen, tirant vers Asper sur la hauteur, le ruisseau qui va à Gavern, devant eux, et nous n'aurions jamais osé les attaquer sans risquer le tout et je ne sais de quelle manière on se serait tiré d'affaire, si les Français étaient restés dans cette situation mais au lieu de cela ils abandonnèrent, encore cette hauteur et vinrent placer leur droite vers Oyke jettant leur infanterie dans les fonds, hayes et villages derrière le château de Bevern, tirant leur gauche vers Mühlen, laissant le ruisseau ci-dessus mentionné de même que la hauteur derrière eux. Il est vrai qu'une partie de leurs troupes, c'est-à-dire du leur gauche, était resté derrière le ruisseau sur la hauteur, laissant devant eux le village de Mühlen un peu à la droite et Signehm à leur gauche. Dès qu'une partie de nos troupes fut passée de l'autre côté de l'Escaut et que l'on vit que les Français ne s'approchaient pas pour soutenir leurs bataillons postés à Einem, le maréchal Général des logis Mr. de Cadogan fit dire à Milord Duc que s'il le trouvait à propos, il ferait entourer par le détachement qui était allé au devant avec lui, les bataillons français et qu'en attendant un corps de cavalerie s'avancerait dans la plaine, ce qui fut fait sans perte de tems et huit escadrons des nôtres se rendirent dans la plaine vers l'église et le moulin de Herem où douze escadrons des ennemis s'approchèrent, que l'on chargea si brusquement que l'on les défit entièrement près de l'auberge de l'hospital d'Oudenarde et on leur pris une paire de timbales et sept étendarts et comme on se trouva fort avancé, on se retourna après un exploit vers le reste de notre armée. Les Français qui avaient placé quatre pièces de canon sur la hauteur à la gauche du village de Muhlen, canonnèrent fortement cette cavalerie-ci, dont une partie fit une mauvaise manoeuvre et se retira même assez confusement. Un escadron du regiment du corps Danois commandé par le Lieutenant-Colonel Holst, ne s'était pas seulement beaucoup distingué. lorsque les 12. escadr. Français furent renversés, mais il resta aussi toujours ferme et inébranlable non obstant la canonade des ennemis et donna par là un si bon exemple aux autres escadrons, que deux autres vinrent se remettre auprès de lui ce qui empêcha que 15. à 16. escadrons des ennemis qui vinrent s'avancer au galop vers cette cavalerie et qui l'auraient chassé de la plaine s'il avaient continué d'avancer, firent halte et s'en allèrent peu de tems après sans aucune nécessité et sans avoir rien tenté. Pendant ces entrefaites les quatre bataillons ennemis qui étaient placés dans Einem furent enveloppés et faits prisonniers de guerre avec le brigadier Comte de Croi, par les Anglois, et les 3. bataillons qui étaient placés à la droite de ce village se retirèrent à tems sans perdre un seul homme. Notre aile droite de la cavalarie s'avança ensuite au-delà du village d'Einem vers l'église et le moulin de Herem. Les Français se renforcèrent de plus en plus dans les villages et dans les hayes depuis Mühlen jusqu'à la moitié du chemin derrière le château de Bevern, étendant leur droite toujours vers le moulin d'Oyke. Jusqu'ici notre infanterie n'était point encore arrivée, si le Français avaient sû en profiter ils nous auraient extrêmement embarrassés, mais il faut aussi savoir, que si leur armée était plus avancée que la nôtre, c'est qu'elle avait commencé plustôt à se mettre en marche; Notre armée ne partit qu'à huit heures du matin, et deux cent escadrons et cent seize bataillons demandent du tems pour passer une rivière et pour faire un chemin de trois à quatre lieues. On pretend même que l'armée ennemie a dû se mettre en mouvement pour sortir du camp de Gavern à la pointe du jour, et ils auraient pû nous prévenir, parce que nous ne devions partir de Lessines qu'à six heures, mais on s'arrêta jusqu'à huit heures du matin.

L'infanterie ennemie occupa à mésure qu'elle descendit de la hauteur, les hayes, broussailles et villages ci-dessus mentionnés, qui était le plus à la portée de la plaine, dans laquelle notre cavalerie se rangea en ordre de bataille, notre aile gauche passa au travers de la ville d'Oudenarde, où elle fut longtems arrêtée par deux ponts qui se rompirent; elle se rendit pourtant à la fin aux environs du moulin et du village d'Oyke, pour prendre l'aile droite des ennemis en flanc.

L'infanterie se rangea en bataille depuis le château de Bevern jusque vers le village de Mühlen et c'est à la gauche de ce dernier village que l'attaque commença. Trois bataillons Prussiens, qui étaient les premiers furent vigoureusement repoussés, mais ils se remirent à quelques centaines de pas et retournèrent sur les ennemis avec toute la vigueur imaginable, ensuite de quoi il y eut des attaques tantôt à la gauche, tantôt à la droite, tantôt au milieu et peu à peu les Français furent poussés de la plus grande partie des hayes qu'ils occupèrent. Il est vrai qu'ils retournèrent deux à trois fois à la charge avec beaucoup de vigueur mais sans beaucoup de succès, et s'ils faisaient quelques fois récaler deux ou trois bataillons, ils n'eurent pas le plaisir de rester longtems les maîtres du terrain qu'ils avaient occupé.

La cavalerie de l'aile gauche fit plier les ennemis et les poussa les uns dans les autres et le feu fut fort violent pendant une heure et demie de part et d'autre entre l'infanterie et notre aile gauche, et celle de la droite des ennemis et il y eut à tout moment des combats tant au milieu qu'à la droite de l'infanterie.

On n'a pas vû que les ennemis se soient servis de leur artillerie en cette occasion excepté tout au commencement. De notre côté il y eut huit ou dix pièces de canon placés en deux endroits qui tiraient continuellement sur les ennemis, sans les faire reculer ni causer grand désordre.

Vers le soir l'infanterie des alliés, après avoir délogé les ennemis de toutes les hayes, les quitta aussi et s'avança dans les plaines vers les ennemis, qui étaient rangés en ordre de bataille, cavalerie et infanterie les uns derrière les autres. Et comme notre aile droite de la cavalerie se trouvait dans la plaine de Hurem, rangée en ordre de bataille derrière l'infanterie sans occupation, on detacha une vingtaine d'escadrons qui défilèrent au travers du village et se rangèrent en bataille devant notre infanterie en deux lignes. Ce que les Français rangés en ordre de bataille virent faire fort tranquillement assez près d'eux, au lieu que s'ils étaient venus attaquer notre cavalerie vigoureusement, ils l'auraient peut-être renversé sur l'infanterie et nous auraient mis dans la plus grande confusion, et auraient vraisemblablement redressé par là toutes leurs affaires.

Dès que notre cavalerie se trouva en ordre, on la fit avancer vers les ennemis, sans la faire accompagner par de gros pelotons d'infanterie dans les intervalles dés escadrons, comme on l'avait conseillé pour jouer à coup sur. Les Français à l'approche des nôtres reculèrent et firent bientôt après feu, tirant même en l'air, se jettant incontinent après entre leur infanterie qui reçût notre cavalerie d'une manière qu'elle se trouva presque dispersée et comme elle se jetta vers la droite, elle tomba une seconde fois entre des bataillons ennemis placés dans des hayes, ce qui causa une perte considérable. Le regiment de Baudissin qui s'était mis sur la gauche tint ferme, tout seul et comme notre cavalerie ne fut point poursuivie elle se rallia.

L'infanterie ennemie s'était poussé dans les hayes et vint attaquer brusquement l'infanterie Prussienne, de même que le regiment des gardes Danoises à dos, ce qui causa une forte surprise; cependant ces troupes qui s'étaient si bien montrées pendant toute cette action ne se dementirent point en ce moment, elles firent volte-face sans s'ébranler et soutinrent avec toute la valeur imaginable jusqu'à deux attaques. A la fin la nuit separa les combattans, s'il où avait eu encore deux heures de jour, les ennemis auraient été très-mal menés.

Le terrain où la bataille s'est donnée est environs une heure de chemin, c'est-à-dire depuis Mühlen jusqu'en deça d'Oyke et là où l'infanterie a combattu, ce sera à peine un terrain d'une demie-lieue de long.

Le Prince Eugène et le Duc de Marlborough se sont trouvés du commencement de l'affaire ensemble, du côté de la droite dans la plaine de Hurem, où on delibera plusieurs fois ce qu'il y aurait à faire; en attendant l'affaire s'engagea insensiblement de part et d'autre. A la fin le Duc de Marlborough crût sa présence nécessaire à la gauche et le Prince Eugène avait le dessein d'aller avec la plus grande partie de la cavalerie de l'aile droite et un corps de l'infanterie, pour attaquer, s'il était possible, la gauche des ennemis ou du moins de leur causer une diversion de ce côté-là, mais on vint heureusement à bout des ennemis peu à peu, et sans se donner beaucoup de peine, il n'en est pas moins sûr, que, si on les avait pû prendre à tems par leur gauche, que leur armée aurait peut-être été entièrement dispersée.

Les ennemis se retirèrent pendant la nuit sur la hauteur derrière le ruisseau et quoi qu'une partie de l'armée est allée du côté de Tournay, Lille et Ipres, le gros est retourné sur les deux heures après minuit vers Gand.

On envoyât le matin une quarantaine d'escadrons pour les suivre; ceux-çi ont renversé leur arrière-garde plusieurs fois, malgré que les ennemis firent assez bonne contenance et nous tuèrent et blessèrent plusieurs officiers et beaucoup de soldats, mais on leur a pris plusieurs officiers de distinction.

Le lendemain au matin, on remit les troupes en ordre et l'on fit camper l'armée derrière le champ de bataille. On a pris six paires de timbales, plus de quatre-vingt drapeaux et étendarts, un Lieutenant-Général, trois maréchaux de camp, en tout plus de six cents officiers et de huit mille soldats. On ne peut pas encore savoir ce que cette affaire coute aux ennemis. On croit toujours qu'ils ont fait une perte très-considérable et peut-être le quart de leur armée.

Beilage XXIII. b.

Lettre du Général d'Infanterie Baron de Schulenburg à Mr. de G*** du camp de Warwik le 25. Juillet 1708.

Monsieur.

Vous avez été surpris de même qu'une infinité d'autres personnes, qui auraient crû aussi que le Duc de Vendôme qui doit connaître à fond les resolutions, que le Pce. Eugène et le Duc de Marlborough sont capables de prendre en toute sorte de rencontres, aurait venû s'avanturer de la manière qu'il a fait, n'aurait-il pas fallu se contenter de s'être saisi de Gand et de tout ce pays-là, qui était un coup de parti, surtout après avoir fait impunément une marche aussi hardie que celle qu'il fit à notre barbe depuis Halle et Lembust jusqu'à Alost? mais il faut avoir que le Duc de Vendôme est l'homme de son tems qui fait les plus hardis mouvemens, à qui sait assez bien chicaner le terrain; mais si ce le prend à un de ses faux bouts, il ne sait où il en est; Méchante affaire, quand on a fait connaître son faible. Le Duc de Vendôme m'a parû si content et si suffisant de lui-même après avoir frappé ce coup de Gand, qu'il est resté en chemin, car il fallait faire prendre par force et à quel prix que ce fut la ville d'Oudenarde, ce qu'il pouvait faire exécuter sûrement en deux ou trois jours sans gros canons et sans faire brèche en hazardant huit à neuf cents hommes, vû qu'il y avait peu de garnison et que la place ne vaut rien. Après cela il nous crût le 10. à Gilanges, au lieu que nous vînmes camper ce jour là à Lessine en deça de la Dendre et que par là on alla passer le même jour et la même heure à deux lieues l'un de l'autre, deux grosses machines de cette nature-là sur la même rivière sans que l'on en sût de part et d'autre ce qui s'appelle rien. S'il avait été maître d'Oudenarde, ce que Mr. de la Motte aurait pû prendre avec son détachement, ou qu'il fut venu un jour ou seulement quatre heures plustôt se placer par là avec son armée, ou qu'il eut aussi laisé la plus grande partie sur la devensive, il nous aurait fait faire la plus malheureuse campagne du monde, coupé de Menin et nous aurait fait perdre toute la campagne. Ne direz-vous pas que les Puissances maritimes auraient songées à faire la paix et le Duc de Marlborough aurait eu bien de la peine à se tirer d'affaire avec la Chambre-Basse? Mais la tête des deux armées se rencontre et on fut fort surpris de part et d'autre de se voir si près. Le Duc de Vendôme en fut averti étant encore à Gavern; à son arrivée il resta encore quelque tems irresolu du partie qu'il avait à prendre, par là on s'avança insensiblement, on se glissa, et on se plaça d'une manière que l'on ne fut plus en état de choisir de parti parce que nous commencions d'être à portée. Au lieu qu'il fallait d'abord que l'ennemi appuyât sa gauche au village d'Einem, et tirât avec la droite derrière le château de Bevern vers le moulin d'Oyke, ou il aurait dû se retirer et mettre ses troupes sur la hauteur depuis Wertegem jusqu'à Heusen, tirant vis-à-vis vers Gavern; et ils nous auraient bien embarrassés, jamais nous n'aurions osé passer l'Escaut, ni l'attaquer sans risquer le tout. Mais si vous croyez que tout se fait en se metier avec prudence et précaution, et que l'on ne fait aucune démarche, qu'après des mures déliberations, vous vous trompez beaucoup. La pluspart d'affaires se font par hasard ou par la providence divine si vous voulez. Croyez qu'en ce metier tout le monde fait des faux pas et celui qui prétend en être exempt ne l'a point encore compris ou ne l'a jamais fait. Il faudrait voir un peu représenter ces sortes de pièces de près, et voir agir même Cesar, Alexandre ou ceux des autres héros derrière la tapisserie et je serais plus que curieux d'en entendre après votre sentiment.

Croyez que souvent le succès des plus grandes actions, le sort des Royaumes et de l'Europe même, se trouve entre les mains des subalternes, ce sont les bons colonels ou les commandans des bataillons et escadrons qui font avoir la pluspart du tems des journées si heureuses; bref les Français se sont aussi mal conduits, qu'ils se sont peu battus en gens déterminés, d'où on peut conclure et nous le pouvions dire par expérience, que dès que l'on est battu une fois on court risque de l'être plus de fois. Le Duc de Vendôme n'avait qu'à imiter cette campagne-ci Fabium maximum, cunctando restituisset rem; il a peu ménagé la gloire des Princes et fils de France, mais se peut-on cacher avec 205. escadrons et 131. batail. dont il avait laissé 16. à Gand?

Sechzehnter Abschnitt.

1708.

Weiterer Fortgang des Feldzugs. — Belagerung von Lille. — Schulenburg ist dabei gegenwärtig und wird zu Berathungen Eugens und Marlboroughs gezogen. — König August kommt ins Lager von Lille. — Des Königs Absicht, die Krone Polens wieder zu erlangen, und Unterhandlungen hierüber mit dem Herzog von Marlborough. — Umstände über die Belagerung von Lille aus des Generals Tagebuch und Berichten. — Prinz Eugen wird verwundet. — Nähere Angaben über dies Ereigniß. — Bewegungen der beiderseitigen Heere während der Belagerung. — Der Platz ergiebt sich.

In Betreff der Belagerung von Lille s.: Carte etc. p. Ferraris, fol. 12.

Die französische Armee zog sich nach der Schlacht 1708 hinter den Canal, der von Brügge nach Gent führt, und ihre Feldherrn nahmen weitere Plane in Ueberlegung und begehrten Verhaltungsbefehle von Versailles. Das Hauptquartier der großen alliirten Armee kam nach Warwick an der Lys oberhalb Menin, indeß ein Theil der Armee, welche der Prinz Eugen früher an der Mosel befehligt hatte, herangezogen wurde, um das Hauptheer zu verstärken und eine große beabsichtigte Belagerung zu decken. Die herangezogenen Truppen waren Kaiserliche, Pfälzer, Hessen und Sachsen, dasselbe sächsische Hülfscorps nämlich, welches, wie wir oben gemeldet, unter die Befehle des General-Lieutenants Wackerbarth gestellt worden war.

Es handelte sich vor allem darum, welchen der großen französischen Grenz-Plätze man alliirterseits zur Belagerung wählen wollte, und man war anfänglich zwischen Lille und Tournay unentschlossen; jedoch bestimmte man sich zuletzt für erstern Platz.

1708 Die Schwierigkeiten dieses Unternehmens waren mannichfaltig und in jedwedem Bezug sehr bedeutend.

Außer der Armee, welche unter dem Marschall von Vendome fortwährend zwischen Brügge und Gent stand, hatte der Herzog von Berwick ein Heer längs der französischen Grenze zwischen Tournay, Valenciennes und Mons gebildet, und zwar bestand dasselbe hauptsächlich aus Truppen, welche von der Armee, die an der Mosel dem Prinzen Eugen entgegen gestanden hatte, nach dessen Abmarsch ebenfalls nach Flandern gezogen worden waren. Während das Hauptheer der Alliirten von Warwick aus Lille bedrohte, mußte es seine Zufuhren von Brüssel ab zwischen Gent und Tournay durchbringen, nämlich zwischen den zwei französischen Hauptarmeen, eine Strecke von mindestens 20 bis 24 französischen Stunden (lieues de France). Ueberdem war das zu einer großen Belagerung unentbehrliche schwere Geschütz zu Sas de Gand und in Mastricht; der erste Transport sollte Antwerpen und von da Brüssel zu Wasser erreichen; der zweite sollte von Mastricht aus zu Lande mit dem ersten ebenfalls in dieser Hauptstadt zusammentreffen.

Den vereinigten Anstrengungen der beiden Feldherren gelang es jedoch diese Schwierigkeiten zu überwinden. Sie trennten das Heer in zwei Haupttheile, das eine unter den Befehlen des Herzogs v. Marlborough blieb bei Warwick, das andere, welches der Prinz Eugen befehligte, bei Enghien zwischen der Senne und der Dender, während starke Truppen-Abtheilungen bei Brüssel und Ath aufgestellt wurden. Das Heer des Prinzen Eugen war bestimmt die Zufuhren zu sichern, welche zur Belagerung von Lille nothwendig waren.

Schulenburg wurde, wie wir aus dem Tagebuche erfahren, welches er mit der größten Pünktlichkeit vom 12. Juli an bis zum 3. Januar 1709 führte, öfters zu den Berathungen der beiden großen Feldherrn zugezogen. Er war der Meinung gewesen, die Belagerung von Tournay der von Lille vorzuziehen, und zwar vorzüglich deshalb, weil ersterer Platz näher an Brüssel als der zweite läge und dieser der

durch, daß die französische Armee unter dem Herzoge von Ven- 1708
dome Meister der Lys und der Schelde war, leichter die Belagerung erschweren könnte, wozu noch käme, daß die Einnahme von Lille durch die vorläufige Besitznahme von Tournay erleichtert werden würde. Indeß blieb die Ansicht fest, Lille zu belagern, welche vorzüglich durch den Prinz Eugen aufgestellt und behauptet worden war.

In dem erwähnten Tagebuch finden sich werthvolle Angaben über die Persönlichkeiten der zwei großen Feldherrn. Prinz Eugen scheint ohnerachtet der Tiefe seines Geistes und seines großen und seltenen Talents weniger arbeitsam und weniger Mann der Feder gewesen zu seyn, als der Herzog v. Marlborough. Schulenburg äußert sich hierüber bei einer Gelegenheit im Lauf des gegenwärtigen Feldzugs folgendermaßen:

„Le Prince Eugène est souvent trois à quatre heures à raisonner de suite sur le metier de la guerre; dès qu'il n'écrit pas, ce qu'il fait le moins qu'il est possible, tout le monde entre chez lui."

„Le Pce. Eugène disait à une occasion qu'il était sûr que l'on n'avait pas envie d'entreprendre quelque chose, lorsque l'on tenait un conseil de guerre, outre que souvent on donnait des mauvaises impressions aux Subalternes et aux troupes même, qu'il n'avait jamais fait de disposition par écrit, que celle auprès de Turin, parceque le duc de Savoye l'avait souhaité, autrement il ne l'aurait pas fait non plus, car dès que l'armée était rangée en ordre de bataille, un chacun devait savoir ce qu'il avait à faire et que le Gen. ne pourrait soutenir que ceux qui en avaient besoin, ou profiter des démarches que les ennemis faisaient mal à propos, mais que l'un et l'autre ne se pouvait faire à moins que les troupes ne tinssent fermes."

Nachdem das Belagerungsgeschütz sich in Brüssel vereinigt hatte, wurde dieser ungeheure Convoi am 6. August in Bewegung gesetzt; er bestand aus 94 Kanonen, 60 Mörsern, 3000 Pulverkarren und nahm einen Raum von 69000 Schritt oder beinahe drei deutschen Meilen ein. Den ersten Tag rückte er auf der Hauptstraße von Brüssel nach Mons bis

1708 Soignies vor; am folgenden Tage wendete er sich über Louvignies und Cambron nach Ath; von da am dritten Tag über Bouvignies und Frasne nach Pottes und Helchin an der Schelde, woselbst der Transport am linken Ufer dieses Flusses aufgestellt wurde, von welchem Punkt, da man von da sowohl Lille als Tournay bedrohen konnte, der Feind noch ungewiß bleiben mußte, welchen von beiden Plätzen man belagern wolle.

Der Prinz Eugen deckte diesen großen und schwierigen Marsch; zwischen Nienoven und Brüssel wurden bei Tomberg 35 Schwadronen aufgestellt; ein zweites Corps von 6 Bataillonen und 10 Schwadronen bei Castregat zwischen Tomberg und Enghien; ein drittes bei Braine le Comte; Prinz Eugen befand sich endlich mit dem Ueberrest seiner Truppen am Acker-Bach, der von Cambron nach Ath fließt, indem er Front gegen Mons machte, um den Anfällen zu widerstehen, welche von daher etwa durch die Armee des Herzogs von Berwick hätten statt finden können.

Wenn man dem Marsch dieses Convoi und diesen Aufstellungen auf der Karte folgt, so wird man bemerken, daß ersterer von Brüssel nach Helchin eine auslaufende Parabel beschrieb, welche die aufgestellten Truppen-Corps gewissermaßen zirkelförmig zur Deckung umgaben.

Es handelte sich nun noch, den Transport von Helchin nach Menin zu bringen, welches als Hauptwaffenplatz zur Belagerung von Lille bestimmt worden war. Die Aufgabe, diesen Marsch zu decken, wurde dem Heere des Herzogs v. Marlborough zu Theil, welche dieser eben so geschickt als sein edler Waffenbruder lößte.

Der Herzog sammelte sein Heer bei Menin; General Spaar wurde rückwärts bei Warneton aufgestellt; General-Lieutenant Wood abwärts der Lys in der Nähe von Courtray, um Menin für jeden Angriff von der Seite von Gent her zu schirmen; der Herzog selbst ging am 12. August über die Lys und marschirte nach Helchin dem Transport entgegen. Sobald als dieser glücklich in Menin angelangt war, entsendete er den Prinzen von Oranien mit 31 Bataillonen und 34 Schwadronen nach Marquette, auf den Punkt wo das Marque-Flüßchen in die Deulle nahe bei Lille fällt. Dies Corps wurde der Armee des Prinzen Eugen untergegeben, welches zur Belagerung von Lille bestimmt war; Marlborough übernahm diese Unternehmung zu decken. 1708

Zu ersterem Zweck hatte Prinz Eugen alle bis jetzt in Flandern und Brabant zum Schutz des Convoi zerstreuten Truppen zusammengezogen, und bei Templeuve zwischen Tournay und Lille aufgestellt; von hier aus wurde in einigen Tagen Lille berennt, und die Laufgräben vor diesem Platz am 22. August eröffnet.

In diesem Zeitpunkt erschien der König August bei der Armee in Flandern. Diese Reise wurde schnell und unerwartet von Sachsen aus unternommen, und nur mit einem geringen Gefolge.[1])

Seit dem Frieden von Altranstädt und dem ein Jahr später erfolgten Abmarsch der Schweden aus Sachsen nährte der König den Plan, den Krieg zu erneuern. Der Czar Peter regte ihn seinerseits ebenfalls dazu an. Die Absicht des Königs scheint gewesen zu sein, die Meinung des Prinzen Eugen sowohl als des Herzogs von Marlborough, indem beide Heerführer als die Seelen ihrer Cabinete zu betrachten waren, über diese Frage zu erforschen. Obgleich eine Verschiedenheit der Ansichten zwischen beiden Heerführern bestand, wie wir aus dem Tagebuche Schulenburgs unter dem 8. August ersehen, so waren sie doch Beide dahin einig, daß eine Unternehmung von Sachsen aus unzeitig sein würde, und der König verlängerte seinen Aufenthalt im Lager, anfänglich aus Neigung für den Krieg und dem Wunsche bei einer großen Belagerung gegen-

1) Der König verließ Pillnitz am 30. July Abends um 10. Uhr in Begleitung des Ober-Falkenmeisters Bitzthum (späterhin Ober-Kammerherr und Cabinets-Minister) und des Generals Lagnasco und einiger Dienerschaft. Montags den 24. Decbr. trafen Ihro Majestät aus der Compagne in Flandern Abends zwischen 4 und 5 Uhr in Dresden wieder ein. (Siehe: Auszug aus dem Journal-Calender des Jahres 1708, befindlich im Ober-Hofmarschallamts-Archiv.)

1708 Soignies vor; am folgenden Tage wendete er sich über Louvignies und Cambron nach Ath; von da am dritten Tag über Bouvignies und Frasne nach Pottes und Helchin an der Schelde, woselbst der Transport am linken Ufer dieses Flusses aufgestellt wurde, von welchem Punkt, da man von da sowohl Lille als Tournay bedrohen konnte, der Feind noch ungewiß bleiben mußte, welchen von beiden Plätzen man belagern wolle.

Der Prinz Eugen deckte diesen großen und schwierigen Marsch; zwischen Nienoven und Brüssel wurden bei Tomberg 35 Schwadronen aufgestellt; ein zweites Corps von 6 Bataillonen und 10 Schwadronen bei Castregat zwischen Tomberg und Enghien; ein drittes bei Braine le Comte; Prinz Eugen befand sich endlich mit dem Ueberrest seiner Truppen am Acker-Bach, der von Cambron nach Ath fließt, indem er Front gegen Mons machte, um den Anfällen zu widerstehen, welche von daher etwa durch die Armee des Herzogs von Berwick hätten statt finden können.

Wenn man dem Marsch dieses Convoi und diesen Aufstellungen auf der Karte folgt, so wird man bemerken, daß ersterer von Brüssel nach Helchin eine auslaufende Parabel beschrieb, welche die aufgestellten Truppen-Corps gewissermaßen zirkelförmig zur Deckung umgaben.

Es handelte sich nun noch, den Transport von Helchin nach Menin zu bringen, welches als Hauptwaffenplatz zur Belagerung von Lille bestimmt worden war. Die Aufgabe, diesen Marsch zu decken, wurde dem Heere des Herzogs v. Marlborough zu Theil, welche dieser eben so geschickt als sein edler Waffenbruder lößte.

Der Herzog sammelte sein Heer bei Menin; General Spaar wurde rückwärts bei Warneton aufgestellt; General-Lieutenant Wood abwärts der Lys in der Nähe von Courtray, um Menin für jeden Angriff von der Seite von Gent her zu schirmen; der Herzog selbst ging am 12. August über die Lys und marschirte nach Helchin dem Transport entgegen. Sobald als dieser glücklich in Menin angelangt war, entsendete er den Prinzen von Oranien mit 31 Bataillonen und 34 Schwa-

deronen nach Marquette, auf den Punkt wo das Marque- 1708
Flüßchen in die Deulle nahe bei Lille fällt. Dies Corps wurde der Armee des Prinzen Eugen untergegeben, welches zur Belagerung von Lille bestimmt war; Marlborough übernahm diese Unternehmung zu decken.

Zu ersterem Zweck hatte Prinz Eugen alle bis jetzt in Flandern und Brabant zum Schutz des Convoi zerstreuten Truppen zusammengezogen, und bei Templeuve zwischen Tournay und Lille aufgestellt; von hier aus wurde in einigen Tagen Lille berennt, und die Laufgräben vor diesem Platz am 22. August eröffnet.

In diesem Zeitpunkt erschien der König August bei der Armee in Flandern. Diese Reise wurde schnell und unerwartet von Sachsen aus unternommen, und nur mit einem geringen Gefolge.[1])

Seit dem Frieden von Altranstädt und dem ein Jahr später erfolgten Abmarsch der Schweden aus Sachsen nährte der König den Plan, den Krieg zu erneuern. Der Czar Peter regte ihn seinerseits ebenfalls dazu an. Die Absicht des Königs scheint gewesen zu sein, die Meinung des Prinzen Eugen sowohl als des Herzogs von Marlborough, indem beide Heerführer als die Seelen ihrer Cabinete zu betrachten waren, über diese Frage zu erforschen. Obgleich eine Verschiedenheit der Ansichten zwischen beiden Heerführern bestand, wie wir aus dem Tagebuche Schulenburgs unter dem 8. August ersehen, so waren sie doch Beide dahin einig, daß eine Unternehmung von Sachsen aus unzeitig sein würde, und der König verlängerte seinen Aufenthalt im Lager, anfänglich aus Neigung für den Krieg und dem Wunsche bei einer großen Belagerung gegen-

1) Der König verließ Pillnitz am 30. July Abends um 10. Uhr in Begleitung des Ober-Falkenmeisters Vitzthum (späterhin Ober-Kammerherr und Cabinets-Minister) und des Generals Lagnasco und einiger Dienerschaft. Montags den 24. Decbr. trafen Ihro Ma'estät aus der Campagne in Flandern Abends zwischen 4 und 5 Uhr in Dresden wieder ein. (Siehe: Auszug aus dem Journal-Calender des Jahres 1708, befindlich im Ober-Hofmarschallamts-Archiv.)

22*

1708 Angriffe nur durch Brücken in Verbindung gesetzt werden konnten. Die Laufgräben wurden am 22. August eröffnet und umfaßten die zwei auf beiden Ufern der Deulle gelegenen Hornwerke und folglich die ganze Face des Platzes, welche sich zwischen dem Thore de St. Maurice und de St. André erstreckt; sie begriffen die oben erwähnten Hornwerke und die zwischen ihnen gelegene Contrescarpe in sich. Vor letzterer auf beiden Seiten der Deulle befand sich eine Tenaille, welche aus zwei Tenaillons und einem hinter ihnen liegenden halben Mond oder Ravelin bestand; dieses Werk deckte die Contrescarpe, und die Belagerung beruhte gewissermaßen in der Eroberung desselben, indem nach dessen Einnahme und wenn einmal die dahinter liegenden Bastionen, du Mez und des Fours genannt, Breschen erlitten hatten, der Platz nicht mehr haltbar war.

Wir werden versuchen, aus den uns zu Gebote stehenden Handschriften Schulenburgs, nicht sowohl die hauptsächlichsten Ereignisse dieser merkwürdigen Belagerung, welche vielfältig beschrieben worden und hinreichend bekannt sind, als dessen individuelle Meinung darüber in so weit vorzutragen, als solche an und für sich Interesse haben und neue Ansichten enthalten könnte.

Der Platz wurde auf zwei Punkten angegriffen. Die Attaque rechts auf dem linken Deulle-Ufer gegen das Thor St. André leitete der Ingenieur des Roques; die linke Attaque auf dem rechten Deulle-Ufer von dem Magdalenen-Thor bis zum Thor St. Maurice führte der Ingenieur du May.

Der Prinz Eugen nahm nebst dem König August von Polen sein Hauptquartier in der Abtei Loo oder Loos, aufwärts an der Deulle gelegen; Schulenburg scheint das Seinige in dem Ort Marquette gehabt zu haben, woselbst die Parole ausgegeben wurde;[1]) der Prinz von Oranien[2])

1) S. Theatrum Europaeum Tom. XVIII. Jahr 1708. S. 180.

2) Johann Wilhelm Friso, Fürst von Nassau-Dietz, Erbstatthalter in Friesland, war am 4. August 1687 geboren, und war vom König Wilhelm III. von England zum Erben eingesetzt worden. Dieser junge Herr, aus einem Heldengeschlechte entsprossen, führte

hatte sein Hauptquartier in der Abtei dieses Namens, nachdem 1708 er es vorher in Lambrezart gehabt hatte, woselbst in seinem Zimmer, als er sich ankleiden ließ, seinem Kammerdiener der Kopf von einer Kanonenkugel weggerissen worden war.

Indeß waren in zwölf Batterien 155 Stück schweres Geschütz zur Beschießung des Platzes aufgeführt worden, und am 7. Septbr. nach Eröffnung der zweiten Parallele wurde ein Hauptsturm Abends um 8 Uhr auf die beiden ausspringenden Winkel der zwei Hornwerke und auf die Tenaille oder Lünette begonnen; die Absicht war die zwischen der Tenaille und dem Magdalenen-Thor gelegene Contrescarpe einzunehmen. Es scheint nach der Meinung des Generals Schulenburg, daß der Sturm ein paar Stunden zu spät unternommen wurde, weil von den dazu bestimmten Truppen, die fast an 14,000 Mann betrugen, einige Abtheilungen nicht zur rechten Zeit eingetroffen waren. Hierzu kam, daß die Brustwehren der zu erstürmenden Verschanzungen noch nicht hinreichend zerstört und die Materialien schlecht und fehlerhaft waren; vorzüglich fanden sich die Schanzkörbe und Gabions zu groß und zu schwer um sie fortzubewegen. Es gelang daher nur sich auf den vorspringenden Winkeln der zwei Hornwerke und der zwei Tenaillons festzusetzen, und man erlitt bei diesem Sturm einen unverhältnißmäßig großen Verlust.

In einem Schreiben Schulenburgs an den Herzog von Marlborough unter dem 8. Septbr. nimmt er den Verlust zu 1000 Verwundeten und 500 Todten an.[1]) In demselben Schreiben sagt er „die Angreifer wären bis auf die Contrescarpe

---

sich früh berufen, seiner edlen Ahnen werth zu sein und seinen Nachkommen als Vorbild zu erscheinen. Er war in diesem Jahre von den vereinigten Staaten zum General der Infanterie ernannt worden, und zeichnete sich in diesem und in den folgenden Feldzügen durch eine bewunderungswürdige Tapferkeit aus. Er verunglückte am 14. July 1711 beim Uebergang über den Mordyk, und hinterließ seine Gemahlin, eine Tochter des Land-Grafen von Hessen-Cassel in der Hoffnung; der Sohn, von dem sie entbunden wurde, ist der Großvater des gegenwärtigen Königs der Niederlande.

1) Nach andern glaubwürdigen Angaben über 2500 Mann.

1708 gedrungen, welche die Franzosen verlassen hätten, sie hätten sich aber von da wegen Mangel an Arbeitern, die zur Deckung Erdwerke hätten aufwerfen sollen, zurückziehen müssen."

Ueberhaupt ist dies Schreiben deshalb merkwürdig, weil es dadurch, daß es die ausgedehnte Angriffs-Fronte tadelt und die Behauptung aufstellt, der Haupt-Angriff hätte sich auf die Tenaille und den dahinter liegenden Ravelin beschränken sollen, die große Umsicht Schulenburgs beweist, indem man sich späterhin zu diesen von ihm angedeuteten Maaßregeln entschließen mußte und der Platz nur, nachdem dieses Werk eingenommen und man sich auf dem dahinter gelegenen bedeckten Weg festgesetzt hatte, zum Capituliren genöthigt wurde.

Unter dem 23. Septbr. haben wir ein abermaliges Schreiben des Generals an den Herzog vor uns, worin er bemerkt, daß man seit dem letzten Sturm wenig Fortschritte gemacht habe; man habe schon zwei Stürme unternommen und sei doch noch nicht vollständig Meister weder eines Außenwerks, noch eines Theils der Contrescarpe. Dieser zweite Sturm, von dem hier die Rede ist, hatte am 20. Septbr. Abends statt gefunden; das Resultat war, daß man sich des kleinen Tenaillons am linken Deulle-Ufer bemächtigte und sich auf dem rechten Ufer in einigen Waffenplätzen des bedeckten Wegs zwischen dem rechts gelegenen Hornwerke und dem rechten Tenaillon der Tenaille festsetzte. Hierbei erfolgte wiederum ein sehr ansehnlicher Verlust, den Coxe in seiner Geschichte des Herzogs v. Marlborough auf 2000 Mann anschlägt. Schulenburg sagt hierüber unter dem 23. Septbr.:

„Par le dernier assaut on a pris poste sur la tenaille droite; de celle de la gauche[1]) nos gens ont été repoussés de même que de plusieurs postes que l'on avait pris dans le chemin couvert. S. A. le Pce. Eugène qui s'était avancé assez près de l'attaque reçût malheureusement un coup à la tête dont il tomba par terre, mais un moment après s'étant relevé et entendant les cris des siens, il leur dit d'un grand sang-froid: „que veut dire ce bruit, ne voyez-vous pas

1) Mit dem Ausdruck „de la gauche" versteht Schulenburg die linke Seite der Angriffs-Fronte, welches die rechte der Vertheidiger war.

que ce n'est rien?" il se fit passer et s'en retourna par la 1708
tranchée chez lui. Il est surprenant que ce grand Général s'étant trouvé environné de plus de 200 personnes parmi lesquelles était le Roi et le Landgrave de Hesse-Cassel, fut le seul blessé; on ne peut pas assez dire combien toute l'armée a été touchée de cet accident fâcheux, et tout le monde est dans une joie extrême de ce que le Pce. est hors de danger; c'est le coup le plus extraordinaire, et on ne sait pas si c'est un coup de fusil ou un éclat de bombe; sans l'épaisseur de son chapeau il aurait été mort, mais présentement sa blessure, Dieu merci, n'est rien; Il s'est même habillé et on a eu mille peines de l'empêcher de monter à cheval; on verra aujourd'hui le succès de notre troisième assaut; peu de jours nous éclairciront des mésures que l'on va prendre."

Der Herzog v. Marlborough erschien nach jener Verwundung des Prinzen Eugen selbst beim Belagerungsheer und ließ am 23. Abends von neuem Sturm laufen; hierbei wurde im Tenaillon, welcher auf dem rechten Deulle-Ufer liegt, fester Fuß gefaßt. Indessen hatten die Belagerten inmitten dieses Tenaillons einen verpallisadirten Abschnitt angebracht, welcher die Besetzung des ganzen Werkes verzögerte. Durch einen sehr starken Platzregen setzte gewissermaßen die Natur dem Kampfe ein Ziel. Schulenburg sagt über diesen Sturm:

„L'assaut d'hièr n'a pas eu tout le succès, on le fit donner encore trop tard, outre la pluie qui survint un moment après que nos gens étaient sortis des tranchées, on s'est toujours logé sur la tenaille gauche, mais on n'a pas pû chasser les ennemis des traverses palisadées qui sont dans les dites tenailles et pour ce qui est du chemin couvert, on n'a fait que de se loger sur l'angle saillant du ravelin, qui se trouve à l'attaque droite entre la tenaille et l'ouvrage à corne."

Man war hiernach doch auf den ausspringenden Winkel und die Waffenplätze der Contrescarpe zwischen dem rechts gelegenen Hornwerk und der Tenaille gekommen und hierdurch in Stand gesetzt, eine Haupt-Bastion in Bresche zu schießen.

1708 Durch die Resultate dieser drei Stürme war also die auf der Deulle angebrachte Tenaille rechts und links umfaßt, und es kam nur noch darauf an sich dieser vollständig zu bemeistern. Die Belagerer, um Menschen zu schonen, wandten von nun an nur die Sappe an und rückten mit dieser und mit Minengängen innerhalb der beiden Tenaillons vor. Durch einen Ueberläufer wurden sie unterrichtet, daß die Wache des Ravelins oder halben Mondes, welcher hinter den beiden Tenaillons lag, zur Mittagsstunde zu ruhen pflegte. Sie ordneten also am 2. Oktober einen Sturm um 12 Uhr Mittags an. Die 200 Mann, welche diesen Ravelin besetzt hielten, wurden überfallen und der Posten genommen; dieser Erfolg entschied das Schicksal des Platzes. Schulenburg meldet hierüber unter dem 7. Octbr.:

„On est près pour établir des batteries sur le chemin couvert derrière le ravelin, dont nous venons de parler, et on a déjà percé la contrescarpe du fossé de la place; dès que les défenses seront un peu plus ruinées, on ne tardera pas de combler le grand fossé et puis on verra si les ennemis voudront attendre l'assaut général."

Von dem Tage an, an welchem die Tenaille erobert worden war, setzte man die Arbeiten mit der Sappe fort, um sich des ganzen bedeckten Wegs zwischen den beiden Hornwerken zu bemeistern und von diesem Posten aus die beiden gegenüberliegenden Bastionen und die dazwischen liegende Courtine in Bresche zu schießen. Zugleich gelang es den Belagerern das Wasser im Hauptgraben abzulassen, wodurch die Möglichkeit eines Sturms auf den Hauptwall erleichtert wurde. Am 18. Octbr. waren die Bresche-Batterien beendigt, 42 Stück Kanonen, 20 Mörser und 10 Haubitzen darin aufgeführt, und alle Posten, welche die Franzosen noch innerhalb des bedeckten Wegs behaupteten, genommen. Die Dämme zum Uebergang über den Graben waren vollendet; am 22. Octbr. fingen die Bresche-Batterien zu spielen an; man bereitete sich in ein paar Tagen den General-Sturm eintreten zu lassen, als die Feinde am 22. Abends die Chamade schlugen und mittelst Capitulation die Festung Lille übergaben.

Der Marschall von Boufflers erhielt freien Abzug mit 1708
der Garnison in die Citadelle, und der Cavallerie wurde gestattet nach Douay auszuziehen.

Die Eroberung dieses Platzes kostete eine bedeutende Menschenzahl. Unter dem 18. Octbr. schrieb Schulenburg „daß man über 10000 Mann an Todten und Verwundeten verloren habe."

Die als Beilage (s. Beilage XXV.) folgenden Auszüge aus Schulenburgs Tagebuch dürften nicht ohne einiges militärisches Interesse sein.

So war eine der schwierigsten Unternehmungen beendigt, an deren glücklichem Erfolg jedoch öfters gezweifelt worden war, und welcher nur der Beharrlichkeit und Geschicklichkeit des Prinzen Eugen und des Herzogs von Marlborough zuzuschreiben ist.

Da diese beiden Feldherrn viel Rücksicht auf die Ansichten und Meinungen der holländischen Deputirten nehmen mußten, so waren sie zu manchen Erörterungen mit Letzteren genöthigt. Schulenburg überliefert uns in diesem Bezug eine merkwürdige Anecdote, welche einen Beweis der Geschmeidigkeit giebt, welche Prinz Eugen, wenn es nothwendig war, anzuwenden wußte. Gegen Ende des Monats Septbr. war Muthlosigkeit bei den Deputirten und bei manchem der in der Armee angestellten Generale eingetreten. In diesen Zeitpunkt fällt folgendes Ereigniß:

„Comme le Pce. Eugène s'était apperçû qu'à cause d'une infinité d'obstacles et de difficultés pour avoir suffisamment des munitions, quelquesuns des députés et quelques Généraux aussi, inclinaient de lever le siège pour éviter à tems les accidents fâcheux, qui ménaçaient l'armée si les pluies et le mauvais tems qui doit ordinairement arriver dans l'arrière-saison et qui rendrait les chemins aussi peu praticables, qu'il y avait peu moyen de repasser les rivières à la barbe des ennemis, que de pourvoir les places fortès en deça de l'Escaut de munition de guerre et de bouche, ce qui a fait même penser quelquesuns à proposer de n'abandonner pas seulement ce siège, mais quelques autres places aussi et

1708 de tâcher de les ruiner plutôt que de hazarder le tout, en tardant trop long-tems en ce pays-ci, et permettre aux ennemis de se fortifier sur l'Escaut depuis Tournay jusqu'à Leffingen et de nous enlever Bruxelles, Anvers et ruiner les provinces unies jusque vers Grave et Bois le Duc. A ce sujet le Pce. Eugène dit: qu'il comprenait fort bien toutes les difficultés qu'il y aurait à surmonter, pour prendre la ville et la citadelle de Lisle et de finir heureusement celle campagne-ci, mais qu'il ne voyait pas encore que la chose était impossible d'en venir à bout et de prendre malgré toutes les difficultés la ville aussi bien que la citadelle et de finir glorieusement la campagne, si on mettait en oeuvre tout ce qui pourrait conduire à une si heureuse fin; mais si on le soupçonnait partial en ceci, et peut-être jaloux de la gloire en voulant s'opiniatrer aux depens du public, il était prêt de se sacrifier, et sa gloire sans balancer un moment, étant venû ici pour servir le public, ainsi qu'on n'avait qu'à lui faire connaître ses véritables intérêts, et on verrait qu'il se rendrait alors aveuglément à tout ce qu'on trouverait à propos; les députés furent si touchés de ce discours, qu'ils lui dirent en présence de Milord Duc, qu'ils étaient prêts de se sacrifier avec lui, qu'il n'avait qu'à ordonner étant assuré que les Etats généraux feraient les derniers efforts pour fournir aux frais nécessaires et qu'ils ne dédiraient en rien; c'est de cette manière-là que l'on a continué le siège."

Schulenburg erlaubt sich eine strenge Kritik in seinen hinterlassenen Schriften sowohl über den Angriff als über die Vertheidigung der Festung. Vor Allem verwirft er die Wahl der Angriffs-Fronte; er sagt in Bezug hierauf in seinem Journal unter dem 10. Septbr.: „man habe dem Prinzen Eugen und dem Herzog v. Marlborough einen Angriffsplan auf der Seite des Thores des Malades vorgelegt, welcher von beiden Feldherrn genehmiget worden sei." (Wahrscheinlich rührte dieser Plan von Schulenburg selbst her.) Allein abgesehen von dem einzigen haltbaren Beweggrund, um den Angriff am Ausfluß der Deulle anzulegen, daß nämlich dieser Fluß die Her-

beischaffung des Munitions=Bedarfs erleichterte, so entschieden 1708
nur geringfügige Neben=Umstände, daß man jene Seite wählte. Man ließ sich hierzu theils dadurch bestimmen, daß die holländischen Deputirten und die dirigirenden Ingenieurs in der Gegend der Abtei Marquette einquartirt waren und daß der Artillerie-Park sich schon ebendaselbst befand, theils daß man glaubte, das etwas erhöhte Terrain werde den Angriff erleichtern, und daß die leitenden Ingenieur=Officiere versprachen, in wenig Tagen den Platz zur Uebergabe zu zwingen.

Der Haupt=Vorwurf, den Schulenburg den Belagerern macht, ist, daß sie zu viel Kräfte gegen die rechts und links gelegenen Hornwerke, und nicht alle gegen die in der Mitte liegende Tenaille angewandt hätten. Erst 6 Wochen, nachdem die Trancheen eröffnet waren, überzeugte man sich von diesem Fehler, sowie daß man auf zu viel Punkten Bresche zu schießen unternommen habe (es waren deren 12), und daß man sich hätte darauf beschränken sollen, Breschen an den beiden Haupt-Bastionen und der dazwischen liegenden Courtine zu bewirken. Nur am Schluß der Belagerung, gegen den 14. Octbr., erkannten die holländischen Ingenieurs ihren Irrthum, ließen ab vom Beschießen des rechts gelegenen Hornwerks, concentrirten ihre Feuer auf die angedeuteten Punkte, und nach acht Tagen rechtfertigte der Erfolg dies veränderte System.

Der französischen Vertheidigung macht Schulenburg den Vorwurf, zu wenig Ausfälle gemacht und vorzüglich nicht vom Anfang der Belagerung an eine ausgedehnte Verschanzung im Innern der Festung von einer angegriffenen Bastion zur andern angelegt zu haben, um hinter dieser einen General=Sturm auf den Hauptwall abwarten und abweisen zu können. Er ist ferner der Meinung, der Marschall von Boufflers hätte die beiden Tenaillons und den Ravelin der Tenaille unterminiren lassen sollen, damit selbige nach deren Einnahme von dem Feind mit der ganzen Besatzung in die Luft hätte gesprengt werden können.

Wir haben die Darstellung der Belagerung von Lille nicht unterbrechen wollen, um der Versuche Erwähnung zu thun, welche die französischen Heere während der Dauer

1708 derselben machten, um diese Festung zu befreien. Hier folgt in Kürze die Erzählung der Ereignisse, die in dieser Beziehung in jener Zeit vorgingen.

Während die Belagerung von Lille langsam fortschritt, nämlich in dem Verlauf von zwei Monaten, machten die französischen Feldherrn verschiedene Versuche, um die alliirten Heerführer zur Aufhebung der Belagerung zu nöthigen.

Obgleich Schulenburg sich in diesem Zeitraum bei dem Heere des Prinzen Eugen, wie wir gesehen haben, vor Lille befand, so beweisen uns seine vor uns liegenden Schriften aus jener Zeit, daß seine Aufmerksamkeit nicht weniger auf die Bewegungen gerichtet war, welche außerhalb der Belagerung zu dem erwähnten Zwecke statt fanden.

Wir haben gesehen, daß Marlborough sich mit der Armee, welche er zum Schutz der Belagerung von Lille leitete, an den Ufern der Schelde aufgestellt hatte, um die Vereinigung, welche der Herzog von Vendome und der Marschall von Berwick zwischen der Dender und der Schelde bezweckten, zu beobachten. Diese erfolgte jedoch zwischen Grammont und Lessines; beide Heere zählten über hundert Tausend Streiter und marschierten vereinigt über Leuse und Tournay am linken Schelde-Ufer in ein Lager auf.

Eben so schnell verließ Marlborough diesen Strom und bewirkte seine eigene Vereinigung auf einer kürzeren Linie mit dem Belagerungs-Heer; die Fronte desselben war nach Orchies gekehrt und durch das Flüßchen Marque gedeckt; Lille lag im Rücken des Heeres. Die französischen Heerführer waren während einiger Tage unschlüssig, ob sie den Versuch wagen sollten, die Alliirten in ihrer linken oder in ihrer rechten Flanke zu umgehen; sie entschieden sich für die letzte Bewegung. Hierauf marschirte der Herzog v. Marlborough ebenfalls rechts ab, stellte sich bei Noyelles und Fretin auf und ließ diese Position verschanzen; das Städchen Seclin lag vor der Fronte. Am 12. Septbr. stellten sich die Franzosen vor der alliirten Armee auf, schienen zu einem Angriffe ihrer verschanzten Stellung entschlossen und nahmen Seclin im Sturmschritt ein. Hierauf beschränkte sich jedoch der Versuch

und am 15. zogen sie sich im Angesicht ihrer Feinde zurück. 1708.
Es ist bekannt, daß Marlborough und der Prinz Eugen diesen Rückzug nicht ohne Störung geschehen lassen wollten; allein die Bedenklichkeiten der bei der Armee befindlichen holländischen Staats-Deputirten überwogen und lähmten den Unternehmungsgeist der beiden großen Feldherrn.

Die Franzosen zogen sich unter den Schutze der Kanonen von Tournay zurück; Marlborough rückte ihnen links nach und nahm seine Stellung unfern der Schelde bei Templeuve und Villem.

Die handschriftlichen Materialien des Generals Schulenburg beweisen uns, wie sehr es ihm entweder gelang, die Absichten der großen Feldherrn zu errathen, oder daß diese seine Vorschläge begehrten und ihnen Gehör gaben. In einer Denkschrift aus Loos vom 30. August, welche wir als Beilage (s. Beilage XXVI.) geben, berechnet er die Bewegungen, welche die französischen Heerführer zur Befreiung von Lille unternehmen, und die Gegenbewegungen welche die Alliirten machen konnten, um diese Versuche zu vereiteln; es ist merkwürdig, mit welcher Bestimmtheit er die Erreignisse errathen hatte.

Die Franzosen blieben in der Stellung von Tournay bis Anfangs Octbr.; der Herzog von Marlborough in seinem Lager bei Lanoy und Roncq, zwischen der Lys und der Schelde. In der Zwischenzeit war ein Unternehmen des französischen Generals de la Motte in Flandern gegen einen bedeutenden Convoi, welcher von Ostende nach Menin gezogen werden sollte und ohne welchen die Belagerung von Lille aus Mangel an Munition keinen Fortgang hätte haben können, durch einen fruchtlosen Angriff gegen den General Webb bei Winenthal am 28. Septbr. gescheitert. Hierauf entschloß sich der Herzog von Vendome einen Versuch gegen einen zweiten Convoi selbst zu leiten; er marschirte aus Turnay auf dem rechten Ufer der Schelde ab nach Gent und Brügge und nahm von da sein Hauptquartier in Oudenburg, nahe bei Ostende. Marlborough kam seinem Gegner abermals auf dem kürzesten Wege über Menin und Rousselaer entgegen und erschien am 8. Octbr. vor Oudenburg. Vendome zog sich hier-

1708 auf, nachdem er alle Schleusen der Canäle, welche Ostende mit Nieuport und Brügge verbinden, zerstören und hierdurch die ganze Gegend hatte überschwemmen lassen, in sein Lager zwischen Gent und Brügge zurück.

Die Gefahr, von ihren Verbindungen mit der See abgeschnitten zu werden, war indeß für die alliirte Armee noch nicht vorüber. Die Posten von Lessingen zwischen Nieuport und Ostende gelegen, war der Schlüßel der Straße, welche von letzterer Stadt über Dixmuide nach Menin führte. Diesen Platz angreifen zu lassen, fiel dem Marschall von Vendome zwar spät, jedoch zuletzt ein, und die Einnahme von Lessingen erfolgte mittelst einer Ueberraschung in der Nacht vom 25. zum 26. Octbr. Zum Glück hatte die Festung Lille am 22. capitulirt, und die in Menin vereinigten Vorräthe waren zur Belagerung der Citadelle hinreichend.

Diese wurde sofort begonnen und da Schulenburg bei derselben gegenwärtig war, so wollen wir die Hauptmomente davon, so wie wir es bei der Belagerung der Festung gethan haben, im folgenden Abschnitte beibringen.

Beilagen zum 16. Abschnitt.

Beilage XXIV.

Lettre du Roi Auguste de Pologne à Milord Duc de Marlborough en date de Loos, le 1. de Nov. 1708.

Milord,

On n'entreprend point ici de vous faire un long détail de l'origine ni du commencement des troubles de Pologne, ce serait une affaire de trop longue haleine, par où on vous interromperait dans vos grandes et continuelles occupations, on vous en informera une autre fois et dans un tems où vous aurez plus de loisir, alors on vous dira aussi avec combien peu de droiture ont agi ceux que j'avais chargé de me procurer une espèce d'accommodement avec le Roi de Suède, auxquels j'avais confié des blancs signés dans la vue d'amuser ce Prince, pour gagner du tems de demander aux alliés de m'assister dans une affaire aussi légitime que celle-là, de même que pour me mettre en état de marcher au secours de mes états héréditaires, mais au lieu de cela ces Plénipotentiaires par des démarches inouïes et inexcusables se sont avisés sans aucune nécessité de précipiter l'affaire en concluant une paix avec le Roi de Suède, dont on n'a jamais entendû de pareille. Les Suédois, après avoir profité de la faiblesse de mes commissaires ont eu garde de tenir longtems secret ce qu'ils venaient d'arrêter avec eux, au contraire ils ont rendu d'abord public tout le traité de paix, malgré les promesses qu'ils en avaient faites aux dits Plénipotentiaires, de ne le publier que lorsque ma personne et mes troupes seraient en sûreté et hors de la Pologne, c'est par là qu'ils ont d'abord commencé à contrevenir à quoi ils s'étaient engagés, de même qu'ils ont fait dans la suite à l'égard de tous les articles conclus et arrêtés par ce traité de paix, ce qui m'a surpris d'une manière que j'ai eu de la peine à mettre ma personne à couvert, aussi bien que les troupes, que j'avais avec moi étant au milieu de la Pologne et environné des Moscovites, qui sont aussi sujets à ne pas revenir de la première impression, que naturellement soupçonneux de tout ce qui se présente à leurs yeux; tout cela ensemble, Mylord, m'a forcé de retourner en Saxe, et ensuite d'approuver malgré que j'en eusse cet indigne traité de paix.

Mais comme il ne s'agit pas de vous informer du passé, mais de vous instruire du présent, je vous prie de rappeller à votre mémoire les offres que le Comte Lagnasco vous a proposées il y a près d'un an que j'étais prêt de donner huit mille hommes au service de la Reine et de ses alliés à mes frais et depens à condition qu'on m'assurerait le royaume de Pologne à la paix générale; je croyais de ne pouvoir pas mettre des conditions plus justes et qui puissent mieux convenir à l'équité de la Reine, Princesse, qui par sa grandeur d'âme se fait un plaisir d'accourir aux besoins où l'oppression l'exige; en effet on ne croit pas qu'il se puisse en donner une plus violente ni plus cruelle ni plus barbare, que le Roi de Suède a pratiquée contre moi, sans avoir égard à son sang ni à sa propre dignité royale et ni à l'offense générale qu'il a faite à tous ceux qui sont revêtus de ce caractère sacré, qui ne peuvent pas sans rougir s'empêcher de s'intéresser à un attentat si inouï.

Les propositions faites par le Cte. de Lagnasco parûrent être en quelque manière agréables à la Reine, suivant le rapport qui m'en a été fait et vous aviez promis Milord, aussi bien que Milord Tresorier de vous souvenir de cette affaire en tems et lieu, mais qu'il fallait encore différer à la mettre en exécution et que l'on trouverait moyen de me marquer la bonne intention que l'on avait pour moi; j'ai suivi avec plaisir le conseil de la Reine de même que les bons avis de ses fidèles et éclairés Ministres malgré les fortes instances qui m'ont été faites de la république de Pologne de reprendre ma couronne, remonter sur le trône, et jouir des droits, que j'ai sur le royaume; je m'en suis defendû de mon mieux jusqu'à cette heure et pour gagner du tems et empêcher que l'Ambassade solemnelle que la république avait destinée de venir me trouver en Saxe ne se soit point mise en chemin, j'ai pris le prétexte de venir voir un siège en ce pays-ci; mais comme à mon retour en Saxe je ne pourrais plus me dispenser de donner la dernière resolution à leur égard, étant sûr, que si je balance d'avantage, la république voudra ravoir le diplôme que je tiens entre mes mains et par lequel elle se trouve liée avec moi et moi avec elle, et sans lequel tous les actes qui se sont faits et qui se feront en Pologne seront nuls. Vous jugez bien Milord, que ce serait mal reconnaître la fidélité et le zèle de cette bonne république qui se sacrifie pour moi, si je voulais prétendre d'amuser plus long-tems ces gens par de vaines espérances sur mon rétour en ce royaume, de sorte qu'il me faudra de toute nécessité marcher à leurs secours, ou bien d'y renoncer pour jamais: car la république se voyant destituée de tous les secours qu'elle attend de moi, se baissera à la fin sous les armes Suédoises et sera obligée d'entrer tout à fait dans le parti de Stanislas, y étant contrainte par la dernière nécessité.

Vous êtes informé à fond Milord de la situation des affaires de l'Europe, de sorte que vous jugéres mieux que personne, s'il est de l'intérêt de la Reine et de ses alliés d'avoir un Roi en Pologne, qui dependrait du Roi de Suède et de celui de France et combien ce dernier, quoique point puissant à l'heure qu'il est, pourra nuire au bien public. Je suis persuadé que vous croyez Milord, que cette affaire pourrait peut-être aller plus loin que l'on ne se l'imagine si on n'y met ordre à tems. Vous n'ignorez pas aussi, Milord, les efforts que la France fait pour faire reconnaître Stanislas, créature du Roi de Suède, afin que tous les deux lui ayent d'autant plus d'obligation. Il est sûr que la France fait remuer ciel et terre à la cour de Rome pour porter le Saint siège à y donner la main, vû que le salut du Pontife et la conservation de la réligion catholique dependait en partie de cette reconnaissance. Je vous laisse à juger, Milord, l'effet que cela produira en Europe, si les Rois de Suède et de Pologne et de France étaient en bonne intelligence ensemble, il serait superflu de m'étendre plus amplement là-dessus, puisque l'on considérera facilement que la France ne se donnerait jamais tant de peine et de mouvemens sans en avoir à attendre de grands avantages. Je crois bien que la haine particulière qu'elle me porte la pourrait animer en quelque manière à quoi vient qu'elle a táché en plusieurs rencontres par des propositions très-avantageuses de me mettre dans ses intérêts, ce qui ne peut pas être ignoré de plusieurs puissances des alliés, comme aussi de quelle manière j'y ai repondû. Toutes ces démarches devraient me tenir lieu de quelques mérites joint à la fidélité inviolable, que mes ancêtres ont toujours fait connaître pour la gloire et le soutien de l'Empire et l'intérêt de ceux qui y ont concourû; je ne sais pas s'il y a beaucoup de maisons en Allemagne, qui n'ayent pas préferé souvent leurs intérêts à celui de l'Empire, ce qu'il ne se trouvera jamais dans la mienne. Je suis sur le point de donner encore une nouvelle preuve de mes véritables et bonnes intentions pour les avantages de la cause comme vous verrez dans le projet que je joins-ici, touchant les troups, que j'offre pour le service de la Reine et de ses alliés, je ne demande rien en échange si ce n'est que la Reine et ses alliés veuillent bien m'assurer par un article séparé, qui ne sera pas inséré en aucun traité, ni passera en d'autres mains que dans les miennes propres, qu'à la paix générale on me retablira dans mes droits à la couronne de Pologne et qu'on me comprendra dans la conclusion de ce traité, et si je suis obligé de rentrer en Pologne par les raisons ci-dessus marquées, cela ne doit en aucune manière allarmer la Reine ni ses alliés, vû que je ne fais aucune infraction par là au traité fait avec le Roi de Suède par mes Plénipotentiaires, y étant rappellé de nouveau de la republique, comme par une espèce de nouvelle élection dont ce traité ne fait aucune mention. On ne doit pas craindre non plus, que le Roi de Suède prenne par là l'occasion de retourner en Allemagne; il en est tellement éloigné, qu'outre l'engagement où il se trouve et les occupations que l'on lui donnera il ne songera pas d'y revenir et si l'on ne renverse pas ses vues et ses engagemens, où il se trouve avec la France, on táchera au

23 *

moins de disposer l'affaire d'une manière que l'on n'en aura guère à suites à craindre. Je prends une entière confiance en vous Milord, et que vous aurez la bonté d'appuyer mes intérêts auprès de Sa Majesté la Reine, et de l'assurer en même tems, que je suis prêt à me conformer en tout et par tout comme elle le voudra, étant persuadé que cette généreuse Princesse ne s'opposera point dans une affaire aussi juste que celle-ci, j'en aurais des obligations infinies à la Reine et je chercherai tous les moyens pour marquer pour les peines que vous vous donnerez à mon égard ma sincère reconnaissance.

Memoire joint à la lettre précédente.

(à Milord Duc de Marlborough) du 30. Octbr. 1706.

1) Que parmi le corps de troupes que S. M. donnera aux alliés on passera le contingent de l'Electorat de Saxe, qui a été demandé si souvent par l'Empereur et l'Empire, de même que par tous les alliés et qui n'a pas été donné depuis que le contingent de cet Electorat a été entièrement enlevé à Haguenau.

2) Et comme Milord Duc a désiré que le corps de troupes, qui est déjà ici au service des alliés, reste sans aucun changement sur le pied comme il est, S. M. veut bien y consentir, mais Elle souhaite qu'on représente à Milord Duc, qu'il serait bien fait qu'on augmentât les compagnies de 15. maîtres, les escadrons étant trop faibles de cent vingt maîtres, par où ce corps-ci profiterait deux cent soixante hommes.

3) S. M. fera en sorte que ce corps de troupes projeté sera mis en état de marcher au plutôt, quoiqu'il faudra encore quelques centaines de mille écus pour le rendre mobile, la cavalerie pouvant marcher quand on voudra, et si Milord Duc souhaite que l'infanterie soit ici pour le mois d'Avril prochain, il faudra arrêter l'affaire dont il s'agit sans perdre un moment de tems.

4) Pour cet effet il faudra faire trouver au Roi de l'argent, ainsi comme on a fait ci-devant fût-ce même en forme d'emprunt.

5) Et comme il sera impossible à S. M. de pouvoir contribuer beaucoup à l'entretien du corps des troupes, Elle espère que Milord Duc disposera les affaires d'une manière que toutes les troupes de S. M. qui sont ici, soyent suffisamment entretenues d'une ou d'autre manière par les alliés.

6) Et afin que toute cette affaire puisse être d'autant mieux réglée, S. M. mettra tout ce corps de troupes entre les mains de Milord Duc qui le pourra régler, et en disposer selon qu'il le trouvera à propos, vû qu'il a eu la bonté d'assurer S. M. d'en prendre autant de soin que d'aucun autre corps de troupes qui se trouve sous ses ordres.

7) Ce corps de troupes ne sera donné que pour un an et il sera permis alors, aux uns et aux autres, de renouveller le traité ou d'u

disposer autrement, selon que l'un des contractans le trouvera alors à propos.

8) La jurisdiction de tout ce corps de troupes de même que le changement ou le remplacement des Généraux aussi bien que tous les autres officiers demeurent à la disposition de S. M.

9) Et comme S. M. trouve, qu'il sera de son service que tout ce corps de troupes soit ensemble, vû que les troupes seront mieux conservées et rendront plus de service, S. M. espère, que Milord Duc voudra bien agréer que ce corps sera réglé selon le projet ci-joint.

10) S. M. fait aussi prier Milord Duc de vouloir bien ordonner que le corps de troupes qui est déjà ici soit envoyé en quartiers cet hyver, si cela se peut du côté de la Meuse, vû que l'on a bien des recrus à faire.

Pour ce qui est des autres articles, ils ont déjà été projettés et donnés par écrit sur lesquels on se réfère.

Il ne reste que de convenir et d'arrêter l'affaire dont il s'agit, en quoi Milord Duc voudra bien faire avoir à S. M. des sûretés, afin que ceux qui voudraient s'opposer aux justes vues de S. M. fussent retenus par de fortes remontrances, en de justes bornes et que S. M. put fortement compter sur l'appui de la Reine et de la Grand-Bretagne et de ses alliés, lorsque la paix générale se fera, afin que S. M. puisse par là être tranquille possesseur de son Royaume et n'avoir rien à craindre des invasions en Saxe, car l'intention du Roi est nullement de commettre S. M. la Reine et ses Alliés avec qui que ce soit, ni qu'aucune des Puissances alliées se declare pour lui à présent. Le Roi reconnaitra en tems et lieu et partout où l'occasion se pourrait présenter, ce qu'on fera à son égard, et ne manquera pas de faire voir à Milord Duc par des effets, combien il se trouve lui être obligé du soin qu'il prend pour ses intérêts.

Extraits du journal du Gen. d'Infanterie Schulenburg.

ce 14. d'Octbre. 1708.

A la droite de notre attaque on a chassé les ennemis depuis quelques jours du chemin couvert, c'est-à-dire depuis la place d'armes devant la brèche de la droite jusqu'au bâtardeau qui sert de conduite d'un côté à la Deule au travers du grand fossé, et on a mis sur le chemin couvert de ce côté-ci jusqu'à 24 pièces, qui sont prêtes à tirer à tout moment; on va faire toute une nouvelle brèche de ce côté-là et abandonnera celle qu'on a faite au commencement du siège à la face droite du bastion dont on abattra la face gauche et si on a assez de poudre on mettra toute la courtine, au-dessous de laquelle la Deule sort, en brèche. A l'ouvrage à corne de l'attaque droite, de même qu'au ravelin qui est tout auprès, on a tiré près de 20m. coups de canon; on va laisser non obstant cela l'un et l'autre en repos, ce que l'on aurait dû faire il y a trois semaines; mais on s'est roidi là-dessus sans vouloir écouter personne. Pour ce qui est de l'attaque gauche on n'a chassé les ennemis du chemin couvert qu'hier au soir, et on va se mettre après pour achever les batteries de ce côté-ci au plutôt, après quoi toutes ces batteries dont on vient de parler, commenceront à tirer toutes à la fois, tant pour achever de ruiner les defenses des flancs et de la courtine et de battre en brèche les endroits que l'on jugera à propos, comme aussi de nettoyer la brèche qui est à notre gauche des bois et arbres, dont les ennemis l'ont remplie. On tâche aussi de saigner le fossé et de construire incessamment les digues nécessaires pour monter à l'assaut du corps de la place, tout cela nous coûtera du tems et du monde encore. Bien des gens se flattent que les ennemis n'attendront pas l'assaut général, mais comme ils ont la citadelle pour retraite, il y en a d'autres qui soutiennent que l'on sera obligé de venir à un assaut général et que l'on aura de la difficulté beaucoup avant que de se rendre maître de cette ville.

Les ennemis avaient sû si bien profiter de la fausse démarche de nos ingenieurs à l'attaque gauche qu'au lieu de nous abandonner ce que l'on prétendait avoir du chemin couvert, ils s'y étaient conservé un petit logement pour 20. hs. entre des gabions, que l'on relevait par une petite nacelle. On tenta hier au matin de les déloger de là, mais inutilement; mais hier au soir les nôtres se jettèrent dans ce petit logement et on y trouva 22. hommes avec un lieutenant français, qui furent tous noyés ou tués même par le feu du rempart excepté 2. ou 3. qui ont été faits prisonniers. On tâchera de construire des digues en peu de jours et en même tems on mettra les brèches en état, afin de monter au plutôt à l'assaut général. On attend avec impatience le parti que Mr. Boufflers va prendre en ces conjonctures-ci.

ce 18. d'Octbre. 1708.

Nous perdons déjà ici plus de 10m. hs., tant morts que blessés; et nous ne sommes pas encore maîtres de la ville. Il est vrai que l'on est sur le fossé et que l'on va commencer demain à tirer en brèche de nouveau et à remplir le fossé ce qui pourrait être achevé en 4. ou 5. jours si on s'y prend comme il faut. Après quoi il ne nous reste que de donner l'assaut général; bien des gens croyent, et il y a beaucoup de gageures là-dessus, qu'ils n'attendront pas cet assaut. S'ils n'avaient pas la citadelle, je croirais très-sûrement qu'ils commenceraient à parler de capituler, mais présentement il n'y a personne qui puisse dire quelque chose de certain là-dessus; d'autant plus qu'ils ont des retranchemens faits derrière la brèche; on verra ce qui se fera là-dessus dès que l'on aura commencé à remplir le grand fossé et à tirer en brèche tant sur la courtine que sur la face que l'on a laissée là jusqu'à cette heure par bêche. La garnison de la ville est fort affaiblie et on croit qu'ils n'ont plus que 4m. hs. au plus en état de service. Ils tuent tous les chevaux et les mangent; on compte pourtant que nous serons maitres de la ville avant la fin du mois si le beau tems continue et qu'il n'arrive d'autre accident fâcheux; mais sera-t-on moins embarrassé pour cela, si les ennemis s'y prennent comme il faut? si l'on compte sur les sottises d'autrui, on pourra se mécompter. Il faut nous en retourner en Brabant et avoir la communication par Ostende, l'un et l'autre aura ses inconvénients et bien des pas glissants.

ce 22. d'Octbre. 1708.

C'est depuis hier sur les dix heures du matin que l'on a commencé à tirer en brèche. Les ennemis continuent de jetter quantité de bois dans les brèches, où ils mettent le feu depuis avant-hier au soir.

Cette nuit on a achevé deux digues dans le fossé et les autres ont été commencées, elles pourraient être achevées demain au matin de même que les brèches demain vers le soir; de sorte que l'on sera prêt de donner l'assaut général mercredi ou jeudi prochain. Les ennemis jettent fort peu de pierres, ce qui fait croire qu'ils ont déjà transporté leurs mortiers dans la citadelle, et qu'ils battronts peut-être la chamade avant que l'on monte à l'assaut.

Memoire au sujet des mouvemens que l'armée de S. A. Mylord Duc de Marlborough dans la présente situation pourra faire.

Fait à Loos, le 30 d'Août 1708.

Les avis d'aujourd'hui marquent que les armées de Vendôme et Berwick se sont jointes entre la Dendre et l'Escault et que l'armée de S. A. Mylord Duc passera l'Escault et se campera la droite vers Coyegem et Pont Espières et la gauche vers Hauterive et Bossu.

On est d'opinion que la dite armée peut bien rester dans cette position pour voir quel mouvement celle des ennemis fera, si elle approchera du Braband ou de l'Escault, soit du côté de Tournay, Mortaigne ou de Condé.

Si l'armée des ennemis se tourne vers le Braband, celle de S. A. Mylord Duc doit être renforcée et suivre celle des ennemis; mais si l'armée ennemie approche de l'Escault du côté de Tournay, celle de S. A. Mylord Duc ne pourra pas rester dans la situation ci-devant marquée. On croit que dans un tel cas l'armée de S. A. pourra se camper avec sa droite vers le pont de Tressin et sa gauche vers le ruisseau de Chine,

Templeuve et Willem au dos, étant campée de cette manière, l'armée de S. A. doit être renforcée pour attendre les ennemis ou aller à leur rencontre quand ils passeront l'Escault pour l'attaquer. Mais si les ennemis passent l'Escault et s'éloignent de l'armée de S. A. pour gagner la source de la rivière de Marque, ou qu'ils passent l'Escault du côté de Mortaigne ou Condé et laissant la revière de Scarpe à leur droite; dans un tel cas l'armée de S. A. pourra passer la rivière de Marque au pont de Tressin et se poster au dit pont avec sa gauche, tirant sa droite vers Peronne et Fretin. Si les ennemis approchent de Douay, l'armée de S. A. dans un tel cas n'a qu'à se poster avec la gauche à Fretin et sa droite vers Seclin, étant dans cette situation elle barre les avenues et grands chemins de Douay et Arras et peut être renforcée de l'armée de S. A. le Prince Eugène sans faire tort au siége. En cas que les ennemis prennent le parti de marcher du côté de la Bassée entre la Lis et la haute Deule, on pourra prendre deux partis, ou de passer avec toute l'armée la haute Deule à Haubourdin et Loos et s'opposer aux ennemis, ou de renforcer avec autant de troupes qu'on jugera nécessaire le quartier entre la haute et basse Deule et conserver la communication avec Menin.

Siebenzehnter Abschnitt.

1708.

Belagerung der Citadelle von Lille. — Die Franzosen erscheinen vor Brüssel. — Kunstvoller Marsch Eugens und Marlboroughs, um diese Stadt zu befreien. — König August verläßt die Armee. — Bericht Schulenburgs über diese Ereignisse. — Die Citadelle von Lille ergiebt sich. — Gent wird belagert und erobert. — Antheil Schulenburgs an diesem Ereigniß. — Betrachtungen über diesen Feldzug. — Gerechtigkeit, welche der Herzog von Marlborough Schulenburgs Verdiensten und Antheil an dem glücklichen Erfolg des Feldzugs schenkt.

Hinsichtlich des Marsches nach Brüssel s. Carte etc. p. Ferraris, fol. 8 u. 12.

Nach der Einnahme der Festung Lille, deren vollständige 1708
Räumung erst am 25. Octbr. erfolgte, kamen die beiderseitigen Heerführer über einen Waffenstillstand überein, welcher bis zum 28. Octbr. dauerte.

Die Citadelle war ein Fünfeck durch 5 Bastionen gebildet. Vor den Courtinen lagen 5 regelmäßige Ravelins mit einem Wassergraben versehen; dann eine erste Contrescarpe, ebenfalls mit einem vorliegenden Wassergraben; dann eine zweite Contrescarpe.

Am 29. wurden die Laufgräben eröffnet. Um den großen Verlust an Menschen, den die Belagerung der Stadt gekostet hatte, nicht zu vermehren, entschloß man sich den Angriff der Citadelle mit der Sappe in großer Entfernung zu beginnen.[1]) Die Citadelle wurde von der Stadtseite angegriffen,

---

1) Kenner in der Kriegskunst machen dem die Belagerung leitenden Ingenieur des Roques den Vorwurf, einen Fehler begangen zu haben, daß er die Laufgräben in so großer Entfernung anlegte; die Folge davon war, daß fünf Parallelen geführt werden mußten; es wurde nicht berücksichtigt, daß eine geschwächte und ermattete Besatzung nicht im

1708 und zwar durch Approschen, welche längs der Esplanade von der Porte St. André bis zur Porte de la Barre reichten. Die Arbeiten gingen langsam vorwärts und von beiden Seiten fielen wenig Kanonenschüsse. Schulenburg sagt unter dem 11. Novbr.:

„Selon toute apparence on sera encore ici tout ce mois, car l'attaque de la citadelle va aussi lentement que celle de la ville; la différence est que les ennemis tirent peu pendant tout ce siège au lieu qu'ils ont fait un feu terrible en celui de la ville. Depuis 7 à 8 jours, on n'a pas entendû tirer un coup de canon de part et d'autre, car de notre côté on ne veut point encore tirer du canon, ni des mortiers; on veut ménager la munition de guerre et être plus près; Les ennemis tiraient beaucoup au commencement; ils se sont ravisés et on ne sait plus ce que c'est qu'un coup de canon; on dit même qu'ils n'ont nullement de la poudre de reste; avec tout cela s'ils veulent s'opiniâtrer nous aurons encore assez d'embarras, et on ne prendra pas ces gens avant la fin de ce mois; nous n'aurons le premier chemin couvert qu'en deux ou trois jours, après quoi il faudra passer l'avant-fossé, puis se rendre maître du second chemin couvert, changer de batteries, faire les brèches et puis faire du moins semblant, et même des préparatifs pour combler le fossé du corps de la place; il est vrai que s'ils attendent trop longtems à capituler, on les voudra avoir prisonniers de guerre."

Indeß schritt die Belagerung immer weiter vor und in der Nacht vom 16. zum 17. Novbr. wurde die erste Contrescarpe des ersten bedeckten Wegs genommen; hierdurch wurde es erleichtert, Vorbereitungen zum Uebergang des vor der zweiten Contrescarpe liegenden Wassergrabens zu machen. Der Prinz Eugen betrieb die Belagerung mit größtem Eifer, begab sich alle Tage in die Laufgräben, und am 17. Novbr. war der Stallmeister des Prinzen, Baron Andlau, an seiner Seite

---

Stande sei, mit derselben Hartnäckigkeit und mit einem eben so furchtbaren Feuer, als bei Vertheidigung der Stadt angewandt wurde, die Citadelle zu behaupten.

durch den Leib geschossen worden. Am 25. Novbr. schrieb 1708
Schulenburg, daß die Bresche-Batterien nur auf der zweiten Contrescarpe errichtet werden würden, und daß man die Citadelle in 10 bis 12 Tagen zu erobern hoffen könne."

Wir werden in den nächsten Blättern sehen, daß die Fortschritte der Belagerung durch den Abmarsch eines ansehnlichen Theils der dabei verwandten Truppen unter dem Prinzen Eugen, um die von den Franzosen unternommene Expedition nach Brüssel zu verhindern, vom 25. bis zum 30. Novbr. einigen Aufschub erlitten.

Während dieser Abwesenheit hatte der Prinz dem Herzoge Alexander von Würtemberg das Commando der Belagerung übergeben.

Am 28. Novbr. befand sich der Prinz Eugen wieder in Lille, und am 8. Dec. hatten sich die Belagerer auf das Glacis der Contrescarpe festgesetzt. Die Beschießung mit den Bresche-Batterien sollte schon ihren Anfang nehmen, als der Marschall von Boufflers auf ausdrücklichen Befehl Ludwigs XIV. zu capituliren begehrte und zum zweitenmale freien Abzug erhielt.

In der „Histoire Militaire de Louis XIV. par le Marquis de Quinci" ist im Tom. V. pag. 592 gesagt, „daß der General Schulenburg stets die Belagerungswerke besichtigt habe." Auch führt dieser Schriftsteller den merkwürdigen Umstand an, „daß ohnerachtet der gegenseitigen Höflichkeiten, welche zwischen dem Marschall von Boufflers und dem Prinzen Eugen statt fanden, Letzterer stets, wie es scheint, absichtlich vermieden habe, mit jenem allein zu sein."

Die Lage der alliirten Armee war während dieser Belagerung nicht minder schwierig, als bei der der Festung selbst; die vorgerückte Jahreszeit, welche jedoch diesen Herbst sich als Ausnahme für diese Gegenden merkwürdig trocken erhielt, und der Mangel an Nahrungsmitteln, der durch die gehemmten Verbindungen mit der See und mit Brabant sich auf die Räume beschränkte, welche das alliirte Heer inmitten der französischen Festungen behauptete, erschwerten täglich die Verhältniße. Zwar hatte Marlborough mehrere große Absen-

1708 bungen gemacht, um Verpflegungsmittel einzutreiben. Der General-Lieutenant Lumlay wurde in Deinse an der Lys, in Dixmuyde Lord Stairs, (derselbe, welcher später als Diplomat und Krieger sich berühmt machte) endlich der chursächsische General-Lieutenant Wackerbarth in la Bassée zu diesem Zwecke aufgestellt.

Um die Verlegenheit der verbündeten Heere zu vermehren, erhielt der Churfürst von Baiern vom französischen Hofe den Auftrag, die Hauptstadt Brüssel durch Ueberrumpelung von Mons aus wegzunehmen. Der Churfürst erschien am 22. Novbr. vor Brüssel und die Laufgräben wurden in der Nacht vom 24. zum 25. eröffnet. Der Platz war ohne Außenwerke und nur mit einer Ringmauer und Bollwerken nach alter Art umschlossen; ihre Einnahme hätte in wenig Tagen erfolgen müssen; die Hülfe war daher dringend; Prinz Eugen und der Herzog v. Marlborough beriethen sich eiligst über die zweckmäßigsten Mittel, um dem Falle Brüssels zuvorzukommen. Der Erste ließ ein Belagerungs-Corps von 30 Bataillonen und 30. Schwadronen vor der Citadelle von Lille zurück, und brach am 25. Novbr. auf. Marlborough verließ sein Lager bei Rousselaer am 24., ging bei Harlebeck über die Lys, und bildete den linken Flügel des Heeres, welches unterhalb und oberhalb von Oudenaerde über die Schelde gehen sollte, während die allirte Besatzung dieses Platzes das Unternehmen unterstützte. Ohnerachtet das französische Heer von Tournay ab bis Gent diesen Strom auf mehreren Punkten bewachte und gewissermaßen von Tournay bis Brügge mit einem Halbzirkel die Alliirten umschloß, so gelang diesen doch der Uebergang, welchen sie mit großer strategischer Kenntniß eingeleitet hatten, am 27. vollständig. Beide Feldherrn hatten ihr Hauptquartier am 28. in Oudenaerde; von da eilte Prinz Eugen über Courtray zur Belagerung der Citadelle von Lille zurück, wo selbst er zur allgemeinen Freude mit einem kleinen Gefolge schon am 28. Abends im Theater erschien. Der Herzog von Marlborough aber rückte mit 50. Bataillonen und 100 Schwadronen über Alost nach Brüssel vor. Kaum aber war der Churfürst von Baiern von der Annäherung dieses allir-

ten Corps unterrichtet, als er in der Nacht vom 28. zum 29. 1708
die Belagerung eiligst aufhob. So war durch geschickte Manövers die Hauptstadt der Niederlande befreit; die alliirten Heere waren wieder Meister des Feldes, und die Einnahme der Citadelle von Lille ließ sich nunmehr als unfehlbar erwarten.

Auf diesem Marsch begleiteten der König von Polen und der regierende Landgraf von Hessen-Cassel den Prinzen Eugen. Beide Fürsten waren seit mehreren Wochen genöthigt gewesen, im Hauptquartiere des Prinzen zu verbleiben, weil alle Straßen besetzt und der Versuch, durch die Posten der französischen Armee hindurchzudringen, mit vieler Gefahr für ihre Freiheit verknüpft gewesen wäre. Der Churprinz von Hannover hatte vorgezogen, mehrere Wochen früher über Ostende in seine väterlichen Staaten zurückzukehren, hatte aber wegen der Höhe des Wassers seine Equipagen zurückgelassen und nur für seine Person jenen Hafen erreichen können.

Wir haben die Bewegungen, welche jene großen Resultate herbeiführten, nach dem Original-Bericht beschrieben, den Schulenburg unter dem 1. Decbr. entworfen und den er in den Materialien hinterlaßen hat, die wir von ihm besitzen. Die Uebereinstimmung, welche zwischen dieser Darstellung und derjenigen herrscht, welche der vortreffliche Geschichtsschreiber des Herzogs v. Marlborough W. Coxe im 4. Theile seiner Denkwürdigkeiten S. 323 bis 338 giebt, ist so merkwürdig, daß man nicht umhin kann, die große Kenntniß, die Schulenburg von den damaligen Ereignissen hatte, zu bewundern. Wir glauben unsern Lesern ein Vergnügen damit zu machen, wenn wir seinen Bericht als Beilage (s. Beilage XXVII.) folgen lassen.

Nach der Befreiung von Brüssel rückte der Herzog v. Marlborough mit seiner Armee zwischen die Schelde und die Lys. General-Lieutenant Hompesch wurde bei Menin aufgestellt, und hierdurch das Heer, welches die Citadelle von Lille fortwährend belagerte, gegen alle Angriffe, die von Gent und Brügge her zu befürchten standen, geschützt. Die Citadelle capitulirte, wie wir eben gemeldet haben, am 8. Dec., und die Besatzung marschirte nach einer hundert und

1708 siebenzehntägigen Vertheidigung am 11. Decbr. aus. Der Verlust, welchen die Alliirten bei diesen Belagerungen erlitten, war höchst bedeutend. Nach einer Note, welche wir unter unsern Materialien finden, hatten die Belagerer an Todten 169 Officiere und 3994 Mann Unterofficiere und Gemeine, an Verwundeten 338 Officiere und 9232 Unterofficiere und Gemeine, verloren. Die Kosten der Faschinen und des zu den Belagerungsarbeiten nöthigen Materials betrugen für die vereinigten Niederlande 201,134 Thaler.

Prinz Eugen und Marlborough glaubten jedoch den Feldzug nicht eher beschließen zu dürfen, als bis sie Gent und Brügge dem Feinde wieder entrissen hätten. Diesesmal übernahm der Letztere die Leitung der Belagerung und Prinz Eugen den Befehl über das Observations-Heer.

Das zur Belagerung von Gent und zur Sicherstellung derselben bestimmte Heer stellte sich nunmehr an der Schelde auf, und beide Feldherrn nahmen fürs Erste ihr Hauptquartier in Oudenaerde. Die Stellung der Franzosen hatte sich im umgekehrten Verhältniß verändert; während der Belagerung von Lille hatte der Herzog v. Marlborough das Belagerungsheer des Prinzen Eugen durch eine Aufstellung zwischen der Schelde und der Lys gegen Norden geschirmt; gegenwärtig deckte Prinz Eugen die Belagerung von Gent, mit der Fronte gegen Mittag gekehrt, und um die Flanken der Armee zu sichern, waren Corps einerseits nach Grammont, anderseits nach Oosterzelle gesendet worden. Prinz Eugen verlegte sein Hauptquartier nach Mellé, der Herzog v. Marlborough nach Merlebeck; beide Oerter liegen in der Spitze, welche die Schelde nach ihrer Vereinigung mit der Lys in Gent dadurch bildet, daß sie ihren Lauf, welcher früher in nördlicher Richtung statt fand, fast von Norden nach Süden nimmt.

Der größte Theil der Umgebungen von Gent war unter Wasser gesetzt, und es blieben nur drei Stellen zum Angriff offen. Der Platz selbst war ohne Außenwerke und bestand aus einer Hauptumfassung nach alter Art, mit einer Citadelle und einem trocknen Graben und bedeckten Wege versehen. Der Hauptangriff sollte auf dem linken Ufer der obern Schelde

zwischen dieser und einem links liegenden Fort, de Monterey 1708
genannt, geschehen; ein zweiter Angriff wurde am linken Ufer
der untern Schelde gegen die Citadelle gerichtet; ein dritter falscher Angriff wurde in der erwähnten Spitze, welche der Strom
bei seinem Ein- und Ausfluß in Gent bildet, unternommen.

Schulenburg wurde von Marlborough zu sich in
sein Hauptquartier berufen, und in seinen Handschriften finden
sich Andeutungen, daß er bei den Operationen der Belagerung
zu Rathe gezogen worden ist. Unter dem 24. Decbr. schreibt
er aus Merlebeck:

„Mylord Duc se donne tout le mouvement pour mettre
ordre à tout ce qu'il croit le plus nécessaire. C'est le Sr. du
Mey qui gouvernera et qui fera les dispositions pour toutes les
trois attaques; il est plus à la mode qu l'on n'aurait jamais
crû il y a peu de semaines; la raison est que l'on prétend lui
faire tout ce que l'on voudra, et comme on prétend se servir des lumières de plus éclairés, on espère bien
d'éviter les fausses démarches et de finir en peu cette grande
et très-épineuse entreprise."

Es scheint, daß in der hervorgehobenen Stelle Schulenburg selbst verstanden sey. Er giebt in seiner Correspondenz
einige nähere Umstände über diese Belagerung an, welche nur
wenige Tage dauerte.

Die Laufgräben wurden am 24. Decbr. Abends vor dem
St. Petersthor eröffnet; dies war die Haupt-Attaque, welche
der preußische General der Infanterie, Graf Lottum, commandirte; die zweite Parallele wurde hier schon am 27. gezogen.

Die zweite Attaque begann am 25. Abends; sie war,
wie wir oben berichtet haben, am linken Ufer der untern
Schelde gegen die Citadelle gerichtet, und wurde durch einen
heftigen Ausfall der Franzosen gestört. Am 30. waren beim
Hauptangriff 54 Kanonen und 18 Mörser aufgeführt, auf der
zweiten Attaque 24 Kanonen und 16 Mörser.

Schulenburg war der Meinung, daß der Angriff auf der
Seite der Citadelle der leichteste gewesen wäre, daß aber der
Ingenieur-Directeur du Moy aus Eigensinn, und weil er den

1708 Angriff gegen das St. Petersthor selbst leitete, letzterem den Vorzug gegeben habe.

Schulenburg sagt hierüber:

„On espère de se voir bientôt maître de la ville, espérance qui aurait plus de fondement si on avait poussé l'attaque de celle-ci avec vigueur; — les ennemis travaillent à force à s'y retrancher; — Mr. du Mey ayant l'attaque de St. Pierre en tête, suit ses premiers sentimens et trouve moyen d'y faire entrer ceux qui le peuvent soutenir; peut-être comme on est en train de réussir en tout, aura-t-on le bonheur de le faire encore dans cette-occasion-ci."

In der That machte der in Gent commandirende General de la Motte, derselbe, der bei dem Versuch des Angriffs des Convoi bei Winenthal zurückgeschlagen worden war, höchst unerwartet am 29. Abends den Antrag zur Uebergabe, bevor das feindliche Geschütz zu spielen begonnen hatte. Die Besatzung, aus 35 Bataillonen und 19 Schwadronen bestehend, erhielt freien Abzug und verließ Gent am 2. Januar 1709. Sobald als die Garnison von Brügge von diesen Ereignissen unterrichtet war, wurde dieser Posten ebenfalls aufgegeben, die Besatzung zog sich nach Nieuport; dasselbe geschah mit Plaßenthal und Lessingen.

So beschloß sich dieser merkwürdige Feldzug, von welchem nach dem Bericht Schulenburgs vom 24. Decbr. der Prinz Eugen sagte: „que celui qui n'avait pas vû cette campagne, n'avait rien vû."

Der Herzog v. Marlborough, dem man mit Recht vorwerfen kann, sich anfangs von dem Feind haben täuschen zu lassen, welchem es geglückt war durch einen Abmarsch zur Linken des Herzogs Heer in der rechten Flanke zu umgehen, ganz Westflandern zu besetzen und die wichtigen Punkte von Gent und Brügge einzunehmen, hatte durch seinen schnellen Abmarsch nach der Schelde und durch den Sieg von Oudenaerde die Offensive der Franzosen gehemmt. Er und sein edler Waffengefährte, der Prinz Eugen, unternahmen später die Belagerung von Lille, und während zweier Monate bis diese dauerte, war sowohl das Belagerungs- als Observations-

Heer von der französischen Armee in einem weiten Kreis um- 1708
geben, und nur durch wohlüberlegte und gut ausgeführte Pläne gelang es beiden Feldherrn in wichtigen Augenblicken die Communicationen durch Westflandern mit der See und mit Brabant offen zu erhalten.

Als nach der Einnahme der Stadt Lille, und während die Citadelle noch belagert wurde, die Franzosen Brüssel zu erobern versuchten, so bewirkten beide Feldherrn vereinigt den kunstreichen Uebergang über die Schelde und befreiten die Hauptstadt der Niederlande; und nachdem die Citadelle von Lille gefallen, so beendigten sie diesen merkwürdigen und glorreichen Feldzug mit der Belagerung und Einnahme von Gent und von Brügge.

So war das Resultat desselben nicht allein darauf beschränkt, daß die von den Franzosen anfänglich errungenen wichtigen Vortheile ihren Händen wieder entrissen wurden, sondern die Alliirten hatten einen Haupt-Waffenplatz der französischen Monarchie eingenommen, und hierdurch eine feste Stellung innerhalb der Grenzen dieses Reichs gewonnen.

Schulenburg nahm Theil als Freiwilliger an allen diesen Waffenthaten von dem Tage an, wo er kurz vor dem Siege von Oudenaerde bei dem Heer eingetroffen war; allein nicht in der Weise, welche dazumal und noch später im Gebrauch war, nämlich als Zeuge der Kriegs-Ereignisse und die Gefahr derselben theilend, ohne mit der Leitung oder Ausführung beauftragt zu sein; des Generals Kriegserfahrenheit und erlangter Ruf verschafften ihm eine von dieser ganz verschiedene Stellung.

Wir haben berichtet, daß Prinz Eugen und der Herzog v. Marlborough sowohl bei der Belagerung von Lille, als der von Gent, ihn zu Rathe gezogen hatten und überhaupt keine Hauptbewegungen unternahmen, ohne Schulenburg dieselben mitzutheilen. Nachfolgendes Schreiben des Herzogs an den König August II. giebt den vollständigen Beweis von des Generals Verdienst und von der Gerechtigkeit, welche der berühmteste und glücklichste Feldherr seiner Zeit ihm widerfahren ließ.

1708 Sire!

Quoique je ne doute pas que V. M. ne soit informée par ses Généraux de ce qui s'est fait au siège de Gand, je ne puis me dispenser de la féliciter très-humblement sur la réduction de cette importante place; la garnison n'ayant pas attendû le feu de nos batteries, capitula avant-hier et doit sortir après-demain. J'ai envoyé un trompette pour sommer la ville de Brugge et si la garnison nous épargne la peine d'y aller, la campagne sera bientôt heureusement finie, après quoi je me rendrai au plutôt à la Haye pour y travailler selon les ordres de V. M. — Mr. le Général Schulenburg qui se charge de lui faire tenir cette lettre, fera en même tems un plus ample détail à V. M. de tout ce qui s'est passé, ayant par un effet de son zèle ordinaire beaucoup contribué ici comme ailleurs à notre succès. Je suis etc.

Le Pce. et Duc de Marlborough.

Beilagen zum 17. Abschnitt.

Beilage XXVII.

à Lille, ce 1. Decbre. 1708.

Dès que l'on a sû que l'Electeur de Bavière était sorti de Mons et que le corps de troupes que l'on avait assemblé dans ces environs, s'avançât vers Bruxelles, de même que l'attirail pour conduire le gros canon que l'on avait préparé à Mons pour une expédition, on ne douta plus que l'on n'en voulût tout de bon à Bruxelles ou à Anvers et on craignait bien plus pour la dernière place, qui nous était d'une plus grande importance. Les ennemis avaient travaillé depuis deux mois à se fortifier le long de l'Escaut, c'est-à-dire depuis Tournay jusqu'à Gand, de même que le long du canal depuis cette dernière ville jusqu'à Brugges, ils nous avaient en emportant Leasingen coupé notre communication avec Ostende, ils comptaient donc de nous obliger à rester tout l'hiver en ce pays-çi ce qui aurait infailliblement ruiné toute notre armée, ou nous nous aurions vûs obligés de faire un coup de désespoir, ou de chercher de nous retirer par un grand détour, en abandonnant toutes nos places fortes en ce pays-ci, qui seraient restées sans munitions de guerre et de bouche, ainsi elles auraient été forcées de se rendre sans coup ferir. Il ne nous resta donc point d'autre parti à prendre que de nous approcher de la mer pour tirer nos subsistances d'Angleterre et d'Hollande, ou d'aller forcer quelque part l'Escaut, ce qui parût à bien des personnes et même aux plus éclairés très-périlleux, vû que si les ennemis nous eussent repoussés avec perte, la consternation aurait pû se mettre dans l'armée, aussi bien qu'un mécontentement général, qui existait déjà parmi un grand nombre d'officiers. Comme la citadelle tenait encore, ce passage ne pouvait pas être tenté du côté de St. Antoine et Mortaigne, ni même plus haut, et encore moins pouvait-on songer de passer le canal entre Gand et Brugges ou entre Brugges et Ostende, car on se serait alors trop éloigné d'ici, et les ennemis ayant des troupes à Tournay, n'auraient pas manqué de tomber sur le corps des troupes, qu'on aurait laissé ici pour continuer le siège de la citadelle. Les ennemis connurent fort bien tous nos embarras, de même que les difficultés que nous rencontrerions pour sortir de ce pays-ci. Il faut même convenir, que l'on commença chez nous à s'appercevoir d'un certain esprit d'inquiétude dans notre armée qui ne faisait augurer rien de bon et peut-être qu'il y eut des personnes qui eûrent des mêmes fort peu tranquilles.

Les ennemis devinrent de jour en jour plus insolents, car depuis quinze jours personne ne reçût plus de lettres; les postillons qui avaient

24 *

passé jusqu'ici de part et d'autre, sans aucune difficulté, ne parent plus venir chez nous; les ennemis ont fait rassembler toutes les petites barques et nacelles sur l'Escaut; ils firent tirer sur nos couriers et sur les postillons, par tout où ils se présentèrent pour passer cette rivière, et dès qu'ils ont attrapé un postillon, qui s'était peut-être glissé par industrie aux depens de sa vie, ils l'ont fait mettre chez le Grand-Prévôt, où ils l'ont laissé de même que les chevaux, sans aucune nourriture, et ménaçant de faire mourir tous les postillons, qui tenteraient à l'avenir de passer.

On prétend que le Duc de Vendôme doit avoir dit, qu'il ne laisserait pas sortir cette armée à si bon marché, que M. de Medavi l'avait laissé sortir d'Italie. Peu de jours avant le passage de l'Escaut, le Duc fit dire à Mylord Duc par un trompette, qu'il savait qu'il tenterait bientôt de passer l'Escaut, et qu'il espérait alors de le voir de près.

Voilà quelle fut la situation de nos affaires qui causait bien des conférences entre Mylord Duc, le Prince Eugène et les députés des Etats Généraux; à la fin il fut resolû de s'ouvrir un passage, à quelque prix que cela fût, que pour cet effet Mylord Duc après avoir détaché auparavant le Comte de Lottam avec vingt bataillons et quelques escadrons sur le grand chemin de Gand vers Deynse, pour donner de l'ombrage aux ennemis, comme si on voulait marcher sur le canal entre Gand et Brugges, marcherait avec le reste de l'armée le 24. de Rousselaer à Courtray, d'où il continuerait de s'approcher de l'Escaut du côté de Berchem près de Kerckhofen.

Le Prince Eugène devait partir d'ici le 25. au soir avec dix-sept bataillons et une quarantaine d'escadrons, pour aller par Robeak, Waterloh, Hauterive, Potte à Escanaple, et que le 26. avec la pointe du jour tous les trois corps devaient tenter, chacun de son côté de passer aux endroits ci-dessus mentionnés et que la garnison d'Oudenarde, que l'on avait fait renforcer et qui consistait en douze bataillons devait sortir et attaquer en même tems le retranchement des ennemis sur la hauteur.

Le Prince Eugène se mit donc en marche le 25. au soir, pour mieux garder le secret de cette entreprise, l'ordre aux troupes de s'assembler au pont de la Marque, ne leur a été donné que peu d'heures avant que de partir. Chaque corps avait avec lui ses pontons et l'artillerie nécessaire, et l'on tenait outre cela encore trente à quarante pièces de canon prêtes pour suivre en cas de besoin; Mylord Duc avait bien plus de canons avec lui que les autres.

Le Prince Eugène après avoir marché deux heures, reçût près de Robeak par un officier la nouvelle de Mylord Duc, que les chemins entre Rousselaer et Courtray avaient été presqu'impraticables, ce qui avait retardé la marche de l'armée et qu'elle ne pourrait decamper de Courtray que le 25. au matin sur les quatre ou cinq heures et qu'ainsi il ne pourrait pas se trouver le 26. au matin sur l'Escaut; il faisait donc prier le Prince Eugène de s'arrêter à Robesk jusqu'à quatre heures du soir, et que vers ce tems-là il aurait sûrement de ses nouvelles. La saison qui nous avait été si favorable jusqu'au 16. du Nov., car tout le monde assure de n'avoir jamais vû dans ce pays-ci une plus belle arrière-saison que celle de cette année, nous quitta tout d'un coup, car la nuit du 15. au 16. nous eûmes tant de pluie, qu'on eut de la peine d'aller à cheval; le mauvais tems dura même deux à trois jours, et on fut fort aise de le voir se remettre au peu au beau, lorsque deux jours avant notre marche les pluies recommencèrent et continuèrent le même jour et nuit pendant le 25. et le 26., ce qui fit souffrir excessivement les troupes. Le Prince Eugène resta le 26. à Robesk et quoique son genie supérieur au tout le mette toujours au-dessus de tous les embarras et qu'il sait assez se deguiser, les moins pénétrans s'apperçûrent cependant qu'il avait de l'inquiétude. Après avoir reçû la nouvelle, que Mylord Duc serait infailliblement avec l'armée vers trois heures du matin le 27. près de Berchem, il partit sur les quatre heures du soir et arriva avec ses troupes, dans lesquelles se trouvèrent le Pce. d'Orange et les Généraux Spiegel, Sparre et Fels, sur une heure après minuit à Maude, qui est à une petite demi-heure d'Hauterive, où l'on comptait de passer; les troupes furent mis en ordre de bataille et on occupa d'abord le château de Hauterive avec deux cents grenadiers. Le roi de Pologne, qui avait toujours logé chez le Pce. Eugène l'accompagna en cette marche et fut toujours avec lui en caresse; après avoir déjeûné ensemble, le Prince se rendit auprès de Mylord Duc, pour conférer avant que de tenter le passage; mais le Général-Major Cadogan avait pris les devants avec huit bataillons et quelques escadrons et quelques pièces de canon, avec les pontons nécessaires pour passer la rivière. Il avait fait observer sur le cimetière de Berchem qui est tout contre l'Escaut, que les patrouilles des ennemis passaient de deux heures, dès que la dernière venait de passer en sifflant et en chantant, auprès d'un lieutenant couché sur le ventre avec quelques soldats, il fit commencer à faire travailler à deux ponts qui furent heureusement jettés à la faveur d'un brouillard qui ne se leva, que lorsque les ponts furent achevés, ce qui se fit avec le jour. Le Prince Eugène s'y trouva lorsqu'on commença à descendre les premiers pontons dans la rivière; Le Sr. Souternon campait avec un corps français vis-à-vis sur une hauteur éloignée à peu près de cent cinquante pas de la rivière et de l'endroit où nous avions projetté de passer. Le bord de notre côté était fort élevé et très-avantageux pour forcer le passage, de l'autre côté de la rivière le terrain était fort sec, malgré les prairies qui allaient jusque vers les hauteurs où les ennemis étaient campés. Entre leur camp et les prairies se trouvaient quelques broussailles et un petit ruisseau et si les ennemis s'étaient avancés, ils nous auraient extrêmement embarrassés, car quoiqu'il ne fut pas possible de disputer de là le passage de la rivière, ils auraient cependant pû s'y soutenir jusqu'à que les postes voisins les eussent joints. Malgré toutes les précautions que l'on avait prises de derober aux ennemis la connaissance de notre entreprise, il y eut cependant le pistolet d'un cavalier et le fusil d'un grenadier qui se lachèrent en passant sur le pont, mais les Français furent pourtant surpris; les premières troupes qui eurent passé furent tout de suite placées aussi avantageusement que le terrain le voulait permettre et à leur faveur on construisit encore deux ponts, de sorte que nous eûmes en fort peu de tems trente bataillons et cent escadrons à l'autre bord. Il y eut trois à quatre escadrons ennemis qui se firent voir, mais on les salua avec le canon et ils se retirèrent. On dit que le Sr. Souternon a laissé la plus grande partie de ses équipages en arrière et que plusieurs de nos gens ont fait un butin assez considérable.

Milord Duc se trouva incommodé, mais il vint néanmoins à cheval pour conférer avec le Prince Eugène. Les deux Généraux trouvèrent à propos de faire avancer les troupes au plustôt vers la hauteur d'Oudenarde, afin d'entourer les ennemis qui s'étaient retranchés dans ces environs et que l'on croyait renforcés par les troupes qui avaient été à Meldern, mais elles avaient pris le chemin de Tournay.

Dès que l'on était assuré de passer l'Escaut à Berchem, on fit venir le Prince d'Orange qui était resté à Maude vers Hauterive, à Berchem, pour y passer aussi la rivière et l'on ordonna au Général Spiegel de s'en retourner à Lille avec vingt-quatre escadrons et six bataillons.

Le Comte de Lottum avait passé la rivière sans aucune difficulté et sans voir les ennemis à Aspera, près de Gavera; il avait ordre de venir au plustôt vers Oudenarde pour assister à couper les ennemis sur la hauteur d'Oudenarde, mais il rencontra par hazard des troupes ennemies qui venaient de Gand, et comme les députés des Etats Généraux étaient avec lui, on prétend, qu'on s'est amusé mal à propos, et c'est pourquoi les ennemis qui étaient auprès d'Oudenarde se sont échappés *).

Le Prince Eugène et Milord Duc continuèrent leur marche vers la hauteur d'Oudenarde par les trois grandes routes que les ennemis avaient fait faire, pour pouvoir faire leurs mouvemens avec d'autant plus de promptitude. On vit bientôt les ennemis en grand mouvement sur la hauteur; ils allaient, venaient et descendaient sur ces hauteurs, ce qui nous prouva assez les peines et les embarras où ils se trouvaient. Ils

*) A la marge de l'original se trouve que Mylord Duc croyant que les députés avaient été cause que le Comte de Lottum n'était pas arrivé à tems sur les hauteurs d'Oudenarde, lava le soir après le passage de l'Escaut la tête aux députés, leur disant, qu'il prétendait qu'ils n'eussent aucune connaissance des ordres qu'il donnait, autrement il n'en donnerait plus de sa vie, et qu'ils ne se devaient mêler aucunement des affaires de guerre puisqu'ils n'y entendaient goutte et ne faisaient que les embrouiller et faire naître des difficultés mal à propos.

envoyèrent des dragons et des carabiniers sur un ruisseau que nous avions à passer pour aller à eux, ils tirèrent sur notre avant-garde, et pour gagner du tems ils jettèrent les ponts à bas et mirent le feu à des maisons près desquelles il fallait passer; on fit prendre à notre cavalerie la droite et l'infanterie retablit les ponts abattus, marchant droit aux ennemis, en montant sur les hauteurs qu'ils occupoient encore, et d'où ils continuaient de tirer sur nous, quoique sans effet.

On les chassa au-travers de leur camp, auquel ils mirent le feu pour se mieux derober à notre vue. A la fin notre cavalerie, après avoir passé par de grands défilés, arriva sur la hauteur, dans la plaine, où on vit les ennemis se retirer, ayant formé pour favoriser leur retraite, deux colonnes de cavalerie, soutenues par quatre cents grenadiers, qui se jettaient dans les hayes, par tout où ils le jugeaient le plus à propos, afin d'empêcher notre cavalerie de suivre avec trop de chaleur et de percer la leur.

Un régiment de cavalerie Irlandaise des ennemis, de même qu'un de dragons, faisant l'arrière-garde, se sont retirés en très-bon ordre et ont empêché les nôtres de les enfoncer; Et on ne peut pas disconvenir, que le Comte d'Hautefort n'ait fait sa retraite en homme de guerre, quoiqu'il aurait dû avoir songé plustôt à se mettre en marche pour se retirer, ou se aurait dû nous disputer d'avantage le passage du ruisseau à Ettighofen, passant au pied des hauteurs d'Oudenarde, ce qui nous aurait fait perdre beaucoup de tems. Et il aurait aussi pû disputer avec très peu d'escadrons le passage au Cte. de Lottum, en cas qu'il fut venû d'Asperu. Et enfin lorsqu'il se retira il aurait pû mettre sa retraite encore d'avantage à couvert contre nos insultes, s'il s'était mieux servi de l'infanterie qu'il n'a fait et ce qu'il aurait pû faire. Car, lorsque quelques uns de nos escadrons allèrent droit à cette infanterie placée dans les hayes et la chassèrent malgré le feu qu'elle fit, elle fut abandonnée par sa cavalerie et nous la fîmes prisonnière de guerre.

On a pris en tout quarante cinq officiers et sept cents hommes avec trois étendarts. Les officiers prisonniers disent qu'ils ont été quatorze bataillons et vingt quatre escadrons, qu'on n'a pas sû quel parti d'abord prendre et qu'ils s'étaient crû coupés et pris. Ils prétendaient aussi d'avoir été informés de tout notre dessein, c'est-à-dire de la manière et des endroits par où nous les attaquerions; d'autres disent que le Duc de Vendôme avait écrit la veille au Comte d'Hautefort que Mylord Duc viendrait à Harlebeck avec l'armée, mais que ce n'était que pour la commodité des fourrages et qu'il n'y avait rien à craindre pour le passage de l'Escaut.

On n'a poursuivi les ennemis que jusque dans les défilés de Grandmont, de là ils ont pris par Enghien vers Mons, craignant que s'ils prenaient par Leuse vers Tournay ils ne fussent atteints par nos troupes.

On fit camper notre armée dans le camp des ennemis et le lendemain le 28. le Prince Eugène partit sur les neuf heures d'Oudenarde pour Courtray, d'où il est venû sans escorte, accompagné seulement de ses aides de camp et de quelques officiers au nombre de vingt, jusqu'à Lisle mettant pied à terre à la comoedie où tout le monde fut surpris de le voir sitôt de retour. Il a rencontré en chemin des partis ennemis qui par bonheur n'ont fait autre chose que de prendre trois ou quatre chevaux de sa suite et ont tué un valet qui voulait s'échapper.

Le Prince d'Orange est venû rejoindre cette armée avec les troupes qu'il avait amenées et Mylord Duc a marché le même jour, le 28., avec cinquante bataillons et cent escadrons vers Alost pour gagner la chaussée, et aller de là secourir Bruxelles. On craignait avec raison que les ennemis ne s'avisassent de nous disputer la passage de la Dendre, ce qu'ils auraient peut-être fait avec plus de succès que celui de l'Escaut et que pour cet effet ils n'eussent occupé Alost, mais on n'y a trouvé personne. Milord Duc aurait mieux aimé de prendre par Ath vers Soignies afin d'empêcher la jonction des ennemis et embarrasser d'avantage l'Electeur de Bavière au siège de Bruxelles, mais on n'osa songer de tourner de ce côté-là à cause des mauvais chemins. On a eu avis que l'Electeur, après avoir appris le passage de l'Escaut, a abandonné le siège de Bruxelles avec précipitation ayant même laissé toute l'artillerie, consistant en dix-neuf canons et deux mortiers avec toutes les munitions de guerre et une partie de ses équipages et huit cents blessés parmi lesquels se trouvent quatre vingt sept officiers.

Pendant que les ennemis avaient tiré toutes les garnisons de leurs places, n'ayant même laissé à Mons qu'une très-faible, le commandant d'Ath, le Sr. Paland, détacha quelques centaines d'hommes pour surprendre St. Guillain, qui est sur la Haine entre Mons et Condé.

Les ennemis sont venûs camper avec leur armée du côté de Mortaigne et de St. Amand. Ils ont fais occuper St. Venant et la Bassée, où ils doivent même avoir un corps de dix à douze mille hommes; il y a aussi encore beaucoup de leurs troupes vers Gand et Bruggesł; les Princes s'en retournent à ce qu'on dit à Versailles et leur armée pourrait bien entrer en quartiers d'hiver.

Le Prince Eugène aura ici près de soixante bataillons et plus de cent escadrons. Le Lieutenant-Général Hompesch est à Menin avec sept bataillons et une trentaine d'Escadrons.

Le siège de la citadelle va toujours lentement. On espère que l'on sera maître de la contrescarpe en trois ou quatre jours, après cela les batteries pour battre en brèche, seront établies sur le champ. Quand on en sera là, alors le Prince Eugène fera sonder le Mal. de Boufflers s'il veut se rendre, en lui assurant que s'il tarde à capituler et qu'il oblige de faire brèche, que la garnison n'aura autre chose à attendre que d'être faite prisonnière de guerre.

Milord Duc sera renforcé de quinze à vingt bataillons qui ont été en Flandre, à Bruxelles et à Anvers. On enverra à cette heure des munitions de guerre et de bouche pour les places de ce pays-ci et dès que le siège de la citadelle sera achevé, on verra par la contenance des ennemis ce qu'il y aura à faire avec Brugges et Gand, peut-être que la saison nous obligera de songer à nos quartiers d'hyver.

On a trouvé dans St. Guillain cent trente hommes en garnison et comme cette petite place est de conséquence à cause de sa situation qui est très-avantageuse par les inondations et que les écluses qui y sont, servent pour l'inondation de Mons, et que d'ailleurs les lignes des ennemis nous seraient toujours ouvertes par là, ainsi ils ont envoyé un gros détachement avec du canon pour reprendre cette place, ce qui a obligé Mylord Duc de détacher le Lieutenant-Général Dompré avec quarante escadrons de ce côté-là pour tâcher d'y jetter du secours, ou d'embarrasser les ennemis afin qu'ils ne viennent pas à bout de leur dessein. Le Lieutenant-Général Dedem est aussi venu avec vingt-neuf bataillons jusqu'à Oudenarde, pour être plus près de venir ici au secours du Prince Eugène en cas de besoin, car l'on dit que les ennemis veulent s'asembler auprès de Douay pour nous remettre dans l'embarras, ce qu'ils pourraient et devraient faire de toute manière, vû que nous manquons ici de munitions de guerre et de bouche et que l'on aura beaucoup de difficultés d'en transporter de si loin, aussi long-tems que nous n'aurons pas Gand, surtout lorsque le mauvais tems gâtera entièrement les chemins, outre que l'on aura des peines infinies de faire manoeuvres les troupes, faute de fourrages, que les ennemis peuvent en revanche avoir, étant toujours à portée de leur pays et de leurs magazins.

Dès que l'on sera maître de Lille et que l'on pourra conserver St. Guillain pour peu que l'on veuille se prendre aux affaires comme il faut, on pourra le printems prochain embarrasser les ennemis de sorte qu'ils pourront mettre cinquante à soixante bataillons de moins en campagne que cette année-ci, en les obligeant de mettre des garnisons dans une bonne partie de leurs places frontières.

On commence à prendre des arrangemens pour les quartiers d'hyver, la plus grande partie de l'armée hyvernera sur la Lis, l'Escaut, la Dendre, comme aussi à Bruxelles, Anvers et Malines et dans la Flandre septentrionale à Hulst, Slys, Saas de Gand etc.

On a été agréablement surpris de la fidélité de la bourgeoisie de Bruxelles, qui est allée, contre l'attente d'un chacun, au-devant de tout ce qu'il pouvait contribuer à bien defendre leur ville; cependant plusieurs des principaux et même des officiers généraux d'Espagne et des Pays-bas tirant des pensions de douze et quinze mille livres, sont sortis de la place ce qui a fait dire à Mr. Cardonel, que l'on devait leur ôter la pension et la donner aux Dames et surtout à la Duchesse d'Aremberg qui y est restée pendant le siège, et que les ennemis auraient envoyés s'ils avaient pris la place tenir compagnie à la Reine douairière d'Espagne.

Les ennemis ont aussi repris St. Guillain et y ont fait la garnison, consistant en trois cents hommes, prisonnière de guerre.

Il vient d'arriver un grand convoi de munition de guerre, escorté de huit bataillons, sous les ordres du Général-Major Tettau, qui a ordre de rester près de Menin sous les ordres du Prince Eugène et comme Mylord Duc s'est rapproché d'Oudenarde, n'ayant que peu de monde avec lui et la plus grande partie de l'armée étant ici et à Menin et près d'Oudenarde, ainsi il semble que nos Généraux ont envie d'exécuter encore quelque projet de conséquence avant la fin de la campagne.

On fera chanter le 5. le Te Deum et tirer le soir le canon la garnison de la ville de même que toute l'infanterie dans les tranchées.

Achtzehnter Abschnitt.

1709.

Schulenburg begiebt sich nach dem Haag, um eine neue Convention über das sächsische Truppen-Corps vorzubereiten. — Diese wird am 22. Febr. unterzeichnet. — Reißt nach Sachsen. — Von da im April über Hannover und Westphalen zur Armee zurück, nachdem er den Befehl unter dem 18. März über das sächsische Truppen-Corps erhalten hatte. — Graf Moritz von Sachsen, natürlicher Sohn des Königs, begleitet ihn. — Friedensunterhandlungen Schulenburgs mit dem französischen Minister Torcy. — Bericht hierüber. — Anfang des Feldzugs. — Tournay wird berennt und belagert. — Schulenburg erhält den Befehl über eine Attaque. — Berichtet dem König des Herzogs von Marlborough Ansichten über die Frage der polnischen Krone. — Angaben über die Schulenburgschen Angriffe von Tournay. — Der Gouverneur capitulirt vorzugsweise mit Schulenburg. — Belagerung der Citadelle, bei welcher der General abermals einen Angriff leitet. — Nähere Umstände hierüber. — Die Citadelle ergiebt sich. — Abmarsch der Armee, um Mons zu berennen.

Zur Uebersicht der Belagerung von Tournay vergl.: Carte etc. Ferraris. fol. 12.

Schulenburg verfügte sich auf Befehl des Königs nach dem Haag, um daselbst mit den Generalstaaten und dem Herzog v. Marlborough diejenigen Unterhandlungen zu Ende zu bringen, welche sich auf die Vermehrung der Truppen bezogen, die der König während dieses Feldzugs den Seemächten in den Dienst zu überlassen beabsichtigte. Wir haben ein P. M. vom 22 Januar vor Augen, welches dem Herzog v. Marlborough überreicht wurde und aus welchem man ersieht, daß der König die Absicht hatte zu den in Flandern befindlichen 4 Bataillonen noch 5 bis 6 abmarschiren zu lassen. Der Herzog erließ unter dem 24. Januar 1709 folgendes Schreiben in dieser Angelegenheit an den König.

1709

1709 Sire!

„Quoique Mrs. les Comtes de Lagnasco et de Wackerbarh informent V. M. de tout ce qui s'est passé ici à l'égard des troupes que la Reine et les Etats-Généraux souhaitent à leur solde, j'ai pourtant voulû l'assurer par celle-ci que je me sais conformé en tout cela le plus qu'il m'a été possible aux intentions de V. M. et me flatte qu'Elle en sera contente; je me donne en même tems l'honneur de faire souvenir V. M. de la promesse qu'Elle a eu la bonté de me faire pendant son séjour en Flandre, qu'Elle mettrait le Général Schulenburg à le tête de ses troupes aux Pays-bas lorsqu'Elle les augmenterait et comme je l'ai eu en toute cette campagne avec moi et que je prends toute confiance en lui, j'espère que V. M. me l'enverra ce printems avec l'augmentation des troupes."

Unter diesen Verhältnissen reißte Schulenburg nach Sachsen zurück, und kurz nachher wurde unter dem 22. Febr. eine Convention im Haag zwischen den sächsischen Bevollmächtigten[1]) und denen der Seemächte abgeschlossen, in welcher mit Bezugnahme auf die vom 20. April 1707 folgende Haupt-Stipulationen festgesetzt wurden:

das Regiment schwerer Reiter und zwei Dragonerregimenter, welche sich schon gegenwärtig in den Niederlanden befanden, wurden jedes bis auf 8 Compagnien oder 4 Schwadronen, und jede Compagnie mit 15. Mann berittener Mannschaft vermehrt.

Hierdurch wurde die Schwadron auf 150 Mann gebracht; überdem stellte der König 4 neue Bataillone gedienter Truppen. Fürs Erste wurde dieses Corps auf ein Jahr zur Verfügung von England und Holland überlassen; der Solo wurde vom 15. März an gerechnet und die Truppen sollten 30. am April entweder in Mastricht oder Rüremonde den Commissarien

1) Sächsischer Seits unterzeichneten Graf von Lagnasco, Wolf Abraham v. Gersdorf.
Von Seiten Englands Pr. et Duc de Marlborough.
Holländischer Seits J. Heenlak, A. Heinsius, J. A. Baron de Rhede de Rhenswoude, J. Dyttewik.

der Seemächte übergeben werden. Wir bringen sowohl das 1709 Schreiben, wodurch der König den General-Staaten die Vermehrung seiner Truppen und die Ernennung Schulenburgs zum commandirenden General des in Subsidien gestellten Truppen-Corps anzeigt, als auch das Handschreiben des Königs an den Prinzen Eugen, in welchem dieselbe Mittheilung erfolgt, als Beilagen bei (s. Beilage XXVIII. a und b.). Schulenburg erhielt unter dem 18. März das Commando über gedachtes Truppen-Corps. Wir besitzen eine Abschrift der ihm ertheilten Instruction; sie bezieht sich als Anhang auf die am 22. Febr. unterzeichnete Convention und enthält keine Bestimmungen, die eine andere militärische oder politische Wichtigkeit hätten, als diejenigen, welche die Disciplin, Organisation und Erhaltung der Ordnung in diesem Corps betrafen.

Schulenburg muß sich schon Ende März auf die Reise begeben haben; wir haben einen französischen Bericht vor uns, welchen er aus Hannover unter dem 10. April an den König richtete, worin er von seiner Aufnahme daselbst und in Wolfenbüttel Rechenschaft ablegt. In diesem wird des Grafen Moritz von Sachsen erwähnt, welcher in seinem 14. Jahre seinen ersten Feldzug unter der Leitung Schulenburgs machte [1]). Dieser schreibt von ihm:

„Le Comte Maurice se porte bien. J'espère que je le mettrai sur un pied qu'il profitera dans la suite plus qu'il n'a pas fait jusqu'ici; il a été fort bien reçû à Wolfenbuttel aussi bien qu'ici; l'Electeur et l'Electrice l'ont vû et lui ont parlé tous les jours."

Dies war der erste Schritt, den dieser einst so berühmte Feldherr in seiner Heldenlaufbahn that.

Wir werden späterhin Gelegenheit erhalten, seiner noch zu

---

1) Graf Moritz van Sachsen war der natürliche Sohn König Augusts II. und der Gräfin Aurora von Königsmark. Er war am 29. Octbr. 1696 zu Moritzburg bei Dresden geboren, und starb als Maréchal-Général des Königs von Frankreich an 30. Novbr. 1750. Seine Siege von Fontenoi, Raucour und Laffeld haben seinen Ruf unsterblich gemacht.

1709 erwähnen, und begnügen uns vorerst mit der Bemerkung, daß im Laufe dieses Feldzugs der Graf von Sachsen seine erste Waffenthat bei der Belagerung von Tournay vollbrachte, derselben Stadt, vor welcher er selbst 36 Jahre später an der Spitze eines französischen Belagerungs-Heeres stand und in deren Nähe er den berühmten Sieg von Fontenoi über die Truppen derjenigen Völker erfocht, unter welchen er gegenwärtig seine erste Schule machte.

Als Schulenburg Ende April im Haag eintraf, wurden eben Friedens-Unterhandlungen zwischen Frankreich und den Seemächten gepflogen, und der französische Staats-Minister v. Torçi befand sich selbst, nebst einem zweiten Abgeordneten, Rouillé, im Haag.

Die Republik Holland war unter allen Alliirten diejenige Macht, welche sich durch sieben Feldzüge am ermüdetsten fühlte; man besorgte daher, daß sie beabsichtigte, um den Frieden zu erreichen, sich in geheimes Einverständniß mit Frankreich zu setzen. Indeß äußerte Marlborough gegen Schulenburg, wie dieser an seinen König unter dem 27. April berichtet, „daß man holländischer Seits mit Aufrichtigkeit gegen die Bundesgenossen zu Werke gehe, und daß man nur aus Rücksicht für die öffentliche Meinung die französischen Abgesandten noch nicht zur Abreise veranlasse."

Unmittelbar nachher verfügte sich der brittische Feldherr nach London und vertraute Schulenburg an „diese Reise habe keinen anderen Zweck, als der Königin persönlichen Bericht von der Lage der Dinge abzustatten und englische Staatsmänner mit sich zurückzuführen, welche während des Feldzugs den politischen Angelegenheiten im Haag vorstehen könnten.

Wir erkennen aus Schulenburgs Berichten, daß wenig Männer seiner Zeit besser als er von der Lage der Dinge unterrichtet sein konnten. Der holländische Groß-Pensionär Heinsius schenkte ihm sein Vertrauen eben so gut, als anderseits der Marquis von Torçi, der ihn bei seiner Sendung nach Frankreich 1698 kennen und schätzen gelernt hatte und nur die Gelegenheit suchte, sich mit ihm zu besprechen. Die Hauptfrage jener Zeit war die der berühmten Barriere-Plätze. Holland

hatte nämlich dem Gedanken Raum gegeben und als Sicherheits- 1709
und Erhaltungs-Princip seines Staats aufgestellt, daß in gewissen Grenzplätzen der Niederlande ihm das Garnisons-Recht eingeräumt werden sollte, vorausgesetzt, daß die Niederlande selbst dem König von Spanien oder dem Hause Oesterreich im zukünftigen Frieden verblieben. Diese Plätze waren Fürnes, die Feste Knocke, Menin, Warneton, Commines, Werwick, Lille, Condé und Tournay. Ueberdem begehrten die Holländer auf der Sambre Maubeuge und Charleroi, an der Haine Mons, an der Maas die Citadelle von Lüttich und Huy [1]).

---

1) Die Wünsche der Generalstaaten, betreffend die Zusicherung Englands beim dereinstigen Frieden jene Vormauer oder Barrière zu erhalten, wurden von Seiten des englischen Cabinets berücksichtigt, obgleich der Herzog v. Marlborough sich gegen eine Uebereinkunft dieser Art aussprach, weil er besorgte, daß Holland, sobald es jene Zusicherung von England erhalten haben würde, die große Allianz verlassen und einen Separat-Vertrag mit Frankreich abschließen würde.

Dem zu Folge unterzeichnete am 29. Octbr. 1709 Lord Townshend diesen Vertrag allein. Wenig Jahre nachher trat durch eine Veränderung des brittischen Ministeriums der Fall ein, den Marlborough besorgte, mit dem Unterschied, daß England, und nicht Holland, mit Frankreich ein Separat-Abkommen schloß, das dem Frieden von Utrecht zur Grundlage diente.

In diesem Frieden wurden folgende Plätze als Barrière Festungen bestimmt, unter österreichischer Hoheit von holländischen Truppen besetzt zu werden: die Citadelle von Tournay und Namür, die Plätze von Menin, Fürnes, Warneton, Ypern und die Feste von Knocke; in Dendermonde war die Besatzung gemeinschaftlich österreichisch und holländisch; durch den dritten Barrière-Tractat vom 15. Novbr. 1715 trat Oesterreich Venloo an der Maas an Holland ab.

Es ist bekannt, daß Kaiser Joseph II. dies Verhältniß gewaltsam aufhob, den Barrière-Tractat annullirte und die Festungen, bis auf Luxemburg, schleifen ließ (s. Tractat vom 8. Novbr. 1785).

Als der Wiener Congreß 1815 das politische Gleichgewicht Europas wiederherzustellen versuchte, so hatten traurige Erfahrungen den Nachtheil des Mangels an Festungen längs der französischen Grenze hinreichend bewiesen, und das Königreich der Niederlande

1709 Schulenburg verließ Haag vor der Rückkehr Marlboroughs, welcher mit Lord Townshend als Bevollmächtigter für die bevorstehenden Unterhandlungen daselbst am 18. May eintraf. Der Marquis v. Torçi wohnte bei dem Hollstein-Gottorpschen Abgeordneten, Namens Pettekum[1]); dieser war seit mehreren Jahren mit Kenntniß des Groß-Pensionärs das Organ von Mittheilungen, welche zwischen Holland und Frankreich unterhalten wurden; er selbst versicherte dies Schulenburg und fügte hinzu: „daß der Herzog v. Marlborough ebenfalls davon unterrichtet sei, daß er jedoch weder seinen Herrn noch den König von Schweden in Kenntniß von diesen Unterhandlungen habe setzen dürfen.“

Schulenburg begegnete dem Marquis v. Torçi bei dem Hollsteinschen Gesandten. In einem Bericht an den König vom 16. May äußert er sich über diese Umstände und seine Verhältnisse zu dem Marquis von Torçi folgendermaaßen:

à la Haye, ce 16. Mai 1709.

„Le Marquis de Torci est toujours ici logeant vis-à-vis de l'Envoyé de Gottorp, chez lequel il dîne et soupe régulièrement si ce n'est qu'il va quelquefois dîner dehors.

Les Envoyés de Danemarc, de Suède et de Lorraine ont été le voir et il leur a rendû la visite; le Sieur Woorschout, un des membres des Etats-généraux, lui donna autre jour á dîner à Scorvliet, jardin de Mylord Portland, où le Pce. Eugène qui dîna le même jour chez moi à Schevelingen, pensa le trouver, voulant aller voir le jardin, si on ne l'avait encore averti par hazard, que le Ministre de France s'y trouvait; il m'a fait faire plusieurs fois des

---

wurde veranlaßt, eine gewisse Anzahl Plätze längs seiner und der französischen Grenze befestigen zu lassen, davon Frankreich mittelst auferlegter Kriegs-Contributionen einen bedeutenden Theil der Kosten decken mußte.

1) Er war Gesandter Herzogs Carl Friedrich von Hollstein-Gottorp, welcher durch seine Mutter, Schwester Königs Carl XII, Neffe dieses Monarchen war.

complimens par le Ministre de Gottorp, me connaissant assez 1709
particulièrement depuis les affaires, que j'ai eu à traiter avec lui à Versailles après la paix de Ryswik, me faisant dire qu'il serait bien aise de me parler et que cela ne pourrait tirer à aucune conséquence, vû que bien des personnes le voyaient et le fréquentaient sans aucun ménagement, et que quelques Ministres des autres Princes demandaient même à le voir, je n'ai pourtant pas jugé à propos de lui parler, mais étant hier occupé à faire ma tournée de visite aux Envoyés et entre autres à celui de Hollstein il vint m'embrasser en me disant, qu'il pouvait m'avouer que l'on était bien embarrassé en France et qu'il n'aurait jamais pû s'imaginer avant que de venir ici, qu'il trouverait tant de difficultés pour sortir des affaires d'à présent, parceque les Etats-généraux restaient inébranlables, il espérait pourtant de porter les affaires si avant, que l'on ne ferait pas la campagne vigoureusement de part et d'autre, mais tout au plus propter honorem, à quoi il ajoutait que l'on savait fort bien que V. M. n'avait point perdu de vue la Pologne, d'autant plus que le Roi de Suède y paraissait être de jour en jour plus embarrassé et que V. M. avait bien des troupes sur pied, ce que l'on ne comprenait pas comment cela pouvait se faire, après que ses états avaient tant souffert et qu' Elle faisait outre cela des dépenses fort considérables pour la reception du Roi de Danemarc; qu'il pouvait m'assurer que le Roi son maitre ne serait pas contraire aux intérêts de V. M., mais qu'il chercherait dès que les conjonctures des affaires présentes voudraient le permettre de lui donner des marques de son amitié, étant persuadé que V. M. connaissait les véritables intérêts de l'Empire et encore plus les siens propres. Il prétend de s'en retourner en France dès que Mylord Duc aura été ici une couple de jours; son principal but étant d'obtenir par le moyen des Etats-généraux un armistice et de disposer les affaires d'une manière, qu'on donne du moins quelque chose au Roi Philippe, vû que les deux frères, c'est-à-dire le Duc de Bourgogne et le Duc de Berry, si l'autre retournait en France, vivraient en

1709 des brouilleries continuelles, le Duc de Bourgogne étant reputé pour un Seigneur qui n'a pas moins d'esprit que de malice; il me semble que l'on serait fort content en France, si l'on voulait donner au Roi Philippe les deux Navarres, tout le reste de la négociation de paix donnerait à ce qu'il parait alors peu d'embarras; mais on peut toujours être assuré que la paix d'une manière ou d'autre sera faite en peu, et que les préliminaires pourraient être arrêtés au plutôt et que les Hollandais sont déjà sûrs de leur fait; je n'ai pas manqué de lui repondre ce que j'ai crû le plus conforme aux intérêts de V. M.; personne ne sait que j'ai eu cette conversation avec le Marquis de Torci, dont j'ai été même surpris et fâché, ainsi j'ai garde d'en parler à qui que ce soit; il m'a dit qu'il me verrait en passant à Bruxelles et qu'il espérait de me voir après la paix en France; j'éviterai cependant une seconde entrevue, quoique l'Envoyé de Hollstein m'a assuré et dit en confidence qu'il était depuis deux ans dans une correspondence secrète avec le Marquis de Torci avec connaissance du Grand-Pensionnaire Heinsius et que depuis un an il n'avait fait aucune démarche en cela que par ordre de Mylord Duc et du Grand-Pensionnaire, sans cela il n'aurait jamais osé recevoir le Marquis chez lui; le Grand-Pensionnaire l'avait même conjuré de ne donner aucune connaissance de toute cette négociation ni au Duc de Hollstein, ni au Roi de Suède, l'assurant même qu'en cas de disgrâce, il le protégerait non seulement, mais qu'on le dédommagerait encore de tout ce qu'il lui pourrait arriver de fâcheux; aussi ne quittera-t-il pas ce pays-ci de sitôt."

Da Schulenburg keinen Antheil an diesen Verhandlungen nahm, so ist hier nicht der Ort ein Mehreres hierüber zu sagen; nur erlauben wir uns der Wahrheit zu Ehren einem allgemeinen Vorurtheil, welches in die Geschichte jener Zeit aufgenommen worden ist, zu widersprechen, als ob nämlich die harten Bedingungen, welche in den Conferenzen im Haag den französischen Bevollmächtigten vorgelegt wurden, und in Folge deren die Friedens-Unterhandlungen sich zerschlugen, durch den He-

zog v. Marlborough veranlaßt und vorzüglich von ihm 1709
unterstützt worden wären. William Coxe, welcher die Denkwürdigkeiten dieses großen Mannes geschrieben hat, berührt diese Frage in seinem Werke. In der deutschen Uebersetzung im 5. Theil von S. 65. an wird bewiesen, daß der Herzog nicht der Meinung war, den König von Frankreich zu zwingen, seinen eignen Enkel aus Spanien zu vertreiben, wie dies Ludwig XIV. in dem im Haag übergebenen Ultimatum zugemuthet worden war. Aus Marlboroughs Briefe an den Lord Godolphin vom 16. Juny geht dies klar hervor, so wie aus Godolphins Antwort; dieser sagt: „Sie beklagen das frühzeitige Abbrechen der Verhandlungen; aber diese Meinung werde ich streng für mich behalten, sonst besorge ich, könnte das Volk hier und in Holland entmuthigt werden.“

Schulenburg ging am 18. May über Antwerpen nach Brüssel, woselbst er die drei sächsischen Reiter-Regimenter in Augenschein nahm. Hier erfuhr man am 4. Juny, daß der König von Frankreich die ihm auferlegten Bedingungen verworfen habe und ein neuer Feldzug unvermeidlich sei.

Prinz Eugen von Savoyen theilte dem General Schulenburg das an ihn gerichtete Schreiben des Marquis von Torçi wörtlich mit, von welchem er in seinem Bericht an den König umständliche Meldung macht.

Das Gemälde, welches er von dem Zustande und der Lage des sächsischen Corps entwirft, ist nicht günstig, er selbst schildert unter dem 6. Juny seine eigenen Dienstverhältnisse mit Aufrichtigkeit dem König auf eine Weise, welche wenig Zufriedenheit mit selbigen an den Tag legt.

„Les troupes sont sans argent, et quoique j'aie écrit au Sieur de Gersdorf et que j'aie fait venir Radsche ici, on ne peut point les assister ce qui ne produirait que de mauvaises suites; j'ai pourtant trouvé le moyen de procurer quelque argent par mon crédit que mes ennemis m'ont fait avoir en débitant par tout que j'ai du bien et de l'argent de reste au lieu que je suis ruiné et pauvre, sans pouvoir même continuer de vivre plus longtems selon le caractère de ma charge, si V.M. ne m'assiste pas considérablement ce qui est assez

25 *

1709 triste après avoir servi 25. ans même en des charges fort considérables et que l'on m'a offert biens et charges là où j'ai été, de même là où j'ai été désiré; si j'avais été intéressé comme on a débité je serais à mon aise au lieu qu'il faut m'inquiéter de quoi vivre un jour; grande joie à mes ennemis, mais très-douloureuse situation pour moi-même."

Die Friedenshoffnungen, mit denen man sich geschmeichelt hatte, waren verschwunden. In Folge dessen zogen sich die beiderseitigen Heere zusammen; das französische stellte sich unter den Befehlen des Marschall von Villars in Verschanzungen bei Lens und la Bassée auf, zwischen der Scarpe und der Lys.

Die alliirte Armee, welche, wie in dem vergangenen Feldzug, vom Prinz Eugen und Herzog v. Marlborough befehligt wurde, vereinigte sich am 21. Juny in der Stärke von 170 Bataillonen und 271 Schwadronen; sie rückte fürs Erste nach Lille und von da an die obere Deulle. Prinz Eugen befehligte den rechten Flügel, welcher rechts nahe bei Armentières stand, links sich bis Hautbourdin ausdehnte; Marlboroughs Armee stieß rechts an Hautbourdin und erstreckte sich links bis in die Ebene von Seclin. Diese Stellung ließ Villars vermuthen, daß man beabsichtigte, ihn in seinen Verschanzungen von la Bassée anzugreifen; in diesem Sinn wünschten die zwei alliirten Feldherrn den französischen Heerführer zu täuschen, und nachdem sie ihn vergeblich in der Erwartung gelassen hatten angegriffen zu werden, marschirte das alliirte Heer am 26. Juny in der Nacht links ab, um die Festung Tournay einzuschließen. Am 27. stand Marlborough im Angesicht von Tournay; zu gleicher Zeit hatte der Prinz von Oranien den Posten von Mortagne überrumpelt, welcher deshalb von Wichtigkeit war, weil er an der Vereinigung der Scarpe und der Schelde gelegen ist.

Bei dieser beabsichtigten Belagerung übernahm Marlborough die Leitung derselben und Prinz Eugen das Commando der Armee, welche dies Unternehmen decken sollte.

Schulenburg schrieb unter dem 30. Juny an den König: „daß er die Ehre habe die ganze Infanterie in der

Armee des Prinzen Eugen zu befehligen; die drei anderen 1709
bei der alliirten Armee befindlichen Generale der Infanterie, nämlich der Prinz von Oranien, Graf Lottum und General Fagel, wären beim Heer des Herzogs v. Marlborough angestellt; übrigens hätte die chursächsische Infanterie den vollständigen Beifall des Prinzen Eugen gehabt."

Nachdem Tournay durch oben erwähnte Bewegungen eingeschlossen war, wurde dieser Platz am 6. July berennt und 60 Bataillone zu der Belagerung bestimmt; dies waren:

22 Bat. Holländer,
7 „ Preußen,
6 „ Engländer,
5 „ Hannoveraner,
5 „ Hessen,
4 „ Dänen,
3 „ Kaiserliche,
3 „ Sachsen [1tes Bat. Garde, 1tes Bat. Königin, 1tes Bat. Churprinz.],
3 „ Pfälzer,
2 „ Würtemberger.

Diese waren in sechs Ablösungen, jede zu 10 Bat., eingetheilt.

Tournay selbst liegt in der Grafschaft Hennegau, und wird von der Schelde in der Richtung von Süden nach Norden durchschnitten. Durch eine beim Eintritt des Flußes in die Festung angebrachte Rückschwellungs-Schleuse war die Möglichkeit gegeben, das rechte Schelde-Ufer außerhalb der Stadt unter Wasser zu setzen, wodurch der Angriff auf diese Seite bedeutend erschwert wurde. Die Stadt selbst war nach alter Art mit 16 Bastionen umgeben, welche durch die am linken Schelde-Ufer gelegene Citadelle und drei Hornwerke verstärkt waren; am rechten Ufer lag ebenfalls eine Bastion mit einem Hornwerk versehen.

Die Garnison des Platzes bestand nur aus 12 Bataillonen, und der Umstand, daß der Marschall v. Villars durch die Bewegungen der alliirten Heerführer getäuscht worden war, hatte verhindert, daß er sie nicht vermehrt hatte.

Aus den uns vorliegenden Schriften, und vorzüglich aus

1709 einem Bericht vom 22. Juny erkennen wir, daß der Herzog v. Marlborough fortfuhr Schulenburg sein Vertrauen zu schenken. In einer Unterredung, welche Letzterer mit dem Herzog hatte, und worin die Schwierigkeit anerkannt wurde, die Franzosen in ihrem verschanzten Lager bei la Bassée anzugreifen, schlug Schulenburg vor, links abzumarschiren und Mons zu belagern und auf dem Marsch dahin Mortagne und St. Amand zu besetzen. Wir haben gesehen, daß diese Bewegung ausgeführt wurde, mit dem Unterschied, daß Marlborough und Eugen die Berennung von Tournay fürs erste bezweckten und erst nach Einnahme dieser Festung Mons angriffen und eroberten.

Die Eröffnung der Trancheen fand in der Nacht vom 7. zum 8. July statt. Da der Ingenieur-Directeur des Roques durch einen unglücklichen Fall das Bein brach, so leitete der zweite Ingenieur du May die Belagerungsarbeiten. Beide hatten in denselben Verhältnissen bei den Belagerungen von Lille und Gent im vergangenen Jahre gedient.

Das Belagerungsgeschütz, aus 110 schweren Kanonen und 79 Mörsern bestehend, begann erst am 13. July sein Feuer.

Der Herzog bestimmte, daß drei Attaquen gegen die Festung unternommen werden sollten. Die erste am linken Schelde-Ufer commandirte der preußische General der Infanterie Graf v. Lottum; sie umfing die vordere Fronte der Citadelle und ein Stück der Hauptumfassung bis rechts an den Fluß. Die zweite Attaque leitete der chursächsische General der Infanterie Freiherr von der Schulenburg; sie ging auf das dritte am linken Scheldeufer gelegene Hornwerk bis zu den Ueberschwemmungen am Ausfluß der Schelde. Die dritte Attaque commandirte der holländische General der Infanterie Fagel; sie erstreckte sich am rechten Scheldeufer von der Straße von Mons an bis links an die Schelde und bedrohte die Bastion d'Antoine.

Wir werden uns insbesondere mit den Fortschritten und dem Resultate des Angriffs des Generals Schulenburg beschäftigen.

Es sei uns jedoch vorher erlaubt, mit einigen Worten des

politische Interesse zu erwähnen, welches bei dem König Au- 1709
gust in Bezug auf die Wiedererlangung der Krone Polens vorherrschte, und welches seine Staatsdiener eben so wenig als er aus dem Auge verloren. Aus einem Bericht Schulenburgs vom 7. July ersehen wir, daß der Herzog von Marlborough wenigstens für seine Person in die Wünsche des Königs einging; in diesem Berichte heißt es:

„Mylord Duc me parla hier des affaires de Pologne et me demanda si V. M. avait mis les Rois de Danemarc et de Prusse dans ses intérêts d'une manière à pouvoir sûrement compter là-dessus? „je le souhaiterais, dit-il, par la raison que vous savez, mais après que vous aurez assuré le Roi, votre maître, de mes très-humbles respects, marquez lui de ma part; que je ne doutais point que le Roi de Danemarc ne fit connaître à S. M. toutes les bonnes intentions imaginables, que je croyais même qu'il pourrait s'engager à quelque chose de réel avec S. M.; mais que je ne pouvais pas m'empêcher de dire que tout était fort variable, de peu de résolution et par conséquent sujet à caution en Danemarc jusqu'au Roi même; que lui (le Duc) le savait par expérience et que c'était une espèce d'anguille, que l'on croyait tenir, mais bientôt après on se voyait embarrassé avec mille détours, qu'il n'avait en vue que des prétentions et une infinité de finesses, qu'il lui semblait que V. M. ne saurait assez se précautionner ni prendre ses mésures assez justes avec lui."

Und unter dem 10. July:

„Il y a ici le Comte van der Natt et le Général Banner de la Cour de Gottorp; le dernier est fort de la confidence de Mylord Duc; il paraît être fort Suédois, mais l'administrateur ne l'est pas beaucoup." Unter diesem wurde Herzog Christian August verstanden, Oheim und Vormund des minderjährigen Herzogs von Hollstein-Gottorp. Es ist der Aufmerksamkeit werth, daß man sich mit Entwürfen, welche die Demüthigung des Königs von Schweden bezweckten, zu einer Zeit beschäftigte, in welcher Carl XII. noch aufrecht stand, indem der Sieg von Pultawa von Peter dem Großen erst am 8. July erfochten wurde.

1709 Wir kehren zur Belagerung von Tournay zurück. Schulenburg schreibt unter dem 10. July: „er sei bis auf 250 Schritt weit vor die Pallisaden vorgerückt." Die Bastei und das Hornwerk, welches sie umschloß, führte den Namen „des sept fontaines;" am 14. war man durch die Sappe bis auf 12 Schritt vor die Pallisaden gelangt und hatte die Hoffnung sich des bedeckten Weges des Hornwerks in Kurzem zu bemeistern. Bis dahin war von Seiten der Belagerer bei diesem Angriff noch kein Kanonenschuß gefallen, und Schulenburgs Verlust war bisher unbedeutend; der General hielt jedoch für nothwendig, auch auf das rechts gelegene Hornwerk, welches den Namen des Hornwerks von Lille führte, sein Augenmerk zu richten, und beabsichtigte, sich auf dessen Contrescarpe festzusetzen. Er beklagte sich, man lasse ihn vorzüglich an Fuhrwerk Mangel leiden, und zwar weil die holländischen Kriegs-Deputirten die Attaque des Generals Fagel begünstigten."

Am 17. July war General Schulenburg Meister der zwei vorspringenden Winkel des Hornwerks des sept fontaines und eines des rechts gelegenen Hornwerks, und faßte Fuß auf dem bedeckten Weg des Werkes oder der Bastion, welche zwischen beiden Hornwerken den Hauptwall deckte. Bis dahin bestand der Verlust auf dieser Attaque nur in 200 Mann Todten und Verwundeten. Am 21. fing Schulenburg an sein Geschütz spielen zu lassen, und zwar beschossen seine Bresche-Batterien die angegriffene Fronte auf drei Punkten, nämlich beide Bastionen, welche hinter den Hornwerken lagen und das vorliegende Werk, oder die Bastion zwischen beiden gelegen. Man war an jenem Tage so weit gekommen, daß man beabsichtigte in den Graben hinabzusteigen und sich darin festzusetzen.

Am 27. July wurde in Folge der vorgerückten Arbeiten ein Sturm sowohl auf die Bresche des linken Hornwerks, als auf die Bastion, die zwischen beiden Hornwerken war, ausgeführt. Jeder der zwei Angriffe wurde mit 200 Grenadiers und 400 Mann Infanterie unternommen und beide gelangen vollständig; das Hornwerk wurde bis auf den dahinter liegenden Ravelin eingenommen, und so auch die Bastion. Diese

Unternehmung kostete zwischen 4 bis 500 Mann Todte und 1700 Verwundete.

Am 28. suchten die Belagerten die verlornen Werke wieder einzunehmen; indeß wurde dieser Angriff nur mit 200 Mann unternommen, und mißlang. Zufällig war der Prinz Eugen in die Tranchee gekommen, um die Fortschritte der Belagerung zu besichtigen, und trieb in Person, nebst dem General Schulenburg, die Feinde in die Stadt zurück.

Am Abend desselben Tages schlugen die Franzosen die Chamade und steckten die weiße Fahne aus. Die näheren Besprechungen zwischen dem französischen Commandanten und dem General Schulenburg fanden am Thor St. Martin statt, und hier wurden zwischen ihm und dem Feinde die üblichen Geiseln ausgewechselt. Von Seiten der Alliirten wurde unter andern der Prinz Friedrich Ludwig von Würtemberg, damals Oberster in chursächsischen Diensten, den Franzosen übergeben, derselbe, welcher im Jahre 1734 als kaiserlicher General in der Schlacht von Guastalla fiel.

Schulenburg giebt den erlittenen Verlust bei seiner Attaque auf 11 bis 1200 Mann an, und den ganzen Verlust der Belagerer auf ungefähr 5000 Mann.

Während es dem sächsischen General gelungen war, mit seinem Angriff schnell vorzurücken und den Feind zur Aufsteckung der weißen Fahne zu vermögen, waren die beiden Attaquen des Grafen Lottum und des General Fagel nur langsam vorgeschritten.

Beide Generale waren jedoch nicht wenig eifersüchtig auf den glücklichen Erfolg Schulenburgs, und begehrten am 29. früh ebenfalls Geiseln auszuwechseln. Der französische Gouverneur, General Surville verstand sich hierzu; in den Gesprächen, welche er mit dem General Schulenburg hatte, gestand er ihm: „es sei durch eine dunkle und regnerische Nacht den Belagerern gelungen, sich unerwartet am 10. July dem Hornwerk des sept fontaines zu nähern, so wie daß die Belagerten beim Sturm auf das zwischen beiden Hornwerken gelegene Werk überrascht worden seien; die Bresche am Hauptwall sei so voll-

1709 ständig, daß ein Sturm unfehlbar hätte gelingen müssen; und dies habe ihn zur Capitulation bestimmt."

Diese wurde am 29. unterzeichnet und das Thor de Lille mit 400 Mann besetzt; dasselbe lag auf der Seite der Schulenburgschen Attaque, welchem hierdurch die Ehre der Eroberung des Platzes wurde.

Der Marquis von Sûrville zog am 31. July mit ungefähr 4000 Mann und hinreichendem Pulver-Vorrath in die Citadelle ab, und Lord Albemarle, holländischer General der Cavallerie, wurde Gouverneur der Stadt Tournay. Es handelte sich nunmehr um die Belagerung der Citadelle; indeß trug der französische Gouverneur darauf an, einen Officier zum König zu senden, und um die Erlaubniß zu bitten, selbige übergeben zu dürfen, im Fall bis zum 5. Septbr. der Platz nicht entsetzt sei. Die alliirten Heerführer gestanden diese Sendung zu; es erfolgte ein Ruhestand in den Belagerungsarbeiten, welcher bis zum 8. August dauerte, wo der an den französischen Hof geschickte Marquis von Ravignan zurückkam und den sonderbaren Vorschlag im Namen desselben machte, „der Waffenstillstand möge bis zum 15. Septbr. auf sämmtliche Truppen ausgedehnt werden;" dieser Antrag wurde abgelehnt und die Belagerung der Citadelle begann unmittelbar nachher.

Während der Belagerung der Festung hatte der Marschall von Villars auf alle Weise versucht die Belagerungs-Armee zu beunruhigen. Er ließ in der Zwischenzeit den Posten von Warneton wegnehmen, und da er wahrnahm, daß diese nach Westflandern gerichtete Bewegung die Alliirten in ihrem Hauptzweck nicht irre machte, so näherte er sich durch einen Abmarsch zur Rechten dem belagerten Platz. Er ging zu diesem Behuf über die Scarpe und stellte sich zwischen diesem Fluß und der Schelde auf, Denain mit dem rechten, St. Venant mit dem linken Flügel berührend.

Die zwei verbündeten Feldherrn machten eine Gegenbewegung, vermöge welcher der Herzog v. Marlborough, dessen Heer den linken Flügel bildete, seine linke Flanke bei Espain unterhalb Mortagne an die Schelde lehnte, Prinz Eugen an-

drerseits, mit seinem Heer im rechten Flügel, sich bis gegen 1709
Camphin erstreckte. Villars scheint die Absicht gehabt zu haben, einen Versuch zum Entsatz von Tournay zu machen; er ließ die Abtei Hasnon an der Scarpe erstürmen, bedrohte St. Amant und ging am 28. Juny bei Marchienne über die Scarpe. Als er am folgenden Morgen mit der Avantgarde über Orchies vorgerückt war, so erfuhr er die Nachricht vom Abschluß der Capitulation.

Zur Belagerung der Citadelle wurden 39 Bataillone bestimmt, davon 22 bei der Attaque des Grafen Lottum angewandt wurden. Die Laufgräben wurden in der Nacht vom 4. zum 5. August eröffnet, und zwar erhielt der preußische General der Infanterie, Graf von Lottum den Auftrag, die erste Attaque gegen die Feste auszuführen. Sie wurde linker Hand von dem Angriff auf die Festung und vom Thor Valenciennes gegen die nächstgelegenen Façen der Citadelle gerichtet und begriff die Bastion du Dauphin genannt, und die der Königin nebst der dazwischen liegenden Courtine in sich. Anfänglich war man der Meinung, daß dieser Angriff hinreichen würde, die Citadelle zu bezwingen; indeß entschloß sich der Prinz Eugen mit einer zweiten Attaque den General Schulenburg zu beauftragen. Diese wurde rechts von dem Hornwerke und dem Thore St. Martin in dem einspringenden Winkel, welchen die Befestigungen der Stadt mit den der Citadelle bilden, angelegt; es waren die Bastionen des chartreux und d'Anjou und der davor liegende Ravelin, auf welche der Angriff gerichtet war; zu selbigem wurden anfänglich 13, späterhin 17 Bataillone angewandt.

Schulenburg schreibt hierüber unter dem 4. August:

„Le Pce. Eugène a voulû absolument qu'il y eut une seconde attaque et que j'en fus chargé, dont le Cte. de Lottum a été mal satisfait; je serais déjà allé à la grande armée, si je ne m'étais pas trouvé fort incommodé pendant trois jours; le Prince Eugène de même que Mylord Duc et les députés des Etats-généraux m'ont prié de me vouloir charger de cette seconde attaque de la citadelle; dont par bien des raisons je me passerais volontiers."

1709 Die Laufgräben bei der Attaque des General Schulenburg wurden in der Nacht vom 9. zum 10. August eröffnet und die Belagerer rückten dieselbe Nacht bis auf 80 Schritt vor die Pallisaden vor. Hier begann ein unterirdischer Minenkrieg und verzögerte die Einnahme des Platzes; beide Attaquen schritten höchst langsam vor, und die häufigen Minen, welche mit Erfolg von Seiten der Belagerten gesprengt wurden, machten die Angreifenden zaghaft.

Unter dem 18. August berichtet Schulenburg hierüber:

„Quant au siège de la Citadelle on n'a point avancé du côté de l'attaque de Lottum avec les ouvrages sur terre, mais on a avancé les travaux sous terre, par où on a découvert une galerie des ennemis qui ont été repoussés plusieurs pas; ils ont fait sauter encore quelques mines qui n'ont pas fait beaucoup de mal; dans une il n'y a pas eu assez de poudre où elle s'est éventée n'ayant pas été assez ferme, car le monde qui se trouva dessus sauta un pied de haut; si celle-là avait eu son effet, elle aurait fait périr plus de 80. hommes, mais ces gens en ont été quittés pour la peur. Du côté de l'attaque du Gen. Schulenburg on s'est avancé à 20. pas de la casematte qui est au bout du fossé de la ville et empêche d'entrer dans celui de la citadelle et on y va sous terre ce soir pour faire un logement tout contre la dite casematte, qui a été toute ruinée et découverte par le canon; le Général Schulenburg voulût la faire prendre avant-hier par les grenadiers, mais à cause des difficultés et des périls que plusieurs s'imaginaient de rencontrer en cette expédition, on a pris la résolution de s'en approcher sous terre et de s'en rendre maître pas à pas. A la droite du fossé de la ville, c'est-à-dire vers les dehors de la citadelle que l'on a en tête à cette attaque, on sera ce soir avec les sappes contre les pallisades de la lunette, que l'on bat avec force de canon, de même que la créte du chemin couvert qui est de ce côté-là; les ennemis travaillent á force à mettre leurs mines en état et à les charger, ce qu'ils n'auraient pas exécuté si on avait suivi le dessein, que le Général Schulenburg avait d'abord formé, qui était de s'approcher le lendemain de l'ouverture de la tranchée tout contre la casematte, de même que se rendre maître du chemin couvert de la lunette, par où on aurait évité l'effet des mines des ennemis qui n'étaient pas en état, ni chargées et on aurait pris la citadelle bien plutôt qu'elle ne le sera à cause que l'on va trop en tâtonnant; mais on a été obligé de prendre cette route par une infinité de raisonnemens et de difficultés que l'on a faites pour s'opposer au dessein ci-dessus marqué. Le Pce. Eugène a été voir l'attaque de Général Schulenburg deux fois et Mylord Duc une fois; on y a déjà eu près de 300 morts et blessés."

Weiterhin bemerkt der General:

„C'est un siège tout différent de ceux que l'on a faits jusqu'ici; ce qui embarrasse le plus c'est que peu d'officiers ni même les ingénieurs ont des connaissances justes de ces sortes d'ouvrages sous terre, encore moins de la manière que l'on a à prendre pour les attaquer."

Es ergiebt sich aus diesen Angaben, daß der Hauptangriff bei der Attaque des Generals Schulenburg sich auf den Punkt richtete, wo der Hauptgraben der Festung mit dem der Citadelle zusammentraf und welcher mit einer befestigten Casematte vertheidigt wurde. Diese ist auch auf alten gleichzeitigen Planen dieser Belagerung sowohl im Grundriß als Profil aufgenommen; sie lag an dem ausspringenden Winkel der Bastei des chartreux oder d'Orléans. Die Lünette oder der Ravelin, von welchem öfters die Rede ist, lag vor der Courtine zwischen den zwei erwähnten Bastionen.

Schulenburg versuchte mit Contreminen die Arbeiten der Belagerten zu hindern; zwei Minen, welche in der Nacht vom 25. zum 26. August spielen sollten, um sich auf der Contrescarpe der zwischen beiden Bastionen gelegenen Lünette festzusetzen, hatten jedoch nicht die gehörige Wirkung.

Es ist oben erwähnt worden, daß der dirigirende Ingenieur du Mey die Attaque des Generals Schulenburg technisch leitete; der Spiegel eines Mörsers, bei dessen Abfeuerung du Mey gegenwärtig war, flog mit der Bombe auf und fiel rückwärts

1706 dem Ingenieur auf das Haupt, von welcher Contusion er zwei Tage nachher das Leben einbüßte.

Unter dem 30. schreibt Schulenburg:

„Du côté de l'attaque de St. Martin on a eu des combats continuels sur le chemin couvert, les ennemis ayant disputé le terrain pied à pied; avant-hier on voulût pousser les ouvrages dans le chemin couvert, les ennemis nous tuèrent l'ingénieur qui conduisit les travailleurs, de sorte qu'il ne se fit rien cette nuit, mais le Gen. Schulenburg fit faire de jour le logement dans le dit chemin couvert par des officiers volontaires dont l'un est auprès de lui et on avait disposé le feu d'artillerie et de mousqueterie d'une manière qu'il n'y a eu que quelque peu de personnes de blessés et pas un de mort. Ce soir on va pousser ce logement si avant que l'on pourra donner demain l'assaut pendant le jour à la lunette, car on sera favorisé de notre artillerie après quoi les ennemis songeront bientôt à capituler si autrement ils veulent obtenir une capitulation raisonnable, car nous seront maîtres d'entrer dans le fossé de la citadelle quand on voudra; on commença avant-hier à abbattre les defenses de la demi-lune de la lunette et de la fausse-braie du corps de la place et on continuera de même jusqu'à ce que tout soit ruiné, ce qui commence déjà à nous préparer bien la brèche."

Und unter dem 31.:

„Au matin sur les six heures les ennemis battirent la chamade et mirent le drapeau blanc sur la brèche du côté de l'attaque de St. Martin; nos batteries étaient justement à faire feu si bien qu'on envoya aux ennemis malgré la chamade une décharge générale de toute notre artillerie; ils ont battu en même tems la chamade aussi du côté de l'attaque de Lotum pour faire cesser le feu par tout, quoique de ce côté-là on ne songeait point encore de mettre aucune pièce en batterie pour tirer en brèche. Ils ont cependant eu quatre ôtages, savoir le Maréchal du camp Mr. Daulai et trois autres; du côté du général Schu-

lenburg on a eu le Maréchal du camp Mr. de Ravignan, 1709
le Colonel Chevalier du Ru, le Lieutenant-Colonel Onager et le Major Praderie.“

Es geht aus diesen und den früheren Angaben und Belegen klar hervor, daß Schulenburg den wesentlichsten Antheil an der Eroberung der Festung sowohl, als an der Citadelle von Tournay hatte. Seine Angriffe führten am schnellsten zu einem Resultate, und vorzugsweise in Folge dieser steckten die Belagerten die weiße Fahne aus und ließen sich mit ihm in Capitulations-Vorschläge ein. Er war jüngerer General als der Graf Lottum und der General Fagel, und diente einem Staat, der weniger begünstigt war als Preußen, und nicht integrirender Theil der großen Allianz wie Holland; äußere und reellere Vorzüge und Vortheile wurden seinen zwei Collegen zugestanden, und nur sein persönliches Verdienst, welchem der Prinz Eugen sowohl als der Herzog v. Marlborough vollkommene Gerechtigkeit widerfahren ließen und welches sie für das allgemeine Beste zu benutzen wünschten, brachte ihn in die Stellung, in welcher er sich hohen Ruhm erwarb.

Einige Weiterungen, welche nach Eröffnung der Capitulations-Vorschläge sich über die näheren Bedingungen der Uebergabe des Platzes entspannen, verzögerten selbige.

Die Artillerie fing daher den 31. August Nachmittags wieder zu spielen an, und auf der Seite der Schulenburgschen Attaque mit solcher Wirkung, daß die Bresche in wenig Tagen ersteigbar gewesen wäre. Hierauf entschloß sich der General v. Sürville zur Uebergabe des Platzes; die Besatzung erhielt freien Abzug, jedoch unter der Bedingung, nicht eher zu dienen, als bis sie ausgewechselt wäre. Der Verlust, den General Schulenburg bei seinem Angriff erlitten hatte, beschränkte sich auf 1000 Todte und Blessirte.

Die beiden Heere waren während der Belagerung der Citadelle ungefähr in den Stellungen verblieben, welche sie während der Belagerung der Stadt inne gehabt hatten, nur daß die alliirten Heerführer etwas näher nach Douay zu vorrückten, ihr Hauptquartier nach Orchies verlegten und die Armee

1709 von dem Canal von Douay, an welchen sich der rechte Flügel bei Pont à Vendin lehnte, bis St. Amand an der Scarpe zogen, wo sich der linke Flügel anschloß. Der Marschall von Villars hatte sein Hauptquartier in Baziers nahe bei Douay; sein Heer stand von Pont à Rache an der Scarpe bis nach Denain an der Schelde. Beide Heere blieben während der Belagerung der Citadelle in gegenseitiger Beobachtung; sobald aber die Wahrscheinlichkeit von deren Uebergabe am 31. August eintrat, beschäftigten sich die unermüdlichen alliirten Feldherrn mit neuen offensiven Entwürfen. Lord Orkney wurde schon am 31. August mit 50 Schwadronen abgesandt, um St. Ghislain zu überfallen und daselbst einen Uebergang über die Haine zu gewinnen. Da dieser Versuch mißlang, so marschirte am 3. Septbr. der Erbprinz von Hessen-Cassel ebenfalls nach der Haine, um von da möglichst die an der Trouille gelegenen Linien zu besetzen und hierdurch die Verbindung des Heeres des Marschall v. Villars mit der Festung Mons abzuschneiden. Er mußte aber nördlich von Mons bei Havré über diesen Fluß gehen, und erreichte auf diesem Umweg Spiennes an der Trouille. Die Linien, welche an diesem Wasser von Hion und Givri bis zur Sambre angelegt waren, um die französische Grenze von Mons bis Maubeuge zu decken, waren von den Franzosen verlassen. Der Erbprinz nahm sein Hauptquartier in der Abtey Bellian, stellte sich südwestlich von Mons auf, mit dem rechten Flügel an Cuesme und mit dem linken an die Trouille. So war die Absicht seiner Absendung erreicht, Mons berennt, auf dessen Belagerung der ganze Zweck der beiden Feldherrn gerichtet war. Wäre es möglich gewesen St. Ghislain einzunehmen, so hätte die Bewegung des Heeres auf der geraden Linie erfolgen können und wäre hierdurch bedeutend abgekürzt worden.

Die Hauptarmee selbst verließ das Lager bei Orchies in der Nacht vom 3. zum 4. Septbr. und ging bei St. Antoine oberhalb Tournay über die Schelde, um ebenfalls auf demselben Weg, den der Erbprinz genommen hatte, ihren Marsch nach Mons zu richten. Die beiden Generäle, Graf v. Lottum und Schulenburg, blieben mit den 39 Bataillonen,

welche die Belagerung der Citadelle gemacht hatten, bei Tour- 1709
nay stehen, theils um den Marschall v. Villars zu beobachten, theils um den eroberten Platz wieder in Stand zu setzen und bei dem Abzug der Garnison gegenwärtig zu sein, welche den 6. Septbr. früh in der Stärke von 3000 vier bis fünf hundert Mann gesunder Mannschaft auszog.

Unmittelbar nachher wurden von diesen 39 Bataillonen zwei zur Verstärkung nach Lille gesandt, und 12 als Besatzung nach Tournay verlegt.

Beilagen zum 18. Abschnitt.

Beilage XXVIII. a.

Schreiben an die Herrn General-Staaten d. d. Dresden, den 1. April 1709.

x. x. Nachdem Ihro Maj. die Königinn von Großbritannien bewilligt Ew. Hochmög. in dem wegen Unserer in deren Sold und Verpflegung letzthin anderweit überlassenen Truppen geschlossenen Tractat unter andern bewilliget, daß Wir über diejenigen Commandanten, so bei denen Regimentern allbereit stehen, die Generals, so von Hochgedachter Königinn von Großbritannien und Ew. Hochmög. aggreiret und von uns besoldet werden, augmentiren möchten, und wir solchemnach den General-Major v. Canitz annoch zur Infanterie zu setzen, das Commando aber über das ganze Corps Unsern General von der Infanterie, Freiherrn von der Schulenburg, aufzutragen schlüssig worden; als haben Wir Ew. Hochmög. hiervon part zu geben, nicht Umgang nehmen mögen, und stehen anbei in der Hoffnung die Wahl dieses Generals so getroffen zu haben, daß selbiger nicht unangenehm sein wird, auch daher Ew. Hochmög. demselben das aufgetragene Commando zu gönnen kein Bedenken haben, vielweniger seinem Charakter bei der Armee einigen Tort wiederfahren lassen werden. Sollte derselbe auch in Zukunft bei Ew. Hochmög. denen untergebenen Truppen zum Besten etwas vorzustellen sich gemüßiget sehen, so sind Wir von Dero Aequanimität vorhin zur Gnüge versichert, daß Sie darauf nach Befinden jedesmal gewierige Reflexion zu machen belieben werden, und wir verbleiben vor solche zuversichtliche Willfährigkeit Ew. Hochmög. zu Erweisung angenehmer Freundschaft und nachbarlichen Willen jederzeit willig und erbötig. Gegeben zu Dresden, den 1. April 1709.

Ew. Hochmögenden

gutwilliger Freund und Nachbar
Augustus Rex. } m. p.

A. F. Gf. v. Pflugk.

Beilage XXVIII. b.

Lettre du Roi au Pce. Eugène.

à Dresde, ce 1. April 1709.

Monsieur, mon Cousin! Après vous avoir souhaité toute sorte d'heureux succès pendant le cours de la campagne, que vous allez faire, qui puissent terminer heureusement par votre valeur et votre conduite une guerre, que les alliés poursuivent depuis bien du tems avec beaucoup de bonheur; je vous dirai, que, comme on a laissé à mon choix, par le traité que j'ai fait avec l'Angleterre et la Hollande, d'augmenter le nombre de mes Généraux qui commandent mes troupes, j'y ai ajouté le Major-Général Canitz, et j'ai donné le commandement de ces troupes au Général de mon infanterie le Bon. de Schulenburg. Comme vous m'avez demandé plusieurs fois ce dernier, j'espère qu'il ne vous sera pas désagréable. Du reste je ne doute nullement que, par votre autorité et votre credit, vous ne fassiez en sorte que mes troupes ne manquent de rien de ce qui a été stipulé par le traité.

Je réitère mes voeux, et finis en priant le bon Dieu qu'il vous ait, Monsieur mon cousin, en sa sainte garde.

26*

Neunzehnter Abschnitt.

1709.

Bewegungen der Heere vor der Schlacht bei Malplaquet. — Schulenburg erhält den Befehl, von Tournay ab-, und zum Heer bei Mons zu marschiren. — Original-Actenstücke hierüber. — Vorgänge vor der Schlacht. — Beschreibung derselben. — Schulenburgs Originalbericht als Beilage. — Schulenburg commandirt die sämmtliche Infanterie des Heeres des Prinzen Eugen und den Angriff des rechten Flügels. — Bericht des General-Lieutenants Grafen Wackerbarth über die näheren Umstände des Gefechts. — Anecdoten über diese Schlacht, die Schulenburg 23 Jahre später nachträgt. — Schulenburgs Kritik der französischen Aufstellung.

Zur Verständigung des Marsches von Tournay gegen Mons, und der Schlacht von Malplaquet s.: Carte etc. p. Ferraris, fol. 12 u. 17.

1709 Während Prinz Eugen und der Herzog von Marlborough gegen Mons links abzogen, so setzte sich das französische Heer gleichfalls in Bewegung und rückte rechts ab nach Quievrain. Dieser Marsch beschleunigte den der großen alliirten Armee, in der Besorgniß, daß der Prinz von Hessen mit der Avantgarde bei Bellian vor der Trouille angegriffen werden möchte. So bereitete sich die Schlacht vor, welche am 11. Septbr. bei Malplaquet geliefert wurde, und welche der Marschall v. Villars durch die Vorrückung herbeiführte, welche er zur Verhinderung der Belagerung von Mons vornahm. Folgende Bewegungen der beiderseitigen Armeen gingen diesem großen Ereignisse voraus.

Wir haben gesehen, daß sich der Erbprinz von Hessen-Cassel schon seit dem 7. Septbr. südwestlich von Mons festgesetzt und sein Quartier in der Abtey von Bellian genommen hatte. Er lehnte seine Truppen mit dem rechten Flügel an Cuesme und an die Straße von Valenciennes, und seinen linken an die Trouille. In dieser gewagten Stellung erwartete er den Anmarsch des Hauptheeres, dessen Avantgarde den 7.

Mittags bei Spiennes und Bellian eintraf; sie war vom Her- 1709
zog v. Marlborough, dessen Armee ihr folgte, geleitet. Das Heer des Prinzen Eugen erreichte diesen Tag St. Denis, nördlich von Mons auf der Straße von dieser Festung nach Brüssel.

Am 8. Septbr. vereinigten sich beide Heere und stellten sich zwischen der Haine und der Trouille auf, so daß der rechte Flügel der Armee, welchen der Prinz Eugen befehligte, sich an Queregnon lehnte, und der linke, vom Herzog von Marlborough geführt, bis Betignies reichte. Aus dieser Stellung sandten beide Feldherren Courriere an das Corps ab, welches, wie oben erwähnt worden, bei Tournay stehen geblieben war, mit dem Befehl, unverzüglich aufzubrechen. Von den daselbst zurückgebliebenen 39 Bataillonen waren 14 zur Besatzung von Lille und Tournay verwandt, so daß nur 25 disponible waren. Aber auch hiervon wurden 4, um die Bagage der großen Armee zu decken, welche bei Ath zurückgeblieben war, aufgestellt. Der Befehl zu diesem Marsch war vom 7. Sept. du camp de Bellian davant Mons datirt; Schulenburg erhielt ihn am 8. Septbr. Mittags. Der Brief lautete wörtlich wie folgt:

„Sur le reçu de celle-ci, je vous prie de marcher avec toutes les troupes de votre détachement, qui ne sont pas destinées pour rester à Tournay, et de venir camper le premier jour auprès d'Ath; et le lendemain vous marcherez pour joindre l'armée devant Mons passant par le pont d'Havré, et prenant votre chemin d'Ath par l'abbaye de Cambron laissant la rivière qui vient de Cambron à Ath à droite, et de là vous continuerez votre route vers Mons par la bruière de Castiau laissant le ruisseau de Lens à droite. S. A. le Duc de Marlborough envoye le même ordre à Mr. le Comte de Lottum. Le bien du service demande que vous preniez des mésures pour marcher ensemble et avec toute diligence; les gros bagages doivent partir en même tems pour aller à Ath; ils seront pourvûs d'une escorte suffisante de votre corps et de celui du Comte de Lottum pour aller à Ath, où ils resteront jusqu'à nouvel ordre; le bagage peut prendre le grand chemin de Tournay à Ath et les trou-

1709 pas celui par Leuse. L'armée des ennemis vient camper ce soir à Boussu et St. Ghislain, et ils débitent qu'ils nous attaqueront demain; nous nous préparons à les bien recevoir et leur épargner une partie du chemin étant proche avec notre droite à Jemappes sur la plaine et notre gauche vers le village de Baugnies. Je vous avertis de notre situation afin que vous puissiez mieux prendre vos mésures sur la marche. Je suis etc.

votre très-humble et très-obéissant serviteur
Eugène de Savoye. } m. p.

In Folge dieser dringenden Aufforderung setzten sich beide Generale, Schulenburg und Lottum, erst am 9. früh in Bewegung, weil die Truppen am 8. auf Fourage ausgesandt gewesen waren. Das Corps traf 21 Bataillone stark Montags Abend in Ath ein; am 10. früh rückte es mit dem Tage aus, kam aber erst den 10. Abends spät im Lager von Harmignies an. Auf diesem Marsch erhielt Schulenburg folgendes Schreiben Marlboroughs, welches der Herzog zum Ueberfluß noch an ihn richtete, ob er gleich nicht unter dessen unmittelbaren Befehlen stand:

Au camp devant Mons, ce 9. Septbr. 1709.

„Mr. J'écris par cet exprès à Mr. le Comte de Lottum pour le prier avec instance de hâter sa marche autant qu'il sera possible par le pont de Havré à venir nous joindre, et pour cet effet de renvoyer ou de laisser le bagage à Ath; je suis un peu éloigné de Mr. le Prince de Savoye, autrement je suis sûr, qu'il vous ferait la même prière, d'autant qu'il importe beaucoup au service que vous nous joigniez incessamment, ainsi je ne doute point que vous n'y prêtiez les mains. Je suis etc.“

„J'ajoute à Mr. de Lottum qu'il faudrait prendre le chemin le plus court et de marquer quand il pourra arriver; j'attendrai aussi un mot de votre part par le retour du courier.“

Eine noch dringendere und bestimmtere Aufforderung erging an Schulenburg aus dem Hauptquartiere des Herzogs

v. Marlborough, indem der Adjutant des Generals Cadogan, 1709
Thomas Foxon, folgendes Schreiben an ihn erließ:

Mardi, le 10. Septbr. 1709 à neuf heures du soir.

„Vous êtes prié par S. A. le Duc de Marlborough de marcher avec les troupes que vous commandez en toute diligence par le moulin de Sars, et de les ranger une heure devant le jour à la tête de la cavalerie anglaise. V. E. aura la bonté aussi de mener l'artillerie hollandaise, qui est avec vous au même endroit. Je suis etc."

Um 1 Uhr traf Schulenburg für seine Person im Hauptquartier des Prinzen Eugen ein. Dieser Feldherr vertraute ihm das Geheimniß seiner Dispositionen, und fügte verbindlich hinzu: „er habe vor Schulenburgs Ankunft nichts über die Infanterie bestimmen wollen."

Die Schlacht von Malplaquet ist als eine der bedeutendsten Waffenthaten der in dem 18. Jahrhundert geführten Kriege so oft und so pünktlich beschrieben worden, daß sich wenig Neues noch darüber sagen läßt. Noch in der letzten Zeit hat W. Coxe in seiner Lebensbeschreibung des Herzogs v. Marlborough eine vollständige, höchst umständliche und erhabene Beschreibung dieses blutigen Tages, in der deutschen Uebersetzung im 5. Band S. 150 — 177, gegeben. Wir beschranken uns eine genaue Darstellung der Theilnahme zu machen, welche Schulenburg an jenem Ereignisse nahm, indem wir zugleich eine allgemeine Uebersicht der Localitäten sowohl als der Hauptbewegungen des Heeres geben, damit unsere Angaben dem Leser verständlicher werden.

Der Schauplatz der Begebenheit, deren Beschreibung wir hier darstellen, ist südwestlich von Mons gelegen; er bildete gewissermaßen ein längliches Viereck, von welchem die Städte Mons, Quievrain, Bavai und Givri in den vier Ecken liegen. Drei dieser Seiten sind durch Gewässer begrenzt, im Norden von der Haine, westlich vom Honneau, östlich von der Trouille; letzteres Flüßchen entspringt südlich von Mons oberhalb Givri; beide laufen in der Entfernung von fünf französischen Stunden fast parallel und fallen in die Haine.

Wir haben oben erzählt, daß das alliirte Heer unter-

1709 halb Mons über die Haine geschritten war, eine Schwenkung links um die Festung gemacht und sich von Quaregnon bis Betignies aufgestellt hatte. Mons lag etwa eine französische Stunde im Rücken des rechten Flügels; der linke, welcher bei Betignies stand, berührte hier die Straße, die von Mons nach Maubeuge führt, und war etwa zwei lieues von letzterer Festung entfernt.

Die französische Armee war, wie oben erwähnt worden, nach Quievrain gerückt. Am 9. Septbr. marschirte sie rechts ab, und besetzte die Höhen, welche die Poststraße, die von Quesnoi und Bavai nach Mons führt, durchschneiden. Diese Bewegung wurde gewissermaaßen der alliirten Armee durch zwei große Waldungen verborgen, von welcher die eine zur Rechten der Alliirten der Wald von Sars, die andere links der Wald von Lannières heißt; der dazwischen liegende Raum kann ohngefähr eine Stunde Breite haben, führt den Namen la Trouée d'Aulnoit und auf selbigem findet sich das Dorf Malplaquet.

Durch diese Bewegung hatte sich das französische Heer der alliirten Armee bis auf etwas mehr als eine lieue genähert und gegenüber gestellt, so daß der Kampf unvermeidlich schien.

Man erwartete, daß die Schlacht den 10. statt finden würde, und vielleicht wäre der Erfolg für die Alliirten vollständiger gewesen und der Sieg weniger theuer erkauft worden, wenn beide Feldherrn sich am 9. Abends zum Angriff auf den folgenden Tag entschlossen hätten. Zwei Ursachen schienen veranlaßt zu haben, daß er bis zum 11. ausgesetzt blieb; die erste, daß die 21 Bataillone, welche von Tournay herbeigerufen waren, erst Abends spät eintreffen konnten; die zweite, daß die Frage, ob man angreifen wolle oder nicht, erst in einem förmlichen Kriegsrath in Ueberlegung genommen werden mußte; nicht etwa als ob die beiden Feldherrn selbst darüber in Ungewißheit gestanden hätten, sondern weil man der Einwilligung der Staats-Deputirten bedurfte, deren Streben stets dahin gerichtet war, der Republik so viel Menschen und Geld als möglich zu sparen. Indessen überredeten Eugen und Marlborough den einzigen Deputirten, der sich la

ihrem Hauptquartier befand, Namens Goslinga, um so 1709
leichter, als dieser Mann ein feuriges Gemüth und muthvolles Herz besaß[1]).

Die übrigen Staats-Deputirten befanden sich zufällig noch bei Tournay.

Die Franzosen benutzten den 10. Septbr., um die zwei in der Lücke von Aulnoit rechts und links gelegenen Wälder zu besetzen, mit Verhauen zu verstärken, und die Lücke selbst mit starken Verschanzungen zu versehen. Der Marschall von Villars überließ den Ehrenposten und den Befehl des rechten Flügels seinem Collegen, dem Marschall von Boufflers, dem ruhmvollen Vertheidiger von Lille, welcher mit einer edlen Selbstverläugnung Ludwig XIV. um die Erlaubniß gebeten hatte, als Freiwilliger bei der Armee unter den Befehlen Villars zu dienen, welcher jüngerer Maréchal de France war, als er. Villars selbst befehligte den linken Flügel.

Bei dem alliirten Heer stand Prinz Eugen Villars gegenüber, und des Herzogs v. Marlborough Heer kämpfte mit dem französischen rechten Flügel. Die Stärke beider Heere kam sich ungefähr gleich, und man darf annehmen, daß jedes etwa 90 Tausend Mann zählen mochte.

---

1) Goslinga war ein Freund Schulenburgs, und wir besitzen einen freundschaftlichen Briefwechsel, der viele Jahre noch zwischen ihnen bestand. Goslinga theilte alle Gefahren der Schlacht zur Seite des Herzogs von Marlborough. Die Generalstaaten waren unzufrieden mit der Nachgiebigkeit ihres Deputirten, vorzüglich wegen des ungeheuren Verlustes, welchen die holländischen Truppen erfahren hatten. Schulenburg schreibt in einem Bericht an den König aus dem Haag vom 22. Novbr.: „eines der Mitglieder der Generalstaaten, Slingeland genannt, habe Hrn. Goslinga vor kurzem eine bittere Antwort gegeben," und sagt hierüber:

„Mr. Goslinga étant à la campagne chez Mr. Slingeland, il lui dit qu'il n'avait peut-être pas assez mûrement réfléchi avant que d'ordonner de couper certains arbres à l'entour de sa maison de campagne. Slingeland repondit vivement: qu'il y avait peut-être songé plus que lui lorsqu'il consentit si légèrement à donner la bataille de Malplaquet, lui, connaissant les deux Princes, ainsi que la manière qu'ils s'y prenaient à ces sortes d'expeditions."

1709 Nach den vor uns liegenden handschriftlichen Hülfsquellen theilten die beiden Feldherrn ihren Entschluß, das französische Heer am 11. anzugreifen, erst spät in der Nacht den commandirenden Generalen mit, und der General-Lieutenant Cronström [1]) überbrachte erst Abends um neun Uhr der Generalität den Entwurf zu dieser Schlacht. Dieser ist seitdem öfters abgedruckt worden; er enthielt im Wesentlichen für beide Heere folgende Hauptbestimmungen:

Das Heer des Prinzen Eugen, welches, einschließlich der von Tournay erst Abends spät bei Harmignies eingetroffenen 20 Bataillone, aus 60 Bataillonen bestand, bildete den rechten Flügel der Armee. Von diesem commandirte der General Schulenburg 40 Bataillone, und erhielt den Befehl, den eingehenden Winkel des Waldes von Sars oder Tannières anzugreifen. Die von Tournay gekommenen 20 Bataillone hatten den Befehl, nach dem äußersten linken Flügel zu rücken, um den Angriff desselben auf den französischen rechten zu unterstützen.

An der linken Flanke der Armee Prinz Eugens schloß sich der rechte der Armee des Herzogs v. Marlborough an. Von dieser wurden 22 Bataillone unter dem General Grafen Lottum bestimmt, den Wald von Sars in der linken Flanke anzugreifen, zu dessen Eroberung auf diese Weise 62 Bataillone verwendet wurden.

Lord Orkney wurde mit 15 Bataillonen im Centrum zur Unterstützung des Grafen Lottum aufgestellt. Diese Reserve

---

1) Der General-Lieutenant von Cronström war von Geburt ein Schwede und seit seiner ersten Jugend in holländischen Kriegsdiensten; er war 1661 geboren, folglich mit Schulenburg in gleichem Alter, und wurde dessen Freund in dessen ersten Feldzügen in demjenigen Kriege, der den Frieden von Ryswick beendigte. Wir besitzen als Materialien zahlreiche Briefe von Cronström in französischer Sprache, welche interessante Angaben aus den ersten Feldzügen des spanischen Erbfolgekrieges enthalten. Cronström erreichte ein hohes Alter und vertheidigte noch im Jahre 1747 als ein fast neunzigjähriger Greis Bergen-op-Zoom gegen den Marschall von Löwendal. Er starb am 31. July 1751 nach vollendetem neunzigsten Jahre als Gouverneur von Herzogenbusch.

deckte nebst der ganzen alliirten Cavallerie die schon erwähnte zwo Lücke von Aulnoit, nämlich den Raum, der zwischen dem Wald von Sars und dem von Lannières gelegen war, und beobachtete von hier aus die Bewegungen der französischen Armee. 31 Bataillone unter dem Commando des Prinzen von Oranien bildeten die äußerste Linke des Herzogs v. Marlborough, und erhielten die Bestimmung, den im Walde von Lannières verschanzten französischen rechten Flügel, welchen der Marschall v. Boufflers befehligte, anzugreifen; diese sollten von den aus Tournay gekommenen 20 Bataillonen unterstützt werden. Die Reiterei war angewiesen dem Fußvolke zur Unterstützung zu dienen, von selbigem zwar auf Kartätschen-Schuß entfernt, aber nahe genug zu bleiben, um ihm schleunig zur Hülfe zu kommen. Diese Anordnungen wurden jedoch geändert. Die Feldherrn berechneten, daß das aus Tournay erwartete Truppen-Corps am 11. zu spät auf dem linken Flügel eintreffen würde, und hielten die Verschanzungen des französischen linken Flügels für die stärksten. Deshalb wurde die Verfügung über jene aus Tournay erwarteten 20 Bataillone dahin verändert, daß General-Lieutenant Withers, der sie commandirte, statt auf dem Umweg, nordöstlich um Mons, den das ganze Heer gemacht hatte, um in seine gegenwärtige Stellung zu gelangen, von St. Ghislain (welches im Lauf des 10. Septbr. den Franzosen entrissen worden war) nach Patenage marschiren solle, um zwischen Trieu Jean Sart und dem Gehölze, der Bischoffswald genannt, bei la Folie dem linken Flügel des Feindes im Rücken zu kommen. Hiernach erhielten diese 20 Bataillone die Bestimmung, den Schulenburgschen Angriff in seiner rechten Flanke zu unterstützen.

Jene Veränderung in der ersten Disposition wurde von großer Wichtigkeit, indem sie dem auf dem linken Flügel commandirenden Prinzen von Oranien die ihm zugedachte Unterstützung entzog, die, wie wir der speciellen Darstellung des vom General Schulenburg geleiteten Angriffs ersehen werden, auf dem rechten Flügel zufällig wenig Nutzen gewährte.

Es scheint zur bessern Verständigung über die Schlachtordnung nothwendig, selbige nunmehr nach ihrer wirklichen Aufstellung vom rechten zum linken Flügel her genau anzugeben.

Das vom Prinz Eugen als Oberfeldherrn geleitete Heer, welches von Quaregnon her marschirt kam, nahm mit 60 Bataillonen den Raum von Frammeries bis zum Dorfe Sars ein; hierzu sind die 20 Bataillone zu rechnen, welche rechter Hand von Sars aufgestellt wurden, die Attaque des Waldes unterstützen und den linken französischen Flügel, wie wir oben gesehen, durch das Bischoffsholz umgehen sollten.

An den Prinzen Eugen schloß sich der rechte des Herzogs v. Marlborough an, und zwar zuerst mit den unter dem Grafen Lottum stehenden 22 Bataillonen, die den Schulenburgschen Angriff in der linken Flanke unterstützten. 15 Bataillone unter Lord Orkney dienten dem Grafen Lottum zur Reserve, und besetzten den Hof von Cour tournant, vorwärts von Aulnoit gelegen. An diese schloß sich der äußerste linke Flügel mit 26 Bataillonen an, welchem 14 Bataillone unter dem hannöverschen General der Cavallerie v. Bülow als Reserve dienten.

Die Reiterei stellte sich in zwei abgesonderten Körpern auf; die von der Armee des Prinzen Eugen, 110 Schwadronen stark, unter den Befehlen des Herzogs Alexander v. Würtemberg und Grafen v. Wehlen, reichte mit ihrem rechten Flügel bis Frammeries, mit dem linken bis nach dem Hof Flaguies oder Eleignies genannt. Die brittische, preußische und hannöversche Reiterei, commandirt vom hannöverschen General der Cavallerie v. Bülow und General-Lieutenant Prinz d'Auvergne, verlängerte die Linie bis gegen einen Bach, der vom Hof, welcher l'Alouette heißt, nach Blaregnies zu fließt. Die holländische Reiterei, 65 Schwadronen, befehligt vom Erbprinz von Hessen-Cassel, stand hinter dem linken Flügel; in ihrer Mitte lag der Hof Lombray. Die gesammte Reiterei war in zwei, auch vier Treffen hinter einander aufgestellt; hinter ihrem Centrum befand sich das Dorf Blaregnies.

Am Morgen des 11. Septbr. bedeckte ein dichter Nebel die ganze Gegend. Um 3 Uhr früh erscholl das Zeichen der Betstunde; mit Anbruch des Tages war das Heer in Bereit-

schaft, und die zwei commandirenden Feldherrn, welche die Ehre 1709
hatten den Kronprinz von Preußen, nachmaligen König Friedrich Wilhelm I., als Freiwilligen in ihrem Gefolge zu haben, beritten die Schlachtlinie, um sich von der Haltung der Truppen zu überzeugen.

Gegen 7 Uhr früh hellte sich das Wetter auf; 100 Stück Positionsgeschütz fingen an zu spielen und der Angriff begann. Der linke Flügel unter dem Prinzen von Oranien setzte sich zuerst in Bewegung, und mit ihm das Centrum unter dem Grafen von Lottum. Sobald dieses Corps auf die Höhe des Hofes Bleron vorgerückt war, machte es Halt und erwartete den Angriff des rechten Flügels, welcher zwischen Blaregnies und Sars aufgestellt gegen das Sarser Gehölz Front machte. Schulenburg hatte aus seinen 40 Bataillonen drei Treffen gebildet; das erste bestand aus 12 Bataillonen und wurde vom chursächsischen General-Lieutenant Grafen von Wackerbarth und kaiserlichen, Grafen v. Harrach, befehligt, welchen die General-Majors v. Canitz, v. Fechenbach und van der Beck untergeben waren.

Die zweite Colonne war eben so stark; der holländische General-Lieutenant v. Friesheim war an ihrer Spitze, und hatte die General-Majors v. Landsberg, v. Zobel und v. Sacken unter sich.

Das dritte Treffen bestand aus 16 Bataillonen unter dem churpfälzischen General-Lieutenant v. Bettendorff und den General-Majors von Sternfels und v. Schwärzel.

Die Truppen, welche Schulenburg unter sich hatte, waren fast aus allen deutschen Völkern gemischt; er zählte darunter

6 Kaiserliche
7 Sächsische
5 Dänische
7 Hessische
4 Pfälzische
2 Wallonische

} Bataillone,

und überdem 9 Bataillone Würtembergsche, Braunschweigsche, Hollsteinsche, Mecklenburgsche und Ansbachsche Truppen. Wir fügen in der Beilage (s. Beilage XXIX.) ein specielles Ver-

1709 zeichniß der Namen, sowohl, als der Nationen bei, aus welchen diese 40 Bataillone bestanden.

Zwölf Stück 12pfündige Kanonen unterstützten durch ihr Feuer diesen Angriff. Die Verschanzungen des Feindes waren in einem einspringenden Winkel am Rand des Waldes von Sars angelegt, und wurden auf den ersten Angriff genommen. Mit desto mehr Hartnäckigkeit behaupteten die Franzosen die zweite Linie ihrer Verschanzungen im Innern des Waldes. Der General-Lieutenant Graf Harrach und der General-Major von Canitz wurden bei diesem Angriff verwundet und alle Obrist-Lieutenants und Majors von dieser Abtheilung erschossen oder blessirt. Dennoch wurden auch diese Posten dem Feinde entrissen und 6 Kanonen genommen. Schulenburg sagt in seinem Bericht: „man habe den Angriff etwas zu früh angefangen, bevor das Signal dazu gegeben worden und ehe man der Truppen-Abtheilung des Grafen Lottum habe die Hand reichen können, wodurch dagegen der Angriff des Letzteren sehr erleichtert worden sei."

Hinter diesen zwei Linien-Verschanzungen fand man Verhaue, die man mit weniger Schwierigkeit einnahm. Da indeß der Wald sehr dicht war und die Truppen in einzelne Gefechte geriethen, so entstand einige Unordnung in den Aufstellungen, und es bedurfte einer Anstrengung von 5 Stunden, bevor der Wald von Sars vollständig erobert, und die Alliirten am jenseitigen südwestlich gelegenen Rande erschienen.

Neben dem Bericht des Generals Schulenburg besitzen wir einen zweiten vom General-Lieutenant Graf Wackerbarth; er geht in speciellere Umstände und Beschreibung des Terrains ein, und seinen Angaben verdanken wir die Kenntniß des merkwürdigen Umstandes, daß die 20 Bataillone der von Tournay gekommenen Infanterie, welche General-Lieutenant Withers commandirte, und welche, wie oben gemeldet worden, des Feindes linken Flügel umgehen und ihm bei Trieu Jean Sart im Rücken erscheinen sollten, in der Verwirrung des Waldgefechts sich mit den 40 Bataillonen kreuzten, und zur größten Verwunderung des General-Lieutenants Wackerbarth in seiner lin-

ken Flanke statt in seiner rechten, am Rande des Waldes, er= 1709
schienen [1]).

Hier an diesem Waldrand im Angesicht derjenigen französischen Verschanzungen, welche in der Lücke von Aulnoit zwischen dem Walde von Lannières und dem Walde von Sars aufgeführt waren, fand sich der rechte Flügel der Alliirten genöthigt Halt zu machen und den Ausgang des Gefechts auf dem linken Flügel und im Centrum abzuwarten.

General=Lieutenant Wackerbarth sagt uns: „er habe sich darauf beschränken müssen diesen Posten zu behaupten, bis 20 Schwadronen Reiterei, die ihm auf sein Verlangen der Prinz Eugen unter den Befehlen des chursächsischen General=Majors v. Milkau zusandte, angelangt wären; dieß hätte 2 Stunden bedurft, bevor sie den Wald umritten, und in seiner rechten Flanke hätten erscheinen können." Er fügt hinzu: „zwei Dörfer, wahrscheinlich Trieu Jean-Sart und Corron, hätten sich in seiner Front befunden; lange habe ihn der Feind vor seinen Verschanzungen beobachtet und über eine Stunde habe man auf 100 Schritt Entfernung unbeweglich einander gegenüber gestanden, bis der Feind zuletzt einen Angriff gegen den Rand des Waldes, der mißlungen sei, versucht habe."

Aus dem Bericht General Schulenburgs sehen wir ebenfalls, daß die drei General=Lieutenants Wackerbarth, Friesheim und Withers sich vereinigt, und die rechte Flanke bildeten, daß man aber wegen der vortrefflichen Haltung der feindlichen Armee sich habe begnügen müssen an diesem Waldrand Posto zu fassen und mit 7 Stück Geschütz Zwölf=

1) Die Angabe dieses Augenzeugen weicht wesentlich von der Erzählung dieser Schlacht ab, welche W. Coxe in seiner Lebensbeschreibung des Herzogs v. Marlborough mit so vieler Sorgfalt gegeben hat. Dieser sagt, 5. Theil S. 166, ausdrücklich: „General Withers sei, nachdem er die Ausgänge der Wälder von Blanchies und Jean Sart erreicht, hinter dem Weiler la Folie aufmarschirt." Ohnerachtet der großen Sorgfalt, mit welcher Coxe alle Angaben aufgenommen und verglichen hat, sind wir doch geneigt dem Bericht des General=Lieutenants v. Wackerbarth und des Generals von der Schulenburg vorzugsweise Glauben zu schenken, und müssen daher annehmen, General Withers habe seine Richtung verfehlt.

1709 pfünder, die es gelungen war durch die schmalen Wege des Waldes durchzubringen, den Feind mit Wirksamkeit zu beschießen [1]).

---

1) 23 Jahre nach diesem Ereigniß theilte Schulenburg in einem vertrauten Briefe an seinen Neffen, den damaligen königl. Preußischen General-Major Adolph Friedrich von der Schulenburg, welcher der Schlacht bei Malplaquet als Rittmeister in Hannöverschen Diensten beigewohnt hatte, noch einige nähere Umstände über diese Schlacht mit, die wir hier beibringen, da sie uns in mehr als einer Rücksicht nicht ohne Interesse scheinen, und welche sich vorzüglich auf die Wirkung beziehen, welche die 7 Stück Zwölfpfünder, mit welchen der General den französischen linken Flügel beschießen ließ, auf den Ausgang der Schlacht hatten.

„N'est-ce pas la fermeté et la fierté avec laquelle un escadron s'avancera vers un autre, qui fera une si grande impression, que l'autre escadron commencera à faire toute sorte de mouvemens pour son prétendu avantage, mais bien loin de là, ceci donnera plutôt occasion de se confondre et que plusieurs lâcheront par là le pied?“

„J'ai vû pourtant un cas particulier pendant la bataille de Malplaquet entre un escadron de dragons du régiment de Bothmar, commandé par un Lieut.-Colonel, si je ne me trompe, et un escadron français, et ne me trouvant pas plus de 30. pas derrière cet escadron, lorsqu'il donna, j'ai eu le loisir d'observer de près toutes ces manoeuvres; l'escadron français l'attendit de pied ferme, même avec fierté s'impatientant à la fin, il fit feu sur les Hannovriens, qui donnèrent brusquement dans ce moment, par où ce pauvre escadron français se trouva tellement renversé, que j'ai vû plusieurs hommes et chevaux entrelacés et enveloppés en une hauteur raisonnable les uns sur les autres. Ces dragons ne manquèrent pas de mettre en pièces ces pauvres gens; j'ai accouru et j'ai même sauvé un bon nombre soit de la mort, soit d'être blessés ou estropiés; j'ai vû plusieurs cas aussi particuliers, la raison en est que le bois étant forcé, je me trouvais de l'autre côté vers les lignes des ennemis, où je fis venir par une espèce de miracle au travers d'un bois si touffu sept pièces de 14. gros canons que j'avais avec moi, par où je n'ai pas laissé de faire bien du mal dans la ligne de la cavallerie française, qui en fut forcée de se retirer derrière la crête de la hauteur, ce qui fit crier les gens de la plaine, que les ennemis venaient de lâcher le pied, mais étant plus élevé qu'eux, je vis bien les rangs et files par les bouts des chapeaux et on a remarqué l'effet dès que vous autres entrâtes au travers des ouvertures sur le champ des

Prinz Eugen hatte sich selbst bei Schulenburgs Angriff 1709
eingefunden, und wurde durch eine Flintenkugel hinter dem linken Ohr verwundet, ohne jedoch genöthigt zu sein das Gefecht zu verlassen. In dieser Stellung scheint sich der rechte Flügel der Alliirten, die Flanke und den Rücken des französischen Flügels bedrohend, bis Nachmittag drei Uhr erhalten zu haben, zu welcher Stunde das Gefecht sich auf dem linken Flügel der Alliirten und im Centrum entschied.

Der linke Flügel wurde vom holländischen Feldmarschall Graf Tilly befehligt, und unter ihm stand der feurige junge Prinz von Oranien. Als dieser das Krachen des Geschützes auf dem rechten Flügel vernahm und immer noch nicht den Befehl vom Feldmarschall Tilly zum Angriff erhielt, welcher wahrscheinlich den Anfang des Kampfes deshalb verschob, weil er noch jene 20 Bataillone erwartete, welche General-Lieutenant Withers ihm zuführen sollte, und deren Bestimmung mittlerweile verändert worden war, so ließ sich der Prinz hinreißen, mit unverhältnißmäßigen Kräften den linken französischen Flügel mit Wuth anzufallen. Wir haben gesehen, daß nur 31 Bataillone zu seiner Dispo-

ennemis; que ne pourrais-je pas vous raconter de circonstances de cette bataille que j'ai observée du haut en bas et à mon aise, n'ayant pas grande chose à faire, malgré ceux qui ont voulu faire sonner haut leurs faits, ce qui me semblait comme on dit de la moutarde après midi; une autre fois d'avantage de ceci; car dès que Mylord Duc avait entendu ronfler ces gros canons de ce côté-là, il vint avec le Pce. Eugène me voir; le Pce. en s'approchant dit „en vérité Lottum a fait un coup de partie" à quoi je repondis sur le champ „si c'est un coup de partie, on m'en doit savoir quelque gré, parcequ'on n'a pas fait seulement se retirer la cavallerie française à force de coups de canons; mais j'ai eu aussi soin de faire enfiler en bonne partie les retranchemens des ennemis qui traversaient la plaine en leur flanc; ainsi Mgr., dis-je à Mylord Duc, les Français ayant abandonné ces retranchemens, ne tardez pas de les faire occuper par quelques bataillons au plus vîte, je vous en supplie, bien entendu le long du revers." Aussitôt dit, aussitôt fait, et c'est cette infanterie qui a sû soutenir ensuite notre cavallerie lorsqu'elle fit l'entrée dans le dit retranchement."

1709 sition waren. Diese brachte der Prinz nach und nach alle ins Gefecht, alle Angriffe scheiterten an der Festigkeit, womit die französische Infanterie des rechten Flügels unter dem Marschall von Boufflers die Verschanzungen vertheidigte; dreimal erstiegen die holländischen Truppen die Brustwehr der französischen Verschanzungen, und dreimal mußten sie solche verlassen. Die General-Lieutenants Oxenstirna und Sparr, so wie der General-Lieutenant Weck und der General-Major Hamilton fanden hier ihren Tod; drei von ihnen waren Schweden, die noch unter dem berühmten Prinzen von Oranien, späterhin Wilhelm III. König von England, in holländische Dienste getreten waren.

Zur Unterstützung dieses Angriffes wurde der rechte Flügel der im Centrum aufgestellten Reserve des Lord Orkney berufen; dies waren 4 Bataillone Hannoveraner, die der General-Lieutenant Ranzau befehligte, sie vermochten jedoch nur das Gefecht aufrecht zu erhalten.

Die kräftigen, auf beiden Flügeln der französischen Armee geführten Angriffe hatten sowohl den Marschall v. Villars als den Marschall v. Boufflers veranlaßt, nach und nach das Centrum zu schwächen; hier wurde also ein Versuch mit der Reserve vom Lord Orkney gemacht. Er drang durch die Lücken der Verschanzungen ein, welche von dem Walde von Lannières zu dem von Sars aufgeworfen waren, stellte sich auf selbigen auf und gebrauchte von hier aus sein Geschütz gegen die jenseits aufgestellte französische Reiterei. Zugleich rückten 30 Schwadronen holländischer Cavallerie unter dem General-Lieutenant Prinzen d'Auvergne durch die Oeffnungen der Verschanzungen und deckten die Aufstellung Lord Orkneys. Ihnen folgte die preußische und hannöversche Reiterei, geführt von dem hannöverschen General v. Bülow und General-Lieutenant Alexander v. d. Schulenburg. Hinter ihr marschirte die sämmtliche Cavallerie, die zum Heere des Prinzen Eugen gehörte, zur Unterstützung unter des Herzogs Carl Rudolph v. Würtemberg und Grafen v. Wehlen Befehlen auf. Zum Schluß folgten als Reserve, die jedoch auch noch am Gefecht Theil nahm, 35 Schwadronen holländischer Reiterei unter dem

Erbprinz von Hessen-Cassel. Hier entspann sich ein 1709
langer hartnäckiger Kampf, der mit abwechselndem Glück zwischen der französischen und alliirten Cavallerie statt fand, und in welchem der Marschall v. Boufflers die Schwadronen der königlichen Haustruppen (Maison du Roi) selbst gegen den Feind führte; dieser Kampf schlug zuletzt zum Vortheil der Alliirten aus.

In dieser Zeit und als das Centrum nachgab, machte der Prinz von Oranien einen letzten Versuch auf die Verschanzungen des rechten französischen Flügels am Walde von Lannières, welcher gelang.

Zugleich bestrichen die sieben Stück Geschütz, welche Schulenburg auf der westlichen Seite des Waldes von Sars hatte aufführen lassen, die Flanke des französischen linken Flügels, dessen Oberbefehl der Marschall v. Villars wegen einer gefährlichen Schußwunde, die er am Knie bekommen hatte, dem General-Lieutenant Legal überlassen mußte.

Diese Angriffe entschieden den französischen Rückzug, den zuerst der linke Flügel über Trieu Jean Sart, Athis und Oudregnies gegen Klein-Quievrain am Honneau antrat; ihm folgte das Centrum und der rechte Flügel, welche sich auf Hion und Longueville zurückzogen, und von da auf den Höhen bei Bavay aufstellten. In der Nacht ging die ganze französische Armee über die Ronelle und bezog ein Lager von le Quesnoi bis Valenciennes.

Die Alliirten wagten nicht die Franzosen lebhaft zu verfolgen, sie begnügten sich mit Gewinnung des Schlachtfeldes, und ihr Heer brachte die Nacht zwischen Hergies und Malplaquet zu. Die Trophäen bestanden in 17 Stück Geschütz, 46 Fahnen und Standarten, nebst einer Anzahl Pauken. Außer 3000 Blessirten, welche auf dem Schlachtfelde liegen blieben, verloren die Franzosen nur 500 Mann Gefangene.

Wir sind in der Schilderung dieses Gefechts den handschriftlichen Angaben, welche uns der General Schulenburg hinterlassen hat, gefolgt, und haben selbige mit allen frühern und spätern gedruckten Berichten verglichen, und dabei die besten

27 *

1709 topographischen Karten und Pläne zu Rathe gezogen. Die beste und genaueste Aufnahme über diese Schlacht, die öffentlich bekannt geworden ist, findet sich im Theatrum Europaeum 18r. Theil S. 228., und wir haben Ursache zu glauben, daß der General Schulenburg diesen Plan nebst der Beschreibung der Schlacht und den beigefügten tactischen Bemerkungen an die Redaction dieses Werkes, welches in Frankfurt a. M. bei Merians Erben erschien, mitgetheilt hat.

Die Schlacht selbst hatte anfänglich mehrere Namen; sie wurde von den Alliirten nach den Oertern Blaregnies und Malplaquet genannt; bei den Franzosen hieß sie die Schlacht von Blangies, Tannières und Longueville; die Geschichte hat indeß den Namen von Malplaquet beibehalten.

Wir bringen in den Beilagen (s. Beilagen XXX. a. u. b.) den Bericht Schulenburgs, welchen er unmittelbar nach der Schlacht aus Blaregnies an den König richtete, sowie den Auszug eines Schreibens, welches General-Lieutenant Graf Wackerbarth unter dem 27. Septbr. einsandte, bei; beide geben noch einige nähere Umstände über dies Treffen, die nicht ohne Interesse zu sein scheinen.

Schulenburg schickte seinen Bericht durch den Obersten Brockdorff, Bruder der damaligen Geliebten des Königs, der Gräfin Cosel, an seinen Herrn nach Polen, welcher schon seit dem Monat August den Krieg mit Schweden erneuert hatte und sich an der Weichsel zwischen Posen und Thorn befand. Wir theilen das eigenhändige Schreiben des Monarchen hier mit, durch welches er Schulenburg zu dem in der Schlacht bei Malplaquet eingeärndteten Ruhm Glück wünschte und ihn in Kenntniß von der Lage der Angelegenheiten in Polen setzte.

Bramhof entre Posen et Thorn, ce 30. Sepbr. 1709.

„Brockdorf m'a porté vos dépêches et je vous félicite du bon succès que vous avez eu. — Nous faisons la guerre ici assez plaisamment, ne faisant qu'accompagner Mr. Crüssau des frontières, qui se trouve avoir entre 14 et 15m. hommes, moitié infantérie. Si l'armée de la couronne ne s'était pas amusée à Lublin comme aussi les Moscovites,

Mr. Crüssau aurait eu de l'embarras; mais à l'heure qu'il 1709
est, je le crois sauvé, ne pouvant point lui empêcher la retraite sans infantérie, et les autres étant encore très-loin à me joindre. — Songez à ne vous laisser point séparer ni vous fermer en quelque endroit, dont vous ne puissiez sortir si on vous reclame."

Schulenburg spricht in einigen hinterlassenen Fragmenten militärischer Schriften eine strenge Kritik über die Operationen des Marschall von Villars aus; vorzüglich tadelt er, daß die von ihm gewählte Stellung zwischen den Wäldern von Lannières und Sars gewissermaßen ein einwärts gebogenes Segment eines Zirkels gebildet habe, von welchem die rechts und links gelegenen Verschanzungen die vorspringenden Bollwerke ausmachten; hieraus folgte, daß, nachdem der Wald von Sars eingenommen war, die Linie in die Flanke gefaßt wurde. In einem Plan, welchen er selbst über die Schlacht aufgenommen hat, ist die Stellung angezeichnet, die seiner Meinung nach die französische Armee hätte nehmen sollen; in dieser sind die beiden Flanken etwas zurückgezogen, die Verschanzungen auf beiden Flügeln außerhalb der Wälder angelegt, und das Centrum der Linie ist gegen den Feind zu, convex, wodurch, wie der General sagt, die Bewegungen und die Uebersicht des Heeres erleichtert worden wäre.

Auch die Disposition der Alliirten unterliegt seinem Tadel; er ist der Meinung, man hätte auf beiden Flügeln den größten Theil der Artillerie aufstellen, und durch eine dreistündige Kanonade die Feinde in ihrer Position erschüttern sollen; es wäre dann auf beiden Flügeln mit 30 oder 40 Bataillonen zum Angriff zu schreiten gewesen; das Corps de bataille oder Centrum hätte man von den Grenadiers aller Regimenter, die wenigstens 6 — 7000 Mann ausgemacht hätten, bilden, diese in drei bis vier Colonnen hinter der Reiterei aufstellen und durch 15 — 20 Bataillone unterstützen lassen sollen; dann hätte die davor stehende Cavallerie sich zum Durchmarsch jener Colonnen öffnen müssen, und so der Angriff, auf allen drei Seiten rasch unternommen und durch die Reiterei unterstützt, ge-

1709 lingen müssen. Der General ist der Meinung, daß auf diese Weise eine vollständige Niederlage dem Feinde würde beigebracht worden sein.

Wenn gleich solche Betrachtungen nach der Zeit nur theoretisch erscheinen, so beweisen selbige wenigstens, welche Aufmerksamkeit Schulenburg dem Kriegshandwerke widmete, und wie wenig die Praktik von 20 Feldzügen seinem gründlichen Studium der Kriegswissenschaft Eintrag gethan hatte.

Beilagen zum 19. Abschnitt.

Beilage XXIX.

Schlachtordnung der unter Schulenburgs Befehlen stehenden 40 Bataillone in der Schlacht von Malplaquet.

General der Infanterie Freiherr von der Schulenburg in Sächsischen Diensten.

Befehlshaber	Treffen	Bat.		Nationen.
Gen.-Lieut. Gr. v. Wackerbarth, Sachse. = v. Harrach, Oestr. Gen.-Maj. v. Canitz, in Sächs. Diensten. = Fechenbach, Oestr. = v. d. Beck, Holl.	1stes Treffen.	1.	Thüngen	Oesterreicher.
		2.	Baden	Oesterreicher.
		3.	Hessische Grenadiere	Hessen-Cassel.
		4.	Erbefeld	Münster.
		5.	Cavagnac	Ansbach.
		6.	Carl Rex. . . .	Wallonen.
		7.	Hermiles	Hollst.-Gottorp.
		8.	Würtemberg . .	Dänen.
		9.	Wilke	Hessen-Cassel.
		10.	1s. Bataill. Garde	Sachsen.
		11.	2s. dgl.	dgl.
		12.	Dänische Garde .	Dänen.
Gen.-Lieut. v. Friesheim, in Holl. Diensten. Gen.-Maj. Landsberg, Holl. = v. Zobel. = v. Sacken, Hesse.	2tes Treffen.	13.	Thüngen . . .	Oesterreicher.
		14.	Lübeck	Pfälzer.
		15.	Iselbach	dgl.
		16.	Wolfenbüttel . .	Braunschweiger.
		17.	Castell	Ansbach.
		18.	Herrmann	Würtemberger.
		19.	Erter	Hessen.
		20.	Baumbach . . .	dgl.
		21.	Fürstenberg . .	Sachsen.
		22.	Churprinz	dgl.
		23.	Bielke	Dänen.
		24.	Weißenfels . .	Sachsen.
Gen.-Lieut. v. Bettendorff, in Churpfälz. Diensten. Gen.-Maj. v. Sternfels, in Würtemb. Diensten. = v. Schwärzel, in Dänischen Diensten.	3tes Treffen.	25.	Baden	Oesterreicher.
		26.	Dalberg	dgl.
		27.	Deaston	dgl.
		28.	Sachsen-Meinungen	Pfälzer.
		29.	Sulzbach . . .	dgl.
		30.	Bewern	Braunschweiger.
		31.	Flohs	Mecklenburger.
		32.	Delsaperche . .	Wallonen.
		33.	Marimilian . .	Hessen-Cassel.
		34.	Erbprinz v. Hessen	dgl.
		35.	Stockerath . . .	dgl.
		36.	Sternfels	Würtemberger.
		37.	Wackerbarth . .	Sachsen.
		38.	Ogilvy	dgl.
		39.	Boisset	Dänen.
		40.	Schwärzel	dgl.

Beilage XXX. a.

Relation de la bataille de Malplaquet, donnée le 11. Septbr. 1709, par le Général d'infanterie de Schulenburg.

Au camp de Blaregnies proche du champ de bataille, ce 12. de Septbre 1709 au matin.

Après que l'armée s'était mise en marche du camp d'Orchies la nuit du 3. à 4. et que les deux Princes, nos Généraux en chef, avaient quitté Tournay le 4me. au soir pour joindre l'armée, ils sont allé passer la Haine au pont d'Havré et sur celui de Bourg, pour aller soutenir le Prince de Hesse, qui était entré dans les lignes des ennemis qui sont derrière la Trouille, et qui faisait savoir, que ceux-ci, après avoir attiré à eux tout ce qu'il y avait des garnisons superflues dans les places jusqu'à Dunkerke, marchaient en diligence vers Bossu, où on les vû camper sur la hauteur, dès que notre armée était venue du côté de Quaregnon. Les deux armées ont fait ensuite des mouvemens, celle des ennemis vers la droite du côté de Bavai et de Longueville qu'ils ont laissé derrière eux, et nous autres vers le moulin de Sars. On jugeait d'abord des mouvemens des ennemis, comme s'ils voulaient nous attaquer (ce qui était le droit du jeu, et peut-être on en aurait été plus qu'embarrassé). Pour cet effet notre armée fut par méprise rangée en bataille pour les attendre, et quelques uns étaient d'avis d'aller droit à eux sans leur donner du tems à prendre leurs mésures pour se fortifier peut-être dans leur camp.

J'ai reçû ordre dimanche passé le 8me. Septbre à midi, de me mettre en marche avec toutes les troupes, qui avaient fait le siége qui étaient au nombre de 40. bataillons; mais après en avoir détaché 11. pour la garnison de la ville et citadelle de Tournay, deux autres pour celle de Lille et quatre pour couvrir le gros bagage de l'armée, il ne m'en resta que 21. avec lesquels je n'ai sû me mettre en marche que lundi le 9me. Septbre au matin sur les trois heures à cause que toutes les troupes étaient allées au fourrage le 8me. au matin, et que pour les couvrir, on avait envoyé des détachemens en plusieurs endroits à quatre lieues de Tournay, qu'il fallait attendre de retour, je ne pus me rendre que lundi à Ath avec les troupes, où j'arrivais fort tard, et celles-ci étaient très-fatiguées par la marche et encore plus par les pluies; j'y ai reçû des lettres du Prince pour presser la marche; pour cet effet les troupes furent prêtes mardi à marcher à deux heures après minuit; mais à cause d'un brouillard fort épais, il n'a pas été possible de sortir du camp qu'à la pointe du jour. J'allais de là vers Mons le plus droit chemin, passant par le pont de Bourg, qui est assez près de cette ville, et je n'aurais pas eu

e b

owol
gebl

st.

bleßirt.

1

1

1

2

2

3

8

besoin d'aller par Ath, par où je me suis détourné de trois heures, si je n'avais pas eu des ordres exprès de me mettre à couvert contre les ennemis. J'arrivais le 10me. fort tard au camp d'Harmignies, qui est à deux lieues de Mons et à deux heures et demie de la grande armée. Je reçus deux lettres pendant la marche, par où on me pressait de faire toute la diligence, et Mylord Duc m'envoya un quartier-maître-général pour me montrer le chemin le plus court et le plus commode, et le même soir je reçus encore deux couriers, par lesquels on ne me disait autre chose, que de me trouver avec les troupes une heure avant le jour au camp, puisqu'on n'attendait qu'après ces 21. bataillons pour attaquer les ennemis, et que j'avais pour ma personne à me rendre auprès du Prince de Savoye. Le 11me. sur les quatre heures du matin, après avoir mis les troupes en marche aussi bien que l'artillerie qui consistait en 12. pièces, je me suis trouvé une heure après minuit auprès du Prince Eugène, qui m'a d'abord donné les dispositions générales qui ont été faites pour l'attaque de l'armée ennemie, me faisant la grâce de dire, qu'il n'avait voulu rien disposer à l'égard de l'infanterie jusqu'à mon arrivée; je me suis d'abord rendu à la tête de la ligne, où j'ai formé trois lignes de 40. bataillons, qui composaient l'infanterie du Prince Eugène; les deux premières étaient de 12. bataillons chacune, et la troisième de 16. bataillons*); la 1ère. a été commandée

*)

1ère. ligne.	Nations.	2de. ligne.	Nations.	3me. ligne.	Nations.
Thüngen.	Autr.	Thüngen.	Autr.	Baden.	Autr.
Baden.	Autr.	Lübeck.	Palat.	Dahlberg.	Autr.
Grenad.-Hess.	Hesse-Cassel.	Iseltach.	Palat.	Deeston.	Autr.
Erbefeldt.	Munster.	Wolfenbuttel.	Bronsw.-Wolfb.	Sax. Meinungen.	Palat.
Cavagnac.	Anspach.	Castel.	Anspach.	Sulzbach.	Palat.
Carl Rex.	Vallons.	Herrmann.	Würtb.	Bevern.	Bronsw.-Wolfenb.
Hermiles.	Hollstein-Gottorp.	Exter.	Hessois.	Flohs.	Meklenb.
Würtemberg.	Danois.	Baumbach.	Hessois.	Delauperche.	Vallons.
Wilke.	Hesse-Cassel.	Furstenberg.	Saxons.	Maximilian.	Hessois.
Garde-Sax. 1er. Bat.	Saxons.	Churprinz.	Saxons.	Hesse.	Hessois.
Garde-Sax. 2er. Bat.	Saxons.	Bielke.	Danois.	Stockradt.	Hessois.
Garde-Dan.	Danois.	Weissenfels.	Saxons.	Sternfels.	Würtb.
				Wackerbarth.	Saxons.
				Ogilvy.	Saxons.
				Boisset.	Danois.
				Schwerzel.	Danois.

Savoir:

Saxons - -	7	Bataillons.
Autrichiens -	6	—
Danois - -	5	—
Hollstein-Gottorp	1	—
Vallons - -	2	—
Bronsw.-Wolfenb.	2	—
Palatins - -	4	—
Würtembergeois	2	—
Meklenburg. -	1	—
Anspach - -	2	—
Hessois - -	7	—
Munster - -	1	—

en tout 40 Bataillons.

par les Lieut.-Généraux Wackerbarth et Harrach; les Généraux-Majors étaient Kanitz, Fechenbach et van der Beck; la seconde par le Lieut.-Général Friesheim, Généraux-Majors Landsberg, Zobel et Sacken: la 3me. par le Lieutenant-Général Bottendorf, Généraux-Majors Sternfels et Schwerzel; les bataillons étaient placés dans ces trois lignes selon leur rang, et à proportion des nations. Le brouillard était fort épais et empêcha de reconnaître le terrain. Dès que le brouillard vint à passer, le Prince Eugène alla en reconnaître la situation pour donner ensuite ses derniers ordres, et me fit voir en même tems de quelle manière tout était disposé pour cette grande journée.

Sur les six heures et demie du matin les 21. bataillons du siège de Tournay sont arrivés, et on a commencé à mettre l'infanterie en mouvement de tout côté, pour occuper le terrain d'où ils devaient ensuite faire l'attaque; les Généraux au nombre de 20. venûs du même siège allèrent se ranger chacun à son poste et auprès de leurs nations.

Un bataillon de la garde Hollandaise, qui était du nombre de 21. bataillons, du siège avec tous les Lieut.-Généraux, Généraux-Majors et Brigadiers, qui étaient du nombre de 30. qui sont venûs avec moi, eut ordre d'aller joindre leurs troupes; les autres vingt bataillons du siège restèrent sous les ordres du Lieut.-Général Withers, Gén.-Majors Hohendorf et Temple et un brigadier, qui ont attaqué tous à ma droite, d'où ils devaient prendre les ennemis (qui étaient retranchés dans le coin du bois) en flanc, et s'il était possible, un peu par derrière. On a joint à ce corps-ci cinq escadrons que le Prince Eugène a augmenté ensuite, porté à cela par des fréquentes sollicitations des Lieut.-Généraux, qui étaient tout à la droite, à quinze escadrons; mais on n'a pas pû se servir de cette cavallerie de ce côté-là. A la gauche de ces vingt bataillons j'ai attaqué le retranchement des ennemis avec les 40. bataillons; à ma gauche le même retranchement fut attaqué par le Comte de Lottum (qui remis de sa maladie était venû ici); 24. bataillons desquels le Duc d'Argyle avait huit, ont fait l'attaque soutenûs par le reste; tout à la gauche était le Prince d'Orange et le Général Fagel qui ont attaqué avec 40. bataillons; le Comte de Dönhoff, Général-Major, qui avait un détachement de deux mille hommes, avec lequel il attaqua aussi la droite ennemie si bien que toute l'infanterie était employée, et il ne restait que 12. ou 14. bataillons en réserve.

Sur les 7. heures notre canon, dont il y avait bien 100. pièces en batterie, commença à tirer; j'avais amené 12. pièces dont je me devais servir contre le retranchement, mais on ne put jamais les faire passer si vite à cause des marais, non obstant les 100. fascines que j'avais fait faire par bataillon; les canons des ennemis ne commencèrent à tirer que lorsque nos troupes s'approchèrent à 7. ou 800. pas de leur retranchement; ma première ligne s'étant approchée du premier retranchement, qui était à 250. pas en devant de celui qui était au coin du bois; on fit sortir quelques petits pelotons pour tirailler sur le dit retranchement, et engager les ennemis à lâcher leur premier feu; mais ils ne tirèrent pas un seul coup, ce qui m'obligea à faire serrer la ligne d'assez près du dit retranchement, d'où les ennemis firent alors un très-grand feu; on les chassa cependant d'abord de là, et pour ne pas donner du tems à ceux qui se retirèrent, pour se mettre en ordre auprès des autres derrière le retranchement du coin du bois, je fis attaquer à l'instant encore celui-ci, et comme le terrein ne me permettait pas de faire aller tous ces 12. bataillons en front égal, j'avais fait mettre trois bataillons, qui formaient la gauche de la première ligne, plus en arrière, pour mieux soutenir les premiers attaquants; avec tout cela le feu des ennemis était si vif, et le retranchement si fort, que l'affaire ne laissa pas de balancer quelque tems; il y a eu même quelques bataillons intrépides et braves, que l'on a arrêtés tout court, obligés même de réculer 5. ou 6. pas; Je les fis d'abord soutenir par la seconde ligne, qui était à 200. pas derrière la première, et je fis approcher encore la troisième, qui était à la même distance derrière la seconde, car les ennemis tentaient à reprendre le premier retranchement, dont on les avait chassés, et dont ils nous tiraient en flanc. Le Comte de Harrach commandant la gauche de la première ligne, fut blessé de deux coups; le Général-Major Kanitz reçût un coup sous le menton frisant la gorge; on croit tous les deux hors de péril, et outre ces deux, tous les Colonels, Lieut.-Colonels et Majors ont été tués ou blessés à cette attaque, aussi bien qu'une grande partie des autres officiers, de sorte qu'il y a des bataillons, à qui il ne reste pas deux à trois officiers qui se portent bien, d'où on peut juger combien de soldats il y aura de morts et de blessés; avec tout cela on força le retranchement; un des bataillons Danois, qui entra le premier, fut rechassé, car il fallait deux à trois hommes pour s'aider à y entrer à cause des broussailles et troncs d'arbre, derrière lesquels le retranchement était; à la fin on s'en rendit pourtant maître, aussi bien que de six pièces de canon qui y étaient, et ici était le poste qui a été forcé et où on est entré le premier; on a essuyé ici d'autant plus de feu, que l'on a commencé un peu trop tôt et même avant que le signal fut donné, ce qui était cause que les troupes de l'attaque du Comte de Lottum n'étaient pas assez à portée, pour donner en même tems qu'à cette attaque-ci, par où ils ont trouvé d'autant plus de facilité à se rendre maître du retranchement des ennemis de leur côté. Après avoir forcé ce dit retranchement on a trouvé dans le bois quelques abatis d'arbres qui formaient des espèces de retranchemens, que l'on a enlevé facilement; mais on a eu toujours plus de trois heures à faire, avant que de les chasser hors du bois, et il y a eu des combats en plusieurs endroits par reprises; le plus grand embarras était que le fort du bois séparait toutes les troupes, de même que les bataillons qui allaient pêle-mêle; il n'y avait pas moyen que les Généraux y puissent d'abord remédier, et tout était dans une grande confusion, par ce nos gens même se sont fait beaucoup de mal; à la fin on est arrivé au bord du bois qui donne sur la plaine, où on vit la cavallerie française en ordre de bataille, et leur infanterie derrière un autre retranchement soutenue par la dite cavallerie. On fit d'abord tout ce qui était humainement possible pour ramasser les bataillons et former une ligne et s'opposer aux entreprises des ennemis; pendant ces entrefaites je fis venir à force de travail les 12. pièces de canon au travers des marais des retranchemens et par un petit chemin dans le bois, mais on n'en put jamais avoir que sept de 12. livres qui ont servi dans la suite fort utilement. Les Lieuts.-Généraux Friesheim, Wackerbarth et Withers s'étaient joints peu à peu et formaient la droite, où on a eu deux à trois fois des affaires de ce côté-là, qui étaient à ma droite avec les ennemis, qui sont sortis même une fois de leur retranchement, mais ces Généraux se sont maintenûs dans leur poste et les ont repoussés et il y a eu même des gens de tués et de blessés de part et d'autre; le Comte de Lottum et moi avaient bordé le bois, et on a eu tout la précaution à prévenir les ennemis, qui faisaient rapprocher de nouveau le gros de leur infanterie de leur aile gauche vers ce bois, mais on les a fait retirer à force de feu tant par la mousqueterie que par les sept pièces de canon.

Pendant ces entrefaites je fis canoner la dite infanterie de même que la cavallerie des ennemis, qui commença à disparaître, et tout le monde croyait qu'ils s'étaient en allés tout de bon; le feu durait sur notre gauche toujours, et quoique l'infanterie hollandaise ait fait merveille ayant chassé les ennemis de leur premier retranchement, et qu'elle soit venûe jusqu' aux batteries des ennemis, qui étaient bien placées sur la hauteur, et qui nous ont fait beaucoup de mal, car ils avaient trois retranchemens entre les deux bois pour couvrir leur droite les uns derrière les autres, on peut dire que c'était une espèce de forteresse; mais les Hollandais s'étant trop avancés dans quelques endroits ils furent rechassés par la cavallerie des ennemis qui se trouva par là pour soutenir leur infanterie, de sorte que le feu et l'attaque par là a duré jusqu'à trois heures de l'après-midi, et n'a fini que jusqu'à ce que la cavallerie a été chassée, et l'infanterie ennemie n'a abandonné le retranchement de leur droite qu' alors, et celle de la gauche n'a commencé à se retirer que lorsqu'elle a vu que leur cavallerie commençait à s'ébranler. Sur une heure après midi quelques escadrons Hollandais qui étaient pour soutenir notre infanterie, ont donné très-à-propos dans l'infanterie ennemie, qui avait été chassée de la nôtre, et qui venait de reprendre leur retranchement. Quant à notre cavallerie elle commença à paraître sur la plaine et en-deça du bois, où elle était obligée de passer par des marais et endroits fort étroits; elle se forma d'abord assez près du bois et derrière les lignes rétranchées, que les ennemis avaient faites au pied d'une petite hauteur avec de grandes ouvertures pour faire agir leur cavallerie au travers de dites ouvertures; la nôtre ne parût pas sitôt, que celle des ennemis vint se ranger en bataille sur le haut du terrain dans un très-bel ordre, mais seulement dans une ligne au lieu que du commencement elle était sur deux lignes derrière leur infanterie; ensuite la cavallerie alla s'approcher du retranchement, que les ennemis avaient quitté en partie, et passa au travers des ouvertures pour s'y former assez près des ennemis, qui se tenaient fort tranquilles, mais dès qu'une bonne partie de nos escadrons fut en bataille, les ennemis vinrent les attaquer avec vigueur; la nôtre le reçût avec assez de fermeté, il y en eut cependant plusieurs de poussés et de renversés; mais comme on avait eu la précaution de poster quelque infanterie le long du retranchement, que les ennemis avaient quitté par là, cela arrêta et renvoya la cavallerie ennemie et donna le tems à la nôtre de se remettre; tout à notre gauche la cavallerie Hollandaise donna, qui fut repoussée deux à trois fois, mais elle a poussé à son tour les ennemis aussi, et dès que ceux quittèrent leurs retranchemens avec l'infanterie, on y posta d'abord des pelotons et des bataillons de notre côté, qui ont très-utilement servi à soutenir notre cavallerie; ce combat de cavallerie dura près de deux heures, pendant lequel la nôtre n'a pas eu toujours le dessus, car les ennemis avaient fait composer leur premiere ligne de la maison du Roi et de tous les regimens sur lesquels ils comptaient le plus; ils avaient outre cela derrière la hauteur jusqu'à trois lignes de cavallerie formées, pour ne la pas exposer à notre artillerie, qui a fait un grand carnage parmi eux, par lesquels ils soutenaient la première et relevaient les escadrons, qui avaient le plus souffert; ce combat a eu quelque chose de particulier et la décision en a été fort douteuse jusqu'à la fin; si on avait eu le dessous, comme on a eu lieu de le craindre plus d'une fois, notre retraite aurait été sujettée à bien des embarras, et je ne sais comment on aurait fait pour retirer l'infanterie du bois et des postes si écartés; à la fin on les a obligés par l'assistance visible de Dieu à nous abandonner la hauteur, où ils se tenaient toujours, à quoi les bataillons et les pelotons n'ont pas peu contribué; ensuite notre cavallerie n'a pas donné le tems à celle des ennemis de regagner le terrain qu'ils venaient de perdre, et on a eu soin d'avancer avec l'infanterie dans les haies par tout où on a crû le plus à propos; l'infanterie des ennemis sur leur droite nous a abandonné alors tous les retranchemens qu'elle avait disputés si longtems à nos gens, et elle s'est jettée dans le bois qui était tout auprès, pour se retirer vers Maubeuge, de même que la cavallerie de l'aile droite; l'infanterie de la gauche s'est retirée vers le Quesnoy, de même que la plupart de la cavallerie. Tous ces corps en se retirant se formaient de nouveau sur une hauteur tout à notre droite, d'où ils commencèrent à nous canonner derechef. Je fis continuer la marche de notre infanterie vers les haies de ce côté-là, et les sept pièces de canon avançaient à force pour tirer encore sur les ennemis qui prirent le parti de se retirer, mais en si bon ordre, que nos Généraux n'ont pas jugé à propos de les faire poursuivre plus loin. Le Duc de Wurtemberg*), Général des Danois, est pourtant allé les suivre avec 20. escadrons au delà d'un grand défilé, d'où la nuit l'a fait revenir sur ses pas; le Duc d'Argyle l'avait côtoyé avec quelques bataillons, et il s'y trouvait le Comte de Lagnasco, Mylords Stairs et Rass. Les ennemis ont fait une forte manoeuvre pendant toute cette grande journée-ci, ce qui a été facile dans un terrain si avantageux et outre cela si retranché. Les prisonniers ne peuvent pas assez louer le Maréchal de Boufflers, qui a chargé à la tété de la maison du Roi. On croit le Mal. de Villers blessé, et il doit avoir eu deux chevaux tués sous lui. On veut que les ennemis auraient beaucoup mieux fait de n'avoir pas occupé ce bois, qui pourrait bien être cause de la perte de la bataille. Il aurait fallu laisser ce bois devant leur gauche et achever leur retranchement, qu'ils avaient commencé sur la hauteur où le combat de la cavallerie s'est donné, alors on ne les aurait pas pû attaquer, moins encore les forcer. Il faut toujours avouer, qu'ils étaient fort bien postés et qu'ils devaient même souhaiter de se voir attaqués dans leur poste, à cela près qu'ils ont fait trop de retranchemens et trop près les uns derrière les autres, par où il est arrivé, qu'ils n'ont pas pû faire manoeuvrer les troupes, comme ils auraient pû faire, s'ils avaient disposé de l'heureuse situation de leur terrain autrement, mais ils se croyaient si fortement postés, qu'ils ne se sont peut-être jamais imaginés d'être forcés, mais il est très-sûr que l'on se mécompte souvent en ce metier-ci. Les dernières resolutions pour les attaquer furent prises le 10me. à quatre heure après midi; on les tint fort secrètes, et les dispositions générales ne furent délivrées aux Généraux qu' entre onze heures et minuit; cependant on sait par les officiers prisonniers, que le Maréchal de Villars a été informé à huit heures du soir de tous ces desseins. Le Prince Eugène et Mylord Duc ne se sont pas seulement donné tous les mouvemens imaginables pour mettre ordre à tems et par tout, mais il est sûr qu'ils ont agi avec une prudence et vigilance extrême; on se loue beaucoup des Généraux, des officiers et de toutes les troupes, car on n'a peut-être jamais attaqué un camp si fort que celui-là, garni de tant d'artillerie et defendu par 126. bataillons et plus de 240. escadrons.

Nous avons eu de notre côté 129. bataillons, et à peu près 212 escadrons; si on peut reprocher quelque chose à nos troupes, c'est que l'on a donné avec trop d'ardeur. Le Prince Eugène a eu un coup de

---

*) Charles Rudolph Duc de Wurtemberg-Neustadt né 1667., administrateur du Duché de Wurtemberg depuis le 12. Mai 1737 — 1738. † 17[illegible]

fusil du côté de mon attaque derrière la tête, qui n'entre pourtant que fort peu; cela ne l'a pas empêché de rester à cheval et de donner ses ordres, comme si de rien n'était; il y a eu de l'infanterie six Lieut.-Généraux morts et blessés. Oxenstirn est mort, Webbe (Anglais) mortellement blessé, Spaar deux fois blessé, Weck, Harrach et Haiden blessé; il y a eu plusieurs Généraux-Majors morts, parmi lesquels se trouve Tettau, et blessés comme on peut croire à proportion des autres officiers et soldats; on compte que notre perte pourrait aller entre dix ou douze mille hommes morts et blessés. Tous les Généraux et Officiers avouent de n'avoir jamais vû un spectacle pareil à celui de l'attaque gauche, où on a vû sur l'endroit où les deux bataillons de la garde Hollandaise et quelques autres bataillons ont donné plus de 1200 hommes étendus et déshabillés comme en rang et file, le premier rang étant en partie avec leurs têtes sur le retranchement des ennemis et les autres dans le fossé du dit retranchement, et tout ce monde était si serré, que l'on ne voyait pas le moindre terrain entre eux, qui ne fut pas couvert de corps morts; l'infanterie Hollandaise a aussi extrêmement souffert et doit être ruinée, généralement toute l'infanterie est fort mal accommodée, ayant des bataillons de toutes nations qui n'auront pas plus de 100. hommes en état de service; le premier bataillon de la garde Polonaise de même que celui du Prince Electoral de Saxe sont ceux qui ont souffert le plus; le dernier a pris un drapeau de Sparr; le Prince George de Hesse a eu aussi un drapeau; on ne sait pas le nombre des drapeaux et étendarts que nous avons; pour les canons il y en a eu 20. pièces.

Je crois aussi que le nombre des prisonniers n'est pas fort considérable. Je ne puis assez louer les troupes que j'ai eu l'honneur de commander, parmi lesquelles se trouvent celles de V. M.; les officiers ayant fait tout ce qu'on peut attendre des gens de valeur et d'expérience. Le regiment de la Reine n'a pas été de la bataille; le Prince Frédéric de Wurtemberg *) qui le commande, est venû à l'armée, et s'est trouvé pendant toute l'action auprès de moi; je ne saurais assez louer aussi la valeur et le sang froid que ce jeune Seigneur a fait connaître par tout ce grand feu, et il m'a été d'une aussi grande utilité, qu'il a donné un très-bel exemple aux troupes, où il s'est trouvé à la tête. Il y a encore plusieurs particularités qui se sont passées en cette grande journée, que l'on ne sait pas encore, et que l'on mandera dans la suite. J'enverrai au premier jour le nombre des morts et blessés, et tout ce que je pourrais apprendre digne d'être marqué. J'ai eu de tués le capitaine Canow, qui me servait de sous-aide de camp, un de meilleurs officiers et que je regrette extrêmement. Tout présentement deux prêtres de la ville de Bavai viennent de rapporter que les ennemis se sont retirés en

*) Le même qui fut tué le 19. Septbr. 1734. à la bataille de Guastalla.

bon ordre, et se sont rangés en bataille du côté de Bavai, d'où i ne se sont retirés qu' après le soleil couché. Le Mal. de Villa avoit été conduit à Valenciennes blessé à ce que les religieux disent. On s'est enfin determiné et on nommera cette bataille celle de Tanières un gros village tout auprès du champ de bataille.

On a envoyé 500. hommes pour prendre St. Guislain, où les ennemis avaient mis 200. hs. en garnison, qui se sont rendus prisonniers de guerre après avoir tiré quelques coups de fusil. A Mons il n'y a que 7. à 8. bataillons Espagnols fort faibles et deux Bavarois.

On va faire le siège de cette ville qui ne peut durer que fort peu de tems. Nos deux Princes, Généraux, ont envoyé un detachement à la ville de Bavai, où on a pris plusieurs centaines d'officiers français et d'autres blessés, qui ont donné parole d'être prisonniers de guerre et on n'est occupé qu'à faire ramasser nos blessés, dont on est fort embarrassé, n'ayant pas une ville à portée pour les envoyer aux hôpitaux, par où on perdra beaucoup de monde, et à enterrer nos morts. Les morts des ennemis en bon nombre sont encore tout nus sur le champ de bataille de même que bien des blessés, qui sont jusqu'ici sans aucune assistance.

Tabellarisches Verzeichniß

des sächsischen Verlusts in der Schlacht bei Malplaquet am 11. Septbr. 1709.

	Todte.												Blessirte.												
	Ober-Officiers.												Ober-Officiers.												
	Oberster.	Oberst-Lieut.	Major.	Regmts.-Quart.-Mstr.	Adjudant.	Capitäne.	Capit.-Lieut.	Lieutenant.	Fähnrich.	Unter-Officiere.	Tambour und Gemeine.	Summa der Todten.	Oberster.	Oberst-Lieut.	Major.	Regmts.-Quart.-Mstr.	Adjudant.	Capitaine.	Capitain-Lieut.	Lieutenant.	Fähnrich.	Unter-Officiere.	Tambour und Gemeine.	Summa der Blessirten.	Sma. der Todten und Blessirten.
1stes Bataillon Garde.	—	—	—	—	—	1	1	2	3	3	47	58	—	1	1	—	—	2	—	3	2	17	165	191	249
2tes Bataillon Garde.	—	—	—	—	—	—	—	—	—	—	4	4	—	—	—	—	—	—	—	—	1	—	17	18	22
Chur-Prinz.	—	—	—	1	—	—	—	—	1	1	20	23	1	1	—	—	—	3	—	3	2	7	54	71	94
Weißenfels.	—	—	—	—	—	—	—	—	—	2	17	19	—	—	—	—	—	2	1	1	1	3	24	32	51
Fürstenberg.	—	—	—	—	—	1	1	1	1	3	39	46	1	—	—	—	—	—	—	4	2	5	99	111	157
Ogilvy.	—	—	—	—	—	—	—	—	—	1	30	31	1	—	1	—	—	1	—	—	2	7	40	52	83
Wackerbarth.	—	1	—	—	—	1	—	1	—	1	15	19	—	—	—	—	—	1	—	1	1	3	36	42	61
Summa.	—	1	—	1	—	3	2	4	5	11	173	200	3	2	2	—	—	9	1	12	11	42	436	517	717

Verzeichniß der sächsischen Offiziers,
die in der Schlacht bei Malplaquet am 11. Septbr. 17[illegible] theils geblieben, theils verwundet sind.

	Todte.	Blessirte.
1stes Bat. Garde.	Capit. v. Kiesenwetter, Capit.=Lieut. v. Cunow, Lieut. Reißmann, = v. Münster, Fähnrich v. Spiegel, = v. Berk, = v. Glasenap.	Oberstlieut. v. Stojentin, Major Baron v. Friesen, Capit. v. Schlottheim, = v. Schütze, Lieut. Grasau, = v. Metzsch, = v. Zimmermann, Fähnrich v. Opschelwitz, = v. [illegible]
2tes Bat. Garde.	Fähnrich v. Döhlau.	[illegible]
Chur=Prinz.	Capit. v. Maltitz, Regimts.=Quart.=Mstr. v. Maltitz, Fähnrich v. Bomsdorf.	General=Major v. [illegible] Oberstlieut. v. [illegible] Capit. v. Platen, = v. Kopping, Lieut. Grumbt, = Schüßler, = v. Stutterheim, Fähnrich v. Stojentin, = v. Tranzsch.
Weißenfels.		Capit. Hoffmann, = v. Eberstein, Capit.=Lieut. v. Bernstein, Lieut. v. Blankenstein, Fähnrich v. Reisewitz.
Fürstenberg.	Capit. Keyl, Lieut. Reichel. = Braun.	Oberst v. Braun, Lieut. Arbra. = Langenthal, = Moschwitz, = Berger, Fähnrich Westeluzius, = Tangermann.
Ogilvy.	Oberst Griesheim.	Major Pfützner, Capit. Gebhardt, Fähnrich Kruziger, = Schlichting.
Wackerbarth.	Oberstlieut. v. Edling, Capit. Schleinitz, Lieut. v. Maltitz.	Capit. Pflug, Lieut. v. Worzien, Fähnrich Jeßel.

Beilage XXX. b.

Extrait
d'une relation de la bataille de Malplaquet adressée au Roi par le Comte de Wackerbarth d. d. 27. Septbre. 1709.

Le 11. environ à 7. heures et demie du matin le signal pour la bataille fut donné et toute l'armée se mit en mouvement. A environ 8. heures on commença à en venir aux mains. Ce fut alors qu'avec les bataillons que j'avais l'honneur de commander, je me trouvai au bord d'une prairie d'environ 50. à 60. pas de large, qu'un petit ruisseau [illegible] ulaute rend marécageuse au milieu. Cette même eau passe [illegible] Je crois que l'ennemi qui y était, a crû avoir son flanc [illegible] couvert par là. De l'autre côté de cette prairie, l'ennemi avait coupé des petits bois, pour faire une espèce d'abbatis en forme de redans: mais il était si mince, qu'on pouvait le passer sans beaucoup d'incommodité. La gauche de cet abbatis était attaché au ruisseau dont je viens de parler et la droite à des hayes vives un peu plus avancées. Derrière ceci l'ennemi n'avait que des pelotons, qui se retirèrent aussitôt qu'ils eurent fait leur décharge et avant même que les nôtres eussent encore tiré un coup, dans un retranchement fait de fascines et de fagots, qu'ils avaient derrière cet abbatis. Il est à noter que le terrain se rétrécit ici tellement, que pour en gagner, on fut obligé de tirer de gros pelotons hors des bataillons pour les mettre à leur tête. Ces pelotons s'étant approchés du dit retranchement, l'ennemi fit toute sa décharge, et n'attendit point d'autre feu que celui de ces pelotons se retirant derrière un autre retranchement fait de la même façon et couvert aussi par un abbatis de plus de 80. pas de large, les arbres coupés pour la plus grande partie d'une manière que leurs sommets étaient tournés vers les attaquans.

C'est dans ce retranchement où l'ennemi fit la plus grande resistance, et un aussi bean feu, qu'on peut attendre de la meilleure infanterie du monde. Il fallut plus d'un gros quart d'heure pour passer cet abbatis; ce qui ne se pouvait pas faire en ordre, parce qu'il fallait sauter par-dessus les branches et les arbres comme on le pouvait. Et comme pendant ce tems on ne pouvait charger avec ordre, l'ennemi avait la commodité d'ajuster ses coups, ce qui fit qu'on y perdit beaucoup de monde. Mais aussitôt que les regimens eurent passé cet abbatis et qu'ils se trouvèrent, la bayonnette au bout du fusil, au parapet du retranchement, l'ennemi l'abandonna et se retira comme il pouvait au travers du bois épais vers son camp. Ce bois était si épais, qu'un cha-

28 *

cun était obligé de chercher un trou pour y passer. Cette guerre commença ici à avoir tout à fait l'air d'une chasse. On tirait après les Français qui se sauvaient par un endroit un peu clair, tout comme on aurait pû tirer après une besté sauve dans un troc.

Il était plus de 11. heures avant que les régimens eussent pû passer ce bois, et midi, avant qu'on pût les rassembler et les ranger. Au bord du bois où l'on appercevait la campagne, il y avait à ma gauche un village où l'ennemi était dans un double retranchement. J'en fis attaquer le premier et l'ennemi fut contraint de l'abandonner. Il y avait un autre village à la droite, où il n'y avait à la vérité point de retranchement, mais d'assez grosses hayes derrière lesquelles l'ennemi se tenait et d'où il fut aussi poussé. On prit poste derrière ces hayes et derrière le retranchement du village à la gauche. Entre ces deux villages il y avait une plaine d'environ 8. à 900. pas et sur la plus grande hauteur de celle-ci un autre retranchement qui était ouvert à la gauche, sans doute pour y faire passer la cavallerie, ainsi que l'effet l'a montré ensuite. C'est sur ces hauteurs que l'ennemi se tenait derrière ces villages avec une partie de la cavallerie de son aile gauche, rangée en deux lignes. Mais comme j'en manquais et que ces 19. bataillons de Tournay qui devaient être à ma droite, sortirent ensuite à ma gauche, de sorte que j'avais la droite de toute l'armée, je n'osai point aller plus avant, puisque je me serais éloigné du bois et je n'aurais pû éviter d'avoir en même tems la cavallerie et l'infanterie de l'ennemi sur les bras. Il fallut donc me contenter de soutenir ce poste jusqu'à ce que la cavalerie que le Pce. Eugène voulait m'envoyer, fut arrivée; Ce qui dura plus de deux heures avant qu'elle put faire le tour du bois et venir sur le chemin qui la menait au village à ma droite.

Pendant ce tems l'ennemi forma deux lignes d'infanterie aussi longues que l'espace était large entre ces deux villages, dont je gardais le retranchement et les hayes les plus proches du bois. Il avança vers moi avec cette infanterie, soutenue par la cavallerie qui était derrière elle pour déloger nos régimens des postes occupés; Ce qui me fit résoudre de faire avancer 9. régimens hors du bois sur la plaine sans pourtant plus outre qu'à la distance où mes flancs se trouvèrent couverts par les postes pris sur l'ennemi. Nous fûmes plus d'une heure à nous regarder à une distance de 100. pas, sans qu'aucun de nous avançât plus outre. Après quoi il prit la resolution d'avancer tout d'un coup jusqu'à 20. pas, où il nous donna toute sa décharge. Elle ne fut pas plutôt donnée qu'il fit volte-face. Il attaqua en même tems le village à la droite et aussi quelques régimens qui étaient encore dans le bois couvrant le flanc droit, sans pouvoir pourtant pénétrer tout à fait. Et cette attaque ne lui réussissant pas mieux que les autres, il ne revint plus à la charge quoique la cavallerie ramenât encore quelque infanterie l'epée dans les reins.

Après ce choc Mr. de Milkau arriva avec 20. escadrons: mais l'aile ›ite de l'ennemi, après une très-vigoureuse défense et un rude combat, ait été obligée de se retirer vers Bavay, sa gauche vers Condé. J'or- nnai à Mr. de Milkau de suivre leur arrière-garde, avec cette pré- ıtion néanmoins de ne pas trop risquer, et qu'au cas qu'un plus gros ›ps tombât sur lui et l'obligeât à se retirer, de le faire vers moi, où garderais les défilés pour favoriser sa retraite. C'est de quoi il s'est ssi fort bien acquitté; et ceci était environ à 4. heures du soir.

Zwanzigster Abschnitt.

1709.

Stärke der Heere und Berechnung des beiderseitigen Verlustes. — Be-
gerung von Mons. — Berichte Schulenburgs hierüber an den König. —
Interessante Unterredung des Generals mit dem Herzog von Marlbor..
über die Schlacht von Malplaquet. — Uebergabe von Mons. — Ang..
über die Verhältnisse, die Wiedererlangung der polnischen Krone be-
fend. — Berichte Schulenburgs hierüber. — Englands und Ho..
Staats-Interesse in dieser Frage.

1709 Die Heere, die in der Schlacht von Malplaquet geg.. einander fochten, waren fast von gleicher Stärke. Schulenb.. giebt die französische Armee zu 126 Bataillonen und 24.. Schwadronen an.

Das alliirte Heer bestand aus ungefähr 129 Bataill. .. 212 Schwadronen[1]); wenn man nur das Bataillon zu 500 Ma..

---

1) Ein späterer Bericht giebt 240 Schwadronen an; dies verändert .. Verhältniß der holländischen Reiterei zu der der übrigen Alliirten, .. daß statt 35 holländischer Schwadronen wahrscheinlich 63 bei .. Schlacht gegenwärtig waren. Ueberhaupt sind die Angaben über .. Stärke der alliirten Armee nicht ganz gleich. Die Schlachtor.., welche W. Coxe der Erzählung beigegeben hat, und worin .. alle Bataillons als alle Schwadronen namentlich aufgeführt .. schlägt die alliirten Heere auf 257 Schwadronen und 135 Batail.. an. In Schulenburgschen Handschriften ist die Stärke der Arm.. 129 Bataillonen und 212 Schwadronen angegeben. Nach einem .. schriftlichen Verzeichniß des Verlustes, welches in tabellarisch.. sich unter unsern Materialien befindet und welches vom 30. Se.. 1709 datirt ist, war der Stand der Armee folgender:

	Bataillone.	Schwadronen.
Kaiserliche	7	33
Dänen	8	19
Sachsen	7	12
Pfälzer	7	18
Hessen	6	16
Würtemberger	3	4
Engländer	13	14
Preußen	18	35
Hannoveraner	12	26
Holländer	42	62
Zusammen	123.	239.

nd die Schwadron zu 100 Pferden stark annimmt, so würde 1709
das Heer fast 90,000 Mann stark gewesen sein.

Der Verlust der Alliirten war bedeutend ansehnlicher als der der Franzosen, welches sich aus der Natur des Gefechts ergiebt.

Nach dem in unsern Materialien befindlichen Verzeichniß, entworfen im Lager bei Havré am 30. Septbr. 1709, hatte das Heer des Prinzen Eugen an Todten und Verwundeten folgenden Verlust.

	Todte.	Verwundete.
Bei der Reiterei	199	223
„ „ Infanterie	1900	3186
Zusammen	2099.	3409.

Bei der Armee des Herzogs v. Marlborough war der Verlust

	Todte	Verwundete.
bei der Reiterei	530 Todte	1251 Verwundete.
„ „ Infanterie	5191 „	11783 „
Zusammen	5721.	13034.

so daß beide Heere an Todten und Blessirten 24,263 Mann, folglich über das Viertel ihres Bestandes einbüßten. Es verdient hierbei bemerkt zu werden, daß der Verlust der Holländer ohne Vergleich der stärkere war. Diese Truppen rückten 42 Bataillone und 62 Schwadronen stark ins Gefecht, und das holländische Fußvolk büßte 9321 Mann an Todten und Verwundeten und die Reiterei 385 Mann ein.

Wir fügen in den Beilagen die Tabellen bei [1]), welche der General Schulenburg über den Verlust der sieben sächsischen Bataillone, die ins Gefecht kamen, (denn das Bataillon „der Königinn" war nach des Generals Originalbericht nicht bei der Schlacht) einsandte, nach welcher der sächsische Verlust des Fußvolks 717 Mann betrug. Die 12 Schwadronen sächsischer Reiterei büßten nur 7 Mann an Todten und Blessirten und 30 Pferde ein.

Das französische Heer soll nach den in der „Histoire militaire de Louis XIV. par le Marquis de Quinci. Tom. VI. pag. 207. aufgenommenen Angaben nur 8137 Mann verloren

1) Diese Tabelle befindet sich am Schlusse des Berichts des Generals Schulenburg.

1709 haben. Der Herausgeber der Denkwürdigkeiten des Herzogs von Marlborough, W. Coxe, sagt jedoch in der deutschen Uebersetzung 3. Theil S. 175, „daß aus dem Gegeneinanderhalten der eignen französischen urkundlichen Angaben wenigstens 14,000 Mann Abgang an Todten und Verwundeten und Gefangenen herauskommen."

Am Tage nach der Schlacht bezogen die verbündeten Feldherren die Hauptquartiere des Vorabends; Eugen zu Quaregnon, Marlborough in der Abtey von Bellian. Die Feindseligkeiten wurden während zwei Tage eingestellt, um die Todten zur Erde zu bestatten und die Verwundeten wegschaffen und verbinden zu können.

Die Feldherren beschäftigten sich hierauf unmittelbar mit der Belagerung von Mons. Die Besatzung war für die Ausdehnung des Platzes nicht hinreichend, daher erachtete man, daß 30 Bataillone zu dieser Unternehmung genügen könnten. Der Prinz von Oranien erhielt den speciellen Oberbefehl über selbige; die General-Lieutenants Bettendorff, Dohna und Ranzau, mit den General-Majors Sacken, North, Grey, Eltz, Amama und Ivoy wurden unter dem Prinzen bei der Belagerung angestellt.

Prinz Eugen behielt die Oberleitung der Belagerung und nahm sein Hauptquartier zu Hyon; Herzog v. Marlborough befehlichte das Beobachtungsheer, und hatte das seinige in Havré.

Die Stadt und Festung Mons liegt an der Trouille; dieser Fluß durchströmt den Platz in seiner mindern Breite und bewässert die Gräben. Die Haine fließt an der nördlichen Seite der Stadt; 250 Klaftern von der Umfaßung, da wo sich außerhalb der Festung die beiden Flüsse vereinigen, war ein regelmäßig bastionirtes Fünfeck angelegt, welches Werk le fort de la Haine hieß. Die Benutzung der zusammenströmenden Wässer gestattete gegen Osten große Ueberschwemmungs-Kessel anzulegen, die nur wenige Zugänge zur Festung übrig ließen.

In der Nacht vom 25. auf den 26. Septbr. wurden die Laufgräben eröffnet. Dieser Verzug rührte von der Nothwendigkeit her, die Bedürfnisse zur Belagerung von Brüssel

der herbeizuschaffen. Es wurden zwei Attaquen gebildet: die 1709 eine am rechten Ufer der Trouille gegen das Hornwerk beim Thor von Havré, welches Werk vor dem Etang des prêtres und Vivier des apôtres gelegen ist, an welchen letzteren der Angriff sich rechter Hand stützte. Die zweite Attaque fand am linken Ufer der Trouille gegen die Seite zu statt, wo sich die Straßen vereinigen, die von Valenciennes und Maubeuge kommen, und wurde auf das Hornwerk gerichtet, vor welchem die Porte de Bertamont den Angreifern rechts blieb.

Da Schulenburg nicht bei der Belagerung angestellt war, so ist hier nicht der Ort, in nähere Angaben über diese Vorfälle einzugehen. Seine Berichte über selbige sind nur oberflächlich, und berühren nur die Umstände, die sich auf die Verhältnisse der sächsischen Truppen beziehen. So schreibt er unter dem 2. Octbr.:

„Le siège de Mons continue malgré le mauvais tems et les pluies continuelles qui rendent les chemins si mouvais que l'armée souffre considérablement par là, le pain ayant manqué 5. à 6. jours et le fourrage, que l'on est obligé d'aller chercher loin par de si mauvais chemins, ruine la cavalerie et les équipages; si les pluies continuent encore quelque peu de jours, on pourrait être exposé à bien des embarras."

Und ferner:

„Si la pluie continue, je ne vois pas moyen que l'on puisse achever le siège de Mons; la plus grande difficulté sera de se tirer des boues."

An den König lautet ein Separat-Bericht wie folgt:

„Je ne saurais assez dire combien la misère est grande à l'armée et le désordre excessif dans le pays; la raison du premier accident est que l'on n'a eu en vue que le siège de Mons, par où on a négligé les dispositions nécessaires pour le transport du pain et des blessés, que l'on regarde comme s'ils n'étaient plus au monde; le mauvais tems nous a surpris, nous voilà quasi en des embarras sans remède; le second provient que l'on fourage sans ordre et de la manière du monde la plus négligée; je n'ai sû le voir plus

1709 longtems, de sorte que je fais à cette heure les dispositions du fourage de l'armée du Prince, car auparavant les escortes et les fourageurs sortaient sans savoir où se trouver, et allaient où ils le trouvaient à propos; j'avais prévû l'accident du pain, et les embarras que les blessés nous causeront; j'en avais mandé mes sentimens par écrit au Prince Eugène, à Mylord Duc et aux Députés, et je ne les ai pas laissé en repos tous ces jours-ci. Vegelin qui est à la place de Geldermalsen est parti là-dessus pour Bruxelles avec ordre de laisser ce qui reste de l'artillerie et de pourvoir les troupes du pain; en attendant les soldats souffrent extrêmement; ils désertent et beaucoup tombent malades."

Unter dem 9. Octbr. meldete Schulenburg, „daß die Belagerung langsam fortrücke, daß aber das außerordentliche Regenwetter die Zufuhren so erschwere, daß, obschon man mit der Sappe fortschreite und wenig Verlust erfahre, die Einnahme des Platzes sich doch noch bis Ende Octbr. verzögern könne."

Am 11. bemächtigte man sich des bedeckten Weges bei auf der Seite von Bertamont gelegenen Hornwerks. Zugleich hatte man bei der Attaque auf der Seite von Havré dieselben Fortschritte gemacht. Endlich entschied der Sturm, den man auf das Hornwerk von Bertamont mit Glück ausführte, die Uebergabe des Platzes, und am 21. Octbr. capitulirte Mons. Die Besatzung war von 3500 Mann auf 1600 herabgeschmolzen, und erhielt unter ihrem Gouverneur, General-Lieutenant Grimaldi, freien Abzug.

Während des Monats, den die Belagerung dauerte, blieb die französische Armee unter den Befehlen des Marschall von Boufflers zwischen le Quesnoi und Valenciennes aufgestellt, und obgleich die Feinde die Belagerungs-Armee wenig beunruhigten, so war man doch alliirterseits nicht ohne Besorgniß. Anfangs October hatte das Belagerungsheer des Herzogs v. Marlborough seine Stellung verändert, so daß er seinen linken Flügel an die Haine gegen Maurage (unterhalb Havré) zu, und seinen rechten an Estinnes lehnte, wodurch eine Lücke zwischen seinem Heer und dem des Prinzen Eugen entstand. Späterhin mochten beide Feldherren die Gefahr

dieser Stellung und jener Lücke, welche sich zwischen dem Be- 1709
lagerungs- und Beobachtungsheer befand, eingesehen haben, und unter dem 16. Octbr. schrieb Schulenburg, „daß beide Heere sich von Frameries bis nach Givri aufstellen, Front gegen Südwest machen sollten, und daß man auf diese Weise beabsichtige, das zur Belagerung bestimmte Corps gegen einen etwanigen Angriff zu sichern."

Schulenburg sagt hierüber unter dem 13. Octbr.: „**Depuis le mouvement que l'armée de Mylord Duc a fait en arrière pour sa sûreté, celle du Pce. Eugène est fort exposée; elle est campée sur une ligne fort étendue même pour s'approcher par là de celle de Mylord, qui est assez éloignée et separée par des ruisseaux, marais et ravines.**

Mylord Duc dit hièr „qu'il était en vérité surpris de ce que les ennemis ne tentaient rien du tout; ils devraient du moins contribuer en quelque manière pour que la guerre durât encore quelque tems, car ces Messieurs, en montrant sur les Députés, ne meritent pas mieux;" „c'est pour cela, lui dis-je, que l'on a aussi laissé échapper les Français à la retraite de Tannières; je comprenais parfaitement bien votre intention Mylord, et vous aurez vû et remarqué qu'à la fin de l'action les manoeuvres que je fis faire à l'aile droite, se trouvèrent très-conformes aux souhaits des deux chefs;" il m'embrassa en riant de bon coeur, et dit à Maffei[1]**) et à moi, avouez que les Français ont été heureux ce jour-là, aussi ces gens-là ne sont plus les mêmes, car ils auraient dû enlever vingt fois ce quartier de Quérignon, qui est éloigné de l'armée et couvert d'assez peu de troupes."**

Diese Aeußerungen sind nicht ohne Interesse in Bezug auf die Verhältnisse der damaligen Zeit; sie beweisen das große Vertrauen, welches der brittische Feldherr in Schulenburg setzte und deuten die geheime Unzufriedenheit an, welche gegen die holländischen Deputirten beim Herzog bestand, da wahrscheinlich nach des Herzogs Meinung der Sieg von Tannieres oder

---

1) Der Marquis Maffei war Gesandter des Herzogs von Savoyen am englischen Hofe.

1709 Malplaquet größere Resultate hervorgebracht hätte, wenn nicht Rücksichten gegen diese Deputirten verhindert hätten, ihn besser zu benutzen. Schulenburg ging in des Herzogs Ansichten ein, und deshalb erwiederte er „er habe der Feldherren Absichten errathen und hiernach mit dem rechten Flügel manövriren lassen."

Sobald als die Uebergabe von Mons erfolgt war, gingen die beiderseitigen Heere auseinander, und die alliirten Truppen wurden in Winterquartiere zwischen der französischen Grenze und der Maas verlegt. Das sächsische Subsidien-Corps bekam aller angewandten Mühe Schulenburgs ohnerachtet nicht seine Quartiere vereinigt an der Maas, sondern erhielt selbige in den Grenzplätzen Löwen, Mecheln und Oudenaerde in einzelnen Bataillonen. Schulenburg folgte den beiden Feldherren auf ihre Befehle nach dem Haag; er verblieb daselbst bis zu Ende des Jahres und begab sich sodann nach Dresden zurück, um diejenigen Angelegenheiten selbst zu betreiben, welche die Wiederherstellung und Vervollständigung des sächsischen Subsidien-Corps zum Zweck hatten. Bevor wir jedoch die Darstellung der Begebenheiten dieses merkwürdigen Jahres beschließen, müssen wir noch auf einen wichtigen Gegenstand zurückkommen, welcher dem König August vorzüglich am Herzen lag, nämlich dessen Wiederherstellung in der Regierung des Königreichs Polen.

Wir haben am Schluß des 16. Abschnitts in einer Beilage Kenntniß von dem Brief gegeben, welchen der König unter dem 1. Novbr. 1708 an den Herzog v. Marlborough richtete, und in welchem er unumwunden den Wunsch und die Absicht aussprach, seine Verzichtleistung auf den polnischen Thron, welche er im Tractat von Altranstädt geleistet hatte, als ungültig zu betrachten.

Die große Katastrophe, welche Carl XII. durch den Verlust der Schlacht bei Pultawa am 8. July 1709 erfahren hatte, machte allen Bedenklichkeiten des Königs ein Ende. Wir haben in einer Note zum 13. Abschnitt des Manifestes Erwähnung gethan, welches der König August schon am 8. August erließ, und in welchem er abermals Besitz von der Krone Polens nahm.

Wenn schon der König mit dem Czar Peter dem Großen 1708 über diese Maasregel und über den Einmarsch in Polen vollkommen einig war, denn wir sehen aus einem Privat-Schreiben des chursächsischen Geheimen Assistenz-Raths v. Stötterrogge (welcher dem König bis Guben gefolgt war) an den General Schulenburg d. d. Dresden vom 30. August (s. Beilage XXXI.) daß der russische Gesandte von der Lith auf eine peremtorische Weise in einem übergebenen P. M. auf die Rückkehr des Königs von Polen mit hinzugefügter Drohung gedrungen hatte, daß bei längerer Zögerung der Czar eine neue Königswahl ausschreiben lassen würde; so war dies doch keineswegs mit den übrigen europäischen Mächten, und vorzüglich mit den Seemächten der Fall.

Obgleich der König zwei Staatsmänner bei der Armee hatte, welche insbesondere mit der Leitung der politischen Angelegenheiten beauftragt waren, die General-Lieutenants Grafen von Wackerbarth und von Lagnasco, so vernachlässigte Schulenburg doch keine Gelegenheit seinen Herrn von den Aeußerungen zu unterrichten, welche der Herzog v. Marlborough in Folge des persönlichen Vertrauens, welches er Schulenburg bewieß, gegen selbigen machte. In einem Privatbericht an den König vom 18. Septbr. (s. Beilage XXXII.) gab er von den Ansichten sowohl des Herzogs als der holländischen Deputirten Kunde; ein anderer Bericht an den König vom 2. Octbr. betrifft denselben Gegenstand. Wir sehen aus diesen Schreiben, daß der Herzog sowohl als die holländischen Deputirten den König von Polen mit der größten Rücksicht behandelten, und weil sie dessen Vorliebe zur Wiedererlangung dieser Krone und seine Verbindungen mit dem Czar Peter I. kannten, diese Staaten nicht wagten, sich offen jenen Absichten und Verhältnissen zu widersetzen.

Ins Geheim waren jedoch sowohl England als Holland diesen Unternehmungen abgeneigt. Die erste Ursache und welche am nächsten lag war, daß alle Zwistigkeiten, welche zwischen Polen, Sachsen, Preußen und Dänemark mit Schweden statt fanden oder noch eintreten konnten, die Mittel dieser Staaten verminderten, durch Stellung von Subsidien-Truppen

1709 zum Zweck der großen Allianz mitzuwirken; die zweite Ursache ging aus dem Wunsch aller mächtigen Staaten hervor, das europäische Gleichgewicht im Norden aufrecht zu erhalten und Schweden weder von Rußland noch von Dänemark zu sehr geschwächt zu sehen.

Hierauf beziehen sich ohne Zweifel die öfters wiederholten Warnungen Schulenburgs:

„Mylord Duc est le plus fin et le plus rusé homme à son tems."

Uebrigens giebt uns der berühmte Schriftsteller der Denkwürdigkeiten des Herzogs von Marlborough, W. Coxe, im 5. Theil S. 223 ff., die bestimmtesten Aufschlüsse über die Ansichten des brittischen Cabinets und der General-Staaten über diese Frage, und vervollständigt die Andeutungen, welche die Schulenburgschen Berichte über diesen Gegenstand enthalten. Dieser Schriftsteller sagt: „daß das Gefühl für Recht und Unverletzlichkeit des Eigenthums, welches bisher in den Cabineten sich gegen den siegreichen Carl XII. geregt hatte, sich nun zu Gunsten des Besiegten aussprach. Man erklärte in Wien, im Haag und in London laut, daß man in keinem Fall zugeben würde, daß Schweden zu Grunde gehe. Der Herzog betrachtete diesen Entschluß als einen möglichen Anlaß zu einem Krieg im Norden, welcher die Verhältnisse im Westen stören müßte; mit gewohnter Umsicht rieth er zur Mäßigung."

„Wenn König August Truppen gegen Polen in Bewegung setzt, schrieb er an den damaligen englischen Premier-Minister Lord Godolphin, so können Sie überzeugt sein, daß er vorher mit Dänemark, Preußen und Rußland Rücksprache pflog; deshalb muß nach meiner Meinung die Königin jeden Beschluß, ehe sie ihn faßt, reiflich überlegen. Bedenken Sie, daß wir beim hiesigen Heere wenigstens 40,000 Mann haben, die jenen Fürsten gehören. Rufen diese ihre Truppen ab, so thun die Braunschweigschen und Hollsteinschen Häuser ein Gleiches, wodurch wir abermals 20,000 Mann verlieren. Ich brauche Ihnen nicht zu sagen, welcher Vortheil dies für Frankreich wäre. Heinzius (der Groß-Pensionär von Holland) hat mich schon aufgefordert, ihm meine Ansicht über diese

Gegenstand mitzutheilen; als erstes und vorzüglichstes Augen- 1709
merk empfahl ich ihm nichts zu thun, was diese Fürsten veranlassen könnte ihre Truppen vom verbündeten Heere abzurufen."

Als Beweis, wie vollständig die holländischen Staats-Beamten diese Ansichten theilten, und wie aufmerksam sie jeden Umstand beachteten, der hierauf Bezug haben konnte, dient eine Stelle in Schulenburgs Berichten. Er führt nämlich unter dem 27. Octbr. an, „daß, als bei Gelegenheit der Verhandlungen, welche über die Winterquartiere der sächsischen Truppen statt fanden, der General darauf bestand, daß selbige vereinigt an der Maas verlegt werden sollten, der Staats-Deputirte Goslinga ihn in Folge der zwischen ihnen obwaltenden Freundschaft inständigst ersuchte, ihm aufrichtig die wahre Ursache zu sagen, warum man sächsischer Seits auf diesen Antrag mit so vieler Beharrlichkeit bestehe, man müsse hierunter besondere Absichten und geheime Motive haben."

Die Besorgnisse Englands und Hollands, das Kriegsfeuer im nördlichen Deutschland ausbrechen zu sehen, gründete sich auf die Verbindungen, welche zwischen Rußland, Dänemark, Sachsen und Preußen, vorzüglich nach der Schlacht von Pultawa, fester geknüpft worden waren, und welche einen Angriff dieser Staaten gegen die Provinzen, welche Schweden in Deutschland besaß, besorgen ließen.

In Folge dessen hatte Dänemark Schweden den Krieg erklärt; hierauf schlossen der kaiserliche Hof und die beiden Seemächte unter dem 28. Novbr. und 24. Decbr. 1709 eine Neutralitäts-Convention, wodurch die schwedischen Staaten in Deutschland sicher gestellt wurden. Der König von Polen, in seiner Eigenschaft als Churfürst von Sachsen, nahm solche an, und selbige wurde durch eine neue Convention vom 4. August 1710, welcher der König von Preußen, die Churfürsten von Maynz, von der Pfalz und von Hannover, der Fürstbischoff von Münster, die Herzöge von Braunschweig und von Mecklenburg, und der Landgraf von Hessen-Cassel beitraten, vervollständigt. Es ist bekannt, daß diese Maasregeln jedoch die Feindseligkeiten gegen die schwedischen deutschen Provinzen nur bis zum Monat August 1711 vertagten.

Beilagen zum 20. Abschnitt.

Beilage XXXI.

Extrait d'une lettre de Mr. de Stötterrogge d. d. Dresde ce 30. Août 1709.

On se trouva à Guben dans un terrible embarras. Mr. de Lith, Ministre de Moscovie, demanda, lorsque tout était prêt à marcher, une conférence pour proposer, à ce qu'il disait, plusieurs points d'importance de la part du Czar son maître. Par préambule il disait avoir ordre de prétendre la main devant le Stadthalter dans cette conférence, et le bruit courait qu'entre les propositions à faire il y aurait que le Feldmaréchal n'entrerait pas en Pologne, ni qu'il y commanderait. Après un débat, qui dura plus de douze heures, sur la première demande, on convint à la fin, que M. Lith se désisterait de la conférence, mais qu'il ferait ses propositions en écrit, ce qui fut fait. Son mémoire consistait dans trois articles. Le premier fut, qu'après l'éclatante victoire remportée sur les Suédois, le Czar n'était pas peu surpris du retardement, que le Roi témoignait de revenir en Pologne et que si S. M. tardait un moment à s'y rendre, le Czar publierait une nouvelle élection. 2) que bien que S. M. Czar. eut promis de certains subsides, Elle n'en donnerait pas, les affaires ayant changé de face par la victoire remportée et par la défaite suédoise. 3) que S. M. Czar. se réservait une punition et satisfaction exemplaire contre tous ceux, qui avaient procuré l'arrêt et l'extradition de feu Patkul.

Beilage XXXII.

Extrait des rapports particuliers au Roi du Gen. Schulenburg d. d. 18. Septbre et 2. Octbre 1709.

du 18. de Septbre.

Mylord Duc se trouve très-embarrassé à ce qu'il parait des affaires du Nord; il me dit hièr d'assurer V. M. qu'il avait une très-haute estime pour la personne de V. M., que la suite justiferait son procédé et ferait voir sa sincère et bonne intention pour le service de V. M. mais que ni l'Angleterre, ni la Hollande ne verraient jamais tranquillement changer et renverser les affaires du Nord, qu'il y avait quantité d'innocens et de stupides, même dans les affaires de ces deux états, mais que ceux qui connaissaient l'intérêt commun de l'Europe, ne manqueraient pas d'ouvrir les yeux et alors V. M. connaîtrait qu' Elle s'était fait du mal, en ne pas empêchant le Czar, le Rois de Prusse et de Dannemarc de pousser les affaires trop loin; que l'on verrait par expérience, combien peu il y avait à compter sur ces deux dernieres Cours, surtout s'il fallait risquer la moindre chose.

Les députés m'ont chargé de dire à V. M. qu' Elle pourrait compter sur la Hollande sûrement, et qu' Elle y trouverait toujours de très-bonnes intentions pour son service, dont ils avaient donné déjà des marques depuis peu encore. Je mande à V. M. ce que l'on me dit; Elle est informée de la connexion et de la situation de ses affaires, de sorte que je suis très-persuadé qu' Elle ne perdra pas de tems ni d'occasion pour profiter du moindre jour, qui se pourrait présenter favorable pour ses intérêts.

du 2. d'Octbre.

Bien des gens qui prétendent se connaître aux affaires de l'Europe, veulent, que l'entrevue de V. M. avec le Czar et le Roi de Prusse pourra plutôt brouiller leur intérêt commun, que de le rendre plus uni et plus stable. On observera les démarches de V. M. de bien plus près que celles de tous les autres, car on Vous considère, Sire, comme le premier mobile de tout ce qui se fera du côté du Nord, considérant bien qu'ils trouveront plus d'un moyen, pour ébranler les Cours de Dannemarc et de Prusse. Les députés des Etats me dirent l'autre jour, que leur endroit sensible de ce côté-là était le Sund et qu'ils se mettaient peu en peine du reste, à quoi ils ajoutaient qu'ils ne voyaient pas ce qui pouvait empêcher V. M. de rendre la Pologne héréditaire dans sa maison. Mylord Duc, après avoir loué l'autre jour l'infanterie de V. M., me demanda qui aurait ordre de conclure de nouveau le traité avec lui, touchant les troupes de V. M. pour l'année prochaine? Je lui dis que je ne doutais point que le Cte. de Werthern et Lagnasco ne fussent chargés de cette commission; en attendant j'avertissais Mylord que V. M. cherchait le moyen d'augmenter son infanterie de plusieurs bataillons, sans doute pour assister en cas de besoin les alliés par là, n'en ayant pas besoin en Pologne. Mylord Duc est plus fin et plus rusé que l'on ne croit; il me semble que V. M. ne saura avoir assez de circonspection dans les situations des affaires présentes, vû que tout le monde tourne les yeux sur Elle, et qu'il ne manquera pas de gens qui seront prêts d'interpréter toute chose selon leur intérêt et l'exagéront comme il faut.

Einundzwanzigster Abschnitt.

1710.

Schulenburg begiebt sich im Januar nach Sachsen. — Von da aber über Hannover zur Armee. — Trifft im April im Haag ein. — sächsische Truppen-Corps wird mit zwei Bataillons verstärkt. — Belag. von Douay. — Nähere Angaben über selbige, sowie über die Bewe[illegible] der beiderseitigen Heere. — Scharfsinniges Urtheil Schulenburgs über Wahrscheinlichkeit, daß keine Hauptschlacht mehr vorfallen werde. — [illegible] die Belagerung von Douay. — Die alliirten Heerführer beabsichtigen [illegible] oder Hesdin anzugreifen. — Marschall Villars deckt diese Plätze durch Aufstellung zwischen den Quellen der Scarpe und Cauche. — Belag. von Bethune. — Der General Schulenburg commandirt die linke Atta[illegible] Nähere Angaben und Berichte an den König und an den Prinzen [illegible] über selbige. — Der französische Gouverneur unterhandelt abermals [illegible] zugsweise mit Schulenburg, so wie dies der Fall bei Tournay gewesen. — Merkwürdiger Bericht vom General an den König über eine Unterredung mit dem Herzog von Marlborough. — Urtheil Schulenburgs über Prinz Eugen und Herzog von Marlborough in einem Schreiben an [illegible] Königl. sächsischen Gesandten Grafen v. Werthern.

Ueber die Bewegungen bei Eröffnung des Feldzugs und der Belagerung [illegible] Douay, s.: Carte etc. p. Ferraris fol. 12. und Carte de France p. [illegible] sini fol. 5 und fol. 41. Ueber die Bewegungen in diesem Feldzug [illegible] der Belagerung von Bethune s.: Carte de France p. Cassini fol. [illegible] und fol. 41.

1710 Wir haben oben gesagt, daß Schulenburg sich nach Sachsen begeben hatte, um das den Seemächten überlassene [illegible] Corps zu vervollständigen. Nachdem er dieses in so weit [illegible] werkstelligt hatte, als es ihm möglich gewesen war, ging [illegible] Monat Februar über Hannover nach dem Haag ab, wo [illegible] er Ende März eintraf. Wir sehen aus einem Bericht an [illegible] König aus Hannover vom 27. Februar, daß er daselbst [illegible] den Schwierigkeiten Kenntniß erhielt, welche der König [illegible] Preußen in Betreff seiner Truppenstellungen in den Niederlanden machte, und weshalb der General Grumbkow über Hannover nach dem Haag geschickt wurde, um mit dem [illegible]

g v. Marlborough die Mittel in Erwägung zu ziehen, 1710
elche angewandt werden mußten, damit die preußischen Trup-
n länger bei der Armee verblieben. Eigentlich wünschte das
reußische Cabinet seine Truppen noch ferner den reichlichen
emden Sold genießen zu lassen, und war deshalb allen Frie-
ns-Anträgen abhold. Zugleich hatte aber dieser Hof die Ab-
cht, sich so viel Vortheile als möglich für diese Leistungen
t verschaffen. General Grumbkow war ein geschickter Unter-
ändler; er fand kein Bedenken den Herzog v. Marlborough
on den geheimen Triebfedern, welche auf das Berliner Cabinet
nwirkten, in Kenntniß zu setzen, und da England angelegent-
ch wünschte, das preußische Truppen-Corps bei den alliirten
Heeren zu erhalten, so wußte der Herzog es dahin einzuleiten,
aß dem preußischen Hof Englands Willfährigkeit über alle
Hauptfragen zugesagt wurde, die demselben am Herzen lagen,
nd selbiger hiermit Befriedigung über Gegenstände erhielt,
hne daß solche bei dieser Gelegenheit förmlich in Anregung ge-
racht worden wären.

Schulenburg war im Haag in dem Zeitpunkt eingetroffen, vo abermals Friedensunterhandlungen mit Frankreich durch den Hollstein-Gottorpschen Gesandten v. Pettekum angeknüpft vorden waren. In Folge dieser traten französische und holländische Bevollmächtigte in Gertruydenberg zusammen. Indeß scheiterte auch dieser Versuch, vorzüglich durch die Hartnäckigkeit des kaiserlichen Hofes, in die Abtretung irgend eines Theils der spanischen Monarchie zu Gunsten König Philipps einwilligen zu wollen.

Die Kriegs-Operationen nahmen demnach Ende April ihren Anfang, ohnerachtet die Friedens-Conferenzen ohne Erfolg bis Ende July dauerten.

Die Entwürfe Marlboroughs und des Prinzen Eugen waren für diesen Feldzug sehr weit aussehend; man beabsichtigte, ihn mit der Einnahme von Douay zu beginnen, sodann Arras und Cambray zu erobern, mit Hülfe einer Landungs-Operation an der Mündung der Somme bis Abbeville vorzuschreiten und sonach den ganzen Landesstrich zwi-

29*

1710 schen der Scarpe, der Somme und dem Meer einzuneh[men] und von hier aus das Herz von Frankreich zu bedrohen.

Das französische Heer hielt den Canal von Douay: Pont à Rasche bis Pont à Vendin besetzt, und deckte hiermit [das] rückwärts liegende Land zwischen der Deule und der Sc[arpe].

Die alliirte Armee, welche anfänglich 89 Bata[illone] und 112 Schwadronen stark war, wurde, wie im vergangen[en] Feldzug, in zwei abgesonderte Theile getrennt; der rechte F[lügel] unter dem Herzog v. Marlborough enthielt die Engländer, [Dä]nen, Holländer und etliche Bataillone Preußen; der linke [stand] unter dem Prinz Eugen und bestand aus den Kaiserlichen, [Ha]noveranern, 17 Bataillonen Holländern, und den Sachsen, w[el]che durch 2 Bataillone verstärkt worden waren, die der König [un]ter den Befehlen des General-Majors v. Seckendorff[1] [...]

1) Friedrich Heinrich v. Seckendorff war zu Königsber[g in] Franken am 16. July 1673 geboren; er machte seinen ersten [Feld]zug 1693 in Flandern als Volontair, trat erst in Sächsisch-Go[thaische] Dienste und sodann in Markgräflich-Ansbachsche; mit einem Re[giment] Infanterie in jenen Diensten machte er die Feldzüge in den Nieder[lan]den mit, und war Oberst, als der König August II. 1708 der [Be]lagerung von Lille beiwohnte. Hier machte der König dessen [Be]kanntschaft, und ließ bei seiner Abreise aus Flandern Vollmacht [an] Schulenburg zurück, um mit Seckendorff eine Capitulation abzu[schlie]ßen, durch welche er sowohl, als sein Regiment, aus Ansbac[hischen] in Chursächsische Dienste übergehen sollten. Diese Capitulation w[urde] im Frühjahr 1709 mit Genehmigung des Markgrafen in Dres[den] geschlossen; Seckendorff trat als General-Major ein, sein Regi[ment] erschien jedoch erst bei Eröffnung des Feldzugs von 1710 in Fland[ern]. Die weitern Ereignisse des Lebens dieses berühmten Mannes, [der] 1717 in Kaiserliche Dienste trat, sind hinreichend bekannt. Er [starb] im 91. Jahre seines Lebens auf seinem Gute Meuselwitz in [Sach]sen am 23. November 1763. Die Geschichte hat ihn mitunter hart [beur]theilt, wozu der König Friedrich II. durch seine Werke wesentlich [bei]getragen hat. Er scheint Fehler gehabt zu haben, welche hinderten, daß er sich, ohnerachtet seiner ausgezeichneten Talente, Freunde [er]warb. Schulenburg, als dessen Zeitgenosse, sagt in zwei zu [ver]schiedenen Zeiten geschriebenen Briefen über Seckendorffs Charakter Folgendes:

„Seckendorf est riche par lui-même, mais si intéressé, que s'il y voyait quelque profit, il n'en laisserait jamais échapper une si bo[nne]

arkgräflich-Ansbachschen Diensten in die seinigen übernom- 1710
n hatte.

Alle übrigen Truppen, nämlich 40 Bataillone und 50 hwadronen, welche den Winter über an der Maas in Quar- r gelegen hatten, wurden unter den Befehlen des General- utenants Dopf bei Soignies zusammengezogen, um dem ind nach der Seite von Valenciennes, le Quesnoi und Mau- uge Besorgnisse zu erregen.

Die ersten Waffenthaten bestanden in der wechselseitigen innahme von Montagne an der Schelde, welcher Posten ılezt den Alliirten blieb.

Das Hauptquartier der beiden alliirten Feldherren war bis ım 20. April noch in Tournay; das Heer jedoch mit der ronte gegen den Canal von Douay aufgestellt.

Am 21. setzte sich selbiges in Bewegung, worauf die ranzosen ohne Widerstand ihre Linien am Canal verließen nd sich auf einer Seite gegen Arras, auf der andern auf

---

occasion. Il a sans doute beaucoup de mérite, mais son avarice l'a toujours fait mépriser et haïr des honnêtes gens. Il n'y a guères d'injustice ni de cruauté qu'il n'ait exercée de tout tems aux depens des officiers et des régimens qu'il a commandés. Je l'ai fait entrer aux services de Saxe, et je suis cause que le Roi de Pologne a pris en Son service les trouppes d'Anspach dont j'ai fait la capitulation avec l'envoyé de ce Margrave. Dès que j'ai quitté le service de Saxe et que le Gal. Wilken a eu mon régiment des gardes, ces deux Messieurs, non obstant l'obligation qu'ils m'avaient, ont fait tout ce qu'ils ont pû, pour me poursuivre et pour trouver quelque chose contre moi soit par rapport aux troupes de Saxe que je commandais, soit par rapport au régiment qui était à moi, mais lorsque j'ai rencontré l'occasion j'en ai écrit une lettre à Seckendorf à laquelle il ne m'a jamais répondu et dont il ne se vantera pas."

Und unter dem 15. November 1737:

„Seckendorf et Schmettau peuvent passer pour d'habiles gens le dans metier de la guerre. Cependant toute l'habilité ne suffit pas, lorsqu'un mortel aura en vûe plus ses propres intérêts que le service. L'avarice est une peste qui ne s'arrête pas là, où elle commence; elle nous perd tôt ou tard." — „Seckendorf aura 600 m. écus, il est sans enfans etc. Est-il possible qu'un tel homme puisse jamais penser au moindre intérêt n'ayant plus besoin de rien?"

1710 das rechte Ufer der Scarpe zurückzogen. Hierauf wurde das Hauptquartier des Prinzen Eugen nach Vitry verlegt, das alliirte Heer folgte den Franzosen über die Scarpe, und die Posten Marchienne und St. Amand wurden ebenfalls vom Feinde verlassen.

Durch diese Bewegungen wurde die Einschließung von Douay und des Forts, de la Scarpe genannt, welches unterhalb derselben lag, vervollständigt.

Da aber die Franzosen das Schloß Wagnonville oder Ognouville, südöstlich von Douay, mit einiger Mannschaft besetzt hatten, welches durch das Geschütz der Festung und des Forts gedeckt wurde, so ertheilte der Prinz Eugen dem General Schulenburg Befehl, mit allen Piquets der Infanterie, 800 Commandirten und 500 Pferden nebst 8 Stück Geschütz das Schloß anzugreifen, welches auch denselben Tag, am 1. Mai, nach geringem Widerstand genommen wurde.

Douay ist eine Festung erster Größe und in der zweiten Linie der nordwestlichen Grenzkette der festen Plätze von Frankreich; sie wird durch die Scarpe in der Mitte durchströmt. Zur Vertheidigung der Ueberschwemmungsschleusen war unterhalb des Platzes unter dem Canonenbereich eines Hornwerks das Fort de la Scarpe, am Vereinigungspunkt des Flusses und des Canals von Douay angelegt. Die größte Stärke des Platzes beruhte auf diesem Fort, weil durch seinen Besitz es den Belagerern frei stand, die Ueberschwemmungen so hoch zu spannen, daß die Angriffspunkte der Festung unendlich beschränkt wurden. In der Festung lagen 17., im Fort 3. Bataillone, und die Besatzung war beiläufig 8000 Mann stark. Der General-Lieutenannt Marquis Albergotti war Gouverneur des Platzes.

Gegen Ende April war Douay eingeschlossen und berennt.

Das alliirte Heer zog sich von Pont d'Oubi über Flers und Blanque nach Escrechins, sodann nach Brevières an das linke Ufer der Scarpe; am rechten Ufer erstreckte es sich von Corbehen über Ferin und Vasiers bis an die Moräste von Sain, und von dort bis Lallain. Marlborough nahm

t Hauptquartier in Flines, Prinz Eugen das Seinige im 1710
hloß Arleux.

Nachdem die Preußen und die Hessen zum Heer gestoßen ren, bestand dessen Stärke aus 155 Bataillonen und 262 hwadronen. Zur Belagerung selbst wurden 40 Bataillone nmandirt [1]) und hiermit zwei Attaquen gebildet; die der rech- t befehligte der Königl. Preußische General Fürst von nhalt-Dessau, die der linken der Prinz von Nassau- ranien; der Erste nahm sein Hauptquartier im Schloß n Quincy, der Zweite im Schloß von Wagnouville oder gnouville. Der Angriff wurde auf der Nordwest-Seite, zwi- hen den Ergießungen des Canals und den des linken Ufers r obern Scarpe, beschlossen; beide Angriffe umfaßten die ront vom Thor von Escrechins bis zum Thor von Ocré.

In der Nacht vom 4. zum 5. May wurden die Laufgrä- en eröffnet, und am 9. traf der Zug des Belagerungsge- hützes, aus 200 Feuerschlünden bestehend, worunter 80 24Pfün- er, welches aus den Plätzen von Mons, Gent und Tournay ezogen worden war., vom letztern Orte aus beim Heere ein.

Da der General Schulenburg kein Commando bei der Belagerung hatte, so enthalten wir uns der Erwähnung aller äheren Umstände von selbiger. Sie schritt, da man die Parallelen in ziemlicher Entfernung von dem bedeckten Weg anzulegen angefangen hatte, langsam vorwärts; indeß hatten ich gegen den 21. May die Sappen bis zum bedeckten Weg des Hauptgrabens genahert.

Dies war der Zeitpunkt, in welchem der Marschall von Villars, der dieses Jahr so wie im vergangenen das fran- zösische Heer befehligte, sich entschloß, von Cambrai aus, wo er seine Truppen vereinigt hatte, einen Versuch zu wagen Douay zu entsetzen. Unter ihm standen die Marschälle von Berwick und von Montesquiou, und der baiersche Feld- marschall Graf Arco, derselbe dessen wir im Feldzug von 1703 in Schwaben mehremals Erwähnung gethan haben. Der

1) Unter diesen befanden sich bei der Attaque des Prinzen von Anhalt- Dessau 2 sächsische Bataillons, Wackerbarth und Ogilvy.

1710 französische Feldherr machte anfänglich einige Demonstration von seinem rechten Flügel aus, als habe er die Absicht zwischen der Schelde und der Scarpe den linken Flügel der alliirten Armee anzugreifen. Doch plötzlich marschirte er links auf Arras zu, ging oberhalb und unterhalb dieses Pla zwischen Avesnes und Athis über die Scarpe, und erschien a 30. May in der rechten Flanke der Alliirten bei Lens. Se Heer war dem der Alliirten an Stärke gleich.

Die alliirten Feldherrn hatten ihrerseits nichts v absäumt, um der französischen Armee Widerstand zu leis im Fall Villars gesonnen gewesen wäre, zum Ersatz von Dou eine Schlacht zu wagen. Es waren deshalb zwei Lager zeichnet worden, welche die Belagerung decken sollten, Franzosen mochten entweder von der Seite von Cambrai u Valenciennes oder von Arras und Lens her ihre Operation beginnen. Auf der ersten Seite lehnte sich das Lager rechts Arleux und links an die Ueberschwemmungen der untern Scarpe auf der andern stützte sich der linke Flügel an Vitry und d rechte an den Canal von Douay. Auf dem äußersten rech Flügel sollten 10 Regimenter Pfälzer den Posten von Pont Vendin vertheidigen. Da die Franzosen von der Seite vo Lens her anrückten, so wurde das letzte Lager gewählt, u beide Armeen, sowohl die des Prinzen Eugen, welcher de rechten Flügel commandirte, als die des Herzogs von Ma borough, der den linken befehligte, aufzunehmen. Vor dies Lager wurden Feldverschanzungen aufgeführt und mit sch rem Geschütz versehen. Prinz Eugen nahm sein Hauptquartier in Heninlieutard, Marlborough zu Escrinchins. Das französische Heer stellte sich mit seinem rechten Flügel bei Gravele auf u mit dem linken bei Avieu; in dieser Stellung blieben beide Heere sich gegenseitig beobachtend bis zum 4. Juny.

Der General Schulenburg führt in seinen Handschriften die Anecdote an, daß, als am 3. Juny der Marschall von Villars längs der Front seiner Armee mit seinem ganzen Generalstab einherritt, er einige alliirte Generäle bemerkte, welche durch eine Ueberschwemmung von der französischen Linie getrennt waren. Er ließ anfragen, ob er mit ihnen sprechen

›nne? und hierauf entspann sich ein Gespräch zwischen dem 1710
:rbprinzen von Hessen-Cassel und dem Prinzen
Bilhelm von Hessen mit dem Marschall. Dieser lud die
ürsten bei sich zur Tafel ein, hinzufügend „daß er ihnen das
anze französische Heer zeigen wolle." Die Feldherrn trennten
ch hierauf, nachdem Villars dem Prinzen Eugen seine Ver-
›rung hatte ausdrücken lassen. (Der Marschall von Villars
)ut selbst in seinem Leben 2. Theil S. 121. dieser Unterredung
Erwähnung.

Nachdem die beiden Heere vier Tage auf Kanonenschuß-Weite einander gegenüber gestanden hatten, zog sich Villars ine Stunde weit gegen Arras zurück; er lehnte seinen rech-en Flügel an die Scarpe, sein linker reichte bis gegen Lens, ein Centrum war in Thelache.

So bewährte sich das Urtheil, welches Schulenburg in einen Berichten unter dem 29. May aussprach, worinnen er agt: „Je parie cent contre dix que nous n'aurons pas d'ac-ion générale sur le terrain ce mois-ci, et c'est ce que nous onvient aussi, car raisonnablement on doit aller à son but, [q]ui est de prendre Douay, outre que l'on ne doit pas tou-ours se battre lorsque les ennemis le souhaitent, surtout [q]uand ils voudraient trouver leur ressource dans le désespoir; es armes, comme on a vû de tout tems, sont journalières et après tant de sang versé et tant de dépenses faites, il era plus sensé de finir ce procès sans hazard et le plus ûrement qu'il sera possible."

Wir haben oben gesagt, daß die Festung Douay auf er nordwestlichen Seite durch zwei Attaquen angegriffen wor-en sei. Die Haupteinfassung des Platzes war auf dieser Seite urch einen Vorgraben gedeckt; hinter diesem befanden sich zwei Tenailles, hinter deren jeder wieder zwei Ravelins lagen, welche unmittelbar den Hauptgraben schützten. Nachdem die Versuche der Franzosen, die Belagerung zu stören, fruchtlos abgelaufen waren, erneuerten die Belagerten ihre Anstrengun-gen. In der Nacht zum 7. vom 8. Juny wurden die Bresche-Batterien eröffnet, und in der zum 15. vom 16. hatte man ich am Rande des Vorgrabens festgesetzt. In diesem Zeitpunkt

1710 unternahm der Marschall von Villars einen neuen Versuch zum Entsatz; er ging vom linken auf das rechte Ufer der Scarpe, nahm Oisy ein und bedrohte den Posten von Arleux. Hierauf zog sich das Heer des Herzogs von Marlborough ebenfalls über diesen Fluß, lehnte sich links an Arleux und rechts an Vitry. Indeß rückte die Belagerung vorwärts; am 2[illegible] Juny wurde bei dem Angriff des Prinzen von Oranien der Sturm auf die hinter der Tenaille liegenden Raveline ausgeführt, in welchen es gelang sich zum Theil festzusetzen; am 24. wurden die zwei Raveline bei der Attaque rechts, welche der Prinz von Anhalt-Dessau befehligte, ebenfalls mit Sturm eingenommen. Dieser Sturm kostete 815 Todte und Blessirte; die zwei sächsischen Bataillone, Wackerbarth und Ogilvie zeichneten sich dabei sehr aus; er entschied die Uebergabe des Platzes, und der General-Lieutenant Albergotti capitulirte am 25. Juny. Die Alliirten besetzten den Platz am 29. Die Belagerung hatte ihnen 2142 Todte und 5865 Verwundete gekostet.

Einige Tage vorher hatte Villars die Hoffnung aufgegeben, Douay zu retten; er stellte sich daher mit seinem Heere bei Cambray auf, schickte den Ritter von Luxembourg mit 30 Bataillonen und 35 Schwadronen rechts gegen die Schelde, um Valenciennes zu sichern; der General-Lieutenant v. Broglio wurde links zur Deckung von Arras abgesandt, und stellte 35 Bataillone von Arras aus nordwärts längs dem Flüßchen Crinchon.

Sobald Douay eingenommen war, gaben die beiden alliirten Heerführer ihrem Heer einige Ruhe, und beschäftigten sich mit der Herstellung der Befestigungen der Stadt und Ebnung der Trancheen und Circumvallations-Linien.

Bevor wir indeß den weitern Operationen des Feldzugs folgen, sei es uns erlaubt Schulenburgs Urtheil über den Angriff und die Belagerung von Douay beizubringen. In seinem Bericht an den König vom 30. Juny äußert er sich folgendermaßen: „Après que l'on a vû le peu de fortifications qu'il y a de l'autre côté de la ville, et que l'on ne sauroit faire monter les inondations par-dessus la campagne, mais

bien l'ôter et donner de l'eau dans les fossés, à quoi on 1710
aurait pû trouver du remède, on convient que l'on aurait dû être maître de cette place même fort facilement en 15. jours, sans perdre pour cela plus de mille hommes; on aurait dû faire reconnaître toutes ces places frontières surtout celles que l'on voulait attaquer ce qui était facile, Tournay et Lisle étant si près."

„On s'est déterminé à l'égard des attaques de ce côté-ci avec beaucoup de facilité et fort cavalièrement sans se donner même la peine d'aller reconnaître le terrain et la véritable situation de la place, ensuite on a ouvert la tranchée à plus de 800 pas du chemin couvert et dans le journalier de la tranchée on aurait bien pû se passer de bien des détours de même que des assauts qui coutent bien cher."

Unter dem 5. July bemerkt Schulenburg noch nachträglich:

„La perte qu'on a faite au siège de Douay va à 8009 hommes y compris l'artillerie, les ingénieurs et mineurs. — Si la place avait été attaquée comme elle le devait être, elle n'aurait pas tenu 10. ou 12. jours tranchée ouverte, et à peine aurait-on perdu mille hommes."

Die Absicht der beiden alliirten Heerführer war, die Belagerung von Arras vorzunehmen; die Armee verließ daher Douay am 10. July und nahm die Aufstellung von Villers Brulin; diese Position liegt in der Mitte zwischen Arras und St. Paul, und hatte Bethûne und Lens im Rücken; sie hatte die obere Scarpe vor sich, und diese Bewegung hatte zum Zweck, die französische Armee in ihrer linken Flanke und am Ursprung jenes Flusses zu umgehen.

Der Marschall v. Villars beurtheilte schnell die Absicht der allirten Heerführer; er zögerte nicht sich mit der Hauptstärke seiner Armee unter die Kanonen von Arras zu stellen, woselbst er seinen linken Flügel anlehnte, die untere Scarpe in der Front. Durch diese Bewegung wurde die Einschließung jenes Platzes den Alliirten unmöglich; Prinz Eugen und der Herzog v. Marlborough entschlossen sich also zur Belagerung von Bethûne, welche Festung der französische Heerführer nebst Aire und St. Venant ihren eignen Kräften

1710 hatte überlassen müssen. Am 15. July wurden die beiden Generale der Infanterie, Schulenburg von Eugens Armee und Baron Fagel von Marlboroughs Armee, mit 27 Bataillonen und 20 Schwadronen beauftragt, zur Berennung von Bethüne abzumarschiren.

Dieser Platz liegt an dem Flüßchen Lave; er ist von mäßiger Ausdehnung; seine innere Befestigung bestand aus sechs Bastionen und einer Citadelle; als Vorwerke hatte er Contregarden mit Flanken, und zwischen selbigen gewöhnliche Halbmonde; überdem lagen vor allen niederen Fronten an- Vorgräben. Der Platz hatte 9000 Mann Besatzung und der Neffe des großen Vauban, der General-Lieutenant Düpuy Vauban, war Gouverneur desselben.

Sobald als diese Bewegung erfolgt war, näherten sich Eugen und Marlborough dem Belagerungs-Corps; Ersterer verlegte sein Hauptquartier nach Rebreuve; Marlboroughs Hauptquartier blieb in Villers-Brûlin.

Als der Marschall v. Villars Kunde von der Einschließung von Bethüne erhielt, unternahm er Bewegungen, um dem Platz zu Hülfe zu eilen, im Fall er vom König Erlaubniß erhalten würde, eine Schlacht zu wagen, oder wenn die Alliirten ihn in der gewählten Stellung angreifen würden. Aber auch in Voraussetzung, daß keiner von beiden Fällen eintreten sollte, war die Stellung so gewählt, daß sie allen weiteren Unternehmungen gegen das Innere der Picardie Schranken setzte.

Villars versetzte sein Hauptquartier nach Aveane le Comte; seine rechte zog sich nach Montenescour, die linke gegen Bettancourt; so stand er auf dem Höhenzug des Ursprungs der Scarpe und der Cauche, von welchen die eine nordöstlich, die andere nordwestlich fließt, und behauptete auf solche Weise den Schlüssel dieser Gegenden; er deckte hiermit Arras und Dourlens, so wie links Hesdin und Montreuil; unstreitig war die Wahl dieses Lagers eine der gelungensten Maßregeln in Villars Feldzügen.

Schulenburg sagt in seinen Berichten unter dem 10. August hierüber Folgendes:

„Les deux armées sont toujours dans la même situa- 1710
ion; la nôtre souffre beaucoup à cause du manque d'eau; celle des Français est tout à fait retranchée dans son camp. Il avait été resolû de faire le siège de Hesdin dès que celui-ci aurait été achevé, mais le Maréchal de Villars a traversé ce dessein en prenant le camp où il est. On prétend que notre armée aurait pû s'avancer et gagner à peu près le terrain du camp des ennemis au lieu de reculer vers Houdin, par où on aurait obligé le Maréchal de Villars de rester près d'Arras dans son retranchement; on aurait tout aussi bien de là couvert le siège et empêché les ennemis de faire des détachemens de leur armée pour nous incommoder leur ayant quasi coupé par là ou rendû très-difficile la communication avec leurs places comme St. Omer, Aire etc. et ils ne nous auraient plus empêché faire le siège de Hesdin qui nous aurait porté fort avant; mais apparemment il y a eu des raisons très-fortes qui nous ont obligés à ne pas faire cette démarche."

Die Laufgräben von Bethüne wurden durch den General Fagel in der Nacht vom 23. zum 24. July eröffnet; sein Angriff richtete sich gegen das Bollwerk von St. Ignaz und des Thors von Arras, auf den beiden Landstraßen, die von Lille und Arras in die Festung führen. Der General Schulenburg commandirte die Attaque links, welche auf das Schloß gerichtet war; und da er damit anfangen mußte, die Dämme zu durchstechen, welche die Ueberschwemmungen spannten, so eröffnete er seiner Seits die Laufgräben erst in der Nacht vom 27. zum 28. July. Er erhielt 14 Bataillone, unter welchen die 2 Bataillone sächsische Garde sich befanden, unter seine Befehle; nach den Diensttabellen bestand dies Corps aus 7244 Mann, wie aus der Beilage (s. Beilage XXXIII.) ersichtlich ist.

Die beiden Generale, denen der Auftrag geworden war, Bethüne einzunehmen, waren dahin einverstanden, daß der geeignetste Angriffspunkt des Platzes nach dem Thor von Arras zu sei, daß daher nur eine Attaque zu bilden und nur einer von ihnen selbige leiten solle; hierdurch wäre der Zweck

1710 mit geringerer Mühe und geringerem Kostenaufwand zu e[illegible] reichen.

Der Antrag hierzu wurde auch den beiden Oberfeldhe[illegible] gemacht, welche jedoch, wie Schulenburg berichtet, nicht dar[illegible] eingingen; die Ursache hiervon war, daß beide Heerführer [illegible] vorzügliches Vertrauen auf den sächsischen General setzten, [illegible] holländischen aber, weil er älter im Rang war und die [illegible] publik Rücksichten erforderte, nicht vor den Kopf stoßen [illegible] ten. Fagel erhielt daher eine eigne Attaque, und zwar [illegible] der Seite, welche man für den Angriff am passendsten hie[illegible] der Erfolg bewieß indeß, daß Schulenburgs Geschicklichkeit [illegible] Eifer größere Schwierigkeiten schneller als sein Nebenbuh[illegible] mit welchem er schon vor Tournay hatte wetteifern müs[illegible] zu überwinden wußte.

Unter dem 1. August schrieb Schulenburg „der Fluß [illegible] abgeleitet, und die Ueberschwemmungen größtentheils abge[illegible] sen; er habe bis jetzt die Belagerten müssen glauben mac[illegible] der Angriff solle gegen das Thor von St. Pol gerichtet w[illegible] den; seine Absicht sei aber gerade, auf das Schloß zuzugeh[illegible] dieses liege auf einer Höhe, gedeckt durch einen guten Ravel[illegible] vor welchem sich zwei Contregarden in Erdarbeit befände[illegible] überdem liege der bedeckte Weg mit einem breiten Wassergrab[illegible] noch vor."

Die Belagerungsarbeiten wurden am 31. July auf ei[illegible] paar Tage unterbrochen, weil Villars aus seinem verschan[illegible] ten Lager herausgerückt war und Marlborough, in [illegible] Voraussetzung angegriffen zu werden, so viel Truppen [illegible] möglich an sich gezogen und 12 Bataillone von dem Be[illegible] gerungsheer in Bereitschaft hatte stellen lassen. Schulenburg berichtete hierüber an den Prinzen Eugen: „er werde sein[illegible] Befehlen gemäß 6 Bataillone und 5 Schwadronen zum A[illegible] marsch bereit halten, müsse jedoch alle Belagerungsarbeit[illegible] einstellen, und erbitte sich als eine Gnade vom Prinz Eugen, wenn eine Schlacht vorfallen sollte, selbige an der Spitze der Infanterie des Prinzen mitmachen zu dürfen." Allein bei einer Recognoscirung, die der Herzog am 1. August vornahm, [illegible]

an, daß der Feind sich in seine Verschanzungen zurückge- 1710
gen hatte.

Am 6. fanden sich die beiden Heerführer im Hauptquarer Schulenburgs ein, speißten bei ihm, und waren bei der Erffnung des ersten Feuers, aus 3 Batterien von 36 24Pfünern, und 2 Batterien von 8 Mörsern und Haubitzen, gegenvärtig. Schulenburg berichtet, „daß man zugleich eine Contrearde, den Ravelin und die Umfassung der Citadelle selbst mit Bresche-Batterien beschossen habe; man erwartete, daß gegen en 11. und 12. des Monats die Breschen gangbar sein wüèen.“ Indeß verzögerte die eingetretene üble Witterung und ier Mangel an Faschinen, und an Leuten, um solche fortzuringen, einigermaßen die weiteren Fortschritte, so daß Schuenburg unter dem 17. schrieb: „on reste depuis 6 jours dans la nême situation, et pour ainsi dire les bras croisés; la raison est ju'on n'a pas eu les fascines ni des gens assez pour les transporer, outre qu'on doit ménager la munition.“ Die Kräfte, die dem General zu Gebote standen und mit welchen er seine Attaque führte, estanden nur aus 8000 Mann, von welchen 4500 den täglichen Tranchee-Dienst versahen; er fand sich hierdurch bewogen, den Herzog zur Sicherheit seines Lagers, welches ihm von der Seite von Aire und St. Venant bedroht schien, um 6 Bataillone Verstärkung zu bitten; in Folge dessen sandten ihm am 20. die Oberfeldherren 9 Bataillone und 20 Schwadronen unter dem englischen General-Lieutenant Raß zu, welche zwichen den beiden Attaquen ein Lager bezogen und unter Schuenburgs Befehl gestellt wurden.

In der Nacht vom 17. zum 18. wurde der Versuch gemacht 5 Brücken über den vordersten Wassergraben nach einer neuen Erfindung zu schlagen; es gelang mit 3 derselben, die zwei anderen aber mißriethen.

Am 20. August zwischen 5 und 6 Uhr früh wurde der Sturm mit 300 Grenadieren und eben so viel Füssilieren auf die Contrescarpe ausgeführt; er gelang vollständig. Bevor Schulenburg jedoch selbigen unternahm, holte er die Befehle der beiden Heerführer ein. Der Brief, den er deshalb unter dem 16. August an den Prinz Eugen richtete, verdient hier

1710 einen Platz, weil er die Hindernisse, die der General ... die mangelhaften Anstalten erfuhr, die bei der ... Armee bestanden, bestimmt andeutet, und das Verdienst ... lenburgs, die Festung, ohnerachtet er auf der schwierig... Seite angriff, zur Uebergabe gezwungen zu haben, noch ... heraushebt.

„Monseigneur, Je me donne l'honneur d'envoyer à V. A. la disposition que j'ai faite pour l'assaut de la contr... scarpe. Elle aura la bonté de m'ordonner ce qu' Elle ... vera à propos là-dessus, que je promets de suivre de p... en point; on est d'ailleurs à se regarder de part et d'au... on dirait en vérité qu'il y a trève entre Monsieur de V... ban et moi, mais comme ce siège-ci ne doit ni ne p... par conséquent aller autrement, car je manque de ... comme V. A. est suffisamment informée, je m'en dois ... soler étant persuadé que V. A. ne m'imputera pas le re... dement de la reddition de la ville, que j'aurais eu ... ou 18 jours de tranchée ouverte, si on m'avait fourni ... tems ce que j'ai demandé. Je suis etc."

Ueber die Erstürmung der Contrescarpe sagt Schuleir... in seinem Bericht Folgendes:

„Ce matin après que l'on a fait entrer dans la tranchée avant le jour les détachemens destinés pour l'assaut de la contrescarpe on l'a attaquée entre 5 et 6 heures; le premier détachement consista en 300 grenadiers et autant de fu... siliers, partagés en 3. corps commandés par le Colonel ... Lieutenant-Colonel Sacken et par le Major Comte de We... len; ceux-ci étaient suivis de 400. travailleurs command... par un Lieutenant-Colonel et un Major, après lesquels ... reserve consistant en 100. grenadiers et 300. fusiliers com... mandés par un Colonel, un Lieutenant-Colonel et un Major suivait de même que 400. travailleurs de réserve. Les en... nemis firent d'abord assez de resistance, mais on les chass... immédiatement après de la contrescarpe, dont on avait dessein de se rendre maître, et on s'est logé le long des palissades assez heureusement; les troupes ont fait fort bien leur devoir et le officiers se sont même fort distingués; on ne ...

imt encore le nombre des blessés et des morts, cela ira tou- 1710
jrs à 3. ou 400. hs."

Nachträglich sagt der General in demselben Bericht:

„L'assaut de la contrescarpe s'est donné avec beaucoup
rigueur, et quoique l'action fût fort hardie, vû que l'on
rait à passer les ponts sur un fossé extrêmement large et
ans avoir un logement de l'autre côté du dit fossé, on est
lé chasser les ennemis de la contrescarpe; nos gens les
nt poursuivis avec trop de vivacité n'ayant pas seulement
ettoyé la contrescarpe que l'on avait en vue à prendre, mais
s les ont poussés plus de 500. pas à droite et à gauche
ar-tout où les ennemis se tenaient encore derrière les traverses, par où nous avons perdû assez de monde, de dix
fficiers de l'Etat-Major il y en a eu sept de blessés, mais
as mortellement, il y a eu plusieurs capitaines et officiers
e tués et de blessés."

Zu der Zahl der am 17. August bei Schlagung der Brücken gebliebenen Officiere gehörte der verdienstvolle Oberstlieutenant v. Sacken von der sächsischen Fußgarde, und der Adjutant des Generals, Holsten. In einem zweiten Bericht an den König äußert Schulenburg seine Achtung für das Betragen der sächsischen Officiere und sein Bedauern über den Verlust der Ebengenannten folgendermaßen:

Devant Bethune, ce 20. Août 1710.

„Ce matin l'assaut s'est donné fort à propos et on a assez bien réussi; il y a eu bien jusqu'à 400. morts et blessés, parmi les derniers se trouve le Lieutenant Dageroth qui s'est fort distingué; il a sauté le premier avec deux grenadiers dans le chemin couvert; il y a encore d'autres officiers des troupes de V. M. commandés pour cet assaut comme Stogenthin etc., et je plains de tout mon cœur le Lieutenant-Colonel Sacken tué le 17me.; c'était un des braves et des bons officiers des troupes; Il y a encore le Capitaine Holsten mortellement blessé; Cronström m'avait donné cet officier en ami, il avait été 8. ans dans son régiment et auprès de lui, et c'est un des meilleurs officiers que l'on puisse trouver; je me servais de lui comme sous-adjudant,

1710 comme de Renard [1]) de Major de tranchée, dont il s'a-
quitte très-dignement; l'autre aura de la peine à échapp
dont je suis fort affligé, surtout ayant eu la blessure d
le moment qu'il allait faire exécuter les ordres, que je l
avais donnés.“

Es handelte sich nunmehr die Brücken über den Ha
Graben zu schlagen, um zu der Contregarde und dem Rav
welche zwischen der eingenommenen Contrescarpe und der
tadelle lagen, zu gelangen. Man urtheilte, daß, wenn er
erobert sein würden, letztere keinen Widerstand mehr wü
leisten können, weil die Bresche schon bedeutend vervollstän
war. Schulenburg schreibt:

„Les deux Princes vinrent voir cette attaque le 2
on est après pour combler le fossé de la contregarde et
passera celui du ravelin sur le pont secret; tout cela se
déjà fait si les ingénieurs n'avaient pas fait tant de déten
en occupant la place d'armes, qu'on a été obligé de renve
ser entièrement pour avoir de la place. Ces Messieu
continuent à traîner l'affaire, sans doute pour ne faire p
d'autres sièges que celui-ci pendant cette campagne.“

Der Uebergang über den Hauptgraben sollte in der Na
vom 28. zum 29. ausgeführt werden, und die Einnahme d
Ravelins sowohl als der Contregarde war nicht zu bezweif
als die Belagerten am 28. Abends die weiße Fahne auf d
Ravelin aussteckten und dem General Schulenburg drei Gei
zusandten.

---

1) Johann Baptist von Renard stammt aus Lyon in Frankr
und war 1680 geboren; er trat 1703 in chursächsische Militairdien
und war der Bruder einer französischen Geliebten des Königs, m
welcher er 1707 eine Tochter zeugte, die unter dem Namen der Gr
fin Orselska bekannt geworden ist, und welche 1730 an den Pr
zen Carl Ludwig von Hollstein-Beck vermählt, 1733 aber wie
geschieden wurde.

Renard durchschritt schnell die militairischen Grade, wurde 17
in den Reichsgrafenstand erhoben, am 19. August 1745 General der In
fanterie und starb zu Dresden am 14. Febr. 1746; seine Nachkomm
blühen noch in Preußisch-Schlesien.

Der General-Lieutenant Düpui-Vauban hatte sich selbst 1710
das Thor von St. Pol begeben, um mit dem General
hulenburg Rücksprache zu nehmen. Dieser stellte ihm vor,
ß, da drei Breschen den Werken beigebracht worden wären,
verbündeten Heerführer verlangten, daß sich die Franzosen
f Discretion ergeben sollten.

Während diesen Verhandlungen, von welchen der General
agel Kunde bekommen hatte, dessen Attaque gegenüber die
elagerten keine Chamade geschlagen hatten, verdoppelte dieser
n Feuer, in der Absicht, auch auf dieser Seite Capitulations-
rschläge und Geißeln zu erzwingen. Der französische Gou-
rneur sah sich genöthigt sich in die Forderungen des holländi-
ien Generals zu fügen. Der Märschall v. Quincy giebt
rüber in seiner Histoire militaire Vol. VI. pag. 352. nähere
nstände an, welche dem General Schulenburg zur Ehre
reichen.

Die Feindseligkeiten hörten denselben Abend auf, und die
iden alliirten Heerführer bewilligten der französischen Besatzung
eselbe Capitulation, welche die von Lille und Douay erhal-
n hatten.

Sie zog am 31. mit allen Kriegs-Ehren nach St. Omer
is. Der Verlust bei der Attaque des Generals Schulen-
rg betrug 15 bis 1600 Mann; bei dem Angriff des Gene-
ls Fagel nicht weniger, obgleich bei diesem kein Sturm statt-
funden hatte [1]).

Wir finden unter den uns zu Gebote stehenden Hand-
riften einige Angaben, welche in mehr als einer Rücksicht
r Mittheilung in diesen Denkwürdigkeiten werth scheinen,
id glauben selbige nach Bezeichnung ihres Inhalts in die Beila-
n (s. Beilagen XXXIV. 1. 2. 3.) aufnehmen zu dürfen.

Ein Theil derselben bezieht sich noch auf die näheren Um-

1) Nach den Diensttabellen betrug der Totalverlust an Todten und Blessirten bei der Schulenburgschen Attaque 1789 Mann; unter diesen büßten die 2 sächsischen Garde-Bataillons 170 Mann ein.

30 *

1710 stände der Belagerung, und giebt vorzüglich über die Hin[illegible] Aufklärung, welche von den holländischen Ingenieurs [illegible] gen, die aus Ursachen, die wir nicht zu beurtheilen im [illegible] sind, die Belagerung absichtlich zu verzögern schienen.

Der Bericht an den König vom 31. August [illegible] eine besondere Aufmerksamkeit (s. Beilage XXXIV. Wir finden hierin nicht allein die Verminderung des [illegible] des Herzogs v. Marlborough angedeutet, sonder[illegible] sehen daraus, daß dieser schon damals in dem Herzog Ormond seinen Nachfolger im Commando ahnete, wel[illegible] doch erst im Jahr 1712 nach des Herzogs vollständige[illegible] lassung diese Stelle erhielt.

Die Worte in diesem Schreiben „le piquet occup[illegible] que le reste" beziehen sich auf den Prinz Eugen, [illegible] überhaupt den menschlichen Schwächen eben so gut wie [illegible] cher berühmter Mann unserer Zeit unterlag, und die denje[illegible] die damals, wie man sich ausdrückt, hinter den Coulissen [illegible] ben, eben so wenig entgingen, als es bei unseren Zeitge[illegible] unter denselben Verhältnissen der Fall ist.

Wir besitzen noch ein sehr merkwürdiges Schreibe[illegible] jener Zeit, welches wir ebenfalls glauben mittheilen zu [illegible] sen, indem es das strenge Urtheil eines einsichtsvollen Ma[illegible] ausspricht, welcher die zwei berühmten Feldherrn mehrere [illegible] in der Nähe beobachtet hatte. Schulenburg richtete [illegible] Brief an den Grafen von Werthern, welcher chursäch[illegible] Gesandter am Reichstag in Regensburg war, der einen [illegible] Auftrag im Haag erhalten hatte. Wir erinnern uns, [illegible] Schulenburg mit diesem Minister in den freundschaftli[illegible] Verhältnissen stand. Letzterer hatte jenen unter dem 12. Se[illegible] 1709 um Auskunft über die Persönlichkeit zweier andere[illegible] scher Staatsmänner, welche sich im Hauptquartiere befa[illegible] und die zugleich politische Geschäfte bei den vereinigten [illegible] ten betrieben, ersucht. Der eine war der Graf Wackerba[illegible] chursächsischer Gesandter am kaiserlichen Hof und als Gen[illegible] lieutenant der Infanterie bei dem sächsischen Corps in [illegible] Niederlanden angestellt; der andere war der General-[illegible]

rnt der Cavallerie, Graf v. Lagnasco, welcher die drei 1710
Flandern sich befindenden sächsischen Cavallerie-Regimenter
ehligte.

Au camp devant Mons, ce 6. Octbr. 1709.

„Je vous dirai que les deux Généraux W. et L. sont encore
mais je ne crois pas qu'ils comptent de s'arrêter plus longtems
l'armée. Ils prétendent tous deux en savoir plus que ceux,
ec qui ils ont à négocier ce qui fait qu'ils croyent et di-
nt même de tenir bien des gens à leur disposition par le
uvoir qu'ils s'attribuent d'avoir sur leurs esprits; l'Empe-
ur, tout son Ministère, le Pce. Eugène ni Mylord Duc
sont pas exemptés de cela, mais j'avoue que jusqu'ici ils
en ont pas fait voir grand effet; ils sont d'ailleurs tous
eux fins et rusés et fort zélés comme je crois. Si W. avait
oins d'affectation et moins de feux d'artifice en tête, et qu'il
voulût exceller dans les deux professions, il irait loin;
lylord Duc ne saurait le souffrir. Le Pce. Eugène lui
eut du bien, vû que l'on lui fait faire à Vienne ce que
on veut; il dit au Roi d'avoir l'Empereur en poche, il est
rave homme, bon ami, mais il ne sait pas la guerre. L.
le secret et la confiance du Roi, ce qui fait qu'il travail-
era toujours avec le Ministre, avec lequel il sera, mais sous
nain il mandera les choses les plus secrètes à part au Roi,
t l'instruira des démarches de son collégue, qui a bien à
viter de faire connaître un penchant particulier pour un
ays plus que pour un autre; il a d'ailleurs de l'esprit, de
a pénétration, comprend bien, fort hardi, sachant vivre
e qui le rend fort entrant par tout, et comme il est parent
et ami avec tous ces Piémontois et Italiens, qui ne quittent pas Mylord Duc d'un pas, outre que le Duc de Savoye
sait donner à propos, il sait bien des choses par là; il est
assez débauché, n'a jamais ou rarement un sol, il est ici
avec quelque peu de chevaux et a gagné plus de 20m.
écus d'un côté pendant qu'il perd d'avantage avec quelques
autres. Mylord Duc est le plus fin et le plus rusé homme
de son tems; il me dit l'autre jour „vos deux Ministres ne
savent ce qu'ils veulent, ni connaissent-ils l'intérêt de leur

1716 maître.“ Le Pce. Eugène n'a autre marotte que de se la lorsque l'occasion s'en présente, veut que rien égale ce q le nom des Impériaux, ou tout doit plier les genoux; i d'ailleurs insensible à tout autre chose, aimant la petite bauche et la p . . . . . au de-là de tout; il dira aujourd'hui est un gueux, demain celui-ci ne laissera pas de lui dire ses timens aussi vifs et aussi nets que personne, il écoute et ne se fâche jamais, c'est le plus heureux naturel monde.“

Beilagen zum 21. Abschnitt.

Beilage XXXIII.

bleau du corps de trouppes employé au siège de Be-
une à l'attaque du Gen. d'Infanterie Bon. de Schulenburg le 23. Juillet 1710.

Brigadiers	Régimens	Nations	Hommes	Bataill.
Bonneval	Baden	Impériaux	555	1r.
	Fuchnen	Danois	445	2d.
	1. Bat. Garde Sax.	Saxons	430	3me.
	2. do. do.	Saxons	604	4 -
Sternfels	Wurtemberg	Wurtembergeois	576	5 -
	Exterde	Hessois	537	6 -
	Motz	Hessois	565	7 -
	Dönhoff	Hessois	538	8 -
Zobel	Efferen	Palatins	—	9 -
	Freudenberg	Palatins	516	10 -
	Sulzbach	Palatins	610	11 -
Landsberg	Evans	Anglais	539	12 -
	Stallmeister	Hanovriens	458	13 -
	Keppelfox	Hollandais	422	14 -
	Isebrandt	Hollandais	449	15 -
		Somme totale	7244	15. B.

Beilage XXXIV.

. Auszug aus einem Bericht des Generals Schulenburg vom 13. August 1710.

„Mrs. les directeurs de même que Mr. Des-Roques ont voulû prendre en partie occasion par là, vû qu'on ne les avait pas consultés beaucoup sur cette attaque-ci, d'embrouiller les affaires, et de proposer qu'on
aurait de la peine de soutenir cette attaque et qu'il vaudrait mieux de
a changer et de la prendre plus à la droite par la porte de St. Pol. Le
Général Schulenburg leur a repondu qu'il leur en laisserait l'exécution
étant sûr qu'ils ne reduiraient pas la place par là en deux mois de
tems, car le térrain est fort marécageux et là, où il faut conduire les
tranchées, fort étroit, outre que l'on y aurait à attaquer un bastion détaché, revêtu et entouré d'un chemin couvert fort specieux, pourvû d'une
flèche sur l'angle saillant; derrière ce bastion détaché on aura à passer
un avant-fossé, defendu par un bon chemin couvert pourvû de 3. flèches

sur les angles, outre cela il y a trois grands ouvrages et le bastio plus spacieux de toute la place que l'on aurait à prendre de ce cô- et qui, outre le fossé large et profond, se soutiennent et se défen les uns les autres fort bien; au lieu que l'on est du côté du chi où l'attaque se fait, avec une bonne parallèle sur l'avant-fossé. passage du fossé n'est defendu que de la contrescarpe et celle-ci d'elle-même, tout le front est fort étroit, les ouvrages sont ruiné battus en brèche, et les ennemis qui veulent défendre leur contresc ont fort peu de retraite, de sorte que l'on a fait voir à ces Mrs. veulent toujours continuer de même, c'est-à-dire, d'attaquer les p par l'endroit le plus fort et là où ils peuvent rencontrer le plus g front et demeurer 2. à 3. mois à achever un siège et avoir 8. à 9 hs. comme à Douay de tués et de blessés, de sorte que si on vou les croire et les laisser faire, on en aurait encore pour 3. à 4. se maines à cette attaque-ci et à leur mode pour le moins deux mois. A leur proposition a assez fait connaître qu'ils avaient des raisons d les ressorts étaient inconnus.

---

b. Auszug eines Privat-Schreibens an den Kö vom 13. August 1710.

Mrs. les Directeurs aussi ignorants que malitieux me traversent m'arrêtent par-tout où ils peuvent, et Mr. Des-Roques pour ne pas la voir trop clairement les fautes commises à Douay, serait bien aise q ce siège allât de même du moins à peu près. V. M. verra plus amp ment ce dessein par la ci-jointe relation.

---

c. Auszug aus einem Bericht des Generals vo 31. August 1710.

On se serait rendu maître de 10. à 12. jours plutôt de cette pla qui est sans contredit une de plus fortes de tout le pays, si on n'av pas manqué de munitions, que l'on eut eu un plus grand nombre d soldats, et que le projet de même que le travail n'eut pas été travers plusieurs fois, outre que le commandement des deux Généraux, qui été separé à cause du même caractère, n'a rien produit de bon, ce qu a fait prendre aussi les résolutions aux Etats généreux de ne jama plus envoyer deux personnes du même rang à un siège, mais d'en do ner toujours la commission à un seul.

Auszug eines Berichts an den König vom 31. August 1710.

V. M. verra plus amplement par la relation de quelle manière la lle de Bethune s'est rendue; je l'aurais emportée de dix jours plustôt, je n'avais pas manqué de plusieurs choses nécessaires et que l'on n'eut ché de me traverser par tout où on a pû, à quoi les ingénieurs ont ontribué beaucoup.

Les deux Princes sont embarrassés de ce qu'ils auront à faire le este de la campagne. Ils craignent de s'engager pendant l'arrière-saison ans un terrein bas et marécageux, ils voudraient pour cela choisir une lace d'un fond sec, mais il n'y en a point de cette nature là en ce ays-ci. Mylord Duc prend plus de soin que jamais de ne pas rester es bras croisés, mais encore plus de ne pas échouer, car les affaires 'embrouillent de plus en plus en Angleterre, de même qu'à l'armée où l se trouve beaucoup de personnes de poids du parti contraire à Mylord Duc. Il me dit avant-hier que selon les apparences tout se renverserait en Angleterre, qu'il ne comptait pas de revenir à l'armée, qu'on jetait les yeux sur le Duc d'Ormond pour le Général en chef, et que l'on verrait que l'argent manquerait et que la France profiterait de cette brouillerie. Le Duc d'Argyle est à la tête des mécontents de l'armée; il est jeune, vif et entreprenant; on a surtout Cadogan en vue que l'on veut perdre à quelque prix que ce soit. J'ai dit à Mylord Duc que le Pce. Eugène le pourrait assister et le soutenir plus que personne; ce qu'il me repondit ne marqua pas qu'il attendait un secours essentiel de ce côté-là, peut-être me puis-je tromper en cela. Le désordre continue d'ailleurs assez à l'armée et je vois peu de monde content; un chacun trouvant à redire que le piquet occupe plus que tout le reste et que l'on ne sort jamais de chez soi que pour aller dîner les uns avec les autres.

Zweiundzwanzigster Abschnitt.

1710.

Belagerung von Aire und St. Benant. — Ueberfall eines Convoi w[...] Lys mit Zufuhren für die Belagerung. — Nähere Angaben über d[...] lagerung von Aire. — Urtheil Schulenburgs über selbige. — Die Ar[...] gehen in die Winterquartiere. — Quartiere der sächsischen Truppe[n.] — Schulenburg begiebt sich im Decbr. nach dem Haag. — Nähere An[...] über die ersten Jugendjahre des Grafen Moritz, nachherigen Marsch[...] Sachsen. — Auszüge aus den Briefen seiner Mutter, der Gräfin A[...] von Königsmark, und Briefwechsel des Generals mit dem Grafen M[...]

1710 Die alliirten Heere setzten sich am 2. Septbr. in Be[we]gung, um Aire und St. Benant einzuschließen und zu be[...]rennen. Diese beiden Plätze lagen nördlich von Bethune, [...] sollten die Eroberung von St. Omer vorbereiten. Die Lieblings[-] Idee des brittischen Ministeriums war dazumal, so wie im [...] ersten französischen Revolutionskrieg, Frankreich seine nördli[ch]sten Festungen zu entziehen. Das englische Volk erinnerte sic[h,] daß Calais lange Jahre im Besitz Groß-Britanniens gewese[n] war, und nachdem dem Ehrgeiz Frankreichs Schranken gese[tzt] worden waren, so war der Krieg in England nur populär, i[n]sofern er Hoffnung gab, Eroberungen in diesen Gegenden zu machen. Deshalb hatte Marlborough von Anbeginn [des] Feldzugs Absichten auf Arras und Hesdin gehabt; erstere[r] Platz war durch die Stellung des französischen Heeres gedeckt, und ein Unternehmen auf letzteren schien zu gewagt, so lange Ypern, St. Omer, Aire und St. Benant sich noch in feind[-]lichen Händen befanden.

Prinz Eugen nahm sein Hauptquartier im Schloß von Blessy, Marlborough in der Abtey von St. André, und deckten auf diese Weise beide Belagerungen. Die Generale Fagel und Schulenburg rückten wieder beim Heere ein; [der] Prinz von Oranien wurde bestimmt, die Belagerung von

t. Venant zu führen, und der Fürst von Anhalt-1710
essau die von Aire; ersterer mit 20 Bataillonen, unter
Generallieutenants und 4 General-Majors, letzterer mit 40
ataillonen von 4 Generallieutenants und 8 General-Majors
fehligt.[1]) Der General Albemarle commandirte 40 Schwa-
onen, um die Belagerung von Aire zu decken.

Beide Festungen lagen an der Lys, und ihre Eroberung
leichterte alle Transporte nach Flandern und in die Picardie.
Dieser Fluß durchströmt beide Plätze.

Da Schulenburg während der Belagerung bei der Haupt-
rmee angestellt war, so liegt die nähere Erörterung außer un-
rm Bereich. Zur Vervollständigung der Geschichte jenes Feld-
ugs darf jedoch nicht unerwähnt bleiben, daß die Laufgräben
or St. Venant zwischen dem 17. und 18. Septbr. eröffnet
wurden, und daß der Platz am 29., nachdem es dem Prinzen
on Oranien gelungen war, den Lauf der Lys abzuleiten,
orzüglich, wie unsere Materialien sagen, aus Mangel an
Kugeln capitulirte; der französische Oberstlieutenant Sellves er-
ielt freien Abzug.

Die Laufgräben vor Aire wurden in der Nacht vom 10.
um 11. Septbr. eröffnet. Der Generallieutenannt Marquis
von Guebriant war Gouverneur des Platzes, in welchem 14

---

1) Die bei dieser Belagerung angestellten Generale waren folgende:

General-Lieutenants:

v. Ranzau	in Hannöverschen	Diensten.
v. Argyle	" Englischen	"
v. Bettendorf	" Churpfälzischen	"
v. Gersdorf	" Dänischen	"

General-Majors:

v. Grumbkow	in Preußischen	Diensten.
v. Bork	" desgl.	"
v. Sabin	" Englischen	"
v. Räbbers	" Preußischen	"
v. Rossel	" Englischen	"
v. Morrison	" desgl.	"
v. Sacken	" Hessischen	"
v. Efferen	" Churpfälzischen	"
v. Nassau-Woudenbourg	" Holländischen	"

1710 Bataillone Besatzung lagen. Der Fürst von Anhalt li[eß] zwei Attaquen bilden; die Attaque rechts umfaßte den Plaz [von] dem Thore von Arras bis zum Thor de Notre Dame, [die] Attaque links wurde auf dem rechten Ufer des Flusses Lys [an] dem Bach la Laquette oder Sernoy angelegt, und war auf [das] Schloß, welches zwischen der Bastion de Beaulieu und [der] Bastion verd liegt, gerichtet.

Nach drei Wochen wurde man jedoch genöthigt die[sen] Angriff aufzugeben, und man veränderte ihn in sofern, [daß] man ihn an die linke Flanke der rechts angelegten Att[aque] anschloß. Diese operirte wieder auf zwei verschiedenen Punk[ten] der Befestigung; rechts auf die Vorderwerke, welche die B[a]stion de Thiene, in der rechten Flanke des Hornwerks de No[tre] Dame gelegen, deckten, und links auf die Bastion d'Am[...] Die erste Bastion war durch einen rechts vor ihr liegenden R[a]velin, die Bastion links ebenfalls durch ein dergleichen Ra[velin] beschützt.

Ein merkwürdiger Unfall ereignete sich bei dieser Geleg[en]heit. Man erwartete eine Absendung von 40 starken Kähn[en,] welche Kriegs-Munition von Gent aus zur Belagerung [an] der Lys herbeischaffen sollten. Dies Convoi wurde, als es [sich] unter einer schwachen Cavallerie-Bedeckung bei dem Dor[fe] Vive-St. Elois, auf halbem Weg zwischen Deynse [und] Courtray befand, von 4000 Mann Franzosen, die unter [dem] Marschall Grafen v. Ravignan aus Ypern gerückt war[en,] nachdem dieses Corps unter Courtray an der Lys abwärts [mar]schirt war, bei jenem Dorfe angegriffen, die schwache Bedeckung zerstreut, der commandirende Oberst Ginkel Graf v. Ath[]lone gefangen und die Munition theils angezündet, theils [ins] Wasser versenkt. Eine nähere Beschreibung dieses Vorfalls [ist] in der Beilage (s. Beilage XXXV.) enthalten.

Wir vernehmen aus den Denkwürdigkeiten des Herzogs v. Marlborough, wie sehr dieser Feldherr über jene[n] Vorfall betroffen war, und dessen Geschichtsschreiber W. Co[xe] giebt ein Schreiben vom 22. Septbr. des Herzogs an seine Gemahlin, in welchem er offenherzig gesteht: „dieß sei das erstemal, daß er seit neun Feldzügen von den Vorfällen [...]

ten drei Tage wahrhaft niederschlagende Dinge zu berich- 1710
n habe."

Indeß scheint doch nicht alle Munition verloren gegangen
zu sein, und der Feind muß, vermuthlich aus Besorgniß überfallen zu werden, nicht Zeit gehabt haben Alles zu zerstören;
denn unter dem 28. Septbr. meldet Schulenburg: „man habe
noch einige Tausend Säcke Mehl, unverdorbenes Schießpulver,
Bomben und Kanonenkugeln gefunden, welche Vorräthe man
wieder gesammelt habe."

Wenn die Tagebücher des Generals Schulenburg uns nicht mehrere Nachrichten an die Hand gäben, welche die Belagerung von Aire betreffen, die insbesondere für die Kriegsgeschichte dieser Zeit und überhaupt für die Belagerungskunst von Interesse sind, so würden wir aus den oben angeführten Ursachen, nämlich daß dieser General bei der Belagerung kein Commando hatte, weiterer umständlicherer Angaben über selbige uns enthalten; allein in jener Beziehung glauben wir uns entschuldigt, wenn wir noch Folgendes beibringen.

Der General Schulenburg war stets der Meinung, daß die Attaque links zwischen der Lys und dem Bach Sernoy (Laquette) wegen des morastigen Grundes auf der ungünstigsten Seite angelegt war, und hatte bei der Attaque rechts stets den Angriff, welcher links von dem Thore von Arras längs der Straße, die von Bethüne kommt, auf die Bastion d'Arras gerichtet war, für den angemessensten gehalten. Gleichwohl machte die Belagerung auch auf diesem Punkt viel zu schaffen, weil die Belagerten sich mit vieler Hartnäckigkeit vertheidigten. Die Eroberung einer Redoute, auf der Straße von Bethüne gelegen, welche mehreremale angegriffen und am 5. Octbr. mit Sturm weggenommen wurde, kostete viel Menschen, und der preußische Major v. Dohna verlor hierbei durch eine Kanonenkugel den Kopf. Die Attaque rechts, gegen die Bastion de Thieno, welche durch das Hornwerk de Notre Dame in die rechte Flanke genommen wurde, fand vorzüglich viel Hindernisse wegen der Wässer, und es gelang den Belagerten, mehr als einmal, die Belagerer durch Ueberschwemmungen aus den Tranchéen zu vertreiben. Die Witterung wurde gegen Ende

Octobr. so schlecht, daß bei der alliirten Armee wegen S... rigkeit der Zufuhren die Lebensmittel zu mangeln an... Schulenburg bemerkt Ende October: „daß man die ... links bei dem Thor von Arras neun oder zehn Tage ... hen lassen, um die rechts in der Flanke des Hornw... verdoppeln; neue Schwierigkeiten wären dadurch veranlaß... den, daß man sich abermals gegen das Thor von Arr... wendet habe." Auf dieser Seite ordnete man am 31. ... einen Sturm auf die Contrescarpe an, welcher mißlang, wobei zwischen 3 oder 400 Mann eingebüßt wurden.

Am 5. Novbr. schien die Frage wegen der Uebergabe ... Platzes noch zweifelhaft; gegen Erwarten wurde aber d... November Abends, nach einer 57tägigen Belagerung, die ... made geschlagen.

In der Nacht vom 6. zum 7. November war nämlich ... Ravelin, welcher die Bastion von Arras in der linken F... deckte, mit Sturm genommen worden, und die Belagerer ... ten sich in selbigem fest. Uebrigens war in der linken Face ... ser Bastion, so wie in der rechten Face der Bastion de Th... und an der rechts daran stoßenden Courtine Bresche gelegt, ... die Alliirten beabsichtigten einen General-Sturm. Dies war... die Motive, welche den französischen Gouverneur des Platz... zur Capitulation veranlaßten.

Schulenburg schreibt hierüber:

„La chamade fut battue le 8me. du soir entre 6. et 7. heures, après 57. jours de tranchée ouverte; la place est forte par rapport à la situation; on aurait cependant pu ... gner les eaux plus facilement et on aurait toujours pu ... porter la place en trois semaines, si on s'y était pris comme il faut, surtout vers la porte d'Arras, qui est l'endroit le plus faible de toute la place, où elle n'ose tenir deux fois 24 heures, dès que l'on est maître de la contrescarpe; mais ceux qui ont été chargés de ce siège s'y sont pris d'une manière que le Marquis de Guebriant s'est acquis beaucoup de gloire et de réputation; il convient lui-même qu'il n'aurait jamais pû tenir au-delà de 3. à 4. semaines, si ...

ait attaqué comme il faut; sa garnison a consisté en 1700. hs., dont il a eu près de 3000. morts et blessés, ni lesquels se trouvent un Maréchal de camp et plusieurs onels; on a trouvé encore 24. pièces de canon en batterie le rempart, qui tiraient sur nos ouvrages; les ennemis ient fait des retranchemens derrière leurs brèches, mais ait peu de chose, outre que les bastions, que nous avons iqués, sont si petits, qu'on ne peut pas faire manoeuvrer dedans 50. hommes, et toute cette grande ligne ou coure est sans parapet à l'épreuve du canon. On perd bien notre côté entre 6. et 7000. hs. La garnison sort le 12me. sera conduite à St. Omer."

Die Besatzung von Aire erhielt, 3826 Mann stark, freien zug mit allen Kriegsehren nach St. Omer. Der Verlust Alliirten vor diesem Platz zweiter Ordnung war verhältniß-ßig sehr bedeutend. Nach officiellen Tabellen, die sich unter sern Handschriften befinden, büßten die 40 Bataillone, welche der Belagerung Theil nahmen, an der Attaque rechts 2741 ann, an der Attaque links 3827 Mann, zusammen 6568 ann an Todten und Blessirten ein; hierbei ist der Abgang Kranken nicht gerechnet.

Unmittelbar nach der Einnahme der Festung gingen die ere auseinander. Die Armee marschirte am 14. Novbr. ab d nahm nach den verschiedenen Nationen, aus welchen sie tand, ihre Winterquartiere: die Preußen zwischen dem ein und der Maas; die Pfälzer und die Kaiserlichen zwien der Lys und der Schelde; die Engländer und Holländer den Plätzen des Herzogthums Brabant; die sächsischen Trupn wurden folgendermaßen vertheilt:

In Löwen.

	Schwadronen	Bataillone
2 Regimenter Dragoner	8	—
2 Bataillone Garde	—	2
1 " Königin	—	1
Latus	8 Schwadr.	3 Bat.

1710

In Brüssel.

		Schwadronen	Bataillons
	Transport	8	3
1	Regiment Cürassiere	4	–
1	Bataillon Wackerbarth	—	1
2	„ Seckendorff	—	2
	In Mons.		
1	Bataillon Churprinz	—	1
1	„ Weißenfels	—	1
1	„ Fürstenberg	—	1
1	„ Golz (vorher Ogilvy)	—	1
	Zusammen	12 Schwadr.	10 B.

Wir haben am Ende des Feldzugs von 1708 in der Kürze eine Uebersicht desselben gegeben und das militairische Urtheil des Generals Schulenburg, welches wir aus dessen vorhandenen Papieren schöpften, hinzugefügt. Es sei uns erlaubt über die beiden folgenden Feldzüge von 1709 und 1710 eben-falls eine allgemeine Uebersicht nebst einigen Betrachtungen unsern Lesern vorzulegen, indem das Studium der Geschichte hauptsächlich dadurch Interesse und Nutzen gewährt, daß es dem denkenden Leser Haupt-Resultate vorträgt.

Wir haben gesehen, daß die zwei großen Feldherrn, Eu-gen und Marlborough, im Anfang des Feldzugs von 1709 den Marschall v. Villars mit der Besorgniß eines Angriffs in seinen Verschanzungen von la Bassée täuschten und daß durch einen Abmarsch links die Festung Tournay eingeschlossen wurde. Schon damals war Schulenburg der Meinung, Mons anzugreifen, um hierdurch festen Fuß zwi-schen der Schelde und der Maas zu gewinnen. Nach der Er-oberung von Tournay gelang auch diese Berennung durch ei-nen abermals höchst künstlichen Abmarsch zur Linken und Mons fiel am Ende des Feldzugs, nachdem es durch den blu-tigen Sieg von Malplaquet, welcher der Belagerung des Platzes voranging, theuer genug erkauft worden war. So schloß sich der Feldzug von 1709 durch die Einnahme zweier großer Waffenplätze, davon Tournay die Verbindung mit der

herte und die Offensive gegen das nördliche französische Flan- 1710
rn erleichterte, und Mons die Operationen der alliirten Ar-
ee für die folgenden Feldzüge in ihrer linken Flanke deckte.

Der Umstand, daß der Herzog v. Marlborough die Belagerung von Tournay vor der von Mons unternahm, bewieß schon damals die Tendenz des englischen Feldherrn, vorzugsweise zwischen der Schelde und der See zu operiren, sich letzterer zu nähern, um dadurch dem großbritannischen Staats-Interesse und der Meinung des englischen Volkes zu huldigen. Der Feldzug von 1710 bewährte diese Erfahrung; die Hauptarmee wurde bei Tournay zusammengezogen, und die Fronte dem französischen Heer, welches den Canal von Douay besetzt hielt, entgegengestellt; nur ein schwächeres Armee-Corps wurde an der Sambre zurückgelassen und hatte den Zweck, dem Feind Besorgnisse auf Valenciennes und Maubeuge zu geben. Hierauf erfolgte die Berennung von Douay ohne Schwierigkeit, indem der französische Heerführer lieber diese starke Festung ihrer eignen Vertheidigung überließ, als denjenigen Theil Frankreichs, der zwischen der Somme, der Scarpe und dem Meer liegt, einem feindlichen Einfall Preis zu geben. Douay fiel am 25. Juny im Angesicht des französischen Feldherrn, und die Bewegungen der alliirten Armee beweisen, daß man Anfangs July noch mit dem weitaussehenden Plan umging im Verlauf dieses Feldzugs Arras und Cambray zu erobern, um durch die Einnahme dieser Plätze den Mittelpunkt von Frankreich zu bedrohen. Der Marschall v. Villars vereitelte diese Hoffnungen durch die geschickte Stellung, die er zwischen den Quellen der Scarpe und der Cauche nahm, wodurch er Arras und Hesdin deckte. Diese Position nöthigte die Alliirten auf ihre früheren Absichten zu verzichten, und sich darauf zu beschränken, Bethüne, Aire und St. Venant zu belagern und einzunehmen. Diese zwischen der Lys und der Scarpe gelegenen Plätze setzten das nördliche französische Flandern, und vorzüglich St. Omer in Gefahr; und indem sie durch diese Ausdehnung gegen die See dem englischen Staats-Interesse hinfort schmeichelten und die Verbindung mit England erleichterten, so blieb durch diese Ausdehnung nach Nor-

1710 den die Basis der Operationen der allirten Armee, insofern selbige sich auf Deutschland und die Maas stützen sollte, gefährdet.

So wurde durch den Feldzug von 1710 eigentlich nur eine Diversion nach dem nördlichen französischen Flandern und der Picardie vorbereitet; der Plan aber, durch die Einnahme von Cambray und Arras die Hauptstadt Frankreichs selbst zu bedrohen, wurde aufgeschoben. Der scharfsinnige Verfasser des Aufsatzes Nr. 1. im 4. Heft der österreichschen militärischen Zeitschrift vom Jahre 1831. beweist bis zur höchsten Evidenz, daß der Krieg in den Niederlanden im englischen und holländischen Interesse geführt wurde, und daß Prinz Eugen, sobald als England 1712 von der großen Allianz abgefallen war und er mit deutschen Heeren deutsches Interesse zu vertreten hatte, nach klaren strategischen Ansichten beschloß, die Eroberungen jenseits der Schelde nicht zu verfolgen und den Kriegsschauplatz zwischen die Schelde und die Sambre zu verlegen. Leider waren in den vorhergehenden Feldzügen alle Kriegsvorräthe der Armee jenseits der Schelde aufgehäuft. Es ist bekannt, daß nach dem Gefecht bei Denain, am linken Ufer der Schelde gelegen, in welchem Villars das Corps auseinandersprengte, welches die rechte Flanke der Armee des Prinzen Eugen decken sollte, der Posten von Marchiennes an der Scarpe überwältigt und die Haupt-Niederlage aller Magazine hierdurch verloren ging. Der unglückliche Ausgang des Feldzugs war der unmittelbare Erfolg dieser Ereignisse, und die nothwendige Folge, daß die Bundesstaaten des Continents dem anscheinenden Vortheil Englands nachgegeben und auf die natürliche Grundlage ihrer militärischen Operationen verzichtet hatten.

Oesterreich, dessen militärische Kräfte im Anfang des vergangenen Jahrhunderts nicht so entwickelt waren als 80 Jahre später, welches seine Heere am Rhein, in Italien und in Spanien vertheilt hatte und aufs Höchste nur 20000 Mann Streiter bei der Armee in den Niederlanden zählte, war damals entschuldigt, dem Impulse Englands nachgegeben zu haben. Dieselben Gründe walteten aber im Anfang des französischen

Revolutionskrieges nicht ob., und dennoch scheiterte der Feldzug 1710
von 1793 durch den gewagten und unglücklichen Versuch, Dünkirchen zu erobern. So wahr ist es, daß die Erfahrungen der Väter den Enkeln nicht frommen!

Des Generals Schulenburg Hauptquartier kam nach Löwen, dem Mittelpunkt der sächsischen Postirungen; er selbst reiste jedoch im December, wie er schreibt, nach dem Haag, um daselbst die Angelegenheiten des sächsischen Subsidien-Corps, vorzüglich die Zahlung des rückständigen Solds und der Subsidien aller Art zu betreiben.

Bevor wir zur Erzählung der Ereignisse vom künftigen Jahre übergehen, sei es uns erlaubt noch eines Gegenstandes, der nicht ohne Interesse scheint, und welcher in das Jahr 1710 gehört, zu gedenken.

Wir haben schon im Jahre 1709 erwähnt, daß der König August seinen natürlichen Sohn Grafen Moritz von Sachsen nach den Niederlanden geschickt hatte, um sich unter dem General Schulenburg zum Kriegsdienste auszubilden. In Folge dieses Verhältnisses, und wahrscheinlich einer in Sachsen früher gemachten Bekanntschaft, stand der General im vertrauten Briefwechsel mit der Mutter des Grafen, der berühmten Gräfin Aurora von Königsmark, derselben, welche im Jahre 1702 den Auftrag annahm, sich ins Hauptquartier Carls XII. zu begeben, um diesen Monarchen zum Frieden mit August II. zu bewegen, ohnstreitig der edelsten und hochherzigsten aller Geliebten Königs August II. Wir haben zahlreiche Briefe der Gräfin vor uns, die das Gepräge der zärtlichsten Mutterliebe und der edelsten Gesinnungen tragen; und da wir glauben, daß nähere Angaben über die erste Jugendgeschichte eines der größten Männer seiner Zeit, unter welche späterhin der Marschall von Sachsen gehörte, von Interesse sein dürften, theilen wir selbige mit.

In einem der ersten Briefe der Gräfin an den General äußerte sie sich folgendermaßen:

Hambourg, ce 27. Février 1709.

„Ne veuillez point trouver mal Mr. qu'à la place de ces Konigsmark qui ne sont plus, je vous choisisse pour

31 *

1710 protecteur de ma famille; nous nous voyons deux ses sans parens et sans protection; et sans l'appui de quelque amis de votre mérite nous ne saurions nous rien promettre de cette faveur que nous trouvions autrefois." 1)

Der Graf von Sachsen machte den Feldzug von 17.. unter dem General Schulenburg. Der König hatte ihm ein seiner Geburt und seinen Jahren anständiges Gefolge gegeben: ein Holländer von Nation, Officier in sächsischen Diensten, Namens Stötterrogge, war sein Hofmeister. Der Graf Moritz stand in seinem 14. Jahre, und bezeigte wenig Neigung zu den Wissenschaften. Die Gräfin Königsmark schrieb unter dem 17. Juny 1709:

„Le Comte de Saxe est bien heureux Mr. de ce que vous avez la bonté de vouloir bien le retirer de sa grande négligence; je suis affligé d'ailleurs de ce qu'il montre si peu d'inclination pour les études."

Und später:

„Puisque son génie le porte plus à la guerre qu'aux études, ayez la bonté Mr. de lui faire enseigner la fortification et tout ce qui peut avoir du rapport à ce grand art."

Graf Moritz war bei der Belagerung von Tournay

---

1) Um den Werth dieser Worte zu verstehen, darf man dem Leser in Erinnerung bringen, daß die Grafen v. Königsmark aus einem ausgezeichneten Geschlechte aus dem Bremenschen stammten, daß der Großvater der Gräfin Johann Christoph Graf v. Königsmark einer der letzten Feldherrn aus der Schule Gustav Adolphs an der Spitze des schwedischen Heeres 1648 die Kleine-Seite von Prag mit Sturm einnahm, ihr Vater als General-Lieutenant in Holländischen Diensten 1673 vor Bonn blieb, ihr Oheim Otto Wilhelm als Feldmarschall in Diensten der Republik Venedig Morea und Athen eroberte und sein Leben 1688 in Negroponte beschloß, und daß endlich ihren Bruder Philipp Christoph, einen der ritterlichsten Männer seiner Zeit, 1694 das unglückliche Verhängniß traf, der Vermuthung nach, der Gemahlin des nachmaligen Königs Georg I. von England, (in der Geschichte unter dem Namen der Prinzessin von Ahlen bekannt) Neigung eingeflößt, und mit seinem Leben seine Erscheinung zur nächtlichen Stunde im Schloß von Hannover gebüßt zu haben.

:rnwärtig; als aber der General zur Schlacht von Malplaquet 1710
)rnarschirte, so ließ er ihn zurück.

Die Gräfin schreibt unter dem 30. Septbr. 1709:

„J'estime le petit favori fort heureux d'avoir pû commencer son apprentissage sous vos auspices; je vous rends ille grâces Mr. du soin que vous avez bien voulû prendre e lui, et je vois assez que vous avez songé à sa conservation, puisque vous ne l'avez pas voulû mener à la ataille.“

Nach dem Feldzug wurde der Graf anfänglich nach Brüssel gesandt, und die Absicht Schulenburgs war, ihn daselbst ı das Jesuiter-Collegium zu thun. Dies war jedoch ein Enthluß, den seine Mutter nicht billigte. So sehr auch die Anchten, welche die Gräfin in einem Schreiben an Schulenburg nter dem 29. Octbr. entwickelt, das Gepräge der Vorurtheile :agen, welche damals unter den Protestanten gegen die Jeuiten herrschten, so viel Theilnahme erweckt jedoch die rege Mutterliebe und die warme Anhänglichkeit an den lutherischen Glauben, der sich in selbigem ausspricht; wir glauben daher nseren Lesern kein unwillkommnes Geschenk mit dem Auszug)ieses Briefes zu machen.

Hambourg, ce 29. Octbr. 1709.

„Je suis persuadé Mr. que vos intentions pour l'éducation du jeune Maurice sont judicieuses et justes, et je m'y :apporterais aveuglément sachant bien que la négligence, ıvec laquelle il a été élevé jusqu' ici, demande un remède prompt et sûr. Mrs. les Jésuites sont d'assez habiles gens pour redresser ces sortes de défauts ayant la réputation de savoir s'accommoder aux génies sans leur faire de violence, sachant plaire, en instruisant. J'ai bien des fois pensé en moi-même que ce serait l'affaire de notre petit éveillé, dépravé; mais Mr. d'un autre côté j'ai songé à la religion qui courrait risque; et me voyant obligé en conscience d'éloigner le changement de religion autant qu'il sera en mon pouvoir, j'ose vous supplier Mr. de songer à un autre expédient. Le Roi ne s'est jamais encore expliqué sur le point de la religion du Comte de Saxe; je crois qu'il a

1710 peut-être voulû voir premièrement comment iraient les conjonctures et en quel pays il pourrait l'établir; il a seulement en attendant que je l'élève dans la religion luthérienne, il a été baptisé; je crains en le donnant aux Jésuites m'attirer le reproche d'avoir contribué moi-même à le rendre catholique. Si néanmoins on permettrait qu'il garde son informateur luthérien, que le Roi lui a donné lui-même, lui ayant fait assurer de rester dans son emploi lorsque le petit Comte partit, et si Mr. de Stötterrogge se résoud à d'entrer chez les Jésuites, qu'ils y soient ensemble bien logés, bien nourris, et que l'éducation en devienne effectivement meilleure, si le Roi le veut et le commande, il faudra bien que j'avale le calice; mais Mr. je suis sûr que vous en êtes le maître, le Roi s'en rapportera à vos sentimens, ayez donc pitié du Luthéranisme et faites les choses d'une manière qu'on ne touche point à la conscience, je vous abandonne le reste, imitant vos généreuses paroles que je voudrais être à la besace et voir que mon fils fût un jour bien élevé."

Die Vorstellungen der Gräfin gegen den Aufenthalt bei den Jesuiten in Brüssel scheinen ihren Erfolg nicht verfehlt zu haben, indem wir ein Schreiben des Grafen Moritz vom 29. Decbr. 1709 aus Utrecht datirt vor uns haben, welches beweist, daß sein Aufenthalt in Brüssel nur wenig Wochen gedauert haben kann. [1])

Der Graf von Sachsen machte den Feldzug von 1710 abermals bei der alliirten Armee in Flandern, und wohnte den Belagerungen von Douay, Bethüne und Aire bei. Schulenburg schreibt unter dem 13. August „daß der Hofmeister des Grafen in der Tranchee vor Bethüne verwundet worden ist" „le gouverneur du Comte de Saxe fut blessé à la tranchée

---

1) Aus dieser Zeit besitzen wir unter unsern Materialien eine eigenhändige Nachschrift eines Briefes des Königs an Schulenburg d. d. Dresden den 13. Novbr. 1709, worin es heißt: „Je serres bien aise si vous lesges Moriesse en quelque endrés ous ils peus eduder, et ... leui est tres necessere."

mais la balle a passé la joue et l'épaule sans casser aucun 1710
os; on espère qu'il n'est pas en danger d'en mourir."

Aus demselben Lager vor Bethüne äußert sich der General gegen die Gräfin:

„Je conviens avec vous Mme. que le Cte. Maurice est encore trop jeune pour être risqué dans une action générale, où le jugement est si nécessaire et quelquefois si rare; ne soyez point inquiète là-dessus et reposez-vous entièrement sur mes soins."

Ende des Feldzugs wurde der Graf abermals nach Utrecht gesandt, um daselbst seine wissenschaftliche Bildung zu vervollständigen. Sein Aufenthalt war jedoch nur von kurzer Dauer; ein königliches Rescript vom 3. Decbr. 1710, welches wir als Beleg (s. Beilage XXXVI.) beibringen, bestimmte dessen Rückkehr nach Sachsen. Ein Brief der Gräfin v. Königsmark aus Leipzig vom 26. Januar 1711 zeigt dessen Ankunft daselbst an. Die Gräfin schreibt:

„Je ne puis oublier Mr. les grandes obligations que je vous ai en mon particulier des soins pleins de bonté que vous avez bien voulû avoir pour lui pendant qu'il a eu l'honneur d'être avec vous en campagne."

Wenige Monate nachher erfolgte die förmliche Anerkennung des Grafen in seiner Eigenschaft als legitimirten Sohn des Königs.

Seine Mutter schreibt in diesem Bezug unter dem 10. May desselben Jahres:

„Le Roi a enfin reconnû le Comte de Saxe par une recognition signée de sa main à tous les colléges de Dresde, et communiqué au Conseil privé, au Conseil du cabinet et à la régence; il lui donne avec cela un Comté de dix mille écus de revenus; jugez Mr. combien j'ai eu de bonheur cette fois dans mon voyage de Dresde."

Wir bringen in einer Beilage (s. Beilage XXXVII. a. b. c.) die väterlichen Ermahnungen bei, welche der General für zweckmäßig hielt, dem jungen Grafen zu machen, sowie ein Schreiben des Letzteren, welches die Verehrung bezeigt, welche dieser für seinen Vorgesetzten empfand. Dieser Briefwech-

1710 sel beweist, wie würdig Schulenburg war, daß das aufkeim Genie eines Helden unter seine Leitung gestellt wurde.

Die ferneren Ereignisse in der Jugendgeschichte des Gra von Sachsen gehören nicht mehr hierher, weil Schulen keinen fernern Antheil an selbigen nahm [1]).

1) In der Lebensgeschichte des Marschall von Sachsen, w unter folgendem Titel:

Histoire de Maurice Comte de Saxe, Maréchal-Génér armées de France p. d'Espagnac. Paris 1775. édit. in 4.

erschienen ist, werden zwei Umstände aus dem frühern Leben de großen Feldherrn angeführt, welche mit unsern, aus Original geschöpften, Angaben in Widerspruch stehen. S. 3. wird ge „Graf Moritz habe im Anfang des Jahres 1708 Dresden h verlassen, und sei zu Fuß nach Flandern gegangen." Dies st schon mit dem Alter des Grafen in Widerspruch, welcher im jahr 1708 erst $11\frac{1}{2}$ Jahr alt, und daher, möchte man sagen, physisch unfähig war, einen dergleichen Versuch auszuführen. gens geben die umständlichen Nachrichten, die wir vom Feldzug und von der Gegenwart König Augusts II. bei der Belagerung Lille besitzen, nicht die geringste Andeutung, daß Graf Moritz gegenwärtig gewesen sey; wir sehen im Gegentheil aus dem angefü ten Schreiben sowohl der Gräfin v. Königsmark, als wie jenes ersteren Hofmeisters, des v. Stötterrogge, d. d. Hamburg 10. April 1709, wie schmerzhaft und unerwartet der Entschluß Königs der Gräfin war, ihren Sohn im Frühjahr 1709 den F zug in Flandern machen zu lassen; es heißt darin:

„**Jamais je ne me serais attendû à pareille resolution du Roi, La (Son Exc.) puis assurer que Mme. la Comtesse à qui ces lettres naient pendant que j'avais l'honneur d'être avec elle ce matin, dans une affliction inexprimable.**" Marschall d'Espagnac sagt fer S. 5. und 12.: „der Marschall von Sachsen habe der Schlacht Malplaquet beigewohnt." Dies ist ebenfalls ungegründet, wir haben aus dem oben angeführten Briefe vom 30. Septbr. 17 gesehen, daß dessen Mutter dem General Schulenburg dafür dan daß er den jungen Grafen, welcher dazumal noch nicht sein 13. J vollendet hatte, nicht mit sich in das Gefecht habe führen wollen.

Beilagen zum 22. Abschnitt.

Beilage XXXV.

Bericht des Generals über den Ueberfall des Munitionstransportes bei St. Elois vive am 19. September 1710.

Ce que l'on avait mandé touchant l'ammunition de guerre n'a été que trop vrai. Les ennemis sous les ordres du Cte. de Ravignan étaient sortis à 9. hs. du soir d'Ipres au nombre de 20. Compagnies de grenadiers, de 2. régiments de dragons à 150 hs. par Bataillons ce que l'on compte en tout 4m. hommes. Ce détachement était marché par le grand chemin d'Ipres à Courtray, où il défila le long de la place le matin sur les 9. heures. Le gouverneur de cette ville qui n'a que peu ou point de garnison, fit lever les ponts et ferma les portes et mit pour sa défense la bourgeoisie sous les armes. Les ennemis s'avancèrent le long de la rivière de la Lys jusqu'à St. Eloy vive, où ils rencontrèrent environ sur le midi le convoy qui devait être escorté par 400. chevaux, 2. bataillons et 600. hs. commandés, tirés des garnisons voisines; mais les 2. bataillons ne s'y trouvèrent point, ayant été commandés de là à quelqu' autre endroit. Le colonel Glakel se trouva commandant du convoy; dès que l'on fut en vue les uns des autres, chacun disposa les siens le mieux qu'il jugea à propos; les nôtres s'étaient postés derrière une espèce de marais. Toujours les ennemis se sont amusés jusqu'à 4. hs. après midi, avant que d'attaquer les nôtres, quoique si superieurs; à la fin ils ont envoyé deux cavalliers, qui faisaient semblant de deserter pour voir de quelle manière ces deux passeraient au travers de ce prétendu marais, ce qu'ils ont fait sans difficulté, sur quoi les ennemis sont venus aux mains avec les nôtres, qui se trouvant enveloppés de tout côté, furent pris, tués ou renversés dans l'eau. Il n'y a même guères d'échappés, si ce n'est quelque cavallerie, qui s'est retirée par Deynse. Les ennemis après avoir mis le feu aux bâteaux, chargés de poudre de deux canons et de toute sorte d'ammunition, qui ont brûlés et sautés en l'air de même que plusieurs maisons voisines; de là ils ont pris leur tour pour Rousselaer et le fort de Knocke de peur d'être coupés par de gros détachemens de notre armée, mais comme on n'avait détaché qu'un brigadier avec 600. hommes pour aller au-devant du convoy, celui-ci prenant par Rousselaer, sans savoir que les ennemis se trouvoient avec tout leur détachement dans cette ville, donna avec son avant-garde dans les postes des ennemis. Il trouva cependant le moyen, après avoir perdu 12. chevaux et 20. hommes, de se dégager et de revenir à l'armée sans autre accident, sans doute que les ennemis ne songeaient pas à le poursuivre; ils ont été dans l'appréhension d'être poursuivis eux-mê

Beilage XXXVI.

Schreiben des Generals Flemming an den General Schulenburg, d. d. Danzig, den 3. Decbr. 1…

ꝛc. ꝛc. Es haben Ihre Königl. Maj. mir allergnädigst zu erkennen gegeben, Ew. ꝛc. zu avertiren, welchergestalt Dero Befehl dahin ginge, daß der Graf Moritz unverzüglich aus Braband Sich wiederumb nacher Sachsen begeben solle. Als habe Ew. ꝛc. solches wissend machen wollen, damit Selbige die unverlängte Anstalt dermaßen verfügen mögen, daß erwehnter Graf des ehesten in Sachsen sein könne. Womit verharre ꝛc.

Beilage XXXVII.

a.

Schreiben des Grafen Moritz von Sachsen an den General Schulenburg.

Utrecht, ce 27. Dec. 17…

Monsieur.

J'ai l'honneur de vous féliciter sur ce renouvellement d'année et prie V. E. de me vouloir continuer sa puissante protection en excusant mes fautes et en voulant bien considérer que je suis dans une extrême jeunesse, qui ne me permet pas de donner des marques à V. E. de la très-parfaite reconnaissance, que j'aurai toute ma vie pour les bontés dont j'ai été si généreusement comblé. Je suis comme je le dois avec le plus profond respect

Monsieur etc. etc. etc.

Maurice.

b.

Briefe des Generals Schulenburg an den Grafen Moritz von Sachsen.

Creques, le 13me. Octobr. 171…

Je suis bien aise d'avoir appris par celle que vous m'avez fait l'honneur de m'écrire que vous êtes heureusement arrivé à Utrecht, où j'espère que vous tâcherez d'employer bien votre tems; le principal est d'entrer en vous-même et de considérer que vous serez misérable toute votre vie, si vous ne vous rendez pas habile et que vous ne tâchiez d'avoir bien plus de mérite qu'une infinité d'autres hommes; vous en savez les raisons aussi bien que moi, et vous comprenez bien que je vous parle en ami et sans aucune vue d'intérêt: à quoi j'ajouterai …

i vous négligez ce tems-ci, qui vous doit être si précieux et surtout et hiver de même que l'année prochaine, vous pourrez compter sûrement que vous ne ferez jamais plus rien qui vaille. Il vous faut deux choses ; la première est d'être honnête homme, ce qu'on ne saura jamais être si on ne craint Dieu, qui est la base de tout, alors vous avez le coeur bon et bien placé, vous êtes sincère en tout ce que vous dites et faites et vous n'avez garde de rendre jamais de mauvais service à personne. Le second est d'être habile, vous avez déjà vû le monde et vous n'ignorez pas combien de choses il faut pour être habile et homme de mérite ; commencez donc dès aujourd'hui à bien employer le tems et à vous proposer fermement de ne pas perdre un quart-d'heure sans profiter et sans apprendre quelque chose. Il n'y a rien de si horrible que d'être ignorant ; on a honte de soi-même et on enrage cent fois par jour et aussi souvent que l'on se trouve parmi le monde ; quel plaisir ou profit avez-vous de perdre à cette heure le tems sans rien apprendre ? Suivez mes bons avis et les conseils de vos bons amis et vous vous en trouverez bien, il est encore tems. Je suis etc. etc.

C.

Ce 24me. du Mars 1711.

Je vous remercie de l'honneur de votre souvenir et comme je prendrai toujours beaucoup de part en tout ce qui vous regarde. J'apprendrai avec bien du plaisir que vous soyez bien dans l'esprit du Roi, tout le reste se donnera, pourvû que vous songiez à former votre esprit et à régler votre coeur d'une manière, que l'on soit sans visions et sans chimères et l'autre rempli de vérité et de probité, à quoi il faudra ajouter l'application, sans laquelle on ne saura bien réussir en tout ce que l'on entreprend. Vous savez déjà et vous avez vû combien de savoir il nous faut pour se demêler en quelque manière des choses, dont on se trouve chargé. Il faut tant de choses pour être habile dans le monde et rien est plus horrible que d'être ignorant dans sa profession. Entrez donc en vous-même et profitez du tems, à quoi sert-il de s'amuser avec des bagatelles, ce qui ne peut jamais produire que de très-mauvais effet ? Je ne doute nullement aussi que vous ne vous appliquiez beaucoup plus que vous n'avez fait par le passé. Evitez sur-tout les mauvaises compagnies, qui ne font que gâter tous ceux qui donnent là-dedans et cela pour le reste de leurs jours. Fréquentez les gens d'honneur et ceux qui sont habiles et contractez des sentiments dignes d'un homme d'honneur, et tout cela doit être fondé sur la vraie crainte de Dieu, thue das so wirst Du schon bleiben.

Comme vous avez été avec moi, je souhaite au-delà de tout que vous soyez un jour homme de mérite et de distinction, ce qui ne dependra que de vous etc. etc.

Dreiundzwanzigster Abschnitt.

1711.

Verhältnisse, das sächsische Subsidien-Corps und Sendung des General-Majors v. Seckendorff nach Sachsen betreffend. — F. M. Ogilvy sächs. General-Lieutenant. — Flemming erhält das Commando über die sächsische Armee. — Schulenburg entschließt sich nur bedingungsweise im sächsischen Dienst zu bleiben, oder um seinen Abschied anzusuchen. — Entwickelung seiner Motive in einem als Beilage beigebrachten Schreiben an den General-Major von Seckendorff. — Erhält seine Entlassung vom König. — Schreiben desselben an den General. — Schilderung Königs August II. — Auszüge aus Schulenburgs Correspondenz mit dem Marschall Villars und General Dupuy-Vauban. — Bemerkungen welche sich auf W. Coxe's Geschichte der Denkwürdigkeiten des Herzogs v. Marlborough und auf das Theatrum Europaeum, als wichtige, zu vergleichende Hülfsquellen für das gegenwärtige Werk, beziehen.

1711 Wir haben am Schluß des vergangenen Abschnitts erzählt, daß der General Schulenburg sich im Königl. Dienst-Interesse nach dem Haag begeben hatte. Es handelte sich darum, die Verhältnisse zu erneuern und günstiger zu stellen, welche die Truppen betrafen, die sich im Sold der Seemächte befanden, sowie aus der Ferne Einfluß auf deren Vervollständigung von Sachsen und Polen aus, zu gewinnen. Zu diesem doppelten Zweck hatte der General Schulenburg schon Ende Septbr. den General-Major Seckendorff über den Haag nach Sachsen und Polen abgefertigt, um dem König unmittelbaren Vortrag über diese Angelegenheit zu erstatten und seine Befehle einzuholen. Wir haben die Instruction vor uns, welche Schulenburg dem General Seckendorff in dreifachem Bezug ertheilte, nämlich darüber was dieser bei den Generalstaaten, in Sachsen bei dem königlichen Ministerium, und endlich in Polen bei dem König selbst, zu betreiben hatte. Die vorzüglichsten Punkte in Holland betrafen die Auszahlung der rückständigen Subsidien und die Bestimmung von angemessenen

nterquartieren, als die Truppen im vorhergehenden Jahre 1711
alten hatten. Der General=Major v. Seckendorff wurde
ar angewiesen „den General=Staaten mit guter Manier zu
euten, wie der commandirende General bestimmten Befehl
e, im Verweigerungsfall mit dem Corps bis auf Einholung
derweitiger Befehle das alliirte Heer zu verlassen und sich
einem dritten Ort aufzustellen." Wir bringen die hierauf
züglichen königlichen Befehle in der Beilage (s. Beilage
XXVIII.) bei.

Da das sächsische Corps, dessen vollständiger Stand 10000
ann betragen sollte, nach Schulenburgs Berichten an den
önig vom 20. August und 14. Septbr. 1710 3000 Mann
r Vervollständigung gebrauchte, so erhielt General=Major
Seckendorff den Auftrag, die sächsischen obersten Staats=
ehörden zu veranlassen, wenigstens 1000 bis 1200 Mann in
achsen ausheben zu lassen, indem man die übrigen im Aus=
nd werben zu lassen versuchen wolle.

Bei dem König war vor Allem Seckendorff vorgeschrieben,
essen Befehle einzuholen, ob das Corps in Flandern bleiben,
der nach Sachsen marschiren sollte? Uebrigens wurden Sr.
Majestät nähere Vorschläge über die zu verbessernde Organi=
ation desselben gemacht. Bei dieser Gelegenheit erhielt die=
er General auch den Auftrag, um die Genehmhaltung des
Königs zur Sendung des Grafen von Sachsen nach
ltrecht nachzusuchen.

Die Frage, auf welche Weise das sächsische Truppen=Corps
m nächsten Frühjahr verwendet werden sollte, blieb fast den
ganzen Winter über unentschieden. Anfänglich handelte es sich
darum, daß die sächsischen Truppen, wenn ihnen anständigere
Winterquartiere, als sie in dem vergangenen Jahre gehabt hat=
ten, verweigert würden, die Armee verlassen sollten; später=
hin daß sie, um sich leichter und besser zu rekrutiren und zu
equipiren, nach Sachsen marschiren könnten; endlich aber ob
die Seemächte dieses Corps zu jener Armee stoßen lassen woll=
ten, welche im nördlichen Deutschland zusammen gezogen wurde,
um die Neutralität der schwedischen Staaten in Deutschland,
wie wir oben gesehen haben, zu sichern.

s représentations, et je trouve à propos de vous rép-
ue le Comte de Flemming étant plus ancien Général q
ous, et ayant du mérite, comme vous en convenez vo
ême, mon équité ne me permettait pas de hésiter à
onner le commandement de mes armées comme de ju
'ayant donc pû satisfaire votre ambition à cet égar
me reste d'autre moyen de contenter vos désirs, qu
ous fournissant les moyens de passer le reste de vos j
ans la tranquillité et le repos que vous souhaitez; pour
ffet je vous accorde très-volontiers la permission de qu
on service et au lieu de 10m. écus que le Général Seck
orf m'a dit qu'ils pourraient contribuer à l'agrément de vo
traite, je veux bien vous en accorder 12m. Mon En
traordinaire de Gersdorf a ordre de vous assigner
mme sur celle que les Puissances maritimes doivent
mes troupes. Je vous continuerai par-dessus cela
pointemens encore jusqu' au 1. du mois de Mai
pendant je prie Dieu qu'il vous ait en Sa Sainte
ne garde.

Auguste Roi.

Schulenburg erkannte mit Rührung und schuldiger D
'eit die gnädige Behandlung, die er vom König e
ne an Sr. Majestät gerichtete Antwort vom 4. April
Gesinnungen vollständig aus. Er bewahrte sein
n hindurch die höchste Verehrung für den König, und
ben, daß es hier am rechten Orte sei, die Schilder
bringen, welche er noch viele Jahre nachher von
archen entwarf.

In der öfters angeführten Denkschrift, welche Ge
lenburg im Jahre 1740 an Voltaire auf dessen Be
richtete, um ihm Erläuterungen über die Feldzüge
XII. zu geben, und welche in den Denkwürdigkeiten
kunst, Berlin 1817 erschienen sind, drückt sich der G
29 Jahre später, nachdem er die sächsischen Dienste
und 7 Jahre nach dem Tode des Königs, folgende
aus:

„Il est sûr que le Roi de Pologne Fréderic Auguste a 1711
un des plus accomplis monarques qu'on puisse imaginer, ant eu un jugement et discernement des plus justes, une :esse et force extraordinaire, fort laborieux et autant pliqué qu' aucun particulier puisse être pour faire fortune, :hant dissimuler et se posséder au-delà de ce qu'on pour-it croire si on ne l'a vû agir en différentes rencontres, :t capable de comprendre et d'être au fait de ce qui se ésentait sous ses yeux; aussi entendait-il toutes les par-:ularités de la guerre en général et en particulier, dessi-ınt même à cheval en perfection; il entendait parfaitement en toutes sortes des fortifications, encore les attaques et les :fenses des places, il savait très-bien dresser toutes sortes : dispositions et instructions nécessaires pour toutes les ·érations; il entendait l'artillerie à fond et même autant ıe ceux qui en faisaient profession et qui la dirigaient. n n'a qu'à jetter les yeux et refléchir de la manière que : grand Prince a agi pendant les 3. à 4. années dernières e sa vie, et quelle habilité il a fait voir au camp de Mühl-erg, où il fut surtout assisté du Général Renard, homme :ès-entendu et qui a été un des élevés du Maréchal Comte e Schulenburg et son aide-major pendant la dernière guerre ux Pais-bas."

„Comme aucun mortel ne saurait être sans défauts ici-ıas, ce grand Prince avait les siens."

Wie aufrichtig diese Ansichten waren, beweist Schulenburgs ertrauter Briefwechsel mit seinem Neffen, dem Königl. Preu-ßischen General-Lieutenant Adolph Friedrich Grafen v. d. Schulenburg. Bei Gelegenheit des Mühlberger Lagers chrieb er an Letzteren aus Venedig unter dem 30. Juny 1730:

„Le Roi de Pologne est peut-être l'unique Souverain qui soit capable de lui-même d'imaginer et d'exécuter tout ce qu'on voudrait entreprendre, soit le sérieux et le magni-fique ou le divertissement. Il serait à souhaiter, qu'il y eut plusieurs Monarques, Princes et Souverains de son génie, de son habilité et de sa magnificence."

Und unter dem 7. July 1730:

1711 „Il faudra convenir que le Roi de Pologne a peut-être autant de connaissance des affaires de guerre et sans doute plus que la plupart des Généraux d'aujourd'hui, étant en cela unique à imaginer, à régler et à disposer les choses le plus à propos pour ces sortes de spectacles, et ce qu'il y a de plus á admirer, c'est que ce Monarque est le premier mobile d'une affaire d'une si grande étendue, qui n'exige pas seulement un grand travail, mais encore une infinité de réglemens et de dispositions de détail, à quoi vient encore que tant de différens génies doivent être mis en état de bien exécuter ce qui leur a été commis."

Der General Flemming unterließ nicht dem ehemaligen Nebenbuhler eine goldene Brücke zu bauen, wie man sich auszudrücken pflegt. Wir geben oberwähnte Schreiben Schulenburgs an den König, und die Briefe Flemmings an den General, so wie dessen Antwort in den Beilagen (s. Beilage XLI. a. b. c.).

Schulenburg erhielt also seine Entlassung auf die Weise, wie er sie selbst sich erbeten hatte, und mit einer Gratification von 12,000 Thalern; zugleich wurde er angewiesen, das Commando über das sächsische Truppen-Corps dem General-Major Canitz zu übergeben, welcher bei dieser Gelegenheit zum General-Lieutenant befördert worden war. Späterhin trat der General-Lieutenant v. Wilken aus Hessen-Casselschen Diensten in chursächsische und stand während des Feldzugs von 1711 an der Spitze des sächsischen Subsidien-Corps.

Hiermit war also die kriegerische Laufbahn Schulenburgs im sächsischen Dienste, in welchem er neun Jahre gestanden hatte, beschlossen, und es trat einer der ausgezeichnetsten Schüler Eugens und Marlboroughs vom Kriegsschauplatze in Flandern ab. Die Erzählung der vergangenen Ereignisse hat hinreichend beurkundet, welche Hochachtung diese beiden großen Männer Schulenburg schenkten. Nachträglich glauben wir auch noch Angaben beibringen zu müssen, welche die Achtung der feindlichen Generäle für ihn bezeugen.

Die Umstände hatten den General veranlaßt, den commandirenden französischen Feldherrn, Marschall von Villars, schriftlich zu ersuchen, ihm einen Paß, damit er verschiedene 1711 Städte in den Niederlanden besuchen könne, ohne Gefahr von französischen Partheien aufgefangen zu werden, zu ertheilen. Dieser Brief giebt einiges Licht über die frühern Dienste, welche Schulenburg in Italien, als der Herzog von Savoyen mit den Franzosen alliirt war, geleistet hatte. Er sagt darin:

„Je reviens à la charge et vous prie très-humblement de vouloir bien m'accorder un passeport; je vous assure en homme d'honneur que je n'ai d'autre vue, si non que je contrefais quelquefois le jeune homme; il me semble que je pourrais avoir encore quelque bénéfice préferablement aux autres, ayant eu l'honneur d'être des votres à Chiari, et qu' une de mes compagnies de grenadiers vous a rendu d'assez bon service lorsque vous veniez à l'armée d'Italie, et que Merci attaqua votre escorte; outre que ces Messieurs de Tournay et de Bethune, où j'ai eu des attaques, n'auront pas à se plaindre de moi; bien au contraire j'ai tâché de leur rendre tous les services dont j'ai pû être capable."

Die Stelle, welche sich auf den Angriff bezieht, den Villars in Italien erlitten hatte, findet sich in der französischen Lebensbeschreibung desselben, welche in vier Octav-Bänden 1784 in Paris erschienen ist, im 1. Theil S. 98. aufgeklärt, indem der Marschall v. Villars mit seiner gewöhnlichen Großsprecherei erzählt „er sey vom General Mercy, als er im Begriff stand sich zu der Armee zu verfügen, angegriffen worden, habe sich selbst an die Spitze seiner Escorte gestellt, und sobald man ihn erkannt habe, hätten die Truppen ausgerufen: „c'est notre Général que Dieu nous a envoyé."

Der Marschall v. Villars antwortete unter dem 22. Septbr. hierauf folgendermaßen:

„Je vous supplie d'être bien persuadé que s'il eut été en mon pouvoir de vous accorder le passe-port que vous demandez, sans être honoré pour cela des ordres de S. M. que j'ai demandés, je ne les aurais pas attendus, mais puisque je vois Monsieur, que vous voulez faire le jeune homme avec les Dames de Flandre, je suis persuadé qu'elles vous

32*

1711 demanderont assez de voyages, et qu'elles pour quelqu'u.. nos partis puissent nous soulager d'un ennemi dangereux, .. vous amener passer l'hiver à Paris, où en attendant la paix .. tâchera de vous divertir."

Als hierauf Schulenburg seine Entlassung erhalten .. dies dem Marschall v. Villars mit Wiederholung der .. anzeigte „er möge ihm einen Paß zusenden," antwortete .. ter unter dem 25. May 1711 in Folgendem:

„Je suis bien aise d'apprendre par la lettre que .. me faites l'honneur de m'écrire que vous quittez le servi.. de nos ennemis, et vous croyez bien que je ne vous ref.. serai pas les facilités que vous desirez pour sortir de le.. armée; il me serait plus difficile de vous en accorder p.. y revenir par l'estime avec laquelle je suis etc."

Und unter dem 2. July. 1711:

„J'ai peine à croire que vous le deveniez (oisif) comm.. vous me faites l'honneur de me le mander, et que .. n'ayez plus qu'à lire les gazettes; on ne laisse point d.. l'oisiveté un homme de mérite reconnû comme le votre .. je pourrais répéter le passeport que vous m'avez demand.. sur ce pied-là."

Auch der tapfere Vertheidiger von Lille und Bethün.. General-Lieutenant Düpui-Vauban, zollte die höchste A.. tung dem Feind, dem er gegenüber gestanden, und welchem .. die von ihm vertheidigte Festung hatte übergeben müssen. A.. einen höchst sonderbaren und ungewöhnlichen Antrag, welch.. Schulenburg während der Belagerung von Bethüne an Va.. ban gemacht hatte, sich Abends ins Geheim bei den Vorpost.. zu sprechen, um über die Uebergabe des Platzes zu unterha.. deln, antwortete Letzterer folgendermaßen:

„Je reçois dans ce moment par votre tambour la lettre que vous me faites l'honneur de m'écrire de ce jour. Je suis aussi sensible que je dois l'être à votre honnêteté surtout à l'égard de la situation du siège de cette place, laquelle n'est pas encore au point de me trouver prêt d'écouter des propositions prématurées; je veux mériter l'honneur de votre estime et tout ce qui compose ma garnison; aussi je serais très-..

'avoir celui de vous voir pour l'entrevue que vous voulez 1711
ien me proposer; mais il n'est pas d'exemple qu'un gouverneur assiégé sorte de sa place pour en avoir une avec un énéral qui l'assiège, règle qui serait contraire à ce que je ois au Roi mon maître, et ce que je me dois à moi-même; ela à part. — Je souhaite véritablement d'avoir des occaions de vous prouver combien j'estime l'honneur d'être trèsparfaitement etc."

Als es sich darum handelte, daß Vauban Pässe von der alliirten Armee erwartete, um sich sicher nach Paris begeben zu können, schrieb er an Schulenburg aus Arras unter dem 8. Novbr. 1710,

„Vous nous avez fort alarmé Mme. de Vauban et moi; on nous avait dit que vous aviez été blessé dangereusement et que vous étiez mort même; je vous assure que nous en étions véritablement fâchés et que nous sommes très-aises que cette nouvelle se soit trouvée fausse, vous estimant et nous intéressant comme nous faisons très-véritablement à vous; elle me prie de vous faire de sa part mille très-humbles complimens."

Es wird der Aufmerksamkeit des Lesers nicht entgangen sein, daß wir während des Verlaufs der Feldzüge von 1708, 1709 und 1710 mehrmals Wilhelm Coxe's Denkwürdigkeiten des Herzogs v. Marlborough angeführt haben, so wie das Theatrum Europaeum bei Gelegenheit der Belagerung von Lille und einiger anderer Festungen in den Niederlanden. Obgleich unser Beifall nicht Gewicht genug hat, um Werken von anerkanntem Verdienst noch mehr Achtung zu verschaffen, so glauben wir doch nicht umhin zu können zu bemerken, wie häufig unsere Materialien mit den Angaben von Coxe, welche er aus den nachgelassenen Papieren des Herzogs v. Marlborough genommen hatte, übereinstimmen. Dies scheint uns zu beweisen, wie gut Schulenburg unterrichtet, wie treffend sein Urtheil, und welches Vertrauen er von Seiten der Heerführer, und vorzüglich des berühmten Herzogs, genoß. Das vortreffliche Werk von W. Coxe ist, unserer geringen Meinung nach,

1711 als die vollständigste Biographie anzusehen, welche jemals erschienen ist.

Coxe erwähnt Schulenburgs öfters, namentlich bei der Belagerung von Tournay, der Schlacht von Malplaquet und der Belagerung von Bethüne. Indeß fällt er einige in Irrthum in Bezug auf denselben; öfters nennt er ihn General-Lieutenant, während er in diesen drei Feldzügen immer als General der Infanterie bei der Armee des Prinzen Eugen diente und in den zwei letzten als erster Unterfeld- in diesem Heere das ganze Fußvolk befehligte.

In der Schlachtordnung von 1709, welche als Beilage zum 5. Theil zugefügt ist, wird unser Schulenburg „Achaz" genannt, da doch dessen Taufname Johann Mathias war. Dies ist eine Verwechselung mit dem Königl. Preußischen General-Lieutenant dieses Namens, welcher nur als Königl. Preußischer Oberster jene Feldzüge in Flandern mitmachte. Auch wird in derselben Schlachtordnung unter den General-Lieutenants des Heers des Herzogs v. Marlborough ein Graf von Schulenburg aufgeführt; dies war Alexander, ein braunschweigscher General-Lieutenant, welcher aber nicht Graf war; derselbe, der sich vor der Schlacht von Oudenarde durch einen glücklichen Angriff auf die Arrière-Garde der Franzosen auszeichnete [1]).

1) Uebrigens gaben die Feldzüge in den Niederlanden, sowie der ganze spanische Erbfolgekrieg zahlreichen Mitgliedern des Schulenburgischen Geschlechts Gelegenheit, sich im Handwerk der Waffen zu üben und hervorzuthun. Es sei uns erlaubt, selbige hier namentlich anzuführen.

1. Der Feldherr, dessen Denkwürdigkeiten der Gegenstand gegenwärtigen Werkes ist, Johann Mathias von der Schulenburg;
2. Adolph Friedrich, wohnte als Rittmeister in churbraunschweigschen Diensten der Schlacht von Malplaquet bei; blieb als Königl. Preußischer Generallieutenant in der Schlacht bei Mollwitz 1741.
3. Achatz Johann, stand ebenfalls in churbraunschweigschen Diensten am Ober-Rhein, und wurde daselbst 1707 im Duell erschossen.

Das Theatrum Europaeum hat dem Verfasser bei mehreren 1711
Gelegenheiten wesentliche Dienste zur Bestätigung specieller Thatsachen geleistet; vorzüglich ist dieses der Fall bei denjenigen niederländischen Belagerungen gewesen, welche Schulenburg entweder leitete, oder an welchen er, sowie bei Lille und Gent, indirecten Antheil nahm. Wenn man die Ansichten, die in seinen Manuscripten aufgestellt sind, mit dem kritischen Urtheil vergleicht, welches der Erzählung jeder dieser Belagerungen im Theatro Europaeo beigegeben ist, so ist man versucht zu glauben, daß Schulenburg diese Kritik an die Redaction eines Werkes einsandte.

---

4. Mathias Gebhardt, stand als Rittmeister in holländischen Diensten, starb 1708.
5. Alexander, machte als General-Major und resp. General-Lieutenant in churbraunschweigschen Diensten die Feldzüge in Flandern mit.

   Dessen zwei Söhne:
6. Ernst August, in churbraunschweigschen Diensten, starb 1743 als Oberster.
7. Georg Ludwig, blieb am 17. Juny 1710 vor Douay.
8. August, ebenfalls Hauptmann in churbraunschweigschen Diensten, starb 1722. Ferner die drei Brüder:
9. Achaz, machte als Königl. Preuß. Oberst die Feldzüge in Flandern; starb als Königl. Preuß. General-Lieutenant 1731.
10. Albrecht, churbraunschweigscher Oberst über ein Dragoner-Regiment; wurde in der Schlacht bei Ramillies 1706 durch eine Kanonenkugel verwundet, und starb in Folge dieser Wunde nach langen Leiden 1715; und
11. Werner, machte alle Feldzüge in Flandern und in Deutschland bei dem Königl. Dänischen Subsidien-Corps als Staabs-Officier und General-Adjutant des commandirenden Generals Herzogs Carl Rudolph von Würtemberg mit, und starb als Königl. Dänischer Feldmarschall und Kriegsminister.

   In Italien standen während diesem Krieg in Savoyschen Diensten:
12. Lewin Friedrich, als General-Lieutenant und Inhaber eines deutschen Infanterie-Regiments; starb 1729.
13. Friedrich August, als Oberster, starb 1719; und
14. Christoph Daniel, als Staabs-Officier, welcher 1763 als Königl. Sardinischer General der Infanterie verstarb.

Beilagen zum 23. Abschnitt.

Beilage XXXVIII.

Schreiben König Augusts an den General Schulenburg d. d. Langfurth bei Danzig, den . Septbr. 1710.

Monsieur. Je suis très-sensible à la mauvaise nouvelle, que vous me donnez du triste état, où mes troupes se trouvent, et je veux bien croire, que vous n'ometez rien qui peut assurer leur conservation. Vous dites, que la raison de leur ruine est, qu'elles sont plus mal traitées que celles de tout autre Prince au service des alliés; qu'elles ont été dispersées les hyvers passés par-ci par-là dans les places frontières, de sorteque ce corps a été toujours séparé dans les quartiers, soumis à d'autres généraux, sans que ceux à qui j'ai confié le commandement y peuvent disposer en rien et ce qu'il y a de plus, que depuis plus de 18. semaines elles n'ont pas touché le sol. Vous représenterez donc de ma part à Mylord Duc, et par tout où vous le jugerez nécessaire, que j'aurai crû d'avoir mérité par mon zèle pour le service des alliés, dont j'ai donné des preuves réelles et éclatantes en plusieurs rencontres, qu'on eût au moins autant d'égard et de soin pour la conservation de mes troupes, qu'on en témoigne pour les autres. Vous pouvez leur assurer, que je ne permettrai pas, qu'elles soient traitées inférieures à celles, qui ne rendent pas plus de service qu'elles; vous demanderez exprès, qu'on ne les sépare pas dans les quartiers d'hyver, et qu'on en laisse alors le commandement aux généraux, que j'y ai mis; Et enfin vous n'omettrez rien, qui peut assurer la conservation de ces troupes, ce qui me tient fort au coeur, et c'est pour cela, que je vous réitère encore une fois les ordres empressés d'y donner toute votre application. On vous repondra l'ordinaire prochaine sur les autres points, que vous avez envoyés. Je prie Dieu qu'il vous ait en sa sainte garde. Donné à Langfourth près de Dantzig ce 24. Septbr. 1710. Auguste Roy.

Beilage XII.

H. Befehl an den General Schulenburg d. d. Langfurth bei Danzig, den 12. Octbr. 1710.

2c. 2c. Es hat jüngsthin am 8. hujus Unser General-Feldmarschall der Freiherr d'Ogilvy, dieses Zeitliche gesegnet, wodurch nicht allein

:eral=Feldmarschalls= und Geheimbde=Kriegs=Präsidenten=Charge, die
r aber wieder zu ersetzen nicht gemeinet sind, sondern auch dessen beide
rgehabten Regimenter vacant worden, worüber Wir bereits anderweit
poniret, und mit nächstem zu Vorstellung derjenigen, welchen Wir be=
e Regimenter hinwiederum zu conferiren resolviret sind, die ordres
:hen lassen werden. Sonsten haben Wir das Commando über sämmt=
e Unsere Armee Unserem Geheimbden Rath, dem Grafen von Flemming,
. ältesten General, aufgetragen, und ist solchemnach hiermit Unser gnä=
ster Befehl, ihr wollet solches bei dem eurem Commando untergebenen
rps Unserer Truppen bekannt machen, auch hiernächst, was dahero zu
ichten vorfället, nicht nur an Uns, sondern auch an ermeldeten Unsern
neral, den Grafen Flemming, gelangen lassen, und also die Berichte
ost monatlichen Listen und Tabellen in duplo, wie es vor dem allezeit
rräuchlich gewesen, einsenden, damit darauf desto geschwindere nöthige
solution könne gefasset und befördert werden. Es geschiehet daran Unser
ille und Meinung, und Wir verbleiben euch mit Gnaden gewogen.

Augustus Rex.

Adam Friedrich Braun.

Beilage XL.

Schreiben des Generals Schulenburg an den General=Major v. Seckendorf aus dem Haag, vom 10. Jan. 1711.

Je me serais d'abord rendu aux pieds du Roi, dès que vous m'avez écrit là-dessus de la part de S. M., mais les Turcs ont déclaré la guerre, ce qui pourrait obliger le Roi de prendre d'autres mesures à l'egard de ce corps de troupes ici, de sorte que j'ai crû à propos de rester ici jusqu'à nouvel ordre, à quoi vient que je me trouve en des engagemens, que le Roi sait bien que j'aurais de la peine d'être personnellement et immédiatement sous les ordres du Général Flemming, vû que nous ne serons guères d'accord touchant les affaires de guerre, par où le service du maître pourrait souffrir, ne comptant d'ailleurs pour rien par qui S. M. aussi longtems que je serai ici me voudra faire parvenir l'honneur de ses ordres. Je vous prie de ménager cette affaire-ci et de chercher une occasion favorable pour en toucher un mot au Roi de ma part avec tout le respect et soumission imaginable, car je suis prêt de même que j'ai toujours fait de me conformer selon les intentions de S. M.

Tout ce que je demande au Roi, c'est que je commande ce corps de troupes ici, de la même manière, que je l'ai fait à cette heure, aussi longtems que S. M. le laissera ici, mais dès que je dois aller ... soit pour ma personne ou avec les troupes, il ne me sera pas ... que je sois un moment sous les ordres du Général Flemming. ... vois pas aussi de tempérament que le Roi pourra ou voudra ... cela sans que son service s'en ressente; je ne serais pas ... bien, si je me pourrais vanter d'avoir un véritable attachement ... les intérêts de S. M., si jamais il me venait une pensée ... mieux propres plus à coeur que ceux d'un grand Prince, qui m'a ... blé de grâces et de bienfaits; ainsi je sacrifie volontiers ... me regarde par rapport à cela et c'est ce qui est cause que j'ai ... aveuglément lorsque le Roi a trouvé bon de me subordonner ... au Gén. Flemming, que je ne l'ai jamais été aux Feldmaréchaux ... et Ogilvy, et je ferais encore en cela et outre ceci ce qui ... -maisement possible, si je voyais aucune apparence de pouvoir ... bonne intelligence avec le Cte. de Flemming, quoique je ... mérite autant de justice que personne; mais il n'est pas en notre ... voir de nous former telles inclinations que nous voulons, ni de ... de tempérament, d'opinion et d'humeur. Il est donc de l'homme ... prévenir à tems tous les inconvéniens fâcheux, car il me pourrait ... ver du jour au lendemain des malheurs, dont je ne me tirerais pas ... Vous connaissez la carte de la Cour; voyez de quelle manière ... à me prendre pour sortir de cet embarras de bonne grâce et avec ... que avantage, qui pourrait consister en me payant mes arrérages ... monteront à 5000. écus en argent qui sont arrêtés ici, et en me ... outre cela 10. ou 12m. écus. Vous verrez ce qu'il y aura à faire ... ceci, soit par le Roi lui-même, ou par ceux qui prennent ... part en cette affaire-ci.

Und unter dem 13. Januar 1711:

J'ajoute que je n'ai nullement envie de rester toute ma vie ... alterne; je quitterai plutôt tout service du monde dès aujourd'hui ... vous laisse à juger du cas où je me trouve, et vous conjure de ... parler en tout en ami et à coeur ouvert.

Beilage XLI.

a.

Schreiben des Generals Flemming an den General Schulenburg d. d. Dresden, den 1.. März 1711.

Monsieur. J'ai vû par l'ordre que j'ai reçu du Roi, dont j'ai ... la Copie à V. E. qu' Elle quittait notre service. Comme j'ignore les raisons de tout ceci, ma surprise a été grande. Mais comme je ...

pas d'un autre côté, que V. E. ne se propose quelque avantage considérable, que ceux qu' Elle avait à espérer ici, je l'en félicite out mon coeur par avance, et je la prie de me faire la justice e persuadé, qu'en quelque endroit qu' Elle soit, je conserverai ours les sentiments qui sont dûs à son mérite, et que je ne cesserai is d'être avec passion etc. etc.

---

b.

tfwort an den General Flemming d. d. den 4. April 1711.

Je viens de recevoir par Mr. de Seckendorf l'honneur de celle, que E. m'a voulu bien écrire au sujet de la démission, que j'avais dendé au Roi. Je la remercie très-humblement et de bon coeur de la t qu' Elle y prend et de l'offre généreux, qu' Elle m'a voulu faire même tems. J'ose l'assurer que je ne manquerai pas d'y répondre c la même sincérité par tout où je me trouverai, et où l'occasion n pourra présenter, et comme je crois que tout ce que le Roi a grausement accordé a mes instances et au-delà de ce que j'ai demandé ent en quelque manière des bons offices qu' Elle a bien voulu me ndre en cette conjoncture-ci, par où les obligations que je vous ai jà, Mr., ne sont pas peu augmentées; Je serais en vérité plus q'inrât, si je n'en conservais toute ma vie une très-vive reconnaissance. uant aux vues que l'on croit que je pourrais peut-être avoir pour entrer en d'autres services, je puis dire ici, que jusqu'à cette heure n'ai autre dessein que d'être maître de moi-même, quoique l'on trouverait encore de quoi se placer quelque part, mais dès que l'on considère u'un particulier n'est pas dans une situation d'acquerir ni royaumes ni rovinces, et qu'un homme de bon sens doit tout traiter de bagatelles, il ne semble qu'on a lieu d'être content, quand on a fait voir au monde, que 'on est homme d'honneur et capable des charges, que l'on a eues. Je ègle ici ce qui me regarde avec Mrs. de Gersdorf et de Seckendorf; dès que cela sera fait je partirai sans délai pour Louvain pour satisfaire aux ordres de S. M. et je remettrai le commandement du corps de troupes, qui m'était confié jusqu'ici, au Lieutenant-Général Kanitz avec les instructions et papiers nécessaires. Je supplie au reste V. E. de vouloir bien me conserver l'honneur de son souvenir et d'être persuadé que je suis avec estime et avec beaucoup de passion etc. etc.

---

c.

Schreiben des General Schulenburg an [den] König aus dem Haag vom 4. April 1711.

Le Général-Major de Seckendorf m'a bien remis les ordres [illegible] que j'ai reçûs avec tout le respect imaginable. Je ne pourrais [illegible] assez louer les grâces, ni la générosité, avec laquelle V. M. [illegible] voulu agir à mon égard, pendant tout le tems que j'ai eu l'h[illegible] d'être à son service. J'en suis en vérité si pénétré, que je [illegible] plus indigne de tous les hommes, si je n'en conservais un [illegible] éternel, qui ira si loin que par-tout où je me pourrais trouver [illegible] vie, je m'estimerai toujours très-heureux, si je puis jamais être [illegible] encore pour le service de V. M., car selon sa grande bonté, [illegible] pas seulement accordé ce que j'ai demandé, mais bien au-delà, [illegible] où je me trouve si touché, que je suis très-fâché de m'avoir [illegible] une situation à quitter un si grand Prince et un si bon maître; [illegible] n'admire plus que moi son grand mérite et toutes ses grandes [illegible] Je la supplie aussi de vouloir disposer entièrement de moi par [illegible] je pourrais jamais me trouver. Dieu veuille, Sire, bénir [illegible] entreprises et conserver longtems votre sacrée personne, de [illegible] toute la maison royale. Je suis etc. etc.

Denkwürdigkeiten

des

eldmarschalls J. M. v. d. Schulenburg.

Erstes Theils vierte Abtheilung.

24r. und 25r. Abschnitt.

1. April 1711 — Octbr. 1715.

Zeitraum, wo Schulenburg außer Diensten stand.

Vierundzwanzigster Abschnitt.

1711 — 1713.

...lenburg ist bei der Armee in Flandern im Anfang des Feldzugs von ... gegenwärtig. — Erledigt seine Ansprüche an den sächsischen Hof zu ...r Zufriedenheit. — Unterhandelt mit dem kaiserlichen Hof, um in des... Dienste zu treten, worin ihn der Groß-Schwiegervater des Kaisers, ...zog Anton Ulrich von Braunschweig, unterstützt. — Der General ist ... Kaiserkrönung in Frankfurt. — Reist im Mai 1712 nach Wien. — ... Sommer zu der Armee des Prinzen Eugen in Flandern. — Macht ... Reise in die französischen Grenzplätze und besucht den Ritter von ...ard. — Ist Ende des Jahres im Haag. — Januar und Februar 1713 ... London. — Mißdeutungen, welche der Aufenthalt Schulenburgs in ...gland erfährt. — Der Herzog von Marlborough rechtfertigt Schulen...g über die Beschuldigung, mit der Parthei der Toris sich in Verbindung eingelassen zu haben. — Begiebt sich auf seine Güter.

...ie gegenwärtige Abtheilung der Denkwürdigkeiten des Gene... 1711
...ls Schulenburg faßt einen Zeitraum von 4½ Jahren in sich, ...mlich vom 1. April 1711 bis zum Octbr. 1715, während ...elcher Zeit Schulenburg keine Dienstanstellung hatte. Indeß ...enkte er den öffentlichen Angelegenheiten fortwährend die ...öchste Aufmerksamkeit; er erhielt seine vertrauten Verbindungen ...it den bedeutendsten Geschäftsmännern jener Zeit, und nahm ...lbst in einigen Momenten Antheil an wichtigen Verhältnissen.

Schulenburg begab sich zur Armee, um das Commando ...es von ihm bisher befehligten sächsischen Truppen-Corps dem ...eneral-Lieutenant v. Canitz selbst zu übergeben. Wir ver...ehmen aus einem Schreiben, welches er unter dem 30. April ...us Brüssel an den Prinzen Eugen richtete, und durch wel...hes er diesen Fürsten in Kenntniß von seinem Austritt aus ...ächsischem Dienste setzte, daß der Herzog v. Marlborough ...ersucht hatte, ihn in die Dienste der Republik Holland zu

1711 bringen, ein Versuch, welcher jedoch, aus unbekannten Ursachen, nicht gelang.

Das rege Interesse, welches der General fortwährend an den Kriegsoperationen nahm, bewog ihn im Anfang dieses Feldzugs seinen Aufenthalt bei der Armee und in deren Nähe zu verlängern. Wir haben mehrere Briefe aus dieser Zeit vor uns, in welchen er sich mit seinem gewöhnlichen Scharfsinn über die Lage der Dinge äußert.

Es ist bekannt, daß der Tod Kaisers Joseph I. eine wichtige Veränderung sowohl in den politischen als in den militärischen Verhältnissen hervorbrachte. Prinz Eugen war nur auf wenige Wochen beim Heer in den Niederlanden, da ihm der Oberbefehl über eine Armee ertheilt worden war, die am Rhein aufgestellt wurde, um diesen Theil von Deutschland gegen einen französischen Einfall zu schützen.

Zu diesem Zweck wurden alle österreichschen bei dem Heer in Flandern befindlichen Truppen abberufen. Der Betrag dieser Heeresabtheilung, welcher im Lauf des Juny die Armee verließ, wird in Coxe's Denkwürdigkeiten des Herzogs Marlborough auf 25 Bataillone und 41 Schwadronen berechnet; Schulenburg schätzt selbige auf 20 Bataillone und 40 Schwadronen. Sein scharfsinniges Urtheil bewährt sich in seinem vertrauten Briefwechsel, indem er aus dem Hauptquartier zu Leuwarde, zwischen Douay und Bouchain gelegen, schon unter dem 25. May schreibt „man werde wahrscheinlich die Belagerung von Bouchain unternehmen," von welcher jedoch die Laufgräben erst am 23. August eröffnet wurden. Auch über die Erscheinung des Prinzen Eugen bei der Armee finden wir in demselben Brief folgende Stelle, welche die damalige politische Lage des Herzogs v. Marlborough in ihrem wahren Verhältnisse andeutet:

„Je me donne l'honneur de vous dire que le Prince Eugène est ici à l'armée depuis 3. jours. Vous, qui êtes informé de la situation des affaires à fond, croirez facilement, que notre Anglais (le Duc de Marlborough) en est dans une joie extrême; ce père recteur loyolite est trop versé dans la politique pour ne pas voir qu'il lui importe d'avoir

agnon cette campagne avec lui, afin de n'être pas 1711
;é seul des évènemens, qui pourraient l'abimer entière-
:; mais d'un autre côté il se releverait et se remettrait
doute au-dessus de ses ennemis, s'il reste seul cette
e à la tête des affaires en ce pays-ci, qu'il eût eu
{ues avantages, ou seulement un succès heureux."

Der weitere Fortgang des Feldzugs, an welchem Schu-
ırg nicht einmal mehr als müßiger Zuschauer Theil nahm,
rt nicht zum Gegenstand gegenwärtiger Denkwürdigkeiten.

Es sei genug mit wenig Worten in Erinnerung zu brin-
, daß der Herzog v. Marlborough den Oberbefehl des
res allein führte und der Feldzug sich auf die Belagerung
Einnahme von Bouchain beschränkte, von welchem Platz
Herzog den Marschall v. Villars durch einen äußerst ge-
kten Marsch in dessen rechter Flanke zu verdrängen ge-
ßt hatte [1]).

Der General begab sich auf einige Zeit in die Bäder von
. Amand, und von da nach Brüssel zum Verkauf seiner
uipagen.

Schulenburg reißte aus den Niederlanden nach Dresden,
ı daselbst die Privat-Geschäfte, welche noch aus seinem säch-
hen Dienstverhältnisse herrührten, zu beendigen; diese be-
nden vorzüglich in der Verwirklichung des Versprechens der
000 Thaler, welche der König ihm bei seiner Entlassung

1) Der Marschall v. Villars hatte nämlich seine Armee eine Stellung längs dem Senzet beziehen lassen, welche sich mit der rechten Flanke an Valenciennes lehnte, das Centrum in Bouchain hatte, und die linke bis gegen Arras ausdehnte, welche er in seiner ruhmredigen Sprache das nec plus ultra der Alliirten nannte. Durch eine rückgängige Bewegung, welche der Herzog v. Marlborough nach der Lys zu machte, und wo er sein Hauptquartier Ende July bis nach Lillers, zwischen Bethüne und Aire, verlegte, täuschte er seinen Gegner, welcher seinerseits die vorjährige Stellung zwischen den Höhen der Cauche und der Somme einnahm; von hier aus gewann der Herzog am 5. August dem Marschall v. Villars die rechte Flanke ab und konnte Bouchain berennen.

1711 als Gratification erhalten hatte; in Bezahlung einer For… von mehr als 2000 Thalern, welche er dem Grafen … von Sachsen in den Feldzügen von 1709 und 1710 … sen hatte; und endlich in einer Summe von 15,639 … welche das 1. Bataillon Garde nach einer gepflogenen … rechnung an den General, als ihren ehemaligen Chef, … schuldig war.

Diese Angelegenheiten wurden durch eine königliche … solution aus dem Hauptquartier-Lissau vor Stralsund … Octbr. 1711 zur Zufriedenheit Schulenburgs im … erledigt. Nur der an den Grafen von Sachsen gemachte … schuß blieb noch lange unberichtigt, indem wir diese … außenstehende Post noch im Jahre 1723 mit 2500 Thalern … den, die der Graf dem General schuldig war.

Aus Sachsen verfügte sich selbiger auf seine Güter … Magdeburgschen und nach Hannover. Sein Hauptaugen… war in jener Zeit auf eine Anstellung in kaiserlichen … gerichtet. Wir besitzen mehrere Schreiben, die sich hierauf … ziehen, an den Prinz Eugen und andere Staatsmänner … Wiener Hofes, so wie die Antworten derselben. Zu … Zweck reiste Schulenburg zur Krönung Kaisers Carl … nach Frankfurt am M., woselbst er im Decbr. eintraf … dem neu gewählten Kaiser in Hanau seine Aufwartung …

Wir haben im Anfang dieses Werks gesehen, welche … wogenheit der Herzog Anton Ulrich von Braunschweig … General-Schulenburg von seiner ersten Jugend an … hatte; diese hatte ununterbrochen fortgedauert. Im … dieser Zeit hatte sich Carl VI. noch als König von … mit der Enkelin Herzogs Anton Ulrich, der Prinzessin … sabeth Christine von Braunschweig-Blankenburg, … Ueber diese beabsichtigte Verbindung, hatte der Herzog … Ulrich Schulenburg zu seiner Zeit vertrauliche Eröffnung … macht. Wir erlauben uns ein Schreiben an Letzteren in … dieser Angelegenheit, das für den Leser nicht ohne … sein dürfte, hier mitzutheilen.

„Es kann Ihm nicht unbekannt sein, von was für …

oßen Mariage man anitzo redet, die mich zum Schwieger- 1711
roßvater von König Carln machen würde, wenn es sollte
ımit zum Effect kommen. Es ist ziemlich weit darinnen
vanciret ohnerachtet allen dagegen gemachten Intriguen, ob es
ber noch dazu kommen wird, kann ich nicht sagen. Seinen
:onsens (nämlich des Königs) glaube ich, werde ich eher als
Er seiner geistlichen Herrn erhalten, die schier rasend wollen
verden, daß ihnen aus dem Lutherischen Himmel soll eine
Seele in den catholischen Himmel versetzt werden. Wir sind
ılhier in der Meße, da geht es lustig zu, und fehlt uns nichts,
ıls der ehrliche Schulenburg, der noch wohl zu Zeiten hierher
gedenkt."

Als Schulenburg den sächsischen Dienst verlassen hatte und in kaiserliche zu treten wünschte, so ertheilte ihm sein alter verehrungswürdigster Gönner neue Beweise seiner Gnade, und erließ in diesem Bezug an Schulenburg folgendes Schreiben:

Braunschweig, den 11. Febr. 1712.

„Es wird sich Derselbe zu erinnern wissen, wie daß ich Ihm mit mehreren gesagt, daß mit Ihro Kaiserliche Majestät ohngefähr auf einen Discours, Seine Person betreffend, gefallen, welche mir bezeuget geneigt zu sein Ihn in Dero Dienste zu nehmen. Da ich nun allemal Theil genommen an demjenigen, was Ihm angehet, als habe billig Ihro Kaiserl. Maj. in denen schon gehabten Concepten gestärket, maßen ich von des Hrn. Generals Conduite, so lange er in meinen Diensten gestanden, völlig begnügt gewesen, mir auch recht lieb ist, einige Gelegenheit gefunden zu haben, Ihm meine beständige Wohlgewogenheit ferneres zu bezeugen; so habe Demselben erinnern wollen, da Ihro Kaiserl. Maj. in Wien angekommen, die Campagne herannahet, Er sich aber länger in Hannover, als ich vermuthet, aufhält, ob Er nicht mit Ehesten nach Wien sich zu begeben, gewillet? um von der Gnade, so Ihro Kaiserl. Majestät Demselben respiciren lassen, zu profitiren? Sollte ich sonsten zu dessen Avantage etwas noch beitragen können, kann Er nur solches an mich gelangen lassen,

33 *

1711 und versichert leben, daß Er an Beide Kaiserl. Maj. M.
aufs Beste recommandiret werde. Verbleibe zeitlebens

Monsieur

Sein beständig wohl
affectionnirter
Anthon Ulrich. m. p.

Schulenburg erstattete unter dem 24. Decbr. dem Prinz Eugen Bericht über die ihm vom Kaiser ertheilte Audienz; er sagt in diesem Brief: „qu'il s'était rendû à Hanau, et avait eu l'honneur d'être présenté à S. M. J. et d'en avoir obtenû une assez longue audience. — Que tout paraissait si bien disposé en sa faveur qu'il ne tenait plus qu'au Prince à donner la main à son affaire."

1712 Den Grafen Sintzendorff [1]), Bothschafter im Haag, welcher sich besonders für Schulenburgs Eintritt in kaiserliche Dienste interessirt zu haben scheint, setzte dieser unter dem 1. Januar 1712 in vollständigere Kenntniß von der Lage seiner Angelegenheit und schrieb hierüber, wie folgt:

„Je n'ai pas pû avoir l'honneur d'informer V. E. de ce que S. M. J. m'a fait la grâce de me dire à la dernière audience; Elle me fit entendre, que je devais me rendre à Vienne et qu' Elle disposerait de moi pour son service aussitôt que S. A. le Pce. Eugène de Savoye y serait arrivé; je l'ai mandé avant mon départ de Francfort à S. A.

---

1) Philipp Ludwig Graf von Sintzendorff war 1671 geboren. Er widmete sich anfänglich den Kriegsdiensten; von 1694 an wurde er schon vom Kaiser zu diplomatischen Sendungen gebraucht. Er erledigte deren mehrere an den Churfürsten von Baiern, sowohl in München als in Brüssel; vor Ausbruch des spanischen Erbfolgekrieges war er Gesandter in Frankreich. Er begleitete Kaiser Joseph I. als römischen König zu den zwei Belagerungen von Landau, und war 1704 kaiserlicher Commissarius in Lüttich. 1705 wurde er schon zum obersten Hofkanzler ernannt, übernahm jedoch noch mehrere außerordentliche Sendungen, vorzüglich nach Holland, woselbst er in den Jahren und auf den Congressen von Gertruidenberg und Utrecht in den Jahren 1709 bis 1713 erschien, im Jahr 1728 begab er sich als kaiserlicher Bevollmächtigter auf den Congreß zu Soissons. Er starb am 8. Januar 1741.

comme V. E. La verra à la Haye, et qu' Elle a eu la 1712
›nté de m'assurer qu' Elle s'intéresserait pour moi par tout
ı l'occasion s'en présenterait, je La supplie très-humble-
ent d'en parler à Mgr. le Prince, qui n'a qu'à dire un
ot et l'affaire sera faite sans aucune difficulté; la réponse
ı'il m'a faite à ma première lettre me marque assez qu'il
› me sera pas contraire. — Personne ne me pourra mieux
ppuyer auprés de S. A. que V. E. Elle m'a généreuse-
ıent promis l'honneur de Sa bienveillance et comme Elle
› fait un plaisir d'assister les honnêtes gens et que je n'ai
ıtre vûe que d'être utile au public, et d'avoir la gloire de ser-
ir le plus grand monarque de l'Europe, outre que plusieurs
e mes ancêtres se sont sacrifiés pour le service de la Sme.
Iaison d'Autriche même depuis Rudolph I. de glorieuse
ıémoire, Elle voudra bien approuver mon ambition en cette
ccasion. V. E. sait que je sers depuis près de 30. ans
vec et contre toutes les nations de l'Europe, et que je me
uis trouvé à la guerre dans la plupart des états, où elle
'est faite pendant ce tems-là. — Je ne sais si j'ose me
endre à Vienne (quoique l'Empereur me l'ait ordonné) sans
ue je sache que Mgr. le Prince le trouve à propos."

Die Antwort des Prinzen Eugen war zwar in den höf-ichsten Formen abgefaßt, übrigens aber auf eine Weise ge-tellt, welche kaum als ein Versprechen, die Wünsche des Ge-nerals nur einigermaßen zu befördern, betrachtet werden konnte. Es hieß in diesem Brief:

„E. E. können sicherlich persuadiret bleiben, daß Ich ederzeit eine besondere Freude haben werde, wenn Ich in allen Ich ergebenden Gelegenheiten im Werk bezeugen könne, mit was Freude Ich Deroselben in so weit zu dienen verlange, als es von Mir und denen Conjuncturen abhängt."

Schulenburg hatte sich von Frankfurt am M. aus nach Hannover verfügt; von da reißte er im Frühjahr über Holland nach Wien. Wir sehen aus einem verhandenen Schreiben eines Grafen Stella, eines höhern Staatsbeamten, welcher Kaiser Carln VI. nahe stand, daß der Kaiser abermals auf neue Anregungen des Generals geantwortet habe: „er müsse

1713 Obgleich die damalige churfürstliche Linie des Hauses Pfalz catholisch geworden war, so hatte sie sich doch der großen Allianz angeschlossen; der Gesandte des Churfürsten war ganz im Interesse der protestantischen Erbfolge und suchte in diesem Sinne zu wirken, so viel als die Rücksichten, die er für das torrysche Ministerium zu beobachten nöthig hatte, es gestatteten. Es scheint als wenn Schulenburg sich nach England begeben habe, um sich genau von der damaligen Lage der Dinge zu unterrichten und sich in Stand zu setzen, dem Churfürsten von Hannover wichtige Aufschlüsse und Mittheilungen zu geben, und das Seinige beizutragen, damit ein obschwebendes Mißverständniß zwischen der Königin Anna und dem Hause Hannover beigelegt, und hierdurch die üblen Absichten der Torrys gegen dasselbe ihren Zweck nicht erreichten.

In einem Schreiben des Generals an den Prinz Eugen aus Utrecht vom 24. Febr. sehen wir, daß sein Aufenthalt in England 6 Wochen gedauert hatte, und daß die Hoffnung, durch Vermittelung des Prinzen in kaiserliche Dienste zu treten, noch bestand. Er sagt in diesem Briefe:

„Je me donne l'honneur de prier V. A. S. très-humblement de vouloir bien se souvenir de ce qu' Elle m'a fait espérer en dernier lieu au camp près de Mons à l'égard de l'emploi au service de S. M. J., qui m'a fait entendre avec beaucoup de bonté et de grâce tant à Francfort qu'à Vienne de vouloir faire régler cette affaire dès que V. A. y serait de retour, et comme tout cela est présentement entre les mains de V. A. j'ai lieu de croire qu' Elle voudra bien me faire connaître en cette occasion sa protection et la même bonté qu' Elle a eue jusqu' ici pour moi.“

Die Antwort des Prinzen erfolgte unter dem 15. März, und scheint durch seinen Inhalt dem General die Täuschung benommen zu haben, in welcher er mehrere Jahre lebte, als wenn nämlich der Prinz Eugen das Seinige beitragen würde, um ihm den Eintritt in die Dienste des Kaisers zu verschaffen. Dies Schreiben lautete wie folgt:

Wien, den 15. März 1713. 1713

„E. E. unterm 24. pass. an mich beliebig Erlassenes habe l erhalten. Sie wissen das mir allzeit eine particular udt mache Demselben willfährig zu dienen, die damahlige erwisse situation der sachen aber, hat mich biß dato, es im k zu bezaigen, retardiret, angesehen mann dato noch nicht sen khan, was bei etwo erfolgenden Frieden Ihrer Kays. Maj. Länder zukhommen sollen. Womit verbleibe rc.

dienstwilligster Dr.

Eugenio von Savoy."

Der bekannte Graf Bonneval[1]) war auch eine Mittels-rson gewesen, deren sich Schulenburg bedient hatte, um

---

1) Claudius Alexander Graf v. Bonneval stammt aus einem altadelichen Geschlecht aus dem Limousin. Er war im Jahre 1675 geboren, und trat anfänglich in die französische Kriegs-Marine; er diente späterhin als Oberster in dem spanischen Erbfolgekrieg, in Italien, und zeichnete sich 1702 in der Schlacht von Luzzara aus; im Jahr 1704 überwarf er sich mit dem französischen Kriegs-Minister Chamillard, nahm hierauf Urlaub, um eine Reise in Italien zu machen, und trat als General-Major in kaiserliche Dienste, ohne den Abschied aus den französischen erhalten zu haben, deshalb er daselbst als Deserteur betrachtet und in Contumaz verurtheilt wurde. Bonneval wurde ein Günstling des berühmten Prinzen Eugen von Savoyen, und blieb vom Jahre 1710 an stets um diesen großen Feldherrn, den er auf die Friedens-Congresse von Rastadt und Baden begleitete. 1714 wurde er General-Lieutenant und Hof-Kriegs-Rath im kaiserlichen Dienst. Er benutzte den Frieden, um sich mit sicherem Geleit in sein Vaterland zu begeben, und erhielt daselbst 1716 unter der Regentschaft Begnadigungsbriefe, welche die Folgen seiner früheren Entweichung aus dem französischen Dienst niederschlugen. Er zeichnete sich in dem kurz darauf folgenden Türkenkrieg, vorzüglich in der Schlacht von Peterwardein aus.

Nach dem Frieden von Paßarowitz wurde Bonneval in den österreichischen Niederlanden angestellt, verunreinigte sich daselbst mit dem dirigirenden Minister Marquis de Prié, und veranlaßte durch sein willkührliches Betragen, daß ihm sein hoher Gönner, der Prinz Eugen von Savoyen, sein Wohlwollen entzog, und der kaiserliche Hof ihn zu einer Festungsstrafe verurtheilte. Um sich dieser zu entziehen, entwich Bonneval heimlich, und begab sich über Venedig im Jahre 1720 nach Constantinopel, wo er späterhin zum Muhamedanischen Glauben

1718 auf den Prinzen Eugen zu wirken. Er richtete an [illegible] unter dem 20. July ein Schreiben, welches wir noch [illegible]

überging und unter dem Namen Achmet Pascha der Artiller[illegible] dem Bombardier-Corps vorgesetzt wurde. Sein unruhiger Ge[illegible] währte sich jedoch auch in der Türkei, und entwickelte ihn [illegible] Glückswechsel, die seine Gönner, und vorzüglich der Groß[illegible] Ali erfuhren; indeß erschien er wieder in den Feldzügen [illegible] Kriegs, welchen der für Oesterreich so ungünstige Frieden von B[illegible] beschloß.

Schulenburg, der, wie wir erzählt haben, mit dem G[illegible] Bonneval in den freundschaftlichsten Verhältnissen gestanden [illegible] schreibt unter dem 9. Januar 1728, daß derselbe bei Gelegenh[eit der] Erneuerung von des Feldmarschalls Capitulation sich an dessen Fein[de und] Widersacher gewendet habe, um dessen Stelle zu erlangen, fügt [aber] hinzu „sein übler Ruf sei zu bekannt, als daß die Republik sic[h je]mals entschlossen haben würde, ihn zum Oberfeldherrn zu w[ählen."] Und in einem Schreiben vom 2. April 1732 macht er von ihm [fol]gende Schilderung:

„Bonneval a été appellé à la Porte, où il a été reçu du Gra[nd] Vizir et du Chancelier de l'Empire très-gracieusement; on l'a [logé] distinctement, on lui a donné de l'argent, il dine souvent en pa[r]ticulier avec ces deux Premiers Ministres, et est souvent en co[n]férence secrète avec eux. Vous connaissez cet spôtre, il est vra[i] qu'il n'est pas fondé en bien des choses, mais d'ailleurs [il est] capable à imposer, outre qu'il a une lecture étendue, une m[é]moire admirable, une bonne expérience des faits de guerre, [et] la bravoure, avec cela s'il n'en a pas fait tout le profit, c'est [la] faute qu'il est sans principes, sans religion et nullement [attaché] à la vérité; il connait la Cour de Vienne jusqu'aux entrailles pour ainsi dire, tout son fort et le faible, de même que des [...] d'Autriche, et est toujours la carte à la main. Je sais quel discours il m'a tenû sur ce sujet, et il sacrifiera tout à sa vengeance, j'en suis plus que sûr, et lorsqu'on lui a demandé quel emploi il dés[i]rait avoir, il a déclaré nettement, qu'il n'en accepterait d'autre que de Bassa à trois queues, ce qui serait à peine, comme il [est] en parallèle au poste, qu'il a occupé parmi les Chrétiens, [qui] sait, où ce mortel poussera sa pointe!"

Bonneval starb zu Constantinopel am 22. März 1747, und man soll sein Grabmal noch in Pera an einem Beerdigungs[platz] der Derwische Mewlewis, nächst dem Pallast der schwedischen Ge[]sandtschaft, sehen. — Es giebt von ihm eine Lebensbeschreibung [...]

ben, und aus welchem folgende Stellen beweisen, daß die 1712
›ſicht Oeſterreich zu dienen, von ihm aufgegeben worden war.
: ſagt hierin:

„Je me suis offert et j'ai fait ce que j'ai pû pour être ile au public; jamais homme n'a été traité plus cavalière-ent que moi. — Le Prince qui dans le fond m'a traversé, trop de bonté de n'avoir pas voulû oublier ce que j'ai fait n Bavière et aux Pays-bas, mais avec cela on serait homme le mourir de faim, si on n'avait de quoi vivre soi-même. — J'ai relû les lettres que vous m'avez écrites ci-devant au sujet de mes affaires de la part du Prince; tout était fait et ajusté, il me l'a dit même plus d'une fois, mais ce sont des anguilles ces Messieurs de cour et en place, on ne sait par où les prendre."

Dieſe Antwort bezieht ſich wahrſcheinlich auf ein Schreiben des Grafen Bonneval vom Camp d'Anchin ce 24. Mai 1712, worin es am Schluß heißt:

„Je vous attends et je vous prie de ne rien négliger pour venir ici, le Prince le souhaite; il a dit tout haut chez Milord Albemarle, que vous entriez dans notre service; la chose n'est plus cachée, je la crois sûre et vous félicite d'avance d'avoir le premier Prince du monde pour votre maître; il aime les soldats et aura soin de vous. Permettez que j'embrasse le Comte de Mercy, s'il est à Vienne; je pleure son absence; faites aussi mes complimens à Monsieur Oppermann."

Von dieſem Zeitpunkt an wandte Schulenburg ſeine Abſichten nach einer anderen Seite hin, und ſetzte Unterhandlungen mit der Republik Venedig fort, deren Gang und Reſultat wir zu ſeiner Zeit beibringen werden. Viele Jahre nachher, als ihm von Seiten des Wiener Hofes im Jahre 1734 der Antrag wurde, als F. M. in kaiſerliche Dienſte zu treten, um

dem Titel: „Mémoires du Comte de Bonneval;" die beſte Ausgabe iſt in London erſchienen, in 5 Bänden, in 12., in den Jahren 1740 bis 1755.

1713 an die Spitze der Armee in Italien gestellt zu werden, F. Schulenburg an seinen Neffen unter dem 23. Octbr. 1734:

„Je me rapporterai aveuglément à ce que le Pce. Eug. voudrait désirer, persuadé que je suis qu'il ne sera ge porté de me voir au service de l'Empereur à quoi i été de tout tems contraire."

Schulenburgs Aufenthalt in England, dessen Zweck angedeutet haben, hatte, ohngeachtet seiner Gesinnungen seiner Anhänglichkeit an die Partei der Whigs und an die testantische Erbfolge des Hauses Hannover, doch falsche feindselige Auslegungen erfahren müssen.

Sein alter Freund, der Baron Forstner, dazumal Ge sandter Herzogs Leopold Joseph Carl von Lothringen, des nachmaligen Kaisers Franz I. († 1729) schrieb ihm London unter dem 8. August 1713:

„On vous accuse ici, c'est-à-dire le parti de Whigs que vous étiez arrivé à la Cour d'Hannovre *pénetré des sen*timens des Torrys, que votre unique héros de ce pays le Grand-Tresorier et après lui Milord Bollinbrocke, que le parti de Whigs est mis à bas, que de long-tems il ne se relevera, enfin mille et mille contes de cette nature. Je n'aurais jamais fait, si je vous en faisait le detail; les principaux des Whigs en sont mortifiés et piqués au vif; ils n'en ont fait des plaintes et sont quasi au repentir des ci vilités qu'ils vous ont témoignés; j'ai repondû à tout cela comme j'ai crû devoir faire et je m'attendais à une *répons*e de votre part."

Schulenburg erwiederte hierauf unter dem 22. *August* 1713:

„Je vous dirai donc que l'on m'a mandé aussi du Hollstein que certaines gens aussi malicieux que peu véritables avaient écrit: que j'étais entièrement porté pour les Torrys et que je ne faisais que chanter les louanges et les mérites des Milords Trésorier et Bollinbrocke; comme je me sens tout à fait innocent de ce côté-là, et que je n'ai pas pû savoir qu'on m'avait joué ce tour-là, j'ai raillé et plaisanté là-dessus. Je vois par la vôtre, que cette affaire n'est pas restée là, mais qu'on a eu soin de la faire aller jusqu'à

gleterre, et quoique je ne puisse faire ni bien ni mal 1712
aux Whigs, ni aux Torrys, il m'est toujours très-doureux de voir interpréter si malicieusement les choses les s innocentes et d'en rapporter d'autres, à quoi je n'ai llement songé. Il se peut fort bien que j'aie dit en pluurs endroits que Milord Trésorier était homme de mérite, pable, et très-dangereux pour ceux contre qu'il se déclait, et que Milord Bollinbrocke était un des jolis hommes son tems, qu'il avait même du génie, et que s'il s'apiquait, il serait un jour très-capable; mais ce n'est pas ur cela que j'approuve leur marche."

Der General erachtete jedoch für nothwendig, einem seiner sgezeichnetsten Gönner, dem Herzog v. Marlborough, elcher sich schon vor Schulenburgs Ankunft in England aus inem Vaterland freiwillig entfernt hatte, einige Aufklärungen ber jene verleumderischen Gerüchte zu ertheilen, worauf der erzog folgendermaßen eigenhändig antwortete. Wir bringen iesen Brief mit der eigenthümlichen Orthographie des Herogs bei:

Envers, ce 6e. Ja. 1714.

„J'ay reçeu la lettre que Vous m'aviez fait l'honeur le m'escrire. Je vous rends bien des graces des assurances obligants de Vostre amittie. Je Vous prie de me la contiuer et de conter tousjours sur la mienne. Quant à ces bruits dont Vous faite mention, il est vray que quelque chose m'en est revenu, mais je puis Vous assurer que je ne leur ajute aucune foy, les regardant comme des calumnys, auxquelles il ne fallait la moindre attention. Je profit de cette occasion pour Vous souhaitter Mr. toute sorte de prosperite et bonheur et si jamais je Vous puisse estre vtile, je Vous prie de croire que j'embrasserai l'occasion avec plaisir et que j'ay l'honeur d'estre avec tout estime et consideration Monsieur

Vostre tres humble et tres
obeissant serviteur
Le Pr. et Duc de Marlborough."

1713 Schulenburg scheint bis nach dem Abschluß des Utrechter Friedens in Utrecht und in Holland geblieben zu sein; er begab sich späterhin nach Hannover, und von da auf seine im Magdeburgischen gelegene Besitzung, das Rittergut Emden, woselbst er in philosophischer Muße den übrigen Theil des Jahres zubrachte.

Fünfundzwanzigster Abschnitt.

1714 — 1715.

Verbindung Schulenburgs mit dem churpfälzischen Gesandten in London Baron Steinghens. — Beide wirken dahin, das gute Einverständniß zwischen der Königin Anna und dem hannöverschen Hofe zu unterhalten, und als solches unterbrochen war, wieder herzustellen. — Merkwürdige Schreiben von Steinghens vom 18. July und 7. August. — Herzog Anton Ulrich stirbt am 27. März. — Nähere Umstände seines Todes. — Besuch Leibnitzens in Emden. — Schulenburg begiebt sich über Wesel, Frankfurt und Nürnberg nach Wien. — Unterhandelt über seinen Eintritt in venetianische Dienste mit dem venetianischen Bothschafter in Wien durch die Vermittelung des Grafen Praß-Martinianı. — Die Unterhandlungen werden im März 1715 abgebrochen, die Capitulation kommt jedoch am 5. Octbr. 1715 durch den Vorschub des Wiener Hofs und des Prinzen Eugen zu Stand, und Schulenburg tritt als Feldmarschall in venetianische Dienste. — Wird in den Grafenstand erhoben. — Reißt im October nach Venedig ab.

Die vorhandenen handschriftlichen Materialien aus gegen- 1714
wärtigem Zeitpunkt sind beschränkt, und zwar weil Schulenburg die letzte Hälfte des Jahres 1713 und den größten Theil des Jahres 1714 von öffentlichen Geschäften entfernt auf seinem Landguth Emden lebte. Seine Anhänglichkeit an das Haus Braunschweig, seine persönlichen Verhältnisse zu dem damaligen Churfürsten, welcher im Monat August desselben Jahres den englischen Thron unter dem Namen Georg I. bestieg, hatten jedoch zur Folge, daß die große Frage der protestantischen Erbfolge, welche in den letzten Monaten der Regierung der Königin Anna bekanntlich eine wichtige Krisis bestand, während dieser Zeit ein Gegenstand der Sorge und selbst der politischen Wirksamkeit Schulenburgs war.

Mehrere Schriftsteller, welche die englische Geschichte jener Periode bearbeitet haben, unterrichten uns von den vielfachen Intriguen, welche unter dem Ministerium des Lords Oxfort und Bollinbrocke die physische und moralische Schwäche

1714 der Königin Anna benutzten, um Verwirrungen zu erreg[illegible] den Vortheil dieser oder jener Parthei zu erreichen. Di[illegible] gin hatte einerseits eine innige und natürliche Anhäng[illegible] für ihren Bruder, den Prätendenten, andrerseits betrach[illegible] die protestantische Erbfolge als das Palladium der kir[illegible] und politischen Freiheit in England. Diese an sich wi[illegible] chenden Gefühle wurden bald von den Jakobiten, welch[illegible] Schild der Torrys annahmen, bald von den damaligen [illegible] sten Freunden des Vaterlands, der Whigs=Parthei, angew[illegible] um die Königin zu Maasregeln, die ihren Absichten [illegible] waren, zu veranlassen. William Coxe setzt in seinem [illegible] des Herzogs v. Marlborough im 6. Theil und 111. Ab[illegible] diese Verhältnisse in besondere Klarheit, und liefert uns [illegible] stücke, die bisher ganz neu waren und für den Geschich[illegible] scher von großem Interesse sind; dahin gehört vorzügli[illegible] Correspondenz, welche der Herzog mit dem Ministerium [illegible] Hannover unterhielt; auch unsere Materialien gewähren [illegible] gaben, die uns werth geschienen haben in gegenwärtigen [illegible] würdigkeiten aufgenommen zu werden.

Wir haben im 24. Abschnitt berichtet, daß Schulen[illegible] während seines Aufenthalts in London in den Monaten Ja[illegible] und Februar 1713 mit dem churpfälzischen Gesandten am e[illegible] lischen Hofe, Baron Steinghens, in vertraute Verbin[illegible] getreten war, und daß Letzterer sich als treuer Anhänger [illegible] protestantischen Erbfolge in England aussprach. Wir be[illegible] eine Reihe von höchst interessanten Briefen, die Steingh[illegible] aus London an Schulenburg erließ.

Wir führen aus einem derselben vom 27. März 1714 [illegible] gende Stelle an, in welcher gewissermaßen das Glauben[illegible] kenntniß dieses Staatsmanns ausgedrückt ist:

„Je ne vois aucune probabilité pour la venûe du Pr[illegible] tendent; je vous dis plutôt que si la Reine fût morte da[illegible] le tems, qu'on s'est émancipé de le mander, on aurait [illegible] même jour proclamé Reine la Princesse Sophie.[1]) — [illegible]

1) Nur wenigen Lesern dürfte in Erinnerung zu bringen nöthig [illegible] daß hierunter die verwittwete Churfürstin Sophie von Han[illegible]

assure que si je m'apperçusse avec le moindre fonde- 1714
d'aucun complot à faveur du Prétendent, je serais le
ier à en informer S. A. E. par votre canal; tant je suis
aincû de la nécessité de la succession protestante en
leterre pour la sûreté de l'Allemagne."

In diesem Sinn wurde jene Correspondenz, welche später eine nicht geringe Wichtigkeit erhielt, fortgesetzt.

Wir wissen aus den Geschichtschreibern jener Zeit, daß Parthei der Whigs die hannöversche Erbfolge nach allen n Kräften mit Leidenschaftlichkeit unterstützte, und zu Maaßeln verleitete, die dadurch, daß sie der Königin und dem naligen Ministerium mißfielen, der Sache des Hauses Han-ver eher nachtheilig als vortheilhaft hätten werden können. aron Steinghens, sowie Schulenburg, waren überzeugt, ß man, um dieser nicht zu schaden, mit Ruhe und Vor-ht einschreiten, die Schwächen der Königin schonen, und s Ministerium nicht aufs Aeußerste treiben müsse, welches ßerdem nie wagen würde, die Erbfolge des Prätendenten zu nterstützen.

Die Whigs dagegen unterließen nicht, ohne jene Rücksich-en zu beobachten, alles anzurathen, was ihrer Meinung nach en geheimen Absichten, welche sie den Ministern und der Königin selbst unterlegten, nämlich die Erbfolge des Prätendenten zu begünstigen, entgegen zu wirken vermochte. Wir sehen aus den Denkwürdigkeiten des Herzogs v. Marlborough, daß er zwei Maaßregeln von Seiten des hannöverschen Hofes veranlaßte, welche die Königin aufs Aeußerste reizten und fast einen Bruch zwischen ihr und dem Hof zu Hannover herbeigeführt hätten. Dem pfälzischen Gesandten gehört der Ruhm, die Königin wieder besänftigt und zu direkten und versöhnenden Schritten gegen den Churfürsten, denn die Churfürstin Mutter war

---

Tochter des Churfürsten Friedrich von der Pfalz, und durch ihre Mutter, Enkelin Jacob I., zu verstehen sei. Sie war 1630 geboren und durch eine Parlaments-Acte vom 22. März 1701 zur Erbin von Großbritannien erklärt worden, im Fall die Königin Anna ohne Erben versterben sollte.

1714 unterdessen am 7. Juny 1714 gestorben, bewogen zu haben. Die nähere Darstellung dieser Umstände dürfte nicht ohne Interesse sein.

Der Herzog v. Marlborough hatte den Winter von 1713 zu 1714 auf dem Continent in Antwerpen zugebracht. W. Coxe bringt mehrere Briefe desselben an den Geheimen-Sekretär des Churfürsten, Namens Robethon[1]), bei, in welchen er anrathet, „der Churfürst möge für seinen Sohn, den Churprinzen, welcher in England die Würde eines Pairs des Reichs unter dem Titel des Herzogs v. Cambridge erhalten hatte, durch seinen Gesandten beim Parlament um einen Writ (d. h. einen Vorladebrief) um seinen Sitz unter den Pairs im Oberhaus einzunehmen, ansuchen lassen.“

Dies versuchte der Hannöversche Gesandte Baron Schütz, ohne dem englischen Cabinet früher davon Eröffnung gemacht zu haben. Der Einladebrief erfolgte, da er nach der englischen Verfassung nicht verweigert werden konnte; die Königin war aber hierüber so entrüstet, daß sie dem Baron Schütz sogleich befehlen ließ, ihren Hof zu verlassen. Baron Steinghens schreibt hierüber d. d. London den 1. May 1714:

„Qu'on ne provoque pas la jalousie extrême de regner de la Princesse par des attentats à sa souveraineté, qui la pourraient obliger à exécuter les resolutions violentes, que le desir de la propre conservation est bien des fois capable d'inspirer aux Ministres et tout ceci dans un tems, où il y a des moyens plus modérés et convenables d'arriver à son but, où quelque déférence montrée aux volontés de la Reine pourrait ramener l'esprit de cette Princesse, où sa santé plus affermie qu'elle n'était depuis un an, éloigne le danger de sa mort, et où par un acte de Parlement on pourrait

---

1) Dieser Robethon war, wie uns Coxes Denkwürdigkeiten des Herzogs v. Marlborough berichten, an der Spitze des ausgedehnten Kundschaftswesens des Herzogs während seiner Feldzüge gewesen, und wie wir aus der Correspondenz Schulenburgs und Steinghens erfahren, ein geborner Franzose, und nach den Ansichten der letztern ein zweideutiger Mann; er folgte dem König Georg I. nach England.

rendre légitime l'introduction de troupes de Princes garants 1714
dans le Royaume, en cas de l'appréhension fondée de celles qui ameneraient le Prétendent.“

Und unter dem 15.:

„Je serais au désespoir si l'on prenait à Hannovre sur les nouvelles informations de Mr. Schütz de fausses mésures; je puis vous dire outre tous les argumens allegués déjà, que les plus zélés et habiles Jacobites souhaitent de tout leur coeur la venûe du Prince Electoral, comme le meilleur moyen d'obliger la Cour, de jetter le manche après la coignée et de faire venir le Prétendent du vivant de la Reine, à quoi, sans cette venûe, il n'y avait pas à leur propre avis la moindre apparence.“

Als dem ohnerachtet bald darauf Herr Harley, Bruder des Premier-Ministers, Lord Orfort, mit einer eignen Sendung und Briefen der Königin an die Churfürstin und den Churfürsten nach Hannover geschickt wurde, eine Maaßregel, welche, wenn sie auch Nebenzwecke erreichen sollte, doch äußerlich ehrenvoll war und den Charakter der Versöhnung trug, so wußte es Lord Marlborough sowohl durch seine direkten Verbindungen, als durch einen eignen geheimen Agenten, Herrn Molineux, den er nach Hannover sandte, dahin zu bringen, daß von jenen Briefen Abschriften genommen und selbige in England gedruckt wurden. Ein Schreiben des Herrn Molineux an die Herzogin von Marlborough, welches in der deutschen Uebersetzung jener Denkwürdigkeiten im 6. Theil S. 329. abgedruckt ist, beweist, welche Mißdeutung die Schritte der Königin von der Parthei der Whigs erfuhren, und wie es dem Herzog gelang, daß ihm die königliche Correspondenz mitgetheilt und er in Stand gesetzt wurde, dieselbe bekannt zu machen. Steinghens schreibt hierüber unter dem 18. July:

„Si j'avais moins à coeur la succession d'Hannovre en ces Royaumes, je vous aurais épargné la peine de celle-ci, et le déplaisir d'apprendre les choses, incompatibles avec nos vûes, du moins jusqu'à mon retour en ville. Ne vous attendez à aucun ordre dans mon discours, j'ai le coeur trop plein pour en garder et je ne saurais m'empêcher de

34 *

1714 vous dire, que dans le tems qu'on se tuè ici de faire tout au monde (à la réserve de consentir à la venûe du Prince parcequ' absolument elle n'est pas de saison encore) pour obliger et rassurer la Maison et la Cour d'Hannovre; celle-ci semble de n'oublier presque rien pour chagriner et choquer la Cour d'Angleterre, au même moment qu'elle crie au feu contre le Prétendent." —

„J'en veux à la communication de copies de lettres que la Reine et son Premier-Ministre ont écrites en dernière confidence à la feue Electrice et au Prince Electoral, lesquelles lettres l'on voit et crie ici dans les rues, toutes imprimées au grand scandale et en dépit de la Cour et de tous les bienaffectionnés à la succession d'Hannovre, dont il y a un très-grand nombre parmi les Torris, pendant que les Whigs leur rient au nez et parlent avec le dernier mépris de la Reine pour avoir été leur dupe, en mettant à prix la tête de son propre frère, ensuite de leurs instances."

„J'ai raison de douter qu'on ne prendra pas pour argent comptant les excuses, que l'Electeur n'a pas eu de part à cette communication et qu'il l'a désapprouvée fort, dont en mon particulier je suis très-persuadé. Si l'on s'est attendu au ressentiment de S. A. E. contre ceux parmi ses Ministres qui à son insçû ont osé contribuer à l'affaire du Writ que que de consentement avec sa mère, croyez-vous, Monsieur, qu'on s'y attendra moins dans le fait dont il s'agit, quand même le Prince eut donné là-dedans, à ce que je ne juge pas? croyez-vous, que si faute de ce ressentiment S. A. E. continue d'honorer de son estime ceux de ses Ministres, que le Ministère de la Reine tient pour les amis intimes et les exécuteurs aveugles des conseils de leurs ennemis irréconciliables, ce soit le moyen de gagner la confiance de la Reine, de son Ministère et des Torris?"

„Ne me dites pas, s'il vous plait, qu'on n'a pas cru qu'on divulguerait ces lettres; car voilà justement l'effet du défaut de la connaissance exacte du terrain et du fond des gens, à qui jusqu' ici rien n'a coûté pour parvenir à leurs fins; c'est d'empêcher de toute manière, que jamais il s'y

ait de la bonne intelligence entre la Maison d'Hannovre et 1714
leur parti opposé, parcequ'ils ne croyent avoir d'autre sûreté de rentrer en place à l'exclusion entière de ce parti-là."

„Ne me dites pas non plus ce que les mêmes gens vont insinuer sans doute, qu' après le prix mis sur la tête du Prétendent, on n'a plus que faire de cette bonne intelligence, car je vous répondrais, que le même Parlement qui avait mis à prix la tête de Charles II. en Novembre, l'a rappellé en Mars suivant, si je ne me trompe; de manière que je conclus qu'il faut toujours avoir l'oeil au guet et ménager avec très-grand soin ceux qui peuvent faire du mal. Du reste vous pouvez compter au plutôt sur ma réponse aux préjugés sinistres du dernier écrit de votre ami."

Man kann hierin weder den Eifer und den Scharfsinn, und eben so wenig die Aufrichtigkeit verkennen, mit welcher der Baron Steinghens sich gegen Schulenburg äußerte, welcher den Auftrag übernommen hatte, als Mittelsperson die Ansichten des phälzischen Gesandten dem Hannöverschen Hofe mitzutheilen. Schulenburg ermangelte seinerseits nicht, seinem Freund von der Lage der Dinge und den persönlichen Verhältnissen des Hofes in Hannover eine getreue Schilderung zu entwerfen. Wir theilen in diesem Bezug einen Brief von ihm vom 10. August 1714 in den Beilagen mit (s. Beilage XLII.); die nähern Angaben und Persönlichkeiten, welche sich darin finden, machen, daß dieses Aktenstück ein interessantes Gemälde jener Zeit abgiebt. Der Churfürst von Hannover gab jedoch den dringenden Anliegen der Whigs-Parthei nicht nach, und, ohnerachtet des erhaltenen Vorladebriefes, reiste der Churprinz nicht nach England ab. Wir glauben ebenfalls einen eigenhändigen Brief des Churfürsten an Schulenburg beibringen zu müssen, welcher sich unter unseren Materialien befindet, welcher beweist, daß dieser Herr die Bemühungen, die sich Schulenburg sowohl als dessen Freunde in England zu seinem Besten gaben, zu erkennen wußte.

Herrenhausen, le 7. Juin 1714.

„Je n'ai reçû Monsieur qu' avant-hier la lettre et les avis, que vous avez pris la peine de m'envoyer; je vous

1714 en suis infiniment obligé et trouve que votre correspondent paraît avoir d'assez bonnes informations; s'il continue à vous en donner d'avantage, que vous jugerez mériter quelque attention, vous me ferez plaisir de me les communiquer; cependant je suis bien sensible aux marques d'amitié que vous venez de me donner dans cette occasion, et vous prie Monsieur d'être entièrement persuadé de mon affection.

George Louis. Elect.“

In diesem Zeitpunkt fand die höchst unerwartete Entlassung des Groß=Schatzmeisters Lords Oxfort, die sein College und Nebenbuhler, Bollinbrocke, bewirkte, statt. Lord Oxfort verließ seine Stelle am 6. August, und unter dem 7. August gab Steinghens Kunde davon nach Hannover durch ein Schreiben, welches er an Schulenburg richtete, und das ebenfalls als Beilage folgt (s. Beilage XLIII.). Dieser Brief ist so merkwürdig und war in dem damaligen Augenblick für den churfürstlichen Hof so wichtig, daß wir uns veranlaßt finden, seinen Inhalt in der Kürze näher zu bezeichnen.

Als Steinghens bemerkte, daß der Credit des Lord Schatzmeisters bei der Königin bedeutend abnahm, so gelang es ihm sich auf einem geheimen Weg mit der Königin direct in Verbindung zu setzen und ihr wissen zu lassen, daß, wenn sie für gut fände, dem Churfürsten geheime Mittheilungen zu machen, er bereit und im Stande sey, diese Aufträge auszuführen.

Dieser Versuch gelang so gut, daß die Königin durch jene Mittelsperson erwiedern ließ:

„Allez trouver Mr. Steinghens et demandez lui de ma part d'assurer l'Electeur que ces nouvelles mésures (die Verabschiedung des Lords Oxfort) ne porteront pas préjudice à ses intérêts, et qu'il peut être sûr de ma vénération (le mot anglais était respect) et de ma constante amitié.“

Steinghens Rath ging dahin, „der Churfürst möge unmittelbar der Königin schreiben, um ihr für diese verbindlichen Aeußerungen zu danken,“ und er bezweifle nicht, daß er in kurzem eine Antwort von der Königin nach Hannover befördern werde.

Schon in einem frühern Schreiben vom 3. August hatte 1714 Steinghens über die damaligen Verhältnisse Folgendes gemeldet:

„Ce qu'on vous a dit du terrain que Mylord Bollinbrocke a gagné, n'est que trop vrai; cependant ne croyez pas encore qu'il ôte la place à son compétiteur, comme il lui a déjà ôté la grande confiance auprès de sa maîtresse à ce que je sais à n'en pouvoir douter, de même que le compétiteur est très-mal dans l'esprit de la favorite."

„C'est un grand mal pour la source[1]) que la perte de cette confiance et du secret dans notre homme, mais il ne faut pas qu'elle se décourage pour cela, ni qu'elle prenne de fausses mésures. Ce qu'il y a de certain est, que la maîtresse a dit positivement à un homme qu'elle honore extrêmement depuis peu de sa confidence, qu'elle était de corps et d'âme portée pour la succession protestante."

Das Schicksal, welches sich jedoch mit den scharfsinnigsten und richtigsten menschlichen Combinationen spielt, vereitelte die Verdienste, die sich Steinghens sowohl, als Schulenburg um die Herstellung des guten Einverständnisses zwischen der Königin und dem hannöverschen Hofe, und folglich um die protestantische Erbfolge in England verschafft hatten, durch das schnelle und unerwartete Ableben der Königin, welches wenig Tage nach der Verabschiedung Lord Oxforts und der Ernennung des Herzogs v. Schrevsbury an dessen Stelle, am 11. August erfolgte. Steinghens meldete die Krankheit der Königin seinem Freunde mit Beibringung folgender näherer Umstände:

Londres, le 10. Août 1714.

„La Reine ayant été les trois jours, qui ont précédé la sortie de Mylord Oxfort de son poste, extrêmement fatiguée de longues remontrances faites pour et contre, s'apperçût de grandes chaleurs à la tête, qu'on n'appréhendait pourtant pas, parcequ'il y avait de la disposition en même tems que l'humeur se déchargerait aux pieds par la goutte; mais les embarras du conseil de cabinet du jour après cette sortie, durèrent cinq heures de suite, sans qu'on pût convenir de

1) Hierunter wurde der hannöversche Hof verstanden.

1714 sujets pour remplacer ce poste; on trouva le lendemain, c'est-à-dire hier, que l'humeur s'était jetté sur les nerfs sans aucun symptôme de goutte, avec un si grand tremblement, que pour prévenir l'accident d'apoplexie qu'on craignait, on lui appliqua des ventouses vers les 10. heures du matin; cependant vers les dix heures du soir Sa Maj. se trouva si mal, qu'on en appréhendait de très-funestes suites, et qu'on fut obligé d'appliquer plusieurs vésicatoirs; ce fut alors qu' Elle trouva à propos de nommer le Duc de Schrevsbury Grand-Trésorier pour prévenir les troubles; la nuit se passa assez bien, mais à 9½ heures du matin S. M. eut la première attaque d'apoplexie, qui s'en allant par la saignée faite, fut suivie d'une seconde de près de deux heures, qu' Elle avait perdu toute connaissance; les vésicatoirs l'ont fait revenir et on lui a donné un vomitif très-fort, lequel n'ayant eu point d'effet, on croit la nature toute épuisée et qu'elle ne pourra passer la nuit."

Bevor wir diese Episode beschließen, glauben wir noch den Auszug eines Briefes Steinghens an Schulenburg über die letzteren Verhältnisse vor dem Tode der Königin beibringen zu müssen, welcher uns der Aufmerksamkeit der Leser werth scheint.

Londres, le 14. Août 1714.

„J'espère que vous ayez promptement reçû mes lettres du 3., 7. et 10. du courant, et que vous n'ayez pas balancé de vous transporter là-dessus à Hannovre pour y rendre vos devoirs à S. A. E. Vous y aurez entendû qu' Elle a été le 12. proclamée Roi d'Angleterre par ordre du conseil, à ce qu' Elle se devait indubitablement attendre des intentions de la Reine défunte, dont ma lettre du 3. vous a porté l'assurance et celle du 7. la certitude; je ne doute pas que le nouveau monarque n'ait été fort satisfait de recevoir ces dernières marques d'estime et de tendresse de la bonne Reine, ni qu'il n'ait goûté le soin qu' Elle avait prise de les lui envoyer pures et simples sans aucun alliage de Ministres; je suis persuadé qu' Elle aurait infailliblement continué de le faire de la sorte, si Elle eût vécu, et que

Mgr. l'Electeur eût approuvé cette voye, car c'est d'Elle-même 1714
que vient la très-judicieuse reflexion, que c'était le meilleur moyen d'établir une certaine, sincère et durable amitié entre eux, quoique par modestie Elle s'en voulût remettre à la sublime prudence de S. A. E. parcequ' Elle en eût une idée aussi juste, qu'on peut avoir à cause de sa conduite merveilleuse touchant l'envoi de son fils le Prince Electoral."

„Si la mort imprévue de cette Princesse a ôté à vous et à moi l'honneur de servir d'instrument à un commerce si délicat, nous avons du moins la consolation d'avoir été choisis pour cela préférablement à tant d'autres et d'avoir montré par notre promptitude aussi bien que par la garde exacte du secret, que personne ne pouvait être plus porté que nous l'étions de rendre un service si signalé à l'auguste Maison de Brunsvic."

„Enfin tout a succédé au delà de toute attente; un ministère qui voulut débusquer à jamais tous les amis déclarés de cette Maison, a fait le règne le plus court dont on ait entendu parler, et celui qui y était à la tête, s'est vû au bout de trois jours à la merci de ses ennemis, lesquels n'auront aucun égard à la conduite qu'il a affecté de tenir en dernier lieu pour l'auguste Maison."

Schulenburg hatte in Privat-Angelegenheiten im Augenblick der Krisis eine Reise nach Hamburg gemacht, und wir besitzen noch das Concept des Glückwünschungsschreiben, welches er aus Hamburg unter dem 20. August an den König Georg I. richtete.

Den übrigen Theil des Jahres brachte Schulenburg in Emden im Kreis seiner Familie und einiger Freunde zu, unter welchen der berühmte Leibnitz [1]), der im Monat November bei ihm war, einer besonderen Erwähnung verdient.

---

1) Wir haben schon früher der Verbindung gedacht, die zwischen Schulenburg und dem berühmten Leibnitz bestand; es wäre unpassend, über letzteren hier ein Mehreres zu sagen; wir erlauben uns bloß, unsern Lesern in Erinnerung zu bringen, daß Georg Wilhelm Leibnitz, der gelehrteste Mann seiner Zeit und einer der scharfsinnigsten Denker des menschlichen Geschlechts, 1646 zu Leipzig das Licht der Welt erblickte und sein Leben in Wolfenbüttel am 14. Novbr. 1716 beschloß.

1714 Im Lauf dieses Jahres war der würdige Herzog Anton Ulrich von Braunschweig-Wolfenbüttel am 27. März im 81. Jahre zu Salzdahlum gestorben. Schulenburg verlor an ihm einen sehr gnädigen Herrn und Gönner, welcher ihn bis auf die letzte Stunde seines Lebens mit Beweisen seines Wohlwollens beehrte. Derselbe Geheime-Sekretär Hertel, welcher früher dem General, als er noch in Braunschweigschen Diensten stand, in seinen verschiedenen Sendungen öfters die Instructionen der Herzöge über die ihm anvertrauten Geschäfte hatte zukommen lassen, theilte ihm nähere Nachricht über das Ableben dieses Fürsten mit. Wir glauben unsern Lesern mit der Mittheilung von Auszügen jener Briefe kein unwillkommnes Geschenk zu machen. Unter dem 25. April 1714 schrieb er aus Wolfenbüttel:

„Il est vrai que ce Prince est mort avec une présence d'esprit et une résignation à attendre sa dernière heure, qui surprenait même ceux, qui sont d'esprit fort; agir et disposer de toutes choses, parler, converser avec les siens et dicter des lettres les plus spirituelles jusqu'au dernier moment de la vie, cela n'appartient pas à des ames vulgaires, mais à un esprit qui commençait déjà à se déifier; pour ce qui est de la religion Monsieur, vous pouvez être persuadé qu'il est mort catholique, mais catholique à gros grain, il a pris tous les sacremens de l'église et a été consolé par ses prêtres selon les liturgies des Catholiques romains, où il est ordonné de faire confesser aux mourants, qu'ils croyent et espèrent d'être sauvés par le seul mérite de Jésus Christ, et non pas par celui de leurs oeuvres; ceux qui en parlent autrement, ne sont pas bien informés du rituel de cette église."

Eine merkwürdige und wenig bekannte Anecdote ist: daß er, mit dem Tode ringend, Tinte, Feder und Papier begehrte und einige Worte zu schreiben versuchte; er hielt selbige gegen das Licht; und da er sich überzeugte, sie nicht mehr lesen zu können, so zog er die Mütze über die Augen, legte sich auf die Seite und verschied wenige Augenblicke nachher.

Und unter dem 12. May 1714 ebendaher: 1714

„J'ai presque pensé d'oublier de vous dire par ma précédente lettre, que vous avez eu toujours quelque part aux derniers souvenirs de feu notre Duc, car le chapelain qui l'a assisté dans le tems de sa maladie, me dit dernièrement que deux heures avant sa mort il avait dit qu'il aurait bien souhaité d'achever pour Madame [1]) en France l'Octavia où il ne lui restait que quelques peu de feuilles, et après quelque intervalle voulant commencer à dicter, mais avec une voix peu intelligible, on avait seulement pû entendre qu'il avait souvent répeté votre nom.“

Wenig Menschen bleiben bei der Betrachtung ungerührt, der letzte Gegenstand der Gedanken eines Sterbenden gewesen zu sein; war dieser aber einer der vorzüglichsten Männer seiner Zeit, so werden wohl die meisten Gemüther von schmerzlicher Wehmuth ergriffen; wir glauben, daß unsere Leser diese unsere Empfindung theilen werden.

Schulenburg blieb in Emden bis zu Anfang Novembers, in welchem Zeitpunkt er nach dem Nieder-Rhein reiste, um in Wesel mit seinem Freund Steinghens zusammenzukommen; von da begab sich Schulenburg über Frankfurt und Nürnberg nach Wien, woselbst er am 19. Decbr. eintraf, um eine Angelegenheit zu einem gewünschten Resultat zu bringen, welche seit längerer Zeit eingeleitet war, nämlich seinen Eintritt in die Dienste der Republik Venedig.

Die Sache wurde seit einigen Jahren durch einen Grafen Praß Martiniane betrieben, welcher als Mittelsperson zwischen ihm und dem venetianischen Bothschafter, Pietro Grimani [2]) in Wien unterhandelte. Wir haben einen Brief-

---

1) Unter „Madame“ ist Charlotte Elisabeth, Gemahlin von Monsieur Bruder Königs Ludwigs XIV. verstanden; sie war die Enkelin des bekannten Churfürsten Friedrich V. von der Pfalz (a. 1671. † 1722.) und in nahen verwandschaftlichen Verhältnissen mit dem Hause Braunschweig; wir besitzen von ihr eine interessante gedruckte Correspondenz.

2) Pietro Grimani war im Jahr 1677 geboren; im J. 1707 wurde er zum Savio di Terra ferma erwählt; 1710 ging er als

1714 wechsel von mehreren Heften desselben mit Schulenburg vor uns, aus welchem einerseits der Eifer und die Geschicklichkeit des Grafen Praß, andererseits erhellt, daß er dies Geschäft nicht mit Uneigennützigkeit betrieb. Es scheint, als wenn er zugleich ein untergeordneter Agent des Herzogs von Savoyen, damaligen Königs von Sicilien, gewesen sei, nichts desto weniger aber, obgleich in Verbindungen mit den ersten Personen des österreichschen Hofes, in einer Art Mangel gelebt habe.

1715 Als Schulenburg in Wien eintraf, war die Kriegs-Erklärung der Pforte gegen die Republik Venedig erfolgt, und dessen Unterhandlung mit dem venetianischen Bothschafter nahm nunmehr direct ihren Fortgang; dies Geschäft war schon während des Friedens-Congresses zu Utrecht zwischen dem General und dem daselbst befindlichen venetianischen Bothschafter Cavaliere Carlo Ruzzini, welcher seitdem die hohe Würde eines Procurators der Republik erlangt hatte, eingeleitet worden, und so fand ebenfalls zwischen beiden eine Correspondenz über diese Angelegenheit statt.

Die Ansprüche, welche Schulenburg aufstellte, scheinen nach den vorhandenen Angaben nicht übertrieben gewesen zu sein; er begehrte dieselben Bedingungen, welche früheren Generälen, die weniger Ruf hatten als er, die in die Dienste der Republik Venedig traten, und namentlich dem Feldmarschall Steinau, zugestanden worden waren. Indeß versuchte die venetianische Regierung auf eine vielleicht zu sparsame Weise die Bedingungen möglichst herabzuhandeln. Schulenburg hierüber empfindlich brach Ende März alle weitern Unterhandlungen ab.

Mittlerweile nahmen die Kriegs-Ereignisse in Morea und im Archipelagus für die Venetianer die ungünstigste Wendung. Die Halb-Insel nebst allen ihren Festungen wurde von den Türken erobert, so wie die festen Plätze, welche die Republik noch in der Insel Candia besaß; auch die Inseln Tino und Cerigo fielen in die Hände der Ungläubigen.

Bothschafter nach England, und 1713 als Bothschafter nach Wien; 1719 wurde er Procurator von St. Marco, 1741 zum Doge erwählt, und starb am 7. März 1762.

Diese Widerwärtigkeiten und der Verlust einiger Generale, 1715 die man in Venedig für die geschicktesten hielt, bestimmte die Regierung, ihrem Bothschafter zu Wien den Befehl zu ertheilen, die Unterhandlungen mit dem General Schulenburg wieder anzuknüpfen.

Selbige kamen im Monat Octbr. zu Stande. Wir lassen die zwischen dem venetianischen Bothschafter Pietro Grimani und Schulenburg abgeschlossene Capitulation als Beilage folgen (s. Beilage XLIV.). Die Haupt-Punkte derselben waren: daß Schulenburg als Feldmarschall vom 15. Octbr. an in die Dienste der Republik Venedig trat und sämmtliche Landtruppen als General en chef unter seinem Befehle standen; daß selbiger 10 Tausend Zechinen in Gold jährlichen Gehalt und 2000 Zechinen für Reisekosten ein für allemal erhielt, und daß er sich verbindlich machte, der Republik auf drei Jahre zu dienen.

Wir sehen aus den Schriften, welche uns zur Bearbeitung gegenwärtiger Denkwürdigkeiten dienen, daß der kaiserliche Hof und namentlich der Prinz Eugen von Savoyen wesentlich dazu beitrugen, daß Schulenburg sich nach Abbrechung der früheren Unterhandlungen und nach den ungünstigen Ereignissen des diesjährigen Feldzugs sich dennoch entschloß, in diese Dienstverbindlichkeiten einzugehen.

In einem Schreiben, welches der nunmehrige Feldmarschall an seinen angebornen Landesherrn, den König von Preußen, richtete, sagt er ausdrücklich: „qu'il avait été animé à accepter le commandement de l'armée vénetienne par la Cour Impériale et surtout par le Prince Eugène.“

Während Schulenburgs Aufenthalt in Wien erhob ihn der Kaiser durch ein Diplom vom 14. Octbr. 1715 in des Heiligen Römischen Reichs Grafenstand. Wir bringen diese Urkunde anliegend ebenfalls unter den Beilagen bei (s. Beilage XLV.).

Hiernach verließ der Feldmarschall Wien gegen Ende Octbr., um in Venedig seine neuen Verhältnisse anzutreten.

Beilagen zum 24. Abschnitt.

Beilage XLII.

Lettre de Mr. le Gal. Schulenburg à Mr. Steinghens, Envoyé de l'Electeur Palatin à la Cour d'Angleterre, du 10. d'Août 1714.

Monsieur,

Je n'ai pas seulement reçû votre grand écrit, mais aussi les deux autres lettres, l'une du 14. et l'autre du 18. passé. J'ai envoyé d'abord la copie du dit écrit à la personne connûe, et je lui ferai tenir encore des copies de vos dernières lettres en y retranchant ce que je crois être à propos qu'on ignore. La personne en question m'a fait dire par un de mes parens qu'il ne sait rien de quoi il s'agit, que l'on m'était très-obligé; je verrai l'effet que votre juste raisonnement, de même que vos lettres feront, et dès que j'aurai eu ce que vous me promettez encore, je le lui enverrai aussi, et comme cette personne vient à la chasse près de Celle, je pourrais peut-être aller la voir, il serait superflû d'ajouter quelque chose à ce que je vous ai écrit par mes précédentes du caractère des premiers acteurs, aussi bien que de leurs Ministres, ce que vous suffira pour juger juste de ce que l'on a à attendre d'eux, à les voir agir tous ensemble, on dirait qu'ils se moquent de ce qu'ils ont à prétendre, ou qu'ils ont tous l'esprit bouché. Il est sûr que pour le premier acteur *) il est très-indifférent de ce qui arrivera de l'affaire en question et j'oserais avancer, que, si elle venait aujourd'hui à sa maturité, il serait au désespoir d'être obligé par honneur de quitter son sejour, où il s'amuse avec des bagatelles pour aller occuper un poste si éminent; il est né avec toutes les qualités requises pour former un gentilhomme accompli, mais il n'a nullement celles qui doivent former un Souvérain; l'autre **) brule d'envie d'obtenir le diadème; il a de l'esprit, de la vivacité, une mémoire merveilleuse, avec cela inconstant, soupçonneux, aime et hait sans raison, bref c'est un composé assez bizarre; le Ministère est partagé et ils se jouent les uns aux autres des pièces à tout moment. Le premier ***) est tout-puissant,

---

*) Hierunter ist der Churfürst Georg Ludwig v. Hannover, n. 1660. † 1727., als König Georg I. von England, zu verstehen.

**) Hierunter ist der damalige Churprinz von Hannover, n. 1683. † 1760., als König Georg II. von England, zu verstehen.

***) Dies ist der damalige Churhannöversche Premier-Minister Baron v. Bernstorf.

et quoiqu'il trouve de tems en tems de l'obstacle, il arrive toujours à son but et fait faire au premier acteur ce qu'il veut, c'est le proche parent de Schütz*), et quoique celui-ci ait été regardé de mauvais oeil, il se trouve à l'heure, qu'il est, dans une situation comme s'il avait négocié le plus heureusement du monde. Robethon, qui est un méchant c., est la main droite de B., si vous saviez comme toutes les affaires se traitent, vous feriez la croix j'en suis sûr; ici comme bien ailleurs la reputation est prise pour la vertu même.

Quant à Mr. Bod.**) je ne sais si on le rappellera, on n'est ferme que dans les faux-pas; je vous avoue, que j'ai été plus que surpris d'avoir vû et lû dans les gazettes les copies des lettres, que la Reine et le Ministre avaient écrites en toute confidence à feue Mme. l'Electrice et au Prince: ce que vous me dites là-dessus par votre dernière, est très-judicieux; je suis curieux de savoir ce que notre premier acteur en pensera, c'est encore un effet de Robethon; toutes ces démarches vous convaincront pleinement, que je vous ai parlé juste dans le portrait que je vous ai mandé de tous ces acteurs ensemble, qui ne se lasserait pas avec des gens de cette trempe? Enfin il faut avoir encore un peu de patience, pour voir si on ne s'éveillera pas. Le retour de Mylord Duc en Angleterre fera naître à nos gens de nouvelles espérances; ils seront comme sûrs du succès heureux de leurs affaires, mais ils pourraient se tromper grandement; dites-moi, s'il vous plait, si ce retour produira quelque changement dans les affaires? et comme je ne sais pas le tour, que les Wighs ont joué au Pce. Eugène après son départ, dont vous parlez, vous me ferez plaisir de m'en informer; il est sûr que, si nous avions à faire à une personne sensible à des choses de cette importance, et qu'ils fussent capables de reconnaitre le service qu'on leur rend, vous auriez à vous attendre à des recompenses très-considerables, car vous leur ouvrez les yeux si bien, et plus que s'ils avaient leurs plus habiles Ministres plusieurs années en cette Cour, vous leur indiquez même des routes sûres, mais surdo narratur fabula. Si je ne connaissais pas mes gens à fond, je n'aurais pas tardé jusqu'ici à m'expliquer plus clairement avec eux et je vous aurais même nommé, afin que vous eussiez une reconnaissance proportionnée à votre signalé service. Vous pouvez être persuadé que je me garderai soigneusement de ne pas faire aucun faux-pas et que je n'aurai rien plus en vue, que s'il y a moyen au monde de faire valoir votre zèle et l'empressement que vous avez de rendre tant de services sans aucun intérêt; si j'obtiens cela, je serai plus que content, car, pour mon particulier, je n'ambitionne rien; je vous avoue

---

*) Baron Schütz war hannöverscher Gesandter in England gewesen, und vor kurzem von daher zurückberufen worden.

**) Baron Bothmar war damals churhannöverscher Gesandter in London.

pourtant, que, si j'avais pû obtenir de bonne manière à quoi vous visez *), je l'aurais accepté avec plaisir, car, excepté cela, il n'y a point de charge en cette Cour telle qu'elle est à cette heure, que je voudrais accepter, mais votre projet représente des vûes plus longues. Je suis bien aise d'apprendre que vous vous portez mieux; je souhaite savoir au plutôt que vous soyez entièrement retabli, et je fais des voeux très-ardents pour votre conservation. Je ne vous mande point de nouvelles, vous en êtes informé mieux que moi, il ne me reste que de vous assurer de la parfaite estime et de l'attachement inviolable, avec lequel je suis etc.

Beilage XLIII.

Auszug eines Schreibens des churpfälzischen Gesandten Baron Steinghens d. d. London, den 7. August 1714.

Monsieur.

J'ai tant de choses à Vous écrire par cet ordinaire que je ne sais par où commencer. Je ne m'arréterai pas aux changemens dans le Ministère, que la sortie de Mylord Trésorier, qu'il doit faire ce soir de son emploi, va entraîner, ni aux raisons qu'on en allégue de part et d'autre, parceque vous les pourriez savoir d'ailleurs. J'ai des choses de plus grande conséquence à Vous dire, que vous ne sauriez apprendre que de moi. — Or ayant découvert que le credit de ce Ministre auprès de la Reine allait fort en diminuant et croyant avoir lieu d'appréhender que par les changemens soupçonnés à la Cour il ne vint à naître des empêchemens, qui me coupassent le chemin de pénétrer les véritables sentimens de la Reine et de faire savoir à S. M. en droiture ceux que S. A. E. d'Hannovre pourrait trouver convenables de lui participer par mon canal, j'ai pris mes mesures de bonne heure pour ménager à cet effet une voie aussi secrète que sûre sans la moindre communication d'aucun Ministre. Grâces à Dieu, j'y ai si bien réussi, qu'à mon grand étonnement j'ai sû par la même voie que la Reine venait de lui dire ces paroles précises en Anglais. „Allez trouver Mr. Steinghens et demandez de lui de ma part d'assurer l'Electeur que ces nouvelles mé-

---

*) Herr v. Steinghens hatte dem Gen. Schulenburg geschrieben, „er wünsche, daß er als Hannöverscher Gesandte in England erscheinen, und in der Folge die Pairschaft erlangen möge, welche Godard v. Reede, Baron v. Ginkel unter dem König Wilhelm III. erreichte. Dieser war 1692 für seine dem König geleisteten Kriegsdienste zum Grafen d'Athlone Lord Aghrim und zum Feldmarschall ernannt worden; hierauf bezieht sich die Stelle: „à quoi vous visez."

auras ne porteront pas de préjudice à ses intérêts, et qu'il peut être sûr de ma vénération (le mot „Anglais" était respect, que je ne saurais traduire autrement) et de ma constante amitié."

Comme je puis assurer sur mon honneur, que cette mienne correspondence avec la Reine n'est connûe de persone qu'à Elle, à moi et à la voie sûre que j'ai trouvée; ainsi Mr., je vous demande en grâce de prendre vos précautions de manière, que si S. A. E. goute cette correspondence, celle qui se va établir reciproquement de sa part par vous, ne soit connûe qu'à Elle, à vous et à moi; pour peu que vous vouliez entrer dans l'importance de cette affaire, qui en fait de délicatesse, n'a guères eue de pareille au monde. Je ne goute pas qu'examinant de plus ma situation, vous ne tombiez d'accord à la nécessité de ce que j'avance; l'inclination particulière de mon maître pour l'Auguste Maison de Brunsvic me met à couvert en partie, mais ne me sauvait garantir ni sauver de mes ennemis en cour, si jamais le secret de cette correspondence allait éclater; ce qui m'embarasse de plus est le malheur de n'être pas assez connû de S. A. E. pour pouvoir aspirer à l'honneur de sa confiance; cependant comme je n'ai pas balancé d'être votre cantion auprès de la Reine pour le secret, j'espère que vous aurez la bonté d'en être la mienne auprès de S. A. E. d'autant que les services que quoiqu'inconnû j'ai táché jusqu'ici de lui rendre, sont dûs aussi bien à vos encouragemens qu'à mon inclination personelle. Enfin j'ose me flatter, que la déclaration positive de la Reine, faite si à propos pour prévenir tout ombrage dans les changemens présents, et malgré les deux déplaisirs donées à la Cour, sera fort agréable à S. A. E., et si Elle avait le moindre doute de la vérité du fait, Elle n'a qu'à s'en assurer Elle-même par une expérience, que je remets à sa sublime prudence, c'est décrire deux lignes à S. M. pour la remercier de son message porté à Elle par cette voie secrète; et je ne doute pas que je n'aie l'honneur de lui faire envoyer la réponse de S. M. par la même voie. Après tout, Mr., vous n'avez, si vous le trouvez à propos, qu'à remettre à la considération de S. A. S., si sa correspondence avec la Reine par cette voie secrète et sans participation d'aucun des Ministres tres de part et d'autre, ne serait capable d'établir une plus certaine, sincère et durable amitié entre eux, parceque les Ministres de deux côtés dans les occasion qu'on diffère des principes de leur partis, jettent souvent et soutiennent des affections différentes et des intérêts particuliers.

P. S.

Pour obvier aux questions que vous me pourriez faire, touchant la persone de la voie nouvelle, je vous dirai que ce n'est pas une femme, car je ne m'y fierais pas, ni un homme d'église, parceque je ne m'y serais pas non plus, ce n'est pas un parlamentaire, ni un homme qui y aspire, ou a aucun emploi politique ou militaire. Qui donc? c'est un honnête homme d'autant de probité que de bon sens et d'un secret impénétrable, qui étant lié d'affection à la Reine a trouvé le moyen de gagner son estime et d'avoir son oreille sans donner aucune jalousie à personne. Il ne desire aucunement d'être connû de S. A. E. que quand elle viendra ici.

Beilage XLIV.

Capitulation entre la Sme. République de Venise et le Bon. de Schulenburg.

1.

Dans le diplôme que la Sme. République fera expédier, sera exprimé, que le Bon. de Schulenburg sera Feld-Maréchal et Général in capite, pour commander en chef les armées de terre de la dite Sme. République, et qu'il jouira de tous les honneurs, privilèges, prérogatives, utilités et avantages annexés à cette charge et caractère, dont les Généraux in capite, ses prédécesseurs, et particulièrement en dernier lieu le Feld-Maréchal Steinau, ont été gratifiés.

2.

La Sme. République accordera pour ses appointemens dix mille Séquins d'or en espèce par an, payables de trois mois en trois mois par avance.

3.

Les appointemens du Feld-Maréchal accordés commenceront du 15me. d'Octbre. de l'année courante.

4.

La Sme. République accordera pour les fraix du voyage et équipage deux-mille Séquins d'or en espèce une fois pour tout payables à son arrivée à Venise.

5.

Les bâtimens de transport pour le Général, ses domestiques et ses équipages seront fournis aux dépens de la République.

6.

Si malheureusement le Général fût fait prisonnier par les infidèles, il sera délivré aux dépens de la Sme. République, s'il est possible pendant la guerre, si non toujours lorsque la paix se fera.

7.

Il sera permis au Feld-Maréchal la campagne finie de se rendre à Venise, lorsqu'il le jugera à propos, soit pour le service de la Sme. République, soit pour ses propres affaires d'Allemagne avec la premission du Sme. Sénat, ou de concert avec le Capitaine-Général.

8.

Le Bon. de Schulenburg s'engage de servir la Sme. République avec attachement et fidélité l'espace de trois ans.

9.

En cas que le Feld-Maréchal soit blessé et hors d'état de servir, comme auparavant les appointemens accordés seront toujours continués l'espace de tems stipulé et s'il est tué, on payera les appointemens de l'année courante.

Vienne, ce 5me. d'Octbre. 1715.

signé Pietro Grimani. R. Amb.vto. (L. S.)

Le baron de Schonlembourg. (L. S.)

Beilage XLV.

Abschrift des Grafen-Diploms für Mathias Johann Freiherrn von der Schulenburg, d. d. Wien, den 14. Octbr. 1715.

Wir Carl der Sechste (titulus Major) Bekennen für Uns und Unsere Nachkommen am heiligen Römischen Reich, auch Unserer Erbkönigreich Fürstenthumb und Landen offentlich mit diesem Brief und thuen kundt allermänniglich: Wiewohl die Höhe der Römisch-Kayserlichen Würdigkeit, darein Uns der Allmächtige Gott nach seiner vätterlichen Fürsehung gesetzet hat, durch Macht ihres allerhöchsten Throns mit vielen herrlichen Edlen Geschlechten und Unterthanen gezieret ist, jedoch weil solche Kaiserliche Hoheit, jemehr die uralte Edle Geschlechter ihren adelichen fürtreflichen Verdiensten und Tugenden nach mit Ehren, Würden und Wohlthaten begabet werden, je herrlicher der Thron Kays. Maj. glänzet und scheinbarlicher gemacht wird, auch die Unterthanen durch Verspürung Kaiserlicher Mildigkeit zu desto mehr schuldiger gehorsamben Verhaltung, Ritterlichen Thaten, auch getreuen, stethen und beständigen Diensten bewegt und angetrieben werden; Und Wir dann aus jetztberührter Kaiserlichen Hoheit, auch angebohrner Güte und Milde in Gnaden vorderist geneigt seind, aller und jeglicher Unserer und des heiligen Römischen Reichs auch Unserer Erbkönigreich, Fürstenthumb und Landen Unterthanen und getreuen Ehr, Würde, Aufnehmen und Wohlstand zu betrachten und zu befördern, So

35 *

feind Wir doch mehrers und begieriger gewogen, derer Nahmen, Stammen und Geschlecht in höhere Ehr und Würde zu erheben und zu setzen, deren Vor-Eltern wegen ihrer Tugenden, guten Eigenschaften, vortreflichen Verdiensten und alten Adels bekandt, auch von Unseren Vorfahren begnadiget worden, und Sie selbst ihren angeerbten Eifer, Treu, Geschicklich- und Tapferkeit in Unseren und des heiligen Römischen Reichs, auch Unserer Erbkönigreiche, Fürstenthumb und Landen wichtigen Kriegs- und Friedenssachen und Geschäften, durch vielfältige Ritterliche ersprießliche und eines hoheren Stands würdige Thaten bewiesen.

Wann Uns nun allerunterthänigst angerühmt und glaubwürdig vorgebracht worden, wasgestalten das uralte Geschlecht derer von Schulenburg fast von undenklichen Jahren zum Theil in Teutschland, allwo in der Mark Brandenburg vermuthlich schon zu der Senoner Zeiten, indeme Sie der von denen Senonen erbauten Stadt Seehausen Wappen führen, es seinen Ursprung genohmen, zum Theil in anderen Königreich- und Landen berühmt gewesen, auch ansehentliche geist- und weltliche sowohl Hof- als Kriegsehren-Aembtern als Bischofe, infulirte Praelaten, Ordens Commendatoren, Ordens Rittern, Feldmarschallen, geheime Räthe und sonst als Staats- und Kriegs-Bedienten bekleidet, und sich an denen vornehmsten Höfen einen guten Nahmen erworben, auch in denen Teutschen, Spanischen, Hungarischen, Böheimischen und anderen Kriegen und zwar unter glorwürdigster Regierung weyl. Kaysers Rudolphi der Hasso von der Schulenburg Anno 1278 als ein vornehmer Kriegs-Befehlshaber gedient, ingleichen unter Regierung weyl. Kaysers Caroli V^{ti}, Ferdinandi I^{mi} und Maximiliani 2^{di} glorreichen Andenkens Jacob von der Schulenburg denen Feldzügen wider den Erbfeind Christlichen Namens beygewohnet, und insgemein die von der Schulenburg auch denen nachgefolgten Römischen Kaysern Christmildester Gedächtnuß und dem gemeinen Weesen mit Aufopferung Guths und Bluts, ja Leibs und Lebens aus teutscher Redlichkeit, sonderbarer Vernunft und unverfälschter Treue viele ersprießliche Dienste geleistet, nicht weniger gnädiglich angesehen die rühmliche Aufführung des an Unserem Kaiserlichen Hoflager sich dermahlen befindenden Mathias Johann Freyherrn von der Schulenburg, darob Wir ein allergnädigstes Vergnügen tragen, benebens auch erwogen, wie daß derselbe von Jugend auf sich bestrebet, besagtes seines Geschlechts angeerbte gute und ritterliche Eigenschaften an Tag zu geben, gestalten er solches bey verschiedenen Feldzügen, die er in Hungarn, Pohlen, Bayern und anderer Orten in dem lezt wider die Cron Frankreich vorgewesten schwehren Reichskrieg verrichtet, vornemblich in denen Spanischen Niederlanden bey denen vorgefallenen grossen Schlachten und harten Belagerungen, allwo er unter Unsers General-Lieutenants des Prinzen Eugenii von Savoyen Liebden Befehl gestanden, seine Wissenschaft und Kriegserfahrnuß als General des Fußvolcks vortreflich und besonders in dem Treffen bey Malplaquet, wie auch bey Belagerung der Stadt und Citadelle Tournay, Bethune und sonst gezeigt, zur Genüge erwiesen, weswegen Wir es dann auch gnädigst gerne sehen, daß in Betrachtung dieser seiner Tapferkeit und würklich an Tag gelegten durch unermüdete Sorgfalt und Eifer erworbenen stattlichen Kriegswissenschaft die Republique Venedig ihr Kriegsheer ihme anvertrauet und er solches bey gegenwärtigen Läuften und angefangenen Türkenkrieg wider den Erbfeind zu commandiren übernohmen, massen er bey dieser Gelegenheit Unseren und des Heiligen Römischen Reichs, auch Unsers Erzhauses Dienst und Wohlfarth der Christenheit beständig zu beobachten des allerunterthänigsten Vorsatzes ist. Wir auch ferner betrachtet die sonderbare Gemüthsgaben, gute Vernunft, Tapfer- und Geschicklichkeit, womit dessen beede Gebrüdere Daniel Bodo des Königs in Pohlen und Churfürstens zu Sachsen Liebden General-Leutenant der Reuterey und Friderich Wilhelm des Königs in England und Churfürstens zu Hannover Liebden Cammerer vor Unser Kays. Maj. gerühmet worden, und Wir bey dem leztern, als er Uns nach Unserer Zurückkunft aus Catalonien Nahmens gedachten Churfürstens Liebden zur Kaiserlichen Würde Glück gewünschet, selbsten gnädiglich verspüret, ingleichen in gnädigste Erwägung gezogen, haben, daß ihr Vater Gustav Adolph als Chur-Brandenburgischer geheimer Rath und Magdeburgischer Cammer-Präsident Unserm Erzhause besonders in Beförderung der Volks-Hilf in dem lezten wider die Ottomannische Pforte geführten schwehren Krieg und sonsten gar nüzliche Dienste geleistet, solche Sie obgemeldte Gebrüder auch bey aller Vorfallenheit Uns und dem heiligen Römischen Reich und Unsern Erbkönigreichen, Fürstenthumb und Landen unaussezlich zu erweisen, des allergehorsamsten Erbietens seind, wie sie sambtlich dann wohl thun können, mögen und sollen;

So haben Wir demnach zu gnädigster Erkandnuß solch rühmlichen Verhaltens und getreuen Verdienens mit wohlbedachtem Muth, gutem Rath und rechtem Wissen, ihnen Mathias Johann Freyherrn von der Schulenburg diese Kayserliche Gnad gethan, und aus selbst eigener Bewegung ihne und seine beyde Gebrüdere Daniel Bodo und Wilhelm Friderich samt allen ihren jetzig- und künftigen ehelichen Leibs Erben und derselben Erbens Erben beederley Geschlechts absteigenden Stammens, wie auch ihre beyde Schwestern Ehrengard Melusina und Margaretha Gertrud von der Schulenburg für und für zu allen Zeiten in den Stand, Ehr und Würde Unserer und des heiligen Reichs, auch Unserer Erbkönigreich, Fürstenthumb und Lande Grafen und Gräfinnen erhebt, gewürdiget, gesezt, und vollkommentlich einverleibt, allermassen, und dergestalt, als ob sie von ihren Vier Ahnen Vater- und Mütterlichen Geschlechts rechtgebohrne Reichs Grafen und Gräfinnen wären; Thuen das, ordnen, würdigen, erheben und setzen obbesagten Mathias Johann Freyherrn von der Schulenburg, dessen beyde Gebrüdere und ihre eheliche Leibs Erben und derselben Erbens Erben beederley Geschlechts, dann seine beyde Schwestern Ehrengard Melusina und Margaretha Gertrud, wie obgehört, in den Stand, Ehr und Würde Unserer und des heiligen Reichs Grafen und Gräfinnen:

Zufimgen, vergleichen und gesellen Sie auch zu derselben Schaar, Gesel- und Gemeinschaft, ertheilen und geben ihnen samt und neben den habenden Ehrentituln den Nahmen und Stand der Grafen und Gräfinnen von der Schulenburg und erlauben ihnen sich also zu nennen und zu schreiben. Mainen, setzen und wollen auch, daß obbemeldter Mathias Johann Freyherr von der Schulenburg, dessen obgemelte beyde Gebrüder Daniele Bodo und Wilhelm Friderich, deren eheliche Leibs Erben und derselben Erbens Erben Mann- und Frauens Persohnen, wie auch ihre beyde Schwestern Ehrengard Melosina und Margaretha Gertrud für und für zu aller Zeit Unsere und des heiligen Reichs, auch Unserer Erbkönigreich, Fürstenthumb und Landen Grafen und Gräfinnen seyn, sich also nennen und schreiben, von Uns und Unseren Nachkommen am heiligen Römischen Reich, Römischen Kaysern und Königen und sonst jedermänniglich darfür geachtet, gehalten, geehret, genennet und geschrieben werden, auch alle und jegliche Gnad, Freyheit, Ehr, Würde, Vortheil, Fürstandt, Recht und Gerechtigkeit, in Versamblungen, Ritterspielen, mit geistlichen Stellen *auf* hohe und niedere Thumbstifften nach eines jeden Orts wohlhergebrachten Satzungen, geist- und weltliche Lehne und Aembter zu empfahen und zu tragen, und sonst all andere Sachen haben, deren theilhaftig und empfänglich seyn, und sich des allen freuen, gebrauchen und geniessen sollen und mögen; Inmassen sich andere Unsere und des Reichs, auch Unserer Erbkönigreich Fürstenthumb und Landen rechtgebohrne Grafen und Gräfinnen von Recht oder Gewohnheit freuen, gebrauchen und geniessen von allermänniglich unverhindert. Weiter haben Wir oberwähntem Mathias Johann Grafen von der Schulenburg diese besondere Kaiserliche Gnad gethan und ihme, wie auch seinen beyden Gebrüderen und beyden Schwestern das vorhin geführte uralt adeliche Schulenburgische Wappen nicht allein bestättiget, sondern auch solches nachfolgender gestalt vermehrt, verbessert und zu allen Zeiten zu führen und zu gebrauchen, ihnen und ihren ehelichen Leibs Erben gegönnet und erlaubet: als mit Nahmen: einen mit einer gräflichen Cron gezierten in Vier Feldungen abgetheilten Schild, dessen hinter unter und vorder obere weiß, oder silberfarb, in deren jeden drey rothe Greifen-Klauen abzunehmen, vorder unter und hinter obere Feldung aber gelb oder goldfarb ist, darinnen ein mit denen Farben also abgetheilter Ochs zu sehen, daß dessen vorderer halbe untere Leib roth, obere weiß oder silberfarb, hinter untere gleichfalls weiß oder silberfarb und obere roth zwischen dessen Hörner zwey halb roth und halb weiße Fähnlein erscheinen: In der Mitte des Schilds ist zu einem besonderen Kaiserlichen Gnaden Zeichen ein weiß oder silberfarbes mit einer gräflichen Cron gekröntes Herzschildlein, in welchem ein gekrönter doppelter grauer Adler mit aufgethanen Flügeln und von sich spreitzenden Waffen erscheinet. Auf dem Schild stehen drey und zwar der hintere und vordere einwerts, der mittlere aber fürwerts gekehrte gekrönte adeliche Turniershelm mit anhangendem Kleinod und linkerseits mit roth und gelb oder goldfarben, rechterseits aber mit roth und weiß oder silberfarben Helmdecken geziertt; auf der hinteren Cron zeigen sich zwei Ochsenhörner, zwischen welchen zwey halb roth und halb weiße Fähnlein stehen; auf der vorderen Cron sind zwey hinter einander gestellte mit denen saxen einwerts gekehrte Adlersflügel, auf der mitteren Cron erscheinet bis über die Hälfte des Leibs eine wilde Mannspersohn in beyden Händen eine rothe Greiffenklau haltend, auf dessen mit einem grünen Kranz umgebenen Haupt drey rothe Federn stehen, allermassen solch gräfliches Wappen, welches von zwey recht und linkerseits stehenden wilden Männern gehalten wird, in Mitte dieses Unsers Kaiserlichen Gnadenbriefs mit Farben besser entworfen ist.

Ferner und damit obgedachte Mathias Johann, Daniel Bodo und Friderich Wilhelm Gebrüdere Grafen von der Schulenburg noch mehr Unsere Kaiserliche Gnad, mit welcher Wir ihnen wohlgewogen seind, verspüren und geniessen mögen, haben Wir mit wohlbedachtem Muth, gutem Rath und rechtem Wissen denenselben, ihren ehelichen Leibs Erben und derselben Erbens-Erben Mann- und Frauens-Persohnen, wie auch ihren beiden Schwesteren Ehrengard Melosina und Margaretha Gertrud, Gräfinnen von der Schulenburg diese besondere Gnad und Freyheit gegeben; thuen und geben ihnen die auch hiemit von Römisch-Kaiserlicher Macht Vollkommenheit wissentlich in kraft dieses Briefs, also und dergestalt, daß nun hinführo Wir und Unsere Nachkommen am heiligen Reich, auch Unsern Erbkönigreich, Fürstenthumb und Landen gedachten Grafen und Gräfinnen, wie gemeldet, deren ehelichen Leibs-Erben und derselben Erbens-Erben und Nachkommen in allen Unsern und ihren Reden, offenen und beschlossenen Schriften und Briefen, so von Uns und Unseren Nachkommen an Sie, oder sonst, darinnen sie benennet und bestimmet werden, ausgehen wurden, den Titul und Ehrenwort Hoch- und Wohlgebohrn geben, schreiben und folgen lassen sollen und wollen, Immassen Wir dann solches alles zu geschehen, bey Unseren Canzleyen verordnet und befohlen haben.

Gebieten und befehlen demnach hiemit denen Erzbischöfen zu Maynz, Trier und Cölln, als Unseren und des heiligen Reichs Churfürsten und Erzkanzlern durch Germanien, Gallien, das Königreich Arelat und Italien, auch allen andern Unsern Kanzlern, Kanzley-Verwaltern und Secretarien gegenwärtig- und künftigen ernst- und vestiglich mit diesem Brief und wollen, daß Sie ferneren Befehl und Ordnung in Unseren und Unserer Nachkommen Kanzleyen geben, schaffen und befehlen, auch mit Ernst und Fleiß daran seyn und darob halten, daß hinführo mehrgemeltem Mathias Johann, Daniel Bodo und Friderich Wilhelm Grafen von der Schulenburg Gebrüderen, ihren ehelichen Leibs-Erben und derselben Erbens Erben beederley Geschlechts, wie auch ihren beyden Schwestern Ehrengard Melosina und Margaretha Gertrud Gräfinnen von der Schulenburg für und für zu allen Zeiten unter Unserm und Unserer Nachkommen Nahmen der Titel und Ehrenwort: denen Hoch- und Wohlgebohrnen zugelegt, geschrieben und gegeben werde.

Ueber dieses, und da obbesagter Mathias Johann von der Schulenburg sich nicht verheurathen, oder keine männliche eheliche Leibs-Erben überkommen und ohne denselben nach dem Willen Gottes mit Tod abgehen mögte; So haben Wir ihme ferners aus sonderen Kayserlichen Gnaden gegönnet, erlaubet und zugelassen, einen von seinen Vettern oder Verwandten als seinen Erben an Kindsstatt anzunehmen, welcher sodann, nachdeme er sich bey Unserer Kaiserlichen Reichshofkanzley diesfalls angemeldet haben wird, mit allen seinen ehelichen Leibs-Erben Fug, Macht und Gewalt haben soll, sich oberzählten gräflichen Stands und Ehrenworts Hoch- und Wohlgebohrn, auch Wappens, Titels, Nahmens und aller vorgeschriebenen Freyheiten solcher gestalten zu gebrauchen und zu geniessen, als wann Er und dessen Mann- und Weibliche Leibs-Erben sein, des Mathias Johann Grafen von der Schulenburg eheleibliche Erben wären.

Und ob es sich begäbe, daß oftgedachter Mathias Johann Graf von der Schulenburg, oder obgedachte dessen Gebrüdere oder Schwestern, ihre eheliche Leibs-Erben und derselben Erbens-Erben einer, oder mehr aus ihnen sich dieser Unser Kaiserlichen Begnadigung und Erhebung in des heiligen Römischen Reichs Grafenstand aus gewissen Ursachen auf eine Zeit nicht gebrauchen wollte, und denselben alsdann über kurz oder lang wiederumb an sich zu nehmen und zu führen beliebig seyn würde; So soll ihnen, so oft es ihnen, oder einem aus denenselben beliebig und gefällig, frey und bevorstehen und an Unserer Kaiserlichen Begnadigung und Erhebung in des heiligen Römischen Reichs, auch Unserer Erbkönigreich, Fürstenthumb und Landen Grafenstand nicht nachtheilig seyn, sondern Sie denselben, wie obgemelt, zu allen Zeiten wiederumb zu führen und zu gebrauchen, guten Fug, Macht und Gewalt haben, ungehindert und unangefochten jedermänniglichs.

Gebiethen darauf ferner allen und jeden Churfürsten, Fürsten, (ad longum ins Reich und Erblande) ernst- und vestiglich mit diesem Brief, und wollen, daß sie mehrgedachten Mathias Johann, Daniel Bodo und Friderich Wilhelm Grafen von der Schulenburg Gebrüdere, deren eheliche Leibs-Erben und derselben Erbens-Erben beederlei Geschlechts, wie auch mehrbesagte deren zwey Schwestern Ehrengard Melosina und Margaretha Gertrud Gräfinnen von der Schulenburg, und welchen er Mathias Johann Graf von der Schulenburg auf obberührten Fall aus seinen Vettern oder Verwandten benennen und an Kindsstatt annehmen wird, für und für zu aller Zeit als Unsere und des heiligen Reichs, auch Unserer Erbkönigreich, Fürstenthumb und Landen Grafen und Gräfinnen erkennen, Sie also darfür achten, würdigen, ehren, halten, nennen und schreiben, darzu auch aller und jeder hierinn bemelter Gnaden, Freyheiten, Ehren, Würden, Vortheil, Recht und Gerechtigkeit geruhiglich freuen, gebrauchen und geniessen lassen, daran nicht hinderen, noch irren, sondern Sie bey deme allem, wie oben erzählt und geschrieben stehet, von Unsert- und des heiligen Reichs wegen handhaben, schutzen, schirmen und gänzlich dabey lassen, auch hierwider nichts thuen, noch das jemands anderen zu thun gestatten, in keine weiß, noch Weeg, als lieb einem jeden seyn, Unsere und des Reichs schwehre Ungnad und Straf und darzue ein Poen, nemblichen 200 Mark löthigen Golds zu vermeiden, die ein jeder, so oft er freventlich hierwider thäte, Uns halb in Unser und des Reichs Cammer und den andern halben Theil oftterwähnten Mathias Johann, Daniel Bodo und Friderich Wilhelm Grafen von der Schulenburg Gebrüderen, ihren ehelichen Leibes Erben und derselben Erbens Erben Mann- und Frauens Persohnen, oder oftgedachten derer beyden Schwestern, so hierwider beleidiget wurden, unnachläßlich zu bezahlen verfallen seyn solle; Jedoch Uns, dem heiligen Römischen Reich und Unseren Erbkönigreich-Fürstenthumb- und Landen an Unseren und sonst männiglich an seinen Rechten und Gerechtigkeiten unvergriffen und unschädlich. Mit Urkundt dieses Briefs besiegelt mit Unserem anhangendem Kayserlichen Insiegel, der geben ist, in Unser Stadt Wien den 14ten Tag Monats Octobris nach Christi Unsers lieben Herrn und Seeligmachers gnadenreichen Geburt im siebenzehenhundert und fünfzehenden, Unserer Reiche, des Römischen im fünften, des Hispanischen im dreyzehenden, des Hungarischen und Böheimbischen aber auch im fünften Jahre.

Zeitfracht Medien GmbH
Ferdinand-Jühlke-Straße 7
99095 Erfurt, Deutschland
produktsicherheit@kolibri360.de